오버 데어

Over There: Living with the U.S. Military Empire from World War Two to the Present
by Maria Höhn, Seungsook Moon, Eds.
Copyright © 2010 by Duke University Press
Korean translation copyright © 2016 Greenbee Publishing Company
All Rights Reserved.
This edition published by arrangement with Duke University Press through Shinwon Agency Co.

오버 데어: 2차세계대전부터 현재까지 미군 제국과 함께 살아온 삶

발행일 초판1쇄 2017년 1월 15일 | **엮은이** 문승숙 · 마리아 혼 | **옮긴이** 이현숙(Jude Lee)
펴낸곳 (주)그린비출판사 | **펴낸이** 이희선 | **주소** 서울시 은평구 증산로1길 6, 2층
전화 02-702-2717 | **이메일** editor@greenbee.co.kr | **신고번호** 제25100-2015-000097

ISBN 978-89-7682-249-9 93300
이 도서의 국립중앙도서관 출판예정도서목록(CIP)은 서지정보유통지원시스템 홈페이지(http://seoji.nl.go.kr)와 국가
자료공동목록시스템(http://www.nl.go.kr/kolisnet)에서 이용하실 수 있습니다.(CIP제어번호: CIP2016032253)

나를 바꾸는 책, 세상을 바꾸는 책 www.greenbee.co.kr

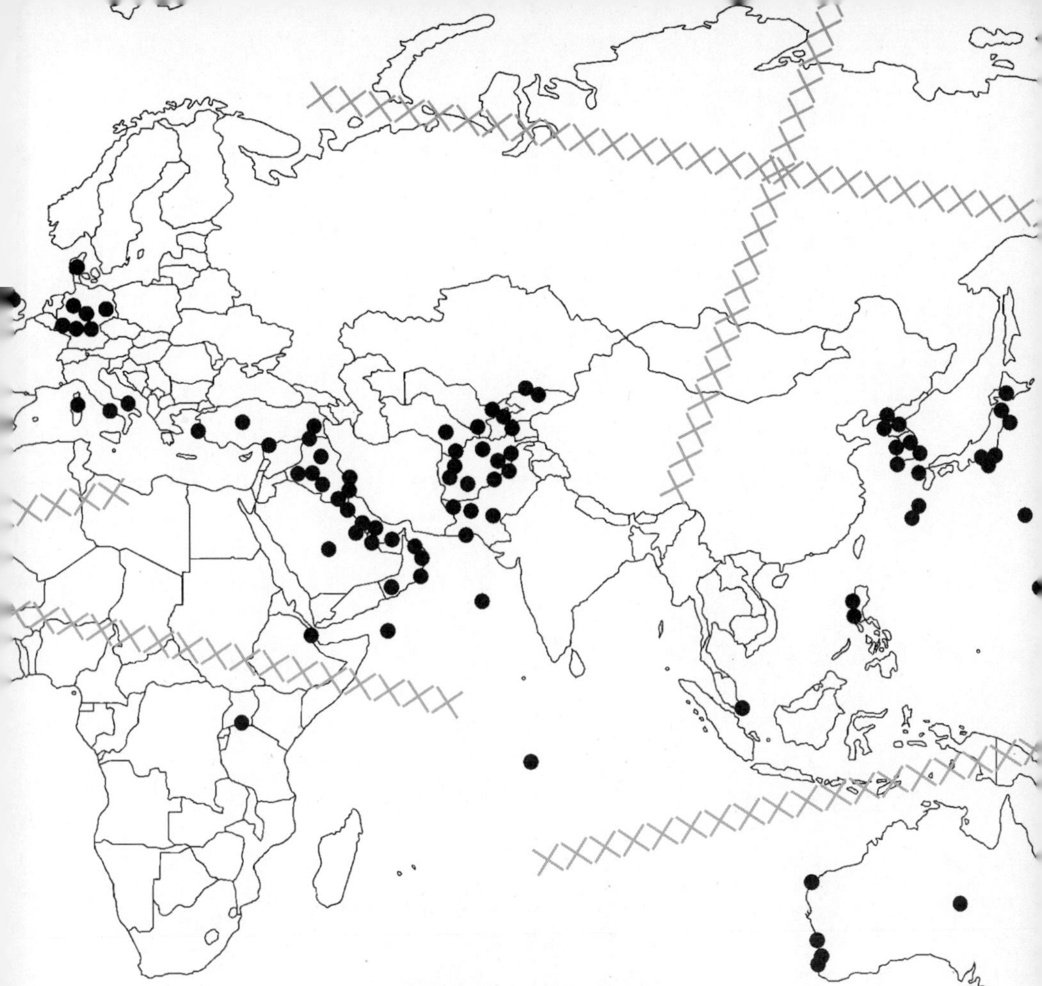

오버 데어

2차세계대전부터 현재까지
미군 제국과 함께 살아온 삶

문승숙·마리아 혼 엮음 | 이현숙(Jude Lee) 옮김

그린비

윌리엄과 찰스에게

감사의 글

『오버 데어: 2차세계대전부터 현재까지 미군 제국과 함께 살아온 삶』은 한국 관련 연구를 해온 사회학자와 서독 관련 연구를 해온 역사학자 두 명의 합작품입니다. 이 학문적 공동연구는 우리에게 매우 큰 혜택을 제공하고 있으며 우리는 동등한 동반자인 동시에 이 프로젝트의 공헌자들입니다. 공동 편집자로서 소개된 우리 이름은 이 책의 표지와 공동저자 소개 및 결론에서 찾아볼 수 있습니다. 그리고 이곳에 나열된 저자명 순서는 학술편찬 중 알파벳 순서대로 소개했습니다. 즉, 소개된 이름의 순서는 이 책의 편집, 저술에 대한 공헌 여부와는 관련이 없습니다.

이 책은 매우 중요한 여러 공동 공헌자들 없이는 불가능했을 것입니다. 시작부터 프로젝트에 매우 열정적이었던 공헌자들은 진행 과정에서 전문성과 긴밀한 협조를 보여 주었습니다. 다케우치 미치코Takeuchi Mitchiko, 크리스토퍼 에임스Christopher Ames 그리고 크리스토퍼 넬슨Christopher Nelson에게 깊은 감사를 드립니다. 이 세 분의 전문성과 사려 깊은 공헌 덕에 좀더 다양한 내용을 담을 수 있었으며 특히 일본 및 오키나와 내용을 포함시킬 수 있었습니다. 도나 알바Donna Alvah 그리고 로빈 라일리Robin Riley 덕에 "오버 데어"에 존재하는 여성에게만 군사제국의 함축성이 들어나는 것이 아니라 본국인 미국여성에게도 이런 현상이 드러나고 있다는 것을 우리에게 상기시켜 주며 이 글을 더욱 풍성하게 만들어 주었습니다. 제프 베넷Jeff Benett을 우리에게 소개해 준 넬슨에게 감사드립니다. 미 특수부대 출신인 베넷은 도발적인 아부 그라이브 관련 글을 통해 그의 독특한 관점을 담아냈습니다. 이 책의 지도를 제작해 준 바사대학 내 지도학 기술자인 메그 스튜어트Meg Stuart에게도 또한 감사드립니다. 이분과 같이 일하게 된 것을 우리는 매우 행운으로 생각합니다.

　이 책을 제작하는 과정에서 우리는 수많은 재정지원을 받았습니다. 프리드먼 재단Freedman Foundation에서 후원해 준 덕분에 바사대학 교수진과 조교들 모두 2004년 한국을 방문할 수 있었으며, 이 책을 제작하기 위한 초반 추동력이 되었습니다. 바사대학교수연구 재정지원위원회는 이 책에 실을 글을 쓰기 위한 조사를 진행하기 위해 한국(제인 로센탈 하이머딩어 기금Jane Rosenthal Heimerdinger Fund) 및 독일(루이스 보이드 데일 연구 기금Louise Boyd Dale Research Grants) 여행 경비를 너그러이 후원해 주었습니다. 편집자들은 또한 조교들로 이루어진 조사단과 함께 2005년과 2007년 여름 동안 작업할 수 있는 기회를 준 포드 재단에도 감사를 드립니다. 학장실의 일부 재정적 도움으로 필자들은 2007년 봄, 아시아 연구를 위한 위원회에서 열린 미군기지의 글로벌 시스템과 관련된 사회적 비용에 대한 토론의 패널로 참석할 수 있었습니다. NEH 여름 기금 및 미국 철학회 기금의 도움으로 마리아 혼은 독일 아카이브 연구를 진행할 수 있었습니다. 루스 아시아 연구 프로그램Luce Asian Studies Program 기금의 도움으로 2007년 겨울 워싱턴에 위치한 국립 아카이브에서 문승숙은 조사를 진행할 수 있었습니다. 사회학과에 속해 있는 레슬리 코엠펠Leslie Koempel 기금의 부수적인 도움 덕에 이 책에 실린 글의 조사작업을 진행할 수 있었습니다. 2005년 여름 바사대학의 교수진 여행기금의 부분적 지원으로 여성의 역사 및 미국사회학 협회 회의와 관련된 버크셔Berkshire 컨퍼런스에서 글로벌 미군 제국에 관한 패널을 문승숙은 조직할 수 있었으며, 패널로 참여할 수 있었습니다. 그리고 2006년 가을, 미국인류학 협회 회의에서 일상의 군사화에 대한 주제 패널로도 참여할 수 있었습니다.

문승숙 편집자는 이 책과 관련된 그녀의 연구발표 및 강의에 참석해 준 모든 학자들과 학생들에게 감사의 마음을 전합니다. 보스턴대학, 캘리포니아 주립대학, 도밍게즈 힐, 코넬대학, 드폴대학, 듀크대학, 이화여자대학교, 캘리포니아대학-버클리, 로스앤젤레스, 그리고 하와이대학, 마노아. 특히 그녀의 연구를 공유할 수 있는 포럼의 기회를 제공하고 심도 있는 논평을 제공해 준 샤흘라 해리Shahla Haeri, 박정선, 사카이 나오키Sakai Naoki, 내털리 베넷Natalie Bennett, 김해영, 김은미, 일레인 김Elaine Kim, 존 던컨John Duncan, 그리고 네드 슐츠Ned Shultz에게 특별한 감사를 드립니다. 몇 년 동안 계속된 강의와 대화들은 이 작업을 진행하고 문승숙 편집자의 글을 더욱 분명하게 만드는 데 많은 도움이 되었습니다. 문승숙 편집자는 또한 그녀의 연구와 그녀가 쓴 초기 작업본을 꾸준히 열정적으로 지원해 준 블라디미르 티호노프Vladimir Tikhonov(한국명 박노자)와 화진 바르닷Farzin Vahdat에게 깊은 감사를 드립니다. 이 책에 실린 글의 초기 원고 일부를 읽어 준 부르스 커밍스Bruce Cumings 그리고 윌리엄 호이니스William Hoynes에게도 감사를 드립니다. 그녀는 또한 따뜻한 용기와 그녀의 연구에 진정한 관심을 보여 준 최혜월, 신시아 인로Cynthia Enloe, 가쓰야 히라노Katsuya Hirano, 앤마리아 시마부쿠Annmaria Shimabuku, 세츠 시게마츠Setsu Shigematsu 그리고 시어도어 준 유Theodore Jun Yoo에게 감사를 드립니다. 수많은 기록 내에서 전문적 도움을 준 국가기록원 문서보관 담당자인 리처드 보일런Richard Boylan에게도 감사드리며, 2007년 여름 포드장학생인 쉘비 저겐Shelby Jergens에게도 감사드립니다. 그녀는 자료조사에 도움을 준 것뿐만 아니라 2년간 조교로 일해 주었습니다. 아시아연구 프로그램에 소속되어 있는 훌륭한 동료 및 친구들에게도 감사의 뜻을 전하고 싶습니다. 지적 능력을 펼칠 수 있는 여유를 제공하고, 유지할 수 있도록 도와준 마사 캐플런Martha Kaplan과 유 조우Yu Zhou, 이 책을 작업하는 동안 탁월한 행정 관련 도움을 준 팻 터너Pat Turner, 구와바라 시세이Kuwabara Shisei 사진작가와 의사소통을 하는 데 도움을 준 히로미 돌라스Hiromi Dollase, 시세이 사진작가는 그의 훌륭한 사진에 대한 사용을 허가해 주었습니다. 돌라스 또한 그의 허가에 매우 감사해 하고 있습니다. 문승숙 편집자는 또한 유영임, 김동령, 박경태, 이임하, 그리고 천우성 목사에게 감사드립니다. 한국 기지촌에 대한 그들의 값진 시각을 아낌 없이 공유해 주었으며 이와 관련된 자료를 제공해 주신 데 대해 매우 감사드립니다. 마지막이지만 매우 중요한 즉, 카투사 복무 시절 사진을 사용할 수 있도록 허락해 준 김강석 씨에게 감사를 표합니다.

마리아 혼 편집자가 집필한 모든 챕터의 초안 및 서문과 결론을 모두 읽고 날카로운 조언과 여러 방면으로 용기를 북돋워 준 친구이자 동료인 마르틴 클림케Martin Klimke의 예리한 시각이 혼에게 많은 도움이 되었습니다. 이번 작업은 클림케와 함께한 놀라운 학문적 공동작업이었습니다. 그와 같은 협력자를 찾기란 쉬운 일이 아닐 것입니다. 그녀는 또한 독일역사를 공부하는 뉴욕 여성New York Women in German History 모임에 일원일 수 있었던 것을 행운으로 여기고 있습니다. 이 그룹의 회원들은 몇 년에 걸쳐 그녀가 진행하고 있는 연구를 읽고 열정적으로 챕터들을 조목조목 비판했으며 어려운 질문들을 쏟아붓고 그녀를 격려해 주었습니다. 이들의 사려 깊은 관찰력 덕에 서문에서 제기된 여러 문제들이 좀더 명확해질 수 있었습니다. 줄리 스니링어Julie Sneeringer, 몰리 놀란Molly Nolan, 아티나 그로스만Atina Grossmann, 리타 친Rita Chin, 마리온 캐플런Marion Kaplan, 벨린다 데이비스Belinda Davis, 낸시 레인Nancy Reagin, 에이미 헤킷Amy Hackett, 보니 앤더슨Bonni Anderson, 돌로레스 어거스틴Dolores Augustin, 케이티 펜스Kathy Pence, 레베카 보일링Rebecca Boehling, 제인 캐플런Jane Caplan, 홍영선Hong Young Sun, 크리스타 오도넬Krista O'Donnell에게 감사를 드립니다. 그녀의 바사대학 전 동료인 주디스 와이젠펠드Judith Weisenfeld, 그리고 현 동료인 페기 피에쉬Peggy Piesche 및 마이클 헤너건Michael Hanagan에게 감사를 드립니다. 이들은 10장의 초안을 읽어 주었고 예리한 통찰력을 제공해 주었습니다. 바쁜 일정에도 불구하고 시간을 내어 준 이들에게 감사를 드립니다.

　혼 편집자는 또한 몇 년간에 걸쳐 이 책을 완성하기 위해 자료를 모아 준 그녀의 조교인 주안 베일리-카스트로Duane Bailey-Castro, 케이티 폴Katie Paul, 케이티 그린버그Katie Greenberg 그리고 제시 뤼건버그Jessie Regunberg 덕에 아주 큰 도움을 받았습니다. 혼 편집자와 함께 포드장학생으로 독일을 같이 방문하고 함부르크 및 베를린 기록보관서에서 학생활동가들에 대한 문서를 하나하나 찾는 데 도움을 준 엠마 웰크Emma Woelk에게 감사를 드립니다. 이 책을 완성하는 마지막 단계에서 그녀의 조교 마이클 일라디Michael Ilardi는 그의 예리한 시각을 통해 세부사항을 주의 깊게 살펴보며 더 많은 시간을 기꺼이 투자해 이 책을 살펴보았습니다. 그녀는 또한 학생 활동가 시절 케이디 울프KD Wolff가 조직했던 블랙팬더 연대캠페인과 관련된 그의 모든 통찰에 대해 깊은 감사를 드립니다. 독일 soldatenrecht 관련 문서보관서 큐레이터인 디어터 브륀Dieter Brünn은 자신이 소유하고 있는 미군운동에 관한 풍부한 자료를 살펴볼 수 있도록 너그럽게 허락해 주셨습니다. 그녀는 브륀과 함께 자료를 모아준 막스 와트Max Watts에게도 감사드리며 후반부에 그 일을 진행해 준 데이브 해리스Dave Harris와 그의 미망인 비키 막스Vicky Marx에게도 감사를 드립니다. 이들은 지금까지 그 자료들을 꾸준히 보관하고 있었습니다. 혼이 집필한 글에 사용된 사진들을 허락해 준 마이클 가입Michael Geib에게 감사를 드립니다. 그는 람슈타인 공군기지와 라인란트-팔라틴 지역에서 미국인들의 역사를 기록하고 전시하는 센터, 바움홀더 출신의 작고하신 칼 에딩거와 월터 로델, 그리고 피엘 미디어의 허버트 피엘로부터 많은 문서와 자료를 받아 제공해 주었습니다.

편집자들의 남편인 화진 바르닷 그리고 찰스 가이거Charles Geiger 모두 편집자들이 인식하는 것보다 더 많은 세월 동안 이 프로젝트와 함께 생활했습니다. 이들이 보여 준 인내심과, 지원 특히 그들이 보여 준 훌륭한 유머, 그들은 힘든 시기마다 우리를 지원해 주고 편안함을 느끼게 해주었습니다. 이뿐만 아니라 다른 여러 방식을 통해 이들은 우리 삶에 기쁨을 가져다 주었으며 우리는 그들에게 감사합니다.

| 일러두기 |

1 이 책은 Maria Höhn, Seungsook Moon et al., *Over There: Living with the U.S. Military Empire from World War Two to the Present*(Duke University Press, 2010)를 완역한 것이다.

2 본문의 주석은 모두 각주로 표시되어 있다. 옮긴이 주는 끝에 '―옮긴이'라고 표시했으며, 표시가 없는 것은 모두 지은이 주이다.

3 본문에 실린 모든 사진, 이미지, 표는 허가를 받아 게재했다.

4 본문 중에 독자의 이해를 돕기 위해 옮긴이가 추가한 내용은 대괄호([ ])로 묶어 표시했다.

5 단행본·전집·정기간행물은 겹낫표(『』)로, 논문·법령·보고서 등은 낫표(「」)로 표시했다.

6 외국어 고유명사는 2002년에 국립국어원에서 펴낸 외래어표기법을 따르는 것을 원칙으로 하되, 관례가 굳어서 쓰이는 것들은 관례를 따랐다.

한국어판 서문

문승숙

이 책의 한국어판 출판의 마무리 작업이 진행되는 가운데 사드(THAAD: 고고도미사일방어체계) 배치를 둘러싼 논쟁과 찬반 시위가 뜨겁게 전개되고 있다. 환경 파괴로 야기된 지구의 온난화 때문일까? 예외적으로 무더운 한국의 날씨로 인해 논의가 더욱 과열되는 듯하다. 과거 군사정권 시절과 달리 미군의 군사기지 이전이나 확장, 그리고 그와 관련된 군비 증강은 항상 찬반의 반응을 거세게 야기시킨다. 찬성하는 사람들은 이런 고도로 발달된 방어체계가 '적'이 쏘는 단거리와 중거리 탄도유도탄을 마지막 단계에서 요격해서 파괴하고, '우리'의 안전을 지켜줄 수 있다고 주장한다. 이론은 그렇지만 그 복잡하고 정교한 무기체계가 실제 전쟁 상황에서 제대로 작동할지는 아무도 장담할 수 없다. 실험을 통해 손쉽게 실증적인 자료를 얻을 수 있는 상황이 아니기 때문에 더욱 그렇다. 방어를 위해서 이루어지는 군비 증강이 우리를 안전하게 지키기보다는 우리를 더욱 불안하게 할 수 있다는 한 친구의 경험담이 생각난다. 이 친구는 웨스트포인트를 졸업하고 미군장교 생활을 8년간 한 후에 군수장비

회사에서 일했고, 이라크전쟁 당시 미군 군사정부의 컴퓨터 시스템을 확립하기 위해 2000년대 중반에 이라크로 파견되기도 했다. 이 친구와 최근에 미국사회에서 뜨겁게 달아오른 문제 ——경찰관들이 범죄자가 아닌 평범한 젊은 흑인 남성들을 특별히 폭력적으로 다루고 그 과정에서 총을 쏘아 죽이는 사례가 계속 일어나는 상황——를 논의할 기회가 있었다. 예전부터 있었던 문제가 인터넷을 통해 일반 시민들에게 생생하게 알려지면서 더욱 불거지게 된 것이다. 저자의 친구는 경찰관들의 과격한 행동이 단지 인종차별의 문제만이 아니라 (2001년) 9·11 테러 공격 이후 민간인을 다루는 일반 경찰관들이 지나치게 무장을 한 결과라고 언급했다. 많은 수의 미국 경찰관들이 실탄을 지닌 총은 물론이고, 방탄조끼나 갑옷armor으로 중무장을 하고 거리를 순찰하며 교통위반자를 다루고 있다. 이 친구는 자신이 처음으로 방탄조끼와 갑옷을 입었을 때 어떤 느낌이었는지를 저자에게 들려주었다. "나는 이제 안전하다, 이렇게 철저하게 무장을 했으니. 이런 느낌이 아니라 아이러니컬하게도, 이 장비 어디 구멍이 나거나 잘못된 데 없나, 불안하다. 이런 느낌이 가장 먼저 강렬하게 들었다." 저자는 이 경험담을 들으면서 '보호'를 목적으로 이루어지는 무장이 어떤 심리적 상태를 야기시킬 수 있는지 잘 보여 준다고 느꼈다. 무장을 하면 할수록 안도감보다는 그 철저한 무장에 어떤 하자가 있지 않나 하는 불안감이 더해지는 인간 심리의 움직임이 주목할 만하다. 군비 증강과 철저한 무장을 불가피하게 보는 사고방식과 안목에 사로잡히기 때문이다. 이는 '안보전문가'들이 주장하는 소위 '현실주의'가 평화공존과 무장해제를 추구하는 입장보다 더 냉철하고 합리적이라고 볼 수 없는 이유이기도 하다. 더욱이 군비 증강이 계속되면서 더욱 권력을 쌓고 경제적 이익을 얻는 전문가 집단과 일반인 집단들이 평화주의가 확대될 때 권력을 쌓고 경제적 이익을 얻을 사람들보다 비교할 수 없을 정도로 많다는 점을 기억할 필요가 있다.

* * *

미군기지는 한국이 근대국가로 다시 태어난 1948년 전에 이미 만들어졌고 70년이 넘도록 한국사회의 일부로 존재해 왔다. 1970년대까지만 해도 많은 한국사람들이 미군기지와 그 영향에 직접적·간접적으로 노출되어 왔다. 그만큼 기지의 수도 많았고, 이들의 경제적·대중문화적 영향력이 한국사회에서 상대적으로 컸기 때문이었다. 미군기지 PX에서 흘러나온 초콜릿, 통조림, 그리고 가전제품을 파는 가게는 남대문의 "도깨비 시장"에만 있는 게 아니었다. 그런 가게나 가정 방문판매 아주머니는 흔히 볼 수 있는 동네의 풍경이었다. 유명한 가수들 중의 상당수가 미군기지 클럽에서 자신들의 연예계 활동을 시작했다. 한 세대가 족히 지난 2016년 지금, 많은 한국사람들에게, 특히 젊은 세대에게, 미군기지는 어떤 의미를 지니고 있을까? 이 책은 저자가 쓴 한국의 사례, 공동편집자인 마리아 혼이 쓴 독일의 사례, 그리고 다른 학자들이 쓴 일본 본토와 오키나와의 사례가 중심이지만, 미군 점령하에 있던 이라크의 아부 그라이브 교도소 수감자 학대사건, 뉴욕 주에 있는 군수산업체에서 일하는 여성들, 그리고 독일, 한국, 일본에 주둔한 미군들의 배우자들에 대한 연구도 소개하고 있다. 미군기지가 왜 아직도 필요한지, 또 계속 존재해야만 한다면 어떤 조건하에서 이루어져야 하는지, 이런 어렵고 무거운 질문들이

민주사회에서 논의되고 다수의 의견이 수렴되어야 한다. 이런 공론의 장을 열고 유지하는 데 보탬이 되기를 바라면서 어두운 문제지만 기쁜 마음으로 이 번역본을 출간한다.

2016년 9월

미드허드슨 계곡에서

미 군사제국 내 젠더, 성, 인종 및 계급의 정치학

문승숙·마리아 혼

2004년 봄, 미국 뉴욕 주에 있는 바사대학 학생들과 현장답사차 한국에 왔을 때, 우리는 미군병사들을 접대하는 서울의 유명한 홍등가인 이태원 후커힐Hooker Hill을 방문했다. 이때, 이 책을 위한 구상이 떠올랐다. 1940년대 말부터 그랬듯 이태원은 아직도 미군 병사들이 즐겨 찾는 곳이지만, 이제는 외국 음식들을 판매하는 일류 레스토랑들이 늘어선 시끌벅적한 쇼핑거리로 바뀌어 있었다. 우리가 이태원을 방문하는 동안, 미군들은 거리를 서성거렸고, 자신들이 늘상 해오던 일들을 하고 있었다. 미군들의 이러한 행위는 그들의 조국인 미국이 유지하고 있는 세계적인 군사제국의 역사만큼이나 오래된 것이다. 군인들은 이태원에서 술과 마약을 찾고 여자들과의 만남을 기대하며 따분한 군생활에서 탈출하길 바란다. 그러나 대부분의 한국인들에게는 미군을 접대하는 이태원의 클럽들은 법적으로 출입이 금지된 지역이다. 모든 클럽들은 미국의 음악을 신나게 울려 대고 미국에 있는 지명들을 떠올리게 하는 많은 스포츠팀의 이름들로 도배되어 있었다. 이곳에서 사업상 거래는 모두 영어로 이루어지며, 유흥시설 대부분은 미국 사회에 만연한 인종차별적인 분리 방식을 채택하고 있었다. 이런 요란하고 시끌벅적한 분위기 속에서 질서를 유지하기 위해 미 헌병U. S. Military Police, MPs 대신 제복을 입은 풍기문란 단속순찰대Coutesy Patrols, CPs가 거리를 걸어다녔고, 주기적으로 클럽 안에 있는 미군 병사들을 확인했다. 즐거운 시간을 갈구하는 군인들과 상황을 통제하려는 풍기문란 단속순찰대들 사이에서 이태원 클럽들은 전 세계 미군기지가 위치한 다른 곳들과 크게 다르지 않았다. 실제로 일부 클럽들은 "girls, girls, girls"[아가씨, 아가씨, 아가씨] 또는 "naughty nurses"[맹랑한 간호사]같이 노골적인 이름을 썼고, 다른 쪽 클럽들은 바이에른 장식을 자랑스럽게 걸어 놓고 미군들이 '살기 좋았던 옛 독일'에서 먹고 마시던, 비엔나 슈니첼(독일 소시지)과 독일 맥주가 제공됨을 선전했다. 풍기문란 단속순찰대에서 근무를 돌던 병장들이 우리에게 웃으면서 자신들이 마지막으로 근무를 했던 독일 바움홀더도 이와 비슷했다고 말했다. 그곳은 독일에서 가장 큰 미군기지 중 하나가 있는 곳이다.[1]

이태원을 방문하는 동안 우리는 전에 이태원에 있는 클럽을 와 본 적이 없는 데도 이곳이 낯설지 않다는 것을 깨달았다. 이곳이 낯설지 않은 것은 단지 우리가 해외에 주둔하고 있는 미군의 존재가 미치는 영향에 대해서 연구하는 학자여서 그런 것만은 아니었다. 그것은 우리 모두 2차세계대전이 끝난 후, 미군의 존재가 일상의 한부분이었던 사회에서

---

1 바움홀더(Baumholder)와 관련해 좀더 자세한 연구는 Höhn(2000)을 참조할 것. 5,000명의 주민이 거주하고 있던 조그만 동네인 바움홀더엔 냉전을 위해 배치된 30,000명의 군속들이 거주하고 있는 미군기지가 위치하고 있다.

자랐기 때문이었다. 물론 우리가 매우 '익숙하게' 느낀 것은 미국 시민 다수가 완전히 '낯설게' 느끼는, 세계적인 미군기지 체제의 일부분이다. 1973년 완전 모병제 도입 이래 미국인의 0.3%만이 매년 군복무를 해왔다. 이런 이유로 대다수 미국인들은 군대 생활의 현실에 대한 이해가 부족한 것은 물론이고, 대규모 해외 군대 파병의 불미스러운 부분에 대해 거의 알지 못한다. 미국인들은 자신들의 국가가 '주둔'하고 있는 사회에 어떤 방식으로 미국을 인식시키는지, 대다수인 젊은 남성과 소수의 여성으로 구성되어 있는 주둔 미군의 존재가 그 지역 남녀의 일상생활에 어떤 영향을 미치는지 거의 알지 못한다. 더욱이 미국 본토에도 군 기지를 둘러싸고 형성된 '캠프타운' 또는 '베이스타운'이 존재하지만,[2] 아시아에 위치한 기지촌의 상황은 현저히 다르다. 해외로 배치되는 미군들은 가정과 멀리 떨어질 뿐만 아니라 인종 및 문화적 측면에서 우월감을 느끼게 하는 낯선 환경 속에서 작전을 수행해야 한다. 최근 2차세계대전 참전용사들이 '가장 위대한 세대'로 추앙을 받게 되고 고통스러웠던 베트남전쟁의 기억이 희미해지면서 미국인들은 국가의 영원한 '군대 지원' 책무를 일반적으로 인정하고 있다. 그러면서 이러한 미군기지의 전 지구적인 네트워크가 존재하는 곳에서 살고 있는 사람들의 일상에 미치는 미군의 영향력을 좀더 비판적으로 평가할 기회는 상당히 줄었다. 2001년 9월 11일에 일어난 미국에 대한 공격과 그로 인해 시작된 '테러와의 전쟁'은 이러한 경향을 더욱 악화시켰다.

---

2 미국 노스캐롤라이나(North Carolina) 주 브래그 기지(Fort Bragg) 밖에 위치한 페이엇빌(Fayette-ville)에 관련한 연구는 Lutz(2001) 참조.

『오버 데어: 2차세계대전부터 현재까지 미군 제국과 살아온 삶』은 이런 군사제국의 확장이 어떤 함축적 의미를 갖고 있는지 '오버 데어'에 있는 사람들과 미국 시민들 모두에게 밀도 있게 보여 주려는 학문적 노력이다. 이 책에 실려 있는 논문들은 각기 다른 학문분야(인류학, 역사학, 종교학, 사회학, 여성과 젠더학)에서 훈련받은 학자들의 개인 작업물이며 사회학자인 문승숙과 역사학자인 마리아 혼이 공동 편집을 맡았다.

공동 편집자 입장에서 비교를 통한 연구 및 국경을 초월할 수 있는 내용의 책이 필요하다는 데 동의했다. 그러나 우리는 곧 우리 자신들이 매우 다른 가정 아래 이 프로젝트를 대하고 있음을 깨달았다. 미군기지 체계의 기능면에서 공통점을 발견하려는 노력은 제국에 대한 포괄적인 이론적 모델을 만드는 데 일조했다. 우리는 또한 군대 파병의 차이점 및 1945년 이래 군대의 진화 과정, 미군과 지역 민간인들이 접촉하면서 발생하는 복합성을 강조하려 고심했다. 각자의 고국인 한국과 서독에 존재하는 미군 부대에 대해 참여관찰자적 입장에서 우리가 져야 할 우리만의 '역사적 짐'은 우리를 미군 존재가 미치는 영향에 관해 몇 번의 활발한 논의로 이끌었다. 그럼에도 불구하고 결국 뚜렷하게 구별되는 학문 분야의 적용 방식과 우리의 서로 다른 국적과 경험들은 우리로 하여금 세계적인 미군기지 체계에 대해 더욱 풍부하고 미묘한 차이에 대한 탐구를 가능하게 해줬다. 우리는 평등한 작업 파트너였고 이 프로젝트에 동일하게 기여했다. 우리 두 사람은 이런 학문적 공동작업을 통해 많은 것을 함께 배웠다.

해외주둔국 내 사회관계에 있어 미군기지가 미치는 영향력에 대한 최근 연구들을 같이 수집하면서, 우리는 전례를 찾아볼 수 없는 기지-제국을 가시화하려고 노력했다. 미국의 정책입안자들이 세계적인 군사기지 네트워크의 미래적 형태에 관해 논의할 때, 우리의 연구는 비교학적이며 다학제적 접근방식을 동원하였다. 이 방식으로 인해 우리의 연구는 이론 및 실증적인 면 모두에서 주목할 만하다. 소련의 붕괴 후 세계적인 미군기지 체계가 지속적인 변형을 하고 있는 가운데, 기존에 존재하고 있는 기지 구조는 새로운 형태인, 더욱 기동력 있고 유연한 기지로 대체되고 있는 중이다. 이는 유일하게 초강대국으로서 존재하고 있는 미국의 새로운 해외주둔을 강화하기 위한 방식이다. 냉전 말기 유럽 국가에 존재했던, 대부분 독일에 있었던 엄청난 수의 기지들이 축소되고 한국, 일본 그리고 오키나와의 기지들은 통합되었다. 1990년 첫 걸프전쟁 기간 동안, 새로운 시설들이 중동지역에 생겨났다. 2001년 테러범들의 공격 후, 미 정책입안자들은 중앙아시아와 중국을 가로지르며 아프리카부터 중동에 이르기까지 하나의 새로운 '불안정 원형지대'를 만들어 냈다. 이를 계기로 더욱 유연한 '전방 작전 거점'에 대한 수요를 늘려 갔다. 아프가니스탄, 키르기스스탄, 우즈베키스탄, 타지키스탄, 쿠웨이트, 카타르, 터키, 불가리아에 군사기지가 지어졌다. 그리고 최근에 가장 논란을 불러일으켰던 이라크에도 군기지가 신설되었다.

특히 이 책에 기고한 저자들은 미국이 세계적인 군기지 제국을 유지하는 데 필수 구성요소인 젠더, 성, 인종 그리고 계급의 정치학이 갖는 다양한 관점을 분명히 밝히려고 노력했다. 전 지구적이며 초국가적인 현상의 하나로서 미국군대를 탐구하는 동시에, 저자들은 미 군사제국이 군인과 그들 가족의 삶에만 관련되어 있는 것이 아니라, 주둔지역 공동체에 살고 있는 성노동자와 주민의 삶과도 관련되어 있다는 것을 보여 준다. 지난 60년간 미국 해외 군사기지와 군대의 3분의 2 이상이 집중적으로 주둔하고 있는 한국, 일본, 오키나와 그리고 독일에 초점을 맞추면서 이 책은 민간인 사회와 군대 사이의 경계가 흐려지는 미군기지 내부와 주변에 존재하는 혼성공간hybrid space에 특히 주목하고 있다. 또한 미 군사제국을 유지하는 데 드는 사회적 비용 측면에서 나타나는 순환적 패턴과 차연différance을 보여 준다. 우리는 또한 이 세 나라 외에도 가장 최근 중동 지역으로 군사기지 체계를 확장하는 데 역할을 담당한 미 제국의 운용 방식에 대해서도 조사했다. 또 다른 혼성공간의 예로 미 방위산업체와 거기서 종사하고 있는 여성노동자들의 경험도 살펴보았다.[3]

19세기와 20세기 초 유럽의 제국을 조사한 학자들의 작업(McClin-tock 1995; Stoler 2002, 2006b; Young 1995)은 우리가 미 군사제국에 관해 심도 깊은 연구를 수행하는 데 많은 영감을 주었다. 우리는 또한 제국주의의 팽창을 '미국 역사의 역동적 엔진 중 하나'(Go 2007, 2008; Go and Foster 2003; Kaplan 2002; Kramer 2002, 2006a; Renda 2001)로 간주하고 이를 신랄하게 폭로한 학자들의 연구에 많은 도움을 받았다. 특히 줄리앤 고Julian Go, 에이미 캐플런Amy Kaplan, 폴 크레이머Paul Kramer, 멜라니 맥캘리스터Melanie McAlister 그리고 메리 렌더Mary Renda 같은 학자들은 미국 역사를 '식민지와 탈식민주의 권력의 전체 역사' 속에 확고하게 위치시켰다. 그들의 중요한 작업은 '미국 예외주의'(Kaplan 2002, 2004, 6; Kramer 2006; McAlister

---

3 앤 로라 스톨러(Ann Laura Stoler)는 다음과 같은 언급을 했다. 미국 이전에 존재했던 제국들도 국가 간 혹은 민간 사회와 군대 간의 경계를 흐리게 하는 혼성 공간이나 모호한 공간들을 창조하고 유지하는 데 집중했다. Stoler(2006b, 54~58).

2001; Renda 2001)의 주장 뒤에 오랫동안 감춰져 있던 것을 드러냈다는 것이다. 캐플런(2004, 3)이 그녀의 연구에서 주장한 것처럼 "제국에 관해 부인하고 부정하는 행위는 미 제국주의의 이데올로기적인 주춧돌로서 오랜 기간 작용해 왔으며 미국 예외주의의 주요한 요소로 작용해 왔다".

미 제국주의를 표면화하는 데 기여했던 학자들은 19세기와 20세기 초 상황에만 중점을 두었다. 그러나 이 작업만큼 중요한 사실, 즉 1945년 이후 광범위한 군사기지 네트워크에 힘입어 지탱되고 있는 미 제국 자체는 무시했다.[4] 1945년 이후 미국 권력의 전례 없는 팽창의 역사를 무시한 채, 미국 국내외 모두에 존재하는 미 제국을 연구한 학자들은 소위 미국의 '소프트 파워'라고 불리는 것에만 초점을 맞췄다. 소프트 파워에는 2차세계대전 이후 재건 상황에서 도입된 미국의 소비자본주의, 미국 기업의 경제 권력, 전 세계적인 미국문화 생산물의 영향력(Nye 2002)을 들 수 있다. 이러한 연구를 통해 '코카콜라 식민주의', '맥도널드화', '소비의 제국' 그리고 '거부할 수 없는 제국' 같은 용어들이 널리 알려졌다. 이 용어들은 미국 소비 모델의 지배와 이 세상에 존재하는 수백만 사람들(Barber 2001; Bascara 2006; DeGrazia 2005; Gardner and Young 2005; Kroes 1996; Kuisel 1993; Ritzer 2000; Wagnleitner 1991, 1994)의 욕망과 꿈을 형성하는 거대 미디어, 이를 주도하는 미국을 강조했다. 비평가들은 이러한 욕망과 꿈을 악몽으로 볼 수도 있을 것이다. 미국의 문화제국주의와 정치경제에 초점을 둔 그들의 연구는 증가되는 생산품, 이미지, 아이디어 그리고

---

4 전후 시기에 초점을 맞춰 연구한 McAlister(2001)의 작업은 이례적이다. 그러나 그녀는 해외에 주둔해 있는 군대의 영향을 고려하지 않은 채 미국 내 문화적 생산물에만 초점을 맞췄다.

정보의 순환으로 특징지어지는 세계화시대에 중요하다(Appadurai 1996; Kroes 1996; Rosenberg 1982; Watson 2007). 그러나 이들 또한 전 세계에 미치는 미국의 영향력, 즉 미 군사기지의 전 세계적인 네트워크를 굳건히 해 주는 '하드 파워'에 대해서는 간과했다.

1945년 이래 미 군사제국의 유례없는 규모와 영향력의 범위를 고려해 볼 때, 전략 연구나 군대역사 같은 한정된 테두리 밖에 존재하는 학자들이 미국의 세계적 군사권력의 영향력에 대해 갖는 관심은 놀랍도록 제한적이다.[5] 이런 연구분야 밖에 위치한 학자들이 미국군대에 관심을 가질 땐, 대부분 군대의 성별을 반영한 근무 형태나 군대 내 여성과 성소수자들의 환경에 대한 연구를 하고자 하는 페미니스트 학자들이 대부분이다.[6] 이런 종류의 연구들은 전쟁과 평화시 군대 내 개인의 삶과 군대 절차를 구성하는 데 있어 필수적인 원칙으로서 젠더와 성이 어떤 방식으로 그리고 어느 정도 영향을 미치는지 보여 주지만, 이러한 연구들은 미국 국내에 위치한 군대 기관에만 한정되었다. 해외 미군기지에 대해 관심을 보이고 있는 연구들은 오직 한 국가에 미치는 미군기지들의 영향에 초점을 맞추는 경향이 있거나[7] 기지에 반대급부로 나타난, 지역의

---

5 이러한 경향에서 예외적인 Carl Boggs(2003)를 보라. 그는 이러한 경향들이 갖고 있는 빈틈을 지적했다.

6 군대 내 여성의 유급 및 무급노동에 대한 연구를 보려면 Freedman and Rhoads(1989); Howes and Stevenson(1993); Norman(1990); Zeiger(1999) 참조. 군대 내 여성과 동성애자와 관련된 폭력에 대한 연구를 보려면 Firestone and Harris(2003); Harris(1999); Miller(1998); Quester(2002); Scott and Stanley(1994); Shawver(1995); Wolinsky and Sherrill(1993); Zeeland(1996) 참조. 군대 내 성별이 반영된 근무 형태에 대한 연구를 보려면 D'Amico and Weinstein(2000); DeGroot and Peniston-Bird(2000); Enloe(1983, 1989, 1993, 2000); Herbert(1998). 전쟁과 군사주의에 대한 여성의 저항과 관련한 연구를 보려면 Elshtain and Tobias(1990); Oldfield(1989); Tylee(1990) .

정치적 저항에 대한 연구에 중심을 둔다.[8] 이러한 연구들은 중요하고 필요하지만, 냉전 기간 내내 미군과 지역 주민들 사이의 다양한 상호작용 그리고 이러한 관계들이 냉전의 여파 속에서 어떻게 변화했는지를 전체적으로 잡아 내진 못한다.

이 책은 미국의 전 세계적인 군사제국이 그 정점에 도달했던 1945년 이후에 초점을 맞추고 있으며, 우리는 이러한 기지들을 미국 팽창주의의 아주 오래된 역사의 일부분으로 다루고 있다. 그러므로 이런 기지와 관련한 후속 연구들은 전략 연구 또는 군대역사 분야에만 국한되어선 안 된다. 미국 예외주의와 관련한 주장들이 너무나 오랫동안, 군사기지가 미 제국 건립과 미국이 서방 팽창으로 회귀하는 데 있어 주요한 부분이었다는 사실을 흐려 놓았다. 19세기 동안 2억 5천 개가 넘는 요새에 주둔해 있던 군인들은 해외 군사기지의 확장과 건립이 미국의 해외 제국주의 독립을 강화하는 데 중심적 역할을 한다고 확신했다. 1898년 미서전쟁美西戰爭을 시작으로 미국은 새롭게 영토를 획득하는 것은 미국의 특권이라고 확신하기 시작했다(Gillem 2007, 19; Weigley 1984, 267). 중요하게도 미국이 이미 괌, 아이티, 하와이, 파나마, 필리핀, 푸에르토리코 및 버진 아일랜드들을 '통합'하거나 식민화한 이후에 아리조나, 뉴멕시코 그리고 오클라호마가 미국의 주로 편입되었다(Renda 2001, 7). 19세기뿐만 아니라 2차세계대전 후 미국의 군대 및 군대의 복잡한 구조는 미국

---

7 개별 국가와 관련해 면밀한 연구가 필요할 경우 독일과 관련해서는 Leuerer(1997); Höhn(2002) 참조. 한국과 관련해서는 K. Moon(1997), 디에고 가르시아 섬과 관련해서는 Vine(2009) 참조.
8 비교를 통한 연구를 살펴야 할 경우 Cooley(2008); Lutz(2009); Gillem(2007); Barker(2004), Gerson and Birchard(1999); Johnson(2000, 2004); Sturdevant and Stoltzfus(1992) 참조.

권력의 영속적인 팽창을 보증하는 주요한 요소로서 다루어져야 한다.

2차세계대전과 전후 기간에 걸친 기지 건설

2009년 미군기지현황Base Structure Report에 따르면 소련이 몰락한 지 19년이 지났고, 9·11 테러가 발생한 지 8년이 지난 지금도 여전히 미국은 180만 명이 넘는 병력을 보유하고 있으며, 500,000명에 달하는 직원들을 국방부에 고용 중이고, 370,000명을 이와는 별도로 '다른' 직책에 고용하고 있다. 이 엄청난 숫자의 고용인들은 미국과 해외 군사기지에 분산 배치되어 있다. 140,000명에 달하는 군인들과 이 수에 맞먹는 가족들, 20,000명 정도의 군속과 72,000명이 넘는 '다른' 직책을 가진 인원들이 전 세계 700개가 넘는 미군기지에서 복무 중이다. 물론 해외에 주둔하고 있는 상당한 숫자의 인력들은 냉전 시대에 배치되었던 인원의 희미한 흔적일 뿐이다. 냉전 시대 동안 500,000명 정도의 군인들과 수만 명에 달하는 군속과 수십만 명에 달하는 가족들이 해외에 배치되었다.[9] 2009년 현황은 이라크와 아프가니스탄에서 전투 중인 군대의 숫자를 포함하고 있지 않아 군대의 숫자 또한 정확도가 떨어진다. 그 이유는 미군이 이 두 지역에 있는 군인들을 '배치 또는 주둔'해 있다고 보지 않고, 단지 해외에 '파병'되어 있다고 간주하기 때문이다. 또한 할리버튼Halliburton이나

---

9 전후 미군기지의 글로벌 네트워크 발달과 관련해서 다음을 참조. Blaker(1990); Calder(2007), Campbell and Ward(2003); Gerson and Birchard (1991); Grant(2002); Lindsay-Poland 1996(1999); Sandars(2000). *Time*, December 29, 2003/January 5, 2004.

블랙워터(2009년 크세논Xe으로 회사명을 바꿈)같이 이라크와 아프가니스탄에 있는 수만 명에 달하는 민간 군속계약 업체 또한 통계에 포함되어 있지 않다. 이들은 건설, 음식 및 세탁을 맡고 있으며 보안과 정부 분야에서 점점 더 많은 역할을 담당하고 있다(Kane 2006).[10]

배치된 인력들에게 집과 훈련장을 제공하기 위해, 미군은 2,900에이커[약 35억 평]에 달하는 영토를 통제하고 있다. 또한 주둔국 정부는 635,000에이커[약 7억 7천 평]에 달하는 영토사용권을 미군에게 허가했다. 이런 광범위한 영토에 군대를 유지하기 위해서 치러야 하는 대가가 있다. 미 대륙 내에 위치한 군사시설은 6,000억 달러의 이상의 비용이 들었고, 해외에 위치한 미군기지 구조를 교체한다면, 미국 납세자가 내는 세금이 1,240억 달러가 들 것이다. 해외에 주둔한 미군기지 교체 비용에는 현재 거대한 규모와 엄청나게 많은 비용이 들어가고 있는 이라크, 아프가니스탄 및 중앙아시아에서 건설 중인 기지는 포함되어 있지 않다. 2009년 현황에는 유럽과 아시아에서 미국이 대여해서 사용 중인 약 23,000개의 빌딩, 기지 그리고 시설물들의 교체 비용 또한 포함되어 있지 않다. 미국은 세계에서 가장 큰 군사 강대국 타이틀만 가지고 있는 것은 아니다. 미국은 또한 세계에서 가장 넓은 땅을 소유하고 있는 임대인이면서 동시에 임차인이다(Kane 2006).[11] 미국은 제국이 아니라고 계속해

---

10 Chalmers A. Johnson, "737 US Military Bases Equals Global Empire", *Japan Focus*, vol 22, February 2007, 온라인에서 확인 가능(http://japanfocus.org/products/topdf/2358). 2009년 기지구조 보고서는 국방부 온라인 웹사이트를 참조하라. http://www.acq.osd.mil/ie/ie_library.shtml(2010년 3월 29일 접속했음).

11 Johnson, "737 US Military Bases Equals Global Empire". 해외 미군기지가 건설되어 있는 토지는 미국이 소유하고 있는 땅이 아닌 경우가 많지만, 주둔국은 무료로 토지를 임대해 주고 있다.

서 주장하면서, 어떻게 이런 지경에 이르게 되었는가?

　1898년 미서전쟁에서 미국이 승리한 후, 미 대륙 밖에 최초의 미 군사기지가 쿠바, 관타나모 만에 세워졌다. 필리핀의 해군기지도 같은 전쟁에서 얻은 값진 전리품이다. 1938년까지 미국은 파나마, 쿠바, 푸에르토리코, 캐러비언에 있는 버진 아일랜드에 기지를 세웠다. 동시에 하와이와 필리핀이 해군 활동에 있어 중추적인 역할을 담당했고, 괌, 미드웨이 제도 그리고 태평양에 위치한 웨이크Wake에 있는 군 시설들이 해군 활동의 보조적인 역할을 수행했다. 적은 수의 군대 인력들이 파나마, 하와이 그리고 필리핀 등지에 배치되었지만, 2차세계대전 발발 전 해외 배치는 대부분 미 해군과 해병대였었다. 오늘날 전방위로 뻗어 나가고 있는 군사제국주의와 비교해서, 60,000명이 미 해군에서 복무하고 있었으며, 해외 해군기지에 배치된 인원수는 아주 적었다. 미군기지 구조의 진정한 팽창이 시작된 것은 2차세계대전 중, 1941년 무기 대여와 함께 시작되었다. 독일이 점령할 것을 우려해 캐러비언 제도에 있었던 기존 군기지를 영국으로부터 인수하였고, 독일 침공 준비를 위해 영국과 아프리카에 있는 기지들을 인수했다. 1941년 12월에 발생한 진주만 공격은 태평양 제도에 군사기지 팽창을 가속화시켰을 뿐만 아니라 교전이 종식된 후에도 미군기지가 '열려 있는 상호의존적인 정치경제 질서의 보증인'으로서 유지되어야 한다는 생각을 키웠다. 1942년까지 루스벨트 대통령은 합동참모본부Joint Chiefs of Staff에 이러한 질서를 보증할 수 있는 확장된 세계 미군기지 네트워크 구축을 위한 제안서를 준비하라고 지시했다(Calder 2007, 13).[12] 진주만 공격 1년 후, 100여 개가 넘는 국가에 2,000여 개의 미군기지를 세우는 미군기지 체제와 관련된 골자가 실행에 옮겨졌다. 1945년까지 미국군대의 방어 시설 네트워크는 북극 한계선에서 남극까지 뻗어나갔다(Blaker 1990; Caler 2007).

1945년 7월 17일부터 8월 2일까지 열린 포츠담 회담에서 트루먼 Harry S. Truman 대통령은 미국이 '우리의 이익과 세계 평화를 온전히 보호하기 위한 군사기지 유지의 필요성'을 담은 그의 신념을 다시 한번 강조했다(Calder 2007, chap. 1; Sandars 2000, 3). 전시戰時에 세워진 2,000개가 넘는 해외 군사 시설을 1949년까지 582개로 줄였음에도 불구하고, 군사 기획자들은 미국의 해양 점령을 확실히 하기 위해 오키나와부터 알루산 열도에 이르는 태평양 지역에 위치한 미 군사기지를 확고하게 사수했다. 미국은 또한 대영제국주의가 쇠퇴하면서 남겨진 빈 공간을 채우느라 여념이 없었고, 특히 중동 지역에 몰입했다. 미국은 중동, 바레인에 1947년 대영제국이 세운 군사기지를 처음으로 '물려'받았고 이것을 주요한 미 해군 기지 시설로 완전히 바꿨다. 이 기지는 석유를 무료로 공급받기 위해 전략적 측면에서 최상의 역할을 담당할 수 있기 때문이었다. 1957년까지 미국은 815개의 미군기지를 미국 영토 밖에 건설했다. 그리고 1960년까지 미국은 43개의 국가와 조약을 맺었는데, 이는 그들 나라에 미국 군대 배치를 허용하는 조약이다. 1950년대 말까지 미국군대, 군속 그리고 그들의 가족들이 미국 군사기지의 글로벌 네트워크의 일부분으로 해외에서 거주했다(Sandars 2000, 9).[13]

---

12 우리가 이 책에 대한 생각을 정립하고 글을 마무리했을 때, 켄트 캘더(Kent Calder)의 저서가 출간되었다. 그는 기지를 전후 생성된 체제이자 안정적인 주요 시스템의 하나로 보았다. 또한 기지로 인해 지역주민들이 높은 비용을 부담하는 것에도 주목하고 있다. 비교할 필요성이 가장 높다고 생각한 세 나라에 대해서 그 역사도 저작에서 초점을 맞추고 있음을 우리는 확인했다.

세 가지의 근본적인 군사 전략을 뒷받침했던 기지 체계를 고려하면서 미국 군사기지의 세계적 망에 관해 생각해 보면 냉전시대 소련과의 경쟁이 곧장 머릿속에 떠오른다. 소련 주변에 위치한 공군과 미사일 기지 편대는 대부분이 일본과 유럽에 위치하고 있다. 상공에서 소련 공격을 가능하게 할 것이며 태평양에 주둔하고 있는 해군은 항공모함을 세계 분쟁지역 어디라도 보낼 수 있게 해줄 것이다. 마지막으로 서독과 남한에 배치되어 있는 미 전투 병력들은 공산주의자들의 어떠한 잠재적인 침략도 막을 수 있게 해줄 것이다.[14] 군사전략가들이 말하듯이 미국이 보유한 군사기지들은 패전한 독일과 일본이 남긴 그리고 러시아가 떠난 곳이다(Calder 2007, 23).

이런 맥락에서 미군 대부분이 이 원대한 목표를 이루는 데 중요한 두 지역에 집중되어 주둔하고 있는 것은 놀랄 만한 일이 아니다. 해외주둔군대 중 52%가 서유럽에 배치되어 있으며 41%가 동북아에 배치되어 있다. 나머지는 아프리카, 미국 그리고 중동에 배치되어 있다.[15] 베트남 전쟁이 고조되었을 때, 총 1,014개의 미군기지가 해외에 주둔하고 있었

---

13 2차세계대전이 시작될 때, 미 제국이 영 제국에게 얼마나 많은 기지를 물려받았는지 논의하기 위해서 다음을 참조하라. Calder(2007, 11~13). 1950년대에서 2000년까지 평균 535,540명의 군인이 해외에 배치되었으며, 1968년 최고조에 이르렀을 때는 이 수가 1,082,777명에 이르렀다. 반면 1999년은 206,002명으로 가장 낮은 수를 기록했다. 국가와 지역별 자세한 사항을 보려면 Kane(2006)을 참조하라.

14 미군의 전략은 다음 세 가지 전제 위에 세워졌다. ①상호 확증파괴에 기반한 핵전쟁 전략 및 억제력. ②유럽과 아시아 지역 내 주요 재래식 전쟁 억제력. ③전 세계에서 벌어지고 있는 소규모 전쟁에 참여 또는 개입할 수 있는 능력(Walker 1991, 36) 참조.

15 Time Kane(2006, 4)이 결론을 내렸듯이, 9·11 테러 공격 이전 미국은 일관되게 유럽지역에 계속해서 모든 노력을 쏟아붓고 있었으며, 그 외의 지역은 거의 등한시하는 수준이었다. 특히 아프리카의 경우 미국은 거의 관심을 가지지 않았다.

아시아지역	1957	2005
일본	150,874	35,571
한국	71,043	30,983
괌	15,864	3,018
필리핀	11,297	55
타이완	6,261	—
홍콩	4,539	—
마셜군도	2,288	—
미드웨이	1,187	—
베트남	751	—
태국	410	114
존스톤 섬	130	—
파키스탄	114	—
캄보디아	80	—
싱가포르	—	169
중국	—	67
인도	52	—
디에고 가르시아 섬	—	683

으며, 673개가 유럽과 북대서양에 그리고 271개가 태평양 및 아시아 지역에 주둔하고 있었다(Blaker 1990, 표 i[16]). 미국의 해외 군사제국이 닻을 내린 곳은 남한, 일본, 오키나와 그리고 서독이었다. 이곳은 소위 자유 세계와 공산 진영 사이의 전선이 형성되어 있는 곳이었기 때문이다. 이들 세 국가들은 모두 냉전 기간 동안 미국이 전 세계를 가로질러 갈 수 있도

---

16 〈표 i.1〉에서 〈표 i.7〉까지 이 모든 표의 출처는 다음과 같다. T. Kane, Global U.S. Troop Deployment, 1950~2005, The Heritage Foundation, Center for Data Analysis Report #04-11, 2006, www.heritage.org/Research/Reports/2006/05/Global-US-Troop-Deployment-1950-2005(2010년 4월 12일 접속). 〈표 i.1〉에서 〈표 i.7〉까지 미군 40명 이상이 주둔하고 있는 모든 국가와 영토가 나열되어 있다.

〈표 i.2〉 미군의 수, 1957년 및 2005년: 유럽지역

유럽지역	1957	2005
독일	244,407	66,418
프랑스	71,531	58
영국	63,008	10,752
그리스	15,360	428
이탈리아	11,289	11,841
포르투갈	5,935	970
아이슬랜드	5,246	1,270
네덜란드	4,415	583
스페인	4,299	1,660
덴마크	2,206	-
노르웨이	1,900	77
지브롤터	1,399	-
벨기에	139	1,366
유고슬라비아	92	-
세르비아 및 몬테네그로	-	1,801
보스니아 헤르체고비나	-	263
소련	48	-
러시아	-	44
조지아	-	42

〈표 i.3〉 미군의 수, 1957년 및 2005년: 북미지역

북미지역	1957	2005
미국본토	1,876,928	914,604
하와이	59,285	32,629
알래스카	44,439	18,169
캐나다	18,297	150

록 기지를 제공했다. 이런 식으로 미국은 국가의 전략적 목표는 물론 정치적이며 경제적인 야망을 확보할 수 있었다(Walker 1991, 36).[17]

남한, 일본, 오키나와 그리고 서독은 미국의 거대한 전략적 군사 계획에 치밀하게 포함되었다. 미국은 이미 전시 중 일본에 위치한 기지들

남미지역	1957	2005
파나마	9,516	−
푸에르토리코	9,387	219
쿠바	6,826	950
버뮤다	3,614	−
바하마	761	41
서인도제도	702	−
온두라스	−	438
브라질	189	−
베네수엘라	98	−
콜롬비아	68	52
페루	65	−
에콰도르	59	−
아르헨티나	51	−
칠레	51	−

을 유지하기로 결정했지만, 군사기획자들은 독일에 영구적으로 군사기지를 둘 생각은 아니었다.

결국 군사기획자들이 원했던 것은 단기간에 성공적으로 작전을 마무리하는 것이었기 때문이다. 미국은 또한 한국이 일본에서 해방된 후, 남한에 군대를 주둔시킬 준비를 하지 않았다. 1950년 6월 한국전쟁이

---

17 2009년 국방부의 「기지구조 보고서」(Base Structure Report)에 따르면, 국방부장관 산하 부장관 사무실 웹사이트(http://www.acq.osd.mil/ie/ie_library.shtml)를 통해 확인 가능하다. 이 세 국가에는 해외주둔 미군의 2/3 이상의 인원이 머물고 있다. 필자들은 이 책을 미군사제국주의에 대한 연구를 세계화하기 위한 첫 시도로 간주하고 있다. 필자들은 이 세 국가 외 미군이 주둔하고 있는 다른 국가들이 덜 중요하다고 말하는 것은 아니다. 실제로 필자들은 아프리카나 중남미에 존재하는 민군 관계에 대한 추가 연구가 이 책으로 인해 이뤄지기를 바란다. 괌, 필리핀 그리고 바레인과 터키 같은 이슬람 국가들에 대해서도 마찬가지다.

〈표 i.5〉 미군의 수, 1957년 및 2005년: 중동지역

중동지역	1957	2005
모로코	12,141	—
터키	10,030	1,708
리비아	5,603	—
사우디 아라비아	1,340	258
바레인	766	1,641
몰타	620	—
이란	479	—
이집트	168	410
이라크	48	150,000
이스라엘	45	42
쿠웨이트	—	42,600
아프가니스탄	—	19,500
카타르	—	463
아랍 에미레이트	—	71
사이프러스	—	43

〈표 i.6〉 미군의 수, 1957년 및 2005년: 아프리카지역

아프리카지역	1957	2005
에투리아	1,239	—
사우스 아프리카	279	—
에티오피아	46	—
지부티	—	522
세네갈	—	42

발발하자 아시아와 유럽에서 미국군대는 목표를 전면 수정했다. 소련이 일본을 침략하기 위한 '단검' 또는 발사대로 한국을 이용하지 못하게 하기 위해 미국은 북대서양조약기구(이하 NATO) 군대와 함께 북한으로부터 남한을 지켜 냈다(Gersom and Birchard 1991, 174). 한반도에서 공산주의에 맞서기로 한 미국의 결정은 유럽에 대한 전략 또한 변경하도록 만들었다. 미국은 소련이 유럽에서 팽창할 것을 두려워했기 때문이다. 1950

<표 i.7> 미군의 수, 1957년 및 2005년: 오세아니아지역

오세아니아	1957	2005
뉴질랜드	179	—
오스트레일리아	162	196

년 한국전쟁에 대한 조치로 트루먼은 '유럽에 군대 파병'을 결정했고 서독에 있었던 규모가 작은 임시 점령군과 교체하기 위해 7군을 부활시키고 주요한 공군을 주둔시켰다. 즉, 한국전쟁이 미국의 전후 전략 계획과 한국과 독일 양국에 대규모 미군의 증강에 대한 근본적인 변경을 초래했다. 70,000명의 전투병 및 전투 보조군이 한국전쟁이 종료된 1953년 후 남한에 배치되었으며, 250,000명에 달하는 이와 비슷한 성격의 군대가 소련이 일으킬 수 있는 침략 가능성을 저지하기 위해 서독에 배치되었다.[18]

냉전 시대 동안, 한국, 일본과 오키나와 그리고 서독이 미 본토 외부에 배치된 미군의 거의 90%를 수용하고 있는 '주둔국' 지위는 제쳐두고서라도, 우리에게 이 세 국가는 군사제국을 건설하고 유지함에 있어 소요되는 인적 비용을 처리하는 방식에 대한 미국과 '현지' 국가 모두의 관점을 비교해 볼 수 있는 전형적인 사례 연구가 되었다. 현지 국가에 부가되고 있는 불평등한 사회적 비용에 초점을 맞추고, 제국주의 팽창에 있어 의도하지 않은 결과물들, 무질서와 폭력의 출현 등의 뉘앙스와 인간

---

18 냉전 시기 동안 해외에 주둔한 미군의 60%가 독일에 상주하고 있었다. Duke(1989, 57), Sandars(2000, 206). 1987년 미국이 NATO에 투자한 금액 96억 달러[약 9조 6천억 원] 중 64억 달러가 서독에 군사기지를 짓는 데 쓰여졌다. Kane(2006, 4).

적 측면이 더해져 이미 존재하고 있는 제국의 이론적 논의의 장을 넓혀 주었다.[19] 또한 이 책에 실린 글의 저자들은 미 제국이 현장에서 어느 정도까지 맞부딪힐 수밖에 없는 구체적인 문제들을 다뤄야 하는 이유에 대해서도 밝히고 있다.

그리고 해외에 배치된 군 인력들의 이러한 경험이 미국 사회 안에서 어떤 영향을 미치고 있는지도 보여 준다. 제국의 중심에서 주변부로 연구 초점을 이동하여 이 저자들은 독자들이 획일적으로 예상하고 있을, 미 군사제국의 윤곽을 더욱 다양하게 드러낸다. 군대와 민간인들과의 상호작용은 다양한 층위에 속해 있으며, 제국의 중심에 중점을 둔 기존 연구들이 제시한 것처럼 정적이지 않다.

미 제국을 지도화하기

냉전 기간 동안 미국의 권력에 대한 본질을 논할 때, 어떤 학자들은 미국을 일반적인 제국주의로 보는, 특히 1945년 이후 미국이 되살아났다는 식(혹은 류)의 관점에 반대한다(Aron 1974; Fulbright 1967; Kennedy 1989).[20] 이러한

---

19 제국과 제국주의에 관한 기존 이론들은 이들이 야기하고 있는 인적 비용에 대해 놀랄 만큼 관심을 보이지 않는다. 마르크스 경제이론이 자본주의의 팽창이론에 초점을 맞추고 있는 데 반해, 정치적 이론은 국제체계 안에서 강한 국가가 추구하고 있는 명성에 초점을 맞추고 있다. Doyle(1986); Harvey(2003); Mann(1984, 2003); Münkler(2007)를 참조하라. 제국에 대한 탈근대적 이론은 자신들이 강조하는 이론 속에서 제국주의 권력의 유동적 속성인 분권화와 무정형에 대한 특수한 정치적·경제적 조건들을 고려하지 않는 경향이 있다. Hardt and Negri(2000); Kaplan(2000); McAlister(2001)는 미 제국이 미국 본토 내에서 문화적 담론에 어떤 방식으로 영향을 주는지에 대해서 연구의 대부분을 할애했다.

20 미국이 제국주의의 다양한 정의에 어떤 방식으로 따라갔는지 논의하길 원한다면 Eland(2004 chap. 2)를 참조하라. 주요한 예외사항을 확인하기 위해서는 Williams(1972; 1980)를 참조하라.

학자들은 미국의 권력이 갖는 독특한 점, 즉 미국이 이전에 식민지를 두고 있지 않았다는 점과 양자 또는 다자 간 안보협의 및 SOFA에 의존하고 있는 점과 종종 유연한 태도를 취하는 미 권력의 성격을 부각시킨다. 1945년 이후 미국이 보유하게 된 대부분의 군사기지가 전리품의 일환임에도 불구하고, 이들 학자들은 '비공식적인 제국주의'(Lord Beloff 1986), '초대된 제국주의'(Lundestad 1998) 그리고 '임대 제국주의'(Sandars 2000)라는 용어를 사용하고 있다.[21] 이런 식으로 미 제국을 관념화하는 것은 그들의 주된 초점이 바로 미국과 서유럽과의 관계라는 것을 반증한다. 그들은 신식민주의적인 협약의 다양한 각도를 무시하고 있는데, 이런 협약은 미국과 그들의 군대를 유치하고 있는 비서양의 많은 국가들과의 관계를 규정하고 있다. 비서양 국가들의 경우 미국과 그들의 권력관계는 [주둔군지위협정인] SOFAStatus of Forces Agreement에 분명하게 나타난다. 이 관계는 매우 불공평하게 미군 및 미군 병사들을 주둔국가의 통치권 및 사법권에서 완전하게 분리시켜 준다.[22] 심각하게 불평등한 협약과 함께 비서양 국가들은 미 군사제국주의에 포함된다. 이들 국가들은 대부분 유럽과 맺는 미국의 상호작용을 정상적인 패턴으로 보는 시각에 따라, 흔치 않거나 불행한 '예외적 상황'으로 묘사된다.[23]

소련의 몰락은 미 제국주의와 관련한 논의에 흥미로운 반전을 촉발

---

21 미국은 서독과 일본뿐만 아니라 한국에도 '정복의 덕목'에 따라 기지에 대한 권리를 수립했다. Sandars(2000, 13~14); Calder(2007, chap.1). 또한 미국이 다른 제국으로부터 기지를 '수여'받았거나 2차세계대전 중에 기지를 '수여'받았다는 분명한 증거도 보여 준다.
22 주둔군지위협정(SOFAS)의 개요에 대해서는 Center for Strategic and International Studies (2002); Mason(2008) 참조. 국가별 특정 논의를 위한 자료는 Gher(2002) 참조. Headquarters of the Movement to Root Out American Soldiers' Crime(2002); Johnson(2004b) 참조.

시켰다. 유일한 초강대국으로서 미국은 재빠르게 세계가 군사 안보를 위해 자신들에게 의지하고 있음을 천명했다. 중요한 것은 2001년 9월 11일 이후로 이러한 논의의 초점이 미국이 제국인지 아닌지에서 어떤 종류의 제국인가로 옮겨 갔다는 것이다. 신보수주의자들과 진보주의자들은 미국이 실제로 제국임에 합의하는 모습을 보이고 있다. 그러나 이들은 '어쩔 수 없는 제국' 또는 '필요에 의해 만들어진 제국'이라는 표현을 사용하고 있다. 지식인들의 이런 중요한 관점의 이동과 함께 그들의 논의는 대부분 제국으로서의 미국이 겪고 있는 도전들에 적절하게 대처하는 방법과 더욱 효과적으로 관리하는 방법에 주력하고 있다. 동시에 제국주의에 대해 비판하는 자들은 비용적 측면에서 미 본토에서 지향하고 있는 민주주의의 가치가 위협을 받을 수 있다는 점을 들면서, 제국주의의 비지속성을 강조한다.[24] 제국주의에 대한 이런 논의의 활성화를 부추기는 배경을 염두에 두면서 우리는 '자유적 제국주의' 개념을 가지고 '미국 예외주

---

23 유럽 중심주의가 너무 강한 탓에 이에 대해 비판적인 시각을 보이는 이론적 논의는 아이러니하게도 미 제국과 비서양국가 사이에 존재하는 역사적이고 동시대적 관계에 대한 논의의 진행을 어렵게 한다. 예를 들어 Münkler(2007, 27)는 "제국의 이론은 중앙과 주변부를 동일하게 고려해야만 한다. 이는 제국의 형성 시기에 대한 분석 및 제국의 합병이 시작되는 시기에 관한 연구 모두에서 진행되어야 한다"라고 강조한다. 그후 그는 자신의 논의를 미 제국주의와 서유럽과의 상호관계에 주로 초점을 맞춰 한정시키고 있다.

24 미 제국에 대한 양가적 논의의 예를 보고 싶다면 Bender(2003); Ignatieff (2003); Maier(2006); Nye(2002); Waltzer(2003). 미 제국 지지자들의 예를 보려면 Cohen(2004); Ferguson(2002; 2005); Hodge(2005); Kissinger (2001). Mark Mazzetti, "Pax Americana", *U.S. News and World Report*, vol. 135, no. 11, 2003년 10월 6일, pp.30~37. 이 두 입장 외에도 미국 내 민주주의 전통에 미칠 제국주의의 영향에 대해 의문을 제기하거나 미국 납세자들이 부담해야 되는 비용에 초점을 두고 제국주의를 공격하는 비평가들이 있다. 그 예로 Bacevich(2003); Johnson(2000; 2004a); Michael T. Klare, "Imperial Reach: The Pentagon's New Basing Strategy", *Nation*, vol. 280, no. 16, 4월 25일, pp.13~14, pp.16~18. 또한 Knauft(2007); Mann(2003); Misra(2003); Pilger (2004); Vidal(2002)의 논의가 있다.

의'(Kaplan 2002; Kaplan and Pease 1991; McAlister 2001; Stoler 2006b, 2006c)와 탈식민주의 연구(Bhabha 1994, 1995; Mehta 1999; Memmi 2006; Williams and Chrisman 1994)를 비판적으로 통찰하고 1945년 이후에 전 지구적인 군사 기지 네트워크에 중심을 두고 있는 미국의 권력을 특징지으려 한다.

우리는 19세기에 출현한 '자유적 제국주의'라는 용어를 사용함으로써 자유적이라는 미국의 자아 개념과 미국의 세계적 권력의 실용화로 팽창된 제국의 기본적 의미를 강조하고자 한다.[25] 미국이 미서전쟁을 시작으로 자신의 국경을 넘어, 유럽의 식민지 팽창을 위한 쟁탈전에 합류했을 때, 하와이, 괌, 쿠바, 푸에르토리코 및 필리핀 합병은 미국 예외주의적 관점에서 '예외적인 상황'으로 해석되었다. 미국 예외주의는 유럽 방식의 식민화를 표면적으로 거부하는 것에 기인하고 있다. 혈전을 통해 필리핀을 정복한 후, 미국은 영토를 형식적으로 점령하는 것이 전 세계를 향한 야심을 이루는 데 반드시 꼭 필요한 것이 아님을 깨달았다. 그리고 미국은 영토를 정복하는 것보다 우선적으로 경제적 팽창과 비공식적인 조약을 통해 자신의 권력을 투영한다.[26] 그러나 20세기 상반기에 19년(1915~1934)간의 아이티 점령과 라틴아메리카 국가에서 발생한 무수

---

25 진보적 제국주의에 기반한 윌슨식 온정주의가 아이티를 19년간 군사적으로 점령하는 데 어떤 역할을 했는지 보길 원한다면 Renda(2001, 115)를 참조하라. 미국이 아이티를 점령한 이유는 진보적 관점의 실패 때문이 아니라 그 관점에 내재되어 있는 논리 때문이라고 주장한다. 즉, 이 관점에는 인종적·젠더적·계급적 위계질서가 내재되어 있다는 것이다. Go(2008) 또한 미 제국의 활동을 추적하기 위해 '진보적 제국주의'라는 용어를 사용한다. 진보주의와 유럽식 식민주의 사이에 존재하는 연계성을 이론화한 Uday Singh Mehta(1999)를 또한 참조하라. 진보적 사상이 자유에 대한 보편적인 믿음, 독립권 및 자치권에 대해 홍보하면서도 한편으로는 유럽 이외에 정복당한 국가들을 식민지화하는 것에 대해서는 정당화하고 있었다. 이들은 식민 지배를 당하고 있는 국가들을 진보적인 미래를 위해 엄한 손길이 필요한 아이들에 비교하는 온정주의적인 관점을 고수하고 있었다.

한 군사적 개입을 통해 조약이 충분한 역할을 하지 못할 때만 미국은 자신의 군사력을 사용했다. 그러므로 미국 정치인들은 1920년대 '달러 외교'라는 슬로건을 채택하여 그들 자신과 그들의 국가가 유럽 제국주의자들처럼 행동하지 않는다는 것을 확신시키는 반면, 1910년에서 1930년 사이 미국 경제 및 정치적 의제에 복종시키기 위해 미국은 12번도 넘게 라틴아메리카에 군사적으로 개입했다(McAlister 2001, 30).

식민지에서 벗어난 국가들과 새롭게 독립한 국민국가의 건립 시기로 일컬어지는 2차세계대전 종전 이후, 중동과 세계 다른 지역에 영향을 미쳤던 전통적인 유럽식 권력에 대항하기 위해 '자유 세계'[27]의 선도자로서 미국의 우세한 위치를 확보하기 위해 미국 '예외주의'에 진보적인 반식민주의 수사법이 스며들었다. 특히 1947년 3월에 선언된 트루먼 독트린Truman Doctrine은 당초에 공산주의자들의 반란에 저항하며 부활한 그리스 군주제를 지지하기 위한 것이었다. 그러나 이 독트린은 "자유를 원하는 사람들이 그들의 방식대로 운명을 개척해 나갈 수 있도록" 도와주기 위해 제3세계에 미국이 개입한다는 것을 정당화하기 위한 것으로 사용되었다. '자애로운 지도자'라는 미국의 자아인식 개념은 전후 1950년

---

26 1890년과 1945년 사이 미국에서 일어났던 경제적·문화적 성공에 관한 연구에서 Emily Rosenberg(1982)는 이런 제국주의적 이데올로기를 '진보적 개발주의'라고 명명했다. 이와 유사한 제국주의적 이데올로기가 2차세계대전에서 그 기원을 찾을 수 있는 1990년대 미국의 외교관계를 연구했던 Andrew J. Bacevich(2002)의 관찰에서 보여진다. 그는 전직 군 장교이며 자칭 보수주의자이다.

27 실제로 오늘날까지 미국은 계속해서 태평양 지역과 캐러비안 해역을 '영토'라는 이름으로 모호하게 부르며 실제적 식민지를 보유하고 있다. 이곳에는 수십 개의 미군기지가 위치하고 있다. 2004년 기준 미 국방부에 따르면 미국 영토 내에 115개의 기지가 있고 2009년 「기지구조 보고서」(Base Structure Report, http://www.acq.osd.mil/ie/ie_library.shtml, 2009)에서는 미국 내 기지 수를 121개로 보고했다.

영향력 있는 국가안전보장회의National Security Council 문서인 NSC-68의 개요가 된 미국 보안 정책의 근본적인 논리로 굳어졌다.[28] 중요한 것은 이런 전 지구적 안보 정책이 근본적으로 미국의 정치·경제적인 야심과 맞닿아 있다는 것이다. 미국은 불균형적인 경제 관계인 '샌프란시스코 체제'[29]를 통해 아시아에 주요한 동맹국을 결속시켰으며 마셜 플랜을 통해 독일(과 유럽)에서 같은 효과를 거두었다. 켄트 캘더Kent Calder는 이러한 협약의 주요 보상으로 '주둔국가'가 미국 군사기지를 수용하는 것이라고 설득력 있는 주장을 펼치고 있다. 이것은 미국 내 변덕스러운 투자자 유치를 군사기지가 담보해 주기 때문이다. 일본과 서독은 이러한 도박이 필요한 위치에 있었고 미국의 보호 아래 경제적으로 밝은 미래를 예상할 수 있었다. 한국전쟁으로 인해 미국은 공산주의를 우선적으로 자신들의 세계화 정책에 포함시켰지만 한국 내 미 군사기지는 일본 때문에 얻은 커다란 포상의 단지 일부일 뿐이었다. 이러한 팍스 아메리카나(미국의 지배에 의한 평화)의 지지자들은 2차세계대전 후 경제 회복의 중심에 있던 역동적인 자본의 흐름을 가능하게 했던 이런 협약을 예찬한다(Calder 2007, 23). 그러나 이러한 협약은 또한 미국이 소위 자유 진영으로 불리는

---

28 이런 이동에 대한 풍부한 논의를 확인하려면 McAlister(2001, 47~55) 참조하라. 힐러드(Charles Hilliard)가 만든 용어 '자애로운 우월주의'는 1951년 보수주의적 범주 내에서 찾아볼 수 있었다. 1950년대 이 용어가 비록 정책입안자들 사이에서 널리 사용되지는 않았지만, 전후 시대를 살았던 대다수 미국 지식인들의 흔한 태도를 나타내는 용어였다. 이 주제는 1941년 루스(Henry Luce)가 쓴 유명한 사설 '미국의 세기'까지 거슬러 올라간다. 이는 미국의 전 세계적인 지도자 역할을 정당화할 뿐만 아니라 미국의 우월주의 또한 정당화하고 있다(Life, 1941년 2월 17일).

29 샌프란시스코 체제란 태평양전쟁과 일제식민지전쟁을 종결시킨 '샌프란시스코 평화조약'과 동시에 1951년 9월 같은 날 샌프란시스코 오페라하우스에서 체결된 주일미군의 법적 근거인 '미일안보조약', 상기 두 조약을 모두 합쳐서 지칭(http://apjjf.org/2014/12/8/John-W.-Dower/4079/article.html)하는 말이다.—옮긴이

세계를 주도하기 위한 단 하나의 헤게모니적 권력으로서 2차세계대전 때 등장할 수 있게 해주었다.

1945년 이후 복잡한 SOFA는 미국의 진보적 자아인식 개념에 주요한 역할을 담당해 왔다. 이 협정은 1951년 미국과 12개의 NATO 국가들 간에 처음으로 맺어졌으며 미군 인력, 민간 계약업자들 그리고 그들의 가족들과 관련된 형사재판 관할권부터 '주둔국'에 들여 온 미국 제품에 대한 관세 문제까지 다양한 문제들을 규제하는 데 이용되었다. 1950년대 동안 미국은 49개 국과 SOFA를 맺었다.[30] 2008년까지 미국은 100개가 넘는 국가들과 SOFA를 맺었다고 공식적으로 인정했다. 이들 국가 중 협정을 맺었다고 공개되지 않은 이슬람 국가들의 수는 포함되어 있지 않다. SOFA가 미국과 '주둔국' 사이의 군사 동맹 관련 작업을 매끄럽게 수행하기 위해 설계되었다는 것은 공공연한 사실이다(Manson 2008, 1~2). 이런 이유로 협정에는 해외에 배치되어 있는 미국군인들의 '권리와 특권' 보호를 우선시하고 있다. 원칙적으로 협정은 '임무 수행 중'에 범죄가 발생했을 경우에 미국군인이 외국에서 기소되는 것을 방지하나, '비번'일 때 범죄를 저질렀다면 지역 사법권의 수행을 허가한다. 그러나 실제적으로 미국군대는 이 항목의 해석을 '변칙적으로 적용'해 왔었다. 더욱이 이 협약을 받아들인 국가는 형사재판 관할권을 수행하는 데 있어 미국군대 당국의 요구에 대해 '호혜적으로 고려'할 것을 요구받는다.[31] 해외에 주둔하고 있는 미군과 관련한 '동시관할권'의 평등한 적용 여부

---

30 "Justice & Law in Status-of-Forces Agreements", *Time*, 1957. 6. 17. 온라인에서 확인 가능 (http://www.time.com/time/printout/0,8816,867699,00.html. 2008년 3월 4일 접속).

는 미국과 협약을 받아들인 국가 간의 권력 균형에 절대적으로 의존한
다.[32] 해외 동맹국들과의 관계를 해치지 않기 위해서 미국이 오늘날 더욱
조심스럽게 나아가고 있음에도, 대부분 미국군인들은 미국군대의 사법
권에 속해 있다(그러나 그들의 가족 및 민간 계약자들까지 미국군인과 반드시 동
일한 취급을 받는 것은 아니다).[33] 이전에 미국이 식민지를 보유하고 있지 않
았음에도 불구하고, SOFA는 여러 방식으로 주둔국가의 주권을 해치고
있으며, 미국의 자유적 제국주의의 모순을 담고 있다.

냉전의 여파 속에서 세계의 자애로운 지도자로서 미국의 진보적 자
아 개념화는 세계적 군사기지 네트워크의 지원을 받으며 꾸준히 계속되
어 왔다. 2001년 9월 테러리스트 공격 이후 부시 정권(2001~2009)의 '일
방화'가 이전 정권의 '다각화'와 흔히 대조적인 것처럼 보여졌지만, 이들

---

31 동시관할권을 고려할 때, 호의적 고려 및 다른 불평등한 합의와 관련된 조항들은 현재까지 지
   속되고 있다. US-Republic of Korea SOFA, 1966, 1991, 22조 7b항을 참조. 온라인에서 확인 가
   능(http://www.shaps.hawaii.edu/security/us/sofa1966_1991.html. 2008년 4월 24일 접속). 1960
   년 1월 19일 서명한 The Status of U.S. Armed Forces in Japan 17조 7b항 참조. 온라인에서 확
   인 가능(http://www.niraikanai.wwma.net/pages/archive/sofa.html, 2008년 4월 24일 접속). 1951
   년 6월 19일 서명한 NATO SOFA 17조 7 b항 참조. 온라인에서 확인 가능(http://www.nato.int/
   docu/basictxt/b510619a.html, 2008년 4월 24일 접속). 서독을 비롯해 한국과 일본에서, '호의적
   고려'는 관행이 되었다. 때문에 미국은 "자동적으로 범죄행위에 연루된 미군에 대한 권리 포기
   를 요구하고 있다". Gher(2002, 234) 참조.
32 한국과 오키나와 활동가들이 계속해서 지적하고 있듯이 NATO에 속하지 않는 국가들과 맺은
   SOFA는 실제적으로 미군을 그 나라 법 위에 존재하게 하는 것으로 주둔국에게 매우 불공평하
   다. Gillem(2007, 23)을 참조하라. National Campaign to Eliminate Crimes Committed by U.S.
   Forces in Korea(1999; 2002); Sandars(2000, 326)
33 독일 당국은 실제로 미군에 대한 사법권을 미국에 양도하는 것을 더욱 선호한다. 그 이유는 미
   군법이 독일 법보다 더욱 가혹하기 때문이다. 그러나 독일은 사건이 (특히 잔인한 강간이나 살
   인의 경우) 다수 대중의 격렬한 항의를 유발할 경우, 미국 피고인의 재판권을 요구할 것이다.
   흥미롭게도 독일이 사형 집행에 반대하고 있는 상황에서 미 군법에 따라 기소된 미군은 독일
   영토에서 저지른 범죄로 인해 사형선고를 받을 수 없다는 개정안을 수반하도록 서독과 소파협
   정은 협상했다.

은 다르다기보다는 오히려 연속적인 상황에 있어 왔다. 예를 들어 1999년 클린턴 정권이 펴낸 '신세기를 위한 국가 안보 전략'National Security Strategy for a New Century은 미국의 '글로벌 상호의존'을 예찬하며 미국인이 '세계 시민'임을 강조하고 있다(Muppidi 2004, 73). 그러나 이 보고서는 이런 들뜬 미사여구들을 강조하면서도 지구 공동체 안에서 다른 나라들과 좀더 평등한 관계설정을 위한 실제적 의무는 제외되어 있다. 세계 속 미국의 지도력은 이제 진보적 담론 내에서 소련과의 냉전 투쟁대신 '세계화'라는 단어로 대체 되었지만 다른 국가들과의 관계에서 진보적 제국주의의 기틀은 여전히 남아 있다(Muppidi 2004, 64~65).[34]

19세기 말과 20세기 초 미국 제국주의를 연구한 학자들이 생생하게 기록한 것처럼 미국은 다른 제국주의 권력의 통치 기술을 빌려 유연하게 수정했고 그것을 지역 현실에 맞게 적용시켰다. 예를 들어 다른 식민 정권을 요구하면서 훨씬 경제적으로 부유하고 정치적 야심이 가득한 필리핀 지식인들의 존재를 미국은 가늠하고 있었다. 이런 [필리핀] 지식인들의 태도는 괌이나 사모아에서도 나타날 가능성이 있었다. 이 두 섬은 경제발전이 더디었으므로, 교육받은 지식인들이 적극적으로 미국의 자국 입성을 요구할지도 모를 일이었기 때문이다.[35] 해외에 배치되어 있는 미국군대를 다뤘던 기존 연구들이 가정하거나 시사했던 것과 다르게, 이

---

34 미 제국 비평가인 Hassner(2002, 46)는 옳고 그름에 대한 자주적 판단을 내리기 위해 미국이 절대적 권리를 요구하고 있다고 언급한다. 특히 군을 사용하는 데 있어서 그런 모습을 보이고 있다. 그리고 매우 떳떳하게 다른 모든 이들에게 공표되고 적용된 모든 규칙에서 자신을 예외로 두기 위해 이런 요구를 한다.

35 Go(2008)는 이 내용에 관해 필리핀, 괌 그리고 사모아에서 벌어지고 있는 미국 식민주의에 대한 그의 비교에서 논하고 있다.

런 역사는 군기지 체계의 팽창을 통해 미 제국주의가 드러내고 있는 모습이 단편적이지 않다는 것을 분명하게 잘 보여 준다. 우리가 더 자세하게 논의하겠지만 미국이 군대를 어떤 정치체계를 가진 나라에 주둔시키느냐는 문제는 미 제국주의가 어떻게 작동하는가에 아주 중요하다. 점진적으로 보자면 평등한 군사적·정치적 동맹에 입각해서 민주국가에 배치시킬 것인가 또는 미국의 전략적 목적에 따라 비민주적인 정권과도 기꺼이 협력할 것인가. 군사 제국주의의 작동에 영향을 미치는 지역적 변수에 기여할 수 있는 다른 요인들에는 다음과 같은 것들도 포함된다. 병과의 종류(육군, 공군, 해군 또는 해병대), 배치된 군인들의 인구학적 요소, 민간인들과 군 기지의 위치, 그리고 미군과 주둔국 간의 상호작용에 영향을 주는 인종 및 문화적 가정 등이다.

이 책의 저자들이 밝히고 있듯이 이 책이 다루고 있는 세 나라 중, 미국의 신식민주의적 경향이 가장 분명하게 드러나는 곳은 한국이다. 미국이 자신을 자유세계의 지도자라고 주장하고 있음에도 불구하고 미국은 이승만 대통령(1948~60)의 독재를 용인했고, 군사독재자인 박정희정권(1961~79)과 전두환정권(1980~87)에 대해 묵인했다. 그것은 이들 정권이 항상 지속적으로 미국의 반反공산주의 노선을 따랐으며 아시아 사령부에 속한 미국군대의 전략을 지지했기 때문이다. 한국전쟁 이후 미국군대는 1978년까지 전체 한국군대의 작전권을 평시나 전시 모두 보유했고, 1978년 이후에는 한미연합사령부CFC를 통해 대부분의 군대를 통제했다. 이런 방식으로 미국은 한국에 대한 자신의 지배를 유지하고 있다.[36] 한국군대의 평시작전권이 마침내 1994년 환수되었으나 전시작전권은 더 기다려야 한다.[37] (2012년에 반환되기로 했으나 양국의 협의에 따라 아직도 반환되지 않았다.) 한미군사동맹은 또 카투사KATUSAS라는 젊은 한국 징집병들을 미군 부대에 배치하는 체계를 가지고 있다. 이런 체계는 19세기에 유럽 식민주의 군대가 원주민 군대를 배치했던 것과 흡사하다. 이 체계는 한국전쟁 당시 심각한 인력 부족을 타계하기 위해 만들어졌다.[38] 물론 한국정부가 형식적으로 군대 통수권을 미국에게 넘겨주는 것에 동의했지만 지정학적·경제적으로 폭넓은 맥락 속에서 볼 때, 한미관계는 일본이나 서독과의 관계에서는 보이지 않는 신식민주의 수위를 나타내고 있다.[39] 미국이 한국의 탄압적인 독재자를 지원함으로써 1980년 이래 한국 대중들은 미국군대가 한국에 존재하고 있다는 사실에 적대감을 갖기 시작했다. 한국 외교 정책을 지속적으로 지배하는 미국, 1980년 광주에서 민주적인 시위자들을 잔인하게 진압했던 한국군대를 막지 않았던 미

---

36 초반에 언급한 진보적 제국주의 논의를 고려하면, 형식주의적 협의 속에 불평등한 신식민주의적 속성이 감추어져 있는 한미 간 안보합의는 매우 난해하다. 한국전쟁부터 1978년까지 주한 미군사령관은 그 당시 한국에 주둔한 유엔군 사령관이었으며, 한국군 작전통제에 관한 전권을 보유하고 있었다. 유엔군 사령본부가 전쟁 기간 동안 남한을 방어하는 책임이 있었음에도 불구하고, 한국군 장교는 단 한 명도 여기에 포함되지 않았다. 연합사의 설립으로 한국군 통솔권이 공식적으로 유엔군 사령관에서 미군 사령관으로 옮겨 갔다. Rhee(1986).

37 그러나 오바마와 이명박 대통령은 2010년 6월 토론토에서 열린 G-20 정상회담에서 작전통수권 반환일을 2015년 12월로 연기하는 것에 합의한다. 온라인에서 확인 가능(http://www.globalsecurity.org/military/agency/dod/usfk.html. 2010년 8월 6일 접속).

38 이 합의는 덜 중요한 동맹국, 한국에 주둔한 미군인력을 계속 보충하는 것을 분명하게 나타내고 있다. 한국 징병제는 (경제적 그리고 정치적으로) 더 값비싼 미군을 대체하는 데 이용되었다. 이는 한국전쟁 때부터 시작되었으며 한국에서 근무하는 미군의 12%에서 최대 24%에 달했었다. 이 책 7장을 참조하라.

39 400만 명의 사상자를 낸 한국전쟁과 전후 기간 동안, 빈곤은 팽배했으며 북한의 위협도 계속되고 있었다(1970년대 초까지 북한은 남한보다 경제적·군사적으로 우위였다). 남한운 군수권을 포기하는 것 외에는 달리 방도가 없었다. 1978년 한국 엘리트들이 군수권을 양도하려고 한 것은 다음의 요소들이 결합된 이유이다. 1970년대 한국 내 미군 감축, 독재를 정당화하는 데 이용된 냉전 체계를 유지함으로써 얻게 되는 지배 엘리트들의 기득권에 기반한 정치적 경제적, 이익, 베트남에서의 미군 철수, 뒤이은 인도차이나 장악과 1970년대 석유파동이 그 이유이다.

국, 또한 한국을 그저 일본의 식민지이자 일본을 지키기 위한 요새일 뿐이라는 생각이 만연하게 만든 미국, 이러한 한국인의 자각은 미국군대를 향한 분노에 부채질을 했다.[40]

일본에 미군을 배치한 것은 더욱 복잡한 양상을 야기시켰다. 미국은 일본을 민주화시키는 데 전력을 다했고 상당한 재원을 들여 그 목표를 달성했다. 그러나 미국은 대규모 군대를 일본의 전前 식민지였던 오키나와 섬에 배치시켰다. 오키나와 주민들은 2등 국민으로 간주되었다. 오키나와는 도쿄에서 860마일(1,384km) 떨어져 있으며, 전체 일본 국토의 0.6% 이하를 차지한다. 그러나 일본에 배치되어 있는 미군의 75%가 오키나와에 배치되어 있으며, 미군의 존재로 인해 발생하는 짐을 불균형적으로 떠맡고 있다.[41] 1952년 일본은 주권을 회복하지만 1972년까지 오키나와는 미국군대의 점령 아래 놓여 있었다. 이는 미국이 오키나와 영토의 25%를 점령하고 있었고, 일본사회 속에서 오키나와 주민들이 전통적으로 소외되어 있었으며, 총독을 섬기는 듯한 사고방식이 군과 민간인

---

40 1988년과 2002년 사이 미군이 실시한 9건의 여론조사에 따르면, 대다수의 한국인들이 미군의 점진적 또는 즉각적인 철수를 지지한다고 답했다. J. Kim(2004, 272). 1960년대 실시한 조사에 따르면, 한국인 중 고작 13%만이 미국인을 "한국인을 좋아한다"고 답했다. K. Moon(1997, 119). 이렇게 낮은 수치는 인구의 70%가 미국인이 자신들을 '친구'로 본다고 대답한 서독과 극명하게 대립된다. Knauer(1987, 189~190).

41 일본 또한 오키나와가 대규모 일본군 파병지로 여겨진 2차세계대전부터 이 전략을 반복해서 사용했다. 그리고 오키나와 내 이런 파병 때문에 일본에서 사람이 거주하고 있는 섬에서 지상전이 일어난 곳으로는 오키나와가 유일하다. 이 참혹한 전투에서 오키나와는 인구의 1/4을 잃었다. 제3해병 원정군은 해외에 주둔하고 있는 군 중 유일하게 사단급 규모이다. 이 원정군은 17,000명의 장교와 사병으로 이루어져 있으며 이는 오키나와에 주둔하고 있는 모든 미군의 약 60%에 해당한다. Baker(2004)와 Calder(2007) 참조. 더욱 자세한 내용을 원할 경우, 다음을 참조하라 "III Marine Expeditionary Force"(날짜 없음). 온라인에서 확인 가능(http://www.globalsecurity.org/military/agency/usmc/iii-mef.htm. 2010년 4월 1일 접속).

사이에서 이루어지는 많은 일상적 교류들에 영향을 미치고 있었기 때문이다. '이중으로 식민지화된' 오키나와 주민들은 또한 일본 본토를 보호하기 위해 배치된 기지 대부분이 자신들의 영토에 있음을, 한국전쟁과 베트남전쟁 기간 동안 그랬던 것처럼, 미군의 활동이 어디에서든지 진행될 수 있음을 깨닫고 있었다. 이런 주어진 현실 때문에 오키나와 주민들은 강경하고 훌륭하게 조직된 기지 반대운동을 전개해 왔다.

서독의 상황은 매우 다르다. 미국이 '선호하는 동맹국'인 서독에서 미국은 전례를 찾을 수 없는 노력과 재원을 들여 민주화를 이뤄 냈으며 미국이 지지하는 정치 및 군사적 동맹 안으로 서독을 통합시켰다. 이는 미국군대가 서독을 다른 곳처럼, 전쟁을 위한 집결지로 여긴 것이 아니라 유럽에서 소련의 가능한 공격을 막을 수 있는 단 하나의 최전선으로 여겼기 때문이다. 이러한 이유로 미국은 서독을 자신들과 동일하게 백인이 통치하는 국가로 여겼기 때문에 평등한 관계를 형성하는 데 힘을 쏟았다. 두 백인 국가 사이의 동맹이라는 인식 아래 세워진 이 평등한 관계 때문인지 미국군대는 서독의 민주 정부와 압도적인 숫자의 시민들에게 전폭적인 지지를 받았다.[42] 1980년대에 독일의 평화활동가들이 퍼싱Pershing 미사일 배치에 격렬하게 반대하는 시위를 했을 때에도, 그들이 반대한 것은 핵과 생화학 무기였지 미군기지에 대한 반대는 아니었다.

어떤 종류의 군대를 얼마 동안 파견하느냐는 주둔국 지역사회에 매

---

42 미사일 위기로 인해 1980년대 미독관계가 가장 흔들렸던 시기조차 독일인의 75%가 미군주둔에 찬성했다. Fleckenstein(1987, 5)을 참조하라. 미국이 미독관계를 조성하기 위해 어떤 방식을 열심히 동원했는지 자세한 내용을 알고 싶다면, Höhn(2002) 참조.

우 중요하다. 조직화된 무장 폭력을 통해 전쟁을 수행하는 기관인 군대는 민간인들을 군인으로 변모시키는 뚜렷이 구별되는 문화를 발전시킨다. 군대문화는 군복무와 희생을 미화시키며 대부분 동성으로 이루어져 있는 환경 속에서 동지애와 '전쟁터나 성매매 지역에서 발휘되곤 하는', '거침(터프함)과 육체적 우위를 경쟁적으로 선점하려는 남성 정신'을 통해 강화된다(Renda 2001, 71).[43] 이런 이유로 미국이 여전히 한국에 취하고 있는 방식인 주로 젊고 독신인 남성을 1년 동안 배치하는 것은 일본과 오키나와 그리고 서독에 주로 2~3년 복무기간을 부여받은 군인들을 배치하는 것에 비해 상당한 차이점을 보인다. 가족을 동반하며 좀더 긴 복무기간을 부여받고 배치된 군인들과 군대 기지를 둘러싸고 형성된 주민들과의 관계는 훨씬 더 '정상적이다'. 이런 장기간의 복무기간을 통해 군인들은 주둔국가에 익숙해진다. 군인을 배치하는 패턴에 있어 한국과 다른 두 국가 간의 차이는 1945년 이래 미군과 주둔국 사회 간에 성적 관계 및 젠더 관계가 어떻게 형성되었는지, 어떤 차이를 보이는지 이해하는 데 매우 중요하다.

세 국가에 있는 시민들이 증언하듯, 어떤 병과의 군대가 배치되느냐 또한 민간인과 군대의 관계에 있어 매우 중요한 영향을 미친다. 미 공군은 일반적으로 미 육군과 해군에 비해 교육 수준을 갖추고 있어 좀더 나은 대우를 받는다. 그러나 공군은 또한 주둔국에 심각한 소음공해와 환경의 질적 저하를 야기시킨다. 미 해군 지휘부는 미 육군보다 존경을 받고 있으나 해상에 오랜 기간 배치되어 있던 해병들이 음주와 성행

---

43 Enloe(1989; 1991; 1993; 2000). 이 책 12장을 참조하라.

위로 점철되는 상륙 허가를 받을 때는 미 해군 부두에 위치한 마을 주민들과 주기적으로 마찰을 일으킨다. 오키나와 주민들은 제3대 원정 해군 17,000명이 주둔하는 것에 우려를 나타냈다. 그들은 오키나와 주민들의 안전에 심각한 위협을 가하기 때문이다. 이 젊은 군인들은 전쟁이 발발하는 곳 어디에나 배치되도록 훈련받았으며, 일반적으로 짧은 복무 기간 동안 오키나와 전역에 걸쳐 배치되기 때문이다. 이와 유사하게 지휘국, 정보국 및 작전 지원국 주변에 위치한 서독의 마을 주민들이 주로 전투 병력 또는 군 훈련장 근처에 위치한 주민들보다 군과의 관계가 더욱 긍정적인 것으로 보고됐다.

미국 주둔군과 그 주변에 있는 민간 공동체와의 관계가 서로 상호작용하는 방식을 결정짓는 공간적 합의는 민간과 군의 관계에 있어 매우 중요하다. 한국은 이 부분에서도 다시 한번 가장 바람직하지 않은 합의를 보여 준다. 한국에 주둔한 군대의 약 20%가 한국의 3대 주요 도시인 서울, 부산 그리고 대구에 주둔해 있다. 미군기지의 대다수는 대부분 경기도의 외곽이나 낙후된 지역에 주로 집중되어 있다. 이런 군사기지들은 대부분 최소한의 시설만 있고, 있는 시설도 허름하다. 이곳은 주로 군인들이 거주하는 막사와 비무장지대DMZ에서 관련된 임무 수행에 필요한 군대 구조로 되어 있다. 이런 기지에 배치된 군인들은 대체적으로 한국 사회 전반을 통해서 민간인들을 만나기보다는 대부분 기지촌 주변에 있는 한국인들과 관계를 맺는다. 빈곤하며 소외된 한국인들로 구성되어 있으며, 커다란 사회적 오명을 쓰고 있는 이들 기지촌 주민들은 미국군대의 존재가 빚어 낸 짐을 견뎠으며, 한국의 독재정권이 미군 유지를 위해 들인 사회 비용을 감추는 데 한몫을 담당했다. 오키나와에 75%가 넘는 미국군대를 주둔시키면서, 일본 정부 역시도 일본사회가 전체적으로 감당해야 하는 짐을 덜 수 있었고 미군 병사에 의한 범죄, 미군을 상대하는 성매매산업과 유흥산업 및 거대한 미군기지로 인해 발생할 수 있는 환경의 질적 악화같이 미국군대의 존재로 인해 발생될 수 있는 최악의 상황을 감출 수 있었다. 서독에서도 마찬가지로, 한국전쟁 이후 세워진 수많은 군대 기지는 나치정권 당시 이미 집중적으로 요새화되었던 프랑스와의 국경지대같이 서독 내 가장 소외된 지역에 건설되었다. 그러나 독일의 경우 미군기지가 독일 주민들 사이에 흩어져 있는 만큼 군대는 '좋은 이웃'의 역할을 충실히 해야만 했다. 미국이 한국이나 일본 그리고 오키나와와 공유할 수 없는 독일과의 문화 및 인종적 유사함은 독일과 '이웃'이 되기 위해 미국이 막대하게 노력하게 했고 이것은 독일과 미국 사이에 좀더 평등한 관계를 가능하게 했다.[44]

이 책에 실린 모든 글들이 여러 각도에서 보여 주듯이 전 지구적이며 초국가적인 현상으로서 미국의 군사제국은 국가 간의 경계와 주권을 흐리게 하는 혼성적인 또는 애매모호한 공간을 형성하는 데 일조했다. 이런 혼성공간은 치외법권적인 군사기지와 미군 병사와 지역 주민들이 서로 교류하는 곳인 '오버 데어'에 존재한다. 앤 스톨러Ann Stoler는 이런 공간을 '접지 지역' 또는 '권력이 이양되는 지점'이라고 언급했다. 제

---

44 방위산업은 군대를 위해 광범위하게 무기를 공급한다. 1980년대, 미국 내 20개 직업 중 1개는 직접적·간접적으로 군대와 연관되어 있었다. 그리고 과학자와 공학자 중 25%가 군대가 하는 일과 연관되어 있었다. 1990년대 군 진흥 관련 비용을 50% 이상 감축하면서 방위산업이 고도로 집중화되는 결과를 초래했다. 약 40개가 넘던 회사들이 4개의 거대 회사로 통합되었다. 록히드 마틴(Lockheed Martin), 보잉 맥도널 더글라스(Boeing McDonnell Douglas), 레이시온 휴스(Raytheon Hughes), 그리고 노스롭 그루만(Northrop Grumann)이다. Markusen(1999) 참조.

국주의 권력이 실행되는 혼성공간 안에서 다른 문화들이 서로 섞이며 언어의 혼합이 발생하고, 다른 문화적 행위들이 이루어진다. 동시에 해외 군사기지의 설립으로 생겨난 혼성공간에서 주변 지역여성과 남성은 젠더, 계급 그리고 인종에 바탕을 둔 자국의 위계제도에 도전할 수 있게 된다. 아이러니하게도 이 공간에서 흑인 병사들 또한 미국의 인종정책에 의문을 품고 체제를 동요시켰다. 우리는 미군 군사기지와 그 주변에 위치한 지역 공동체 및 거대한 민간인 사회 사이에 존재하는 경계선의 견고함에 있어 세 나라가 큰 차이를 보인다는 것을 발견했다. 주둔사회 속에서 사회·경제적이며 정치적 변형으로 귀결되는 군대와 지역 공동체 간 권력 균형의 변화에 따라 얼마나 이 경계선이 분명해지고 흐려지는지는 세월이 가면서 변화하기도 했다. 미국 제국주의의 초국가적인 성격을 감안해 볼 때 우리는 또한 미국 대륙에 있는 개인 소유의 방위산업과 초국가적인 이동을 하는 수백, 수천 명의 군인 아내들에 의해 이루어진 혼성공간의 존재도 확인할 수 있었다. 이들 군인 아내들은 미국인이나 외국에서 태어난 사람들로서 미군기지와 민간인 사회를 넘나들며 거주하고, 미국 대륙과 해외에 이주한 군사기지에서도 거주한다.[45]

이 책에 함께한 저자들이 때론 분명하고 때론 암시적으로 전달하고 있듯이, 젠더, 성 그리고 계급과 함께 인종의 위계적인 의미는 이러한 혼성공간과 미국 국내 그리고 해외에서 발생하는 만남과 교류의 형태를 결정지었다. 전략적인 고려와 함께 미국군대가 제국주의의 사회적 비용

---

45 완전 모병제가 도입되기 전까지 군대의 12%~15%가 아프리카계 미국인들이었다. 직업군인제로 바뀌면서 이들 비율은 30% 이상으로 상승하게 된다.

을 관리하는 방법과 군인들이 지역 여성과 관계를 맺는 방식에 인종적 측면이 포함된다. 그러나 우리는 전후 시기 미국 제국주의와 과거 유럽 식민 제국주의, 그리고 19세기 말과 20세기 초 미국 제국주의 사이에서 중요한 차이점을 발견했다. 인종 간 경계가 허물어질지도 모른다는 염려는 미국뿐만 아니라 그들 나름대로 인종에 관한 편견을 품고 있었던 주둔사회도 가지고 있었다. 인력 부족으로 인해 미국이 아프리카계 미국인, 아시아인, 히스패닉인과 미국 주민인 인디언 군인들에게 의지하게 되면서 인종과 관련된 염려가 더욱 고조되었다.[46] 그러므로 인종이 복합적으로 구성된 점령군(그리고 후에 이는 방어군이 된다)은 아시아에서 인종적 타자에 직면하게 되지만 서독에서는 대부분 같은 인종인 백인과 직면하게 된다. 서독에서는 반대로 유색인종 군인들과 서독의 백인 주민들의 만남을 우려했다.

미국(또는 미군들 이 주로 '세계'라고 부르는)과 '오버 데어'에 있는 국가들 사이에서 발생하는 다양한 교류를 묘사하고 분석하면서, 이 책의 저자들은 미군과 지역사회 민간인들 사이에서 이루어지는 흥미로우면서 복잡한 만남을 밝혀 줄 제국주의에 대한 혁신적이며 새로운 연구방식을 채택했다. 이러한 역사와 동시대적인 발전을 이해하기 위해, 시간을 거슬러 올라가고 이러한 만남과 교류를 특징짓는 저항의 형태와 복잡하게 얽힌 불평등한 관계를 강조하기 위해, 우리는 이 책을 네 부분으로 구성하였다. 1부 '감시받고 있는 관계: 제국주의 형성 중 지역 여성과 미군 병

---

46 영국 제국 내 성매매와 첩 제도가 만연해진 상황을 보려면 Levine(2003, 184~185) 참조. 필리핀과 아이티 내 미군과 성매매에 관한 내용은 Kramer(2006b); Renda(2001) 참조.

사'. 2부 '제국주의와 민간인과의 복잡한 관계성: 해외주둔 및 본국에 있는 미군과 외국여성'. 3부 '제국에 말대꾸하기: 지역 남성과 여성'. 4부 '포위당한 제국: 인종갈등, 남용, 그리고 폭력'.

각 장의 주제

1부에서 문승숙, 다케우치 미치코 그리고 마리아 혼은 2차세계대전과 한국전쟁의 여파 속에서 한국, 일본 그리고 서독에 있었던 미군과 지역 여성 사이의 관계를 미국군대가 통제한 방식에 초점을 맞춘다. 아시아와 유럽에서 미국 군사 제국주의의 설립 기간 동안, 민간인과 군대 간 관계를 유지하기 위한 주요 공간으로서 출현한 성매매와 동거 생활에 대해 저자들은 기록한다. 이 저자들은 각 국가들을 포괄적으로 분석하며, 이들의 연구는 함께 이 세 나라들의 공통점과 차이점을 밝히고 있다. 첫째로 미국군대는 한국, 일본 그리고 독일의 점령 지역 여성들을 성적으로 미군들이 취할 수 있다는 식민주의적인 인식을 표명한다. 이는 유럽 식민주의자들이 식민지의 유색인종 여성들을 취했던 것과 같으며, 19세기와 20세기 초 미국의 제국주의를 건설하는 동안, 미군들이 유색인종 여성을 당연하게 취할 수 있다고 기대했던 것과 일맥상통한다.[47] 두번째로 성매매가 미국에서는 불법이었고 미국군대는 이를 지켜야 함에도 불구

---

47 유럽 식민지 내 첩제도는 동거제도와 비슷한데, 이는 백인 남성과 지역여성 사이에서 정식 혼외 형태로 나타난다. 여기서 여성은 다양한 위치를 점거하게 되는데, 그 범위는 동거하고 잇는 노에 또는 막노동꾼에서 백인 애인에게 힘을 과시할 수 있는 그들의 애인 역할까지 다양하다.

하고, 군사령관들은 지역 당국과 긴밀하게 협력하여 군인들의 건강과 복지 및 전투 준비를 해치지 못하도록 강력한 규제를 수반하는 성매매 체계를 보장했다. 세번째로 전후 수십 년간 지속됐던 심각한 경제적 어려움이 해소된 후, 독일과 두 아시아 국가 사이에 중요한 차이점이 드러났다. 독일의 경제가 회복되고 미국과 비교해 정치적·군사적으로 거의 평등한 위치로 부상됨에 따라, 미군 군사기지 주변에 폭넓게 위치하고 있었던 성매매 시설들이 거의 사라졌다. 전략적 관계와 경제적 변화에 있어 비슷한 궤적을 그려 왔음에도 불구하고, 한국과 오키나와에서는 비슷한 속도로 이러한 변화가 이루어지지 않았다. 네번째로 식민지에 보통 '내연 관계'를 허용하는 정책을 세웠던 유럽 제국주의와 달리, 1945년 이후 미국은 동거와 관련해 공식적인 정책을 세우지 않았다. 대신 미국은 타인종 간의 결혼보다 규제되지 않은 성매매 관계를 더 선호하고 용납했다.[48] 이런 이유로 세 국가 모두에서 동거의 다양한 형태가 아주 흔하게 존재했다. 1960년대 중반 독일에서 동거의 형태가 줄어든 반면, 한국과 오키나와에서는 현재까지 이러한 형태가 지속되고 있다.

세 저자들은 군대가 주둔 사회와 교류하는 다양한 방식에 영향을 주는 인종의 위계적 의미에 대해서도 밝힌다. 냉전시대 가장 극적인 순간 중 하나였던 베를린 공수작전 기간인 1948년과 1949년 사이 베를린에

---

48 그러나 이런 정책의 변화는 군 기지들이 서울 남쪽에 완전히 재배치될 때까지 좀더 기다려야 한다. 미국은 한국을 여전히 전시 지역으로 보고 있기 때문에 가족을 데려오기엔 위험한 지역으로 인식한다. 이런 태도는 독일에서의 상황과 눈에 띄게 상반되는 미국의 태도를 보여 준다. 미군가족은 베를린에 머물렀으며, 심지어 베를린 공수 작전과 직후 위기 상황에서도 마찬가지였다. 미국은 희생을 치를 각오가 되어 있다는 것을 소련에게 보여 주길 원했기 때문이다.

무방비로 남겨졌던 미국인 아내와 자녀들을 보호할 수 있다고 미국군대를 확신시킨 것은 백인 독일인들과의 문화적·인종적 친밀감이었을까? 이런한 결정을 내리는 데 있어서도 한국의 상황은 다른 나라들과 다르다. 한국에 가족을 동반하지 않고 군인들을 1년씩 순환복무시키는 것이 지역 공동체에 좋지 않은 인상을 준다는 것을 미국군대는 분명히 인식하고 있었지만, 한국은 미국 가족들이 생활하기에는 매우 위험한 지역으로 간주되고 있었다. 미국군대는 한국에 대한 이런 정책을 2008년 말에서야 철회하였다.[49] 더욱이 미국이 성매매와 동거를 대하는 방식에서 인종적 위계의식을 볼 수 있다. 특히 군대 지휘관들은 인종 분리에 관해 당연하게 생각했다. 인종적 위계의식에 관한 이러한 암묵적 추정들은 「짐 크로우법」(혼혈아 반대법)[50]에서도 찾아 볼 수 있다.[51] 이 법은 1967년까지 미국 대법원에서 합법으로 받아들여졌다. 흑인 병사들이 백인 독일여성과 결혼하는 것, 백인 병사들이 아시아 여성과 결혼하는 것이 이 법 때문에 불가능했으며, 군대는 이런 타인종 간에 결혼한 부부들을 미국으로 귀국시킬 수 없었다. 이 법이 이렇게 결혼한 부부들을 불법으로 미국 본

---

49 그러나 이런 정책의 변화는 군 기지들이 서울 남쪽에 완전히 재배치될 대까지 좀더 기다려야 한다. 미국은 한국을 여전히 전시지역으로 보고 있기 대문에 가족을 데려오기엔 위험한 지역으로 인식한다. 이런 태도는 독일에서의 상황과 눈에 띄게 상반되는 미국의 태도를 보여 준다. 마군가족은 베를린에 머물렀으며, 심지어 베를린 공수 작전과 직후 위기 상황에서도 마찬가지였다. 미국은 희생을 치를 각오가 되어 잇음을 소련에 보여 주길 원했기 때문이다.

50 「짐 크로우법」(Jim Crow laws)은 미국 남부지역에서 주 정부 법 및 지역법 모두의 효력을 가진 것으로 인종 간 분리를 명시한 법이다.─옮긴이

51 1945년 미국의 30개 주에 이런 법이 존재하고 있었다. 1950년대와 1960년대 초, 서부 지역 몇 몇 주에서 이 법을 폐기한다. 그러나 남부에서 이 법을 폐지하기 위해 1967년 대법원(러빙 대 버지니아 사건)까지 올라간다. 좀더 포괄적인 내용을 원한다면, Höhn(2002; 2005)을 참조하라. 미국 내 시민권 운동가들이 「짐 크로우법」을 기소하기 위해 어떤 방식으로 반박했는지 보려면 Höhn(2008c; 2011)을 참조하라.

토 내에서 규정하고 있었기 때문이다. 이런 혼혈아 관련 법을 통해 바탕에 깔고 있던 인종과 관련된 추정은 미국군대가 주둔국 여성과 군인들의 성관계를 규정하는 방식에도 잘 나타난다. 한국 및 일본, 오키나와의 인구를 고려해 볼 때, 미국군대가 몇몇 유럽 식민지 군대가 실제로 19세기에 백인 여성들을 '들여 왔던 것처럼' 미국에서 백인 여성들을 데려오지 않는 한 타인종 간 관계를 관리해야만 했다. 그러나 타인종 간의 관계를 허락하는 것은 불가능했다. 미 본국의 「혼혈아 금지법」과 군대 내 만연한 인종차별(개인적 차별 및 군대 내 조직적 차별) 때문에, 미국은 인종적으로 분리된 유흥시설을 설립하도록 하고 이를 지지했다. 이는 미국이 내부적으로 가지고 있는 인종정책을 보호하는 데 가장 중점을 두었기 때문이다. 이런 유흥시설에서 아프리카계 미국 병사들을 접대하는 여성들은 백인 병사들을 접대할 수 없었다.[52]

한국, 일본 그리고 독일에서 미국병사들과 관계를 맺는 지역 여성들은 백인 병사들이 유색인종 병사들과 관계를 맺는 여성들과 데이트하거나 성관계를 갖지 않았기 때문에, 미국의 인종 정책을 내면화할 수밖에 없었다. 한국, 일본 그리고 독일의 지배계급도 미국과 마찬가지로 그들의 국경과 인종의 순수성을 보호하기 위해 똑같은 걱정을 했다는 것은 주목할 만하다. 전후 국가의 주권을 회복하기 위해 혈안이 되어 있었던 일본 지배계급들은 미국군인들의 성생활과 관련된 미국군대의 규정

---

52 이렇게 함으로써 군대는 20세기 초 필리핀 점령 당시와 2차세계대전 당시 하와이에 미군을 배치했던 기간 동안 세웠던 전례를 따랐다. 필리핀 상황을 보려면 Kramer(2006a)를 참조하라. 하와이 정책을 보려면 Bailey and Farber(1994)도 참조하라.

에 협조하기 위해 천민 출신 여성들을 기꺼이 '희생'시켰다. 이미 존재하고 있던 위안소 체계를 이용하기 위해 일본 당국은 적극적으로 극빈층 여성들을 모집했다. 이렇게 일본 당국은 '존중받을 만한' 여성과 야마토 Yamato 인종 여성들의 순결을 보장했다. 다케우치가 지적했듯이, 일본 당국은 이렇게 미국에 협조함으로써 아시아에서 미국의 차세대 동반자로서 그들이 지도력을 유지하는 데 미국이 도와주길 희망했다.

문승숙이 밝히고 있듯이 한국에 일본 식민지당국(1910~1945)이 세웠던 위안부 제도는 한국전쟁 기간 동안, 유엔군을 접대하기 위해 부활되었다. 전후 위안부로 일했던 여성들 중 대다수가 미국군대 기지에 인접해 있는 기지촌으로 흘러 들어갔다.[53] 이런 기지촌에서 가난한 여성들은 '존중받을 만한' 한국여성의 순결과 민족의 순수 혈통을 보호하기 위해 성매매를 알선받았다. 독일 정부 관계자들이 미국군대에게 병사들을 위해 사창가를 지으라고 열심히 설득한 것과는 대조적으로 한국정부 관계자들은 미국 병사들을 위해 '희생당해 마땅한' 여성들을 제공할 생각도, 이를 위해 어떤 정책을 수립할 생각도 없었다. 그러나 두 나라 모두 인종이 섞이는 것에는 동일한 우려를 가지고 있었다. 이런 이유로 넘쳐

---

53 그러나 미 점령을 바라보는 시각에서 일본과 한국 사이에는 중요한 차이점이 있다. 일본 지식인들, 즉 그들의 제국주의 군대가 점령지에서 여성들을 대상으로 대규모 강간을 저질렀기 때문에 이들은 미국이 일본여성을 집단으로 강간할까 두려워했다. 한국 지식인들은 한국이 미국의 적이 아니므로 이런 것을 크게 염려하지 않았다. 이 책 1장에서 문승숙이 서술하고 있듯이 공식적인 협의가 부재된 상태에서 사창이 만연했으며 이는 미국이 통제하는 성매매와 함께 존재했다. 인종적 순수성에 대한 한국인들의 우려는 혼혈아를 배척하는 방식으로 나타났다. 혼혈아는 대개 기지촌 성매매 여성과 미군의 결합으로 태어났다. 신문들은 이런 혼혈아를 심각한 사회적 문제로 표현했다. 최근까지 한국정부는 이 아이들을 미국으로 입양 보내는 정책을 유지하고 있었다. Kim et al.(2003)의 글을 참조하라.

나는 성性산업에 불만을 표시하는 기지촌 근처에 사는 주민들을 안심시키기 위해 범죄 소탕을 주기적으로 시행하였다. 이때 놀림을 당하거나 기소되는 사람은 대부분 아프리카계 미군들과 데이트를 하거나 접대하는 여성들이었다.

　2부에서 도나 알바, 크리스토퍼 에임스 그리고 로빈 라일리는 미국인 여성이나 외국 여성이 초국가적인 제국주의를 가능하게 만든 혼성공간에서 군대와 상호교류하는 다양한 방식에 대해 살펴보고 있다. 4장에서 알바는 미국 본토에 위치하거나 해외에 위치하고 있는 미군기지 안이나 주변에서 거주하고 있는 미군 아내와 자녀들에 대해 초점을 맞추고 있다. 2차세계대전 후 미국의 가치와 미국인의 삶의 방식을 퍼트리는 데 일조해 '비공식적 대사'unofficial ambassador로 불리던 미군 아내들의 역할에 알바는 주목한다. 알바는 미군 아내들이 규율과 도덕성을 회복시키고 독일인들과 '정상적인' 젠더 관계를 유지하는 데 중심적인 역할을 했다고 설득력 있는 주장을 편다. 이러한 이유로 수십 년 동안 군대는 장기간 군대를 배치할 때, 군인 아내들을 매우 주요한 요소로 인식했다. 그러나 냉전 이후 '해외주둔 미군 재배치 계획'New Global Posture 아래 가족과 동반하지 않고 짧은 기간 군대를 배치시키는 기동성에 중점을 두게 되면서, 군사기획자들은 (여전히 대부분이 여성인) 군인 배우자들의 역할에 대해 재고하게 된다. 알바가 적절히 지적하고 있듯이 좀더 기동성 있는 군대로의 전환은 주둔국 사회와의 젠더 및 성적 관계를 맺는 데 있어 지대한 영향을 미쳤다. 알바는 이 새로운 전략이 여성화되고 있는 군대를 다시 한번 더 남성화시키려는 노력의 일환으로 보고 있다. 많은 전략가들에게 베트남전쟁에서 패한 것과 여성이 군대에 들어올 수 있게 된 이유가 군대의 여성화 때문이라고 여겼다.

5장에서 에임스는 현재 오키나와(일본 본토)에서 미군 병사와 데이트를 하거나 결혼한 여성들에게 초점을 두고 있다. 에임스는 이런 여성들이 소외되거나 미군기지 안이나 주변에서 저항하는 복잡한 과정을 분석한다. 많은 사회에서 남성성이 권력과 통제와 연결되어 있는 것을 볼 때, 주둔국의 지역 주민들은 당연히 미군 병사들을 제국주의 권력을 수행하는 대리인으로 대한다. 그리고 동시에 미군들에게 분노를 느끼거나 끌리게 된다. 미군병사들과 데이트를 하거나 결혼을 한 여성들은 그들이 속해 있는 사회의 시민들로부터 종종 조롱 섞인 말들을 듣거나 배척당한다. 에임스는 이런 여성들의 '에이전시'가 종종 상상할 수 없는 반전을 동반한 인종, 젠더, 성 그리고 계급 간의 복잡한 상호작용을 드러내는 역할을 한다고 본다. 에임스는 일본여성들이 미국남성들을 실제로 접하거나 미국 영화 속에 이상화된 이미지를 통해서 갖고 싶은, 로맨틱한 그리고 성적 대상물로 보게 되는 방식을 밝히고 있다. 미군들에게 매력을 느끼는 일본여성들은 미군들이 일본남성에 비해 덜 여성혐오적이고, 더 매너가 있다고 상상한다. 그래서 그들과 결혼하면 좀더 평등한 관계 속에서 살 것이라고 상상한다. 에임스는 또한 1980년대 일본 경제가 호황을 맞고 미국 달러의 가치가 몰락했을 때 일본 본토에서 신흥 부유계층이 된 젊은 일본여성들이 오키나와로 여행을 와서 '이국적인' 미국 애인을 찾기 위해 옷, 스테레오 그리고 심지어 차까지 그들에게 사 주었던 현상을 지적하고 있다. 에임스가 발견한 것 중에 매우 흥미로운 것은 미군과 결혼한 오키나와여성들이 집처럼 느낀 공간은 미국 본토나 그들이 살았던 곳이 아니라 군대가 제공해 준 치외법권 지역이며 혼성공간에 있었던 주거 지역이었다.

6장에서 로빈 라일리는 미국 방위산업체에서 종사하고 있는 여성에게 초점을 맞추고 있다. 그리고 방위산업체를 매체로 민간과 군이 관계를 형성하는 방식을 이해하는 데 도움을 준다. 많은 여성들이 공학자와 행정업무 담당부터 제조라인 및 접수 담당까지 방위산업체의 다양한 분야에 종사한다. 라일리가 여성으로 부르고 있는 이 '숨겨진 군인들'의 이야기는 인종과 계급의 차이에도 불구하고 이들이 대부분 정부를 위해 일하는 민간 기업에 편입되어 있고 국방에 대한 이데올로기에 순응하는 경향이 있음을 보여 준다. 이 여성들은 국방에 공헌한다고 보면서 자신들의 일을 정당화하는 데 다음과 같은 실질적이고 일상적인 요소들도 이런 정당화에 기여한다. 안정적 고용이 가져다주는 경제적 혜택, 직장 밖에서 업무에 대해 비밀을 유지해야 하는 것 그리고 '다른 실제' 전쟁과 '무해한 국방일' 사이를 이데올로기적으로 구별하는 것 등이다. 라일리가 제시하고 있듯이 경제적이며 이데올로기적 요소들이 방위산업체에서 근무하는 남성 직원들의 일에 대한 인식에도 영향을 주는 반면, 이들 여성 직원들의 경우, 깊게 내면화된 성역할에 기초하여 가족을 돌봐야 하는 책임감이 자신의 업무에 대한 인식을 더욱 모호하게 하거나 혼란스럽게 하는 것처럼 보인다. 이 여성들의 이야기는 군사화된 여성성의 규범적인 요소들 사이의 분열도 보여 준다. 이는 이 여성들이 자신의 아들과 딸을 전쟁터에 보내면서 예찬받는 소위, 군사화된 모성은 받아들이지 않기 때문이다. 이러한 분열은 이 여성들이 자신의 자녀들이 군복무를 할 수 있다는 가능성에 대해 주저하는 태도를 보이는 데서 더욱 분명해진다.

3부에서 문승숙, 마리아 혼 그리고 크리스토퍼 넬슨은 현대 한국사회에서 나타난 (탈식민지) 지역 남녀의 에이전시와 점령 이후 서독 그리고 현재 오키나와 상황에 주목한다. 미군기지 안과 주변에 형성된 혼성 공간에서 살아가는 지역 주민들은 미군과의 교류를 통해, 자신들의 사회에 존재하고 있는 인종, 젠더, 성 그리고 계급 간 존재하는 계급적 사회관계에 도전한다. 이런 저항의 형식은 불손하거나 조악하기보다 창조성과 독창성의 원천으로서 혼성공간에 뿌리내리고 있는 탈식민주의 에이전시의 개념과 유사하다. 이러한 저항은 반드시 조직화될 필요가 없고 의식적으로 정치화되지도 않는다. 그럼에도 불구하고 이는 무의식적으로 이미 설립된 권력관계를 전복시킨다.[54] 미군과 지역 주민 사이에서 이루어지는 일상적 만남 속에 매력과 혐오를 동시에 느끼는 복합적 감정이 기저에 깔려 있다면, 지역 주민의 에이전시는 인종적으로 구별되는 문화적 차이 속에서 다르게 나타난다. 7장에서 문승숙은 미군과 1950년 이래 미 육군에 육군에 증강된 카투사로서 복무하기 시작한 한국남성 징집병과의 관계에 초점을 맞추면서[55] 미군기지 속 젠더, 성 그리고 계급과 밀접한 관계가 있는 인종적 위계질서의 현대적 변화에 대해 탐구한다. 2000년대에 들어 카투사가 미군 부대에서 근무하면서 그들이 경험한 것을 증언한 회고록이나 소설들이 출판되었다. 이를 통해 카투사들

---

54 호미 바바(Homi Bhabha)는 그의 이론, 탈식민주의 에이전시를 혼종과 흉내내기라는 긍정적 진술 안에서 국한시키고 있다. 실천하는 단계에서나 연설, 행동 그리고 외모를 흉내내는 기술에서 흉내내기는 창조와 독창성의 결여로 간주되지 않는다. 오히려 흉내내기는 식민지를 개혁, 통제 그리고 훈육하기 위한 식민지 권력의 능력을 이들의 권위를 분열시키는 전복적 도구로 환원한다. Bhabha(1995, 34)를 참조하라.

55 오직 남성만을 대상으로 하는 징병제에 대한 더욱 자세한 내용을 원한다면 그리고 이런 제도가 젠더화된 국가 건설에 미치는 영향 및 동시대 한국사회의 남성성 실천에 대한 내용을 알고자 한다면 Moon(2001; 2002b; 2005b) 참조.

은 오만한 미군 남성들에 대한 비판과 백인 미군 여성과 성적 관계에 대한 상상을 드러냈다. 카투사와 미군들 사이에 권력 균형은 시간이 가면서 한국의 경제적·정치적 발전으로 인해 근본적으로 변했는데, 이 점은 주목할 만하다. 그 결과 1980년대 이래로 카투사 대부분이 한국에 있는 명문대학의 중산층 대학생이었을 뿐만 아니라, 그들이 느끼고 있는 미군에 대한 비판적인 시각을 분명하게 전달할 수 있는 정치적 공간도 그들은 찾아냈다. 최근 10년간 카투사에 대한 노골적인 인종차별의 관행이 좀 더 미묘해졌다. 그리고 한국에 대한 미국의 군사적·정치적 우위가 지속되는 가운데, 더 많이 교육받고 부유한 한국 징집병들이 무식하고 충동적이라고 미국남성 사병들을 판단하며 종종 그들을 무시했다. 문승숙은 또한 백인 여군에게 카투사들이 느끼는 성적 상상을 기지촌 성매매의 역사에 기인한 분노이고 한국 여대생들과 백인 장교들(백인을 더 선호하는) 간에 늘어나는 데이트에 대한 분노의 이면이라고 지적한다.

8장에서 마리아 혼은 서독의 지역 남성 주민과 미군 병사 간의 교류를 추적해 본다. 이들 간에 이루어진 교류는 한국에서 발견되는 것보다 훨씬 긍정적이다. 2차세계대전 이후, 독일의 젊은 10대 남성들에게 미군 병사들은 닮고 싶은 새로운 남성상을 보여 주었다. 미군병사들이 보여 주는 좀더 여유 있는 스타일과 습관은 불명예스럽고 다리를 뻣뻣하게 들어올리고 걸었던 아버지 세대의 나치군 남성들과 반대되는 이상형을 찾고 있던 독일의 젊은 세대들에게 매혹적인 대상이었다. 즉, 지르박(1940년대 유행했던 빠른 춤)을 출 수 있고 독일 아이들을 위해 산타할 아버지 역할을 거리낌없이 하는 시민 군대는 나치와는 다른 형태의 군사화된 남성성을 보여 주었고, 이들은 독일 사회를 민주화시키는 역할도 담당했다. 1950년대, 헐리우드 영화배우 제임스 딘과 엘비스 프레슬리(1958년 독일에서 근무했음) 같은 대중문화의 우상들 또한 다른 남성성을 보여 주었다. 독일의 젊은 세대들이 미군에게 매력을 느끼게 된 바로 이런 점에 대해 독일 기성세대들은 그들이 독일을 안전하게 지킬 군인으로서 용맹스럽다고 생각하기보다는 '여성스럽고' 소련 군대에 맞서 싸우기에 부족하다고 생각했다. 가장 중요한 것은 미국의 핵우산이라고 기성세대들은 생각했다. 또한 혼은 미군이 지원병 체계로 바뀌고 난 후, 특히 미군의 이라크 침공과 아부 그라이브Abu Ghraib 및 관타나모Guantanamo 교도소에서 발생한 학대가 밝혀진 후, 미군에 대한 인식이 극적으로 변한 점을 밝히고 있다.

크리스토퍼 넬슨은 9장에서 군사기지에 저항했던 풀뿌리들에 대해 연구했던 기존 학문에 흥미로운 점을 덧붙이고 있다. 군사기지 반대운동은 미군 범죄에 반응하는 형태 또는 평화 및 환경운동가들이 주도가 되어 진행한 기지 반대 운동의 일환이었다. 오키나와에서 지내는 진혼제를 여름마다 준비할 때, 에이사eisa라고 불리는 오키나와 전통 춤을 공연하는데, 넬슨이 그 춤과 관련한 이 글에서 밝히고 있듯이, 비정치적이고 성적이지 않으며, 무성無性적인 형태로 미국 군사제국에 반대하거나 저항할 수 있음을 보여 준다. 이렇게 문화적으로 승화되어 무대에 오른 공연은 미국군대에 반대하는 일련의 폭력적인 시위들을 배경으로 펼쳐진다. 여기엔 1970년 오키나와에서 벌어졌던 코자 폭동에 대한 장면도 있다. 죽은 이의 영혼을 그들의 무덤에서 집까지 호위하는 춤을 추면서, 오키나와의 젊은 노동계급 세대는 이중으로 식민지화된 역사와 압도적인 미국 군대가 여전히 군림하고 있는 현재의 삶을 초월하려고 노력한다. 미군 남성들의 오만함, 그들이 오키나와여성들과 데이트하고 결혼하는 것, 미군들과 성적 관계를 맺는 것에 대한 환상에 대하여 비판하는 대신, 이들 젊은 오키나와 남성과 여성들은 미군 부대가 거의 차지하고 있는 넓은 거리에서 함께 춤을 춘다. 지역 축제가 한창인 며칠 동안 오키나와 젊은이들은 그들의 거리를 되찾는다. 이 거리는 주로 미국군대 호송차량들의 소리가 시끄럽게 울려 대고 외국 군대들을 접대할 수 있도록 허가받은 표식인 "A" 사인(군대가 출입을 허가했다는 표식, 한국은 OFF-LIMIT으로 출입통제 클럽을 표시하고 있음)을 내걸고 장사하는 바, 클럽, 목욕탕, 카페, 사창가 및 식당들이 즐비한 곳이다.

　제국에 대한 비교역사 연구들이 지적하고 있듯이, 제국은 여러 다른 국가들과 다각적인 관계를 장기간 동안 발전시켜 온 정치적으로 복잡한 실체이다. 제국은 '질서'와 '문명'이라는 명목하에 그들의 지배를 팽창시키고 유지한다. 제국의 중심이 주장하는 이런 질서와 문명은 종종 이 범위 밖에 있는 사람들에게 무질서와 폭력으로 다가온다. 4부를 구성하는 논문들이 분석하고 있듯이, 미국 제국주의가 작동하면서 발생되는 다양한 형태의 폭력은 미국 군사기지 안 또는 주변에서 발생하는 인종적 위기, 학대, 폭력으로 이어진다. 4부에 포함된 글들은 관타나모 만, 아부 그라이브, 하디타Haditha에서 발생한 학대들이 계속 진행 중인 테러와의 전쟁에서 미국군대가 지나치게 팽창했기 때문에 발생된 징후만은 아니라고 밝히고 있다. 군대의 지나친 팽창 전에도 미국군대는 내부적으로 발생하고 있는 인종 간 분쟁 및 성차별과 동성애 혐오로 규정지어진 하위문화에 의해 위협받고 있었다. 동시에 국가주의 및 과잉 남성성을 실천하는 그리고 문화적·인종적으로 우월하다는 의식에 젖은 미국군대 문화는 이런 젠더, 성 그리고 인종적 범주에 들어오지 못하는 이들에게 잠재적인 폭력 또한 포함하고 있었다.[56]

군대 제국주의 내에서 발생한 인종적 갈등의 하나의 일환으로 1970년에서 1971년까지 발생한 인종적 위기를 들 수 있다. 이 사건은 본토와 해외에 위치한 미국군대를 한동안 힘들게 했다. 10장에서 마리아 혼은 전 세계 및 미국 전역에 걸쳐 존재하는 미군기지 내에서 발발한 인종적 위기에 대해 논하고 있다. 이는 1945년 이후 '자유세계'[57]의 지도자로 자칭하면서도 미국이 자국 내의 인종갈등을 풀지 못한 거대한 모순의 결과이다. 2차세계대전 이후 미국 군사기지의 전 지구적 네트워크의 탄생으로 전 세계가 '미국의 딜레마'를 지켜보았다. 이런 압박 때문에 군대 내 인종 분리가 1948년 철폐되었고 1950년대에 시작된 시민권운동에 대한 연방정부의 지지가 가능했다(3장 참조).[58] 그러나 미국군대와 미국사회에 커다랗게 존재하고 있었던 제도화된 인종차별은 그리 쉽게 사라지지 않았다. 군대에 이렇게 만연한 차별과 베트남전쟁에 대한 중압감 그리고 자유 시민권 운동의 완전한 패배로 1960년대 말 군대 내에서 전례 없던 폭력 상황이 발생했고, 미군기지 주변에 살고 있던 민간인을 대

---

56 관타나모 만 내에 만연했던 학대와 관련된 내부자 책임에 대한 내용은 Yee(2005)를 참조.

57 소련에도 인종차별적 역사가 있음에도 불구하고 냉전 당시 소련은 이런 인종적 모순에 대해 경쟁적으로 조롱했다. 예를 들어 1937년 스탈린은 약 180,000명에 달하는 한국인 소수민족들을 그들의 주거지인 소련 극동지방에서 카자흐스탄의 황무지 지역으로 추방하라고 명령한다. 이런 강제적 추방은 1930년대 아시아에서 그 세력을 확장하고 있는 일본 제국주의로 인해 생겨난 안보에 대한 우려가 계기로 작동했다. 일본침략 사건을 계기로 스탈린은 그의 정권에 대한 한국 소수민족들의 충성심을 신뢰하지 않았다. 추정컨대 이는 한국인과 일본인이 인종적으로 유사하다고 생각했기 때문이다. 이 내용은 Chung and Dibble(2007)을 참조하라.

58 Höhn(2002, chap.3; 2008b, 2008c) 참조. Höhn and Klimke(2010) 참조. 이 두 저자가 연 웹사이트 및 디지털 아카이브 또한 참조할 것. aacvr-germany.or.

〈사진 i.1〉 캠프 페이지 조감도. 한국. 시민의 날(2008년 11월 8일) 축하를 위해 대중에게 공개, 강원도 춘천시.

상으로 하는 폭력 상황도 눈에 띄게 증가되었다. 혼은 한국과 서독에서 발생한 일련의 사건들을 비교하면서 미국군대 내 인종적 갈등이 얼마나 심각했는지 보여 준다. 사실상 독일에 배치되었던 7군은 거의 와해될 뻔 했으며 한국 내 미군과 민간인 사이의 관계는 거의 한계점에 다다랐다. 그러나 그녀는 또한 독일의 민주화와 독일인과 미국군대의 좀더 평등적인 관계가 한국에서 보다 훨씬 더 '민주적인' 해결책을 이끌어낼 수 있었음을 드러낸다. 한국에서 미군은 문제를 해결하기 위해 군사 독재정권과 협력했다.

또 하나 글에서 혼이 중요하게 다루고 있는 것은 미국군대가 극단적인 개혁을 감행할 수밖에 없었던 점이다. 그 이유는 새로운 세대인 흑인 활동가들은 2차세계대전부터 미국이 그들에게 약속했던 것이 이루어지기를 기다릴 생각이 전혀 없었기 때문이다. 이들 흑인 활동가들은 미국

〈사진 i.2〉 바움홀더 군 기지의 일부 정경. 군 기지와 주변 독일 마을이 얼마나 근접해 있는지를 보여 준다. Courtesy Herbert Piel.

이 '자유세계'를 수호하고 있음을 크게 자랑하는 미국 본토에서 그들의 요구를 분명하게 밝혔다. 11장에서 문승숙은 기지촌에 위치한 사창가 체계에 내재되어 있는 학대와 폭력에 대해 조심스럽게 이야기를 꺼내고 있다. 제국주의적인 SOFA가 통제하는 미군과 민간인 사회 간의 불평등한 권력관계 그리고 인종차별, 성차별은 기지촌에 있는 사창가를 유지하는 근간이 되었다. 미국 본토에 있는 대다수 민간인들은 한국 내에서 계속해서 유지되고 있던 기지촌 사창가들에 대해 알지 못했다. 2002년 여름 폭스Fox 뉴스는 인신매매당한 여성들이 대다수인 기지촌 사창가와 미국군대의 유착관계에 대해 보도했다. 이렇게 밝혀진 부끄러운 관계를 타계하기 위해 미 국방부는 해외주둔 미군기지 주변에 위치한 사창가와 인신매매에 대해 불관용Zero-tolerance 정책을 이행하지만, 이 정책은 기지촌여성에게 가해지고 있는 학대와 폭력을 현저히 줄이지는 못했다. 제국의 매끄러운 운영을 위해 미군 당국이 기지촌 사창가를 통제 유지하려는 노력에도 불구하고, 미국남성 군인들과 기지촌 성노동자들의 뿌리 깊은 불평등한 권력 관계는 지속적인 학대와 폭력을 계속해서 촉발시켰다고 문승숙은 밝히고 있다. 냉전이 종식된 후, 이런 학대와 착취는 필리핀과 구소련에서 온 여성들이 한국 성노동자들을 계속해서 대체하면서 증가되기 시작했다. 이렇게 한국 외에 다른 국적을 가진 여성들은 종종 인신매매를 통해 기지촌에 유입되었으며, 이런 이유로 클럽주인과 미군 남성들에 의해 이루어지는 착취와 학대에 이 여성들은 한국여성들보다 더욱 쉽게 노출되어 있었다.

12장에서 제프 베넷은 점령지인 이라크에 위치한 아부 그라이브 교도소에서 죄수들에게 저질러진 고문과 폭력을 분석한다. 그는 이곳에서 가해진 고문과 폭력이 매우 성적이고 젠더에 중심을 둔 형태라는 것에 주목한다. 베넷은 아부 그라이브 교도소에서 발생한 폭력의 형태가 계속되고 있는 테러와의 전쟁으로 미국군대가 최근 극도로 팽창했기 때문에 나타난 징후인 동시에, 교도소 내 심문 기법과 미국군대의 하위문화 속에서 공유되고 있는 젠더화되고 성적인 권력에 대한 인식 사이에 선택적인 친화의 복합적 결과물이라고 말하고 있다. 권력에 대한 이런 방식의 이해는 시·공간적인 아부 그라이브 교도소, 그 너머의 포괄적인 면을 보여 준다. 아부 그라이브의 상황은 아부 그라이브 이전에 미국 교도소 체계 속에 있는 사회적 관계를 보여 준다. 이 사회적 관계는 베트남전쟁 당시, 전쟁 포로를 정신적으로 패배시키고 선회시키기 위한 방법의 하나로 사용된 정상화된 행위였다.

아부 그라이브 같은 군대 영창이라는 혼성공간 안에서 공식적인 계급체계와 규율에 바탕을 둔 기존 군대의 명령 사슬이 어떤 방식으로 붕괴되는지 그리고 교도관들 사이의 관계가 어떤 방식으로 알파 전사로 불리는 '비통상적인 전쟁 전문가들'(특수 첩보원, 델타포스로 운용되는 미국 CIA와 블랙워터Blackwater 및 크세논 같은 민간 군사 기업들)에 대한 비공식적인 '예우'에 의해 좌우되는지 보여 준다. 제국주의의 집단적 잠재능력의 표시로서 남성의 정력을 숭배하는 제도적 맥락 아래, 여성 간수들은 남성의 성적인 지배가 당연시되는 사고방식을 내면화하거나 수감자들을 '거칠게' 대하라는 압력을 받게 된다. 베넷은 아부 그라이브에서 발생한 폭력은 의도한 것이 아닐지라도 당연한 결과이며, '평화'를 얻기 위해 인간의 생명을 뺏어야 하는 전쟁이 내재하고 있는 극심한 모순의 결과라고 조심스럽게 결론짓고 있다.

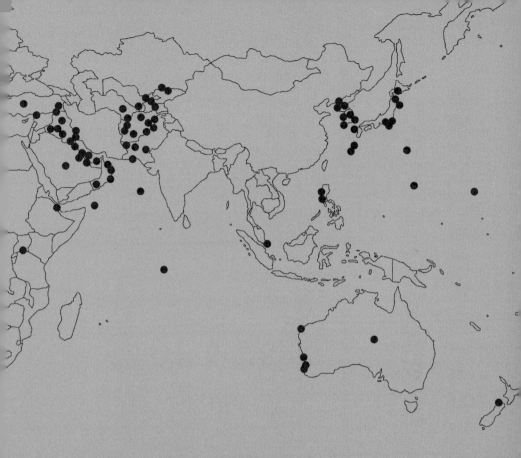

1부

/

감시받고 있는 관계

XXXXXXXXXXXXXXXXXXXXXXXXXXX

제국주의 형성 중
지역 여성과 미군 병사

1장

욕망을 규제하고, 제국을 경영하기

1945년부터 1970년까지: 한국 내 미군 성매매

문승숙

나는 경기도 파주시 천내읍 연풍리에 위치한 외국 군인들을 접대하는 세븐업7UP 클럽에서 일하고 있는 위안부다. 내가 (용주골에) 온 지 이미 3년이 지났다. 위안부로 일한 지는 벌써 2년이 되었다. 이 삶의 굴레에서 난 벗어나야만 한다. …… 외국 군인들을 상대하는 위안부이기 때문에 사람들은 나를 경멸하는 태도로 대했다. 나는 비인간적인 직업을 가진 여성이다. 그러나 내가 쓰는 글은 다른 이들에게 도움이 될 수 있을 것이다. 회개하려고 글을 쓰는 건 아니다. 내가 살고 있는 삶이 비인간적이고 잔인했을지 몰라도, 난 단 한 번도 범죄나 죄를 저지른 일은 없다.

애니 박(한국이름 박옥순)은 한국인 여성과 미국 백인 군인 사이에서 1946년 1월 태어났으며, 위의 글은 그녀의 자서전[1]에서 인용했다. 애니의 어머니는 17살 처녀로 미군 군복을 수선하는 공장에서 일하고 있었다. 공장은 서울에 위치하고 있었으며, 그녀의 아버지는 젊은 이병으로 가끔씩 그 공장에 들리곤 했다. 그녀의 어머니는 종종 매우 늦은 밤까지 일하곤 했다. 세찬 바람이 불던 어느 겨울 밤, 그녀의 어머니가 집에 가려고 공장을 나왔다. 그때 미군 트럭 한 대가 그녀 앞에 멈췄다. 낯이 익은 미군 병사가 친절하게도 그녀를 집까지 태워다 주겠다고 했다. 그녀는 고마운 마음으로 트럭에 올랐다. 그러나 그는 그녀를 인적이 드문 곳으로 데려가 강간했다. 그녀를 사랑했기 때문에 그는 그녀를 자기가 근무하는 부대로 데려갔다. 그의 부대장에게 들켜 그녀가 쫓겨나기 전까지 그는 그녀와 5일을 같이 살았다. 애니는 이런 이야기를 듣고 자랐다. 그녀의 어머니는 군인의 이름조차도 알지 못했다. 애니의 엄마는 애니의 출생과 관련된 이런 비밀을 1960년대 애니 자신이 기지촌 성노동자가 된 이후에야 알려 주었다(Pak 1965, 253~254).[2]

유라시아 혼혈아인 딸을 두고 애니의 어머니는 애니를 기르기 위해 군대 성매매 지역에서 일하기 시작했다. 보잘것없는 임금을 불릴 만큼

---

* 이 글을 쓰기 위한 조사는 바사대학의 교수연구 보조금(The Faculty Research Grants)인 제인 로젠탈 하이머딩어 기금(Jane Rosenthal Heimerdinger), 루스 아시아 연구 프로그램(Luce Asian Studies Program Fund) 및 바사대학 포드학자 프로그램(Ford Scholars Program)이 제공하는 지원을 받았다. 필자는 국립문서기록보관소 기록보관담당자 보일랜(Richard Boylan)의 전문적인 도움에 감사 드린다. 필자는 또한 탁월한 리서치에 도움을 준 저겐(Shelby Jergens)에게 감사를 표한다. 이 논문의 초본은 2006년 산호세(San Jose)에서 열린 미국인류학 협회(The American Anthropological Association) 회의에서 발표됐으며 2006년 로스앤젤레스에 위치한 캘리포니아 대학 한국학 센터에서도 발표됐다.
1 출간 이후, 이 평범하지 않은 책은 10,000부 이상 판매되었으며 그해 비소설분야 베스트셀러로 선정되었다. 『타임』과 『라이프』의 한 미국 기자는 그녀를 만나러 한국으로 왔다. 그리고 그녀가 원한다면 미국에서 그녀가 공부를 할 수 있도록 돕겠다고 제안했다. 그러나 그녀는 그의 제안을 거절했다. 「다시는 비극 없게」, 『경향신문』(1965년 12월 2일)을 참조하라. 2006년 필자가 이 책을 찾았을 때, 이미 완전히 잊혀진 상태였다. (한국에서는) 기지촌여성과 관련된 일을 하고 있는 활동가들조차도 이 책을 들어 보지 못했다고 한다.
2 필자는 성매매여성으로 불리는 개별 여성들과 성매매를 직업으로 해야만 하는 여성들의 집단에 대한 낙인을 지우기 위해 '성노동자'라는 용어를 사용한다. 그러나 필자는 국가 기관의 통제하에 여성의 성을 파는 제도를 일컫기 위해 '성매매'라는 용어를 사용한다.

영리했던 그녀는 집을 사고 그 일터를 떠났다. 그러나 불행히도 그후 그녀는 가진 돈과 집을 사기꾼들(모두 한국남성들)에게 모두 잃었다. 이 남성들은 결혼 약속을 빌미로 그녀에게 붙어 살았다. 결혼은 여성이 존중받는 삶을 살 수 있게 해주는 열쇠였다. 이런 예상 밖의 일들로 애니는 중학교 진학을 하지 못했다. 몇 년간 근근이 먹고 살다가 애니의 어머니는 결국 1960년대 활성화된 기지촌이 위치했던 용주골로 돌아갔다. 애니는 그때 미군 병사들이 주로 찾는 편의점에서 일을 막 시작했다.[3] 많은 미군 병사들이 애니의 특이한 유로아메리칸 외모에 끌려 가게를 찾았다. 애니가 17살 되던 해, 그녀는 그들 중 한 명인 백인 장교와 사랑에 빠졌다. 그들은 신혼부부처럼 몇 달을 같이 살았고 애니는 임신을 했다. 그러나 그 장교는 애니가 예상했던 것과는 달리 그녀와 결혼할 생각이 없었다. 그 장교는 전에나 후에 있었던 수많은 병사들이 그랬던 것처럼 한국에서의 복무 기간이 끝나자 떠났다. 애니가 기지촌을 영원히 떠났는지, 그녀가 여전히 살아 있는지 확실하지 않다. 만일 그녀가 살아 있다면, 그녀는 한국 어딘가에서 60대로 살고 있을 것이다.

이 두 세대에 걸친 여성들은 자신들의 삶에 대한 선택과 통제가 거의 없는 상황 아래서 살기 위해 기지촌에 머물면서 성을 팔게 되었다. 이 장은 그 기간 동안 미국군대 기지촌 성매매의 출현과 체계화를 살펴보

---

3 한국전쟁이 종식되자마자 곧바로 성매매 구역이 용주골에 출몰했으며 이 마을은 1950년대 미군 기지 주변에 생겨났던 전형적인 기지촌처럼 개발되어 갔다. 1970년대 한국 군인들이 이곳에 거주했던 미군들을 대체하면서, 국내 군인들을 접대하는 지역이 되었다. 2000년대에 이르자 이 지역은 서울 시민들 사이에서 새로운 밤 문화를 즐길 수 있는 인기 장소로 변모한다. 이런 서울 시민들은 화려하고 청결한 장소에서 저렴한 가격으로 받을 수 있는 성접대를 찾는 이들을 말한다. Chang(2000).

고 있다. 제국주의 군대의 출현과 위안소 제도로 인해 미국군대와 한국 정부 모두 (남성) 군인들을 통제하기 위해 여성의 성을 이용하는 것을 당 연시여겼다. 일본 식민주의에 의한 수탈과 한국전쟁으로 수많은 이들이 궁핍한 생활을 하고 있었다. 이 모두가 위에서 언급한 (개인의 선택권과 통 제가 극도로 제한되는) 상황을 나타낸다. 이런 상황들이 합쳐지면서 기지 촌 성매매 시설이 생겨나게 된다. 이 시설은 한국에 미국군대가 장기주 둔함으로써 토착화되었다. 한국과 미국 사이의 인종적으로 다른 문화차 이도 기지촌 시설을 확산시키는 데 한몫을 했다. 1950년대 기지촌에서 일한 성노동자의 수는 추정컨대 180,000명 정도이고 1960년대 중반에 는 동두천 지역만 대략 100,000명 정도의 기지촌 성노동자가 존재했다. 이 여성들의 숫자는 매년 한국에 배치된 미국군대 숫자를 감안해 볼 때, 놀라울 정도로 많다. 1955년과 1970년 사이 한국 내 미군의 수는 매년 50,000명과 85,000명 사이에 머물렀다(Oh et al. 1990, 56).[4] 서독의 경우 냉전으로 국가가 분단된 이후로 1950년대와 60년대에 250,000명이 넘 는 미국군대가 지속적으로 배치되어 있었지만, 미군을 상대로 하는 성매 매 규모는 훨씬 적었다.

한국에 미국군대가 처음 발을 디딘 것은 1945년 9월 중장 존 하지 John R. Hodge가 이끄는 72,000명의 병사로 구성된 육군 제24부대이다. 중 장 하지는 주한미군사령부USAFIK 사령관으로 몰락한 일본 식민제국의 권력을 이양받으러 한국에 왔다. 주한미군사령부는 세계 군사기지 네

---

4 한국전쟁 기간 동안, 미군의 수는 325,000명으로 불어났지만 1954년에 223,000명으로 빠르게 감소한다. 그리고 1955년에 85,000명으로 감소한다. Oh et al.(1990, 56).

트워크를 관장하는 미 제국주의의 대리인으로서 한국을 직접적으로 통치할 당시(1945~1948), 비공식적이지만 공창제도를 지속적으로 발전시켜 왔다. 미군정청USAMG은 성병의 확산을 막기 위해 규제 밖에 있던 성매매 시설을 통제했다. 동시에 (규제받았던) 공창시설을 남성 군인들의 유흥과 통제에 편리한 수단으로 이용했다. 이승만에게 승계된 한국정부(1948~1960)도 이와 유사하게 성매매와 관련해 모순된 입장을 취하였다. 즉, 법으로는 성매매를 불법으로 지정하였지만 미군(및 한국군)이 이를 이용하도록 지원했다. 한국전쟁 동안 한국정부는 일본이 행한 '위안소' 제도를 도입해 연합군 및 한국군인들을 상대하도록 했다. 이들이 명목으로 내세운 것은 현숙한 여성을 보호하고 군인들의 희생에 보답하기 위함이었다. 1950년대 한국전쟁으로 인해 미국군대의 존재가 거의 반영구적인 상태로 돌아서면서, 기지촌은 미군 병사들의 성욕과 유흥 서비스를 제공하기 위해 급속도로 발전했다. 이로써 규제받는 성매매 시설은 기지촌 경제의 필수적인 부분이 되었다. 1960년대 성매매가 불법일 당시 박정희 군사정권은 104개의 '특별구역'을 지정해 기지촌 성매매를 더욱 통합시키고 기지촌 경제를 지원하는 규정을 설립했다. 한국과 미국 모두 1945년부터 1970년까지 (1970년 이후에도 성매매는 불법이었다) 성매매가 불법이었음에도 불구하고 이에 대한 지속적이면서도 비공식적으로 펼쳤던 정책들에 대해서 이 장은 조명한다. 신시아 인로(1989)가 지적하듯이 정치권력은 매끄럽게 작동되기 위해 특정한 의미의 남성다움과 여성다움이라는 개념에 의지한다. 군대 성매매를 규제한 것은 군인들이 모두 이성애자 남성이라는 가정하에 이들에게 지속적인 성적 충족이 필요하다고 생각했기 때문이다. 또한 이를 통해 군사화된 남성성을 이룰 수 있다고 여겼기 때문이다. 유럽 식민주의 제국이 그랬던 것처럼 한국에서 규제되는 군대 성매매의 출현 및 통합은 미국 제국주의를 팽창시키고 유지하는 데 이들이 필수적인 요소 중 하나였음을 시사한다. 한국의 이런 군대 성매매는 하위계급의 여성들을 희생시켜 한국의 정치적·경제적 이익을 얻으려는 한국의 엘리트들이 협력하면서 지속될 수 있었다.

식민지화하는 과정과 탈식민지화하는 과정에서
외국 군인들을 위해 여성의 성노동 이용하기

규제받는 성매매와 외국 군대 사이의 은밀한 만남은 미군정청이 한반도를 통치하기 이전에도 존재했었다. 한국에 주둔한 일본군을 접대하기 위한 군대 성매매 시설은 일본에 의해 한국이 '개방'된 1876년 이후 생겨났다. 이 '개방'으로 일본 상인, 군인 및 노동자들의 한국으로의 유입이 증가되었다. 1883년 일본 상사들은 서울 시내에 일본군들만을 상대하는 사창가 지구를 설립했다. 이 지역주민들은 눈에 띄는 사창가의 존재에 대해 강하게 반발했다. 그러나 일본 당국은 이 사창가 지역을 고수했고 1904년 마침내 서울에 공창제도를 합법화한다(Son 1988, 286; Song 1989, 71). 한국에 대한 일본의 점령이 좀더 공고화되면서 공창제도 또한 합법화에 힘입어 그 구역이 점차 넓어졌다. 특히 1905년 러일전쟁에서 일본이 승리한 후에 이런 현상이 더욱 심화되었다. 1910년 한국이 일본의 식민지가 된 후, 식민지 정부는 1916년 성매매여성 취득관련 법령에 의거하여 성매매를 목적으로 여성을 인신매매하는 것을 합법화한다(Kim 1989, 137; Yun 1987, 25~26). 이런 공창제도 아래 식민지 정부는 성매매를 합법적인 상업형태로 규정했으며 세금도 부과했다(Pak 1994, 65~68). 식민지 정권은 성매매 여성들을 주기적으로 검진하는 등, 성병을 통제하기 위해 자체적 계획을 수행했다(Yi 1997, 72).[5]

　　1930년과 1945년 사이 일본군대가 팽창하면서 일본 식민정부는 자신들의 제국주의 군대를 유지하고 성적으로 그들을 충족시켜 주기 위해 여성의 몸을 적극적으로 이용했다. 초기에는 민간업자들이 중국 또는 다수의 일본군인들이 배치되어 있는 다른 점령지에 있는 '군대 위안소'로 갈 여성들을 가난한 일본 시골 지역에서 모집했다. 이런 여성들은 가라유키상, 다시 말해 '해외로 가는 여성'으로 불렸다. 이런 성노동자들은 '국가를 위한 마지막 희생'이라는 명목하에 착취당하고 있었다(Chai 1993; Chŏng 1997). 1937년 청일전쟁 이후 일본군대는 급속도로 확산되고 있는 성병을 통제하기 위해 위안소를 직접 관리하는 정책을 수립하기 시작했다. 그리고 많은 수의 한국여성들을 끌고 왔다(Chŏng 1997, 105). 성병이 일본군대의 식민지 확장을 반기지 않는 세력으로 나타나면서, 일본 성노동자들을 대신할 대상으로 17세에서 20살가량의 한국여성들에게 눈을 돌리기 시작했다. 유교사회인 한국에서 여성들은 정조를 철저히 지켜야 한다는 교육에 젖어 있다는 것을 안 일본군대는 일본 성노동자들을 젊은 한국여성들로 대체하고자 했다. 젊은 한국여성들은 성병에 노출되지 않게 순결했으며 성병에 걸려도 병을 이겨 낼 만큼 건강했기 때문이었다. '군대 위안부'는 한국, 중국, 동남아시아 및 파푸아뉴기니에

5　이 정보는 미군 기록을 통해 입증되었다. "VD Control Program in Korea", 1948. 7. 27, NARA, RG 554, box 147을 참조하라.

걸쳐 팽창했던 일본군에게 필수 불가결한 요소였다. 이 여성들은 일본 황제가 하사하는 '황실 선물'로 전쟁터에 보내졌다(Kim 1997, 53).

식민통치는 몰락했지만 한국에 주둔한 외국 군대를 위해 여성의 성노동을 이용하는 것은 계속되었다. 한국인들에게 민주주의를 가르치러 온 '자애로운 해방자'의 이미지를 보이면서,[6] 미국군대는 한국 점령 초기부터 다양한 형태의 성매매에 깊이 연루했다. 한국에 도착한 직후, 본국으로 송환된 일본여성들을 미군 병사들로부터 보호하기 위해 미국군대는 일본이 개방한 총독의 공관을 댄스홀로 이용했다(Yi 2004b, 272). 미군은 또한 장교와 사병용 클럽을 분리하여 도입하였는데, 그것은 이런 형태의 '서비스 클럽 프로그램'이 '군대를 위한 건전한 유흥'을 제공하고 '군 인사들이 도덕적으로 고취'되는 데 귀중한 경험이라는 것이 증명되었다는 이유에서였다.[7] 이들 클럽에 종사하는 접대부hostess들은 지역에서 조달되었다. 미국군대 주도하에 진행된 소위 탈식민주의 과정은 서울, 인천(애스컴), 대전, 광주 및 부산 지역에서 사창가가 급속도로 성장할 수 있는 충분한 계기를 지속적으로 마련해 주었다.[8] 빈곤한 한국에서 접대부와 성노동자의 경계는 불분명했다. 보수가 많은 미군 병사들은 성접대를 받기 위해 한국여성들을 공격적으로 찾아다녔기 때문이다.[9]

미군 병사들은 부대 안에서도 인종적으로 분리되어 생활하고 근무

---

6 미군 역사에서 이런 긍정적인 자아상은 '폭군적이었던' 일본 통치자들과 병치되어 보였다. "First Year in Korea", 1947. 2. 3, NARA, RG 553, box 70를 참고하라

7 "Assignment of Army Hostesses", 1948. 10. 9, NARA, RG 554, box 50.

8 "History of Medical Activities from 1 October 1945 to 31 December 1945", 1946. 2. 11, NARA, RG 554, box 70. 육군기지창 도시는 한때 일본군 시설이 있던 곳이었다. 한국전쟁 당시 및 직후, 이 지역은 주한 미군을 위한 주요 행정 및 보급기지가 된다.

했다. 이런 인종차별은 한국인에게도 적용되었고, 인종적으로 뚜렷한 문
화적 차이 속에서 미군 병사들은 한국여성들을 쫓아다녔다.[10] 이런 가운
데 군 당국은 군예절, 기강, 이미지 및 훈련의 질이 저하되는 고질적인
문제들을 해결해야만 했다. 예절과 관련해서 군 당국은 인종차별적 호
칭인 '국스'gooks의 사용 및 폭행, 난폭운전, 공격적으로 한국여성에게 접
근하기, 그리고 무리하게 한국인을 체포하는 행위 등을 다뤄야만 했다.[11]
1946년 11월 사령관 하지의 명령으로 시행된 예절교육은 미국인의 인
종차별적 태도에 대해 매우 솔직하게 요약하고 있다. "미국인들은 한국
관습에 대해 무지하다. 이로써 미국인들은 한국의 예절과 문화에 대해
존경심을 전혀 표현하지 않는다. 그렇기 때문에 미국인들은 무엇인가 좋
은 것이 한국에 있을 것이라는 생각을 드러내 놓고 비웃는다. …… 미국
인들은 한국인들을 자유 시민으로 대하기보다 정복지의 주민을 대하는
것 같았다."[12]

---

9 미군들은 풍족한 현금 흐름을 만끽했다. 미군이 전쟁으로 피폐해진 한국에서 대부분의 한국
   인들보다 급여가 훨씬 나았던 것은 물론이었고 이들은 또한 금전적 이익을 위해 PX에서 미
   국제품을 암시장에 파는 일을 자주 했기 때문이다. "Circular 39: Prevention of Black Market
   Activities", 1947. 3. 26, NARA, RG 554, box 50. 전쟁 직후 미군이 점령했던 많은 국가에서 일
   반적으로 미군은 상대적으로 부유했다. Baker(2004, 32).
10 "Report on Standards of Living Conditions, Military Courtesy Discipline, and Training", 1946.
   4. 29; "Deterioration of Standards", 1946. 5. 3; "Courtesy Drive", 1946. 11. 6; "Message
   from the Commanding General, USAFIK", 1947. 1. 17; "Instructions to Courtesy Patrol
   Officers", 1948. 7. 21; "Personal Conduct", 1948년 8월 27일, 모든 문서가 NARA에 속해 있
   음, RG 554, box 50.
11 이런 부주의한 운전문제가 너무 자주 발생했기 때문에 사령관실은 다음과 같이 발표하기에
   이른다. "한국을 정복지로 생각하지 말라. 한국은 정복지가 아니라 자유국가이다. …… 우
   리는 이곳에 한국인을 도우러 왔지 차에 치어 죽이러 온 것이 아니다." "Message from the
   Commanding General, USAFIK", pp.3~4.
12 "Courtesy Drive".

미 제국주의 팽창에 기여하는 하수인으로서 한국에 배치된 '(미군 병사들은) 마치 세상이 자신들과 자신들의 쾌락만을 위해 온전히 존재하는 것처럼' 생각하고 행동했다.[13] 이런 제국주의적 사고방식 안에서 유럽 식민주의의 하수인으로서 유럽 군인들이 식민지 유색인종 여성들에게 했던 것처럼 미군들은 결혼과 상관없이 한국여성을 성적으로 취할 수 있는 것이 자신들의 권리라고 생각했다. "한미관계에 부정적인 영향을 미칠 주요 인자 중 하나로" 미국인들의 인종차별을 심각하게 우려한 미군 당국은 한국문화를 배우고 존중하도록 미군들을 교육시켰다.[14] 미군의 못된 버릇을 고칠 방법을 고민하는 모습을 보여 주는 '민간에 공개되지 않는' 긴 서한 속에서 사령관 하지는 미군들에게 "한국여성을 건드리지 말라고" 타일렀다.[15] 내부적으로 군 당국은 "한미 간 크나큰 문화적 차이 및 사회관습"을 군인들에게 교육하려 노력했고, 분명하게 "개인적인 용무가 아니거나 공식적인 만남일 경우를 제외하고 한국여성들과 공공장소에서 만나는 것을 자제하라"라고 군인들에게 충고했다. 동시에 '모든 남성 군인 및 민간 계약자들 또는 주한미군사령부에 소속되어 있는 이들'에게 보내진 내부 문건은 다음과 같은 메세지를 내포하고 있었다. 성매매여성들과 성관계를 갖는 것은 문화적으로 허용되지만 한국여성과 어떤 형태로든 성관계를 맺는 것은 한국인들에게 강간으로 간주된다.[16] 1947년 미 의무국 활동 관련 연간 보고서는 문화적 차이를 이유로 성매

---

13 "Message from the Commanding General, USAFIK".
14 "Courtesy Drive".
15 "Message from the Commanding General, USAFIK".
16 "Association with Korean Women", 1947. 1. 25., NARA, RG 554, box 50.

매를 허용한다면서, 불충분한 유흥 시설과 공공장소에서 이성이 함께 있지 못하게 하는 한국문화로 인해 한국여성과 미군이 만날 수 있는 장소는 '사창가, 댄스홀'로 제한되고 '성매매' 여성만 만나게 되는 경향을 보인다고 결론짓고 있다.[17] 미군 병사들의 성적 권리가 이렇듯 암묵적으로 용인되는 가운데 한국여성과 미군 사이에 수많은 성관계가 이루어졌다. 유럽 식민지에서 유럽인들이 다양한 형태의 첩을 두었던 것과 유사하게 부인이 본국에 있는 유부남 장교들조차도 '꾸준히 여성 파트너'를 가지고 있었다.[18]

사창가가 성행하던 중 미군정청은 법으로 성매매를 처벌하는 이중적인 조치를 취하면서 성노동자 및 미군 병사들을 성적으로 접대하는 다른 분야의 여성들을 검사하기 시작했다. 미군정청은 「부녀자 매매 또는 그 매매계약 금지법」을 1946년에 제정했다. 그러나 이 법은 여성과 고용주 간 합의에 의해 이루어진 성매매는 금지하지 않았다(Pak 1994, 85). 미군정청은 해방군이라는 이미지를 고려하여, 1946년 마침내 이 법을 1947년 공공법률Public Act 7조로 대체한다. 1947년 11월 14일 공표되고 1948년 2월 바로 실효된 공공법률 7조는 일본 식민지 국가가 설립한 공창제도를 폐지한다.[19] 이 법은 일본의 통치로 세워진 '사악한 관습'을 폐지하고 '남성과 여성의 평등'을 보장하는 민주적 절차를 홍보하기 위한 목적을 공표하고 있었다(법제처 1952, 179). 해방의 미사여구가 보여

---

17 Headquarters, Twenty-Fourth Corps, Office of the Surgeon, APO 235, "Annual Report of Medical Department Activities", 1947. 3. 11, NARA, RG 554, box 70.
18 "Deterioration of Standards"; "Personal Conduct".

주는 허울 아래, 정치적으로 복잡한 계산이 깔려 있었다. 미군정청 입장에서 성매매는 제거 대상이 아니라 효과적으로 통제해야 될 대상이었다. 널리 퍼진 성병과 한국인들 사이에 퍼지고 있는 결핵, 말라리아 및 나병 같은 전염병에 놀라 군당국은 즉각 보건의료 시설을 설립했다(Smith 1950, 9~12).[20] 성매매가 미군 병사들에게 위협이 된다는 결론에 도달한 군 당국은 즉각 '게이샤 하우스' 및 '성매매 시설'(요정)에 대해 미군 출입 금지를 시행했다.[21] 그러나 군 당국은 성매매를 범법화시키려는 시도는 하지 않았다. 이는 '성병에 감염되었을 때 점령군과 성적 관계를 갖지만 않으면 한국 성매매여성들은 불법이 아니다'라는 생각이 만연했기 때문이다(Meade 1951, 220~221). 이런 논리를 바탕으로 의무장교는 '종업원을 대상으로 매주 성병검사를 진행한다는 조건'으로 성매매 시설 이용 허가를 (제6)사단 본부에서 받아낼 수 있었다(Meade 1951, 220~221).

1947년 5월 미군정청은 공중 보건후생과 아래 성병통제부서 를 설

---

19 1948년 2월, 당국으로부터 허가받은 성매매여성들이 약 2,000명에 달했다. 즉, 서울지역에 약 1,000명, 인천에 200명 그리고 전국에 걸쳐 800명의 성매매여성들이 산재해 있었다. 이 2,000명 중 1,400명은 사회복지후생기관에서 다른 직업에 취직시킬 예정이었다고 한다. Headquarters, Twenty-Fourth Corps, APO 235, "Venereal Disease Council Meeting", 1948. 2. 7, NARA, RG 554, box 147. 이와 유사한 기록을 한 한국인 역사학자가 지적하고 있다. 1947년 10월, 약 2,214명에 달하는 성매매여성이 한국에 있었다. Yi(1996, 168).

20 성병 전염의 문제는 미군에게 국한된 문제만은 아니었다. 1950년 5월 하워드 스미스(Howard Smith)가 보도했듯이, 성병은 (결핵과 함께) 한국에서 공중보건과 관련해 주요한 문제 중 하나였다. 폭발적으로 늘어나고 있는 인구 증가의 결과로 인해 서울과 경기지역이 특히 심했다.

21 "History of Medical Activities from 1 October 1945 to 31 December 1945". 군사정부가 시행하는 공식적인 성병정책의 가장 주요한 요소 중 하나는 '모든 성매매 시설'에 출입금지조치를 취하는 것이었다. Headquarters, Twenty-Fourth Corps, Office of the Surgeon, APO 235, "History of Medical Activities from 1 September 1945 to 30 June 1948", 1948. 8. 24, NARA, RG 554, box 70 참조.

립한 후 '접대부'婦를 대상으로 주기적 검진과 치료를 시작했다. 대상자
는 기생뿐만 아니라 무희, 술집에 종사하는 여성 및 여종업원들까지 포
함되었다. 성병검사 및 치료는 공창이 폐지된 이후에도 계속되었다.[22] 신
체검사에 응하지 않을시 성매매여성은 면허를 빼앗겼다. 1947년 5월
부터 1948년 7월까지 총 14,889명의 접대부들이 검사를 받았으며, 이
들 중 60% 가까이 성병에 감염되어 있었다.[23] 뒤이어 1947년 12월 서울
에 첫 국영 성병센터가 공식적으로 감염자들을 치료하기 위해 개관한다
(National Economic Board 1948, 191). 첫 달 동안 군대는 서울에 있는 선화
병원에서 191명의 기생들을 외래환자로 분류하여 치료하고 그들이 완
전히 치료될 때까지 여성감옥에 구류했다(National Economic Board 1948,
175).[24] 1946~1949년 사이 미국군대는 미군병사에게 성병을 옮겼을 것
으로 의심되는 여러 부류의 여성들에 대해 세세한 통계 기록을 보유하
고 있었다. 「남한의 공중 보건문제 관련 보고서」는 성병검진 대상이었던
'기생', '여종업원', '하인', '무희' 및 '성매매여성' 관련 통계자료를 보여
주고 있다(Smith 1950, 69).

1940년대 후반 성매매를 했던 한국여성 대부분은 일본 식민통치기
간에 한국을 떠났다 돌아온 가난한 여성들이었거나 가족을 부양하기 위
해 나온 부녀자들이었다.[25] 첫번째 부류의 여성들은 식민기간 동안 상해

---

22 「공창폐지 후에 대책」, 『동아일보』, 1948년 2월 20일.
23 Headquarters, USAFIK, APO 235, Unit 2, "Venereal Control Program in South Korea", 1948.
   7. 27, NARA, RG 554, box 147.
24 Headquarters, Twenty-Fourth Corps, APO 235, "Venereal Disease Council Meeting", 1948.
   2. 7, NARA, RG 554, box 147.
25 「생활고로 윤락의 길」, 『조선일보』, 1947년 4월 12일.

나 만주에서 이미 '무희'로 일한 경험이 있었다. 두번째 부류는 미군 부대에서 '커피숍 종업원', '미용사', '파출부', '세탁소 여성' 및 '타이피스트'로 일한 경험이 있었던 여성들이었다. 미군 병사들은 군인 클럽에서 열리는 댄스파티에 이 여성들을 데리고 갔다. 어떤 방식으로든 성매매를 하게 된 여성 중 많은 수가 자신을 성매매여성이라고 생각하지 않는 경향이 있었다. 그들은 지독한 가난 때문에 잠시 일탈했다거나 일시적인 희생으로 자신들의 성매매 행위를 바라보았다.

미군정청 통치 기간 동안 성매매를 해야 했던 다양한 계급의 여성들과 직업 성매매여성들 간의 경계가 모호해진 사실을 인식하는 것은 매우 중요하다. 이 모호한 경계가 성매매여성이라는 공식적인 호칭과 성매매를 하고 있는 여성들의 자기인식 사이에 간극이 존재했음을 암시하기 때문이다. 미군을 상대해서 흔히 양공주나 '유엔 마담'으로 불렸던 많은 여성들은 자신들이 성매매를 한다고 생각하지 않았을지도 모른다. 그러나 이 여성들은 돌팔매질을 당하거나 아이들에게 욕을 듣는 등, 공공장소에서 굴욕적인 대접을 받았다.[26] 성매매를 범죄화하면서 동시에 성노동자와 미군을 상대하는 다른 부류의 여성들을 규제했던 미군의 편의주의적인 조치는 성병을 통제하기 위한 미군 정책의 일환일 뿐이었다. 성매매 시설이 성병 전염의 원인이 될 경우 미군은 이를 강력하게 탄압했지만, 성노동자들을 강력하게 규제할 수 있는 상황일 때는 그 시설을 용인하고 적극적으로 이용하기까지 했다. 미군정청 통치 기간 동안, 이런 비공식적이지만 지속적으로 시행했던 성매매 관련 정책들은 미군이 성병

---

26 「양갈보 놀림의 대상」, 『동아일보』, 1949년 6월 17일.

확산을 군인들의 전투 준비에 가장 큰 위협으로서 얼마나 심각하게 우려했는지를 보여 준다. 이런 일련의 정책들은 또한 군대가 남성 병사들을 모두 이성애자로 일반화시키면서 치러야 했던 대가를 나타내기도 한다.

성병퇴치를 위한 미국군대 캠페인 및 1945년과 1949년 사이에 행해진 성매매 규제

1940년대 후반 미국군대는 극동지역 공산군 퇴치를 위한 캠페인만 진행했던 것이 아니라 군인들 사이에서 유행했던 성병, 즉 예상 외로 만만치 않은 적을 퇴치하기 위한 캠페인도 진행했다. 주한미군들 사이에서 성병전염 비율이 증가하는 지속적인 문제를 심각하게 우려했기 때문에 미 육군성은 육군 성병통제 프로그램을 시작했다. 프로그램은 '금욕'(성적 행위를 완전히 자제)을 통해 성병에 노출되는 것을 줄이려고 노력했고 이미 한 번 성병에 감염되었던 병사들의 재감염을 막기 위해 필요한 교육 및 물품을 제공했다. 사령관 하지는 지휘관들과 부대장들에게 「내부문건 26」(1947년 2월 21일)을 통해 성병통제조치를 발령했다.[27] 성병퇴치 캠페인은 성병통제위원회의 설립과 함께 시작되었다. 위원회는 부대장, 군목, 특별시설국(유흥, 휴양 프로그램 및 시설을 제공하는 곳), 헌병 및 의무국으로 구성되어 있었다. 1948년 말이 되면서 성병통제위원회는 인성지도위원회로 대체되고 성병을 포함한 모든 형태의 위반 행위를 다루기

---

27 "Meeting of Venereal Disease Control: Report Control Symbol WDGPA-89", 1948. 2. 10, NARA, RG 554, box 147.

시작했다. 부대장 및 하사관들은 성병통제 정책에 따라 자신들의 부대에서 일어나는 높은 성병발병률에 대해 책임을 져야 했다.[28] 성병발병률을 효과적으로 줄이지 못하는 경우, 이를 무능력한 지도력을 단적으로 보여주는 신호로 해석되었다. 이로 인해 부대 내 성병발병률에 대한 정확한 보고가 이뤄지지 않았다. 성병을 퇴치하기 위해 수많은 조치들이 시행되었다. 첫번째로 금욕을 강조한 군대 규율에 따라 병사들은 (기독교적) 성도덕, 시민의식, 개인 위생 및 성병예방에 대해 주입교육을 받았다. 이미 성병에 걸린 병사의 경우, 치료를 받은 후 진해에 위치한 재활 교육센터로 보내졌다.[29] 입소자들은 그들의 '난잡한 성행위'를 억제하기 위해 일주일에 49시간 동안 교육을 받아야 했다.[30] 두번째로 체육 활동, 영화감상, 관광 및 예배에 참석하는 등의 건전하고 다양한 휴양 및 유흥 형태를 보급했다.[31] 세번째로 외출허가를 받기 전 병사들은 콘돔과 성병예방 용품을 반드시 챙겨야 했다. 술에 취하거나 늦게 귀가한 병사들의 경우 24

---

28 여러 문서에서 이런 책임에 대해 반복적으로 언급하고 있다. 참조 "Summary of VD for the Week Ending January 9, 1948"; Twenty-Fourth Corps, Office of the Commanding General, APO 235, "Venereal Rate and Discipline", 1948. 4. 14, WDAO-C 726. 1, 1947. 1. 31. 모든 문서는 NARA에 포함, RG 554, box 147. 군 당국은 주한미군 전체 평균보다 성병감염 비율이 높은 사단을 책임지고 있는 사령관들에게 개별적으로 서한을 보냈다. USAFIK, APO 235, "Venereal Disease Control and Excessive Rate", 1948. 5. 20, NARA, RG 554, box 147.

29 센터는 1947년 11월 4일 개관한 후 1948년 8월 15일 한국정부가 취임한 후 9월 15일 폐관되었다. USAFIK, APO 235, "Venereal Disease Rehabilitation Center", 1948. 8. 14, NARA, RG 554, box 147. 엄격한 프로그램으로 인해 그곳에서 훈련을 받는 이들은 자신들이 처벌을 받고 있다는 느낌을 받았다고 한다. Headquarters, Twenty-Fourth Corps, APO 235, "Visit to Venereal Disease Rehabilitation Training Center", 1947. 12. 15, NARA, RG 554, box 147.

30 "Venereal Disease Rates during the Last Six Months of 1948 and January 1949", 726. I, 1949. 2. 2, NARA, RG 554, box 147.

시간 운영하는 예방센터에서 의무적으로 처치를 받아야 했다.[32]

　그러나 현실적으로 성병을 통제하기 위한 조치는 전혀 실효성이 없었다. '파병대 및 중대를 포함한 모든 지휘관들에게' 보내진 한 문서에 따르면 너무 많은 수의 부대 지휘관들이 성병발병률 증가를 '당연'하게 받아들이고 있었고 성병을 효과적으로 퇴치하기 위한 여러 가지 명령을 수행하지 않고 있었다.[33] 미군정청 통치 기간 동안, 주한미군사령부 헌병대 사령관은 군대 범죄 중 많은 부분이 '출입금지 구역', '통행금지 시간', '군복착용' 및 '외출허가'와 관련된 규칙 위반이고, 이 위반은 외출시 흔히 음주와 성노동자를 구매하는 과정과 연결되어 있다고 밝혔다.[34] 한국에서 취해진 성병통제 정책이 효과를 발휘하지 못한 이유는 세 가지 모순된 원천 때문이었다. 첫째, 미 육군성은 복무 기간 중 성병에 감염된

---

31 스포츠 활동들이 조직되었고 권투경기 일정도 잡았으며, 더불어 축구 및 야구 경기도 중개되었다. 사병들의 관심을 끌기 위해 또한 매주 4편의 새로운 영화를 개봉했다. Headquarters, Twenty-Fourth Corps, APO 235, "Venereal Disease Council Meeting", 1948. 9. 27; Headquarters, Eightieth Medical Group, APO 235, "Venereal Disease Control", 1948. 10. 1, 두 문서 모두 NARA에 포함, RG 554, box 147.

32 이런 조치는 점령 초기부터 제도화되었다. "History of Medical Activities from 1 October 1945 to 31 December 1945" 그리고 "History of Surgeon's Section. Headquarters Twenty-Fourth Corps"(covering from 1 September 1945 to 30 June 1948) 1949년 수많은 성병통제위원회 회의 및 성격지도 위원회 회의에서 이는 반복적으로 논의된다. Headquarters, Eightieth Medical Group, APO 235, "Monthly Meeting of Venereal Disease Control Council", 1948. 4. 20; General Headquarters, Far East Command, APO 500, "Venereal Disease Control Measures", 1946. 8. 29; Headquarters, USAFIK, APO 901, "Venereal Disease Council Meeting", 1947. 12. 23; Headquarters, Korea Base Command, APO 901, "Venereal Disease Council Meeting", 1948. 6. 1; Office of the Chaplain Headquarters, Special Troop, Twenty-Fourth Corps, APO 235, "Command Employment of Chaplains of Venereal Disease Control", 1948. 10. 25; 790th Transportation Railway Operation Battalion, APO 6, "Monthly Report of VD Council", 1948. 9. 25; USAFIK, APO 235, "Venereal Disease Rates in the Command", 1948. 6. 7; WDAO-C 726. I, 모든 문서 NARA에 포함, RG 554, box 147.

수많은 재향군인들을 수용하기 위해 1926년 5월 17일 승인한 「재향군인 규제법」 제2조를 1944년 9월에 개정한다.[35] 그 결과 재향군인들은 성병치료 때문에 복무하지 못한 기간에 대해 장애급여를 신청할 수 있게 되었다. 「재향군인 규제법」에 따르면 '신청인의 자의적인 위법행위 또는 악습으로 인해 야기된 장애에 대해서는' 어떤 연금도 지급하지 않게 되어 있는데, 군대는 성병만은 이 규제법의 예외로 두었다.[36] 이와 같은 법의 개정으로 인해 인력이 부족한 상황에서 부대 지휘관들은 성병 관련 교육을 소홀히 하는 태도를 취했고, 이런 태도는 병사들에게는 과거의 잘못을 반복해도 된다는 신호로 읽혔다.[37] 성병에 반복적으로 걸리는 많은 병사들은 어떤 심각한 처벌 없이 그저 재활훈련센터로 보내졌기 때

---

33 Headquarters, Twenty-Fourth Corps, Office of the Commanding General, APO 235, "Venereal Rate and Discipline", 1948. 4. 14, RG 554, box 147. '각 주요 부대 및 독립부대를 책임지고 있는 사령관들에게 보낸 메시지'에, 호지 중장은 다음과 같이 개탄하고있다. "(미군) 중 너무나 많은 병사들이 왜 자신을 청결하고 경건하게 가꾸기 위해 노력해야 하냐고 묻는다. 나의 중대와 부대 장교들은 노력하지도 않고 관심조차 기울이지 않는다. 그들은 몽유병 환자처럼 낮에 돌아다니고 밤에 다시 진탕 술에 취한다. 군인들은 방탕하게 한국여성들과 관계를 맺거나 그들이 손을 뻗어서 닿는 사람이면 아무나 관계를 갖는다". Headquarters, USAFIK, APO 235, "Increase in Venereal Disease", 1947. 8. 13, NARA, RG 554, box 147.
34 "Deterioration of Standards"; "Reduction of Criminal and Military Offenses", 1948. 8. 14, NARA, RG 554, box 50.
35 주한미군 총사령관 호지는 성병의 경우도 개인의 부주의로 인해 발생하는 다른 부상이나 병과 동일하게 취급되어야 한다고 믿었다. "대부분의 성병 관련 사건의 경우 복무 규정이나 사령부 계급체계에 속해 있는 모두에게 적용되는 규율을 위반해 발생"했기 때문이다. 그러나 이런 그의 권고를 육군성은 받아들이지 않았다. 이렇게 결정한 데는 "공무수행이 중이 아닐 때"는 크게 재제를 가하지 말아야 한다는 이유에서였다. Headquarters, USAFIK, APO 235, "Venereal Disease Cases Considered Not in Line of Duty", 1948. 2. 18, NARA, RG 554, box 147.
36 U.S. War Department, "Claims-Disability-Section 2, Act 17 May 1926, Repealed: Veterans Regulation Number 10 Amended", 1944. 10. 17, NARA, RG 554, box 147.
37 Headquarters, USAFIK, APO 235, "Venereal Disease Council Meeting", 1948. 5. 11, NARA, RG 554, box 147.

문에 교육은 그저 형식적일 수밖에 없었다.[38] 병사들을 보상하고 그들을 유지하기 위해 군대가 병사들을 이성애자로 일반화하는 경향이 이런 법 개정을 통해 드러나고 있다. 두번째로 군인 클럽이나 댄스홀처럼 '합법적인' 유흥시설은 일반적으로 병사들이 포주를 통해 성노동자와 만나는 곳이었다. 예를 들어 인천에 위치한 군인 클럽 주변은 미군 병사들과 한국 포주들의 만남이 이루어지는 주요 장소가 되었다.[39] 미 육군 소장 올란드 워드Orland Ward가 중장 호지에게 보낸 편지에서 그는 "접대부들이 운영을 맡고 우리가 흔히 시내 클럽이라고 부르는 곳이 포주들의 주된 활동 공간이 되었다"라고 인정하고 있다.[40] 또한 성병 확산을 막기 위해 군대는 미군병사들과 춤을 추기 위해 오는 '상하이 여성'(성노동자)들을 대상으로 매달 신체검사를 해야 한다고 편지에서 밝히고 있다. 이 여성들은 부대에서 멀리 떨어진 숙소에서 함께 지내며 포주들이 데려왔다가 데려가고는 했다. 세번째로 다른 '건전한' 여흥 시설이 한국에 충분하지 않았다. 체육 활동이 '가장 효과적인' 여흥 형태의 하나로 강력하게 강조되었지만,[41] "육군에 대한 물품 지원이 항상 지연됐고 지역 경찰로부터 필요한 도움을 받는 것도 항상 어려웠기 때문에" 이런 시설은 많은 지역에 극도로 부족했다.[42] 영화 및 다른 여흥시설도 이와 비슷한 문제점 때문에 설치가 힘들었다.[43]

성병에 걸린 병사들을 계급에 따라 차별하는 관행 또한 성병통제 정

---

38 "Repeated Cases of VD", 1948. 2. 17, NARA, RG 554, box 147.

39 Sixty-First Ordance Group, APO 901, "Venereal Disease Control", 1948. 9. 28, NARA, RG 554, box 147.

40 Headquarters, Sixty Infantry Division, APO 6, 1948. 5. 21, NARA, RG 554, box 147.

책의 실효성을 떨어뜨렸다. 장교가 성병에 걸릴 경우, 이들은 진해에 있는 재활훈련센터로 보내지는 것이 아니라 제한구역에 머물렀다. 하사들의 경우, 성병감염 여부를 밝히기 위해 신체검사를 받아야 했다. 장교가 아닌 경우 이런 거슬리는 검사를 받아야 했기 때문에 병사들과 하사관들이 잠재적인 불만을 가질 가능성이 있었다.[44] 이런 불평등한 조치가 취해진 이유 중 하나는 아마 하사관들 중 비행을 저지르는 확률이 매우 높았기 때문일 것이다. '무너지고 있는 훈육과 통제'에 대한 보고에서 사령관실은 (파병대와 중대를 포함한) 모든 지휘관들에게 보내는 편지에서 다음과 같이 밝히고 있다. "하사관들이 강도, 민간인 폭행, 만취, 경찰업무 방해 및 '한국여성을 악의적이고 고의적으로 추행'하는 등의 사건에 너무나 많이 그리고 자주 연루되고 있다."[45] 그러나 이런 관찰 또한 사회적 계급 및 인종적 편견에 젖어 나왔을 수도 있다. 한국에 파병되었던 미국군

41 성병통제에 대한 많은 문서들이 "특별한 서비스"로 분류하고 있는 스포츠 프로그램에 대해 강조하고 있다. 스포츠 프로그램은 성병감염률을 낮출 뿐만 아니라 군대사기와 '단결' 또한 고양시킨다고 강조되었다. Headquarters, USAFIK, APO 235, "Venereal Disease Rates in the Command", 1948. 6. 7; Headquarters, USAFIK, "Venereal Disease Rates in the Command", 1948. 9. 7, NARA, RG 554, box 147; Eightieth Medical Group, APO 235, "Monthly Meeting of Venereal Disease Control Council", 1948. 9. 22, NARA, RG 554, box 147. 한 보고서는 부대의 낮은 성병감염률이 나타나는 이유로 활동적이고 포괄적인 특별 서비스 프로그램 덕으로 돌리고 있다. Eightieth Medical Group, APO 235 "Venereal Disease Control", 1948. 10. 1, NARA, RG 554, box 147.

42 "VD Rates during the Last Six Months of 1948 and January 1949".

43 Headquarters, Twenty-Fourth Corps, APO 235, 1948. 2. 7, NARA, RG 554, box 147; Korea Base Command, APO 901, "Venereal Disease Council Meeting", 1948. 6. 1.

44 "Memo to Colonel Ward on Visit to the Training Center", 1948. 1. 20; "Procedures for Handling VD Cases", 1948. 1. 20. 두 문서 모두 NARA에 포함, RG 554, box 147. Office of the Battalion Surgeon, Seventy-Sixth Signal Sevice Battalion, "Venereal Disease Council Meeting", 1948. 3. 17, NARA, RG 554, box 147.

대는 백인 장교들의 편의에 따라 인종적으로 분리되어 있었다. 백인장교들은 대개 하사관들보다 좀더 유복하고 더 나은 가정환경을 가지고 있었다. 군대가 매주마다 발행하는 성병감염률 보고서에 '백인'과 '유색인종' 통계를 분리해서 발간했다는 것은 주목할 만하다. '유색인종' 병사들 사이에서 성병발병률이 높은 것에 대해 군 당국은 '심미적 관점에서' 대부분의 백인 병사들이 이행하고 있는 성적 절제를 하지 못하는 흑인 병사들의 무능함을 비난했다.[46] 이런 발언은 흑인 병사들에 대한 인종차별을 보여 줄 뿐만 아니라 특정 백인들에게 전혀 성적으로 매력적이지 않은 한국여성들에 대한 인종차별도 드러내고 있다.

성병통제조치는 기껏해야 엇갈린 효과를 냈을 뿐이다. 몇몇 부대에서 나타난 성공적인 성병감염률 하락 효과는 다른 부대의 급작스러운 성병감염률 상승으로 상쇄되곤 했다. 1940년대 말 한국에 배치된 병사들 333명 중 한 명이 성병 치료를 받았다.[47] 한국 대부분 지역에서 보고된 성병감염률은 매년 군인 1,000명당 100건 정도였다.[48] 엄격한 군대 규

---

45 Twenty-Fourth Corps, Office of the Commanding General, APO 235, "Venereal Rate and Discipline", 1948. 4. 14.

46 "History of Medical Activities from 1 October 1945 to 31 December 1945".

47 USAFIK, Office of the Surgeon, APO 235, "Casualty Report for Week Ending 29 October 1948", 1948. 11. 4, NARA, RG 554, box 147. 1948년 7월, 주한미군의 총 인원수는 22,823명이었음. Minton(1948).

48 Headquarters, Special Troop, USAFIK, APO 235, Unit I, "Minutes of Monthly Meeting, Character Guidance Council", 1949. 1. 22, NARA, RG 554, box 147. 흥미롭게도 주한미군정청 통치가 종식된 후, 1년 기준 군인 1,000명당 성병감염률은 두 배 이상 늘었다. 1949년 동안, 감염률은 1월 319명에서 2월 238명, 3월 222명, 4월 204명, 5월 207명에 이른다. "Supplement to History of Surgeon's Section", USAFIK, "Supplement to History of Surgeon's Section, United States Army Forces in Korea, 15 January 1949 to 30 June 1949" 80, NARA, RG 554, box 70.

율, 처벌, 인종 및 계급에 기반을 둔 차별적인 군대 상황을 고려해 볼 때 더욱 중요한 사실은 보고된 성병감염률이 실제 성병감염률을 정확하게 반영하지 못했다는 것이다.[49] 1940년대 후반, 보고된 성병감염률의 주기적인 변화에도 불구하고, 성병의 확산은 주한미군사령부의 성가신 문제 중 하나였다.[50]

성병 확산을 막기 위해 노력하면서 성병통제위원회는 공창을 폐지한 공공법률 7조를 해결책이라기보다는 문제의 핵심으로 보았다. 성병통제위원회 회의와 관계 부처에서 발행한 월간 문서에 따르면 미군 병사들 사이에서 나타나고 있는 빠른 성병감염률의 주요 원인 중 하나로 공창제 폐지를 계속해서 언급하고 있다. 공창제 폐지가 제한된 구역에 머물러 있었던 "성매매여성들이 흩어지는" 결과를 가져왔다고 주장했다.[51] 그러나 이런 주장은 다음과 같은 이유로 설득력이 없다. 첫번째로

---

49 수많은 성병통제 위원회는 때때로 이런 차이에 대해서 인정한다. Headquarters, USAFIK, APO 235, "Venereal Disease Control Measures", 1946. 8. 29; Headquarters, Twenty-Fourth Corps, APO 235, 1948. 1. 11, NARA, RG 554, box 147를 참조하라.

50 1947년 초, 미 육군성은 주한미군사령부 사령관에게 한 통의 서신을 보냈다. 여기서 미 육군성은 "지난 30년 어느 때와 비교해도 현재 육군의 성병감염 비율처럼 (매년 기준) 이렇게 높았던 적이 없었다"라고 지적하고 있다. WDAO-C, 726. I. 1948. 5. 7. 반도호텔에서 특별한 회의가 열렸다. 성병감염 비율의 증가 원인 및 정책 제안 그리고 광범위한 군 중심의 통제 활동 계획을 논의하기 위한 자리였다. "Venereal Disease Council Meeting", TFYSG 726.I, 1948. 5. 11; USAFIK, Rehabilitation Center, Office of the Surgeon, APO 6, Unit 4, "Report of Essential Technical Medical Data", 두 자료 모두 NARA에서 찾아볼 수 있음, RG 554, box 147. 한국 점령 기간 중 1948년과 1949년 겨울, 성병감염률이 최고조에 이르게 된다. USAFIK, Adjutant Center, "Supplement to History of Surgeon's Section", USAFIK, 1948. 11. 15~1949. 1. 15, NARA, RG 554, box 70.

51 Headquarters, Twenty-Fourth Corps, APO 235, 1948. 4. 5; Headquarters, Sixty Infantry Division, APO 6, "Meeting of Venereal Disease Council: Report Control Symbol WDGPA-89", WDGPA-89, 1948. 2. 10. APO 6, 1948. 4. 12; "Venereal Disease Council Meeting" 모두 NARA에 포함되어 있음, RG 554, box 147.

위에서 언급했듯이 정식 허가를 받은 사창가 여성들의 총수는 주한미군 사령부의 주둔으로 엄청나게 생겨난 사창가 여성들에 비해 매우 적은 숫자였다. 두번째로 다른 성병통제위원회 문서가 밝히고 있듯이, 미군 병사들이 만나는 여성들은 기생(정식허가를 받은 성매매여성)이 아니었다. 사실 기생들과 미군 병사들 간의 접촉은 거의 이루어지지 않았다.[52] 아주 드문 경우지만 성병통제위원회 회의자료는 "기생을 금지한다고 미군 병사들 사이에서 발생하고 있는 성병감염률이 낮아질 확률은 현재 장담할 수 없다"라고 밝히고 있다.[53] 성노동자들이 흩어져 만연해 있는 상황과 성병감염률 증가 사이에 인과관계를 추정하는 입장에서 군대가 성노동자들을 강력하게 통제하는 데 빈번히 실패했다는 것이 함축적으로 보여진다. 여성들은 남성우월주의에 젖은 군인들을 관리하기 위해 필요한 재료로 여겨졌고 이런 군인들을 위협하는 성병 보균자로도 여겨졌다. 성병통제를 위한 군대의 이런 논리에 따르면, 공창제를 폐지한 것은 특별히 바람직한 방향은 아니었다. 바람직한 방향은 성노동자들의 성병검사를 지속하는 것이었다. 이런 입장은 군이 젊은 남성 군인들을 다루기 위한 가장 주요한 수단 중 하나로 여성의 성노동을 바라보고 있는 이면을 드러내고 있다. 성매매를 완전히 금지하기보다 자제하는 것을 선호한 군의 정책은 한국에 주둔한 미국군대와 성매매여성 사이의 관계의 저변을 흐르는 중요한 특징이었다.

공창제 폐지의 여파 후 성노동자와 포주를 다시 통제하려는 시도를

---

52 Headquarters, Twenty-Fourth Corps, APO 235, 1948. 1. 7.
53 Ibid.

하며 미 헌병 사령관은 서울과 부산 지역에 '풍기사범 단속순찰반'을 조직한다. 성노동자와 포주는 체포되면 육군 계엄 재판소에서 재판을 받고 실형을 선고받았다. 그러나 이런 관행은 1948년 8월 한국정부가 취임한 이후 사라졌다.[54] 감옥과 형무소가 체포된 성노동자들과 포주로 넘쳐나면서, 정부는 이들에게 더 이상 실형을 선고하지 않았다.[55] 다시 한번, 군은 성매매여성을 통제하지 못한 사실을 미군들 사이에 성병이 확산된 주요 원인으로 꼽았다.[56] 그러나 간혹 성병통제위원회 회의자료는 풍기사범 단속순찰반의 한계를 인정하고 있다. 풍기사범 단속순찰반은 "불법행위를 예방하거나 제거하는 임무를 갖고 구성 및 유지되고 있는데, 이들이 단순히 불법행위를 일시적으로 정지시키는" 수준이었다.[57] 성매매가 대대적으로 이루어지고 있는 지역 중 하나인 수색에 위치한 제6보병대는 '성매매가 극히 빈번하게 이뤄지고 있어' 풍기사범 단속순찰반이 상황을 통제하기란 불가능했다.[58]

공창제도 폐지 후 빈곤이 만연해지면서 계속해서 여성을 공급받는 주요 장소로서 사창가가 그 역할을 다했다. 남성 군인의 (이성애적) 성적

---

54 "VD Rates during the Last Six Months of 1948 and January 1949"

55 Special Troop, Twenty-Fourth Corps, APO 235, "Venereal Disease Council", 1948. 11. 20, NARA, RG 554, box 147. 여경이 성노동자 체포를 담당했다. 체포 후, 이들은 서울, 부산, 대구 그리고 인천에 위치한 여자 파출소 내 4개의 진료소로 보내졌다. Smith(1950, 33).

56 Headquarters, Sixty Infantry Division, APO 6, "Meeting of Venereal Disease Control Council: Report Control Symbol WDGPA 80", WDGPA 80, 1948. 9. 2, NARA, RG 554, box 147; "VD Rates during the Last Six Months of 1948 and January 1949".

57 Headquarters, Sixty Infantry Division, APO 6, "Meeting of Venereal Disease Control Council: Report Control Symbol WDGPA 80", WDGPA 80, 1948. 9. 2.

58 Headquarters, Twenty-Fourth Corps, APO 235, 1948. 9. 27.

욕구를 정상화시키면서 나타나게 된 현상이다. 그러나 군의 성매매 통제가 느슨해진 상황과 성병감염률이 상승한 것 사이에 추정해 볼 수 있는 인과관계는 모호하다. 위에서 언급했듯이 공창제도가 폐지되기 전에도 미군이 주둔하기 시작한 서울 지역 내에서는 사창가가 빠르게 퍼져 갔다. 1948년 8월 미군정청의 통치가 종식된 후, 사창가는 군대의 통제에서 벗어나 걷잡을 수 없이 퍼져 갔다. 한국인 주거지역에서 멀리 떨어져 위치하고 있는 미군부대 정문으로 모여드는 성매매여성들과 고객을 모으려는 모집객에 대해 군 지휘관들은 불만을 토로했다.[59] 1948년 9월 부산지역(성매매여성들과 포주들의 활동이 특별히 활발했음)의 성병감염률이 가파르게 증가하면서, 미국 대통령조차 이 사항에 대해 우려를 나타냈다.[60] 성매매가 활성화되자 미군병사들은 군대 매점인 PX에서 구매한 담배로 성매매 비용을 지불하곤 했다.[61] 아래에서 살펴보듯이 피엑스에서 구매한 상품으로 성매매 비용을 지불하는 관행은 1960년대까지 계속되었다.

한국전쟁과 위안소의 부활

1950년 6월 25일 한국전쟁이 발발하면서 300,000명에 달하는 연합군이 남한으로 파병된다. 미군이 한국 점령을 시작한 그날부터 지속적으로 그

---

59 Headquarters, Twenty-Fourth Corps, APO 235, 1948. 9. 27.

60 Headquarters, Sixty Infantry Division, "Meeting of Venereal Disease Control Council: Report Control Symbol WDGPA 80", WDGPA 80, 1948. 10. 5, NARA, RG 554, box 147.

61 Headquarters, Korea Base Command, APO 901, "Report of Character Guidance Council Meeting", 1948. 10. 28, NARA, RG 554, box 147.

들을 난처하게 했던 (사창가) 성매매와 성병 확산 문제가 증폭되었다. 신생 한국정부가 식민지 잔재였던 위안부 제도를 부활시킨 배경에는 적어도 두 가지 이유가 존재한다. 일본군대가 이용한 '위안부' 제도를 규탄하는 글들만 보아 온 한국 국민들에게 이 사실이 충격적일 수 있지만, 신생 한국정부의 민간인 지도자와 군대 지도자들은 외국 군인으로부터 존중받아 마땅한 한국여성들을 보호하고 군인들의 희생에 감사를 표하기 위해 이 제도를 빌려 왔다. 즉, 규제를 받고 있던 군대 성매매는 군인들에게 유흥을 지속적으로 제공해야 하는 제국주의적 이해에 부흥했을 뿐만 아니라 하층계급 여성들을 이용하여 계급의 경계를 뚜렷하게 하려는 한국 엘리트들의 이익에도 기여했다. 전쟁 기간 동안 성격이 다른 두 가지 형태의 위안소가 운영되었다. 연합군을 위한 유엔위안소와 한국 군인들을 위한 특수위안소였다. 전쟁 시기 동안 '위안부'라는 용어는 민간인을 손님으로 받지 않고 군인만을 상대하는 성노동자를 일컬었다. '위안부'라는 단어는 1960년대까지도 매우 흔히 사용되었다. 이 장의 첫 시작에 인용되었던 애니의 글에서도 볼 수 있듯이 그녀 또한 자신을 위안부라고 칭하고 있다. 외국 (및 국내) 군인들을 위해 여성의 성노동을 조직적으로 이용한 이런 사례는 전쟁 후 미군기지 주변에 기지촌 설립을 예고하고 있었다.

첫번째로 기록되어 있는 유엔위안소는 마산시에 설치된 위안소이다. 1950년 8월 11일 『부산일보』는 다음과 같이 보도했다.

시 당국은 연합군의 노고에 보답하는 의미로 이미 유엔위안소 설립을 승인했다. 승인 후 얼마 안 있어 5개의 위안소가 마산의 신구 시가지 지역에 설치될 예정이다. 시 당국은 이를 위해 시민들의 협조를 요청했다.(Yi 2004a, 122. 필자 번역)

1951년 7월 7일과 10월 19일 국회 회기 중, 입법자들은 '외국 손님'과 '군인'들을 위해 유흥을 제공할 수 있는 법에 대해 논의했다. 이 법은 「전시생활개선법」으로 여성을 이용하는 법이었다. 1947년 공공법률 7조로 성매매가 불법화되면서, 입법자들은 '특별한 경우'로서 외국인과 한국군인들을 위한 성매매를 부활시켰다(Chŏn et al. 2005, 101, 111). 유엔위안부 제도는 남한 전역에 걸쳐 퍼져 갔다. 특히 1951년 1월과 7월 사이 한국전쟁이 소강상태였을 때와 북한과 미국이 휴전 협상을 하고 있을 때 더욱 그러했다. 이 기간 동안 연합군 숫자는 199,000명에서 281,000명으로 급속하게 증가되었다(Yi 2004a, 122). 이 시기 많은 숫자의 신병과 기존 군인들을 유지하고 통제하는 일이 시급하게 요구되었다. 국무총리 장면의 개인 서명이 있는 1951년 비밀 쪽지는 대통령 비서실에서 나온 것으로 이에 따르면 유엔위안소는 지방 관리, 시장 및 경찰의 협조를 받아 운영하고 유지하였다. 1951년 9월 1일과 5일, 『제주신문』은 위안소 설치를 위해 미군과 제주 지방청 사이에 있었던 협상에 대해 기록하고 있다(Yi 2004a, 123~124).

전쟁 동안 이런 형태의 위안소가 얼마나 많이 세워졌는지는 정확하지 않다. 또한 이 위안소에서 얼마나 많은 여성들이 종사했었는지 그리고 이 여성들을 어디서 데려왔는지도 정확하지 않다. 위안소와 관련된 파편적인 정보들만이 오직 존재할 뿐이다. 한국 난민들이 대거 거주했던 부산 남쪽에는 1952년 7월 당시 78개의 유엔위안소가 존재했다. 부산에 근접해 있는 마산에는 1951년 7월 당시 7개의 위안소가 존재했었다 (Yi 2004a, 130). 일부 여성들은 무력과 사기로 인해 인신매매를 당하기도 했지만, 빈곤에 허덕이던 수많은 미혼 및 기혼인 한국여성은 모두 당국의 허가를 받은 개인 사업자들에 의해 주로 모집된 것으로 보인다. 유엔위안소에서 일했던 다수의 여성들은 기혼자였다. 이는 성노동이 아이와 가족들을 부양하는 데 사용된 절박한 수단이었음을 증명해 준다(Chŏn et al 2005, 112). 절망적인 빈곤과 한국전쟁 동안 사망하거나 불구가 되거나 또는 이송당한 한국남성들 때문에 위안소에서 일하는 여성들의 숫자가 급속하게 증가했다. 이들은 생존을 위해 성매매를 해야만 했다.[62] 1951년 서울에만 추정컨대 64,934명의 다양한 형태의 성노동자가 종사하고 있었다. 1948년 약 50,000명이었던 성노동자 수에 비해 증가한 것을 볼 수 있다(Sin 1989, 58~59).

유엔위안소 체제가 분명히 보여 준 것은 제국주의와 한국 정치인들의 하수인인 군인들에게 유흥을 제공하면서 통제하기 위해 군대와 지역 당국이 여성의 성노동을 지속적인 도구로 이용해 왔다는 것이다. 유엔

---

62 1944년(2차세계대전 말기), 1949년(한국전쟁 발발) 그리고 1955년(한국전쟁 종식 후 2년) 한국 인구의 성별 비율은 전쟁 기간 동안 어느 부류의 남성이 전사했는지 나타내 준다. 1944년에는 20세에서 24세 사이 여성 100명당 같은 나이대의 남성 수는 90.75의 비율을 나타냈다. 1949년이 되면 이 비율은 101.14, 그리고 1955년은 85.40이 된다. 25세에서 29세 여성 100명당 같은 나이대의 남성의 비율은 1944년에 94.67 그리고 1949년 1955년에는 각각 103.29 그리고 79.02를 보인다. 30대에서 34세 사이 여성 100명당 같은 나이대의 남성의 비율은 이 기준 연도에 각각 96.13, 106.25, 95.58과 같았다. 이 내용은 국가통계청에서 확인 가능하며, 온라인에서 확인 가능(http://kosis.nos.go.kr/cgi-bin/sws_999.cgi. 2008년 4월 6일 접속). 유엔인구부서(United Nations Population Division)에 따르면 이 비율이 조금 다르다. 여성 100명당 남성의 성별 비율은 1950년대 102.1, 1955년 96.1을 보인다. 세계 인구 전망(World Population Prospects)을 참조하라. 2004년 인구 데이터베이스 개정판이 온라인에서 확인이 가능하다 (http://esa.un.org/unpp/p2kodata.asp. 2006년 9월 18일 접속).

위안소 체제는 고립된 현상이 아니라 '외국인을 위한 특별한 식당', '댄스 홀', 고위급 군관 관리를 위한 사교적 모임의 한 형태로 전쟁 기간 중에 존재해 왔던 것으로 여성의 성노동 착취를 위해 사회가 승인한 많은 관행 중 하나의 요소에 불과하다(Chŏn et al 2005, 111; Yi 2004a, 127). 한국전쟁 기간 동안 성매매가 공식적으로 불법이었음에도 국가가 승인한 여러 가지 종류의 시설에서 일한 많은 여성들이 성병 검진 대상이 되었다. 유엔위안소가 활성화되면서 보건부는 모든 성노동자들에게 성병검진을 의무로 받게 했고 '건강증명서'를 휴대하게 했다. 보건부는 또한 성노동자가 성병에 감염되었을 경우, 건강증명서를 의사가 취소시키도록 했다. 물론 성병이 완쾌된 이후에는 건강증명서를 돌려주었다. 더욱 끔찍했던 것은 건강증명서를 소지하지 않은 성노동자의 경우, 성병진료소나 병원으로 보내져 경찰이 그들의 몸을 살펴볼 수 있게 했다(Sin 1989, 59). 이렇게 만연하게 이루어지고 있는 성병 검진을 지켜보며, 의무관 맥닌치Josep H. McNinch는 다음과 같이 언급했다. 여성들을 대상으로 성병 진료를 하고 그들에게 '건강증명서'를 발급함으로써 한국정부는 사실상 공창제도를 부활시켰다(McNinch 1954, 147).

반면 전쟁 기간 동안 성병 및(규제 밖에 있는) 사창가에 대한 심각한 우려에도 불구하고,[63] 미군은 한국에서 전투로 지친 군인들이 일본으로 건너가 5일 동안 휴식을 취할 때, R&R(휴식과 여흥)서비스를 제공했다. 군대 특수 서비스과는 군인들에게 호텔과 다른 여흥 시설들을 제공

---

63 Headquarters, Eighth United States Army Korea, APO 301, "Quarterly Venereal Disease Report QGA-92", 1953. 2. 14, NARA, RG 338, box 560.

했으나 많은 수의 군인들이 전후 일본에서 여성 성노동자를 찾아다녔다 (McNinch 1954, 146). 자신들이 거의 알지 못하는 외국 땅에서 기꺼이 싸우며 죽을 각오가 되어 있는 충성스런 군인들이 가장 필요로 하는 욕구 앞에서 군대는 성매매를 억제하기보다는 오히려 성노동자들의 성병감염 여부를 진단하기 위해 신속하게 움직였다. 군대로서는 성노동자들의 성병감염을 진단하는 것이 다른 형태의 여흥 시설을 준비하는 것보다 초기비용이 적게 들었기 때문이다. 이런 군대의 의도는 사령관 사무실에서 나온 다음의 발언에 잘 드러나 있다. "성매매여성들과 그들이 보유한 성병은 우리 군대의 건강과 복지에 진정한 위협이 되고 있다. 이 군 작전에 배정된 특별히 많은 현금 때문에 성매매는 광범위하며 잘 조직된 행위가 되어 버렸고 억제하기는 매우 힘들다."[64] 전쟁 기간 동안 처참한 가난에 직면한 한국정부는 국민을 먹여 살리기 위해 성매매를 불가피한 수단으로 간주했다. 공산당과의 전쟁이 한창일 때, 한국정부는 또한 성매매를 북한에 맞서 싸우고 있는 외국 군인들에게 여흥을 제공하는 필요한 수단의 하나로 간주했다.

---

64 Headquarters, Office of the Commanding General, "Prostitution and Venereal Disease", 1952. 10. 3., NARA, RG 338, box 844.

기지촌에 만연한 공창(규제받는 성매매)과
사창(규제 밖의 성매매)을 억제하는 의례, 1954~1960

전쟁 후, 미군기지 주변에 우후죽순처럼 생겨나기 시작한 기지촌과 함께 미군을 접대했던 성노동자의 성병검사를 골자로 하는, 국가가 허가한 성매매 제도가 기지촌에 퍼져 갔다. 1953년 한미 상호방위조약이 체결된 이후, 반영구적인 미군기지 주변에 기지촌 형성은 가속화되었다. 미군정의 통치 기간 동안, 서울의 용산 주변과 부산 항구도시 남쪽의 하얄리아Hialeah 미군기지 근처 및 진해, 대구, 광주와 전주 주변 지역으로 이미 기지촌이 형성되어 있었다.[65] 1950년대 한국에 걸쳐 형성된 18개의 기지촌은 미군기지와의 공생관계를 통해 성장하고 있었다. 한국에 형성된 기지촌은 미군 당국의 권력이 한국의 통치권을 대체한 공간 즉, 가상적으로 식민화된 지역이었다. 자신들의 삶을 미군들의 소비력에 대부분 의지하며 살고 있는 기지촌 주민들은 그 소비력에 통치를 받았다. 그곳에 거주하는 한국주민들은 하층계급 출신 사람과 그들의 가족들이었고, 이곳은 그들에게 생계를 유지하기 위한 마지막 공간이었다. 기지촌에 거주하는 상당수 주민들은 북한에서 내려온 피난민이었고 이들은 남한에서 차별을 당하고 있는 존재들이었다.[66] 기지촌은 성매매여성들과 범죄 그

---

65 이들은 미군이 1945년 가을 한국에 도착한 날부터 대규모 미군부대를 유치하기 시작한 도시들이다. United States Army Service Command 24, Office of the Surgeon, "History of Medical Activities from 1 October 1945 to 31 December 1945", 1946. 2. 11, NARA, RG 554, box 70.

66 다양한 배경을 가진 한국인 노인과 대화 도중 이 정보에 대해 듣게 되었다. 또한 기지촌 성매매에 대해 촬영한 오래되지 않은 영화에도 이런 현실이 반영되어 있다. Cho(1964); Sin(1958).

리고 폭력이 들끓는 지대로 깊이 각인되었고 '점잖거나', '평범한' 한국인들이 오지 않은 수준 이하의 공공시설을 가진 지역으로 인식되었다.[67] 작가 복거일의 자서전적인 성격이 강한 소설 『캠프 세네카의 기지촌』은 1950년대 말 성장하기 시작한 기지촌과 나머지 사회 간에 분리를 아이러니하게 묘사한다. "기지촌은 한편으로 보호받고 있는 지구이다. 이곳에 사는 사람들은 이곳 밖에서는 모여 살거나 거의 살아남을 수 없는 사람들이다. 이곳에서 얼마간의 돈을 만져 보고 떠났던 사람들은 거의 항상 이곳으로 되돌아 온다. 그들은 바깥 세상에선 견딜 수 없기 때문이다" (Pok .1994, 85. 필자 번역). 기지촌 지역주민들(성노동자들뿐만 아니라 포주 및 다른 이들)에 대한 배척은 만연했고, 이런 배척에 직면한 사람들에게 기지촌은 안정된 공간으로 인식되었다. 사회적 낙인과 배척은 탐탁지 않은 사람들이 사는 비참한 동네인 기지촌의 특성에 그 뿌리를 두고 있다. 여기서 탐탁지 않은 사람이라 함은 외국 군인들을 접대하는 성노동자와 혼혈아들을 말한다. 사회적 낙인과 배척은 이들을 보이지 않게 만들었다. 실제로 미군을 접대하는 모든 기지촌클럽과 술집은 한국인들에게 법적으로 출입금지 지역이었다. (등록된 성노동자들은 이 규칙에서 제외되었다.)

기지촌 성매매는 전후 가난에 찌들어 있었던 기간 동안 폭발적으로 성장했다. 1956년 보건복지부가 내놓은 통계자료에 따르면, 약 400,000 명의 '접대부'가 종사하고 있었으며 이 가운데 65.5%가 미군병사들

---

67 이런 특징들은 생생하게 지옥화에 그려져 있다. Sin(1958). 이 영화는 기지촌 성노동자들과 지역주민의 이야기를 담고 있다. 어떤 특정한 기지촌을 영화에서 특정적으로 보여 준 건 아니었지만, 영화는 아스콤시(현재 부평시)를 배경으로 찍고 있다. 이곳은 한국 최초의 미군 기지촌 중 하나이다.

을 접대하는 유엔 마담이었다(Chŏn et al 2005, 47). 이와 유사하게 1958년 300,000명의 성노동자 중 약 180,000명이 기지촌에서 종사하고 있는 성노동자들이었다. 기지촌으로 몰려들기 시작하는 성노동자들의 효과적인 성병통제를 위해 미군과 한국정부는 몇몇 미군기지 지역으로 그들을 집중시키기로 합의했다. 1957년 미군정청은 서울에 위치한 10개의 클럽 및 댄스홀을 지정했다. 인천은 12개 그리고 부산은 2개씩 각각 지정 클럽 및 댄스홀을 두었다. 그리고 처음으로 병사들의 외박을 허용했다(Ministry of Health and Social Affairs 1958, 13~14; Kim 1980, 274).[68] 미군의 이런 방침은 기지촌 성매매의 발전을 가속화시켰다. 같은 해 한국의 보건복지부는 89개의 성병진료소를 전국에 세웠다. 이 가운데 43개의 진료소가 서울, 파주, 부산, 평택, 대구 및 양주에 위치한 대규모 미군기지 주변에 포진해 있었다(Ministry of Health and Social Affairs 1958, 22). 1950년대 성노동자와 관련한 보건복지부의 공식적인 통계는 성병검진을 받았거나 성병 치료를 받은 이들로 한정되어 있다(Ministry of Health and Social Affairs 1958, 304~309). 또한 통계자료 항목에는 위안부와 미군 병사와 동거 중인 여성도 웨이트리스, 호스티스, 댄서, 종업원 및 기생과 함께 포함되어 있었다. 성매매가 불법임에도 불구하고 실제적으로 기지촌 성매매를 허용하는 이중성은 한국에 수십 년간 머물게 될 미군의 존재로 인해 지속된 특성 중 하나일 것이다.

---

68 1955년 성매매여성들을 한데 모아놓기 위한 '특별구역' 설립에 대한 유사한 아이디어가 서울시의 '사창근절을 위한 위원회'가 주최한 공청회에서 발표되었다. 공청회 참가자들은 입법관, 교수, 그리고 여성단체 및 종교단체 지도자들이었다. 「지금 당장은 곤란」, 『동아일보』, 1955년 12월 14일.

성매매가 기지촌 지역 경제의 필수적인 부분이 되어 가면서, 미군과 한국정부는 공동으로 이를 통제했고 밖에 있는 사창가는 주기적으로 시행되는 단속을 받으며 지속되었다. 1955년 12월 15일부터 1956년 1월 15일간 대규모 단속 작전이 시행되었다. 경찰은 이 기간에 포주, 뚜쟁이 및 성노동자들을 추방하기 위한 작전을 시행했다. 성노동자에는 당국의 통제가 미치지 않는 곳에서 장사를 했던 양공주도 포함되었다.[69] 이런 형태의 주기적인 집중단속은 미등록 성매매여성이 악영향을 미치고 있는 사회적 관행을 정화한다는 목적을 갖고 있었지만 실제론 성병에 감염된 성노동자들을 제거하기 위해 시행되었다. 1955년과 1956년에 시행된 작전 중, 경찰은 '외국인과 동거를 하고 있는' 여성의 경우 단속 대상에 포함하지 말라고 지시를 내리고 있다.[70] 전후 몇 년에 걸쳐 미 헌병은 클럽과 거리에서 기지촌 성노동자들을 무차별적으로 검문했다. 또한 미군은 성병 확산을 통제하기 위해 주기적으로 성노동자들을 단속해 줄 것을 한국정부에 요구했다.[71] 이렇게 의례적이지만 기능적으로 이루어졌던 기지촌 정화 작업과 사창가를 대상으로 이루어졌던 처벌은 1950년대 이후에도 계속해서 지속되었다. 이는 식민지 이후 미군 당국과 한국정부가 성매매에 대해 서로 공유했던 모순적인 입장으로 야기되었다.

---

69 「250여 명 검거」, 『동아일보』, 1955년 12월 8일; 「지금 당장은 곤란」, 『동아일보』, 1955년 12월 14일; 「그들이 갈 곳은 막연」, 『동아일보』, 1955년 12월 16일.
70 「그들이 갈 곳은 막연」, 『동아일보』, 1955년 12월 16일.
71 「용산일대 매춘부 단속」, 『동아일보』, 1959년 2월 8일; 「창녀단속원 요청설」, 『동아일보』, 1960년 10월 30일. 1950년대 및 1970년대 기지촌 성노동자였던 윤점견(1936~)은 한국 경찰들이 종종 벌금을 걷기 위해 클럽과 성매매 시설을 급습했다고 언급했다. 이런 급습 단속은 토벌로 불렸다. Yun(2005, 140).

소중한 미국 달러를 벌어들이기 위한 주요 출처로 기지촌 성매매가 떠오르면서 기지촌 상업 소유주 및 정치인들은 국가 경제발전이라는 명목하에 이를 합법화하는 계획까지 고려하게 된다. 이런 휘청거리는 계획은 1960년 국회 네번째 회기에서 논의되었다.[72] 'L'이라는 이니셜을 가진 한 국회의원은 기지촌 성매매를 위해 특별구역을 지정하자는 의견을 제출하며 다음과 같이 주장했다.

미국이 우리의 우방국으로 존재하고 미군이 계속해서 한국에 머무른다면, 우리로서는 대다수가 미혼 남성인 군인들이 자연적으로 유흥을 필요로 한다는 점을 간과할 수 없습니다. 이 문제를 해결하기 위해 어떤 특별한 조치를 취하는 것이 창녀들이 야기시키는 문제점만을 말하는 것보다 훨씬 효과적입니다. 제 생각에 창녀들이 일으키고 있는 문제점만을 말하는 것은 사리에 맞아 보이지 않습니다. 예를 들어 서울 외곽지역에 미군 병사들을 접대할 수 있는 특별한 시설을 세우는 것입니다. 이를 허가해서 미군들이 더 이상 일본으로 휴가를 가지 않아도 되게 만드는 것입니다. (Cho and Chang 1990, 92. 필자 번역)

한국전쟁 이후 미군 병사들은 휴가를 받으면 일본 성노동자들과 관계를 맺기 위해 자주 일본으로 날아가곤 했다(이 책 2장을 참조하라). 이 점

---

72 주목할 만한 것은 이 모임이 오래가지 못하고 사라진 2공화국 시기(1960년 4월부터 1961년 5월 16일)에 소집되었다는 것이다. 2공화국은 1공화국(1948~1960)이 학생들이 주도가 된 유명한 시위(1960년 4월 19일)로 전복된 후 곧바로 설립되었다. 민주공화국은 박정희가 주도한 군사 쿠데타로 곧 전복된다

에 주목한 국회의원 'L'과 다른 의원들은 미국 달러의 이런 수익 흐름을 다른 방향으로 돌리기 위한 방법을 논의하게 되었다. 국회는 추후에도 미군 병사들이 일본 성노동자들 대신 한국 성노동자들을 찾게 하기 위한 특별한 조치를 제안했다. 이 제안에는 기지촌 성매매의 합법화와 성노동자들의 예절교육 및 성병예방도 포함되었다(Cho and Chang 1990, 92). 1960년대 초반 교통부는 "외화를 벌어들이기 위해" 그리고 "휴가 기간을 즐기는 유엔 병사들을 끌어들이기 위해" 경주, 해운대 및 온양에 대규모 관광 시설을 건설하기 위한 계획을 공표했다.[73] 1959년 초 김준호 경찰총장은 경기도 평택 송탄시 신장리에서 약 700명에 달하는 '군 접대부'들을 대상으로 '계몽 강연'을 열었다.[74] 아래에서 보다시피 경제부흥을 목적으로 이루어진 이런 식의 제안은 박정희정부의 지지를 등에 업고 기지촌 성매매가 그 전성기를 맞이한 1960년대에 현실이 된다. 기지촌이 발전하면서 농촌지역 마을들이 빠르게 상업지구로 바뀌었다. 미군들이 출입하는 클럽들, 클럽여성들과 미군들이 머무를 수 있는 임시 임대 거주지, 국제결혼 소개소, 편의점, 전당포, 이발소, 양복점, 사진 및 초상화를 그려 주는 가게 그리고 미군들을 대상으로 하는 약국이 이 상업지구에 들어섰다(Kim 1980, 288).[75] 실례로 한국에서 미군의 수가 가장 많

---

73 「관광시설 확충」, 『동아일보』, 1960년 2월 3일. 1959년 발간된 관광산업보고서에 교통부는 또한 주한미군이 3일 동안 주어지는 정기휴가(일 년 동안 여러 번 정기 휴가가 주어짐), R&R 휴가(일 회당 한 주씩 주어지고 일 년에 두 번 주어짐), 그리고 연차(1년에 30일)시 연평균 미화 1,150만 달러를 사용하는 것으로 추정했다. Korea Travel Newspaper Special Report Team(1999, 91).

74 「계몽강연회, 평택군, 접대부들」, 『조선일보』, 1959년 3월 13일.

75 기지촌을 다룬 두 소설은 이런 변화를 생생한 묘사를 통해 전달하고 있다. Cho(1974b, 253~254); Pok(1994, 12~33, 43~44).

이 집결되어 있는 지역 중 하나가 된 동두천의 경우 원래는 논이 가득한 지역이었다. 그러나 1955년에 동두천은 서비스 경제가 북적거리고 21,377명이 거주하는 번화한 기지촌으로 변했다(Kim 1980, 288). 동두천, 파주 및 포천을 포함한 서울 외곽지역에 위치한 경기 북부 지역이 주요 기지촌 지역으로 부상하게 되었다. 이 지역은 비번일 때 또는 주말을 즐기거나 휴식을 취하러 온 미군 병사들만이 독점적으로 이용할 수 있는 클럽들이 대규모로 들어서게 되었다. 경기 남부 지역에 위치한 평택 또한 유사한 변화를 경험하게 되었다.

1960년대 박정희 통치 기간과 비교해 보았을 때, 1950년대 기지촌 성매매에서 눈여겨볼 만한 두 가지 특징이 있다. 첫째는 당국의 통제에서 벗어나 있는 많은 수의 프리랜서 성노동자들이 존재했다는 것이다. 1950년대 민관 당국이 미군을 접대하는 성노동자들을 통제하기 위해 여러 노력을 기울였지만, 이 목적을 달성하는 데 더 많은 기간이 걸렸고 정치적으로 더 나은 조직적 힘이 요구되었다. 1962년에 이르러서야 기지촌 성매매가 조직적이고 다른 성매매와는 분명하게 다른 형태를 띠며 발전하기 시작했다. 보건복지부에서 발표한 성매매여성 관련 통계자료의 한 항목이 '미군과의 동거'를 다루고 있다는 점에서 많은 여성들이 포주 없이 일했다는 것을 시사한다. 1950년대 문학작품 또한 이런 상업적 활동에 종사했던 여성들을 다루고 있다. 송병수의 중편소설 「쑈리 킴」 (1957)은 '달링 누나'의 삶에 대해 그려 내고 있다. 그녀는 기지촌 성노동자로 일하며 한국전쟁 당시 중공군이 지어 놓은 참호 속에서 고아 소년인 쑈리 킴과 함께 사는 인물로 등장한다. 쑈리는 미군기지를 수시로 드나들며 자신과 함께 사는 성노동자인 누나와 미군과의 만남을 주선한다. 그는 또한 누나와 누나의 고객이 헌병에 걸리지 않도록 헌병이 도는 순찰지역을 눈여겨본다. 이런 순찰은 미군이 한국정부와 기지촌에 공창 제도 도입을 위한 논의를 진행하는 중에 성병을 통제를 위해 사창가 여성들을 지속해서 단속했던 사실을 반영하고 있다. 이범선의 「오발탄」 (1959)도 이와 유사한 소재를 다루고 있다. 이 소설은 교육받은 필경자인 송철호의 삶을 그리고 있다. 그는 전쟁 후 한국에서 살아남기 위해 투쟁하고 있는 북한 난민가족으로 나온다. 참혹한 가난에 직면하게 되자 가족과 함께 살고 있는 철호의 여동생은 포주 없이 '양공주'라고 불리는 일에 종사한다.

두번째로 전쟁 직후 제2공화국 시절 대통령이 부재하던 때, 기지촌 포주 밑에서 일했던 여성들은 나중에 그곳에서 일하게 될 여성들에 비해 상대적으로 좀더 자유로웠으며 집단적인 목소리를 낼 수 있었다. 1960년 여름, 부산에 위치한 일명 텍사스 마을에서 일하던 양공주 약 50명이 그들을 착취하는 고용주에 반발해서 시위를 벌인 사건이 있었다. 여성들은 고용주가 자신들을 노예처럼 다뤘다고 증언했다. 이 여성들은 인간 평등에 대한 자신들의 의견을 전달하기 위해 전단지 수천 장을 만들어 나눠 주었다. 그리고 이 사건은 완월동 및 태평동 근처에 위치한 사창가에서 종사하고 있는 다른 성노동자들에게도 영향을 미쳤다.[76] 기지촌 성매매 지역과 사창가 사이에 존재하던 물리적 근접성은 1950년대와 60년대 초 이 둘 사이에 경계가 여전히 모호했다는 것을 시사한다. 부평에 '미군을 상대하던 위안부' 약 150명이 사병클럽 출입 제한에 항의하

<hr>

76 「삐라 뿌리고 시위, 텍사스촌 창녀들」, 『조선일보』, 1960년 7월 19일.

는 시위를 벌였다. 이들은 또한 미군이 자신들을 대하는 태도를 개선해 줄 것을 요구했다.[77] 이태원에서 보건증 관련 규율을 어긴 혐의를 받고 체포되어 이송 중이던 성노동자 중 한 명이 군대 이송차량 밖으로 뛰어 내리다 죽은 사건이 있었는데, 약 60명에 달하는 양공주들이 이에 대해 시위를 벌였다. 헌병들은 마음에 들지 않는 성노동자들을 처벌하기 위해 그들이 가지고 있는 재량권을 종종 남용하여 이들을 체포했다.[78] 이에 군인을 상대하는 성노동자들은 자율지원 단체를 조직해서 자신들의 이익을 보호했다. 물론 이런 종류의 협회가 노조의 성격을 지니진 않았고, 후에 포주와 지역 경찰이 조종하는 양상을 보이게 된다.[79] 이런 현상은 군인을 상대하는 성노동자들이 집단적으로 자신들에게 힘을 부여하기 위해 한 선제적인 행동으로 보인다. 한국전쟁 기간에 형성된 백합회는 이런 형태의 협회 중 가장 먼저 생긴 곳 중 하나이다. 이와 유사한 형태의 단체 예닐곱 개가 1950년대 존재했었다. 여기에는 무궁화친목회, 클로버회, 새싹회 및 백련회가 있다.[80] 비참한 가난이 생산하는 참혹한 현실과 국내 및 해외 군대와 민간 당국이 처벌 권리를 행사했던 시기에도 성노동자들이 이런 형태의 자발적 단체를 통해서 프리랜서로 일하면서 인간답게 에이전시를 유지했다는 것을 보여 준다.

---

77 「삐라 뿌리고 시위, 텍사스촌 창녀들」, 『조선일보』, 1960년 7월 19일; 「미군 상대하는 여인들이 폭동」, 1960년 8월 23일.

78 「양공주가 데모」, 『동아일보』, 1960년 10월 27일.

79 Yi Im ha(2004a)에 따르면 자치단체들은 초기부터 경찰과 지역 정부들의 관리를 받았으나 이런 통제의 정도는 분명하게 논의되지 않았다. 1950년대 이런 단체들은 그 이후 보다 상대적으로 더 많은 자치권을 누리고 있었다. 그것은 박정희 군사통치 아래서 '훈육적 권력'이 더 강화되고 정교해졌기 때문이었다. K. Moon(2005a, chaps. 2~3)을 참조하라.

80 「미군위안부들이 자치회 조직」, 『조선일보』, 1962년 6월 27일.

군 기지촌 성매매의 통합시기, 1961~1970

1961년 5월 군사쿠데타를 통해 박정희 군사정부가 정권을 잡은 후, 1960년대 동안 기지촌 성매매산업을 개발하는 데 중대한 변화가 찾아온다. 군사정권은 적극적으로 다음의 조치들을 통해 기지촌 성매매산업을 홍보하기 시작했다. ① '특정구역' 또는 '특정지역' 설립. ② 「관광진흥법」제정. ③ 한미 친선회 설립. 군사정권은 미군 병사들이 한국을 계속해서 보호하는 데 기지촌 성매매산업이 필요하다고 보았을 뿐만 아니라 경제적 발전에도 이득이 된다고 보았다.[81] 1960년대 동안 이 산업은 외화을 벌어들이는 데 주요한 근원이 되었으며 경제성장을 적극적으로 추진했던 한국정부는 열성적으로 기지춘 성매매산업 발전을 꾀하게 되었다(Sin 1970 ; Sŏng and Chang 1970). 그 결과 기지촌 성매매산업은 기지촌 경제의 주요한 요소로서 통합되었으며 1960년대 그 전성기를 누리게 된다.

쿠데타 직후, 군사정부는 자신들이 전복시킨 민간인 정부가 초안을 만든 「윤락행위 등 방지법」을 공포한다. 이는 1947년 제정된 「공창제 폐지법」을 대체하기 위한 법이었다. 이런 법적인 변화는 (규제받지 않는) 성매매가 불법이라는 것을 다시 한번 수사적으로 공표하는 것이었으며, 군사정권 멤버들의 허세로 가득 찬 도덕 기준을 전시하는 것이었다. 이 도덕 기준은 국가를 재건하려는 의욕에 가득 찬 애국심 충만한 군인의 이

---

81 미군 접대를 통해 외화를 벌려고 성노동자를 이용한 것은 박정희 군사정권이 홍보했던 공식적인 민족주의의 이면이었다. 군사정권은 '자립적' 경제와 함께 '독립적인 국가방어'를 주창했다. Moon(1998).

〈사진 1. 1〉 혼잡한 기지촌 거리, 서울 북부(1965). Photograph by Kuwabara Shisei.

〈사진 1. 2〉 기지촌 내 두 연인, 서울 북부(1965). Photograph by Kuwabara Shisei.

미지와 상통하는 것이었다.[82] 성매매 반대 활동을 벌이는 동안에도 군사정권은 모순적이게도 승인받은 유흥시설에서 종사하고 있는 "여자 바텐더 및 위안부 여성에게 등록"을 요구했는데, 이는 사창가에서 일하는 여성들과의 혼란을 피하기 위함이었다.[83] 1961년 9월 서울경찰청은 '유엔 위안부 성병통제 센터'를 통해 '유엔 위안부'들을 등록하기 시작했다.[84] 1962년 군사정권은 성매매산업이 허락되고 내무부, 보건복지부 및 법무부가 면밀하게 감시하고 있는 32개의 미군 기지촌을 포함한 104개의 특별구역을 설립했다(Pak 1994, 111). 기지촌 외 지역에 설립된 특별구역은 국제 행사로 한국을 방문한 외국인을 위해 지정된 곳이었다. 특별구역을 지정하게 된 공식적인 이유는 "성매매여성들을 기소하는 것에서 벗어나 그들에게 '호의적인 지역'에서 재활할 수 있도록 인도한다는 것이었다." '호의적인 지역'은 성매매여성들이 다른 직업을 찾아 떠날 수 있도록 성매매를 통해 월급을 저축할 수 있는 곳이란 뜻이다.[85] 이런 난해한 합리화는 성매매가 불가피하게도 필요하다는 통속적 관념 때문에 무색해졌다. 1960년 국회에서 다뤄진 특별구역과 관련한 회기에서도 지적했듯이, 남성 지도자들은 자주 이성애자 남성의 성적 욕구 충족을 정당화하려는 경향을 보였다. 군대 성매매를 필요악으로 보는 사회적 인식은 헤게모니적이며 민간인 권위주의 정권, 민간인 민주정권 및 군사정권 모두가 함께

---

82 군사정부의 민족주의적 성향에 대한 더 자세한 논의를 보려면 Moon(2005a, chap. 1) 참조.

83 「매춘행위로 인한 채권을 무효로」, 『동아일보』, 1961년 7월 10일.

84 「매춘행위로 인한 채권을 무효로」, 『동아일보』, 1961년 7월 10일; 「UN군 상대 위안부, 13일부터 등록 실시」, 『동아일보』, 1961년 9월 14일.

85 「UN군 상대 위안부, 13일부터 등록 실시」, 『동아일보』, 1961년 9월 14일; 「아직 살아 있는 밤의 요화, 상」, 『동아일보』, 1962년 8월 14일.

〈사진 1.3〉 아프리카계 미군 헌병과 두 여성, 서울 북부(1965). Photograph by Kuwabara Shisei.

〈사진 1.4〉 아프리카계 미군 병사 두 명과 한 여성, 서울 북부(1965). Photograph by Kuwabara Shisei.

공유했던 인식이었다. 반대 주장('터무니없는 소리'로 여겨졌지만)이 국회 논의시 제기되었지만, 군사정권은 특별지구에 대한 제안을 결국 채택했다.

1964년 특별구역은 146개로 늘어났고 이 가운데 60%가 경기지역에 포진되어 있었다. 경기지역은 주요 미군 기지촌이 집중되어 있는 곳이었다(Chŏng 1998, 159). 1964년 보건복지부가 실시한 설문조사에 따르면 종로, 창신동, 홍인동 및 삼각지를 포함한 특별지구가 서울에만 17개 존재했었다(Chŏng 1967, 66). 1969년 건강과 사회통계 자료에 따르면, 1967년 특별지구는 총 75개였으며 1969년 말 그 수가 71개로 줄었다. 그중 대부분인 20개가 경기지역에 포진되었고, 충청남도에 12개, 강원지역에 9개 그리고 서울지역에 7개가 있었다. 이들은 모두 미군기지가 있는 곳에 위치하고 있었다(Ministry of Health and Social Affairs 1969, n.p.).[86] 특별지구 시행은 미군 병사들을 위해 기지촌, 그 외 지역에서 외국인 방문객을 위해 사실상 공창제도를 부활시킨 것과 다름없었 다. 성노동자들을 학대하는 포주들과 술집 주인들에게서 '보호'하고 '그들을 제대로 된 길로 인도한다'는 구실로 이 특별구역 지정을 정당화했다(Chŏng 1967, 84). 특별구역 시행은 한국정부와 미군정청의 성매매 관련 정책 저변에 존재하는 모순이 노골적으로 드러난 예였다. 미군병사들을 위한 성매매를 제도적으로 통제하고 통제 밖에 있던 사창을 범죄화한 것이었다.[87]

---

86 원본 문서에는 쪽수가 없는 상태였지만 이 문서는 오래된 정부 기록 중 하나였다. 필자는 국회 도서관 사서에게 연락해 봤지만 그녀는 이 문서를 찾을 수 없다고 한다.
87 뻔뻔스럽도록 모순적인 정책에 대해 비판이 커지고 있는 상황에 직면하자, 박정희 정권은 일시적으로 1970년 특별구역을 폐지한다. 그러나 이 구역은 곧 재개된다. Ministry of Health and Social Affairs(1987, III).

〈사진 1.5〉 파주에 위치한 미군 클럽 바 깥에 서 있는 연인(1964).
Photograph by Kuwabara Shisei.

　기지촌 성매매 사업을 번영시키기 위해 취한 두번째 조치로 관광진흥법을 들 수 있다. 이 법은 「윤락행위 등 금지법」 공표 석 달 전인 1961년 8월 제정되었다. 미군병사만을 접대하는 기지촌클럽들은 「관광진흥법」 아래 '특수 관광시설 업체'로 등록되었으며 면세 주류를 공급받았다. 클럽주인들은 특수관광협회를 조직했고 그들의 주요 목적은 기지촌 성매매 사업을 유지하는 것이었다. 「관광진흥법」에 따르면 국가의 경제발전에 필요한 자본축적에 기여하기 위한 방법으로 기지촌클럽은 모두 예금계좌에 미화 500불을 매달 예치해야 했다. 이 규율에 따르지 않을 경우, 정부의 사업승인이 철회될 수 있었다(Sŏng and Chang 1970, 132).

기지촌 성매매 사업을 이행하기 위해 사용한 마지막 조치는 한미친선협회Korean American Friendship Sociey였다. 이 협회는 미군 병사들이 한국 민간인들을 대상으로 폭력을 행사할 경우 발생되는 문제를 완화하기 위해 설립되었다. 이 협회는 1966년에 서명하고 1967년 2월 9일 그 효력을 발생한 주둔군지위협정인 SOFA를 매개로 기지촌에서 발생하는 한국 민간인과 미군 병사들 간의 문제를 다루는 공식적인 통로가 되었다(Chŏn 1991, 170). 두 달에 한 번 소집된 한미친선협회는 한국 의장, 미국 의장을 포함해 12명의 회원으로 구성되어 있었다. 보통 회원에는 미군이 주둔하고 있는 도시의 시장, 경찰서장, 국가정보원 직원, 특수관광협회 회장, 지역 병원 대표 및 주한미군사령부 헌병과 사령관들이 포함되어 있었다. 한미친선협회의 본부는 서울에 있었고 지역 사무실은 기지촌이 있는 대부분의 지역에 위치해 있었다. 친선협회가 문을 연 그날부터 한국 민간인과 미군 간 발생한 문제를 처리하는 데 있어 협회는 폭력이 발생된 원인을 다루기보다는 허울좋은 우정만을 홍보하는 그저 형식적인 모습만을 취했다(Chŏn 1991, 170~172). 사실상 한미친선협회는 미군병사들에게 제공되는 서비스의 질을 향상시키라는 압력을 클럽주인들에게 가하는 일을 했고 미국 회원들과 특별한 관계를 맺고 있다는 것에 자부심을 느끼는 한국 회원들에게 그들이 누리고 있는 지위의 상징적 역할만을 했다(Chŏn 1991, 172).

위에서 언급한 협회 및 행정상의 배려는 1960년대 기지촌 성매매 사업을 통폐합시키고 번성하게 하는 데 일조했다. 통합된 기지촌 성매매 사업은 다음과 같은 공통된 특징을 갖게 되었다. ① 한국 사업가가 운영하는 클럽에서 일하는 기지촌여성들은 보건증을 소지하고 있어야 했다.

② 등록된 보건증 없이 길거리에서 손님을 끄는 일을 하는 많은 수의 여성들이 더욱 취약한 상태에 놓이게 되었다. ③ 클럽주인 또는 다른 사업가들이 길거리 여성들이나 기지촌 성매매 사업에 종사하는 여성들에게 방을 임대하여 그들이 휴식을 취하거나 미군 손님들을 접대할 수 있게 했다. ④ 부채를 부담하게 해 기지촌 성노동자들이 클럽주인이나 집주인에게 예속되게 만들었다. 1964년 4월, 보건소와 미 헌병에 등록된 3,000명의 위안부와 일명 '히빠리'로 불리는 등록되지 않은 길거리 여성들을 포함해 약 10,000명의 성노동자들이 동두천 기지촌에서 종사하고 있었다(Chŏng 1967, 66). 이와 유사하게 한 연구에서는 1962년과 1968년 동두천 기지촌이 그 전성기를 맞이했을 때, 약 7,000명의 여성들이 기지촌 성노동자로 종사했음을 지적하고 있다(Kim 1980, 284). 한국에 등록된 전체 군 성노동 여성의 약 53.3% 달하는 여성들이 지리적으로 경기 지방 기지촌에 집중적으로 분포되어 있었는데 이는 이 지역에 미군기지가 주로 분포되어 있었기 때문이다. 그다음으로 많은 수의 여성인 2,231명이 서울, 2,182명이 부산 그리고 1,113명의 여성이 경상북도 지역에서 군인을 상대로 하는 성노동자로 종사하고 있었다(Chŏng 1967, 66~67).

기지촌클럽들은 인종적으로 분리되어 있었는데 이는 한국 및 다른 나라에 위치한 미군기지의 관행을 그대로 반영하는 것이었다.[88] 기지촌

88 기지촌 활동가들과의 대화, 성노동자들의 회고록, 기지촌 관련 소설은 모두 개탄스러운 상황을 확인해 주고 있다. 2007년 3월 20~27일 필자는 유영임, 의정부 두레방 소장과 이야기를 나누었다. 그리고 동두천 타비타 공동체 천우섭 목사와는 2007년 6월 30일에 이야기를 나누었다. 회고록의 경우 다음을 참조하라. Pak(1965); Kim(2005); Yun(2005). 소설의 경우 Cho(1974a, 1974b); Pok(1994)을 참조하라.

은 종종 백인을 받는 유흥지역과 흑인을 받는 유흥지역으로 나뉘어 있었다. 클럽여성들도 백인 군인을 접대하는 여성과 흑인 군인을 접대하는 여성으로 분리되어 있었다. 미군들의 패션이나 음악 취향을 통해 인종적으로 구분되는 두 개의 하위문화가 분명하게 드러났으며 클럽여성들의 화장법이나 패션도 이런 식으로 구분되었다. 많은 클럽여성들이 미군 흑인 병사들(주로 더 솔직했고 백인 병사들보다 더 마음이 따뜻했다)과 더 잘 통했지만, 백인 병사들 수가 더 많고 백인 병사들이 흑인 병사들보다 더 부유하다는 현실에 비춰 사업적인 결정을 내릴 수밖에 없었다. 이런 보이지 않는 경계를 넘는 이는 드물었다. 이 경계를 넘을 경우 보통 갈등이나 폭력적 상황에 대면해야 했다. 1970년대의 기지촌 성매매에 대해 연구한 캐서린 문Katherine Moon(1997)은 기지촌이 인종적으로 분리되어 사업을 하고 있는 이면에는 점차 심화되고 있는 인종적 갈등이 존재했다고 밝히고 있다(이 책 10장을 보라).

1960년대 기지촌 성매매를 통합하려는 시도와 함께 규제를 받지 않는 사창가에 대한 억압도 같이 진행되었다. 또 다른 한편에서는 보건증을 소지하고 있지 않은 성노동자들을 한국 경찰들이 체포하여 구치소로 보냈다. 기독교 선교사가 된 전 기지촌 성노동자 김연자 씨는 1961년 쿠데타 직후 박정희 군사정부가 세운 서울의 시립부녀보호소를 본 적이 있다고 진술했다.[89] 그곳에는 길거리 여성부터 '고급' 접대부까지 다양한 사창가 성노동자들이 구류되어 있었다. 이들은 모두 보호와 갱생이라는 명목하에 구류되어 있었다(Kim 2005, 68, 71). 이와 대조적으로 등록된 기

---

89 「시립보호소」, 『동아일보』, 1962년 10월 3일 기사를 참조하라.

지촌 성노동자들은 매주 성병검사 대상자가 되었으며 '검진 카드' 또는 국가에서 발행한 보건증을 받았다. 미군 헌병은 클럽에서 일하는 기지촌 성노동자들을 검열했고 만일 이들이 검진 카드를 소지하고 있지 않을 경우, 체포되어 즉결재판을 받기 위해 지역 경찰서로 보내졌다. 이를 위반한 여성은 벌금을 내야 했으며, 벌금을 내지 못할 경우 5일 동안 감옥에서 지내야 했다. 성병에 감염된 여성들의 경우 미군 군의관에게 치료를 받기 위해 격리되었다. 기지촌 성노동자들 사이에서 '몽키하우스'로 잘 알려져 있는 이런 시설은 동두천과 의정부 사이에 위치해 있었다.[90] 만일 미군 병사가 성병에 감염되었을 경우, 군 당국은 그가 성적으로 관계한 여성들의 명단을 적어 내라고 요구했다. 성병 보균자로 의심되는 여성의 경우 구치소로 보내졌다(Kim 2005, 105~106, 113).

미군 병사들과 성노동자들 간에 동거율이 늘어나면서 기지촌 성매매 사업의 통합은 탄력을 받아 진행되었다. 이렇게 미군병사와 동거하는 이들을 '동거 매춘부'라 불렸다. 동거가 확산되게 된 또 하나의 중요한 요소로 국제 결혼에 대한 미군의 정책을 꼽을 수 있다. 1947년 여름 한국 여성과 미군 10여 쌍이 결혼을 했지만,[91] 미 군대는 이런 결혼을 승인하지 않기 위해 다중의 장벽을 쳐놓고 있었다. 이는 미 국내에 존재했던 타인종 간의 결혼을 금지한 법이 영향을 미쳤기 때문이며, 이 법은 1967년까지 미 남부지역에 존재했었다. 1951년 미 군대는 공식적으로 이러한

---

90 1970년대 동안, 또 다른 몽키하우스가 군산공군기지에 위치한 아메리카 타운 근처에 세워졌다(이 책 11장 참고). 이 정보는 필자가 2007년 6월 아메리카 타운을 방문했을 때, 지역 활동가가 들려주었다.

91 「미군과 결혼하는 조선여자 증가」, 『동아일보』, 1947년 8월 27일.

타인종 간 이뤄진 결혼을 승인했다. 이후 기록에 따르면 1950년대 수백 건의 결혼 신청서가 접수되었다.[92] 그러나 예비 신랑은 그가 선택한 한국 부인을 부양할 수 있는 미래 자산 능력과 계획을 제출해야만 했다. 군목 또한 이 부부들에게 이 결혼으로 인해 발생할 수 있는 결과들에 대해 충분히 그들이 숙지하고 있는지, 미래에 그들이 마주하게 될 잠재적인 시험에 대해 자각하고 있는지 확인해야만 했다. 많은 이들이 결혼 신청서를 제출할 때 군목이 초안을 작성한 문서에 예비 부부가 그들의 결혼이 성공적이지 않을 수 있다는 내용을 숙지했다는 뜻으로 문서에 서명을 해서 제출해야 했다. 타인종 간의 결혼과 관련해 이런 난관들이 존재한 사실은 미 군대가 미국으로 이민을 올 한국 부인들에 대해 심히 우려를 하고 있었다는 사실을 드러낸다. 그 당시 미국은 아시아인들의 미국이민을 법으로 강하게 제한하고 있었다. 미국군대는 결혼을 했다고 해서 자동적으로 한국 부인이 미국으로 입국할 수 없음을 분명히 했다.

동거를 할 경우, 여성은 일반적으로 클럽 일을 그만두고 그녀가 동거하고 있는 사람과만 관계를 맺었다. 동거인은 남편이 하는 것처럼 매달 그녀에게 생활비를 주었다(Ahn 2001, 165). 기지촌 성노동자들은 매일 손님과 매니저를 상대하는 스트레스에서 벗어날 수 있고 결혼할 가능성도 있으며, 군 배우자들처럼 미국으로 이민을 가게 될 수도 있어 대개 클

---

92 Eighth U.S. Army, Adjutant-General Section, "Memorandum: Marriages between American Citizens and Korean Citizens (nationals)", 1951. 11. 28, NARA, RG 338, box 491. Eighth U.S. Army, Adjutant-General Section, APO 301, "Incoming Message: concerning marriage between Americans and Koreans", 1951. 4. 1, NARA, RG 338, box 491. 이런 결혼을 하기 위한 신청서가 그 예이다. Eighth U.S. Army, Adjutant-General Section, 1956~1959년, NARA, RG 338, box 645.

럽에서 일하는 것보다 동거를 선호했다(Kim 2005, 107).[93] 미군 병사들도 경제적이며 정서적인 이유로 동거를 더 선호했다. 필요하면 언제나 성접대를 받을 수 있고 집안일을 하는 동거인과 살며 생활비를 매달 내는 것이 시간당 또는 하룻밤당 성노동자에게 지불하는 비용보다 일반적으로 더 저렴했다. 한국에서 근무하는 미군 병사들 사이에서 만연한 동거 형태와 그 속에서 이루어지는 만취 및 성매매 행위들을 보면서, 군목으로 한국에서 근무했던 어니스트 칼스텐Ernest W. Karsten 목사는 "많은 남성들이 여자친구를 두고 있으며 몇몇은 집과 가구까지 더해 자신만의 여성을 완벽하게 소유하고 있었다. 한국을 떠나기 전, 그들은 자신이 가지고 있던 것들을 막 한국에 도착한 이들에게 세트로 넘기고 간다".[94]

그러나 칼스텐 목사의 말처럼 미군과 동거했던 기지촌 성노동자들이 그저 수동적으로 한국을 떠나고 들어오는 미군들에게 인계되었다고 생각하면 오산이다. 1950년대 기지촌 성매매 여성들이 해왔던 것처럼, 이들은 상부상조하는 자치조직을 결성했다. 동두천에서 종사했던 기지촌 성노동자들은 1961년 민들레회를 결성하고 후에 그들의 '인권'을 증진시키고 '보호'를 받기 위해 지부를 확장했다. 이런 형태의 자치조직은 임신과 유산을 반복적으로 하고 성병에 노출되는 등 건강에 위협이 되는 극도로 위험하고 취약한 환경 속에서 일해야 했던 성노동자들의 노동 환경에 대한 합리적이고 자연스러운 대응이었다. 이런 환경 속에서도 치외법권을 누리고 있는 미군 병사들의 구타에 이들은 속수무책이었다

---

93 동거의 방식 또한 조해일의 작품 중 두 권의 소설(1974a, 1974b) 속에 폭넓게 그려져 있다.

94 "South Korea: A Hooch is Not a Home," *Time*, 1964. 10. 8, 8.

(Kim 2005, 110).[95] 불행히도 이런 기지촌 성노동자들의 자치회는 군사정권이 일반 국민에 대한 감시를 강화하고 자치회를 권력의 수단으로 이용하기 시작하면서 자발적인 성격을 잃기 시작했다. 한 예로 1962년 6월 26일, 박정희 군사정권 통치 기간 동안 670명의 군대 성노동자들이 자신들을 위한 위원회를 조직하기 위해 모여서 최 씨를 첫 회장으로 선출했다. 최 씨는 백합회와 무궁화친목회를 이끈 원년 멤버였다. 그러나 이 행사는 지역 경찰서 강당에서 진행되었다. 이는 이런 종류의 단체에 대한 군의 통제가 강화되고 있었음을 시사한다.[96] 이런 변화에도 불구하고 이런 단체가 존재함으로써 군인들을 상대로 하는 성노동자들이 매니저 및 포주와 대면할 수 있었다. 심지어 가끔은 미 군대와도 문제에 대해 대면할 수 있었다.[97] 1970년대 박정희 군사정권의 탄압적인 통치가 강화되면서 이런 류의 협회는 더 이상 자발적이고 자치적인 조직의 역할을 하지 못했다.[98]

1960년대 동안, 기지촌 성매매 사업은 기지촌 경제의 주요한 요소로서 미국 달러를 벌어들이는 데 중요한 수단으로 기여했다. 이렇게 벌

---

95 기지촌 성노동자를 죽여서 상황을 종료하려는 미군들이 저지르는 이런 종류의 폭력은 흔한 일이었다. 젠더, 국적, 인종 그리고 금전적 측면에서 군인과 성노동자들 사이에 존재하고 있는 매우 불평등한 권력관계 때문에 치명적인 폭력 사용이 계속 반복되었다. 1968년과 1998년 사이 이런 폭력에 반대하는 풀뿌리 운동에 대한 대응으로 편찬된 공식 통계에 따르면, 45,183명의 미군이 39,452건의 범죄를 저질렀다. 즉, 평균적으로 매일 미군들이 2건의 범죄를 저지른 셈이다. Kim(2001, 8).

96 「미군위안부들이 자치회 조직」, 『조선일보』, 1962년 6월 27일.

97 이 정보는 1995년 겨울 김연자님이 한국 내 미군 기지촌 성매매 여성들에 대한 공개 강연을 하러 보스턴을 방문했을 때 필자와 대화를 나눈 것에 기반한 것이다. 그 당시 필자는 보스턴에서 김연자 강연에 동시통역을 맡았었다. 그해 겨울, 그녀는 시카고, 로스앤젤레스, 뉴욕, 샌프란시스코 그리고 워싱턴을 포함한 미국의 다른 대도시에서 유사한 강연을 하기 위해 여행을 하고 있었다.

어들인 미국 달러는 한국의 산업경제를 구축하는 데 도움이 되었다. 위에서 살펴본 바와 같이, 기지촌 성매매는 '특수 관광 산업'으로 여겨졌으며 국가가 '초기자본 없이 외화를 벌어들일 수 있도록'(MBC 2003) 해주었다. 기지촌 성매매산업을 이런 식으로 묘사한 이는 백태하 전前 장군으로 그는 군산에 아메리카 타운을 건설하기 위한 계획을 홍보했던 인물이다. 경제개발 5개년 계획을 주도했던 강력한 경제기획원 장관인 김학렬은 국회 회기에서 다음과 같이 보고했다. "1969년 한국에 배치된 미군으로부터 벌어들이는 외화의 연간 수익은 대략 1억 6천만 달러이며, 이 중 4,300만 달러가 물품판매 및 미군 접대를 통해 벌어들인 수익이다. 직접 판매 항목에는 기지촌 성매매 사업의 수익도 포함되어 있었다"(Sŏng and Chang 1970, 130, 138). 그는 또한 다음과 같이 덧붙였다. "미군의 수를 30,000명으로 감축하게 되면 매년 8천만 달러의 외화 수입이 줄어들게 된다"(Sŏng and Chang 1970, 132). 기지촌에서 종사한 한국 노동자 46,000명이 1969년 한 해 벌어들인 돈은 미화 7,000만 달러에 이른다(Sŏng and Chang 1970, 132). 미군에게 삶을 의지하고 있는 다수의 지역민들뿐만 아

---

98 1960년대 동두천에서 그리고 1970년대 송탄에서 기지촌여성으로 종사한 김연자는 1970년 대 상반기 송탄의 이런 변화를 감지했다. 그녀에 따르면 기지촌 성노동자들의 비자발적 협회인 자매회는 회원들의 권리를 증진시키는 데 필요한 법적·행정적 권력을 전혀 가지고 있지 않았다. 사실상 지방정부의 보조기관처럼 운영되면서 이 협회는 회원들을 위한 성병검사 일정을 조직하고, 대신 회원들의 검사카드를 관리하였으며 회원들이 '소양을 쌓기 위한 강연'에 꼭 참석하도록 했다. 이 강연에서 회원들은 애국적인 가치에 대해 반복적으로 교육을 받았다. 예를 들어 그녀들이 하는 힘든 일의 공적인 목적은 외화를 벌어들이는 것이고 좋은 서비스를 미군들에게 제공하는 것이었다. 자매회는 종종 이런 소양을 쌓기 위한 강연을 열었지만 '누구도 자발적으로 이런 강연에 나오지 않았다. 이들이 강연에 참가한 이유는 검사카드를 뺏기고 싶지 않았기 때문이다'. 이런 강연에는 또한 군수, 보안담당 책임자, 보건부 책임자 그리고 협회장이 참석했다. Kim(2005, 123, 136, 139).

니라 산업화와 반反공산주의 군대 확장을 통한 '군사화된 현대사회'를 이룩하기 위한 계획을 추진했던 정부에게 이런 경제적 이익은 뿌리치기 힘든 유혹이었다.[99]

1960년대 기지촌 성매매 사업의 경제적 중요성은 1970년 미군철수가 임박한 것에 대한 우려 속에 분명하게 반영되어 있었다. 이는 1969년 7월 괌에서 공표된 닉슨 독트린의 여파였다. 20,000명의 미군이 철수하면서 한국 일반 시민들은 미국에게 곧 버림받을지 모른다는 공포감에 휩싸였고 한국전쟁이 일어나기 전과 유사한 상황을 목격하면서 북한의 재침입 가능성을 두려워했다(Kim 1970, 140). 전쟁이 휩쓸고 간 사회에서 많은 수의 한국인들이 그들의 삶을 기지촌 성매매 사업을 통해 연명했기 때문에, 그들이 갖는 공포는 경제적인 것이기도 했다. 1970년 경기지역 관광 교통부서는 양공주들이 매년 미화 800만 달러를 벌어들이고, 이 여성들은 각각 네 식구를 책임지고 있다고 추정했다. 같은 해 동두천, 포천 및 의정부를 포함한 경기지역에만 (등록된) 성노동자의 수가 약 40,000명에 달했다. 미군의 철수는 이런 성노동자들과 그녀들의 가족에게만 영향을 미치는 것이 아니라 그 지역에서 세탁소, 빨래방, 약국, 미용실 및 편의점을 운영하는 자영업자들에게도 영향을 미쳤다(Sŏng and Chang 1970, 131).

---

99 군사화된 근대의 프로젝트에 대한 자세한 분석을 원한다면 Moon(2005a)을 참조하라.

결론

미 군대와 한국정부가 통제한 성매매의 역사는 군대를 유지하기 위해 사용한 이 제도의 기저 아래 존재했던 중요한 의미를 밝혀 주고 있다. 즉 군대는 이성애자인 남성으로만 구성되었다는 가정과 이를 유지하기 위해서는 이들의 성욕을 지속적으로 만족시킬 필요가 있다는 인식이다. 군대 성매매는 단순히 남성의 '자연적인' 성적 욕구 때문에 생겨난 필요악이 아니라 제국주의와 지역 엘리트들이 자신의 정치적이고 경제적인 이익에 부합하기 위해 편의적으로 계산해 나온 결과물이다. 군인들을 만족시키고 군대 당국에 충성하도록 소외된 하층 계급의 여성을 이용하는 경제 논리가 깔려 있다. 그들을 이용하는 것이 경제적이나 정치적인 다른 대안보다 사회적 비용이 더 저렴하기 때문이다. 동시에 이런 생각을 유지하고 군사화된 남성성의 실천을 유지하는 데 불리한 면이 분명히 드러나는 경우가 있다. 예를 들어 한국에 미군이 초기 정착했을 당시, 성병과 관련해 복잡한 문제가 있었음을 생각해 볼 수 있다. 민관 당국 모두 이 의도하지 못했던 결과로 군대 성매매를 활성화하는 데 매우 제한을 받았다.

한국 국민에게 지정학적이고 경제적인 공포를 조성시킨 닉슨 독트린은 1970년대 한국정부가 분명하게 기지촌 성매매 사업을 규제하게 하는 초석이 되었다. 한국에 미군을 계속해서 주둔시키는 데 필요한 요소의 하나로 '깨끗한 성관계'를 보장하기 위해, 박정희 정권은 청와대 위원회 및 기지촌정화위원회를 설립하여 1971년 소위 기지촌정화활동을 개시한다. 기지촌 성매매 사업 규제와 관련된 이런 변화는 성노동자에게 등록을 의무화시키고, 성병검사를 의무화시켰으며 성병에 감염된 경우 성노동자들을 구류하도록 했다(Moon 1997, 75~83). 정책이 변화한 후 「관광진흥법」이 1972년 개정되고 국제관광협회가 같은 해 설립된다. 기지촌 성매매 사업에 관여하고 있던 사업가들은 이미 십 년 전부터 특수관광협회를 구성했고 그들의 사업 이익을 보호하기 위해 거의 모든 기지촌에 지역 사무소를 열었다. 특히 특수관광협회는 미군 병사만을 접대하는 클럽에 면세주류를 공급하는 일을 맡아 왔다(Chŏn 1991, 171). 1972년 유신헌법을 통해 법적으로 독재가 승인받으면서, 특수지역들은 사회정화라는 명목하에 일시적으로 제거된다. 그러나 곧 이 특수지역들이 다시 문을 열게 되는데, 국내 손님들을 주로 받는 119개의 특수 지역과 전국에 걸쳐 오직 미군들만 상대하는 15개의 기지촌 지역이 바로 그곳이다.

1989년쯤, 군사독재 이후 형식적으로 민주주의가 된 한국정부는 '성매매여성들의 지도가 가능한 지역'에서는 성매매를 허가한다고 공표한다(Kim 1990, 90, 96). 이 결과 경찰은 특별구역에 종사하는 성매매여성과 외국인을 접대하는 '특수관광호텔'은 처벌하지 않았다(Pae 1989). 기지촌 성매매 사업과 관련한 정책의 방향은 사회경제적이고 정치적인 변화가 있었음에도 근본적인 변화 없이 한국에서 유지되어 왔다. 냉전 이후 기지촌 성매매 사업의 변화는 표면적이다. 세계화가 가속되는 과정에서 한국에 주둔하고 있는 미군을 접대하는 성노동자들의 대부분은 필리핀과 러시아여성들로 바뀌었다(이 책의 11장을 참조하라).

2장

팬-팬 걸스

1945~1952년 점령지 일본에 있었던 성매매와 신식민주의에 대한 수행과 저항

다케우치 미치코

일본인들에게 2차세계대전은 1945년 8월 15일 일본 정부가 공식적으로 포츠담선언을 수락하면서 종식되었다. 일본은 그후 1952년까지 연합국이 점령한 국가로 존재했다.[1] 실제로 미국정부가 군관 통수권 모두 연합군 본부 최고 사령관SCAP/GHQ 및 미국 최고 사령관인 더글라스 맥아더 Douglas MacArthur를 통해 소유했었다. 1946년 기존 일본의 적이었던 연합군 465,000명은 자신들을 지치고 굶주린 7,200만 명의 일본인들 사이에서 발견했다.[2]

미국의 일본 점령은 종종 '민주주의를 위한 워크샵'으로 표현된다. 처음 2년 동안 비무장과 민주적 정책을 이행했다. 또한 모든 일본인에게 참정권이 시행되었고, 토지개혁 및 새로운 헌법 아래 남녀평등이 보장되었다. 그러나 이런 고귀하고 이상적 묘사에도 불구하고, 미군 점령하에 일본 정부가 주도한 '특수위안부' 체제와 미군에게 성접대를 제공한 '팬-팬 걸스'(사창 및 길거리 여성)라는 사회현상이 생겨났다.[3] 이 장은 전쟁으로 빈곤에 처하게 된 십대와 이십대 중반의 많은 일본여성들, 특히 미군을 성적으로 접대하는 일을 하게 된 여성들에 관한 내용이다. 이런 처지에 놓인 일본여성들의 성을 통제한 것은 일본에 대한 미국의 헤게모니를 설립하고 유지하며 전후 일본이 다시 일어나는 데 중요한 역할을 했다고 필자는 생각한다. 이 일본여성들의 경험과 목소리를 드러내면서 미국의 일본 점령이 가지고 있는 성격 또한 재검토해 보았다.

이 연구에 이용된 방법론

원주민 여성을 대상으로 한 유럽의 식민주의적 성정치학과 일본여성을 대상으로 한 미국의 성정치학이 내포하고 있는 유사성과 지속성을

＊ 이 글은 필자의 석사논문(2001)과 박사논문(2009)에 기반을 두고 있다. 이 장에서 필자의 생각을 분명하게 표현할 수 있도록 도움을 준 마리아 혼과 문숙숙에게 감사를 드린다. 로스앤젤레스에 위치한 캘리포니아 대학의 필자의 전 지도교수들, 캐슬린 노버그(Kathryn Norberg), 노트헬퍼(F. G. Notehelfer), 타마노이 마리코(Tamanoi Mariko), 섀런 트라위크(Sharon Traweek), 그리고 고인이 된 미리엄 실버버그(Miriam Silverberg)에게 감사드린다. 값진 충고를 해준 다음의 학자들에게 감사드린다. 앤 마리 데이비스(Ann Marie Davis), 제임스 후지이(James Fujiii), 후지메 유키(Fujime Yuki), 엘런드 젤스비크(Erlend Gjelsvik), 손드라 헤일(Sondra Hale), 하야시 히로푸미(Hayashi Hirofumi), 헬렌 호퍼(Helen Hopper), 윌리엄 마로티(William Marotti), 스가와라 히로타카(Sugawara Hirotaka), 스기타 히로키(Sugita Hiroki), 스즈키 후미코(Suzuki Fumiko), 다기타 켄지(Takita Kenji), 로렐라 토손(Lorella Tosone), 야마기와 아키라(Yamagiwa Akira), 그리고 센료 및 센고시 켄큐카이 회원들. 필자의 석사논문 지도교수, 섀런 시버(Sharon Sievers)와 후에 도와준 롱비치 캘리포니아 주립대학교 지아론 바오(Xiaolan Bao)에게 감사 드린다. 필자의 개인적인 의견은 위의 학자들의 관점을 반영하지는 않았다. 그러므로 실수가 있다면 그것은 전적으로 필자의 몫이다. 필자의 현장조사에 도움을 준 UCLA 일본학 데라사키 센터 그리고 일본 고등학술연구(소켄다이) 대학원 전쟁 및 평화 연구 그룹에게 감사 드린다.

1 이 장은 일본 본토에 적용되는 미군 점령정책에 관한 연구이다.
2 1948년까지 미군 수는 125,000명까지 감축됐다. 한국전쟁 발발과 함께 다시 증가되었고, 1950년대 초 미군의 수는 210,000명과 260,000명 사이에서 증감했다. Hirano(1992, 265)에 인용된 Johnson(1975, 62)을 참고하라.
3 '팬-팬'(여성 또는 성매매여성)이라는 용어는 남해에 그 어원을 두고 있는 것으로 알려져 있다.

깨닫게 된 학자들은 미국 점령이 가지고 있는 성격의 중요함을 깨닫고 주목하기 시작했다. 사실상 이런 유사성이 암시하고 있는 것은 미국의 일본 점령이 신식민주의의 한 형태라는 것이다. 그러나 미국의 신식민주의를 주장하는 것은 매우 어려운 과제로 남아 있다. 앤 맥클린톡Anne McClintock(1995, 13)은 신식민주의가 단순히 식민주의를 재현하는 것이 아니라 전통과 식민주의가 헤겔이 말한 방식으로 합쳐진 무언가 새롭지만 역사적인 맥락을 가지고 있는 혼성체가 되는 것이라고 주장했다. 그녀는 다음과 같이 말했다.

> 1940년 이래 미국의 식민지 없는 제국주의는 분명히 드러나는 몇 가지의 형태(군대, 정치, 경제, 그리고 문화적 측면에서)를 취했다. 이 가운데 몇 개의 형태는 표면에 드러나지 않고 물밑에서 이루어지며, 몇몇은 부분적으로 드러나 있다. 전 세계적으로 미국의 금융자본, 연구조사 능력, 소비재 및 언론 정보는 무력으로 차지한 어떤 식민지보다도 더 강력한 권력을 이행할 수 있게 해주었다. 이는 정확히 계산된 극도의 교묘함이며, 혁신적이고 특히 정당성이 결여된 용어인 탈식민주의가 내포하는 역사적 결렬을 생산하는 다양한 제국주의의 형태를 보여 준다.
>
> (McClintock 1995, 13)

맥클린톡이 지적하듯이 학자들은 2차세계대전 후 미국의 신식민주의에 대해 정의를 내리는 데 많은 어려움을 겪었다. 그 이유는 식민지가 없는 미국의 이런 비공식적인 제국주의가 유럽식 식민주의와의 지속성을 보여 주지만 분명하게 구분되는 다양한 형태를 취하고 있고 물밑에서 진행되는 성격을 갖기 때문이다. 유럽의 식민주의적인 성정치학 관련 연구 또한 일본에 대한 미국의 점령사로 단순하게 옮길 수 있는 것이 아니다. 그럼에도 불구하고 유럽 식민주의의 연속성에 대한 조사는 반드시 필요한데 이는 2차세계대전 이후 유로-아메리칸 정체성을 가지고 미국이 형성되었음이 분명하기 때문이다. 이런 미국의 정체성은 NATO의 형태에도 명시되어 있다.[4]

일본여성을 상대로 한 미국과 일본의 성정치학 연구와 이 여성들의 에이전시 탐구를 통해, 이 장은 미국의 일본 점령이 물밑에서 이루어진 미국의 신식민주의 프로젝트였는지를 탐구한다.[5] 이 작업을 수행하기 위해 성정치학에 관한 필자의 연구를 냉전이라는 큰 맥락 속에 위치시켰다. 성정치학에 초점을 맞추면서 필자는 미국의 점령이 단순히 두 국가의 협상을 통해 이루어지는 것이 아님을 밝힌다. 여기에는 소련(러시아)과 일본의 식민지였던 국가들도 포함된다.

이 장은 또한 미국이 점령한 일본사회 속에서 주요한 인물로 자리잡은 팬-팬 걸스에 대해서도 논하고 있다. 이 여성들은 무시되고 침묵을 강요당했지만, 폭격으로 폐허가 된 도시와 패전 일본의 처참했던 환경 속에서 살아가기 위해 꼭 필요했던 존재들이었다. 이 여성들의 일상 속에서 이루어졌던 협상, 투쟁 그리고 어려움은 전후 일본사회에 존재했던 새로운 질서와 미국이 일본에 가져온 그들의 사회질서를 폭로하고 있다. 일본

---

4 '극동지역'에서 미국 팽창과 관련한 '유럽계 미국의 정체성' 형성에 대한 논의를 보길 원한다면 Said(1978, 1~2, 18)를 참고하라.
5 지배적인 권력관계와 연결된 성매매여성들의 에이전시에 관한 논의를 보길 원한다면 Kempadoo(1998, 8~9)를 참고.

에 대한 미국의 신식민주의를 연구하는 데 이 요소들은 매우 중요하다.

성매매여성이나 팬-팬 걸스를 정의하는 것은 결코 쉬운 일이 아니다. 이 작업이 어려운 이유는 대부분 특수위안부(국가가 주도하여 조직한 일본의 성노예)였던 여성들이 팬-팬 걸스가 되기도 했지만, 미군과 만나는 거의 모든 여성들은 성매매여성으로 여겨졌기 때문이다. 여성 자신이 미군의 애인으로 생각해도 그녀들은 성매매여성으로 여겨졌다(이 상황은 전후 독일에서 벌어졌던 상황과 매우 유사하다). 강제가 아니면 자발적인 것, 피해자가 아니면 주체적인 것으로 평가하는 단순한 이분법적 분류 방식을 생산하는 범주형 분석을 택하는 대신 이 장은 여성들의 개별적인 경험과 목소리를 존중하면서 팬-팬 걸스를 매우 중요한 사회경제적이며 문화적인 현상으로 보고자 한다.[6]

이 여성들의 경험과 목소리를 담기 위해, 필자는 현장조사를 실시했고 2007년 가나가와현 요코스카시에 있는 미군 출입 술집에서 일했다. 도쿄만 입구에 위치한 요코스카는 도쿄 남부에서 약 40마일 떨어져 있다. 지리적 편의성과 깊은 바다 때문에 이곳은 1800년대 말 일본 제국주의 해군을 위한 기지촌으로 개발되었다. 2차세계대전 말까지 기지에서 40,000명이 넘는 사람들이 종사했었다.[7] 미 점령군이 1945년 8월 28일 요코스카에 닻을 내린 후, 이 지역은 미 해군이 주둔한 도시가 되었다. 현장조사 지역으로 요코스카시를 택한 이유는 이 지역이 도쿄나 요코하마와는 달리 지역공동체가 파괴되지 않고 남아 있었기 때문이다. 도쿄와

6　성매매 현상의 맥락성에 관한 논의를 원한다면 Coomaraswamy(1995); Doezama(1998) 참고.
7　요코스카시청, 온라인에서 확인 가능(http://www.city.yokosuka.kanagawa.jp. 2008년 7월 접속).

요코하마는 (미8군이 점령한 지역이다) 미국의 공습과 전후 도시개발계획으로 파괴되었다. 요코스카에는 미군의 공습이 이루어지지 않았기 때문에 주민들은 미군과 미 해군의 정착에 대해 상대적으로 적대감을 덜 느꼈다. 주민들은 미군을 새로운 고용인으로 곧 받아들였다.[8] 성매매 지역을 포함한 일본 제국주의 해군들의 R&R센터는 미 해군과 해병들이 사용할 수 있도록 재편되었다(Yokosuka Keisatsushoshi Hakko Iinkai 1977, 124).

오늘날 요코스카에 있는 대부분의 주민들이 미군기지의 존재를 삶의 한부분으로 인식하고 있음에도 불구하고, 몇몇은 적극적으로 기지반대 운동을 펼쳤다. 그들은 미 해군과 해병들을 존경과 증오가 섞인 마음으로 보았다. 많은 남성 노인들은 미군 관계자들과의 접촉을 피하는 듯하지만 도부이타 거리(미군들 사이에서는 '혼치'로 불렸다)에 위치한 미군기지 앞에서 판매하는 미 해군 야구모자를 쓰고 다닌다. 몇몇은 미군 관계자들과 어울리는 것이 '멋있어' 보인다고 생각한다. 이런 생각을 갖고 있는 일본인에 대해 요코스카에 사는 많은 사람들은 기이하게 생각하지만, 대다수의 사람들 역시 '미국 사람들'과 친구가 되고 싶어 한다. 필자가 그곳에서 일할 때 미군과 다니는 여성들에 대해 마치 그녀들이 존재하지 않는 것처럼 요코스카 주민들이 말하는 것을 보았다. 그러나 그 대화가 일어나는 장소에 여성들이 있었고 오래 걸리긴 했지만 필자도 그녀들을 만날 수 있었다. 필자는 기억과 삭제의 특정한 권력관계의 역학 속에서 구성된 요코스카에 있는 여성들의 목소리를 취합했다.

---

8 1950년대까지 16,000명 이상의 일본인이 미 해군에 종사했다. Tompkins(1981, 83) 참고.

일본 내 미 점령지역에 상호 합의된 성매매 시설의 설립

전후 첫번째 내각이었던 히가시쿠니가 설립된 직후인 1945년 8월 17일, 내각 의원들은 미 점령군에게 성 접대를 제공할 특수위안부 설립계획을 시작했다(Kobayashi and Murase 1992[1961], 3).[9] 일본군대가 다른 아시아 국가 여성들에게 자행했던 잔인한 행동을 기억하며, 내각 의원들은 '국가 보안'을 위해 미리 특수위안부 같은 계획을 세우는 것이 필요하다고 느꼈다(Duus 1995[1979], 21~24; Inoue 1962; Kanzaki 1953b, 4). 모든 젊은 남성의 경우 여성의 몸을 '먹을' 필요가 있다는 가정을 전제로 내각 의원들은 조치를 취했다(Duus 1995[1979]; Kobayashi and Murase 1992[1961], 146). 이런 조치를 취하지 않을 경우, 많은 여성들의 안전이 위협을 받게 될 것이라고 믿었기 때문이었다. 미군이 일본에 상륙하기 전, 미군이 모든 일본여성을 강간할 것이라는 소문이 확산되어 있었다. 여성들은 도시에서 대피하라는 명령을 받았고, 몇몇 여성들은 강간을 당할 경우 자살하기 위해 청산가리를 지급받았다(Sokagakkai Fujin Heiwa Iinkai 1982, 149). 내각이 구성된 바로 그다음 날, 내무부 소속의 경찰국장 사카 신야Saka Shinya는 특수위안소 조직 임무를 부여받았다(Duus 1995[1979], 44; Inoue 1962, 43; Kanzaki 1953b, 4). 사카 경찰국장은 '전후 가장 중요한 외교적 임무'를 논의하기 위해 신속하게 도쿄음식점협회에 연락을 취했다(Duus 1995[1979], 31~33). 이 협회는 국가가 주도한 성매매 시설인 유흥 및 오락 협회RAA의 중추적인 역할을 맡게 된다. 재정적 지원은 재무부의 이케타 하야토Ikeda Hayato

---

9 Duus(1995[1979], 19).

가 도맡았다. 그는 1960년대부터 4년간 수상을 지냈으며 일본여성의 순결을 보호하고 야마토(일본인)의 순수혈통을 지킬 수 있다면 1억 엔도 아깝지 않다고 말한 인물이다(Dower 1999; Duus 1995[1979], 44; Kobayashi and Murase 1992[1961], 10). 일본 공무원들은 특수위안부들이 점령군의 성욕 해결을 위한 출구가 되고, 혼혈아를 방지하는 데 도움이 되며 '훌륭한' 일본여성과 미군 사이에 완충적 역할을 해주길 기대했다.

8월 18일 내무부가 내린 비밀 지령이 지역 경찰 공무원들에게 직접 전달되었다. 지령은 특수위안소 설립에 관한 것이었다. 가나가와현에 위치한 지역 경찰서장은 성매매 시설을 운영하는 소유주들과 '특수위안부' 모집에 대한 지령을 직접 하달받았다. 가나가와현 경찰서 공공안정 분과는 특수위안소 설립 본부를 신설하고 내무부와 협조하여 도시 가이드라인(지침서)을 수립했다. 한 성매매 시설 소유주는 요코스카시 경찰서장이 야마모토 구니오Yamamoto Kunio가 소유주와 여성들에게 다음과 같이 협조를 구했음을 기억한다.

이런 일을 당신들에게 부탁하는 나의 심경은 가슴이 찢어질 듯합니다. 어제까지만 해도 나는 여러분들에게 미국에 대항해서 싸우자고 종용했었습니다. 미군이 도착하니 그들을 위해 일하라고, 당신 자신을 팔라고 차마 내 입으로 말을 할 수가 없습니다. 그러나 미군들이 성욕을 분출할 곳을 제공하고 미군에 의해 발생될 강간과 성범죄를 예방하기 위해 우리는 그들이 필요로 하는 것을 제공해 주어야만 합니다(특수위안부를 제공하는 방식으로). 패전한 일본사회의 회복을 돕는 차원에서 좀더 위대한 목적을 위해 살아간다는 신념을 위해, (위안소 건설을 위해) 우리를 제발도와주시기 바랍니다.

(Yokosuka Keisatsushoshi Hakko Iinkai 1977, 135, 138~139)

위안소에서 일할 여성을 도쿄에서 찾는 것은 매우 어려웠다. 그 이유는 '쾌락 추구'(1943)를 전시 기간 동안 금했으며, 미국의 공습으로 공창에 속해 있던 여성들을 피난을 가게 하거나 최종적으로 도시를 떠나게 했기 때문이다. 구할 수 있는 성매매여성의 수는 매우 미미했다. 그러나 일본 정부 관계자들이 목표로 삼은 특정 집단이 하나 있었다. 가족, 집 또는 일자리를 모두 잃은 젊은 여성들이었다. 미군은 하층민들의 주거지를 목표로 공습했는데 이는 미 점령군 장교들이 일본 상류층들의 주거지를 사용하도록 하기 위함이었다. 이런 미군의 전략적인 공습은 계급을 바탕으로 한 고통을 생산하는 데 매우 큰 영향을 미쳤다(Dower 1999, 46~47). 필자의 추정에 따르면 당시 도쿄 요코하마 지역에서 가족 또는 집을 잃은 여성이 적어도 60,000명이었고, 전국적으로 이들의 수는 400,000명에 이르렀다(Kobayashi and Murase 1992[1961], 28). 이전에 미 육군 통신병으로 근무했던 사람이 (그는 1946년부터 1947년까지 요코하마에 배치되어 있었다) 필자에게 말하길 전 도시가 거의 파괴되어 요코하마 전체가 마치 미8군 기지처럼 보였고 활주로가 말 그대로 도시 한가운데 위치하고 있었다. 그래서 R&R협회에서 '점령군에게 위안을 주는 대임'大任에 참여할 여점원 모집광고를 냈을 때,[10] 많은 여성들이 충격을 받았지만 빈곤의 나락에 있거나 가족을 잃은 여성들에게 대안은 거의 없었다. 그

---

10 Dower(1999, 126~127)의 번역을 보라.

래서 그들은 생존하기 위해 그 직업에 지원했다.

빈곤에 처한 하층민 여성들을 모집하기 위한 전략은 일본 제국주의 군대의 '위안부' 체계를 그대로 따랐다. 이 체계 속에서 여성은 필요에 따라 이용당하고 버려질 뿐이었다.[11] 이렇게 모든 걸 잃은 여성들이 특수위안소에서 일할 경우 일본 정부는 이들을 위한 사회보장에 신경 쓰지 않아도 되고 여성들의 가족으로부터 제기될 차후의 마찰을 피할 수 있었다. 또한 사회 및 도덕적 압박에서 자유로울 수 있었다. 그것은 이미 하층민의 많은 여성들이 합법적인 일본 유흥가에서 종사하고 있는 성매매 여성의 상당수를 차지하고 있었기 때문이다. 여성들이 항상 자발적으로 이 일에 참여한 것은 아니었다. 몇몇 여성들은 강제적으로 끌려 왔다. 어떤 경우, 일본 경찰이 야쿠자(폭력배)의 협조를 얻어 가족을 잃은 여성들을 포위하고 납치해 오는 경우도 있었다. 때때로 전시 기간 동안 정신대에서 복무했던 여성들에게 이 새로운 국가의 임무를 받아들이고 국가와 황제를 위해 계속해서 봉사할 것을 명령했다.[12] 여성을 이런 형태로 모집한 것은 일본 정부 관계자들이 자국의 하층민 여성을 식민지적 정책으로 대했으며, 또한 그 (정책적) 태도가 지속적으로 이루어졌음을 여실히 드러낸다.

미군에게 강간을 당한 많은 일본여성들은 결국 특수위안부가 되었다(Yoneda 1972, 123). 미군이 선전한 평화적 점령의 이미지와는 반대로, 미 점령군이 도착한 지 몇 시간 만에 강간 사건이 발생했으며 점령 기

---

11 한국여성들을 '모집'하거나 납치했던 일본 제국군의 전술에 대한 논의를 보려면 Song(1997).
12 Yamada(1995, 5, 62~63, 273).

간 동안 계속해서 이와 유사한 사건이 발생했었다. 1945년 9월 10일에 나온 연합군 사령부 검열법 아래서 강간에 대한 신고나 미군과 일본여성 간에 이루어지는 친교활동에 대해 보고가 억제되었다(Kobayashi and Murase 1992[1961], 28~29, 69; Takemae 2002[1983], 67; Yoneda 1972, 90, 124). 일본이 연합군 사령부의 사법권 안으로 편입되면서, 일본경찰은 미군 강간범을 통제할 권한을 잃어버렸다. 요코스카 함대활동 사령관인 벤톤 데커 Benton W. Decker 해군소장(1946~1950) 발령 이후, 요코스카 주민들은 지역경찰을 '데커의 개인경찰'이라고 부르기 시작했다(Yokosuka Keisatsushoshi Hakko Iinkai 1977, 315, 320).

특수위안부들은 '오마 모 도코타이', 즉 여자 가미카제로 불렸는데 외국인의 '공격'에 그들의 몸을 바쳐 국가에 봉사한다는 의미였다(Kanzaki 1953a, 198; Kawasaki 1988, 145). '돌격 일번지'라는 이름의 콘돔은 일본군인들에게 제공됐던 것인데 특수위안부 및 미군에게 재보급되었다(Duus 1995[1979], 126). 이 여성들이 자신을 애국자로 여겼는지 그렇지 않았는지 그 여부를 떠나, 애국심은 미군과 성관계를 맺는 개인의 수치심을 제거하는 데 사용되었을 뿐만 아니라 국가가 여성을 착취하는 행위를 합법적인 것으로 둔갑시켰다. 38명의 여성으로 구성된 첫 특수위안소가 1945년 8월 27일 도쿄에서 개소했다. 그다음날 미 해군 한 무리가 주저 없이 위안소를 방문했다(Duus 1995[1979], 44; Nishida 1953, 17). 일본여성과의 만남에 대한 미국의 정책은 일관성이 없었다. 일본인과의 친교 및 접촉은 사실상 금지되어 있었지만, 요코스카에 도착한 지 일주일 만에 이 정책은 번복되었다. 해병전투부대 311의 지휘관인 소령 마이클 유크 Michael R. Yunck는 기존 정책을 번복한 이유에 대해 설명했다. 이는 "일본 게이샤 소녀들에게 많은 전투대대 남성들이 호기심을 가지고 많은 관심을 표출했기 때문"이라고 그는 덧붙였다(Smith 1997, 15). 사실 특수위안소는 매우 인기가 좋았다. 종군기자 클라크 리Clark Lee가 이 위안소를 방문했을 때, 이곳은 미군 지프차와 미 헌병으로 북적이고 있었으며 헌병들은 매우 흥분해서 이리저리 뛰어다니고 있었다. 이런 헌병들의 모습을 보고 클라크는 처음에 반미 봉기가 시작되었는지 의심할 정도였다고 한다(Lee 1947, 15). 쇼트 타임의 가격은 15엔(요코스카의 경우 10엔)이었다. 이 가격은 담배 반 갑을 구매할 수 있는 가격과 거의 동일했다. 여성들은 이 가격의 40%만을 챙길 수 있었고 침대, 음식, 옷 및 화장품 가격은 여성들이 받을 몫에서 차감되었다(Dower 1999, 129; Duus 1995[1979], 72; Kobayashi and Murase 1992[1961], 52; Yokosuka Keisatsushoshi Hakko Iinkai 1977, 137, 433). 이들은 하루에 15명에서 60명의 미군을 받아야 했다(Dower 1999, 129; Kobayashi and Murase 1992[1961], 20; Nishida 1953, 20). 특수위안부의 수는 전국적으로 약 70,000명까지 늘어났다(Oshima 1975, 94).[13]

9월 3일 일본 제국주의 해군 공장 노동자들이 사용했던 숙소가 요코스카에서 처음으로 특수위안소로 사용되었다. 그곳에는 170명의 여성들이 할당되었다. 이 시설은 야스우라 지역에 있었던 88개의 사창가와 미나가사쿠Minagasaku에 있던 45개의 사창가를 통합한 것이었다. 많은 미 해군 장교들이 게이샤(공연예술가)에 관심을 가지고 있다는 것을 본 요코스카시 경찰은 미 군인들만이 사용할 수 있는 게이샤 주점 5곳을 지정하고 71명의 게이샤를 그곳에 두었다. 총 358명의 여성들이 이런 특수위안

---

13 Tanaka(2002, 162)는 이 수를 약 150,000명 정도로 예측했다.

소에서 종사했다(Yokosuka Keisatsushoshi Hakko Iinkai 1977, 136).

　몇 주간 위안소를 운영해 본 뒤 요코스카시 경찰은 이런 형태의 위안소가 미 해군과 해병들에게 적합하지 않은 장소임을 깨달았다. 그것은 미 해군이 한 번 정박하면 수천 명의 남성군인들이 내리기 때문이었다. 족히 2,000명(9월 11일자 기록)이 되는 미 해병들이 기지로 복귀하기 전 또는 배를 타고 떠나기 전 짧게 나마 성관계를 갖기 위해 이런 시설로 몰려들었다(Yokosuka Keisatsushoshi Hakko Iinkai 1977, 137). 도쿄와 요코하마에 주둔하고 있는 미8군은 시내에 있는 막사에서 지내고 있었지만 요코스카에 있는 미 해병과 해군들은 좀더 제한된 환경 속에서 지내고 있었다. 이들은 유난히 고립되게 지어진 전前 일본군 기지 또는 숙소에서 지내고 있었다(이 시설들은 미군 공습에서 살아남은 것이었다). 필자가 말를 나눠 본 많은 미 해군 재향군인들은 바다에 갇혀 있는 느낌과 고립감 때문에 성관계를 더 원하게 됐었다고 털어놓았다. 많은 군인들이 한꺼번에 몰리는 문제를 해결하기 위해 요코스카시 경찰은 새로운 건물을 물색하고 『가나가와』Kanagawa 신문의 광고를 통해 더 많은 여성들을 모집했다. 이 행위는 R&R협회에서 했던 것과 유사하다. 경찰들은 특별히 쌀, 새 신분증을 보급하거나 대중교통의 무료 이용을 허가하거나 주소 변경 절차를 간단하게 해주는 식으로 여성들을 유인했다(Yokosuka Keisatsushoshi Hakko Iinkai 1977, 137~139).

　성매매를 유도하거나 장려하는 행동을 금지하고 있는 기존 군 규율에도 불구하고, 미국군대는 이런 식으로 성매매를 이용하고 있었다. 8월 말, 미8군 특수임무 장교 대령 윌슨은 R&R협회가 헌병의 감시 아래 이런 시설들을 운영할 수 있도록 허가했다(Gayn 1948, 233). 요코스카시 경찰은 헌병 수장으로부터 내려온 직접적인 지시에 따라 임무를 진행했다 (Yokosuka Keisatsushoshi Hakko Iinkai 1977, 431). 1945년 9월 5일, 미8군 홍보장교는 다음과 같이 공표했다. "미8군은 일본 성매매 시설에 대해 전혀 알지 못한다. 다만 그들이 병균의 온상이 된다면 폐쇄할 것이다."[14]

일본 정부 주도하에 조직된 특수위안소 운영은 **공식적으로** 연합군 본부의 직접적인 지휘하에 있었다. 미 주둔군은 헌병, 성병검사 의무화, 연합군 본부 직속으로 이루어진 미국 의약품 사용, 보건복지분과Public Health and Welfare Section, 성병통제 위원회 분과, 미8군 소속 육군 군의관 및 헌병사령관을 통해 이 특수위안부(후에 팬-팬 걸스로 불림)를 감독했다.[15] 9월 28일, 성병감독을 맡은 중령 제임스 고든James H. Gordon과 헌병 최고위직인 대령 에이지 터커맨A. G. Tuckerman은 처음으로 성병통제 회의를 개최했다. 고든 중령은 이 자리에서 일본 정부의 공창제 재도입 계획을 밝혔다. "공창제 운영을 성공적으로 하기 위해" 이 제도는 연합군 본부에 의해 채택되었다. 터커맨 대령은 위생 장교와 상의를 거친 후 "전폭적으로 이 제도를 지지할 것이라는 그의 의지"를 보여 주었으며, 헌병의 감시 아래 도쿄 경찰서장이 성매매여성에 대한 조사를 완벽하게 해줄 것을 요구했다. 같은 날 고든 중령은 보건복지분과장 및 대령 크로포드 샘스Crawford Sams 및 대령 위버Weaver와의 다른 회의에서 미 점령군 내에서 채택할 성병 관련 조치에 대해 논의했다. 샘스 대령은 회의 직후 일본 정부에

---

14 "Japanese Admit We Behave Well", *New York Times*, 1945. 9. 5.
15 "HD: 726. I Pacific Theater of Operation(s)", entry 31(ZI), NARA, RG 112, box 1272; "Venereal Disease 1945~1946", NARA, RG 331, box 9852.

게 성병통제를 위한 제도 설립을 즉각적으로 이행할 것을 지시했다.[16] 요사노 미쓰루Yosano Mitsuru 시의회 위생과 국장에 따르면, 미8군 대령 브루스 웹스터Bruce Webster 군의관은 요사노 시의회 위생과 국장이 샘스 대령을 이날 만나기 전에 이미 미 점령군이 도쿄에 있는 특수위안소 시설을 모두 이용할 의향이 있다는 속내를 비쳤다(Duus 1995[1979], 119). 일본의 공창제도를 금지하기는커녕, 미 점령당국은 미군들의 건강을 보증하기 위해 이 제도를 이용하였다.

샘스 대령은 "군대 내 젊고 건강한 많은 수의 남성들이 (성욕을 만족시키기 위해) 성매매여성을 사는 방법 외에 다른 선택권이 없다"고 언급했다. 그러므로 성병을 통제하는 것은 중요했다(Sams 1986, 7). 여기서 중요한 것은 미 점령 당국이 남성성을 대하는 태도가 일본 가부장제 제도와 매우 닮아 있다는 것이다. 두우스 마사요Duus Masayo(1996[1979], 86) 기자에 따르면 샘스 대령은 쓴웃음을 지으며 다음과 같이 말했다고 한다. "군대 규율(동성애 금지) 및 정책(성매매 금지)이 항상 (인간의) 생리를 따르는 것은 아니다." 즉, 일본 정부가 조직한 특수위안부 제도는 미국군대가 경찰, 의료 및 일본여성의 몸을 성적으로 점령한 형태로 변모하였다.

9월 28일 연합군 본부는 일본정부에게 여성들이 성병의 원인이 되었으니 그것을 찾아내기 위한 성병 규제 법안을 준비하라고 지시했다.[17] 가나가와현 경찰이 이 명령을 요코스카시 경찰에게 전달하면서 다음과 같이 언급했다. "성병에 감염된 미군이 발견되었소. 그러나 연합군

---

16 "Venereal Disease 1945~1946".
17 "720 to 829. I", NARA, RG 331, box 477.

본부는 그 성병이 미군에 의해 감염되었다는 사실을 인정하지 않고 있소"(Yokosuka Keisatsushoshi Hakko Iinkai 1977, 138). 대신 특수위안부의 경우 매주 성병검사를 받아야 한다는 지침이 내려왔고 '성병 검진카드'를 휴대하고 다녀야 했다. 이 검진카드를 통해 미군들은 이 여성들의 성병감염 여부를 알 수 있었다(Kobayashi and Murase 1992[1961], 65; Yokosuka Keisatsushoshi Hakko Iinkai 1977, 138, 324). 만일 여성이 성병에 감염되었을 경우 병원에 강제입원시켰고 미 군수품에서 나온 유통기간이 지난 페니실린으로 치료를 받았다.[18] 1945년 말, 연합군 본부의 보건복지분과는 성매매여성들의 성병을 정기적으로 검사할 수 있는 새로운 체계를 구축했다. 이들은 일본 정부의 보건복지부를 통해 이 체계를 실용화했다.[19] 근대화된 일본의 공창제도는 미군들에게 안전한 성노동자들을 제공하기 위해 재확립되었다.[20]

미국 성병통제 체계에서 주목할 점은 이것이 미군에게 "성병을 옮길 수 있는 위험 가능성을 안고 있는 직업과 활동에 연루된 모든 개인"에게 적용되었다는 것이다.[21] 이 체계는 원래 등록되지 않은 여성들, 즉 댄서, 여종업원, 여급사 그리고 미군 부대에 고용된 여직원들의 성병을 통제하는 데 그 목적을 두었다. 미군의 성병 정책은 여성들을 강제로 불러모으고 연락처를 추적하는 행위에 정당성을 부여했고 결국 성병 보균자

---

18 "720 to 829. I"; "726-I SCAP", NARA RG 331, box 477; "HD: 726. I Pacific Theater of Operation(s)".

19 "HD: 726. I Pacific Theater of Operation(s)".

20 일본 공창 제도의 역사를 보려면 Fujime(1998, 410) 참고.

21 "HD: 726. I Pacific Theater of Operation(s)".

라고 의심이 가는 여성을 찾고 강제로 검사하고 치료하는 과정을 시행했다. 미 점령군 당국은 특수위안소 외부에 미군들이 성병예방을 위해 콘돔을 받을 수 있는 장소를 마련해 두었다.[22] 미군들은 성병과 관련된 강의 또는 '성격지도 강의'라는 두 개의 강의를 들어야 했다. 이 성격지도 강의는 성매매에 반대하는 도덕심을 강조하는 훈련용 비디오를 보충자료로 시청하도록 되어 있었다.[23] 미군들 또한 매주 성병검사를 받아야 했다.

젠더와 성 이데올로기와 더불어 미 점령군이 관리한 특수위안소는 미군 내부의 계급 및 인종적 이데올로기 또한 반영하고 있다. 이 시설은 장교용, 사병용 그리고 흑인 및 백인용으로 분리되어 있었다. 이전 페이지에서 언급했던 요사노가와 웹스터 대령이 나누었던 대화에서도, 대령은 유럽계 미국인과 아프리카계 미국인들이 특수위안소를 함께 사용하는 것에 대해 우려를 나타냈다(Duus 1995[1979], 119).[24] 유럽계 미국인들에게 다른 인종과 함께 써야 하는 이런 통합된 시설은 있을 수 없는 일이었다. 미국에서는 여전히 짐 크로우 인종분리정책이 존재 했었으며 흑인이 열등하다는 인종차별주의적인 시선이 팽배했었기 때문이다.[25] 유럽계 미군들은 아프리카계 미군 병사들을 접대하는 여성과 관계를 맺고 싶어 하지 않았다.

---

22 "HD: 726. I Pacific Theater of Operation(s)".

23 "HD: 726. I Pacific Theater of Operation(s)"; "726-I SCAP Reference Only", NARA, RG 331, box 477; Hayashi(2005).

24 남성들 사이 성교시설이 SCAP/GHQ 관리 아래 생겨났는지는 정확하지 않다. 그러나 SCAP/GHQ 당국은 미군에게 성접대를 제공하는 일본 성매매남성('팬-팬 보이')들의 존재를 인지하고 있었으며 이들을 규제하려는 노력을 기울였다.

25 성병조사는 구별되어 진행되었다. Tobey(1948, 481).

위안소를 운영한 지 5개월만에 미군 당국은 특수위안소와 관련된 그들의 입장을 바꾸도록 종용받았다. 1946년 1월 21일 맥아더는 모든 공창체계를 '민주주의 신념에 어긋나는 행위'이며 여성의 인권을 위반하는 행위로 공표하면서, 모두 폐지하도록 명령했다.[26] 동시에 그는 군목들에게 다음과 같은 성명서를 전달했다. "악과 매춘굴 그리고 나쁜 평판의 영향으로부터 우리 점령군들을 가능한 보호하기 위해 이런 시설들은 모두 출입금지 조치한다."[27] 기자들과 학자들은 이런 명령을 내리게 된 주된 이유는 미군들의 성병감염률 증가와 공창제도 내 성병통제가 비효율적이기 때문이라고 한다.[28] 결과적으로 특수위안소는 1946년 3월부터 출입금지 지역이 되었다.[29] 출입금지 명령에 대한 반응으로 몇몇 미 점령군 부대는 예방키트의 사용을 의무화하고 술에 취해 돌아오거나 숙소에 늦게 돌아오는 군인들을 대상으로 조치를 취했다.[30]

일본 정부와 연합군 사령부는 특수위안부로 일했던 50,000에서 70,000명에 달하는 여성들에게 퇴직임금이나 대안적 일자리를 마련해 주지 않은 채 그저 위안소를 떠나라고 권유했다. 직업이 없는 상태에서 처절하게 자신들을 돌볼 수밖에 없었던 이들은 사창가나 길거리에서 몸

---

26 "726-I SCAP Reference Only"; 『아사히 신문』, 1946. 1. 25.

27 Public Relations Office, "Press Release", 1946. 4. 2, MMAL, RG 5: 376.

28 미8군의 성병감염률은 1946년 1월 기준 매년 1,000명당 238명에 달했다(미 육군성은 매년 1,000명당 50명으로 기준을 세워놓고 있었다). "HD: 726. I Pacific Theater of Operation(s)". 공창과 관련된 자료를 보려면 "HD: 726. I Discipline and Punitive Measures", entry 31(ZI), NARA, RG 112, box 1269; Stars and Stripes, 1946. 1. 4. 특수위안부의 75%가 성병에 감염되었다. MMAL, no. 970~977.

29 "HD: 726. I Prostitutition: Zone of Interior 1946", entry 31(ZI), NARA, RG 112, box 1272.

30 "HD:726. I VD January and March 1946".

을 팔게 되었다. 이렇게 소위 '프리랜서'로 일했던 성매매 여성들을 팬-팬 걸스라고 부르기 시작했다. 보건후생성의 통계에 따르면 1951년에 팬-팬 걸스의 수가 약 70,000명에서 80,000명 사이였다(Duus 1995[1979], 303; Kobayashi and Murase 1992[1961], 130). 1948년까지 요코스카시에만 약 4,000명에 달하는 팬-팬 걸스가 존재했으며 1,200명의 여성들이 미군 출입 술집에 종사하고 있었다(Yokosuka Keisatsushoshi Hakko Iinkai 1977, 141, 143). 일본정부는 팬-팬 걸스를 필수 불가결한 사회악으로 여겼음에도 불구하고 미군들로부터 '훌륭한' 일본여성들을 지키기 위한 완충지대로 이들을 유지하도록 요구받았다.

미군 당국은 더 이상 공식적으로 특수 위안시설을 지원하지 않았지만, 미국이 일본여성을 대상으로 행한 성병검사는 점령 기간 내내 지속되었다. 실제로 도쿄에 위치한 헌병과 성병통제 분과는 일본 보건후생성과 도쿄시 경찰청이 성매매여성으로 의심되는 여성들을 집합시킬 수 있는 체계를 갖추라고 지시했다.[31] 주목할 것은 연합군 사령부의 군정처로 보고된 비공식적인 보고서에 따르면 헌병은 워싱턴에서 내려온 비밀스러운 지령에 따라 움직였다는 것이다.[32] 도쿄에서 여성들을 처음으로 집합시킨 것은 1946년 1월 28일이었다. 그리고 같은 해 8월 28일과 30일에 걸쳐 체계적으로 전국 단위의 집합이 이루어졌다.[33] 이런 체계적인 집합은 공교롭게도 성병예방 키트를 의무적으로 배포하고 미군들의 강제

---

31 UMAA/SCAP, 82-A-I-I; Duus(1979, 238~240).
32 UMAA/SCAP, 82-A-I-I.
33 UMAA/SCAP, 82-A-I-I; Duus(1979, 239); "726. IVD August 1946", RG 338, box 312.

적 성병검진을 금지하는 명령이 미 태평양 육군본부에서 내려온 1946년 8월 21일 그때 시작되었다.[34] 미8군 소속 의무대의 추천을 받은 미 점령 당국은 사창가를 출입통제구역으로 지정하고 일본여성들을 의학적으로 신체적으로 통제하는 것만이 "현재 군대 내 성병감염률을 낮추고 추후에 발생할 성병감염을 막을 수 있는 단 하나의 방법이라는 결론에 이르렀다".[35]

여성들을 집합시키는 작업은 일본 경찰의 협조를 받아 헌병들이 수행했으며 일본국민들이 미 점령군에 대해 악감정을 갖지 않도록 정교하게 계획되었다. 실제적으로 여성을 체포하는 것은 일본 경찰의 몫이었지만, 많은 경우 미 헌병이 여성들을 체포하기도 했다. 이들은 무차별적으로 여성들을 불러 세웠다. 어두운 밤에 밖에 나와 있는 일본여성이면 누구나 체포되어 성병검사를 받도록 병원으로 보내질 수 있었다. 종종 성병과 아무 관련이 없는 여성들도 체포되었으며 이들 중 몇몇은 검사 과정 중에 성경험이 없는 여성임이 드러나곤 했다. 이런 수치스러운 검사 과정 동안 헌병과 미군은 지저분한 농담을 던지거나 여성들을 조롱하면서 그 자리에 있는 경우가 흔했다.[36]

1945년 말 전에 연락처 추적 또한 체계화되었으며 1946년 3월 이 체계가 합법적으로 시행되게 되었다.[37] 성병에 감염된 미군들은 의무관

---

34 "726. I VD January and March 1946".
35 UMAA/SCAP, 83-A-14-2; "726. I VD April and may 1946", NARA, RG 338, box 312.
36 "726. I VD August 1946"; UMAA/SCAP, 82-A-9-1. SCAP/GHQ는 헌병이 여성들을 집결시키는 데 직접적으로 관여하는 것에 대해 우려를 보이기 시작했다. 그것은 민주주의를 실현하기 위해 온 미군의 이미지에 해를 끼친다고 보았기 때문이다. 여성들을 집결시키는 것에 대한 책임은 1949년 9월 일본경찰에게 양도된다. Duus(1995(1979), 238~246) 참조.

들에게 보고해야 했으며 그후 헌병에게 넘어가 자신들이 함께 잔 여성들의 신원을 확인해야 했다. 1950년까지 사세보에 위치한 미 해군은 해군과 육군을 위해 연락처 추적을 위한 전문인력을 양성하도록 학교까지 운영했다. 연락처 추적은 극단적으로 행해졌다. 헌병과 일본경찰은 의심이 가는 여성들의 집을 침입하여 성병검사를 실시했다.[38] 그들은 또한 성병에 감염된 미군들과 함께 술집에 동행하여 그가 지목한 모든 여자들을 체포해 갔다. 많은 수의 미군들은 자신들과 성관계를 맺은 여성들의 이름이나 얼굴을 기억하지 못했다. 미군들이 제공한 정보들은 자주 틀렸으며 많은 여성들이 이로 인해 부당하게 기소되었다.[39] 미 점령당국은 성병통제 조치들이 비효과적임을 알고 있었다. 사람들이 미 헌병의 감시에 두려움을 느끼게 하는 것이 그들의 실제 목적이었다. 그들의 말을 빌리자면 "잘 정돈된 질서 속에서 특히 날뛰는 개인들을 억제하는 방법"을 사용한다는 것이다.[40]

1947년 10월 28일, 미 극동군 총사령부의 성병통제위원회는 헌병사령관이 일본에 있는 모든 사령관들에게 미군에게 성병을 옮긴 일본여성에게 형사적 책임을 물을 수 있는 체계를 세우도록 지침서를 준비할 것을 요청했다. 이렇게 성병을 옮기는 행위는 "점령군의 안전을 위협하는 행위를 하는 것"으로 간주되었다.[41] 성매매를 한다고 의심되는 여성들은

---

37 "HD: 726. I Pacific Theater of Operation(s)"; "726. I VD April and may 1946."

38 "Venereal Disease Control Staff Visits", NARA, RG 331, box 9336; "Monthly Summary No. II, 1947. 5, MMAL, no. 108-115.

39 "Venereal Disease Contact Tracking", NARA, RG 331, box 9370.

40 "HD: 726. I Pacific Theater of Operation(s)".

41 "726-I no. I 1948 SCAP", NARA, RG 331, box 580.

군사재판소(요코스카에 위치한 해군 군사재판소)에 회부되었다. 연합군 사령부의 법규과는 이런 '방식'이 일본 재판소에 여성들을 회부하는 것보다 성매매를 금지하는 데 더 나은 '억제 효과'를 보였다고 주장했다.[42]

그 와중에 팬-팬 걸스 관련 사업은 일본의 전후 경제를 부흥시킬 정도로 성장했다. 비공식적인 수치에 따르면 점령군들이 팬-팬 걸스에 쓰는 비용이 미화 9천만 달러에서 1억 4천만 달러 사이라고 밝혔다 (Sumitomo 1952, 70; Dower 1999, 580; Nishiba 1953, 236). 요코스카에 있는 지역 상업 협회는 다음과 같은 가사를 담은 주제가 작곡까지 했다. "일본, 요코스카 멋진 그곳. 맥주와 여성들이 매우 훌륭한 곳이지."[43] 이노우에 세츠코 기자는 이런 현상을 '일본 경제가 팬-팬에게 의존한 시기'라고 불렀다(Inoue 1995, 129). 미 점령당국은 이런 상황을 알고 있었으며 팬-팬 걸스에게 세금을 매기는 방안까지 논의했었다.[44] 일본여성의 성을 쌍방이 모두 착취하는 이런 체계는 일본정부와 미 점령당국에 의해 매우 주도면밀하게 형성되었다.

미국이 점령한 일본 내 팬-팬 걸스 활동

2차세계대전이 한창일 때, 어떤 미국인들은 일본여성들이 '나비부인'처럼 행동할 것이라는 환상을 가지고 있었다. 소극적이며 순종적이고 자

---

42 Ibid.

43 "Tamaran bushi", Inoue(1962, 132)에서 인용.

44 UMAA/SCAP, 82-A-II-I; 726.I "Abolition of licensed Prostitution", NARA, RG 331, box 9370.

기회생적이면서 남자를 다룰 줄 아는 게이샤의 이미지. 기모노를 입은 젊은 일본여성들은 '게이샤 걸스'로 불렸다. 이는 미군들에게 성매매여성이라는 말과 다를 바 없었다.[45] 이와 유사하게 특수위안소와 사창가도 '게이샤 하우스'로 불렸다.[46] 혼선을 줄이기 위해 미군에게 일본 안내지가 배포되었고 이를 통해 미군들에게 게이샤가 성매매여성이 아님을 알리려 했다.[47]

정복자의 지위를 가지고 도착한 젊은 미군들은 점령지 여성을 구매할 수 있었고 다른 사람들도 모두 자신들 수하에 있다는 엄청난 권력을 누릴 수 있었다. 특히 이렇게 느낀 이들은 (연애) 경험이 거의 없는 10대 미군들로, 미국 본토 내에서는 여성들에게 별로 인기가 없었을지도 모르지만, 이들은 돈으로 불쌍한 점령지 여성들을 통제하고 지배하는 기분, 욕구의 대상이자 인정받는 느낌을 살 수 있었다.[48] 이들 십대 미군들이 인종적으로 열등하다고 믿는 여성들을 구매할 수 있는 상황은 나비부인이 보여 주고 있는 많은 신화를 재확인시켜 주는 꼴이 되었다. 쉽고, 언제나 취할 수 있으며, 너그럽고, 요구하지 않으며 위협적이지 않은 일본여성들의 이미지. 필자가 다른 미군 예비역들과 대화를 나누고 있을 때, 현재 일본에 거주하고 있고 10대 때 일본에 점령군으로 배치되었던 전 미군이 다가와 다음과 같이 말을 건넸다. "전쟁 직후에 우리가 일본인

---

45 기모노는 일본 전통의상이다. Schultz(2000) 참고.

46 "It's Legal Now", *Time*, 1949. 10. 3, p.49; Duus(1995(1979), 94).

47 CINCPAC-CINCPOA Bulletin 209-45, 1945년 9월 LOC.

48 필자가 만난 많은 퇴역군인들은 자신들이 미국선 여자들에게 인기가 없고 가난한 가정 출신이라고 말했다.

들을 어떻게 대했는지 지금 묻고 있는 거요? 내 말해 주리다. 일본여성에 대한 아주 좋은 기억이 있지." 그러고 나서 그는 크게 웃음을 터트린 후 떠났다.

그때 다른 미 예비역들도 비슷한 표정을 지었다. 『라이프』Life의 일본 지사에서 선임작가로 근무했던 노엘 부쉬Noel F. Busch는 로버트 에셸버거 Robert Eichelberger 미8사단 사령관의 부하가 부대 내에 '제군은 이보다 좋은 것을 가져본 적이 없다'라고 쓰인 글귀를 도쿄에 위치한 임페리얼 호텔 현 관문 위로 옮겨야 한다고 적은 서면을 기억했다. 부쉬의 서면에는 다음 과 같이 적혀 있었다. "일본에 배치된 병사들은 독일여성들이 일본여성 들보다 더 예쁘다는 것만 제외하면 어떤 불만도 없다. 여기 군인들이 독 일에 있는 미군들보다 분명히 더 행복해하고 있다"(Busch 1948, 26~27). 미 점령군이었던 돈 리치Don Richie의 소설은 한 늙은 미군이 젊은이에게 다음과 같이 말하는 장면을 그리고 있다. "네가 아시아 여자들에게 제대 로만 이야기한다면 어린 여자애들조차도 네 앞에서 두 다리를 벌릴 거 야." 그리고 그 말은 일본 여자들은 그저 '한 무리의 짐승들'일 뿐이라는 의미이다. 젊은 미군은 의아해한다. "군대는 저런 사람들로 가득 차 있 지. …… 해외에 배치되어 있는 미군들에게 도대체 무슨 일이 있었던 거 지? 어떤 면에서 그들은 모두 변했다. 아칸소주 들판에서 또는 테네시주 언덕에 서 있던 그는 선량한 청년이었을지도 모른다. 그러나 여기 이곳 에서 그는 괴물로 변해 있다"(Richie 1968[1956], 64~65, 71~72). 젊은 미군 들은 점령지 일본여성들의 성을 지배하면서 자신감을 얻게 된다. 경험이 없는 시골 출신 소년들은 남성미가 넘치는 백인 정복자로 변모한다.

샘스 대령은 가족과 떨어진 젊은 미군이 일본여성과 성관계를 가짐으로서 육체적으로 위안을 얻을 뿐만 아니라 정신적 위안도 얻는다고 믿었다(Duus 1995[1979], 117). 엄격한 군대 규율과 위계질서 아래 압박과 불만은 고향을 그리워하는 마음과 융합된다. 모든 미군들은 죽을 수도 있다는 두려움을 지니고 있었다. 이 두려움은 한국전쟁이 발발한 후 더욱 커졌다. 이런 상황에서 성관계는 스트레스와 긴장을 푸는 오락활동으로 간주되었다(Parker 1952, 103). 일본(특히 오키나와)이 한국전쟁에서 싸우고 있는 미군들을 위한 R&R센터로 변해 버린 이후, '오락'적인 차원에서 미군과 일본여성의 성관계를 이해하는 시각이 증가되었다. 미군들은 명백하게 연약하고 점령당한 일본여성들의 성을 정복함으로써 자신감, 권력 그리고 남성성을 유지하려고 노력했다. 이런 행위는 불안감을 떨쳐 버리기 위한 것이었다. 미 점령 당국은 일본여성들을 경험이 부족하고, 젊고, 외로우며 불안해하는 미군들을 보살펴 줄 수 있는 편리한 대상으로 봤다. 미군이 일본여성과 성관계를 맺음으로서 미군들은 자신들이 배치되어 있는 외국 땅에 애착 같은 것을 느끼게 되고 이런 감정이 미군의 작업수행 능력을 향상시켜 주었다. 이런 점에서 미군과 일본여성 간에 이루어지는 성관계는 미 점령당국의 이해관계와도 맞아떨어졌다.

그러나 미군과 관계를 맺었던 일본여성들의 (이들 대부분은 미군이 드나드는 술집에 종사했었다) 말을 들어보면 이들이 자신들에게 부여됐던 열등한 지위를 단순히 받아들이지만은 않았다는 것을 알 수 있다. 이들은 자신들의 경제적·사회적 지위를 획득하기 위해 미군들을 유혹하는 데 일본여성성이 가지고 있는 신화를 이용했다. 이 여성들은 미군이 그들과의 대화나 관계 속에서 권위의식을 느낄 수 있도록 경험이 부족하고 무지한 척하며 그들의 열등한 지위를 이용했다. 이로 인해 미군들이 그들에게 술이나 음식을 사주거나 심지어 생활비까지 내주는 경우가 생겼다. 전에 술집에서 일했던 한 여성은 영어를 전혀 못하고 미국에 대해 아는 것이 전혀 없는 것처럼 행동했었다고 필자에게 말했다. 대부분의 술집 여성들은 미군들이 사주는 술 수익에 의존했다. 이런 이유로 여성들은 하인처럼 행동하고 얌전한 척하는 것이 일의 일부라고 여겼다. 전직 술집여성들 중 대부분은 새로 배치된 젊은 미군들을 '봉'으로 여겼다고 이 술집여성은 필자에게 말했다. 필자가 대화를 나눠 본 술집여성들은 사실 미 해군의 구조나 체계 그리고 해병들 간의 관계와 관련된 지식이 매우 풍부했다. 전에 술집을 운영했던 한 사람은 이런 여성들을 '밤의 지식인'들이라고 불렀다.

미군과 관계를 맺고 있는 일본여성들은 종종 내국인으로서 그들이 가지고 있는 지식을 이용해서 미군들을 위해 중재자, 통역가 그리고 여행가이드 역할을 맡기도 했다. 미군들은 일본 내국인 여성과 관계를 형성하는 것이 외국 땅인 일본에서 생활하는 데 이득이 되고 지역 주민을 상대하는 데도 도움이 되는 것으로 여겼다. (2007년 4월 요코스카에서 있었던 지역 오리엔테이션 지침서에 한 사령관이 새로 도착한 선원들에게 군기지 밖으로 나가서 일본을 탐험해 보라고 다음과 같이 말했다. "내가 젊었다면 나에게 구경을 시켜 줄 수 있는 멋진 일본 아가씨를 찾겠다."[49]) 게다가 일본여성들과의 관계는 미군들이 다른 동료 미군들과 맺는 우정과는 달리, 군대 내 경쟁관계에 없는 편안함을 제공했다. 이런 미군에게 주는 혜택으로 인해 이 여성들은 미군과의 관계 속에서 어느 정도 통제할 수 있는 능력을 가질 수 있었

---

49 또 다른 미 해군 사령관은 필자가 참석할 수 있도록 친절히 자리를 마련해 주었다.

다. 때때로 미군들은 이런 일본여성들을 잘 대접해 주었으며 이런 관계 속에서 얻게 되는 이득에 대해 고마운 마음을 가졌다.

인종분리는 전쟁 종식 이후 즉각적으로 세워졌던 특수위안소의 성격을 결정지었으며 이후에 생긴 미군 전용 사창가, 술집 및 기타 유흥시설 관리에도 영향을 미쳤다. 결과적으로 팬-팬 걸스는 상당한 위계질서를 가진 그룹이 되었다. 이 위계질서는 미군의 인종과 계급에 기반을 두었으며 미군이 관계를 맺고 있는 여성들과 이 여성들의 경제적 지위 및 그들이 미군과 맺고 있는 관계의 종류에도 기반을 두고 있었다. (애인 또는 첩은 '오니'Only라고 불렸으며 성매매여성은 '나비'로 불렸다.) 아프리카계 미군들과 관계를 맺고 있는 팬-팬 걸스('쿠로-팬' 또는 '블랙 팬-팬 걸스')는 백인 미군들과 관계를 맺고 있는 여성들('시로-팬' 또는 '화이트 팬-팬 걸스')보다 낮은 계급으로 여겨졌다. 특히 장교 계급인 백인 미군의 '오니'가 되면 미군 기지촌 커뮤니티에서 특정한 지위를 부여받았다. 한 전직 술집여성은 장교들과 사귀는 그녀의 친구들 몇몇이 사병들과 사귀는 술집여성들을 깔보듯이 행동한 것에 대해 필자에게 말했다. 계급이 높은 백인 미군과 사귀면 팬-팬 걸스의 지위는 향상되었다. 이것은 또한 이 여성이 사귀고 있는 애인의 부하들이 그녀를 제대로 대한다는 것을 의미했으며 다른 일본 사람들도 그녀를 더 나은 시선으로 바라본다는 것을 의미했다. 동시에 한 전직 술집여성은 의도적으로 사병과 사귀었다고 필자에게 말했다. 그녀는 동거남인 그녀의 해병 애인을 '젓가락'이라고 불렀다. 그 것은 그의 군복 소매 부분에 있던 선 두 개를 뜻한다. 그녀는 남자가 오만하지 않고 더 친절하며 사귀는 중에 그녀가 주도권을 쥘 수 있어서 남자가 조금 무식한 게 더 낫다고 말했다. 몇몇 일본여성들은 미군이 백인 중심의 정복자 단체라는 사실을 상쇄하기 위해 자신들보다 못한, 계급이 낮은 미군들을 선택한 것으로 보인다.

많은 팬-팬 걸스는 가난, 차별, 성병 및 미군과 다른 일본인들의 폭력 때문에 고통받았다.[50] 그러나 많은 팬-팬 걸스에게 성매매 환경은 사회문화적으로 이미 형성된 생각이나 조건에 도전할 수 있는 장소가 되기도 했다. 미군이 점령한 일본에서 기술도 없고 다른 기회도 없는 그녀들에게 성매매는 그녀들에게 열린 단 하나의 생존 방법이었다. '별 볼 일 없는' 집안 출신의 많은 일본여성들에게 (예를 들어 사회적으로 버림받은 집단, 고아, 서자 및 장애인) 성매매는 살아 있는 것을 증명할 수 있는 장소였다. 사회적으로 그들을 열등하게 분류시킨 나라인 일본을 정복한 지배자들과 어울려 다니는 행위는 그녀들에게 어떤 우월감을 느끼게 해 주었다. 일본의 사회·문화적으로 구성된 미의 기준에서 벗어난 많은 여성들은 일본을 지배한 미군과 함께 거리를 활보하면서, 미군에게 인기가 많다는 사실을 (이것이 그들을 이국적인 존재로 대하는 다른 형태의 차별임에도 불구하고, 여성들은 이렇게 느꼈다) 통해 자신의 자존감을 표현했다.[51] 그녀들은 미군들과 어울리는 것이 일본여성의 행동 지침과 일본여성은 어떻게 보여야 한다고 일본사회가 사회문화적으로 정해 놓은 개념에 반하는 행위라고 여겼을 것이다. 미군 전용 술집에서 일했던 전직 호스테스는 그녀의 아버지가 어머니와 이혼 후 그녀의 고등학교 친구와 재혼하자 집

---

50 제한된 지면 때문에 팬-팬 걸스와 다른 일본인들의 관계는 여기서 다루지 않는다.
51 삶이 확인되고 자존감이 표현되는 장소로서 성매매여성들의 몸을 검사하는 것을 보려면 Bromberg(1999, 298, 302) 참조

에서 가출했다고 했다. 그때 그녀 나이 열일곱 살이었고 그후 필로폰(코카인)에 중독되었다고 말했다. 그후 미군과 함께 요코스카에 있는 사병클럽에 가게 된 그녀의 경험을 얘기했다. 다른 일본인들은 출입이 제한된 곳을 (지배자인) 남성의 안내를 받으며 들어가고 재즈를 들으며, 다른 일본인들은 마실 수 없는 술을 마시고, 다른 이들이 굶주릴 때, 비프스테이크를 먹고 웨이터들에게 특별한 대접을 받으면서 그녀는 자신이 다른 일본인들보다 더 우위에 있고 어떤 특권을 가지고 있으며 공주가 된 느낌을 받았다고 했다. 즉, 미국과 일본의 관계를 규제했던 성의 정치는 팬-팬 걸스와 미군 사이에서 매일 벌어지는 성행위로 전치되었지만 팬-팬 걸스는 자신의 직업을 통해 자신의 이익을 추구하는 과정에서 기존 성정치를 강화했을 뿐만 아니라 때론 이에 저항하기도 하고 이용하기도 했다.

신식민주의, 국수주의 및 일본여성의 성

두우스 마사요는 일본정부가 조직한 특수위안부 체제를 패전국가가 승리한 국가인 미국에게 바치는 선물이라고 불렀다. 정복자인 미 점령군은 이 여성들을 승리의 표식으로 받아들이고 정복당한 여성의 성을 지배할 수 있는 그들만의 특권을 즐겼다. 유럽 식민주의 국가들과 미국의 성정치학이 포함하고 있는 유사성은 분명하다. 그러나 미국이 '민주화 시켜 준' 일본에서 협조적으로 이루어진 성정치학 또는 성착취 제도는 또한 냉전이라는 구체적인 맥락 속에서 시행된 미국의 신식민주의의 특징을 잘 드러낸다.

이런 구체성은 미국이 소위 비민주적인 특수위안소 폐쇄를 명한 성의 정치학에서 찾아볼 수 있다. 냉전 정치학에 포함된 이런 조치를 통해 미국은 단독으로 일본의 지배를 계속해서 유지할 정당성을 확보했다. 미군 당국이 신속하게 파악했듯이 특수위안소의 존재는 2차세계대전 후에 미국이 쌓은 다음과 같은 이미지 구축에 해로운 것이었다. "전지전능하며 진보적이고, 세계를 발전시킬 의무를 지니고 있으며 공산주의로부터 세계를 보호할 아버지 같은 나라"(Lutz and Collins 1993, 139). 미국은 2차세계대전 이후 자칭 세계적인 지도자로서 수행해야 할 의무에 부응하기 위해서는 체면을 세워야 했다. 일본에 대한 체면, 미국 본국에 대한 체면 그리고 소련에게 보이기 위한 이미지, 어떤 면에서는 세계에 보여질 자신들의 이미지를 위해 미국은 이런 조치를 취했다.

유럽 식민정권과 유사하게 미국이 투영시키는 자국의 훌륭함과 도덕적 우월성은 지배국으로서 문명화된 미국인과 미개한 일본인들 간에 분명한 차이를 생산하기 위한 매우 중요한 요소였다.[52] 미국 민주주의를 통해 일본을 '문명화'시키는 것이 미군의 계속적인 주둔을 정당화시키는 유일한 이유였기 때문에 이러한 결단(위안소 폐지)은 특히 더 재빠르게 이행되어야 했다. 일본정부가 조직한 사창가를 이용하고 감독하는 것은 주둔군이 내세웠던 그들만의 도덕적이고 문화적 우월성을 해치는 것이었다. 문명화된 정복자와 지배당한 미개한 자들의 분명한 구분을 유지하려는 노력은 미 점령군 통치 기간 동안 일본영화를 대상으로 행해진 검

---

52 유럽 부르주아들의 훌륭함에 대한 이데올로기가 출현하고, 이 이데올로기가 식민지에 적용되는 방식을 보려면 Mosse(1985, 5) 참조. 유럽 식민지인들이 도덕적 우월성을 유지한 것에 대한 논의를 보려면 Stoler(1991, 85) 참조.

열 정책에서도 엿볼 수 있다. 다른 민족 간의 결혼(당시 미국은 다른 인종 간의 결혼을 다른 민족 간의 결혼으로 간주했었음)을 비롯해 미군과 일본여성 간 관계를 주제로 한 내용 및 미군이 아버지인 아이들의 이야기를 영화에 담는 것은 모두 금지되었다. 영화에 외국인(예상컨대 백인)의 등장이 허락된 경우는 오직 그 또는 그녀의 역할이 문명화된 행동양식을 보이는 인물일 때뿐이었다(Hirano 1992, 58, 82, 85).[53]

민주화 과정을 거치고 있었던 미군 당국은 최근 미 국내에서 논의되고 있는 자본주의와 민주주의의 혜택 및 소련보다 나은 사상적 우월함을 드높이는 미국의 삶의 방식에 대한 이데올로기에 부합하기 위해 본국에 있는 시민들에게도 존경받는 모습을 보여야 했다. 이런 사상은 이상적인 미국인의 삶이 포함하고 있는 개념을 근간으로 구성된 것이었다. 즉, 백인 청교도이며 중산층 핵가족에 녹아 있는 전통적 성역할(남성은 가장, 여성은 주부라는 역할)에 그 근간을 두고 있었다. 이 사상은 또한 군 내부에서 발생하는 젠더, 인종, 계급 및 동성애 관련 갈등을 편리하게 숨기는 데 이용되었다(May 1999[1988], xviii, 65). 이러한 성역할에 대한 보수적 개념이 떠오르자 여군 가족과 일본에 배치된 군목들은 공공연하게 알려진 특수위안소에 대해 이의를 제기했으며 이에 대해 미 육군성은 즉각적인 대응조치를 취했다.[54] 결론적으로 국무성은 최고사령관인 맥아더에게 상황을 해결하라고 지시를 내린 것이다.[55] 위안소를 계속해서 사용

---

53 일본에 대한 도덕적 우월성은 미국에서 쓰인 몇 가지 글에서 찾아볼 수 있다. Janeway(1945, 468~469) 참조.
54 "HD:726,I".
55 "HD:726,I"; Duus(1995[1979] 140).

했을 경우, 소련은 미국의 위선을 폭로했을 것이다. 위안소의 갑작스런 폐지와 이를 명한 구체적 시기는 추측컨대 소련 중장 쿠즈마 데레비양코Kuzma Derevyanko와 소련 기자들이 잇따라 공창제도와 여성 인신매매는 일본을 '민주화시키는 것'과는 하등 상관이 없다고 지적한 것과 관련되어 있다. 또한 위안소 폐지는 이에 대한 즉각적인 조치로 보여진다(Duus 1995[1979], 172, 260).

미 점령군이 내린 특수위안소 금지령은 '일본여성의 해방'이라는 상투적인 문구로 묘사되었다.[56] 특수위안소는 특히 냉전이라는 시대상황이 반영된 미국 신식민주의 프로젝트의 한 일환이었으며 미국의 일본점령, 그것의 **필요성**을 정당화시키기 위해 사용되었다. 즉, 일본 봉건제도에 묶여 있던 특수위안부들을 미 점령군들이 구원했다는 식이었다. 이 금지령은 또한 소련 공산주의가 표방하는 문화가치보다 우월한 미국의 문화가치를 기본으로 일본에서 미국의 단독 권력을 수립하는 데 중요한 역할을 했다. 많은 뉴딜정책 지지자들이 희망했던 것과는 다르게, 미국의 일본 점령은 일본시민을 위한 '민주주의의 작업장'이 되지 못했다.[57] 대신 미국정부에게 일본 점령은 미국의 국제적인 이미지를 구축하는 건설현장이 되었으며 소련 같은 공산주의에 반대하는 운동에 이용되었다.

---

56 『트래블 메거진』(*Travel Magazine*)은 다음과 같이 특수위안소시설이 폐지된 것을 보도했다. "맥아더 장군이 매우 훌륭한 이유는 …… 일본소녀들은 더 이상 상납하지 않아도 된다. …… 인간적으로 수모적인 …… 일본여성을 대상으로 한 '노예 해방선언' 때문에 그녀들은 새로운 차원의 존엄성과 품위를 갖게 될 것이다'. Hoyt McAfee, "The Passing of the Japanese Geisha", *Travel Magazine* 87, 1946. p.28.

57 일본에서 이행된 진보적인 정책들은 SCAP/GHQ 내 좀더 진보적인 일원들이 고안해 냈다. SCAP/GHQ는 루즈벨트 대통령의 뉴딜 정책(1933~1938)에 동정심을 보이고 있었다.

일본에서 행해진 소위 '민주주의의 작업장'은 또한 세계 다른 나라들에게 미국의 민주주의를 홍보하는 데 사용되었다. 미국의 지도 아래 '세계를 위협했던 일본'을 '민주화된 일본'으로 변화시키는 것은 원대한 목적을 포함하고 있었다. 즉, 세계시장을 섭렵하고 팽창시키기 위해 공산주의보다 미국 민주주의와 자본주의를 더 매력적인 체제로 보여 주기 위한 목적, 바로 그것이었다. 일본여성의 성을 규제한 사실에서도 드러나듯이 일본을 대상으로 한 미국의 신식민주의적 점령은 민주주의와 일본여성 해방이라는 수사적 표현 아래 주도 면밀하게 감추어져 있었다. 소련과 경쟁관계에 있던 냉전이라는 시대 상황 속에서 미국이 위안소를 금지한 것은 매우 중요한 조치였다.

일본 정부가 특수위안부들을 바친 것은 일본 국내질서 재정립과 미국 및 이전 식민지 국가들과의 외교정책에서 자국의 이익을 획득하기 위해 미국의 신식민주의 점령에 대해 치밀하게 계산한 후 취한 조치였다.[58] 수월한 간접통치를 위해 미 점령군이 전前식민 정부관료들을 선택적으로 숙청했기 때문에 그리고 일본여성들을 대상으로 수행한 성정치 때문에 전후 일본에서는 전식민주의의 주체였던 일본남성관료들이 무장한 외국 점령군에 대해 반발하는 민족주의 감정을 (식민적 민족주의 및 신민족주의) 이용해 계속해서 그들의 지배를 이어갈 수 있었다.[59] 특수

---

58 미군이 여성의 성접대를 받을 수 있도록 한 실질적인 방식들을 보려면 다음을 참조. 이는 국내 및 국제 정책목표를 달성하기 위해 미군기지가 주둔하고 있는 주둔국의 관료들이 고안해 낸 의도적인 선택이다. Enloe(1991, 101).

59 반식민지 민족주의 아래 여성의 성을 희생시키는 방식으로 식민지의 질서를 재구성했던 식민지 엘리트 남성들이 진행하는 사회 개혁에 대한 논의를 보려면 Chatterjee(1989, 632); Choi(1998, 5).

위안부 제도는 전식민주의의 주체였던 일본남성관료들이 시도한 것으로 하층민 여성들의 성을 이용해 전후 사회 계급제도를 재구축하기 위한 목적을 갖고 있었다.[60] 2차세계대전에서 패배하고 외부 지배를 받게 된 후 전식민주의의 주체였던 일본남성관료들의 남성성과 권력이 쇠퇴하자 젠더, 계급 그리고 인종 탄압을 재확인함으로써 이들의 권력을 되찾아주기 위한 수단으로 위안부제도가 이용되었던 것이다. 하층민 여성들은 국가를 위해 미군에게 봉사하고 동시에 상류층 및 중산층 여성들은 일본남성에게 제대로 소유되기 위해 그들의 정조를 지켜야 했다(이들은 대도시에서 피난을 떠났었다). 사회적 계급에 따라 여성을 재배치하고 미군을 지정된 위안소로 안내함으로써 전식민주의의 주체였던 일본남성관료들은 야마토 인종의 혈통성과 다른 아시아인들보다 일본인이 인종적으로 더 우월하다는 맹신을 지킬 수 있었다. 이는 대동아공영권을 구축하는 데 필수적 요소였다. 정복자들에게 위안부를 바치면서, 전 일본 식민주의 주체였던 남성 관료들은 미국에게 받을 혜택을 기대했다. 즉, 미국이 점령한 일본사회에서 전일본 식민주의의 주체였던 일본관료들이 계속적으로 권력을 유지할 수 있도록 미국이 지원해 주는 것이었다.[61]

특수위안부 프로젝트를 '가장 중요한 외교적 과업'으로 칭하며, 이들을 외교 정책의 목적을 달성하는 데 이용한 일본정부의 의도는 너무나 명백하다. 일본정부는 또한 미국과 종속적인 관계 및 전후 신식민주

---

60 Dower(1986, 308). 또한 특수위안부 체계를 설립한 것은 전후 일본에서 일본의 상위 지배계급의 남성들이 자신들의 지배력을 유지하기 위해 일본의 자기희생 덕목을 이용한 방식을 보여 주는 생생한 예로 보았다.

61 선물을 주는 관습과 이 관습의 사회적 효력에 대한 분석은 Bourdieu(1980, 99) 참조.

〈그림 2.1〉 외세침략에 우리가 어떻게 살아남았나?, 미국의 일본 점령을 기억하라. Illustration by Oriko, "Survival Now", *BIG COMIC COMPACT: Takawo Saito Best 3*, Vol 12, 2005. 소학관의 허가를 받아 게재.

의적 관계를 의도적으로 그리고 기꺼이 받아들임으로서 미국과의 화해를 희망했다. 패전 후 아시아에서 낯설고 불분명한 일본의 위상 때문에 이런 미국과의 관계는 일본정부에게 중요했다. 일본이 처한 신식민주의적 상황을 인정하며 재무부장관 이케타 하야토는 다음과 같이 언급했다. "일본은 미국의 첩이나 다름없다."[62] 일본이 첩이라는 것은 미국이 휘두른 권력의 남성적 힘과 특권을 상징화한 것이다.[63] 재무부장관 이케다

---

62 1950년 5월 22일 이케다(Ikeda)는 의견을 밝혔다. Inoue(1962, 131)에 인용.

의 발언은 단순히 두 국가의 젠더화되고 성애화된 관계만을 표현한 것은 아니다. 두 국가의 이런 관계는 유럽 식민주의 관례의 일부이다. 이와 같이 비공식적으로 남녀 간에 벌어지는 성관계는 일본에서 행한 미국의 구체적인 신식민주의 지배를 상징한다.[64]

미국의 첩이 된 일본은 냉전이라는 시대 상황에서 엄청난 혜택을 받았다. 점령 초창기에 미국에 종속됨으로써 일본은 다수의 굶주린 일본 국민들이 일으킬지도 모르는 공산주의 혁명으로부터 보호해 줄 또 다른 군대를 갖게 되었다. 냉전의 긴장이 동아시아에 퍼지자 미국의 충성스러운 동맹국으로서 일본은 미국이 추진한 경제회복 및 재무장화remilitarization라는 혜택의 수혜국이 되었다. 냉전시대 미국의 첩 노릇을 했던 일본의 이런 노력은 한국전쟁과 베트남전쟁 기간 동안에 그 결실을 맺게 된다. 이 두 전쟁을 통해 일본의 경제는 기적적인 회생을 맞게 되었다. 미국이 이런 상황을 예측하진 못했지만, 일본 경제의 기적적인 성장은 일본의 민주화를 추구했던 미국의 주장을 뒷받침해 주는 증거가 되었다. 더불어 미국의 신식민주의 지배를 감추는 또 하나의 역사적 층위가 되었다. 일본 경제의 기적적인 성장과 이 두 전쟁과의 관계는 종종 간과되곤 하지만, 수천 명의 다른 아시아 국가 국민들을 희생시킨 무기와 군수품을 이 두 전쟁 기간 동안 납품한 것이 일본경제의 기적적 성장을 이루는 데 한 부분을 차지했다(Onna Tachi no Ima Tou Kai 1986, 11).

---

63 현대 일본사회(1870년대에서 1920년대)의 첩 제도와 관련된 논의를 보려면 Sievers(1983, 31).
64 다우어의 초기 글들은 미국에 대한 일본의 군사 및 정치적 의존도가 결혼처럼 1952년 맺은 방위조약 때문에 제도화되었다는 것을 보여 준다.

즉, 미일동맹은 일본의 전식민지 국가들의 희생을 통해 형성되었다. 미국은 다른 아시아인들보다 자신들이 더 낫다고 생각하는 일본인들의 인종적 우월함을 정치적·경제적·군사적 임무를 통해 더욱 공고하게 하였다.[65] 한국과 오키나와같이 일본의 전식민지였던 나라들이 미국군대의 기지나 전쟁터가 되면서, 아시아에서 일본의 식민지적 위계질서를 유지하고 편입하는 것이 미국과 미국의 냉전 전략적 측면에서 편리했다. 냉전시대 관계라는 구체적 상황 아래, 미국에게 필요한 지정학적 중요성 때문에 일본은 경제성이 있는 신식민주의적 지위를 획득하게 되었다. 일본이 다시 말해 다른 아시아 국가들을 경제적으로 성적으로 착취할 수 있는 체계를 재수립하는 계기가 되었으며 다른 아시아인들을 무시하는 태도를 유지할 수 있었다. 즉, 미국의 일본점령은 전후 일본이 아시아에서 신식민주의를 확립하는 건설의 장이 되었다.

1945년 8월 15일은 일본인들에게 하이센(패전)이라는 의미로 받아들여지기보다는 일본인 대부분이 그날을 부를 때 쓰는 슈센(전쟁 종식)으로 받아들여지고 있다. 그리고 이날은 일본인들에게 미국이 일본을 점령한 날로도 기억되며 지도층 엘리트들이 일본여성을 승리자들에게 선물로 바친 행위를 통해 이런 점령 사실을 보여 준 날이기도 했다. 일본사회에서 전식민주의의 주체였던 일본 관료들이 자신들의 권력을 유지하고,

---

65 "일본의 신용이 문제로 떠오르자 …… 1951년 미국과 영국 양국에서 트루먼의 특별대사 덜레스(John Foster Dulles)는 미국과 영국이 다른 아시아인들에게 일본이 품고 있는 우월한 감정을 최대로 이용해 일본의 충성심을 확인하는 데 모든 노력을 다 해야 한다고 제안한다. …… (덜레스는 다음과 같이 주장했다.) 일본인들은 앵글로색슨(백인)과 함께 어울리면서 느끼게 되는 '사회적 특권'에 매료될 것이다. …… 덜 발달된 아시아 민중들과 함께 어울리기보다는". Dower(1986, 311).

미국과의 관계, 전식민지와의 관계를 맺는 데 일본여성의 성이 이용되었다. 일본여성의 성적 통제는 전략적으로 종속적 위치에 있는 일본 정부가 자국의 정치적·경제적·군사적 이익을 추구하는 장을 마련해 주었다. 일본을 대상으로 한 미국의 신식민주의는 미국과 일본 간에 식민지적 이원성을 유지하고 동시에 일본의 전식민주의적 위계질서를 재구성하는 양국의 쌍무적 절차였다.

일본에서 미국이 취한 지배형태는 '점령'으로 불렸다. 점령은 패전 후 이루어진 적절한 결과로 인식되었고 일본을 민주화시키려는 열망으로 보였다. 이 용어는 지배의 속성을 모호하게 만들고 미국의 존재를 유럽식 식민주의 지배와 구별하기 위해 사용되었다. 그러나 미국의 일본 '점령' 또한 몇몇 유럽식 식민주의 관례를 재현했다. 일본여성을 대상으로 한 미국의 성정치학은 유럽이 행했던 관례와 거의 동일하다. 그러나 이렇게 매우 유사한 성정치학을 검토해 보면, 미국만이 행했던 새롭고 혼종적인 식민주의 형태를 찾아볼 수 있다. 이런 형태는 국가의 민주적이고 친경제적인 정책 아래 전술적으로 감추어져 있었으며, 이런 정책들은 소련과의 경쟁에서 일본을 냉전시대의 충성스런 동맹국으로 만들려는 의도와 결부되었다. 일본여성을 대상으로 두 국가가 공동으로 행한 성정치학의 속성에서 보여진 미국의 신식민주의 구조에 일본은 의도적으로 종속되었는데 이는 일본 자국의 이익에 부합했기 때문이었다. 그러므로 미국의 신식민주의는 표면에 드러나지 않았다. 이 점이 바로 일본에서만 행한 뚜렷하게 다른 미국의 신식민주의이며 일본정부와 **함께** 혁신적으로 조성한 것이었다.

일본여성을 대상으로 한 미국의 신식민주의

일본에 대한 미국의 신식민주의적 의도를 표면상 성공적으로 은폐했음에도 두 국가 간 신식민주의적 관계는 일본여성을 대하는 백인 미군들의 사고방식과 태도 속에 분명하게 반영되어 있었다. 즉, 팬-팬 걸스에게 매일 행한 그들의 성적 정복과 '점령'에 반영되어 있었다.[66] 남성 정복자와 정복당한 여성 간에 존재하는 권력의 불균형은 명확했다. 이런 권력의 불균형은 일본의 패전과 미군의 물질적·경제적 우위 때문에 형성된 것만이 아니라 '타자'라는 개념에 기반해 형성된 것이기도 했다. 독일여성과는 달리 일본여성은 백인 미군들에게 거의 모든 면에서 타자였다. 젠더, 인종 및 계급 면에서 타자이고 서양인이 아니며 유대 그리스도교가 아니며, 끝으로 이전에 적이었던 사람들이었다. 이런 타자성은 백인 미군 병사들의 성매매에 이용당하고 지배당한 일본여성을 대상으로 하는 백인 미국 이성애자 남성 정복자의 권력 행사를 촉진시켰다.

『뉴욕타임즈』는 "오직 가짜 게이샤들만이 도쿄에서 미군을 접대한다", 그리고 게이샤 걸스는 "(미군의) 작은 사기꾼"들이라고 보도했다.[67] 미군들은 게이샤 여성의 진위 여부에는 관심이 없었는데 그것은 게이샤 여성을 향한 미군의 열망은 미국남성 지배자가 이국적이고 작은 갈색 피부의 여성에게 품고 있는 페티시(성적 집착)의 식민주의적인 환상을 나

---

66 정보가 부족한 이유로 일본에 배치된 아프리카계 미군들은 이번 논의에서 제외한다.

67 "Only Fake Geisha Entertain GIS in Tokyo: Police Reveal Old Houses Are Still Closed", *New York Times*, 1945. 10. 28. p. 2.

〈사진 2. 2〉 요코스카에 위치한 미군기지 내 일본여성과 미 해병(1947). Courtesy Shoten Watasei.

타내는 것이었기 때문이다. 일본 신문들은 몇몇 미군들이 이런 여성들을 '키이로이 벤조'(노란 공중화장실)로 부른다고 보도했다. 일본여성을 대하는 미군의 태도는 전쟁 당시 그들이 품었던 인종적 적대감을 반영하고 있을 뿐만 아니라 '조금 더 손쉽게 구할 수 있는 성적 대상으로' 여겨진 일본 본국 여성들을 대하는 식민주의적인 태도의 특징도 드러냈다.[68]

성매매 금지에 대한 논의는 있었지만, 미 점령군이 조치를 취한 적은 없었다. 백인 남성과 갈색피부의 여성 간에 이뤄지는 성관계를 유럽식 삶의 방식을 위협하는 존재로 여긴 유럽의 식민주의 관료들과는 다르게, 일본에 주둔한 미 점령당국은 일본 성매매여성들와의 성관계를 장

---

68 식민적 태도에 대한 특징과 관련된 논의를 보려면, K. Moon(1998, 167) 참고.

"Maybe short, American—just right, Japanese!"

〈그림 2.3〉 베이비상: 일본여성에 대해 미군 해병이 갖고 있던 이미지(1953). Courtesy William S. Hume Estate.

려했고 심지어 동거나 첩의 관계도 권장했다(Spickard 1989, 132). 특수위 안소라는 '동양의 전통'을 이용하는 것은 미국의 삶의 방식을 반영하지 못한다는 점에서 비난받았지만 미군과 팬-팬 걸스 간에 이루어지는 성매매 행위는 개인의 선택권으로 널리 받아들여졌다. 대부분의 여성들에게 삶의 선택권이 없다는 것을 미 점령 당국이 충분히 알고 있었음에도 불구하고 이런 성매매 행태는 자본주의에 근간을 둔 미국 민주주의의 수사법과 편리하게 맞아떨어졌다. 더욱이 미국군대는 이 여성들의 성병을 통제하기 위해 엄격한 제도 시행을 강요했었다.

성매매 장려는 또한 미군과 일본여성 간의 결혼을 막거나 예방하는 데 도움이 됐다. 심지어 '깨끗한' 여성이어도 법에 따라 (1924년 「배제법」 Exclusion Act은 여전히 유효했다) 인종적 측면에서 미국 이민에 부적합했다

(Spickard 1989, 132). 일본여성을 무차별적으로 집합시킨 행위는 또 다른 식민지적 행태를 나타냈다. 미 점령 당국은 모든 일본인들이 도덕심이 미약하며 퇴폐적이라고 여겼기에 일본여성들을 잠재적 성병 보균자로 보았다.[69] 일본여성들을 무차별적으로 집합시키는 행위는 강력한 대외 선전이 되었는데, 이를 통해 미군들은 일본여성이 부인감으로는 적절하지 않다는 생각을 하게 되었다. 일본에 대한 미국의 신식민주의적 지배는 일본여성의 몸과 성에 대한 지배이기도 했다.

성정치학과 '민주의의의 작업장'에 대한 재검토

점령지인 일본에서 미군이 시행했던 성매매 정책 문제는 학자들이 '민주주의의 작업장'으로 널리 알려졌던 미국 점령에 대한 해석을 재평가하도록 촉진시켰다. 이 과정에서 학자들은 미군이 점령한 다른 지역(유럽과 일본의 식민지를 포함하는)에서 성관계가 어떻게 통제되었는지 조사했다. 식민 지배를 당한 사람들의 성을 통제하는 것이 식민통치에 매우 중요한 요소이며 식민지배의 특권과 경계를 정의하고 관리하는 데 핵심적이라는 것을 이 학자들의 연구는 보여 준다(Chaudhuri and Strobel 1992, 12; Stoler 1992, 339). 이런 접근방식에 크게 영향을 받은 고이카리 미레Koikari Mire(1999, 316, 329)는 일본여성을 대상으로 한미 점령군의 성정치와 원주민 여성들을 대상으로 한 유럽 식민국가의 성정치 간에 존재하는 현저

---

69 K. Moon(1998, 167)은 한국여성을 대상으로 한 무차별적 집결이 미국 신식민주의를 드러낸다고 주장한다. 그것은 미국이 모든 한국여성들을 기본적으로 성매매여성으로 간주했기 때문이다.

한 유사점이 일본에 대한 미국 점령이 신식민주의 과정의 한 형태라는 것을 폭로하고 있다고 주장한다. 후지메 유키Fujime Yuki(1999, 121; 2006)는 다른 제국주의 군대처럼 외국을 침략하고 점령한 미국군대(과거나 지금이나 같음)가 그 나라의 경제기반을 무너뜨리고 막대한 물질적 권력을 이용해 점령지 여성들을 성매매굴로 몰아넣는다고 주장한다. 본질적으로 후지메는 미군에 의해 야기된 성매매를 힘과 자본을 이용한 강간으로 간주한다. 미국의 일본 점령이 갖는 식민주의적이며 제국주의적인 본질에 대한 연구는 오래전부터 있어 왔다(이런 연구는 좌파학자들만의 전유물로 소외되어 왔다). 미국의 일본점령에 대해 해석할 때 이 학자들은 성정치학의 두드러짐을 강조한다.

일본은 전식민권력이었다가 이후 신식민주의 국가로 변모했다. 미국이 점령한 일본에서 행한 성정치학을 연구할 때 유럽식 식민지 관례와의 유사성과 연관성도 함께 살펴보면서 중요한 차이점 하나를 발견하게 된다. 코이카리는 식민 주체와 식민 대상 간의 양자 대립에 관해 연구하는 방식으로 이런 차이점을 풀어낸다. 그녀는 유럽의 식민지 상황과는 대조적으로 이 양자 간의 대립은 미국에 의해 신식민지화된 일본 영토에서 때론 유동적으로 때론 논쟁적 형태로 나타났다고 주장한다. 그녀의 이런 주장은 일본이 전식민주체 권력이었으며 협상과 교묘한 조작에 능하다는 사실에 기반을 두고 있다(Koikari 1999, 316, 329).

그러나 유럽 식민주의에서 행해졌던 성정치학의 틀 안에서 미군의 일본 점령을 연구하는 방식은 딜레마에 봉착하게 된다. 첫째로 많은 학자들은 미국과의 권력관계에서만 일본이 신식민화되었다고 묘사하면서 일본에 대한 미국의 점령을 두 국가의 운영으로 바라보는 경향이 있다.

'신식민지화된 일본' 안에서 미군을 대상으로 한 성매매에 대한 분석을 더욱 복잡하게 만드는 것은 이 성매매가 강제로 부과되거나 연합군 본부 단독으로 경영되었던 게 아니라는 사실이다. 일본여성을 성적으로 착취한 이 체계는 무엇보다도 일본 정부에 의해 조직되었다. 이 체계는 일본 정부가 미 점령군을 위해 특별하게 준비하고 국가적으로 지원한 성매매 형태로서 이후에 나타난 조직적인 미군 성매매의 초석이 되었다. 즉, 일본정부는 일본여성의 성을 착취하는 데 있어 그저 부차적인 결정권자가 아니라 적극적으로 나섰던 주된 장본인이었다. 이 부분에 대해 계속해서 연구를 진행해 갈수록, 성정치학이 일본의 식민주의 성정치학과 뿌리 깊은 연관이 있으며 지속되고 있다는 것을 발견할 수 있다.

두번째로 점령지 일본에서 미군 성매매의 역사를 조사한 기존 연구들은 정책과 일본여성을 대하는 태도에 초점을 둔 문서와 주류적 역사 연구법에 크게 기대어 쓰였다. 미군기지 주변에 거주했던 기자들과 작가들은 여성의 경험과 목소리를 바깥 세상에 드러나게 한 최초의 개척자들이다. 이 작가들이 여성을 단순 피해자로 묘사한 것은 물론 환원주의적이며 문제가 있지만, 여성을 단순히 비도덕적이고 수치스러운 대상으로 바라볼 때, 이런 방식으로 여성들을 묘사했다는 것은 혁신적인 변화로 간주될 수 있다. 더욱 중요한 것은 피해자로서 여성 당사자들이 자신들을 인식하고 권리를 주장하게 되면서 그들을 착취했던 국가와 그들을 비난했던 국민들에게 문제를 제기하는 에이전시의 한 주체가 되었다는 것이다.[70] 팬-팬 걸스의 경우 피해자로서 그들의 이미지는 일본남성성에

---

70 피해자로서 '위안부' 여성들의 에이전시에 대한 활동관련 논의를 보려면 Mitsui(2006) 참조.

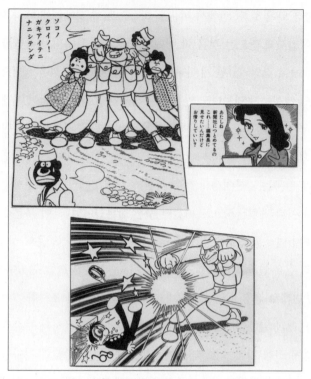

〈그림 2.4〉 데즈카 오사무(Tezuka Osamu) 작가의 유명한 일본 만화(1975). 데즈카 프로덕션의 허가를 받아 게재.
ⓒTezuka Productions.

기여하는 꼴이 되는 더욱 복잡한 상황을 보였다. 이는 일본남성보다 미
국 정복자들에게 더 매력적으로 끌리는 여성들은 일본여성들이 아니라
는 편리한 상황을 만들어 냈기 때문이다.

　　나는 이 장을 최근 연구자들이 마주하는 문제점에 대해 해결점을 제
시하고자 썼다. 필자는 또한 일본에서 행해지고 있는 미국의 신식민주의
가 한 차원 더 복잡한 권력관계 속에 내포되어 있다는 것을 증명하고자
했다. 즉, 소비에트 연방과 일본의 전식민지와의 관계성을 드러내는 방
식으로 말이다. 미국의 신식민주의의 시작은 미국과 일본의 양자 합의에

의해 진행된 절차이다. 필자는 또한 팬-팬 걸스의 복잡한 존재성과 그들의 에이전시 또한 이런 복잡한 관계성의 일부라고 주장한다.

결론

정복자와 피정복자로서 미국의 일본점령 결과는 일본여성의 성을 통제하는 방식으로 드러났다. 사실상 미국과 일본정부 양측의 관점에서 이 여성들은 미 점령군을 유지하는 데 중심적인 요소였다. 미국의 경우 재화로서 일본여성의 성을 통제하는 것은 2차세계대전 종식 후 소비에트연방 공산주의와 다르게 민주주의를 추구한다는 수사적 표현 아래 일본에 신식민주의적인 지배를 구축하려는 속내를 감추고 동아시아에서 헤게모니를 설립하는 데 주요한 역할을 했다. 일본의 신식민주의화된 관료들의 입장에서 여성의 성을 통제하는 것은 전후 일본사회에서 자신들의 지배를 유지할 수 있는 기제로 작용했고 미국에 종속화된 상황에서 새로운 형태의 경제적·정치적·군사적 발전을 도모할 수 있었다. 일본 정부가 여성의 성을 통제한 것은 미국의 신식민주의적인 통치 아래 여성을 민족주의적 틀 안에 가둬 놓은 것뿐만 아니라 일본의 신식민주의적 프로젝트의 일환이기도 하였다. 점령지 일본에서 행해진 미군 성매매 제도는 두 국가의 합작품이며 미국의 신식민주의와 그에 발맞춰 함께 이루어진 일본의 신식민주의 과정 중 하나였다.

팬-팬 걸스는 일본에서 이루어진 백인 중심의 미국 신식민주의적인 지배의 압축된 형태를 잘 나타내고 있다. 이는 정복자의 성적 폭력을 수반하며 일본의 젠더, 계급 그리고 인종적으로 억압된 체계 안에서 수행되었다. 그러나 팬-팬 걸스는 단순하게 주어진 권력구조에 편입되지 않았다. 그녀들이 어떤 연유로 성매매에 가담했느냐와는 관계없이 많은 팬-팬 걸스가 경제적이며 개인적인 이익과 자주성을 획득하기 위해 그들이 할 수 있는 최선을 다해 에이전시의 형태를 행사했다. 이런 점으로 미루어 봤을 때, 필자는 팬-팬 걸스가 육체적·정신적 그리고 은밀한 방법을 통해, 심지어 성관계를 통해서 성정복자와의 관계에 대항하고 전복시키려는 노력을 했다고 생각한다.

이 연구를 통해 필자는 전에 미군이었던 사람들을 많이 알게 되었다. 나는 이들이 일본여성에 비해 압도적으로 우위에 있다고 느끼며 몇몇은 여성들에게 연민을 느끼기도 한다는 사실을 알게 되었다. 예를 들어 예전에 미군이었던 한 나이 든 남자가 필자에게 그의 여자친구를 술집에서 만난 이야기를 했을 때, 시골 출신의 십대 소년이었던 자신을 받아주고, 원하며 사랑해 주는 누군가(꼭 이국적인 일본여성만을 얘기하는 것은 아님)를 만났다는 것에 진심으로 감사해 하는 것처럼 보였다. 몇몇 미군들은 일본여성과의 친밀한 관계를 통해 정복자의 경계선에 대항하는 방식을 배운 듯이 보였다. 필자가 주장하고 있듯이 팬-팬 걸스는 여러 가지 면에서 미국의 일본점령사를 규정짓는 데 역사적인 에이전트였다.

후기: 점령기간 후 일본에서의 미군 성매매

공식적으로 미국의 일본점령이 종식된 것은 1952년이었지만 주일미군의 '점령'은 계속되고 있다. 현재까지 일본에는 세계에서 두번째로 큰 미군기지와 다수의 미군이 존재하며 재정적으로 미국의 방위비를 지불해

주는 최대 기여자이기도 하다.[71] 미군의 존재는 계속 지속되고 있으며 팬-팬 걸스 현상도 지속되고 있다. 일본정부가 1956년 「성매매금지법」을 제정했지만 미군 성매매는 1970년대 중반까지 성행했으며 오키나와에서는 현재까지도 성매매가 계속되고 있다.[72] 1970년대 베트남전쟁으로 경제가 성장한 것에 탄력을 받아, 일본의 생활수준은 급격하게 변모했다. 경제적인 이유로 성매매에 종사했던 많은 일본여성들이 성매매를 그만두기 시작했다. 더욱 중요한 것은 일본여성들의 새로운 경제적 지위는 성적인 재화로서 그들의 가치를 올라가게 만들었고 미군이 구매하기엔 너무 많은 비용이 들었다. 동시에 일본여성들과의 데이트가 가능해졌고 이는 미군들의 입장에서 시간을 더 들여야 한다는 의미가 되었다(교제를 하게 되면 성관계를 갖기까지 시간이 더 소모된다는 의미이다).

　　미국과 일본의 신식민주의적인 권력이 형성된 장소로서 미국이 점령했던 일본은 미군 성매매가 어떻게 행해지고 있는지 계속해서 드러내고 있다. 경제적으로 힘든 아시아 국가 출신의 여성들이 억압적인 방식으로 일본에 들어와 미군과 일본 성산업에서 일하고 있다. 1980년대 중

---

71 일본은 1952년 방위조약에 따라 일본 내 미군유지 비용의 대부분을 지불할 의무가 있다. 2002년 일본은 미화 약 44억 달러를 부담했다. 미군의 규모가 축소되었음에도 불구하고 미군이 점령하고 있는 지역은 전체 127,810에이커(517,228,719㎡)에 달한다. 그리고 일본에 주둔하고 있는 미군의 수는 (민간군속을 포함해) 2006년 기준 41,455명에 (이 중 해안가 주변에 주둔하고 있는 인원은 36,960명이다) 달한다. U.S. Department of Defense, "Base Structure Report", 회계연도 2006 기준(http://www.defenselink.mil/pubs/BSR_2006_Baseline.pdf. 2007년 10월 접속); Ibid., 「2004 공동방위에 대한 동맹국 분담금에 관한 통계 개요서」(http://www.defenselink.mil/pubs/allied_contribe2004/allied2004.pdf. 2007년 10월 접속); U.S. Forces, Japan, Brochure, 2006년 10월, http://www.usfj.mil/(2007년 10월 접속).

72 「성매매금지법」은 성매매여성들을 범죄자로 취급했으며 이들이 성적 착취에 더욱 취약한 위치에 놓이게 만들었다. Fujime(1991, 21).

반까지 필리핀, 한국, 중국 그리고 태국 (소비에트 연방의 몰락 이후 러시아여성들도 합류했다) 여성들은 '마사지 걸스'로 불리면서 팬-팬 걸스를 대신하기 시작했다. 미국 해군 전함 키티 호크Kitty Hawk에 승선했던 한 해군은 최근 다음과 같이 말했다. "해군들이 요코스카에 도착하면 그들에게 '마사지를 받는 것'통과의례 같은 것이었다. …… 젊은 남성들이 이곳에 오게 되면 …… 색다른 실험 같은 것이어서 해봐야 되는 것이었다. 미국과는 다른 곳이었으니까."[73] 백인 중심의 미국 헤게모니, 미군들에게 통과의례적인 것, 일본정부 내에 전식민주의 관료들의 후손들이 계속해서 지배를 이어가고 있는 것, 야마토 우월주의 그리고 신식민주의적인 일본 여성에 대한 존경심, 이 모든 상황들이 미국과 일본 사이에 유지되는 군 성매매 제도 내에 들어온 새로운 '타민족' 여성의 성을 소비하면서 지속되고 있다.

---

73 Allinson Batdorff and Hana Kusumoto, "Despite ban: Yokosuka sex trade flourishes", *Stars and Stripes Pacific edition*, 2006. 10. 22, 온라인에서 확인 가능(http://www.stripesonline.com, 2007년 6월 접속). '마사지'(massagy) 가격(성접대를 뜻하며 여성의 손 또는 입을 사용하여 사정을 하도록 하거나 성관계를 갖는 등 형태는 다양하다)은 30달러에서 150달러다.

3장

'누구도 대천사 위에 그려진 병장의 계급장에 핀을 꽂을 순 없다'

독일에서의 군인생활, 성 그리고 미군 정책

마리아 혼

2차세계대전 이후, 강력한 두 개의 지배서사가 독일인들의 군사적 패배에 대한 일반적인 기억을 지배하게 되었다. 그리고 독일의 '결전의 시간'에 대한 이런 기억들은 전쟁 종식이 얼마나 성적이며, 젠더적이고 인종차별적이었는지 그리고 수치스러웠던 점령의 세월을 어떻게 경험했는지에 대해 폭로하고 있다. 이 서사들은 또한 두 개의 독일국가가 유지했던 냉전시대 동맹에 대한 강력한 은유적 표현으로 떠오른다.[1] 하나의 서사는 침입한 소련 군대가 독일여성들을 집단적으로 강간한 것에 초점을 맞추고 있다. 소련 군대는 독일인들이 소련 민간인들에게 저지른 끔찍한 범죄에 대한 보복으로 강간을 자행했다. 많은 독일인들에게 수백

---

1 프랑스군과 독일여성들의 관계는 제한적으로 이루어졌다. 그것은 프랑스인들은 군인 가족을 데려올 수 있도록 했으며 미혼 군인들을 위해서 (백인과 식민지 군인들이 따로 구분해서 사용하는) 매음굴을 제공했기 때문이다. 영국군대는 자국 군인들을 위해 매음굴을 제공하지는 않았지만 여러 가지 이유로 매우 제한적인 상황에서 독일여성과의 로맨틱한 관계가 생겨났다. 더욱 엄격한 군기, 런던 공습에 대한 기억, 그리고 영국군인들이 상대적으로 빈곤했던 점 (미군과 비교했을 때)이 여성들과 관계를 맺는 데 많은 제약이 되었다.

수천 명의 독일여성들을 강간한 행위는 '인간 이하인 슬라브인들'과 러시아가 '아시아의 무리'라는 나치의 인종차별적인 비판을 확인시켜 주는 계기가 되었다.[2] 이와는 대조적으로 독일 영토를 점령한 미군에 대해 일반 대중은 널리 행해지고 있던 독일여성과 미군의 관계를 친근하게 기억했다. 이런 관계는 종종 음식, 사탕 또는 담배를 얻기 위해 이루어졌다. 60년이 넘는 세월 동안 미국과 군대 및 정치적 동맹국으로서 관계를 지속해 온 것에 대해 경축하는 표지들은 종종 이 여성들을 미국인과의 우정을 연결해 준 미약하지만 첫 연결고리로 묘사하곤 한다.[3] 그러나 수년간의 점령기간 동안 이 여성들은 아버지의 나라와 독일 군인을 배신한 **미국 애인** 또는 **미국 매춘부**라 불리며 매도되어 왔다. 이 두 서사 속에서—소련 군인들이 저지른 강간과 미군(백인 및 흑인)이 유혹한 여성들—독일여성들은 **실패한 존재**로 묘사되었다. 씁쓸한 점령 세월 동안 가장 많이 회자되었던 특히 여성혐오적인 농담은 다음과 같이 애통해하는 감정을 담고 있는 것이었다. "독일여성은 고작 5분을 싸운 반면, 독일남성은 6년 동안 싸웠다"(White 1947, 149).[4]

미군 점령지역에서 마치 '모두에게 공짜'인 것같이 미군들이 독일여

2 러시아 지역 전공 역사학자들이 보여 주듯이, 약 100만 명의 독일여성들이 레드아미[공산군, 즉 소련군]가 독일로 진격해 올 때 그리고 베를린 함락 직후 수주 동안 강간을 당했다. 1947년 중반, 소련 군당국은 사병들을 통제가 엄격한 시설로 옮겼다. 그리고 1948년까지 이들이 동독사회와 접촉하지 못하도록 효과적으로 차단했다. 군대를 민간인들과 이렇듯 엄격하게 분리한 것은 공산주의가 붕괴된 후 소련군이 철수할 때까지 규범으로 자리 잡혀 있었다. 2차세계대전이후 강간사건에 대해 보려면 Grossmann(1995, 43~63); Naimark(1995, 116~121); Timm(1998, 174~215) 참조. 강간과 관련된 여성들의 서술을 보려면 익명(1959) 참조.
3 본(Bonn) 연방공화국의 역사박물관 전시관(1990년 통일 전 본이 독일의 수도였을 때 세워짐)은 미군과 독일여성이 팔짱을 끼고 그들이 들어서는 것을 환영하는 철벽에 새겨져 있는 이미지를 보여 준다. 독일 결전의 시간과 젠더관계에 대한 탁월한 논의를 보려면 Heinemann(1996) 참조.

성들과 성관계를 맺는 것이 만연해졌다. 이런 상황은 독일의 군사 점령을 준비하는 동안 워싱턴에 있는 군사기획자들이 염두에 두지 못한 것이었다. 사실상 군사기획자는 독일여성과의 교제를 엄격하게 금지하는 정책을 생각하고 있었다. 그러나 현지에 배치되어 있는 군 사령관들은 이 정책을 실행할 수 없었다. 그들 중 대부분은 자신들의 군대와 독일여성 사이에 이루어지고 있는 다양한 성적 접촉을 막고 싶어 하지 않았다. 성매매를 조장하거나 부추기는 것을 엄격하게 금지하고 있는 미 육군성의 정책에도 불구하고 군사령관들은 군인들이 성적 파트너를 갖게끔 적극적으로 부추겼다. 독일여성과 미군의 관계가 만연해지면서 야기된 성병을 억제하려는 군대의 노력에 대한 논의는 전후 독일의 젠더 규범이 어느 정도로 이런 조치에 영향을 받았는지 보여 주고 있다. 아프리카계 미군 병사와 독일여성 간에 이루어지는 애정관계나 성관계를 대하는 군대의 문제 있는 인종 분리와 정책 또한 미국식의 인종차별적인 경계를 미군기지와 근접해 있는 독일 공동체에 유입시켰다.

---

4 강간을 당한 여성들은 독일인들에게 다소간의 동정을 받았다. 그러나 다른 다수의 독일인들은 또한 여성들이 강간범들에게 힘껏 대항했는지 의구심을 품거나 '도덕심이 약한' 여성들이 소련병사들에게 당했을지 모른다고 생각했다. Heinemann(1996). "Worüber kaum gesprochen wurde: Frauen und alliierte Solaten", exhibition catalogue, Heimatmuseum Berlin-Charlottenburg, pp. 20, 27.

친교 금지의 실패

전시에 미군 당국은 전쟁이 종식된 후 독일인과 미 점령군 사이의 관계가 어떤 형태로 맺어져야 할지에 대해 논의했다. 1944년 4월 미 육군의 군사정보서비스 섹션G-2 Section은 친교를 엄하게 금지하는 정책을 제안했었다. 이를 효과적으로 실행하기 위해, 독일 민간 숙소에 군인들을 보내는 것이 금지되었고, 점령군과 점령인들 간에 발생할 수 있는 친분 형성을 막기 위해 부대는 점령지 내에서 자주 이동 배치되었다. 독일인과 접촉할 수 있는 방법은 모두 차단되었다. 미군들은 독일인과의 대화를 나누는 것이 금지되었으며, 심지어 어떤 독일인과도 악수해서는 안 되었다. 이 통계는 1944년 4월 말 공식적으로 정책화되었으며 점령군 명령 JCS 1067에 통합되었다. 점령군 명령 JCS는 점령기간 동안 미국이 취했던 정책들에 관한 것이다.[5]

　　미군 장교들은 또한 독일여성과의 성관계를 물색하는 미군을 막기 위한 방법에 대해서도 논의했는데 그 이유는 이런 성관계가 친교 정책 전부를 위험에 빠트릴 수 있기 때문이었다. 그러나 미 육군성은 미군의 감독 아래 독일에 성매매 지역을 조성하는 것에는 반대했다. 미 육군성은 "군대가 야영을 하거나 지나갈 수 있는 모든 지역에 어떤 형태의 성매매도 금지"한다고 명령했다. 미 육군성은 특히 군 사령관들이 "직접적이든 또는 간접적이든 성매매를 장려"하는 행위를 금지했으며 "사창가

---

5 "Handbook for Unit Commanders(Germany)", 1944, AMHI, pp.57~62. 친교금지의 발달 및 종말에 대한 자세한 논의를 보려면 Kleinschmidt(1997, 35~39, 67) 참고.

또는 이와 유사한 시설을 세우거나 유지하는 것에 협조하거나 장려하는 행위"도 금지하고 있었다. 군 의무관들은 성매매에 반대하는 육군성의 정책에 동의했다. 그것은 의무관들은 "성매매가 공중위생과 건강에 해로우며 군의 도덕성과 사기를 해친다"고 믿고 있었기 때문이었다.[6] 이 정책을 바탕으로 군대는 1941년 「5월 법」May Laws을 이끌었다. 이 법은 미국 내 위치한 기지 주변에 성매매 시설 설립을 연방법 위반으로 규정하고 있다.

성매매와 관련된 미 육군성의 정책은 유럽의 모든 작전권역에 적용되었다. 그러나 1944년 6월 6일 노르망디 상륙작전 후 프랑스에 진격한 군대들의 행위에서도 알 수 있듯이, 현장에 배치된 사령관들이 반드시 항상 워싱턴에 있는 상관들의 명령을 따르는 것은 아니었다. 육군성이 **공식적으로** 성매매를 억제하는 정책을 시행한 사실 유무를 떠나 이 정책의 시행은 사령관 개인의 태도에 더 크게 좌우되었다. 군사령관들이 일반적으로 육군성 정책을 어떤 연유로 어떻게 어겼는지에 대해 보고하지 않는 경우가 있었기 때문에 군 기록보다는 정보통에 의해 이런 사실을 알아내는 것이 더 효과적이었다.[7] 이런 기록들은 독일로 군대가 진격했던 기간 그리고 그후 독일 점령 기간 동안에 군 사령관들이 성매매에 대해 못 본 척한 것뿐만 아니라 적극적으로 군인들이 여성 파트너를 만날

---

6 매음굴 신설을 제안한 G-2 메모는 Kleinschmidt(1997, 36)에 인용되어 있음. Circular no. 49, HQ ETO(European Theater of Operation), 1944. 5. 2. 그리고 "Preventive Medicine Division OofdCSurg, HQ ETOUSA, Annual Report, 1944". 출처인 두 개의 인용문이 Cosmas and Cowdrey(1992, 173)에서 인용되었다. 독일 주둔 특수지침서를 보려면, Geis and Gray(1951, 35).
7 육군 사학부가 만든 군 보고서 및 역사기록 외에, 필자는 회고록, 참가자의 관찰보고서, 점령과 관련한 신문기사와 그 당시 제작된 인기 영화를 자료로 사용했다.

수 있는 기회를 만들었다는 것을 보여 주었다. 이런 기회에는 성매매도 포함된다. 미군은 성매매 통제에만 적극적으로 나선 것이 아니라 미국식의 인종과 관련된 규칙도 강조했었다. 예를 들어 흑인과 백인 군인들이 이용하는 성매매 시설을 인종별로 분리해서 프랑스 셰부르에 세웠다. 또한 "헌병을 이런 시설의 문앞에 세워 줄을 제대로 설 수 있도록 감시했었다". 파리가 해방된 후 한 구역의 헌병사령관은 그 지역에서 독일군 Wehrmacht을 접대했던 성매매 시설을 샅샅이 뒤졌고 그가 속한 군대의 장교들 및 백인 병사 그리고 흑인 병사들을 접대하기 위한 성매매여성들을 각각 다른 그룹으로 나누었다(Cosmas and Cowdrey 1992, 540~541).[8] 군사령관들은 육군성의 공식적인 정책에 이런 방식으로 불복했다. 이는 사령관들이 성관계를 "필요한 유흥이며 전투를 치른 남성이 당연히 받아야 하는 대접"으로 간주했기 때문이며 그래서 "통제된 성매매의 방식으로 성관계를 제공하려고 노력했다"(Cosmas and Cowdrey 1992, 540~541).

미군이 독일에 진출했을 때 군인들에게 당연히 성관계가 필요하다는 사령관들의 생각은 근본적으로 변할 기미가 없었다.[9] 그러나 사령관

---

8 미국 영토 밖에서 미군이 공식적인 육군성 정책을 의도적으로 위반하려 한 것은 매우 눈여겨볼만하다. 고찰이 엿보이는 Kramer(2006)의 글에 따르면 미서전쟁 당시 필리핀에서 이런 행위를 했었다고 한다. 2차세계대전 당시 하와이에 적용한 미국 정책을 이런 행위의 일환이라고 주장하고 있다. Bailey and Farber(1994).

9 패전한 독일인들과 어떤 접촉도 하지 말라는 연방정부의 엄격한 명령에도 불구하고, 친교는 미군이 독일 영토로 들어선 순간부터 광범위하게 이뤄졌다. 군 장성들은 자신들의 명령을 따르게 하는 데 실패했고 부분적으로 친교에 대해 수긍하기 시작했다. 1945년 6월 10세 미만의 아동들은 친교금지 정책에서 제외된다. 군을 통제하지 못하는 육군 사령관들의 무능력은 독일인들 눈에 점령군 당국의 위신이 크게 손상시키는 것이기 때문에 1945년 10월 1일까지 「친교금지법」제재가 계속해서 느슨해졌다. 느슨한 제재에도 불구하고 두 가지 중요한 예외는 계속 남아 있었다. 미국은 여전히 독일인 가족과 함께 군대 숙소에 머물 수 없었으며 독일인 여성과의 결혼도 금지되어 있었다. Kleinschmidt(1997, 133, 166).

들은 독일에서 다른 동맹국인 영국과 프랑스에서는 문제가 되지 않았던 친교를 금지하는 정책을 직면하게 되었다. 호주 출신 종군기자인 화이트 Osmar White는 미군이 독일로 진격할 당시 제3사단과 같이 이동하면서 현장에 있는 사령관들의 태도가 워싱턴에 있는 정책입안자들과 얼마나 상충되는지 많이 목격했었다. 사단의 한 고위급 장교는 친교를 전면적으로 금지하는 것이 그저 우스울 뿐이라고 말하며 거리낌 없이 다음과 같이 말했다. "아마 이 친교금지법은 전 세계 역사상 처음 있는 일인 게 분명하다. 군인들 자신들이 정복한 나라의 여성을 이용하지 못하도록 별 노력들을 다 기울이고 있다". 한 유명한 군 사령관은 회의 중 다음과 같은 농담을 통해 비슷한 속내를 드러냈다. "대화를 나누지 않고 성행위를 하는 것은 친교의 범위에 들어가지 않는다"(White 1996, 98).[10] 이런 고위급 장교들에게 '친교'는 군인들 자신이 정복한 나라에서 그곳 여성들과 성관계를 가질 당연한 권리라고 우선적으로 이해되었고, 이들은 이것이 승리를 이끈 전사들의 특권이라고 여기고 있었다.

수하에 있는 군인들이 가지고 있는 '성욕'에 대한 대다수 군 사령관들의 태도는 그 당시 사용했던 다음의 표현들이 아마 가장 잘 반영하고 있을 것이다. "군대는 보이 스카우트 캠프가 아니다." "누구도 대천사 위에 그려진 병장의 계급장에 핀을 꽂을 순 없다."[11] 독일에서 미군의 점령

---

10 불행히도 화이트는 이 사령관들의 이름을 제공하지 않았다.

11 이런 관점은 빌리 와일더(Billy Wilder) 감독의 당시 인기 있었던 영화 「타국에서의 정사」(A foreign Affair, 1948)에서 잘 드러난다. 이 영화는 독일에서 미 점령군들이 벌이고 있는 성 착취에 대해 묘사하고 있다. 오스트리아 출신 유태인 난민인 와일더 감독은 독일에 파병된 미군 중 하나였다. 그래서 이런 상황에 대한 내부자로서의 관점을 보유하고 있었다. 이와 같이 군에 대한 유사한 관점을 원한다면, "angels rightfully belong in heaven". Brandt(1985, 164).

을 지켜본 사람들에 의하면 육군성의 친교금지 정책을 이행하려고 노력한 몇몇 사령관들도 "별로 걱정하지 않았다. 왜냐하면 대부분 이 정책이 무분별하고 이행 불가능한 정책이라고 믿고 있었기 때문이다"(Bach 1946, 74)라고 말했다. 대부분 실용적인 조언에 그쳤는데, 군인들에게 독일여성들과 성행위를 할 때 신중하라던가 콘돔을 휴대하라고 얘기하는 정도였다(Standifer 1997, 17). 성병과 관련된 군 보고서에서 반복적으로 밝히고 있듯이 '군대 규율'은 "항상 콘돔을 사용하고 성병을 예방할 수 있는 약들을 먹으라고 권고하고 있다".[12] 군대가 제공한 콘돔 관련 사항은 다음과 같았다. 전쟁 기간 동안 5,000만 개의 콘돔이 매달 미군들에게 배포되었으며, 전쟁 막바지에 군대는 전장에서 요구하는 콘돔 수요를 맞추는 것이 불가능할 정도였다(Brandt 1985, 164~165).

미군이 독일로 진격한 1944년 9월 이후 미군과 독일여성 간의 연애나 성관계가 일반화되었고 1945년 5월 8일 나치가 포위된 후, 이런 관계는 대중적인 현상이 되었다. 1945년 5월 독일에 배치된 미군의 총인원 수는 160만 명이 되었고 이들의 '성욕'을 해결해 줄 어떤 시설도 없었던 상황을 고려할 때, 이런 관계로의 발전은 그리 놀랍지도 않다. 정확한 수치를 제공하기는 어렵지만 미 육군의 설문조사에 따르면, 1945년 가을 54%의 미군이 주중에 '독일여성들과 이야기를 나눈다'라고 보고했다. 반면 25%의 군인이 적어도 10시간을 독일 '여성'과 '이야기'를 나누는 데 사용한다고 밝혔다. 미군들이 독일 노인이나 자신과 비슷한 나이의 독일남성과 대화를 나눴다는 것을 보고한 경우는 매우 드물었다(Ziemke

---

12 "VD Survey, Armed Force Europe no. 96", 1949. 4. 25, NARA, RG 549, box 2193, 12.

1975, 327). 대부분의 미군들과 독일여성들이 외국어를 하지 못하는 상황을 고려해 볼 때, 대화를 나눴다는 것을 연애나 성관계를 가졌다는 것으로 결론짓는 것은 그리 어렵지 않을 것이다. 미군과 독일여성 간에 맺은 관계는 군 사단 안에서 다양했다(이는 군인들이 도시 가까이에 배치되었는지에 영향을 받았다). 1946년 미 육군의 조사는 군대의 50%에서 90%가 독일여성과 관계를 맺고 있다고 추정하고 있었다. 또한 기혼인 미군 8명당 1명꼴로 독일여성과 안정적인 관계를 맺고 있는 것으로 나타났다(Starr 1947, 98). 미 육군은 또한 장교들이 독일여성과 맺는 관계 비율이 사병들과 비교해 별반 다르지 않음을 보고했다. 1949년 시행된 설문조사는 미 육군이 1946년 시행한 설문결과가 과장된 것이 아님을 확인하고 있다. 독일에 배치되어 있는 기간 동안 87%의 미혼 미군 남성이 성관계를 가진 것으로 보고되었다.[13] 위에서 언급한 사령관들의 태도에 기인한 군인들의 말투 속 친교 또는 '남성들 간의 사교모임'은 독일여성과의 성관계를 의미하는 것, 그 이상도 이하도 아니었다(Bach 1946, 76).

적군을 무찌른 후, 미군과 독일여성 간에 성관계가 이루어진 것에는 몇 가지 이유가 있었다. 가장 큰 이유는 순전히 시민들이 겪은 고통 때문이었다. 외곽에 위치한 독일의 몇몇 시골 지역들은 전쟁의 상흔에서 벗어날 수 있었지만, 독일의 도시들은 상상할 수 없을 만큼 파괴되었으며 연합군이 지나간 길목에 있던 모든 지역은 완전히 파괴되었다. 나치 정권이 무자비하게 그들이 점령했던 지역들을 갈취했기 때문에, 독일인들

---

13 "VD Survey, Armed Force Europe no. 96", 1949. 4. 25, NARA, RG 549, box 2193, 12. 흥미롭게도 동일한 설문조사에서 미혼 미군의 34%가 혼외정사는 잘못된 것이라고 응답했다.

은 전쟁 기간 동안 굶주림을 경험한 적이 없었다. 전쟁의 종식과 함께 이런 상황은 완전히 역전되었다. 나치 정권에서의 해방은 독일인들에게 '굶주림의 시기'가 도래했다는 것을 의미했다. 1,200만 명이나 되는 난민들의 귀국과 나치시대 독일의 동부에서 추방당했던 사람들의 귀국은 이미 불운한 상황을 더욱 악화시키는 꼴이 되었다. 향후 4년간 미국인 지역에서 나온 음식 배급은 충격적으로 적었으며 음식과 난방을 위한 연료도 종종 전혀 구할 수 없었다. 암시장이 성행했고 이런 끔찍한 상황에서 오직 유통 가능한 통화는 미국 담배였었다. 가장 수요가 많았던 인기 품목 중에 하나는 칼로리가 높은 허쉬 캔디바였는데 이는 암시장에서 다른 음식과 쉽게 교환이 가능했기 때문이었다. 미국 '애인'을 가진 덕에 미국 식량을 받을 수 있는 것이 여성들에게는 자신도 먹고 아마도 자녀들도 먹일 수 있는 말 그대로 삶과 죽음의 문제와 연관되어 있었다. 많은 수의 독일인들조차 이 양키-애인Ami-Liebchen들을 잘 봐 줘서 헤픈 여자들이라 부르거나 심지어 창녀라고 부르며 비웃었다. 반면 여성들의 가족은 대체로 참거나 생존을 위해 미군과의 이런 관계를 적극적으로 부추겼다.[14]

전쟁이 종식된 후, 현저하게 드러난 독일의 성비 불균형도 또한 독일여성들이 미군을 돌아다니게 하는 이유의 하나였다. 전쟁에서 350만 명의 독일 군인들이 전사했으며 1945년 920만 명의 독일남성들이 전쟁포로POW가 되었다. 20에서 30대 사이 독일남성 100명당 독일여성 167

---

14 이런 관계를 보여 주는 파스빈더(Rainer Werner Fassbinder) 감독이 만든 독일의 우상 같은 영화 「마리아 브라운의 결혼」(The Marriage of Maria Braun, 1979) 및 전후에 출간된 소설 『출입금지』 (Off Limits), Habe(1957) 참조. 하베는 나치를 피해 망명한 유럽인으로 미 점령군 장교 신분으로 독일에 귀환했다.

명이 존재했다. 30에서 40대 사이의 독일여성들의 상황도 그리 좋지만은 않았다. 독일남성 100명당 151명의 여성 비율을 가지고 있었다. 이런 성비 불균형은 향후 4년 동안 전쟁포로였던 남성들이 풀려나면서 개선될 듯했지만,[15] 완전히 파괴되고 기근에 휩싸인 독일의 상황에서 많은 독일여성들에게 미군병사들이 차지하고 싶은 애인 상대로 남게 되었다.[16] 중요한 것은 1939년 전쟁이 시작된 이래로 자신을 지키기 위해 고군분투했던 많은 여성들이 미군이라는 '이국적인 타인'에게 성적으로 끌렸다는 점이다. 여성들은 미군들의 태평한 행동을 좋아하면서 그들의 건강한 모습, 건강한 치아 그리고 느긋한 태도에 대해 언급하곤 했다. 이는 전쟁에서 패하고 낙담한 독일남성과는 구별되는 모습이었다(White 1947, 149).[17]

---

15 전쟁 말기 무렵, 920만 명에 달하는 독일군들이 전쟁 포로가 되었다. 1945년 말, 440만 명에 달하는 전쟁포로가 독일로 돌아왔다. 1946년 말까지 180만 명에 달하는 이들이 더 석방되었다. 1947년 말 160만 명이 더 석방되었다. 1948년 말 811,000명이 석방되었다. 1949년 말 약 443,000명이 석방되었다. 1950년 말 23,000명이 석방되었다. Meyer and Schulz(1985, 223, 253).

16 일본에 순환배치를 시키거나 미국에서 제대를 시킨 후에도, 약 614,000명의 미군들이 1945년 말 독일에 주둔하고 있었다. 독일 점령을 자연스럽게 유지한다는 것은 곧 군 감축이 1946년에도 계속된다는 의미였다. 그 해 400,000명이 넘는 미군이 미국으로 귀환했다. 1948년까지 고작 90,374명의 군인만이 점령 목적을 달성하기 위해 필요한 것으로 간주되었다. Kleinschmit(1997, 133).

17 미군이 왜 매력적인지에 대한 여성들의 의견을 보려면 Domentat(1998); Scibetta and Shukert(1998); Goedde(2003) 및 이 책 8장 참조.

강간, 로맨스 그리고 성매매

1945년부터 1949년까지 계속된 기근 동안, 많은 독일여성들이 미군들과 사랑에 빠져 결혼을 꿈꾸었다. 이 기간 동안 외도, 난잡한 성행위, 성매매 그리고 강간의 경계가 놀라울 정도로 유동적이었다. 이는 정복자와 지배를 받는 자 간의 권력관계가 너무나 불평등했기 때문이다. 소련이 통치하던 지역과는 달리, 미군이 통치하는 지역에서 강간은 그리 큰 문제가 아니었기 때문에 성관계에 대해 여성이 침묵을 지키는 것을 뭐라고 판단하기란 어려웠다. 특히 독일로 군대들이 진격해 들어올 때, 미 장교들은 소위 강간이 '소용돌이처럼 갑자기 증가'하는 현상을 우려하는 목소리를 냈었다.[18] 제7사단의 육군 법무관은 강간을 범한 군인에 대한 가혹한 처벌 때문에 보고된 많은 강간 사건의 가해자로 미군에게 유죄를 선고하는 것을 꺼렸던 반면,[19] 이 상황이 내포하는 권력관계에 대해

---

18 스타(Joseph Starr 1947, 80~82)는 당국이 '다수의 강간 사건'에 얼마나 놀랐는지 설명하고 있다. 미군 기록에 따르면 1,000명에 달하는 독일여성들이 1945년 봄 진격 중인 미군에게 강간을 당했다고 적고 있다. "미군이 저지르는 강간은 일상적이었고 흔히 폭력이나 위협을 수반하지 않고 이뤄졌다"라는 결론을 보려면 Cosamas and Cowdrey(1992, 584) 참조. 화이트는 독일 제3군과 함께 다녔던 호주 출신 종군기자로서 다음과 같이 썼다 "전투군과 그들을 가까이 따라다니는 이들 사이에 강간에 대한 조건 좋은 거래가 성립되고 있었다. 이런 상황은 사령관들의 태도에 따라 사단마다 다양한 형태로 나타났다." 아프리카계 미군병사들이 '잔인하거나 변태적인 방식으로' 강간을 저지를 경우 이들은 사형을 당했다. 그러나 많은 수의 백인병사들이 잔인하게 독일여성들을 강간했으며 이들은 처벌도 받지 않았다고 화이트는 보도했다. White(1996, 97).

19 유죄로 판결을 받으면, 원고는 사형선고를 받거나 무기징역에 처해졌다. 1945년 7월까지 169명의 병사들이 강간 혐의로 재판에 회부되었으며 29명이 사형에 처해졌다. 그리고 강간하고 여성을 살해한 혐의로 14명이 사형에 처해졌다. 모두 1941년과 1946년 사이 모두 70명의 군인들이 유럽 작전 도중 사형에 처해졌다. 그리고 1950년까지 5명이 더 사형에 처해졌다. Kleinschmit(1997, 104)

서는 환상을 갖고 있었다. 다음과 같은 언급이 이를 잘 보여 준다. "낯선 집으로 한 손에 소총을 들고 들어간 남자가 자신이 여성을 꼬셔서 성관계를 했다고 믿는 것을 정당화할 수 없다"(Ziemke 1975, 220).[20] 그러나 미군이 저지른 강간에 대한 공식적 연구자료에 의하면 판결은 항상 군인들에게 더 관대한 쪽으로 났는데, 정당화시킨 이유는 다음과 같다. 미군들은 모든 유럽 여성들이 도덕적으로 헤프다는 가정을 갖고 있었고, 그 때문에 독일에서 "빈번하게 일어나는 강간사건에 기여하고 있다"는 주장이었다. 보고서는 계속해서 다음과 같이 밝히고 있다. "이런 사건에 연루된 독일여성들은 대개 무장한 침입자들에게 육체적으로 저항할 수 없을 정도로 겁에 질려 있다. …… 군인의 성욕을 받아들이고 따르는 여성들의 이런 모습은 유럽 여성들이 도덕적으로 헤프다고 경멸하는 군인들의 생각을 확인시켜 줄 뿐이었다"(Kleinschmit 1997, 104). 점령을 지켜본 또 다른 목격자인 여성 기자는 심지어 독일여성들을 강간 사건을 일으키게 만드는 실제 악당으로 묘사하기까지 했다. 그녀는 "아이같이" 순수한 미군이 수풀 속으로 "따라 들어갔을 뿐이다". 결론적으로 "만일 그곳에서 강간이 발생했다면, 일어나지도 않을 일이 발생한 것"이라는 말이다(Barden 1950, 165).

특히 독일여성들은 처참하게 가난했고 미군은 생계가 보장되고 부유한 상황이었기에, '진정한' 사랑, 난잡한 성교 그리고 소위 생계를 위한 성매매 사이의 경계를 짓기란 매우 어려웠다. 기반시설이 파괴되고

---

20 Starr(1947, 83)는 3월 402건의 사건을 인용했다. 그러다가 4월 501건, 5월 241건으로 줄었다. 그후 보고되는 강간사건은 한 달에 45건으로 진정 국면에 들어선다.

경제가 완전히 무너진 독일의 상태는 도덕적으로 해이한 이런 상황을 부추기는 꼴밖에는 되지 않았다. 독일 화폐가 무용지물인 상황에서 미군들이 첫번째 데이트에 가지고 나오는 커피 1파운드 또는 (꽃 대신) 비누 한 장을 어떻게 보아야 할까? 1946~1947년 쓰라리게 추웠던 겨울, 미군 애인에게 석탄 네 양동이를 받은 여성에게 누가 돌을 던질 수 있을까? 이런 '선물'이 사랑에서 우러나온 행동일까? 고통을 받고 있는 사람에 대한 자비의 표현일까? 아니면 성관계를 대가로 하는 사업적 교환물일까? 많은 독일인과 미국인들 눈에 미군들에게 이런 물품을 받는 여성들은 현금을 받는 전문적인 성매매여성과 다를 바가 없었다. 1945년 10월까지 친교를 금지하는 정책은 폐지되지 않았으며 미군과 독일여성의 결혼 금지도 1946년 12월까지 지속되었다. 이런 정책은 독일여성과 미군의 관계를 그저 불법적이고 비도덕적으로 보는 많은 견해들을 확인시켜 줄 뿐이었다.

독일의 몇몇 사회복지사들이 '굶주림'이나 '생계'를 위해 성매매로 내몰리고 있는 독일여성들에 대해 선처해 줄 것을 간청했지만, 대다수 독일인과 미국인들은 여성들이 실제로 성을 이용한다는 것에 질겁할 뿐이었다. 독일 정부관계자들은 베를린에서만 1947년 100,000명의 여성들이 '비밀'스럽게 또는 '종종' 성매매에 가담했었다고 밝혔다.[21] (전쟁 전에는 15,000명의 여성만이 성매매여성이었다.) 독일의 가혹한 고통에 대해 자각하고 있으며 점령을 통찰력 있게 지켜본 목격자 중 하나인 파도버Saul Padover는 독일여성들이 '세계에서 가장 쉬운 백인 여성들'이라는 결론을

---

21 이 숫자는 Heineman(1999, 283, n.95)에서 따왔다.

내릴 수밖에 없었다고 말한다(Padover 1946, 263).

초창기에 독일로 군대가 진격해 올 당시, 즉 점령이 본격적으로 이루어지지 않은 기간 동안 미군과 독일여성 간에 관계가 이루어진 많은 경우가 담배 한 줌 또는 식량을 대가로 성관계를 갖는 것이었다. 폭격을 당한 독일의 시내는 이런 식의 관계를 원하는 사람들이 숨기에 아주 좋은 장소들을 제공했다. 군대가 영구적으로 주둔할 수 있는 장소를 찾은 후에는 여성을 '고르는 일'이 좀더 공식적으로 변모했다. 굶주림과 처참한 상황에 처한 독일여성들은 생존을 위해 군인들이 쇼핑하는 곳인 미군 PX 앞이나 배치된 군대 바깥에 모여서 군인들을 기다렸다(Boyle 1963; Habe 1957).[22]

군대가 배치되어 있는 지역 근처에서 군인들을 접대하는 술집이나 클럽에서 독일여성들은 미군을 만날 수 있었다. 친교 금지에도 불구하고, 군 사령관들은 개인 기업가들이 군대에 향락을 제공하기 위한 시설을 개업하도록 허가했다. 군대는 대부분의 휴식 시간을 이런 장소에서 보냈다. 종종 클럽과 술집은 독일 도시의 잔해 사이에 위치했고 폭격을 맞은 어두운 빌딩 안에 있었다. 이런 장소는 대개 미국 음악을 틀었고, '이국적인' 댄서들, 객석쇼 및 미국의 주류를 제공했으며 독일남성들에게는 대개 출입금지 지역이었다.[23] 당연히 이런 시설들은 군대에서와 같이 인종에 따라 엄격하게 분리되어 있었다. 그리고 군인들과 헌병은 이

---

22 Walter Slatoff, "GI Morals in Germany", *Nation*, 1946. 5. 13.
23 이런 장소들은 영화 「타국에서의 정사」와 「마리아 브라운의 결혼」에서 훌륭하게 표현되어 있다. 이런 클럽과 거기서 행해지는 쇼에 대한 다양한 묘사를 보려면 Standifer(1997, 171~173).

인종적 경계를 지키도록 강요했다(Smith 1948; Standifer 1997).[24] 미군들에게 클럽은 독일여성을 만날 수 있는 장소였다. 독일여성들은 그 클럽에서 택시 걸스taxi girls나 종업원으로 고용되어 있었다. 한 군인은 "군대는 성매매나 섹스 쇼를 강력하게 금지하지 않았다"라고 회상한다. 이런 쇼나 성매매는 미군을 접대하는 클럽에서 제공되었다. 이런 장소들을 허가를 내주면서 사령관들은 이 장소를 군인들이 성욕을 풀 수 있는 공간으로 제공했다. 이 경우 성매매 지역을 따로 설립할 필요가 없었다. 그러나 이런 방식의 일처리는 공식적으로 하달된 국방성의 정책—사령관들이 성매매를 장려하거나 지원하는 것을 절대 금한다—을 위반하는 꼴이었다.

점령 기간 동안 존재했던 또 다른 형태의 관계는 소위 쉑업shack-up이라고 불리는 동거관계였다. 이는 19세기 유럽 제국주의 시절 만연했던 첩 제도를 본뜬 것으로 실용성이 강조된 관계였다. 이 관계는 종종 여성을 골라서 한 번 만난 후에 동거관계로 발전하는 방식이었다. 이런 관계는 장교들과 사병들 사이에서 매우 인기가 높았으며 기혼인 미군들의 경우 여자를 필요할 때마다 부르는 것보다 이런 안정된 파트너를 더 원했다. 군인들은 그의 부대가 이동할 때까지 파트너와 지냈으며, 그녀에게 독일 시장에서는 구할 수 없는 음식과 물품을 성관계와 집안일을 해주는 대가로 공급해 주었다. 군인들이 본국인 미국으로 돌아갈 경우나 독일에서 다른 지역으로 재배치될 경우, 여성들은 종종 전출 가지 않은 다른 병사에게 넘겨졌다(Habe 1957; White 1947, 147).[25] '쉑업' 방식은 군대 사령관들이 흔히 말하는 '남녀문제' 그리고 사병들이 말하는 '세탁문

---

24 Höhn and Klimke(2010, chaps. 3, 4). 1950년대를 보려면 Höhn(2002, chap. 3) 참조.

제'를 해결하는 데 가장 선호하는 방식이었다. 이런 만남은 광범위하게 퍼져 나갔으며 독일의 기적 같은 경제성장으로 여성들의 삶의 선택권이 더 넓어진 1960년대 중반까지 독일에 위치한 미군 주둔도시의 상징이 되었다.[26]

1950년대까지 계속된 점령 기간을 특징짓는 또 다른 현상은 기지를 쫓아다니는 사람으로 미국 구역 안에서 배치되는 미군 사단을 쫓아다니던 독일여성들을 일컫는다. 그들 중 많은 이들은 정신적으로 피폐한 상태에 놓인 여성들이었다. 전쟁 때 부모를 잃은 젊은 여성이나 남편이 전쟁에서 죽은 과부, 집이 폭격을 맞은 여성 및 독일 동쪽 지역에서 추방당한 후 전쟁으로 폐허가 된 독일로 돌아와 갈 곳이 없는 난민들로 구성되어 있었다. 이 여성들은 군 사단을 따라다니며 청소와 세탁 서비스를 제공했을 뿐만 아니라 식량을 구하기 위해 성적 서비스도 제공했다. 여기서도 역시 성매매와 애인 사이의 경계를 구분하기란 쉽지 않다. 기지를 쫓아다니는 사람이라고 간주되었던 여성 중에 많은 수가 미군 파트너에게 애착을 갖게 되고 편리한 관계 이상을 희망했다. 연인관계로 발전한 이들의 경우 남성이 미군 구역 내에서 다른 곳으로 재배치되면 여성이 남성을 따라 이동했다. 때때로 여성이 사단 내에서 함께 생활하기를 원하곤 했다. 이는 여성이 임신을 했거나 군인과의 사이에 아이가 있음에

---

25 계급이 높은 장교들은 쉽게 독일 가정이 운영하고 있는 아파트 숙소를 쉽게 제공받았으며 자신들의 독일 정부와 함께 거주할 공간을 마련할 수 있었다. 1950년대를 보려면 Höhn(2002, Chap 4) 참조.

26 Saul Padover, "Why American Like German Women", *American Mercury*, vol. 63, no. 273, 1946. 9, pp. 354~357; "The Conquerors", *Christian Century*, 1946년 4월자는 사병과 장교들 사이에서 이런 관계가 얼마나 공공연하게 퍼져 있는지 자세하게 묘사하고 있다.

도 불구하고 군대의 결혼 금지 규율 때문에 결혼을 하지 못했기 때문이었다(Starr 1947, 146~148).[27]

군 사령관들은 기지를 쫓아다니는 여성들을 성가신 존재로 여겼지만 몇몇 사령관들은 이런 관계를 더 부추겼다. 수하에 있는 군인들이 새로운 곳에 배치될 때마다 '쉑업'을 하는 것보다 안정적인 성관계를 갖는 것을 사령관들이 더 선호했기 때문이다. 안정적인 성관계는 사기를 북돋아 주고 성병감염률을 줄이는 데 기여했다.[28] 기지를 쫓아다니는 여성들을 허가한 군 사령관들은 이들의 관계가 혼외관계였음에도 불구하고 지역 독일 당국에게 자신들의 부대와 함께 도착한 여성들을 성매매여성으로 분리하지 말 것을 요청했다. 미 헌병의 협조를 받아 독일 당국은 또한 이 여성들이 한 명의 남성과만 관계를 맺는지 감시해 달라는 요청도 받았다. 그 당시 자원이 매우 제한적이었던 상황에 처해 있던 독일 당국은 매우 유감스럽게도 이 여성들에게 주거지와 식량 쿠폰까지 제공해야 했다(Starr 1947, 147; Willoughby 2001, 37~38).

점령지에서 무차별적으로 이루어지는 친교와 성적 문란은 독일여성이 성적으로 헤프고 미군이 순진하기 때문에 일어난다고 미군 정찰병들이 이유를 댔지만, 권력을 잡고 있는 미군들은 보란 듯이 공격적으로 길거리에서 지역 댄스홀에서 여성들에게 접근했다. "이봐 아가씨"라고 부르는 소리는 1950년대 미군 주둔 도시를 가로질러 어디서나 들을 수

---

27 1950년대 현상에 대한 자료를 보려면 Höhn(2002, chap. 4) 참고.

28 "VD Survey, Armed Force Europe no. 96", 16. 안정적으로 애인을 두면 감염 인원이 눈에 띄게 줄어든다는 관점을 증명하고 있다.

있었다(Höhn 2002, chap. 8). 그리고 이런 호칭은 얼마나 많은 미군들이 길거리에서 아무 여성이나 불러 댔는지를 반증한다. 미군이 때때로 가리지 않고 매우 공격적으로 여성들에게 접근하여 군 당국이 수녀원 벽에 큰 글씨로 '출입금지'라고 써 놓아 군대가 그곳에 있는 여성들은 건드리면 안 된다는 것을 알려야 했을 정도였다. 미군 당국에 고용되어 있는 여성들과 미국에서 독일을 방문한 여성들은 '또 하나의 독일 처녀'로 자신들을 오해하고 따라오는 미군들을 멀리하기 위해 미국인이라는 것을 알리는 완장을 차고 다녀야 했다(Botting 1985, 169; Hutton and Rooney 1947, 38; Wilder 1949). 미군 당국이 이런 방식으로 미국여성을 미군의 성적 대상에서 제외시키는 조치를 취한 것은 다시 말해 독일여성은 모든 미군 남성을 위한 성적 대상으로서 낙인을 찍은 꼴이었다.

성병 문제

미군과 독일여성 간에 친교가 급속하게 이루어지는 것을 통제하지 못하는 군대의 무능함은 미 본국에 있는 많은 미국인들의 분노를 샀다. 이는 또한 많은 독일인들에게 점령 당국의 위신을 깎는 행위로 비쳤다. 그러나 군대가 병사들의 성생활에 더욱 깊이 개입하게 된 계기는 다름이 아니라 폭발적인 성병감염률의 증가였다. 군이 이에 대해 어떤 방식으로 대처했는지는 다음 부분에서 확인하고, 필자는 군인들 사이에서 급속하게 치솟았던 성병감염률을 통제하기 위한 미국의 정책이 어떻게 독일여성들에게도 심각한 영향을 미쳤는지 밝힐 것이다.

독일로 군대가 진격하기 전 이미, 친교 금지 정책을 만든 그 동일한 군사기획자들은 그들이 우려했던 그 상황 즉, 미군과 독일여성, 동유럽에서 노예 노동을 하다가 해방된 여성난민DPS 또는 홀로코스트 생존자들 간에 이루어질 수 있는 접촉에 대해 대비하고 있었다. 이미 영국에서 성병감염률이 증가했고 프랑스에서는 감염률이 두 배나 치솟았고, 독일에서는 감염률이 폭발적으로 치솟았다.[29] 1945년 4월, 군인 1,000명당 56명이 성병에 감염되었다고 보고했다. 8월에 이 비율은 56명에서 177명까지 상승한다. 1946년 1월 군인 10,000명당 233명이 감염되었고 1946년 7월 1,000명당 305명이 성병에 감염되었다. 1946년 7월에 보고된 수를 보면, 1946년 그 해에 성병에 감염된 남성이 30%에 달했다(Cosamas and Cowdrey 1992, 584).[30] 군대 지도부는 경악을 금치 못했고 성병감염률은 장교들이라고 해서 다르지 않았다. 소위부터 대령에 이르는 모든 장교들이 성병 통계에 들어가 있었다. 흑인 병사들의 감염률은 세 배 정도 더 높았다. 물론 그 당시 군은 이런 이유에 대해 그저 "이들의 성병감염률은 백인 병사들보다 훨씬 높다"라고만 발표했다.[31]

성병감염률은 극적으로 상승했는데 이는 적군을 소탕한 후에 군대 위계질서와 규율이 무너졌기 때문이었다. 군대는 이동했고, 구역별 경

---

29 많은 수의 미군이 프랑스에서 이미 성병에 감염되었고 독일여성들은 전장에서 휴가를 받고 돌아온 독일 배우자들 때문에 성병에 걸렸다. 또한 전후 독일에서 믿을 수 없을 정도로 높은 성병감염률에 소련군 점령지에서 일어난 대규모 강간도 한몫을 했다.

30 성병감염률을 보려면 NARA, RG 549, box 2207.

31 장교들의 성병감염률을 보려면 Geis and Gray(1951, 36) 참조. 흑인병사들의 성병감염률에 대한 군의 태도를 보려면, "McNarney Ignores Report, Isolates GIS", Pittsburg Courier, 1946. 10. 26. 아프리카계 미군병사들의 감염률이 더 높았던 이유는 유럽에 도착한 많은 수의 흑인 병사들은 이미 성병에 감염된 상태였는데 그것은 미국 남부에 위치한 주들이 필요한 의료서비스를 이들에게 제대로 제공해 주지 않았기 때문이라고 주장했다. Lee(1966, 276~281).

계선은 바뀌기 일쑤였으며 수백 수천 명의 군인들이 제대하거나 태평양 지역에서 일어나는 전투에 참가하기 위해 재배치되었다. 1945년 말 100만 명이 넘는 군인들이 독일에서 전출되었으며 경험이 풍부한 전투 군인들이 종종 미 본국에서 발령받은 훈육을 덜 받은 신참 군인들로 교체되었다. 초기에 성병감염률이 치솟았던 이유는 미 육군성이 군인들이 사용하는 데 익숙해진 성병예방 키트 사용을 취소했기 때문이다. 육군성의 계획은 예방 키트를 좀더 효과적인 물품으로 교체하는 것이었으나 새로운 키트를 충분히 제공하기도 전에 예방 키트를 먼저 취소시킨 것이었다. 더욱이 친교금지가 엄격했기 때문에 성병에 감염된 군인들은 치료받기를 꺼렸다. 독일여성과의 친교행위가 드러날 경우 군인들은 65달러의 벌금을 물거나 군사재판에 불려 갔기 때문이다(Starr 1947, 78~79). 1946년까지 군사령관들은 유럽 지역에서의 성병감염률이 "미군 역사상 가장 높았다"라고 인정하지 않을 수 없었다(Geis and Gray 1951, 35; Starr 1947, 77).

이런 요소들을 고려해 군대는 1945년 6월 규율을 수정하고 성병에 감염된 사실을 군인들이 친교금지를 어긴 증거로 사용될 순 없다고 판결했다(Starr 1947, 79).[32] 독일여성과 관계를 맺은 군인들을 "관대하게 봐주는 행위는" 성병감염을 통제하려는 첫번째 단계였다. 성병예방 키트의 공급이 다시 재개되자, 군대는 콘돔과 성병예방 키트를 군 막사 및 독일 시내 및 도시에 걸쳐 위치하고 있는 기차 역사에서 배포하라고 명령했다.[33] 아프리카계 미군 병사의 경우 이런 성병예방 키트를 구하는 것이 더

---

32 1차세계대전 동안, 군은 군인들이 성병 치료를 받는 동안 급여를 제공하지 않는 정책을 수립했다. 1926년 의회는 이 정책을 법제화했지만 1944년 9월 이 법은 폐기된다.

욱 어려웠는데 이는 그들의 백인 사령관들이 흑인 병사와 백인 독일여성의 성관계를 꺼렸기 때문이다. 뿐만 아니라 1947년 1월 흑인신문출판사연합회The Negro Newspaper Publishers Association에서 항의하기 전까지 독일에 위치한 미국적십자는 흑인 병사들에게 성병예방 키트를 제공하지 않았다.[34]

군대는 또한 포스터를 군대 본부에 붙이거나 군 신문인 『성조기』Stars and Stripes에 성병 관련 기사를 내는 방식으로 성병과 관련한 포괄적인 교육 캠페인을 시작했다. 『성조기』와 미군 구역에 자주 사용된 이미지는 매력적인 금발의 독일여성이 트렌치코트를 입고 있고 그 위에 '성병'이라는 글자가 쓰여 있는 것이었다. 군인들은 그 여성 모델에게 "아주 고마워 베로니카"라는 별명을 바로 붙였다. 몇몇 사령관이 내린 결정 중에는 다음과 같이 생각하기에도 매우 불쾌한 것도 있었다. 성병에 감염된 매우 매력적인 여성의 이미지를 포스터로 만들기로 한 것이다. 여성들은 대부분 매우 어울리지 않는 모습으로 포스터에 그려졌고 자신들에게서 손을 떼라고 군인들에게 경고하는 식이었다.[35]

군대 내에서 성병감염률이 폭발적으로 증가한 것과 독일 국민 사이에서 같은 현상이 일어난 점을 고려해 봤을 때, 사령관들은 군인들이 '제대로 된' 여성들과 시간을 더 보내게 하고 싶었다. 여전히 모든 친교가 금지된 1945년 여름이 시작되자, 몇몇 사령관들은 젊은 독일여성들

---

33 아프리카계 흑인 장교, 보이드(James Boyd)와의 인터뷰에 보면 사령관들이 성병감염률을 통제하기 위해 사용한 방식이 묘사되어 있다. NARA, RG 107, box 265.

34 "Memorandum, Secretary of War Robert Patterson for Deputy Chief of Staff", 1947. 1. 7. 마커스 레이(Marcus Ray)가 작성. Nalty and McGregor(1981, 217) 참조.

35 『라이프』에 실린 포스터 사진들, 1947년 2월 10일. 필자는 이 정보를 공유해 준 람베르츠(Jan Lambertz)에게 감사를 표한다. 포스터 캠페인에 관해 보려면 Starr(1947, 26) 참조.

을 클럽에 데리고 가거나 미국인들이 주최하는 댄스파티에 가도록 허가하는 소위 '사회적으로 눈 감아 주기'를 실험적으로 시행하기 시작했다. 미국 적십자 댄스 클럽에 수시로 오고 싶어 하는 여성의 경우, 그녀는 자신의 가족, 도덕성 및 정치와 관련된 질문에 대답해야만 했다. 그후, 미군 당국은 독일의 지역 보건 당국과 경찰청을 통해 여성이 성병에 감염된 경력이 있는지 범죄기록이 있는지 확인했다(Geis and Gray 1951, 38; Starr 1947, 80, 136~138; Ziemke 1975, 327).

군 장교들은 1946년 7월 전 미군 구역에서 이 추가된 체계를 성문화했지만 이 계획은 폐지되었다. 그것은 군대가 유인하고자 하는 독일여성들의 많은 수가 이런 사회적 통과증을 성매매여성들에게 발행된 등록카드 정도로 보려는 경향이 있었기 때문이다. 성병감염률을 가장 효과적으로 줄일 수 있는 방법은 군인들을 감염시키는 여성들을 통제하는 것이라고 군대는 믿고 있었다. 그러므로 1945년 8월 군대는 성병 방지 프로그램을 시작했고 미군들이 감독했지만 주로 독일 보건 관계자들이 시행했다. 이 프로그램이 중점을 두고 있던 부분은 우선적으로 미군 병사들을 보호하고 크게는 사회를 보호하기 위해 성병 보균자를 찾아내고 치료하는 것이었다(Starr 1947, 80). 미국과 독일 양측 관계자들 모두 군인들을 감염시킨 장본인이 여성들이라는 것에 동의했으며, 성병을 통제하기 위해 중점적으로 감염된 여성들을 추적하는 것에 노력을 기울이기로 합의했기 때문이다. 독일에선 성매매가 합법이었기 때문에 검사를 받은 첫번째 그룹은 등록된 성매매여성이었다. 이들은 스스로 성매매를 한다고 인정한 사람들로 보건 당국에 등록되어 있었다. 직업 성매매여성들은 공중 보건소에서 독일 관계자들이 시행하는 성병검사를 규칙적으로 받아야 할 의무가 있어 상대적으로 통제하는 것이 쉬웠다. 군대는 또한 독일 시장에서 콘돔을 사는 것이 거의 불가능했으므로 미군병사들을 접대하는 직업 성매매여성들에게 콘돔을 배포했다(Standifer 1997, 176).

그러나 성병이 확산된 진짜 문제는 직업 성매매여성들이 아니라 미군들과 가끔씩 만나 성관계를 가지는 여성들이었다. 미군 클럽에서 일하는 여종업원, 댄서 또는 택시걸로 일하는 여성들은 더 자세한 조사 및 검사를 받았다.[36] 이들 여성들은 자신들이 건강하다는 보건증을 증거로 제시해야만 미군 병사들을 접대하는 클럽에서 일할 수 있었다. 그리고 난 후, 이 여성들은 자신들의 직업을 지키기 위해 정기적으로 산부인과 검사를 받아야만 했다. 검사대상이 됐던 또 다른 그룹은 미군들을 위해 세운 R&R 시설 내에 있는 식당에서 일하는 여성 종업원들, 호텔 종업원들 그리고 청소부들이었다(Timm 1998).

성병감염으로부터 군대를 보호하기 위해 미군 당국은 처벌, 감시 및 사회통제를 위한 조항을 눈에 띄게 확장시켰고 독일 관계자들도 이 조항에 포함시켰다. 1945년 5월 연합군은 나치정권이 설립했던 모든 법률을 무효화했다. 성병이 전염되는 것을 예방하기 위해, 바이마르 민주공화국이 1927년 제정한 성병예방을 위한 법을 부활시키라고 독일 당국에게 요구했다. 이 법은 성병통제 방법으로 처벌을 강화하는 것보다 국민 건강에 더 초점을 두었으며 독단적인 정책 조치로부터 개인을 보호하는 성격이 더 강했다. 그러나 성병 퇴치를 위해 만들어진 1945년 9월 연합

---

36 「마리아 브라운의 결혼」에서 보면 주인공이 미군 클럽에서 택시걸로 일하기 전에 의사에게 산부인과 검사를 받는 장면이 나온다.

군 칙령은 이런 조항을 완전히 약화시켰다. 「바이마르법」은 성병에 감염된 사람이 치료를 거부할 경우에만 감염자의 이름을 요구했지만, 새로운 연합군 칙령은 모든 성병감염자의 이름을 독일 보건 당국에 보고하도록 했으며 그후 그들의 정보를 미군 당국에 전달하도록 했다. 1927년 제정된 법과 근본적으로 달라진 것은 성병에 감염되었다고 '의심되는 자' 및 '성생활이 문란한 개인' 모두 산부인과 검사를 의무적으로 받게끔한 것이었다. 이런 이유로 미군 병사에게 성병을 감염시켰다고 의심되는 모든 여성들은 검사를 받아야 했으며 병에 걸렸을 경우, 감금조치되었다. 새로운 법조항의 처벌 조치를 강화하기 위해 미군 구역 내에 감옥 같은 병동 및 감금센터를 세웠으며, 이곳에 감금된 환자들은 죄수복 같은 것을 입어야 했다. 아네트 팀Annette Timm이 주장한 것처럼 연합군이 이행한 조치들은 (그리고 성병관련 위기상황을 너무나 통제하고 싶었던 많은 독일 관리들의 성원에 힘입어) 1927년 제정된 진보적인 「바이마르법」보다 1940년에 제정된 나치정권의 「성병통제관련 처벌법」과 더 흡사했다. 개인의 건강과 인권을 중시한 1927년 법의 정신은 1953년까지 회복되지 못했다(Timm 1998, 185~186).

성병 보균자로 의심되거나 '성생활이 문란한 사람' 모두를 추적하기 위해 감시 조치가 대폭 향상되었으며 성병통제 및 악습통제반이 가정집 및 이웃의 의심이 가는 모든 시설을 기습하기 시작했다. 1950년대 말까지 미독 연합의 핵심부로 남아 있었던, 성병을 통제하는 데 사용된 가장 모욕적이고 수치스러웠던 방법은 악습통제 기습vice raid이었다. 미군의 주요 관심은 군인들에게 성병을 감염시키는 개인을 수색하는 것이었고 독일 관계자들은 일반적으로 성병과 관련된 투쟁에서 여성을 항상 목표물로 삼았기 때문에, 성병통제반이 체포하는 엄청난 수의 인원 대부분이 여자들이었다(Heineman 1992, 102; Timm 1998, 185~186).[37] 베를린에서는 1947년 봄 귀화한 300,000명의 독일 전쟁포로가 성병보균자일지 모른다는 생각에, 한 진보적인 미군 장교가 마침내 독일남성들도 조치 대상에 포함시켰다(Timm 1998, 189). 그러나 베를린에 위치한 미군 구역에서 시행된 좀더 진보적으로 여겨졌던 이 정책은, 1947년 악습통제 기습반이 체포한 99%의 개인이 여성이었던 다른 미군 구역에서는 크게 실현되지 못했다(Heineman 1992, 102).[38]

악습통제 기습반이나 성병관련 통제반이 활동했던 기간 동안, 미헌병, 독일 경찰 그리고 공중보건 직원들은 미군들이 그들의 독일 파트너들과 자주 드나드는 술집이나 클럽을 습격했다. 그후, 그곳에 있는 모든 여성을 체포한 후 그들을 미군 군용트럭에 실어 경찰서로 연행했다. 종종 성병에 감염된 적이 없는 젊은 여성들 중 단순히 춤을 추러 나갔던 이들도 수사망에 걸려 체포되곤 했다. 산부인과 검사와 필요할 경우 강제적으로 시행되는 치료를 받기 전까지 여자들을 밤새 가둬 놓는 것은 흔한 일이었다. 이런 검사나 치료는 1948년 미군 구역에서 운영되던 98개의 성병진료소 중 한 곳에서 받도록 되어 있었다. 이런 습격은 믿을 수 없을 정도로 수치스럽게 진행되었다. 이들은 또한 그저 즐거움을 위해,

---

37 Evans(2001, 164~149)는 젊은 남성들은 풍기문란 단속의 대상에서 제외된 것을 보여 준다. 미군은 동성애를 절대 인정하지 않았기 때문에 군대 성병의 원인으로 성매매남성을 전혀 고려하지 않았다. 성매매남성을 본 경우 독일 당국이 이들을 체포했다. 동성애는 범죄행위였기 때문이다.
38 이런 풍기문란 단속은 1950년대 '비밀스러운' 이성애자를 위한 성매매 행위를 밝히기 위해 대부분 행해졌다. 그래서 오직 여성만을 단속 대상으로 삼았다.Höhn(2002, 184, 202)참조.

전후 독일의 비참한 상황에서 탈출구를 찾기 위해 외출한 독일여성의 시민적 자유권을 짓밟았다. 연합군 장교들은 이런 습격을 통해 미군에게 체포된 여성들 중 많이 봐서 18.2%만이 실제로 성병에 감염된 것으로 추정된다고 밝혔다(Heineman 1992, 102).[39] 나머지 82%의 여성들은 평판이 더럽혀졌고 그들을 체포했던 미 헌병과 독일 관계자들 앞에서 종종 수치스러운 검사도 받아야 했다. 그로 인해 이들의 존엄성은 큰 상처를 입었다. 이런 부끄러운 실수를 저질렀음에도 불구하고(어떤 도시의 경우 시장의 딸과 유명한 지역 사업가의 부인들도 체포된 경우가 있었음), 미군 관계자들은 이런 방식으로 행해지는 성병 보균자 추적 방식을 단념하지 않았다(Heineman 1992, 102).[40]

성병감염 증가율이 최고치를 보인 때는 1946년 여름이었지만 1947년 말, 독일 관계자들과 긴밀히 공조하고 있던 미군들은 감염률을 현저히 줄이는 데 성공했다. 이 성공은 이들의 공격적인 보균자 추적 방식 때문이 아니라 1945년 10월 군이 성병에 감염된 독일인들을 치료하는 데 페니실린 사용을 허가했기 때문이다(Cosamas and Cowdrey 1992, 584).[41] 군 내 내 상황 또한 안정적으로 변한 이유도 있다. 군인들이 좀더 영구적인 숙박시설로 배치되었고 무시무시한 경찰군이 동원되고 군인들이 더 많

---

39 미국 점령지 중 하나였던 독일의 헤세(Hesse) 주에서는 1947년 2월과 7월 사이 6,719명의 사람들이 이런 방식으로 연행되었다. 이렇게 집결시키는 방식의 모든 풍기문란 단속에 대한 생생한 묘사를 보려면 영화 「타국에서의 정사」와 헨리 코스터(Henry Koster)의 「독일처녀」(Fräulein, 1958) 참조. Evans(2001, 163~164) 참조.
40 1950년대 동안 독일 미군 기지촌에서 성매매 시설을 근절하기 위해 대부분 이행된 풍기문란 단속은 같은 실수를 반복하고 있었다. Höhn(2002, 184~185) 참조.
41 의사들은 공급 받은 페니실린을 다른 질병 치료에 쓰지 못하도록 명령받았다. 군은 독일 내과 의사들이 성병환자가 아닌 환자들에게 페니실린을 사용하지 못하도록 엄격하게 통제했다.

은 반복적 훈련에 동원되면서 제대로 인해 야기되었던 최악의 군 규율 문제도 해결되었다. 군은 또한 반복적으로 성병에 감염되는 군인의 경우 불명예제대시킨다고 협박하거나 사단에서 성병 문제를 제대로 해결하지 못하는 장교는 좌천시키겠다는 공포 수단을 이용해 군인들이 좀더 조심하도록 만들었다(Geis and Gray 1951, 38~39; Geis 1952, 76~83).[42] 군대에서 시행한 교육도 살펴볼 만하다. 독일 관계자들에 따르면 사령관들이 모든 군 막사에 방명록을 배치한 후, 사병들도 콘돔을 사용하는 데 더 신경 써서 사용하게 되었다고 한다(Höhn 2002, 174; Standifer 1997, 17).[43]

안정화된 점령

미군 병사들과 독일여성들 간에 성관계가 급속히 퍼지고 성병감염률이 치솟자 미군 당국은 몇 가지 문제점에 봉착하게 되었다. 미 국내에서는 시민들이 독일에서 일어나고 있는 상황에 충격을 받았다. 이 주제를 다룬 엄청난 인기를 누린 영화 「타국에서의 정사」에서는 베를린에 진상조사를 온 미국의 한 여성 상원의원이 나치 이후에 독일사회가 '도덕적 말라리아'에 전염되어 "구할 수 있는 만큼의 모든 살충제를 동원해 소독에 나서야 된다"고 분노를 토하는 장면이 나온다(Wilder 1948).[44] 성적으로 문란한 상황에 대해 단호한 태도를 취하는 것은 독일 사회도 마찬가

---

42 군인들 중 반복적으로 성병에 감염되는 자, 즉 '쓸모없는 이들을 제거'하는 것도 이 프로그램의 일환이었다. 이들은 명예퇴직이 아니라 강제퇴역을 당했다.
43 군대의 교육 관련 노력을 보려면, NARA, RG 549, box 2193 참조.

지였다. 본국으로 귀환한 독일 전쟁포로와 전前히틀러유겐트(나치당이 만든 청소년 조직)는 '자신들의' 여성과 미군들이 맺고 있는 관계에 분노했다. 미 제3사단은 독일남성들이 미군을 공격하는 사건에 대해 보고했는데 이는 주로 독일여성을 차지하려는 경쟁에서 비롯되었다(Bach 1946, 71~83; Starr 1947, 74).[45] 하지만 최악인 것은 미국군대의 지도력이 약했고 미군이 지향하고 있는 강력한 규율을 적용시킬 능력이 없었다는 사실이다. 1945년 동안 상황을 역전시키려는 군대의 노력은 처참하게 실패로 돌아갔다. 군인들은 독일여성과 접촉하려면 내야 하는 벌금인 미화 65불을 비웃었고 규율에 "미모가 뛰어난 독일여성을 갖기 위해서는 벌금을 내는 것이 첫번째로 할 일"이라고 적혀 있는 것처럼 이 정책에 불만을 토로했다.[46] 전시 동안 군에 고용된 미국 군무원들과 간호사들 때문에 미군이 독일여성과 성관계를 갖지 않을 것이라는 군의 생각은 망상일 뿐이었다. 겨우 2,500명이었던 미군 내 여성 인력들은 독일에 배치되어 있는 수천 명의 남성들의 성욕을 만족시켜 줄 수 없었기 때문이다. 더욱이 독일에 배치된 간호사들은 모두 장교들이었으며 사병들과 교류를 하는

---

44 영화 「타국에서의 정사」는 미 점령군의 성적 남용을 많은 미국 시청자들에게 알리는 계기가 되었다. "The Conqueror"; "Occupation: The GI Legacy in Germany", Newsweek, 1947. 6. 16. "Fraternization: The Word Take on a Brand New Meaning in Fraternizing with Them", Life, 1945. 7. 2; "German Girls: U.S. Army Boycott Fails to Stop GIS from Fraternizing with Them, Life, 1945. 7. 23.

45 "Fraternizing Irks Reich's Ex-Soldiers", New York Times, 1945. 8. 23. Biddiscombe(2001, 611~647) 참조.

46 미 정책에 대한 개괄적 비평과 이 정책이 미국의 명성을 어떻게 훼손했는지 보려면 다음을 참조. "Occupation: The GI Legacy in Germany". 이 기사는 친교금지는 '군의 위상과 사기를 무너뜨린 대규모 명령 불복종'을 초래했다고 말한다. 그리고 이런 타격은 이제야 서서히 회복되고 있다고 주장했다. Newsweek, 1947. 6. 16. Ziemke(1975, 324 참고

것 자체가 금지되어 있었다.[47] 독일 정부 관계자들이 군대를 위한 성매매 시설 건립에 대해 의견을 내놓자, 미군 사령관들은 만일 그런 시설을 자신들이 허락할 경우, 미국의 여성단체들이 "자신들의 머리를 잘라 접시 위에 올려놓을 것"이라고 말했다(Höhn 2002, 137).

　　1946년 봄 점령군의 사기 저하와 군 규율 문제가 확산되자, 이런 상황에 대한 문제점이 독일 수뇌부까지 전달되었다. 미국 신문들은 독일의 민주화를 위해 배치된 미군 장교들과 사병들이 어떤 방식으로 암시장을 통해 부를 획득하고 독일여성들과 불법적인 성관계를 갖는지에 대해 야외 활동시 벌어지는 일을 통해 기획기사를 실었다. 미 점령군들에게 야외 활동은 "대규모 소풍"──흔들리는 '그물침대에서 금발 독일여성'과 누워 있는 것을 의미했으며, '라인 강 위에 있는 성은 담배로 빌릴 수 있'고 '반짝이는 모젤 강에 발을 담그고'(Wilder 1948) 노는 것──을 의미했다. 이 기사는 미 본토 미디어에 많이 소개되었으며 점령 기간 동안 영화로도 많이 만들어졌다.[48] 미군의 이런 인식을 개선하고 독일여성과의 성관계가 만연한 상황을 개선하기 위해 군 수뇌부는 장교들과 계급이 높은 사병들의 가족들도 독일로 데려올 수 있도록 결정했다. "유럽에 부인을 데려오기"로 한 화이트로우John S. Whitelaw 준장의 결정은 "외도를

47　연합 원정군 본부 부사령관인 모건(Frederick E. Morgan) 중장은 1944년 8월 G-1(부참모총장)에 보낸 메모를 통해 군에 근무하고 있는 여성근로자들과 적십자 여성 종사자들이 군에 적절한 동료애를 제공해 줌으로서 군인들이 독일여성을 찾으러 나가는 것을 막을 수 있지 않겠냐고 제안한다. Kleinschmidt(1997, 40, 120)에서 인용.

48　"Black Market Crackdown", *Newsweek*, 1946. 12. 9; "Curbing a Conqueror's Complex" , *Newsweek*, 1946. 5. 6. Koster(1958); Habe(1949, 1957). Padover, "Why Americans Like German Women"; Smith(1948).

막고 군인들의 삶을 더 낮게 하려"는 데 기인하고 있었다. 가족들이 도착한 후, 클레이Lucius Clay중장 및 군 부정장관은 안도의 한숨을 쉬며 가족으로 인해 드디어 '높은 수준의 도덕규범'이 살아났다고 말했다(화이트로우 준장의 발언은 Kleinschmidt[1997, 135]에서 인용. 클레이 중장의 발언은 Smith[1990, 235]에서 인용). 30,000명의 장교 부인들과 자녀들을 독일로 데려온 조치를 통해 장교들 사이에서는 도덕규범이 향상되었을지 모르지만 사병들의 상황은 '안도의 숨'을 내쉴 정도로 나아지지는 않았다. 1945년에서 1946년 사이 독일에서 순환 배치되었던 수천 명의 미군들은 굶주리고 처참한 상황에 처한 독일여성들과 불법적이고 무허가인 관계를 당연시 여겼다.

독일남성과의 관계를 '정상화하려는' 노력이 요구되었을 때, 독일여성과 사랑을 하거나 성관계를 갖는 것이 마침내 미군 병사들 사이에서 합법적으로 되었다. 군 당국이 마침내 독일인들의 협조 없이는 제대로 된 점령을 수행할 수 없다는 것을 깨달았기 때문이었다. 그후 존 월러바이John Willoughby(2001, 29)는 독일남성들이 미군에 협조하고 독일에 미군이 안정적으로 주둔하기 위해 "미군과 독일여성의 관계를 인정하는 것이 중요하다"라고 주장했다. 1946년 12월 군 당국은 독일여성과 미군의 결혼을 허가했다. 1949년 점령 막바지에 12,000명의 독일여성들이 그들의 미군 애인과 결혼했으며, 8,000명이 넘는 여성들이 미국에서 그들의 애인과 결혼식을 올리기 위해 미국으로 건너갔다.[49]

위와 같이 나중에 정책을 바꾸긴 했지만, 미군과 사랑에 빠지거나 성관계를 금지하는 초기 점령 정책은 독일여성들에게 치명적이었다. 1946년 12월 「결혼금지법」이 철회될 때까지, 미군의 정책은 기본적으로 독일여성과 미군이 맺고 있는 모든 종류의 관계를 불법으로 규정했고 이런 관계 속에 있는 독일여성을 '부정하거나' 성매매여성으로 낙인찍었다. 미군의 적극적인 성생활에서 미국여성(군인의 배우자나 미 군속)을 보호하기 위해 미국 국기가 그려진 완장을 이들에게 차게 한 군의 결정은 아마 가장 모욕적인 방식으로 표현된 그들의 사고방식일 것이다. 이런 결정을 내리는 과정에서 미군은 함축적으로 여성을 두 개념으로 분류했다(존경받아 마땅한 여성과 그렇지 않은 여성을 분리). 그 당시 독일에서 근무했던 허튼Bud Hutton과 루니Andy Rooney는 독일에서 행해지고 있는 미군의 정책을 신랄하게 비판했으며 다음과 같이 꼬집었다. 독일에서 미군들은 독일여성과 결혼만 하지 못했다. 여성이 임신을 한 경우에도 예외는 없었다(Hutton and Rooney 1947, 51). 이런 정책으로 미군의 점령 기간 동안 90,000명 정도의 사생아들이 출생했으며, 이런 상황은 독일인들에게 미군과 관계를 맺는 여성들의 이미지를 실추시키는 결과를 가져왔다. 군대는 마침내 이런 정책의 기조를 바꾸기로 결심했는데 이는 현재 독일에서 이행되고 있는 정책이 미국인으로서의 미군들이 민주적인 권리를 박탈하고 있다며 이의를 제기한 것이 그 하나의 요인이며, 또 하나는 독일 내에서 이들의 관계를 인정해야 질서 있는 점령을 확보할 수 있었기

---

49 결혼에 대한 군의 정책을 보려면, Geis(1951, 20~29) 참조. '교활한' 독일여성으로부터 '순진한' 군인들을 보호하기 위해, 복잡한 절차가 포함되었다. 21살 이하인 군인들은 모두 결혼하기 위해 부모의 동의가 필요했다. 군인들은 또한 사령관의 허가가 필요했고 결혼 관련 모든 신청서는 매우 한정된 시간 내에 제출해야 했다(결혼 전 빠르면 3개월에서 늦어도 6개월 전에는 제출해야 했다). 결혼식은 군인이 미국으로 돌아가기 한 달 전에 비로소 올릴 수 있었다. 이는 독일에서 부인이 군인의 배우자로 등록되어 미국식 삶의 혜택을 받지 못하게 하기 위해서였다. 이에 더해 장래 부인이 될 여성은 그녀의 정신적·육체적·도덕적·정치적 진실성을 평가받기 위해 수많은 시험을 봐야 했다. Kleinschmidt(1997, 166~170) 참조.

때문이다. 1946년 말에 행해진 정책의 변화에도 불구하고, 점령 초기의 정책이 야기한 성매매여성이라는 단어, 성관계가 문란하다는 오명은 향후 수년 동안 여성들을 괴롭혔다.[50]

점령에서 동맹으로

미군의 공식적인 점령의 종식은 독일의 분단과 함께 진행되었으며 1949년 독일은 두 개의 국가가 되었다. 1955년까지 그 효력을 유지했던 미군의 점령상태는 이 당시 서독에서 미군통치를 종식한 상태였다. 군대의 통치가 종식되자 미 국무성 고등판무관은 육군성의 통수권을 회수했다. 소련을 중심으로 한 냉전 체제가 출현하자 예전의 적을 동맹국으로 삼으려는 움직임이 빨라졌다. 1948년과 1949년 베를린 공항은 1년 넘게 서구 항공기들이 베를린에 구호물품을 전달하기 위해 사용했던 공항이었지만 폐쇄되었다. 독일 나치가 패배한 지 4년이 지나자 서독은 정치적 부활과 사회 정상화를 기대했다. 이 시기에 미국은 소련의 위협을 저지하기 위해 독일의 재무장을 추진하고자 했다. 1950년대 발발한 한국전쟁은 새로운 서독을 재건하려는 움직임을 가속화시키는 데 큰 몫을 했다. 트루먼 미 대통령은 1949년 독일에 주둔하고 있는 80,000명의 군인으로는 소련의 공격에서 유럽을 방어할 수 없다는 의견에 동의했다. 트

---

50 1970년대 중반 퍼트리샤 휴(Patricia Hough)는 미군과 결혼한 수많은 독일여성과 인터뷰를 진행했다. 그리고 이들 모두 "자신들은 미군과 어울린 그런 전형적인 여성들이 아니다"라고 말해야 할 것 같은 의무를 느꼈다고 그녀에게 털어놓았다. Hough(1979, 128).

루먼 대통령이 '유럽에 군대파병'을 허가한 것은 머나먼 아시아에서 벌어지고 있는 전쟁에 대한 조치였으며 이런 조치는 유럽에 대한 미국의 간섭 범위를 급격하게 변화시켰다. 이로 인해 서유럽을 방어할 수 있는 군기지 네트워크 팽창이 눈에 띄게 이루어졌으며 독일에 군 관계자 다수가 배치되었다. 1950년대 제7사단이 부활했고 독일에 재배치되었다. 그리고 1년이 채 지나지 않아 군인 수가 250,000명에 육박하게 된다.[51]

그러나 미국과의 정치적 관계를 '정상화'시키려는 큰 기대는 미군시설 주변에서 이루어지는 남녀관계가 가까운 미래에 정상화될 수 없음을 의미했다. 많은 수의 독일여성들이 미군과 사랑에 빠지고 결혼이 받아들여졌지만, 이런 대규모 외국 군대의 주둔이 독일에 끼치는 영향을 논의하는 장에서 '불법적인' 성관계라는 주제가 계속해서 우위를 점했다. 점령 기간 동안, 독일여성과 미군 사이에 이루어졌던 성관계 및 미군들을 접대했던 넘쳐 나던 유흥 및 성산업에 대해 많은 수의 독일인들은 매우 언짢아했다. 1949년 이후에도 이런 상황은 별로 나아지지 않았다.[52] 베를린, 프랑크푸르트 및 뮌헨처럼 대규모 독일 도시의 경우, 군대들이 배치되고 주둔함에 따라 발생하는 사회적 문제들을 대다수의 군인들이 머무르고 있는 지방 소도시나 시골 공동체보다 쉽게 흡수할 수 있었다.

---

51 1950년대 파병의 영향에 대한 포괄적인 논의를 보려면 Höhn(2002)을 참고.

52 미국이 자신들은 더 이상 점령군이 아니라 연합군이며 보호를 위해 온 군대라고 독일인들을 확신시키기 위해 모든 노력을 쏟아붓는 동안 독일인들은 사적인 대화에서, 공식적인 문서에서, 그리고 뉴스기사에서 몇 년 동안 계속해서 미군을 '점령군'으로 표현했다. 미군과 독일인들의 커다란 삶의 수준 차이는 1950년대까지 계속되었고 미국의 힘에 독일이 종속되었다는 독일인의 감정은 악화되어 갔다. 그 당시 두 자녀를 둔 기혼 독일인 노동자가 평균 280마르크를 버는 동안 가장 낮은 계급인 일병이 미화 100달러를 받거나 420마르크를 받았다. 그리고 숙식을 제공받았다. Höhn(2002, 43, 87) 참조.

그러나 전통적인 홍등가 거리나 유흥시설들이 대규모 미군들을 접대하기 시작하면서, 이런 대도시들도 사회문제들로 고민하게 되었다.

고향에서 멀리 떨어진 곳에서 가족들도 없이 지내고 있는 많은 수의 젊고 미혼인 남성들을 흡수하는 일은 이전에 미군들과 지내본 적이 없는 작은 지방 지역주민들에게는 더욱 힘든 일이었다. 특히 라인핸드-팔라티나테Rhineland-Palatinate 같은 작은 지역마을의 경우 1950년대 많은 군대 시설이 지어지면서 주민들이 어려움을 겪었다. 이를테면 3,000명의 주민이 거주하고 있던 작은 지역마을인 바움홀더에 거의 30,000명이 가까운 군인들이 유입되었는데 이는 미군이 나치 정권이 사용했던 대규모 훈련장을 재사용하기 시작했기 때문이다. 많은 군대 시설이 지어지기 시작한 1950년대 초기 동안, 새롭게 지어진 기지촌들에 많은 젊은 남성들의 유입을 관리하거나 대규모 외국 군인들이 거주하기 시작하면서 벌어질 수 있는 사회문제들을 다룰 헌병이나 경찰이 존재하지 않았다. 이런 문제가 심각해진 이유는 독일로 파병된 군인 중 30% 미만이 기혼이었고 이보다 더 적은 수의 군인들만이 부인과 동행했다. 부인과 동행할 수 있는 특권을 가진 군인들은 계급이 E-5 이상 되어야 했다(Hough 1979, 128).[53] 80,000명이 거주하고 있던 카이저슬라우테른Kaiserslautern같이 큰 도시의 경우도 람슈타인Ramstein과 란트슈틀Landstuhl에 위치한 대규모 군기지에 배치된 40,000명의 군인들과 함께 지내는 데 커다란 어려움을 겪었다. 미군들을 접대할 홍등가가 바움홀더나 카이저슬라우테른 어디

---

53 바움홀더의 특별한 상황, 미국 본토를 제외하고 미군의 가장 큰 훈련장 중 하나가 있는 지역. Höhn(2002) 참조.

〈사진 3. 1〉 바움홀더 시내 미군용 술집이 즐비한 거리. 20,000명의 미군이 5,000명의 독일 민간인과 함께 살았던 곳.
Courtesy Heinrich Brucker.

에도 없었다. 히틀러 통제 기간 동안 이 도시들에는 독일군들이 파병되어 있었는데, 이때 독일군은 병사들을 위해 성매매 시설을 제공했다.[54]

모든 소규모 및 중간 규모의 기지촌의 경우, 새로운 군대가 배치되면서 경제적으로 이득을 얻게 되었다(Höhn 2002, chaps 2, 3).[55] 특히 바우홀더 윌드플레켄Wild-flecken과 그라펜호르Grafenwohr에 위치한 대규모 미군 훈련장 주변 지역은 대규모 군대들이 정기적으로 순환 배치되었다. 이로써 이 지역 근처에 있는 시골 마을들은 미군들을 위한 팝송, 스트립쇼 같은 모든 종류의 향락을 제공하는 술집과 클럽이 난무하는 퇴폐적인 장

---

54 1950년대 발전과 관련된 논의는 Höhn(2002) 기준.
55 미군 기지촌과 관련된 묘사를 보려면 Lutz(2001) 참고.

소로 변모했다.[56] 바움홀더의 작은 마을은 1950년대에 80개나 되는 미군 전용 술집들로 넘쳐났다. 미군들의 욕구를 채워 주는 이런 종류의 새로운 기지촌은 예상치 못한 경제적 이득을 얻었지만 이들은 값비싼 대가를 치러야 했다. 전쟁 직후 처참하게 '굶주린' 성매매여성들은 사회복지사들이 소위 '점령군 매춘부'라고 부른 직업으로 유입되었다. 이들은 독일 각지에서 왔거나 다른 유럽 국가에서 온 젊은 여성들로, 돈을 찾아 새롭게 건설된 미군기지 주변으로 유입되었다. 병사들의 월급날이면 네덜란드, 이탈리아, 오스트리아에서 여성들이 기지촌으로 건너 왔다. 많은 여성들이 신속하게 돈을 벌기 위해 왔고 미군들이 돈을 다 쓰면 즉시 기지촌을 떠났다. 그러나 절박한 상황에 놓인 많은 여성들은 자신을 미국으로 데려가 줄 남편감을 찾길 바라며 기지촌으로 들어왔다. 점령 기간 동안 소위 쉡업관계로 불렸던 것과 유사하게 이 여성은 결혼을 꿈꾸며 한 병사와만 관계를 유지했다. 그러나 병사들이 미국으로 귀환할 경우 이 여성들은 흔히 다른 병사들에게 넘겨지곤 했다(Höhn 2002, chap. 4).

전쟁 직후 발생한 '굶주린 성매매여성'들과는 달리, 독일 정부관계자들은 '점령군'을 상대로 하는 성매매여성들이 미군과 관계를 맺는 것이 그들이 살아남기 위해 선택할 수 있는 마지막 수단으로 보지 않았다. 미군 기지촌으로 흘러 들어간 많은 젊은 여성들이 물론 전쟁의 여파로 여전히 고통받고 있었지만(많은 여성들이 고아거나, 미망인이었고 이들 중 소수만이 제대로 된 직업에 대한 희망을 가질 수 있었다), 이들은 또한 자신들의 의

---

56 바움홀더와 카이저슬라우테른에 위치한 유흥산업에 대한 자세한 설명을 보려면, Höhn(2002, chaps. 3, 4, 8) 참조.

〈사진 3. 2〉 바움흘더의 사병 부인. 시내를 통과하는 군대를 바라보고 있다. 자전거를 탄 어린 소년들이 군인들에게 큰 관심을 보이고 있다. Courtesy *DER STERN.*

작했다. 독일 도시에서 성 관련 제도가 느슨해진 것은 수십 년간 있어 왔던 일이지만 지역 주민들은 스트립바나 결혼을 하지 않은 상태에서 젊은 연인들이 함께 동거하는 상황에 익숙하지 않았다. 더욱이 전쟁 직후 경험한 문란해진 성문화는 전쟁이 낳은 불쾌한 부작용쯤으로 인식되었다. 이런 지난날은 지나갔고 독일은 이미 정치적 주권을 회복하는 단계에 있다고 믿었다. 이런 상황에서 문란한 성문화는 참을 수 없는 요소 중 하나로 여겨졌다. 독일 당국은 이런 상황을 해결하는 길은 오직 성매매 시설을 세우는 길이라고 확신했으나 이미 점령 시기에 이런 시설을 경험한 미군은 독일 당국의 이런 호소를 모두 거절했다. 이런 상황을 통제하기 위해 대규모 미군이 파병됐던 지역의 독일 지방 정부는 주민의 수가 20,000명보다 적은 지역의 경우 성매매를 전면 금지시켰다. 이런 새로운 법을 강화하기 위해 성매매 근절을 위한 대규모 감찰반들이 '비밀스럽게 성매매여성'들을 만나기 위해 군인들이 모이는 장소에서 성매매여성들을 체포하는 활동을 시작했다. 미군이 독일을 점령했던 시기에 활동했던 것과 마찬가지로 독일 경찰과 미 헌병이 성매매 근절 감찰반을 함께 운영했다. 미군과 독일 경찰의 이런 협조체제는 필수적이었다. 1955년 독일이 완전한 주권을 회복하기 전까지 유효했던 미군의 점령 법규는 미군들이 자신들과 함께 있는 어떤 여성이라도 독일경찰의 사법권으로부터 보호할 수 있도록 만들었다. 병사는 단지 그 여자가 부인이라고 하면 그만이었다. 더불어 트럭, 밴이나 버스 같은 미군의 물질적 도움이 없을 경우, 대규모 감찰반 운영은 원칙적으로 불가능했다.

미군의 독일 점령 당시 발생했던 것과 마찬가지로 많은 수의 '정숙한 여성'들도 수시로 이루어지는 악습 감찰반 기습에서 체포되었다. 미군 약혼자나 장기간 연인관계를 맺고 있는 미군과 동행하고 있던 지역 여성들 또한 흔하게 체포되었으며 산부인과 진료를 위해 보건소로 끌려갔다. 이런 부끄러운 실수들이 밝혀지고 한편으로 좀더 진보적인 독일 시민들이 이런 종류의 무차별적인 기습이 젊은 여성들의 권리를 짓밟는 행위라고 맞서면서 독일과 미군 관계자들은 악습 감찰반 운영방식에 대해 좀더 차별적인 전략을 고안해 냈다. 미군의 기지촌이 새로운 지역에 세워짐에 따라, 미군이 장기적으로 머물 것이라는 사실을 독일 시민들은 깨닫기 시작했다. 이로써 '지역 여성'들을 미군들의 성욕 추구 행위로부터 보호할 수 있는 최선의 방법을 고안하기 위해 '신사협정'이 맺어졌다. 미군이 주둔하고 있는 지역 중 주민의 수가 20,000명보다 적은 경우 성매매가 금지되어 있는 관계로 '비밀 성매매' 및 '쉑업' 관계가 보편화되어 갔다. 지역 주민들은 지역 정부가 새롭게 승인한 이 법에 반대했다. 이는 정부 관계자들도 미군과의 동거에 기꺼이 응하는 일명 군인의 아내라고 불리는 여성들 때문에 미군의 공격적인 성욕 추구 행위에서 '정숙한 여성'들을 보호할 수 있다고 믿었기 때문이다. 더욱이 큰 도시에서 미군들의 월급날에 맞춰 들어오는 직업 성매매여성과는 달리, 지역에서 같이 생활하고 미군의 월급을 지역에서 소비하는 것은 '군인들의 아내'였다. 이 여성들이 일부일처제를 잘 따르는 한 그들의 관계는 안정적으로 보장받았다. 미 당국은 이런 제안을 수용했다. 독일 시민들과 정상적인 관계를 유지하기 위해 미군들의 공격적인 성욕 추구 행위에서 '정숙한 지역 여성'들을 보호하는 것은 매우 중요한 요소 중 하나였다.

　미군들이 배치된 기지촌 모든 지역에서 성매매 감찰반들이 조사한 자료가 매우 분명하게 보여 주듯이, 독일과 미군 관계자 및 경찰들은 미군들이 있는 지역 어디에나 성매매여성이 있었다고 언급했다. 만일 성매매를 금지시킬 수 없다면, 최악의 사태라도 막아야 한다고 동의했다. 이런 무언의 동의에 포함된 것은 저자가 아래에서 보여 준 것처럼, 처벌은 최악의 범죄자에게만 적용된다는 입장이었다. 그 최악의 범죄자는 아프리카계 미군과 관계를 맺는 여성이었다. 1950년대, 독일과 미군 관계자들이 이 사건을 법정에 제소했을 때, 미군 점령 시기 판례를 따라야만 했다. '성욕과 성매매'로 얼룩진 미군 부대에 둘러싸인 지역 공동체를 의례적으로 정화하기 위해 독일과 미군 관계자들은 한편으로 독일인들의 영혼을 우려하고 있는 보수 기독교 민주 당원들을 진정시키고, 미국의 원조 아래 독일이 재무장을 해야 한다는 사실을 탐탁지 않게 생각하는 좌파 사회주의 민주당원들을 달래야 했다. 아프리카계 미군과 그들의 백인 독일 애인의 관계에 초점을 두면서, 정부 관계자들은 소중한 미독 군사 및 정치적 동맹이 위협받지 않을 것임을 더욱 확신할 수 있었다.

문제투성이인 미국의 인종분리 정책

친교금지, 성매매, 성병 근절 및 미군과 독일여성 간 성관계 및 연애 관련 논의는 미군 부대 내 깊이 뿌리 박힌 인종분리 정책의 언급 없이는 설명이 불가능하다. 홀로코스트에 녹아 있는 독일인들의 인종적 증오심을 고쳐 주기 위해 독일에 도착한 미 군정은 처음으로 「뉘른베르크 인종차별법」을 철폐했다. 나치정권은 독일 순수혈통인 아리아인과 유태인 그리고 '아리아인'과 '집시'(로마 및 신티) 및 유색인종의 성관계 및 결혼을 범죄화하기 위해 1935년 이 법을 통과시켰다. 나치정권의 잔재를 없애기 위해 우선적으로 독일인 재교육 프로그램이 광범위하게 이루어졌다. 이 교육 프로그램은 '우수인종의 개념 및 타인을 배려하지 못하는 것은 죄악'임을 독일인들에게 주입시켰고 이런 구조 아래, 미국은 '히틀러의 터무니 없는 우수인종이론의 산 증인'으로 부각되었다.[57] 동시에 미군정은 미국이 중심이 되는 이런 고귀한 교육 프로그램을 진행하는 데 있어 엄격하게 인종적으로 분리된 미국군대가 맡아서 하도록 했으며, 당시 남부 출신 장교들 대부분이 미군 사령관직에 배치되어 있었다. 1948년 「군대인종통합법」을 발행한 트루먼 대통령의 행정명령에도 불구하고, 미군

---

57 "Orientation Program for Dependents", AMHI, Occupy of Germany, 1944~48, miscellaneous files, 7, 17.

사령관들은 유럽 사령관들과 통합 업무를 보는 데 동의하지 않았다. 이들은 국무성의 압박에 겨우 1952년에 이를 받아들였다. 자칭 자유세계의 지도자라고 주장하는 미국의 위선적 모습을 폭로하는 소련과 동독의 가차 없는 선전을 대대적으로 금지시킨 후, 마침내 군 통합이 1953년 완성되었다(Höhn 2002, chap.3; Höhn 2005; Höhn and Klimke 2010, chaps. 3, 4).[58]

미 육군 내에 짐 크로우적 맥락과 독일 사회가 나치정권에서 벗어나 새롭게 재건되고 있던 맥락에서 독일인과 미국인들이 타인종 간 결혼을 경멸스럽게 바라본 것이 그리 놀랍지만은 않다. 독일 및 미군 관계자들은 한 치의 망설임 없이 아프리카계 병사와 있는 여성을 모두 성매매를 한다고 취급했다.[59] 이런 타인종 간 관계를 대하는 합의된 편견과 타인종 간 관계를 막기 위한 미독 장교들 간 이루어진 치밀한 공조로 인해 많은 독일인들은 그들의 새로운 민주주의가 타인종 간 연애와 결혼을 반대하는 것과 공존할 수 있다고 굳건히 믿게 되었다. 탈나치 독일 정권에 수입된 미국 방식의 인종차별 정책은 타인종 간 결혼을 한 이들에게 치명적인 결과를 가져왔다. 이런 미국의 인종차별은 미국시민권운동American Civil Rights Movement과 이 운동의 반향이 독일에서 일어나지 않았다면 계속 유지되었을 것이다(Höhn 2005; Höhn and Klimke 2010, chaps. 4, 8. 이 책 10장을 보라).

독일의 인종차별적인 정책이 1945년 이후 '미국화'된 방식을 이해

---

58 Fehrenbach(2005).

59 육군성 장관에게 해리스(Arthur Harris)가 보낸 타인종 사이의 결혼에 관한 서한에 관해서는 NARA, RG, 407, box 719. Starr(1947, 146~153) 참조.

하기 위해선, 1945년 이후 미군의 기지 체계가 형성된 방식을 좀더 자세하게 들추어 보는 것이 필요하다. 이는 곧 미국의 인종차별정책이 미국 본토 밖에서도 적용되었다는 사실을 의미했다. 미 육군 장교단의 구성을 고려할 때, 사령관들이 아프리카계 미군 병사를 독일 점령 업무에 배치하지 않으려 했던 노력은 그리 새삼스러울 것도 없다. 또한 장교들은 육군성에 아프리카계 사병들의 독일 배치에 반대한다는 의견을 게재했다.[60] 아프리카계 미군 병사들을 미국 본토로 송환하려는 첫 시도는 미 육군성이 아프리카계 미국시민권 활동가들의 반응을 두려워해 실패로 돌아갔다. 그럼에도 불구하고 미국 남부지역 출신이 대부분인 사령관들은 아프리카계 미군 병사들이 점령 군인으로서, 백인의 주인으로서 권력을 느끼는 기회를 주지 않으려 갖은 노력을 다했다.[61] 아프리카계 미군 병사들은 지속적으로 그들의 사령관 및 헌병들이 독일 주민과의 접촉을 막는 것에 대해 불만을 제기했다.[62] 예를 들어 사령관들은 독일 술집에 가기 위해 외출을 신청하는 아프리카계 미군 병사의 요청을 거절하는 방식으로 이들과 독일 주민과의 접촉을 제한하곤 했다. 미국군대가 인종적으로 분리되어 있었기 때문에, 아프리카계 병사들이 속해 있는 대대를

---

60 독일에서 흑인병사들을 몰아내려던 노력에 관해서는 Geis(1952b, 16, 142~144) 참조.

61 Secretary of War, "Civil Aide to the Secretary, Attitudes of Negro Soldiers", 1945. 7, NARA, RG 107, Box 265. 백인과 흑인 병사들과 시행한 수많은 제대 후 인터뷰가 목록화되어 있다. 흑인병사들은 전쟁을 통해 해방감을 느꼈으며 흑인 병사들이 유럽의 백인 인종을 통제하는 경험을 했기 때문에 많은 백인병사들은 이를 위협으로 느꼈다. 이런 경험에 대한 자세한 내용을 보려면, Höhn(2002, chaps. 3, 4); Höhn and Klimke(2010, chaps. 2, 3).

62 "Report of the Negro Newspaper Publishers Association to the Honorable Secretary of War, Judge Robert P. Patterson, on Troop Conditions in Europe", 1946. 7. 18, NARA, RG 407, box 719, 6.

독일 주민들이 거의 살지 않는 곳에 배치하는 것도 쉬운 일이었다.[63]

아프리카계 미군과 독일여성 간 연애가 보편화되자 미국 뿌리박힌 인종차별적 정책이 탈나치 독일에서 위기를 초래하기 시작했으며, 이는 많은 사령관들을 초조하게 만드는 계기가 되었다(Starr 1947, 88~89).[64] 1945년 6월 미군 보고에 따르면 많은 사령관들은 아프리카계 미군 병사와 백인 여성 간에 이루어지는 연애 또는 성관계가 서로에게 매력을 느껴 이루어진다는 생각을 전혀 하지 않았다. 광범위하게 이루어지고 있는 아프리카계 미군병사와 백인 독일여성의 관계를 설명하기 위해 보고서는 다음과 같이 결론짓고 있다. "독일여성들은 백인 병사들과 신체적으로 접촉하기 위해 이들에게 집적댄다." 또한 보고서는 이런 관계에 대해 다음과 같이 설명한다. "흑인 병사들은 아마도 최악의 성범죄자일 것이다. …… 흑인들은 기회가 되면 여자들을 가지려 하기 때문이다. 현재 보고된 30건의 강간 사건 중 대부분이 흑인 병사들 짓이다."[65]

보고서 조사관이 백인 병사들은 여성들을 '유혹'하고 흑인 병사들은

---

63 "McNarney Ignores Report, Isolates Gis"; Smith(1948). "Report of the Negro Newspaper Publishers Association to the Honorable Secretary of War, Judge Robert P. Patterson, on Troop Conditions in Europe", 8.

64 독일여성들은 아프리카계 미군들의 '다름'에 매력을 느꼈지만 이런 만남에 대한 일반적인 기억은 흑인 병사들이 독일인들에게 매우 친절했다는 것이다. 수많은 흑인 병사들이 전투사단이 아니라 노무, 보급지원 그리고 용역사단으로 발령을 받았기 때문에 귀한 미국 제품을 쉽게 구할 수 있었다. 그래서 이런 제품을 절망적이고 굶주려 있는 독일 사람들과 나눈 흑인 병사들의 자상함은 현재까지 점령과 연관된 강력한 상징으로 남아 있다. 이런 관계를 현대적으로 그린 작품을 보려면 Boyle(1963) 참조. Habe(1957); Smith(1948); Standifer(1997, 142). 아프리카계 미국 언론 기사 "Tan Yanks Still Popular with Germans although Chocolate Bars no Longer Buy Friends as in Early Occupation", *Ebony*, 1952. 9; "Tan Yanks Shared Their Food and Won Hearts of German Girls", *Pittsburgh Courier*, 1945. 12. Höhn(2005, 2009) 그리고 Höhn and Klimke(2010, chap. 3) 참조.

강간한다는 식의 의견을 쉽게 퍼트린 것을 볼 때, 1945년 미 육군의 10%에 불과했던 흑인 병사들이 V-E[유럽 전승 기념일]날부터 1946년 6월까지 기간 동안 법원에 기소된 620건의 강간 사건 중 48%의 강간범으로 유죄를 선고받은 것은 그리 놀라운 일이 아니다(Geis 1952a, 27; 1952b, 138). 로버트 릴리Robert Lilly가 조사한 강간 사건 중 피고가 사형선고를 받은 사건은 더욱 심각한 인종차별을 보여 준다. 강간사건의 가해자로 기소된 병사들의 83%가 흑인 병사들이었다. 1943년 영국에 미군이 배치된 날부터 위협받기 시작한 미국의 인종분리 정책을 재정비하려는 미군의 사법체계적 노력은 흑인 병사들에게 가혹한 처벌을 내리는 방식으로 발현됐다고 릴리는 강력하게 주장한다.[66]

전반적인 미군 명령 체계 내에서 타인종 사이에 벌어지는 연애에 대해 흑인 병사들에게 내린 이러한 사법적 징계는 미 헌병이 이들 커플을 대하는 방식에서도 찾아볼 수 있다. 아프리카계 미국 시민운동권 지도자들이 문제제기를 한 것처럼 미 헌병은 '흑인 병사와 백인 여성이 함께 있는 것을 보기만 해도' '강력한 조치'를 취했다. 미 헌병은 지속적으로 여성을 성매매 혐의로 체포하거나 흑인 병사를 가혹하게 다루는 방식으로 이들 커플을 갈라놓으려 했다.[67] 소수였지만 몇몇 독일 부모는 자신들의

---

65 "Report of the XXIII Corps", 1945. 6. 22; Wünscel(1985, 341). 다음도 참조. "First U.S. Army G5 Historical Report", 1945. 5, NARA, RG 407. 이 보고서에서는 모든 성범죄의 55%가 아프리카계 미군의 소행이라고 주장하고 있다. 아프리카계 미군은 제 1미군부대의 3.3%밖에 되지 않았음에도 말이다. 필자가 이 문서를 살펴봤을 때, NARA에 아직 보관되어 있지 않은 상태였지만 이동식 상자 내 NARA에 보관되어 있는 대규모 파일에 포함되어 있었다.

66 Lilly(1995); Lilly and Thomson(1997)에서 미 군사재판의 편파적 판정에 대한 자세한 내용을 볼 수 있다.

딸이 데려온 흑인 남자친구를 받아들이는 방식으로 그들이 가진 인종적 편견을 극복하려 했다. 많은 독일인들이 흑인 병사들의 관용에 고마워했으며 미군 지도자들 사이에 퍼져 있는 인종차별적 시각을 비웃었다. 하지만 이들도 흑인 병사들과 독일여성 간에 이루어지고 있는 연애와 성 관계에 대해선 엄격한 잣대를 들이댔다(Höhn 2002, chaps. 3, 5, 8).

필자는 미국군대가 독일 '애인'이나 '약혼자'와 미군이 함께 생활할 수 있도록 허용했다면, 더욱 실용적이었을 것이라는 사실을 이 장을 통해 보여 주었다. 한 여성과 안정적인 관계를 유지하는 것이 사기를 유지하는 데 아주 중요하다는 사실에 병사들은 공감했기 때문에 군대를 따라다니는 여성들을 용인했다. 하지만 일반적으로 백인 장교의 수하에 있는 아프리카계 군인들에게 여성들과의 이런 접촉은 허용되지 않았다.[68] 흑인 병사들이 속한 사단의 남부 출신 백인 사령관들은 흑인 병사들의 백인 애인이 그들과 함께 다른 지역에 배치되는 것을 '승인'하지 않았다. 또한 물자 부족을 겪는 독일 장교들의 경우 흑인 병사와 애인 관계에 있는 여성들이 자신들이 배치되어 있는 마을로 전입해 올 경우 거의 지원을 해주지 않았다. 같은 이유로 흑인 병사와 사귀고 있는 많은 여성들은 소외되었으며, 종종 군대가 다른 지역에 재배치될 때 필요한 서류 및 허

---

67 "Report of the Negro Newspaper Publishers Association to the Honorable Secretary of War, Judge Robert P. Patterson, on Troop Conditions in Europe 6; Starr(1947, 152~153); U.S. Department of Defense(2000 79~91); Standifer(1997, 171). 1950년대 상황을 보려면 Höhn(2002, chap. 3) 참조.

68 Starr(1947, 148)은 다음과 같이 서술하고 있다. "미국 흑인 사단에서 군을 따라다니는 여성들의 문제점이 특히 심각하다." 이런 여성들을 체포하는 방식으로 캠프를 해체하려는 미국과 독일 당국의 노력은 종종 흑인계 미군과 독일경찰 사이에 폭력사태로 이어졌다. Höhn(2002, 120).

가증 발급 없이 그들을 따라다녀야 했기 때문에 불법적인 위치에 놓이게 되었다. 이런 방식으로 흑인 병사와 사귀는 여성들을 소외시키는 행위는 독일인들이 미군 지역 밖으로 이동하는 것이 훨씬 자유로워진 미군정 통치가 종식된 1949년 후에도 계속되었다. 흑인 병사 애인을 따라 같이 이동한 많은 수의 여성들은 흑인 병사로 이루어진 사단이 배치된 도시나 마을 밖 지저분한 불법 텐트촌에서 생활하거나 집주인들이 중산층의 적절한 예의범절에 별 관심이 없는, 일반적으로 소외된 지역에서 살곤 했다(Höhn 2002, 202).[69]

흑인 병사들과 연애를 했다는 이유로 사회적으로 소외계층에 처하도록 만든 구조와 흑인 병사를 애인으로 삼은 그들의 선택 때문에 이 여성들은 1950년대 악습단속 또는 성병단속반의 기습 대상이 되는 경우가 빈번했다. 이는 이런 단속반들이 주로 '최악의 성범죄자'들이 있는 지역을 주로 순찰했기 때문이다. 즉, 미 헌병과 독일 장교들이 순찰지역을 정할 때, 이들은 대부분 흑인 병사들의 애인이 거주하고 있는 소외된 지역을 순찰 대상 지역으로 주로 선정했으며 최대한 가혹하게 수색했다. 순찰 팀을 운영한 같은 장교들은 또한 흑인 병사들이 주로 드나드는 술집이나 클럽이 성매매 활동이 의심되는 여성 또는 성병 보균자가 많이 있을 것으로 분류했다. 전쟁 직후 높은 성병감염률과 씨름하던 그해, 악습단속 기습순찰팀은 미군을 접대하는 모든 장소를 대상 지역으로 선정할 수 있음에도 미 당국은 자신들이 보기에 '최악의 성범죄자'들이 있는 지

---

69 1950년대에도 이런 군 임시캠프가 존재했다. 특히 군대를 짓기 처음 몇 해 동안 이런 상황이 계속됐다. Höhn(2002, 120) 참조.

〈사진 3. 3〉 미-독 풍기문란 단속반, 람슈타인 공군기지 밖(1950년대 말), Courtesy Documentations und Ausstellungszentrum Zur Geschichte Der Air Base Ramstein Und Der US-Amerikaner In Rheinland-PFALZ.

역 및 '가장 지저분한 시설'이 있는 곳으로 순찰지역을 한정시켰다. 미국과 독일 경찰들 사이에 만연한 인종차별적 시각을 고려할 때, 위에서 언급한 지역은 미군 흑인 병사들과 그들의 독일여성 애인이 주로 다니는 장소를 의미했다. 미군 기지촌에서 성행한 성매매를 근절하기 위한 미독 공조 노력은 결국 흑인 병사들만이 드나드는 술집을 순찰 대상으로 삼는 것이었다(Höhn 2002, chaps. 7~8).[70]

모든 성매매를 근절하기 위한 미독 경찰들의 공조 노력은 결국 타인종 간의 성관계를 억제하는 것이었음을 미군 기지촌 관련 기록들이 여실히 드러내고 있다. 바움홀더 기지촌에 존재했던 성매매 관련 기록들은 특별히 주의 깊게 살펴볼 필요가 있다. 독일에 배치된 군인 중 흑인 병사들은 12%밖에 되지 않았지만, 지방법원에 성매매 혐의로 기소된 여성의 70~80%가 흑인 병사들과 함께 술집이나 클럽에 있다가 체포된 경우였다. 흥미로운 사실은 흑인 병사들과 관계를 맺는 여성을 소외시키는 전략은 성매매가 합법이었던 큰 시내나 도시에서도 계속되었다. 미군 백인 병사들과 흑인 병사들 모두 독일 성매매여성을 사거나 독일여성과 쉑업 관계를 맺었음에도 불구하고, 미군 면세품 불법반출을 수색한다고 위장하여 자주 이루어진 대부분의 성매매 근절 수색은 흑인 병사와 함께 거주하는 독일 백인 여성이 거주하고 있는 지역에서 행해졌다. '비밀 성매매'를 발견한 많은 수의 수색은 결혼하지 않은 커플들에게 방이나 아파트를 세 준 집주인이나 호텔 업주들의 제보로 이루어졌다. 당시 결혼하지 않고 같이 동거하는 것은 독일에서 불법이었으나 이들이 성매매 여성이었을 가능성은 매우 낮았다. 또 다른 기록이 보여 주듯이 흑인 병사들과 독일 백인 여성들에게 방이나 아파트를 세 준 호텔 업주나 집주인들은 이들의 관계를 좀더 세밀하게 관찰했다(Höhn 2002, chaps. 7~8).

이와 같이 흑인 병사들과 관계를 맺은 독일여성들은 백인 병사들과 관계를 맺은 여성들보다 경찰의 조치 대상이 되는 경우가 매우 흔했다. 그러나 이들이 순찰의 대상이 된 또 하나의 이유는 미국 본토 내에 여전히 인종차별적인 법이 존재하고 있었기 때문이었다. 1946년 말 백인 미

---

70 풍기문란 단속순찰반의 단속이 주로 흑인 병사들만 가는 술집에 집중된 행태는 이미 영국 전쟁 당시 제도화되었다. Rose(1997, 146~160) 참조.

군과 독일여성 간 결혼을 '합법'으로 인정해 준 조치가 얼마나 중요한 전환점이 되었는지 생각해 보면 알 수 있다. 그러나 흑인 병사와 독일 백인 여성 간 결혼은 합법적 틀 안에 넣어 주지 않았다. 1967년까지 미국의 많은 주에서 시행하고 있던 타인종 간 결혼을 반대하는 법 때문에 엄청난 항의가 없는 한, 미군 사령관들은 흑인 병사와 독일여성들의 결혼을 허가하는 것을 주저했다.[71] 이런 상황을 종합해 볼 때, 사령관들이 미군 백인 사병과 독일여성의 결혼을 허가한 비율과 흑인 병사와 독일여성 간 결혼을 허가한 비율이 큰 대조를 이루었던 것은 그리 놀랄 일이 아니다. 1948년 결혼허가서 중 백인 병사가 제출한 신청서의 64.3%가 승인된 반면 35.7%는 단순히 '행정적 이유로 일시적 보류'라고 분류되었다. 그러나 1949년 흑인 병사가 제출한 280건의 결혼신청서 중 오직 22건만이 승인되었다. 91건은 거절되었으며 57건은 어떤 회신도 받지 못했다. 또한 나머지 110건은 여전히 '진행 중'인 것으로 추측할 수밖에 없었다.[72] 흑인 병사들은 그들의 결혼신청이 장기간 지체되는 것은 결혼을 막기 위한 수단에 불과하다고 주장했으며 전미흑인지위향상협회National Association for the Advancement of Colored People, NAACP에 자신들의 애인과 결혼을 막고 있는 사실을 항의하고 그들의 자녀들이 합법적인 위치를 부여받을

---

71 1948년 30개의 주에 이런 법이 존재했다. 1948년 캘리포니아 주는 처음으로 이 법을 폐지한다. 서부에 위치한 7개의 주에서 1950년대 조용히 이 법을 무효화했다. 1965년 이전 4개의 주도 위와 똑같은 결정을 한다. 「러빙 대 버지니아」(1967) 판결에 대해 연방대법원이 이런 법안은 위헌이라고 판결하자, 미국에서 끝까지 이 법을 고수했던 남부는 이 법을 무효화 시켜야 했다. 더 자세한 내용을 보려면 Höhn(2005; 2011) 참조.
72 백인병사들의 성병감염률을 보려면 Geis and Grey(1951, 26) 참조. 1949년 흑인병사들의 감염률을 보려면 Stone(1949, 583) 참조.

수 있도록 강력하게 건의했다.[73]

1950년 초 미군은 인종에 관계없이 법 앞에 모두가 평등함을 공표했으나, 사령관들은 여전히 흑인 병사들이 '백인 신부'를 데리고 미국으로 돌아가는 것을 꺼렸으며 모든 전략을 동원해 이런 결혼을 막는데 힘썼다. 사령관들의 이런 노력은 매우 성공적이었다. 결혼신청서를 낸 대부분이 독일여성과 자녀를 양육하고 있었음에도 불구하고 1952년 제출된 110건의 결혼신청서 중 단 3건만이 사령관의 승인을 받았다(Frankenstein 1954, 26).[74] 흑인 병사들이 제출한 결혼신청서는 자주 분실됐으며 결혼허가를 신청한 병사들은 독일에서 근무하고 있는 다른 사령관에게 할당되거나 최악의 경우 서류를 배편을 통해 미국으로 다시 보내야 했다.[75] 기록에 따르면 흑인 병사들이 백인 병사들에 비해 더 정기적으로 그들의 자녀 양육비를 제공했음에도 불구하고, 독일여성이 임신한 경우에도 이런 전략을 적용하여 흑인 병사들이 그들의 자녀를 외면한다는 누명을 쓰게 만들었다. 결혼허가를 받은 병사들의 경우도 며칠 내에 미국 본토로 배를 타고 돌아가야 된다는 소식을 접하게 되었다. 이 또한 결혼이 성사되는 것을 막는 방식으로 이용되곤 했다. 결혼신청을 한 사병은 국가의 짐이 되지 않도록, 그의 아내를 '부양할' 만큼의 경제적 능

---

73 "Soldiers' Marriage Files", Discrimination in the Armned Forces, Part 9, reel 15, NAACP. 흑인 병사들이 그의 자녀를 낳은 여성과 결혼하기 위해 겪은 수난을 보려면 Habe(1949) 참조.

74 1952년 프랑켄슈타인(Luise Frankenstein)이 흑인병사의 아이를 가진 552명의 여성들과 인터뷰했을 때, 20%의 여성만이 그들의 동거인과 결혼할 계획을 가지고 있었다. 그러나 이 모든 커플들 중에서 오직 네 커플만 결혼허가를 받았다. Frankenstein(1954, 26).

75 ES/56, 1957년 11월 18일, LK, 602. 06. 이 사례에서 흑인병사가 그의 상관이 자신의 독일 약혼녀의 흑인 남성과 결혼하려는 결정에 대해 무례하게 질문한 상황에 분노를 표현했고, 이 때문에 미국으로 호송되었다.

력이 있다는 사실을 증명해야 하는 조항이 있는데, 이는 흑인 병사의 결혼을 막기 위해 미군이 쳐놓은 또 하나의 장벽이었다. 이 조항은 물론 백인 병사들에게도 적용되었지만, 흑인 병사들에게 더욱 차별적인 요소로 많이 적용되었다(Geis 1952b, 160~162). 즉, 군 관련 조항이 그렇듯 어떤 경제적 수단을 말하는지 정확하게 명시되어 있지 않아서 사병의 경제적 능력을 평가하는 것은 사령관 개인의 몫이었다. 사병이 아내의 독일행 여비를 지불할 정도의 재산을 보유하고 있을 때에만 몇몇 사령관들은 타인종 간 결혼에 대한 허가서를 발행해 주었다. 이런 관행은 1957년 말까지 계속되었다. 그 당시 대서양을 가로지르는 여행 경비를 생각해 볼 때, 이 조항은 곧 결혼 불가를 의미했다. 사병들 부인의 미국행 여비를 미군에서 지원해 주지 않았기 때문에 이 조항은 특히 계급이 낮은 사병들에게 큰 짐이 되었다.[76]

　　타인종 간 결혼을 대하는 군대의 태도는 서서히 변했다. 이런 변화는 시민권 운동의 진전과 마침내 타인종 간 결혼을 반대하는 것은 위헌이라고 판결한 「러빙 대 버지니아 사건」[77]을 거쳐서 이루어졌다. 이 판례이후, 흑인 병사들은 독일여성과 결혼하는 것이 훨씬 수월해졌다. 1970

---

76 "When Negro Servicemen Bring Home White Brides", *U.S. News and World Report*, 1957. 10. 11.

77 *Loving vs. Virginia*, 1967. 17살 흑인여성 밀드레드(Mildred Jeter)와 어린 시절부터 그녀의 연인이었던 23세 백인 건설 노동자 리차드(Richard Loving)는 워싱턴에서 결혼식을 올린 후 1958년 자신들의 고향인 버지니아로 돌아왔다. 그러자 이종적 혼교를 금지하는 버지니아 주 법에 따라 불법 동거로 감옥에 갇히게 된다. 그리고 1년에 25년간 버지니아 주를 떠나는 조건으로 집행유예를 선고받는다. 5년 후 이들이 다시 버지니아로 돌아오자 여행을 같이 했다는 이유로 다시 체포되게 된다. 이를 계기로 밀드레드는 로버트 F. 케네디 법무장관에게 서한을 보냈고 이들 사건은 대법원에서 러빙 대 버지니아라는 유명한 사건으로 기억됐다.—옮긴이

년대 초까지 독일여성과 결혼한 흑인 병사의 비율은 10~15%에 그쳤다 (Hough 1979, 198). 이 비율은 독일에 배치된 흑인 병사의 비율보다 훨씬 높았다. 이런 변화에도 불구하고, 모든 가능한 조치를 동원해 미군이 수년간 타인종 간 결혼을 막으려 한 행위 때문에 흑인 병사와 독일 백인 여성 간에 이루어진 연애관계는 큰 피해를 입었다(Höhn 2010b; 2011).

에필로그

일본과 한국에서 미군기지 덕분에 경제적으로 이득을 본 도시와 달리, 독일의 기지촌들은 서독의 기적적인 경제적 부흥과 함께 내리막길을 걷기 시작했다. 한국전쟁 덕에 얻은 큰 경제적 이득은 독일여성들보다는 독일 사회 전체에 먼저 도움이 되었다. 그 결과 1950년대 말에 이루어진 서독의 경제적 기적은 기지촌 산업의 종식은 아니지만 쇠퇴를 불러 왔다. 그러나 1960년대 초 더 나은 직업군이 생겨나면서, 미군을 접대하는 기지촌에서 행운을 기대하며 들어가는 여성의 수는 소수가 되었다. 이런 기지촌의 종말을 가져온 사건은 미 대통령 리처드 닉슨Richard M. Nixon 의 행정부가 1970년대 초 금본위제에서 미화를 이탈시킨 것이었다. 이후 미화의 가치는 가파르게 하락했다. 독일사회가 부유해지면서 미군은 더 이상 경제적 우위를 가진 존재로 인식되지 않게 되었다. 1960년대와 1970년대 미군 내 마약 소비 문화가 생겨나면서, 많은 수의 미군들이 주말에 섹스와 마약을 함께 얻을 수 있는 암스테르담이나 독일의 대도시로 나가기 시작했다. 1950년대 및 1960년대 미군이 주둔했던 독일 지방도시에서 영업했던 많은 수의 술집이나 클럽은 1970년대가 되자 문을 닿아야 했다. 1950년대 미군을 접대하던 80여 개의 술집이 즐비했던 바움홀더 같은 이전 기지촌은 몇 안 되는 술집만이 1980년대까지 명맥을 이어갔다. 그리고 이마저도 1990년대 모두 사라지게 되었다. 기지촌의 몰락으로 대부분의 유흥산업은 대도시로 몰리게 되었다. 그곳에서 미군은 독일 손님, 여행객 및 독일의 이주노동자들을 상대하는 성매매 시설에 드나들기 시작했다. 1980년대 동안 미군을 접대한 가장 인기 있었던 시설 중 한 곳은 프랑크푸르트에 위치한 크레이지 섹시 보델로[성매매 시설]였다. 월급날이 되면 이곳은 미군으로 가득 찼으며 미군 풍기문란 단속순찰대가 건물 안을 순찰하며 질서를 유지시켰다(Seiler 1985, 139).

일본, 오키나와 또는 한국과는 달리, 독일에 위치한 기지촌이 쇠락을 맞이한 또 다른 이유는 미 육군이 지원제로 바뀌면서 모병제였을 때보다 훨씬 더 강한 전문의식과 단결심이 미군 내에 생겨났기 때문이다. 군대에 지원을 결심한 사병의 경우에도 훨씬 더 안정적인 개인적 삶을 보유한 경우가 많았다. 오직 사병의 30% 정도만이 기혼자였던 1950년대와는 달리, 1973년에는 40%의 사병이 기혼자였다. 미군 전체가 지원제로 바뀌고 난 후, 기혼자 비율은 1994년 57%로 상승했으며 2007년에는 55%로 안정적인 비율을 보이기 시작했다.[78] 가족 없이 사병이 배치되거나 1년만 머무는 한국과는 대조적으로 독일에 배치된 대다수의 군인들이 그들의 가족과 함께 동행했다. 전반적으로 미국 사회가 그렇듯이 미국군대의 구성원들은 지난 몇십 년 동안 더 깊은 신앙심을 갖게 되었

---

78 국방, 인사, 그리고 준비 담당 국장 사무실, "군대 인구 분포도"는 온라인에서 확인 가능하다
　　(http://www.dod.mil/prhome/poprep2002/summary/summary.htm. 2009년 11월 18일 접속).

다. 이로써 근본주의적 교회에 속한 많은 수의 군대 구성원들이 음주와 성매매 행위를 못마땅하게 여기기 시작했다. 다른 기지촌과 마찬가지로 바움홀더의 경우, 한때 스트립쇼를 겸하던 술집들은 미군을 상대로 예배를 드리는 복음교회나 근본주의 교회로 바뀌었다.

1980년대 초 남성 병사만으로 구성되어 있는 전 대대에 여성을 배치한다는 군대의 결정은 군대 내 문제를 좀더 숙고하게 만드는 분위기를 조성했다. 오늘날 독일에 배치된 사병들이 아내와 가족과 함께 생활할 뿐만 아니라 미혼 병사의 경우에도 군대 안에서 그들의 섹스 파트너를 구할 가능성이 더 많아졌다. 1970년대 말 군대 내 여성의 비율이 8%로 상승했고 2002년 17%까지 올라가면서, 군기지가 위치한 독일 인근 지역에서 여성 파트너를 찾으려는 미군의 행위는 눈에 띄게 줄었다. 1960년 카이저슬라우테른의 도시에서 독일여성과 미군 간에 이루어진 결혼이 129건에 달한 반면, 20년 후 독일인 아내를 맞은 미군 병사는 37명에 불과했다.[79] 한때 미군과 독일 처녀에게 방을 빌려 주던 독일의 여관과 호텔은 1980년대 군 막사 내 지루한 삶에서 벗어나고 싶어 하는 군대 내 연인들에게 주말 동안 방을 빌려 주는 장소로 변했다. 이들 중 대부분이 결혼에 골인했는데 이는 결혼과 동시에 미군이 기지 내 가족용 주거공간을 제공했기 때문이다.[80]

---

79 "Wie in einem besetzen Land", *Der Stern*, 1982. 5. 19, 94. 1960년대 말까지 매년 독일에서는 이런 형식의 결혼이 5,000쌍씩 행해졌다.

80 1980년대 상황을 보려면 Seiler(1985) 참조. 세일러는 군대 내 성관계에 대해 묘사하고 있으며 미군부대 내 게이들이 인종적 선호도 때문에 프랑크푸르트에 위치한 바에 주로 출현한다는 점을 지적하고 있다

동독의 공산주의가 붕괴되면서 미군이 부분적으로 철수했음에도 70,000명의 미군과 그들의 가족은 여전히 오늘날까지 독일에 상주하고 있다. 이런 중요한 위치에도 불구하고, 많은 수의 미군 기지촌은 이전 그들이 가졌던 모습의 그림자 정도로만 존재하고 있다. 1970년대 및 1980년대에 적군파 테러리스트들이 미군 시설을 공격한 사건이 발생했으며, 1980년대 독일 평화운동이 시작됐고 마침내 과거 몇 년간 이슬람 테러리스트 조직이 형성되면서 미군은 굵은 철조망으로 둘러쌓인 드높은 군막사 뒤로 물러났다. 1950년대 전후 갈지자로 걸으며 얼굴에 미소를 머금고 '근심 없던' 미군의 태도와 미군 병사와 독일여성 사이에 광범위하게 이루어진 친교행위도 이젠 먼 과거에 속한 일일 뿐, 현재 독일의 젊은 세대 또는 독일에 배치된 미군 병사들에게는 더 이상 회자되지 않는다. 1990년대 이루어진 독일 내 미군기지 관련 인류학 연구는 어떤 방식으로 급진적인 변화가 진행됐는지에만 관심을 가졌을 뿐 유흥산업이나 미군 병사와 독일여성 간에 이루어졌던 성관계에 대한 언급은 어디에도 찾아볼 수 없다(Hawkins 2001).

그러나 미국이 최근에 이라크와 아프가니스탄에서 벌인 전쟁은 상황을 역전시켰다. 예를 들어 제1포병사단이 배치된 바움홀더 주민들은 '자신의 지역'에 배치된 병사들이 2009년 11월에 이라크에 배치되는 것을 포함해서, 이라크에 파병되는 것을 다섯 차례나 목격했다. 미군이 한국전쟁과 베트남전쟁 기간 동안 그랬던 것처럼, 시 당국 관계자들과 지역 주민들은 전쟁에서 가혹한 경험을 하고 독일로 돌아와 재미를 보려는 병사들과 융합하는 데 어려움을 겪었다. 이라크전쟁의 결과로 독일에 위치한 모든 기지촌은 범죄, 마약 사용, 소란을 일으키는 병사의 수 및 기물파손 비율이 상당수 증가한 것을 경험했다. 이라크전쟁은 또한 성산업에 완전히 새로운 장을 열어주는 데 한몫했다. 다시 한번 바움홀더에는 최신 음악, 스트립쇼, 랩댄스 및 성매매를 제공하는 클럽들이 문을 열기 시작했다. 젊은 병사들이 도시에서 최악으로 행동하는 것을 막고, 빈번하게 일어나고 있는 참을 수 없는 상황들에 대해 지역 주민들이 불만을 제기하는 것을 막기 위해 바움홀더 군 사령관은 2007년 9월 병사들의 군대 복귀 시간을 새벽 2시로 명했으며 모든 시내의 시설 영업 종료 시간을 이 시간으로 요구했다. 이런 극단적인 조치를 통해 사령관은 군인들을 새벽 2시까지 막사로 복귀하도록 해 최악의 사태를 방지하길 희망했다. 이 극단적인 조치와 지역 술집 주인들이 미군 명령에 따르지 않을 경우 미군 출입금지 술집으로 지정하겠다는 사령관의 협박은 베트남전쟁 때도, 그전 한국전쟁 기간에도 있었다. 이는 다시 한번 미국의 군사제국이 전 세계적으로 연결되어 있음을 보여 주는 예이다.[81]

---

81 "Army Enacting 2 A.M. Curfew in BaumHolder", *Stars and Stripes*, 2007. 9. 20.

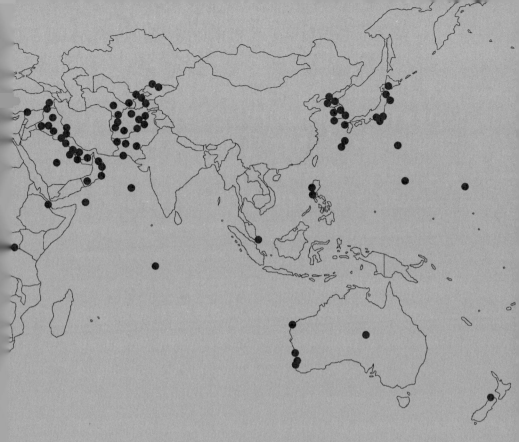

2부

/

제국주의와 민간인과의 복잡한 관계성

XXXXXXXXXXXXXXXXXXXXXXXXXX

해외주둔 및 본국에 있는
미군과 외국여성

4장

냉전 후 해외주둔 미군 재배치 계획

도나 알바

2004년 9월, 냉전이 종식된 후 10년이 넘는 기간 동안 202,000명이 넘는 미군의 자녀 및 친척들이 해외에 거주하고 있었으며 해외에 배치된 수 많은 기지가 그후 폐쇄되었다.[1] 2004년 8월 조지 부시George W. Bush 미 대통령은 해외참전용사가 참석한 행사에서 자신의 정권이 '새로운 전 지구적 재배치'New Global Postures라고 명한 예비계획에 대한 발표를 했다. 이 계획은 해외에 배치된 미군의 수를 70,000명까지 그리고 '미군가족 및 군속'의 수를 약 100,000명까지 감축한다는 계획을 담고 있었다. '군대의 기동력과 신속함'을 강화시키기 위한 계획 외에도 부시 대통령은 미군의 재배치가 납세자들의 부담을 덜어 줄 뿐만 아니라 군인들이 더 많

---

* 필자는 이 장에 쓰인 글을 위해 이 책의 편집자들과 익명의 검토위원들이 제안해 준 유용한 의견에 매우 감사 드린다.

1 "Total Military Civilian, and Dependent Strengths by Regional Area and by Country(309)", U.S. Department of Defense(2005a, 5).

은 시간을 미국 본토에서 보내게 됨으로써 군인 가족들은 '더욱 안정감'을 갖게 될 것이며, 미군가족들도 자주 이동하면서 겪어야 했던 직업 교체의 불편함을 덜게 될 것이라고 덧붙였다.[2] 이 새로운 정책이 미군가족들에게 이득이 된다고 선전한 부시 정권은 미국 본토에 미군을 유지하는 것이 그들을 해외에 배치시키는 것보다 국가에 이득이 될 것이라고 가정했다. 이는 냉전 초기 미군 아내들의 주장과 상반된다. 이들은 해외에서 가족들이 함께 생활하면 가족 간에 친밀감이 더해지고 군에 있는 남편을 내조함으로써 미군의 임무를 도울 수 있을 뿐만 아니라 아이들의 양육에도 도움이 되고 가족들이 미국인과 다른 국적의 사람들 사이에서 관계가 강화되는 기회도 얻을 수 있었다고 밝혔다. 소련이 미국의 주요 적국이었던 1940년대 말부터 1980년대에 미군 배우자들과 정책입안자들은 공산주의 국가의 침략이 예상되는 지역에 방어적 목적으로 해외에 배치된 미군들이 가족과 함께 생활할 수 있도록 설득력 있는 논의를 폈었다. 그러나 2001년 9월 11일 테러리스트 공격이 발생한 후, 정책입안자들은 가족을 미군과 함께 배치하지 않는 것이 과거에 비해 군대를 해외로 더욱 신속하고 효과적으로 배치하는 데 도움이 된다고 믿게 되었다.

이 장은 미군의 해외 재배치 정책이 미군가족과 미국의 전 지구적

---

2 John D. Banusiewicz, "Bush Announces Global Posture Changes over Next Decade", 2004. 8. 16. 온라인에서 확인 가능(http://www.defenselink.mil. 2005년 11월 23일 접속). 새로운 전 지구적 해외 미군 재배치는 "Global Posture Review"; "Intergrated Global Presence and Basing Strategy"; "Global Defense Posture Realignment"로도 알려져 있다. U.S. Department of Defense(2004b, 9); Critchlow(2005, 2) 참고.

군사주의에 미친 영향에 대해서 살펴볼 것이다. 미군이 새로운 지역에 기지를 건설하고 있음에도, 소수의 미군가족만을 해외에 주둔하게 하는 조지 부시 정권의 계획은 군대를 다음과 같이 변화시킬 목적의 한 일환일 뿐이다. "위기조치 대응적 역할에서 미래를 계획하는 방식으로 전환", "한곳에 배치된 방어 주둔군 성격에서 기동성 있는 원정 작전 수행에 맞는 군대로 전환", "전쟁에 준비된 군대(평화목적)에서 실전에 능한 군대(전쟁 목적)로 전환"(U.S. Department of Defense 2006, vi). 이런 군의 혁신을 젠더적 관점에서 표현하자면 해외주둔 미군의 재남성화라고 할 수 있다. 미군은 2차세계대전 이후 이전보다 더 많이 여군을 채용했으며 가족 중심의 정책을 추구해 온 결과, 더 여성화되었다고 볼 수 있기 때문이다. 해외에 거주하는 미군가족의 수를 대폭 줄이는 해외주둔 미군 재배치 계획의 의미와 이행은 세계를 철저하게 안전한 본국과 위험한 나머지 지역으로 이분화하려는 의도로 읽을 수 있다. 안전한 본국은 지리적으로 미국의 경계 안에 들어가며 위험한 나머지 지역은 미군(물론 남성이 여성보다 훨씬 많지만 남녀 모두로 구성된 군대를 의미함)이 모험을 하고 전투를 하며, 지원적 역할을 수행하는 곳을 의미한다. 미군뿐만 아니라 많은 미군의 배우자 및 자녀들이 60년 전처럼 해외에 배우자와 함께 생활하는 것이 군생활을 유지하는 데 도움이 된다거나 미국의 외교에 도움이 된다고 더 이상 생각하지 않는 것처럼 보인다. 그러나 미군은 해외에 주둔한 군인들의 활동을 지원하기 위해 여성들이 '집에서' 하는 일에 여전히 의존하고 있다.

　　미군들이 생각하는 성별에 따른 성향에 관한 최근 연구에서 레지나 티투닉Regina F. Titunik은 "군대는 때론 전통 및 오래된 경향에 상반되는 성향을 드러내는 복잡한 환경이다"라고 정확하게 꼬집고 있다. 그녀는 미국군대를 "지배와 자신감을 북돋아 주는 공격적인 남성성의 요새"로 보는 것은 "지나치게 단순한" 접근이라고 주장하면서 군대는 여성적 성향으로 표현되는 "협동정신, 복종, 순종 및 자기희생"도 군인들에게 주입한다고 밝히고 있다(Titunik 2008, 147). 앞선 티투닉의 주장에도 불구하고 필자는 새로운 해외주둔 미군 재배치 계획이 가족 동반이 가져오는 부담을 줄이는 방향으로 전개하면서, 군대를 대부분 남성적 성향으로 대변되는 신속하고, 좀더 확신에 차며 '치명적인' 방식으로 변화시킬 의도를 담고 있다고 주장한다. 이런 계획은 냉전과 9·11 사건 이전 시대를 있게 한 연유가 남성성의 부재였다는 생각에서 출발했다. 또한 이 계획은 남성성의 부재는 시대에 뒤떨어질 뿐만 아니라 요즘 세상에 가장 큰 위협이 되는 테러공격 같은 갈등 형태에 대응하는 데 있어서도 너무나 취약하다는 것에 근거해 세워졌다.

점령과 냉전 기간의 자산으로서 해외거주 미군가족

1980년대 말과 1990년대 초, 40년 넘는 기간 동안 미국의 외교관계에 큰 영향을 미쳤던 냉전이 종식되면서 국방기획자들은 미군의 미래 구조와 역할에 대해 구상하기 시작했다. 소련이 더 이상 미국의 주요 적국이 아닌 지금(1991년 12월 이후로 소련의 존재는 사라짐), 미 정부 대표는 1980년대 초 크게 증가한 군 관련 비용을 축소하기 위한 방법을 고민했다(Sherry 1995, 401~403). 미 국방부가 발간한 「해외주둔 미군가족과 국방부 군속 유지비용 축소를 위한 실행 가능한 방법 모색을 위한 보고서」를 제출하라는 상원 세출 위원회SAC 요구에 따라 국방부는 지속적으로 머물 수 있는 지역에 배치된 군인들의 가족을 같이 생활하게 하며 해외 거주 미군 가족을 지원하는 시설 및 서비스도 그대로 운영할 수 있는 정책을 단호하게 촉구했다. 이런 시설 및 서비스가 미군가족 및 미군의 사기를 북돋는 데 매우 중요했기 때문이었다(U.S. Department of Defense 1990, iii). 1988년 의회에 제출한 보고서에서 국방부는 다음과 같이 발언했다.

국방부는 미군가족들이 전체적으로 군이 준비태세를 갖추는 데 기여하고 군인이 제대를 결심하는 결정적 요인으로 가족과 떨어져 생활하는 것을 꼽는 상황을 생각해 볼 때, 미군가족들은 군대에 큰 이득이 된다고 판단된다. 이런 사실을 고려할 때, 해외주둔 미군가족의 수를 줄이는 것은 가정을 갈라놓는 것으로 매우 탐탁지 않은 방법 중 하나이다. 과거에 국방부 및 의회 모두 해외주둔 미군가족의 수를 줄이려 노력했음에도 지속 가능한 다른 어떤 방법도 찾아내지 못했다.[3]

해외주둔 미군가족을 '군 역량의 승수효과'로서 보는 이유는 해외주둔한 군 임무를 향상시키기 때문이었다. 이렇게 미군가족을 바라보는 시각은 전혀 새롭지 않았다. 점령지인 독일과 일본 같은 해외에 미군을 계속해서 주둔시킨다는 계획 때문에 전쟁 기간 동안 가족과 떨어져 살아야 했던 것을 참아 왔던 미군과 그들 가족들은 국방부에 이 문제를 해결

---

3 Apprendix F: "Executive Summary of the Department of Defense's Report to Congress on Dependents Oversea, june 1988", U.S. Department of Defense(1990, 41).

하라는 요구를 했었다. 국방기획자들이 이들의 요구를 해결할 방법을 찾아야 했던 2차세계대전의 여파로 군 가족을 바라보는 위와 같은 시각이 생겨나게 되었다. 유럽 연합군의 최고 사령관인 장군 드와이트 아이젠하워Dwight Eisenhower는 전쟁 이후 미군 배우자를 해외에서 같이 생활하게 하자는 의견을 낸 일군의 인사들 중 한 명이었다.[4] 미군가족을 해외로 함께 보내는 것에 동의하는 미군 장교들은 다음과 같은 이유를 들었다. 미군의 사기를 북돋는 데 가족의 역할이 필수적이었다. (가족을 동반한 미군의 대부분은 미군 남성이었고 이런 경향은 21세기 초보다 심했다.) 남성이 군입대를 결정하는 데 중요한 역할을 할 뿐만 아니라 군대 잔류를 결정하는 데도 큰 영향을 미쳤다. 군 장교들은 냉전 기간 동안 독일과 일본을 점령하면서 미군가족 중 특히 부인들을 잠재적 자산으로 바라보게 되었다.

2차세계대전이 종식되고 냉전 초기에 생겨난 미군가족 중 특히 부인들을 군대의 국제화 목표에 기여할 수 있는 주요한 요소로 보려는 의도와 인식의 정도는 그전에는 찾아볼 수 없는 현상이었다. 가족들이 사병이나 장교와 장기간 군대 이동이나 군 캠페인에 함께하는 동안 군인 아내들은 자신의 남편이 군대에 계속 머물 수 있도록 지원했었다. 이들은 음식을 구해 요리하고 빨래하며 아이를 돌보는 일 같은 필수적인 일을 하면서 때론 군에 있는 다른 남성들도 지원했었다(Albano 1994, 287; Shinseki 2003, 1~3). 미군가족들은 또한 해외에 위치한 미 영토인 필리핀에서 1900년대 초 미군의 통치에 반대해 일어난 반란 기간 동안에도 미군에 합류했었다. 그러나 신시아 인로(2000, 37)는 미군이 역사적으로 군

---

4 "Dwight Eisenhower to Mamie Eisenhower", 1945. 5. 12, Eisenhower(1978, 253).

아내와 아이들을 '종군 민간인'으로 특징지으려는 경향이 있었다는 데 주목한다. 이런 방식으로 이들의 역할을 한정하는 것은 군이 여성의 무급여 노동에 크게 의존하고 있는 상황을 모호하게 만들고 군대 유지에 반드시 필요한 여성의 공헌을 하찮게 만들면서, 군대의 남성적 이미지를 보존하려는 방식으로 여성에 대한 군의 기생적 관계를 나타낸다고 그녀는 주장한다.

2차세계대전 이후, 군은 징집제를 계속 고수했음에도 불구하고, (의회는 1947년 이 제도를 금지했지만 1948년 재승인했다) 군 지도자들은 미국이 본격적인 무력전에 휘말리지 않았을 때인 이전 시기보다 2차세계대전 이후 점령지 및 냉전용 군대 구축을 위해 상비군을 유지하려면 군인 대부분이 기혼이며 자녀를 가지고 있을 가능성이 크다는 사실을 받아들였다. 결혼 붐과 출산 붐이 전쟁 중에 일어났고 핵가족이 전후 시대의 예찬이 되면서 군은 아내 또는 자녀가 없는 남성을 입대시키거나 군에 잔류시키는 데 어려움을 겪었다. 군은 여전히 남성적 기관으로 남아 있었지만, 가족도 군의 중요한 부분이며 사회적으로 중요한 영향을 지닌다고 기꺼이 수긍하기 시작했으며 지원도 늘려 가기 시작했다(Alvah 2007, 62~65). 인로가 지적했듯 "군 사령관과 민간인 정치인들은 군인들과 결혼한 여성들을 이용."하려 했다(Enloe 1983, 48). 이 여성들이 '군인의 아내'가 되기 위해 서로 어울리기 시작한다면 이들이 군대가 가지고 있는 목표의 일정 부분을 달성해 줄 수 있을 거라 여겼다. 미군가족들을 유럽으로 보내는 계획을 세우면서 장교들은 '정상가족의 유대감' 덕분에 미군과 독일여성 간 친교 발생 확률이 줄어들길 희망했다(*Domestic Economy* 1947, 2; U.S. Air Forces in Europe 1953, xvi~xvii). 게다가 가족과 함께 생활하는 군인의 경우 문제를 일으킬 확률이 적고 미군가족들이 군인들을 위한 좀더 안정적인 환경을 조성해 줄 것이라 기대했다. 이로써 기지 운영이 좀더 순조로워지고 군과 정치 지도자들의 고민거리를 줄일 수 있을 것으로 희망했다. 군인들의 파괴적이고 때론 범죄적인 행위는 지역 여성들과의 관계에서도 발생했으며, 만취, 싸움, 절도, 암시장에서의 물건 거래, 성폭행 및 살인까지 포함했다. 독일의 점령평가서는 군인들의 범죄 행위가 감소한 것과 미군가족의 독일 배치 사이에 상관관계가 있다고 밝혔다(Davis 1967, 191; Frederiksen 1953, 111).

군 장교들은 미군가족들을 해외로 보내는 것을 우선적으로 군인들의 사기 진작을 위한, 그리고 군인들이 범죄나 점령지 또는 미군기지 주변 공동체를 파괴하거나 지역 주민을 불쾌하게 만드는 행위에 관여하지 않고 제 신분을 지키는 데 도움이 되는 수단으로서 바라보았다. 그러나 군 장교들은 군 가족들, 특히 아내들이 점령지나 냉전 상황 내 외교관계 목적을 달성하는 데 다른 방식으로도 도움이 되길 바랐다. 공식적인 군 지침서 및 부인을 포함한 군 가족, 미군 여성의 남편 및 아버지 그리고 때때로 십대들을 위한 오리엔테이션에서 군은 해외 거주 미군가족들을 미국을 대표하는 '비공식적인 외교관'으로 지칭했다. 이들이 점령지인 일본과 독일 주민들을 '재교육'시키는 데 도움이 될 수 있도록 모범을 보여 주거나 민주주의 및 미국의 관심사에 대해 교육시킨다. 그리고 지역 문화와 예절을 존중하고 국제적 공조의 중요성 및 공산주의와 맞서 싸우는 냉전 시기에 이상적인 최상위의 삶으로 불려지는 미국인의 삶의 방식을 실례로 보여 주기도 했다. 해외에 거주하는 군 아내와 자녀들은 미군기지 안과 밖, 가정, 가게, 교회 그리고 학교에서 교외 활동 및 소풍

〈그림 4. 1〉 미국 여성잡지 『레이디』
1956년 삽화. 가족, 이웃 그리고 군대에
협조하며 민간인 외교관으로 활동하는
군인 부인들의 역할을 암시한다.

같은 다양한 활동을 통해 지역 주민들과 교류했다(Alvah 2007, 102~116, chaps. 4~6).

　　미군가족을 비공식적인 외교관으로 보는 시각은 1950년대부터 1960년대 중반에 걸쳐 그 절정에 달했다. 이는 베트남전쟁이 고조되기 직전이며 미국을 전 지구적 공산주의에 맞서 싸우는 민주적이고 도덕적인 빛나는 영웅으로서 보는 환상적 이미지가 미국 국내뿐만 아니라 전 세계적으로 퍼져 있었을 때였다. 냉전이 종식되고 미 국방부가 1990년 의회에 제출한 해외에 거주한 미군가족의 유지 비용에 관한 보고서를 발표했는데, 당시 해외에 거주한 미군가족의 수는 2000년대 초보다 40% 정도 더 많았다. 해외에 거주한 미군가족의 수가 가장 많았던 때는

1960년으로 462,504명이었다. 이는 1950년대 90,000명으로 추정됐던 미군가족 수보다 훨씬 많으며 90,000명도 2차세계대전 이전 해외에 거주했던 미군가족 수에 비해 훨씬 많은 수였다. 1960년대 중반 베트남전쟁이 고조되면서, 해외 거주 미군가족의 수는 1970년에 318,000명까지 떨어졌다. 그러나 1980년에 이 숫자는 353,641명까지 다시 증가했다. 통계자료에 따르면 1990년 해외 거주 미군가족 수는 344,936명으로 집계됐다(U.S. Bureau of the Census 1964, VIII, table B; 1973 table 1; U.S. Department of Defense 1981, 283; Mills 1993, 65).[5]

전방의 재남성화와 후방 길들이기

냉전 종식 후 미군가족의 해외 거주를 찬성했던 미 국방부의 정책에도 불구하고, 해외에 거주하는 미군가족의 수는 해외에 배치된 미군의 수와 마찬가지로 그다음 10년 동안 줄어들었다. 1990년부터 1996년 9월까지 해외 거주 미군가족의 수는 약 38%가 줄어들어 214,327명을 기록했다. 이 수는 그다음 5년 동안 더욱 줄어들어 202,000명까지 되었다.[6] 그럼에

---

5 밀스(Karen Mills)에 따르면 1990년 통계조사 자료가 발표한 군인 가족의 수는 실제보다 적었을 것이라고 말한다.
6 "Commission on Review of Overseas Military Facility Structures of the United States(Overseas Basing Commissiom)", Report to the President and Congress, 2005. 8. 15, p. 5. 온라인에서 확인 가능(http://fido.gov/obc/reports.asp. 2009년 3월 31일 접속). U.S. Department of Defense, "Table 4-1: Non Command Sponsored and Command Sponsored Dependent Strengths of Active Duty Military by Regional Area and by Country", 1996. 9. 30. 온라인에서 확인 가능(http://siadapp.dior.whs.mil/personnel/MOIFY96SMS4IBR.htm. 2006년 8월 28일 접속). 여기에는 미국 영토에 거주하고 있는 군인 가족 수는 포함되어 있지 않다(괌, 푸에르토리코, 존스톤 애톨, 마셜 아일랜드).

〈표 4.1〉 해외주둔 미군가족의 수, 1960년 및 1970년

	1960	1970
유럽 및 소련	327,446	204,049
아시아	81,540	98,129
아프리카	15,581	4,359
캐나다 및 멕시코	12,718	2,903
미대륙(캐나다와 멕시코 제외)	5,284	6,022
기타 지역	19,935	2,537
총 인원	462,504	317,999

출처: U.S. Bureau of the Census 1964, 52~57, table 9; 1973, 1~2, table 1.

도 불구하고 가족과 동반하지 않고 해외에 배치되는 경우 '고되고, 힘들거나 고립된 근무'로 여겨지기 때문에, 군은 일반적으로 가족이 거주할 수 있는 해외로 군인이 배치되면 함께 생활할 수 있도록 하는 정책을 계속 유지하고 있다.[7]

계획을 세운 당사자들이 분명하게 이를 인지하지 못한다 할지라도 새로운 해외주둔 미군 재배치 정책의 의도와 실행 계획은 젠더적 용어로 풀어 볼 수 있다. 군대를 재설계하려는 의도는 냉전 종식 직후부터 있어 왔지만, 9·11 테러 공격이 미군의 남성성을 재강화시키는 계획을 실행하는 데 박차를 가했다. 9·11 이후 군사비평가들은 미군이 이런 공격에 대응하기에 너무 약하며 위기 대응 능력이 너무 느리다고 우려했다. 미군의 남성성을 재강화시키는 계획의 의미는 대부분의 기획자들을 포함해, 군대 내 여성을 제대시키거나 여성의 수를 감소시킨다는 것과는 거리가 멀다. 군입대 희망자들을 모집하는 일이 쉽지 않기 때문에 여성

---

7 "Hardship tours", Cline(2003, 231).

《표 4.2》 해외주둔 미군가족의 수, 2005년 9월

	사령부의 지원을 받는 가족 수	사령부의 지원을 받지 못하는 가족의 수
미국 및 미국령 (괌 및 푸에르토리코 포함)	1,757,082	8,306
유럽	112,949	9,965
구소련	87	36
동아시아 및 태평양	49,534	22,801
북아프리카, 동쪽 근방 남아시아	301	467
사하라사막 이남 아프리카	179	127
서반구(캐나다 및 멕시코 포함)	682	959
같이 파견되지 않고 따로 사는 가족의 수	1,982	1,099
해외 지역에 거주하는 총 인원	165,714	35,454

출처: U.S. Department of Defense 2005a, 1~5.

을 군에서 배제시킨다는 생각은 할 수 없었고, 무엇보다 여군이 뛰어나게 그들의 임무를 잘 수행하는 이유도 있었다. 즉, 이 계획의 목적은 미군의 기동성을 향상시켜 적을 상대로 공격적으로 임무를 수행할 수 있게 하려는 것이다. 좀더 효과적으로 군대가 남성성으로 대표되는 전투행위에 뛰어들게 하려는 것이다.

해외 미군 재배치를 설명하거나 홍보할 때 사용했던 언어들은 젠더적 관점이 반영된 가정들을 기저에 깔고 있는 경우가 허다했다. 이는 미군 재배치와 관련된 군의 새로운 비전과 가족들이 지낼 공간에 대한 설명에서도 마찬가지였다. 국방부의 새로운 소식을 전하는 국방링크 DefenseLink와 국방부 정책을 담은 문서에서 해외 미군 재배치를 설명한 용어들이 군대 활동의 남성성을 강조하는 것은 그리 놀라운 일이 아니다.

이런 다양한 문서들은 다시 활기차고 새롭게 강력해진 군대의 이미지를 시대에 뒤떨어지고 약한 위치에 있는 그래서 남성성을 잃어버린 군대의 이미지와 대조시킨다. 국방링크에 게시된 뉴스는 미국의 전前국방장관 도널드 럼스펠드의 다음과 같은 말을 인용하고 있다. "해외 미군 재배치를 설명한 글은 마치 독일 북쪽 평원을 가로질러 소련 탱크가 쳐 들어오는 것에 독일이 아직도 대비하고 있는 것같이 얘기하고 있다." 다른 곳에서 이 글은 새로운 '해외 미군 재배치'를 "더 기동성 있고 효과적인 군대"로 묘사하고 있다. 이 군대는 증가된 기술력을 통해 좀더 효과적인 '협동성'과 더 증강된 '살상력'을 갖게 될 것이라고도 얘기한다. 예를 들어 "예전엔 몇 대의 전투기가 하나의 목표물을 격추하기 위해 포탄을 투하했다면 이젠 증강된 기술력으로 전투기 한 대가 여러 목표물을 정밀폭격으로 격추할 수 있게 되었다"고 말한다. 이를 수행하기 위해 '증강된 특수 임무군'도 배치된다. 이러한 군대는 "전쟁이 불가피하게 발생할 수밖에 없는 전투지역에서 승리를 목표로 좀더 현명하게 배치될 것"이다. 『해외 미군 재배치 계획 강화를 위한 보고서』*Strengthening U.S. Global Defense Posture*(U.S. Department of Defense 2004b)는 미군기지가 배치될 '연합국과 동맹국'과의 외교적 군사 관계를 구축하는 것과 다른 국가와의 협력(여성적이라고 젠더화된 활동)에 대한 필요성을 인식하는 것이 이 계획을 이행하는 데 주요한 요소임을 재차 강조하고 있음에도 불구하고, 미국이 이런 관계 속에서 우위적 위치를 차지하고 있는 것에는 의심의 여지가 없다. 그리고 해외에 배치된 미군을 쇄신하려는 이런 노력의 근본적 목적은 미군을 유례없이 강한 군대로 만들기 위함이다.[8]

또한 새로운 모습으로 단장할 군대를 이런 방식으로 열거하는 것은 이런 군의 변화가 가족에게 미칠 영향에 대해 반복적으로 합리화시키기 위한 것이다. 군대를 재남성화하려는 의도의 이면엔 군인 가족을 본국에 묶어 두려는 계획이 있다. 이럴 경우 해외에 거주하는 군인 가족의 수는 해외 미군 재배치 계획이 시행됨에 따라 줄어들게 될 것이다. 이 새로운 계획에 따라 미 군대의 여성적 면을 대표했던 (여성적 영향을 끼쳤던) 많은 수의 군대 가족은 미국 본토에 거주하게 될 것이다. 해외와 비교했을 때 '국내, 즉 후방'은 여성적 의미가 더 강하다. 군대 가족을 본국에 머물게 한다는 것은 해외에 머물면서 그들이 했던 역할도 지속적으로 감소시킨다는 것을 의미한다. 이들은 해외에 머물면서 군인들을 지원했을 뿐만 아니라 더 나아가 미국군대를 지원해 왔다. 그리고 때로는 미국의 외교관계 목표를 달성하는 데 조력자 역할도 해왔다.

해외 미군 재배치 계획이 제시하고 있는 해외주둔 미군의 가족 수를 대량 감량하는 사안(약 100,000명 감축 예상)에 대한 설명 어디에도 유지비 삭감이 그 목적임을 밝히지 않고 있다. (이런 이유 외에도 특히 최근 계속되고 있는 달러 약세의 영향도 있었을 것이다.) 해외기지위원회Overseas Basing Commission가 지적했듯 이런 새로운 계획대로 해외에 주둔한 미군의 재배치가 이루어져도 미국은 여전히 미국 내 기지 근처나 기지 내에서 거주하고 있는 많은 수의 군대 가족을 지원하는 프로그램 및 시설 비용을 부담해야 한다.[9]

---

8 Jim Garamone, "Rumsfeld, Myers Discuss Military Globla Posture", DefenseLink News, 2004. 9. 23. 온라인에서 확인 가능(www.defenselink.mil. 2006년 9월 16일 접속). U.S. Department of Defense(2004b, 4, 7, 9, 11~15)

9 Overseas Basing Commission, Report to the President and Congress, iv, xi, 25~26.

미군 배우자나 자녀들이 테러리스트의 공격 대상이 될 수 있다는 가능성을 정책입안자들이 고려했음에도 불구하고, 해외 거주 미군가족의 수를 감축하는 가장 주요한 이유로 이런 가능성에 대한 두려움은 전혀 언급하지 않는다. 그저 미국군대가 가족이라는 군살을 빼고 "신속하고, 좀더 기동성 있는" 군대로 거듭나 위협이 존재하는 곳이면 세계 어디나 신속하게 대응할 수 있도록 한다는 것만 강조한다.[10] 냉전 기간 동안 미 정부 관료들을 비롯해 신문에 글을 기고하던 저자들도 공산주의와 이에 맞서 싸우는 군대 간 교전에 미군가족들이 피해를 볼 가능성에 대해 근심했다. 또한 유럽 및 아시아에서 활동하고 있는 공산주의 적들이 의도적으로 미국 시민을 해할 수 있다는 점에 대해서도 때때로 우려를 표했다. 이런 우려들은 미군가족들을 미군의 사기를 진작시키는 주요한 요소나 미군기지가 위치한 각국 나라와 미국과의 관계를 개선시키는 역할로 간주하기보다는 국제적 분쟁의 잠재적 희생자나 연약한 존재로 바라보고 있다는 것을 시사했다. 1948년 6월과 1949년 5월 소련이 베를린을 봉쇄한 기간과 1961년 발생한 베를린 위기Berlin Wall crisis 때 미군 관계자들은 유럽 공산주의 국가들 사이에서 자유와 민주주의의 요새로 여겨지고 있던 도시, 베를린에서 미군가족을 대피시키는 대신 계속 거주하도록 했다. 이는 미군가족들을 군 임무 수행의 주요한 조력자로 공산주의를 타

---

10 Doug Sample, "Changing [the Department of Defense's] Global Posture and 'Enormous Undertaking'", 2005. 3. 17, American Forces Press Service News Article. 온라인 확인 가능 (www.defenselink.mil. 2007년 3월 21일 접속). 마이클 만(Michael Mann)은 미국의 군사주의가 증가할수록 해외에서 민간인을 포함해 미국인을 대상으로 하는 테러가 더 많이 발생할 것이라고 언급했다.

계하기 위한 미국의 변함없는 헌신을 나타내는 대표자로 보았기 때문이다. 미군 장교들과 그들의 아내는 미국여성들과 아이들을 서베를린에 계속해서 거주하도록 한 군대의 결정을 미국정부가 소련에게 어떤 일이 있어도 이곳에 굳건히 있겠다는 사실을 공표한 것으로 받아들였다(Alvah 2007, 139~149, 161; Leuerer 1997, 166~167). 이와 반대로 미군가족을 대피시켰던 경우는 냉전이 달아오르기 전 시기 또는 무력전쟁으로 치닫기 직전뿐이었다. 1950년 6월 북한이 남한을 침략했을 때, 1962년 10월 쿠바 미사일 위협 때, 1965년 베트남전쟁의 전면전을 존슨Lyndon Johnson 행정부가 결정했을 때였다(Alvah 2007, 226, 228~229).

새로운 해외 미군 재배치 계획을 설명하는 공개 보고서에는 해외 미군기지에서 거주할 수 있는 군 가족의 수를 감축하는 계획이 포함되어 있다. 이 공개 보고서 어디에도 테러리즘에 대한 공포는 언급하지 않는다. 대신 해외에 배치된 군대의 임무를 수행하고 군인들의 사기를 진작시키고 준비태세를 갖추는 데 미군가족을 더 이상 긍정적인 요인으로 보지 않는다는 것을 드러내고 있다. 특히 미국과 미군이 배치되어 있는 해외주둔국가 간에 긍정적인 관계를 형성하고 유지하는 데 미군가족을 잠재적 도움의 존재로 더 이상 보지 않는다는 것을 드러낸다. 이런 군의 변화 중인 (이미 진행 중에 있음) 미군가족과 관련된 정책을 옹호하면서 부시 대통령과 고위급 장교를 포함한 다른 관리들은 군의 이런 변화가 군 가족들에게 궁극적으로 이익이 될 것이라고 언급했다. "군의 이런 변화는 미군과 그들 가족의 복지를 증진하기 위함이다"라고 부참모총장 리처드 코디Richard Cody는 언급했다. "이 계획은 미군가족에게 안정감을 제공하고 장래 계획을 미리 세울 수 있도록 하기 위함이다"라는 말도 덧붙였다. 부참모총장 코디에 따르면 군인을 '배치'하면 적어도 4년에서 5년 간 주둔하도록 할 예정이라고 언급했다. 이럴 경우 미군가족들은 배우자 가 다른 곳으로 발령이 나도 미군기지 내부 또는 근처에서 계속해서 거 주할 수 있다고 언급했다.[11] 해외 미군 재배치 계획의 옹호자들은 미군가 족이 더 많은 안정감을 갖게 될 것이라고 강조한다. 가족이 머물고 있는 기지를 떠나 남편(또는 부인, 물론 군인 배우자의 94%는 여성이다)이 다른 지 역에 배치되어도 (수많은 배우자들이 문제점으로 지적했던 것 중에 하나이다) 미 군 배우자들은 자신의 직업을 그만둘 필요가 없으며 자녀들은 전학 갈 필요가 없어진다. (많은 군 자녀들이 해외에서 생활하길 원하고 이를 통해 혜택 을 받는 데도 말이다.) 부시 대통령은 "미군 배우자들은 자신의 직업을 지킬 수 있고 가정은 더 나은 안정감을 갖게 될 것이며 본국에서 자녀들과 더 많은 시간을 갖게 될 것입니다"라고 말한다(Ender 1996, 131~133; Houppert 2005, xix; Goodwin and Musil 2006).[12]

해외미군 재배치 계획 아래 미군가족의 삶이 어떤 방식으로 향상 될지 묘사하고 있는 부시 대통령의 연설은, 이들이 마치 본국인 미국에 만 머물길 바라기 때문에 더 이상 본국을 강제로 떠날 필요가 없을 뿐만 아니라 지금처럼 해외로 자주 이주하지 않아도 된다는 식으로 설명하 고 있다(대개 가족을 동반하고 해외에 배치되는 군인의 '복무 기간'은 3년이다). 이 런 방식으로 미군가족을 바라보는 시각에는 미군 배우자들이 남편이건

---

11 Sara Wood, "Army Announces Repositioning Plans", 2005. 7. 27, American Forces Press Service News Article, 온라인에서 확인 가능(http://www.defense.gov/news/. 2010년 3월 31일 접속).

12 Banusiewicz, "Bush Announces Global Posture Changes over Next Decade".

아내건 그들의 역할(월급 생활자들을 제외한 배우자들, 배우자들이 임금노동자일 경우 그들의 가족을 경제적으로 지원할 수 있다)을 본국에 위치한 가정에 한정시킨다는 것과 장거리에서 배우자를 정신적으로 지지해 줄 것을 암묵적으로 포함하고 있다. 부시 대통령은 미 본국에 위치한 기지 내에서 군인 아내들이 하고 있는 엄청난 양의 자원 활동은 전혀 언급하지 않았다(Houppert 2005, 166~167, 198~199, 213, 226). 더 나아가 군인 아내들과 자녀들이 미국군대에 현재 공헌하고 있는 부분과 미군기지가 주둔해 있는 국가와의 외교적 관계와 관련해 달성하고자 하는 목표에 이들이 공헌할 수 있는 부분에 대해서도 전혀 언급하지 않았다. 2차세계대전 이후 해외에서 거주한 미군가족의 누계는 수백만 명에 이르렀는데도, 이들이 군의 해외임무 완수에 별 도움이 되지 않는다는 뚜렷한 시각을 공식적으로 표명한 것이다. 군인들이 배우자나 다른 가족들의 직업에 상당 부분 의존하고 있음에도, 대통령 부시는 군인 배우자를 보조하고 더 큰 의미에서 군대를 지원하는 군인 가족의 역할을 오직 가정으로 한정했다.

『첫번째 걸프전』The First Gulf War을 쓴 린다 부스Lynda E. Boose는 다음과 같이 말했다. "가슴에 리본을 단 고결한 모습으로 포장된 여성들은 민간인이 거주하는 미 본국이 지닌 군사적 남성성을 두드러지게 강조할 뿐만 아니라, 동시에 전쟁을 반대하는 남녀 모두의 저항을 효과적으로 상쇄시키는 역할을 한다"(Boose 1993, 76~77). 부스는 대다수 여성의 전쟁 지지(해리스 여론조사기관에 따르면 73%의 여성이 전쟁을 지지한다고 함)와 모든 미국인들에게 군대 지지를 촉구하는 여성의 중요한 역할(이렇게 함으로써 이전에 많은 미국인들이 의구심을 가졌던 군 개입을 옹호하게 됨)을 해석함에 있어, 다음과 같이 전통적인 성역할에 따른 인식이 한층 더 강화된다고 말한다. 즉 여성적·헌신적인 그리고 삶을 유지하는 후방과 남성적이고 공격적인 군사전선이라는 이분법이 강력하게 재생산되는 것이다. 이런 입장들은 미군의 활동을 정당화하고 사기를 북돋기 위해 서로 보완적으로 이용된다. 부스는 또한 전쟁에 대한 이런 반응을 "1960년대와 1970년대 처음으로 광범위하게 상상되었던 대안적 젠더의 두 가지 형태를 무력화시키는 데 일조했다"고 해석한다(Boose 1993, 76~77). 전통적인 남성성에 반대하면서 저항과 공격적인 반전주의를 받아들이는 남성성. 그리고 남성성이 강한 군사주의 국가의 필요를 충족시키기 위해 충직한 배우자이며 출산을 하는 모성의 역할에서 벗어난 대안적 여성성. 많은 미국인들이 이렇게 만들어 낸 대안적 젠더 이미지 및 특히 남성 반전 활동가들의 이미지에 언짢아하며 분개했다. 특히 이런 현상은 베트남전쟁에 회의적인 사람들 내에서도 나타났다.

2000년대 초, '최전방'과 '본국'(후방)의 차이는 군인과 군인 가족이 나타내는 젠더 역할처럼 분명했다. 남녀 군인들이 전쟁 지역이나 가족과 떨어진 먼 지역에 배치되면, 다음과 같은 지침을 책과 인터넷 사이트를 통해 접하게 된다. 군인 아내(가끔 여군 남편을 지칭하기도 함)들은 가정을 안정적으로 유지하고, 멀리 떨어져 있는 아버지(또는 어머니)와 자녀가 지속적으로 연락하게 하고, 그리고 군인들이 귀환할 경우 군인을 비롯해 나머지 가족들도 언제든지 지원받을 수 있도록 준비할 것을 촉구한다. 즉, 군인 배우자들은 아내 또는 남편이 해외 임무수행 중 얻은 트라우마에서 회복될 수 있도록 돕는 공익적 역할을 수행하고 있는 것이다(예측할 수 있듯 이렇게 함으로써 군인들이 군대나 지역 사회에서 골칫거리가 되지 않고 본국인 미국에서 제대로 삶을 영위할 수 있게 하는 것이다). 군인 배우자의 이런 역할은

막중한 책임이 따르는 것이지만 사적으로 가정 내에서만 이루어진다.[13]

수천 명의 군인 가족들이 여전히 군인 배우자와 함께 해외에 머물고 있지만, 텔레비전 뉴스, 신문에 실린 사진 및 기사 그리고 인터넷에 올라온 눈에 띄는 군인 가족의 이미지는 본국인 미국에서 군인 배우자(대개 남편)의 해외전출 때문에 힘들어하는 모습이다. 군인 배우자나 부모에게 눈물을 훔치며 작별인사를 하는 모습, 군인 배우자가 귀환하면 기쁘게 맞아 주는 모습, 재정적으로 근근이 먹고사는 모습 등이 그 예이다. 1970년대 이후, 정부, 사회 복지사 그리고 언론은 가정폭력, 별거, 외상 후 스트레스 장애PTSD, 빈곤과 같이 군인 가족들이 겪는 문제에 많은 관심을 가지기 시작했다. 그러나 이런 관심과 함께 군인 가족은 국내 및 국제 정치 문제에 있어 자주적 에이전트로 묘사되기보다는 희생자로 비쳤다. 군인 가족들은 종종 낮은 급여, 잦은 이사 그리고 사랑하는 배우자나 가족과 떨어져 살아야 하는 등의 고충을 인내하며 사는 단순한 모습으로 이해된다. 미국 군사주의 옹호자들에게는 이렇게 힘들게 사는 군인 가족을 지지하는 것이 애국적 행위이다. 이런 태도는 모든 미국인들에게 미 군사주의에 비판적인 목소리를 내는 사람들조차도 "군을 지지한다"라고 선언하도록 종용하는 것과 비슷하다. 이런 시각으로 보면 미군가족들이 겪는 시련과 그들에 대한 도덕적 지원을 표명하는 것이 미국정부의 군대 배치에 대해 대중의 묵인을 요구하는 데 유용하게 사용된다.[14] 그러나

---

13 Daniel Zwerdling, "Military Wives Fight Army to Help Husbands", Boradcast, National Public Radio, 2008. 5. 17. 온라인에서 확인 가능(http://www.npr.org. 2008년 5월 17일 접속).

14 미군 활동에 대한 지지를 얻기 위한 수단이고 반드시 해야 할 의무로 "군을 지지하기 위해"(또는 "우리 아들을 사랑하기 위해") 하는 것에 대해서는 Boose(1993, 76~77)를 참조.

〈그림 4.2〉 1958년 7월 잡지 『레이디』 광고, 미군 부인들을 광고대상으로 출판, 공군이 우리와 같은 민간인이고 가정적이라는 것을 알리려는 목적.

미국의 외교 및 군사 정책 비평가들 역시 미 제국주의를 시행하는데 들어가는 인적 비용의 상징으로 미군가족을 바라본다.

미군가족의 역할이 더욱 가정에만 묶이게 되면서 해외에 배치된 군인의 역할은 재남성화된다. 그러나 남성성의 군사화는 역사적 그리고 문화적 맥락에서 특별하다(Enloe 1993, 72~76). 냉전 시대 첫 20년 동안 미국 내에서 남편과 아버지로서의 군인의 이미지는 그전 시기 보다 훨씬 더 일반적이었다. 예를 들어 1950년대 미 공군은 미군 부인들을 위한 잡지 『레이디』*Lady*에 공군의 이미지를 가정친화적으로 홍보했다. 여러 장에 걸쳐 기재된 광고는 미군 부인들에게 공군들은 민간인과 다를 바가 없으며 다정하고, 가정적인 남편이자 아버지라고 홍보하고 있었다. 이 시기 연방정부가 강화시킨 군 정책하에서 군사화된 남성성은 남성 군인이 가장과 전투병 모두의 역할을 수행하도록 허가했다. 그러나 이 정책은 여성의 결혼과 출산에 대해서는 부정적이었으며 여성이 출산할 경우 제대를 시켰다(Segal and Segal 2004, 30).

해외 미군 재배치 정책이 군대를 다시 남성화하고 해외 배치된 군대를 용맹스럽게 포장하고 있음에도, 미국에 있는 가족과 헤어지고 재회하는 미군들의 모습은 다른 이미지를 생산해 낸다. 이런 모습들 속 군인들은 대부분 군복을 입고 있으며 감성적인 모습으로 가족들과 애뜻함을 (이런 모습이 공개적으로 노출되고 있음에도) 나눈다. 물론 가끔 이러한 여군의 모습도 보여지긴 하지만 대부분 이런 장면 속 군인들은 남성인 경우가 많다.[15] 즉, 군대 속 남성과 여성은 그저 단순히 전투병의 이미지만을 상징하지는 않는다, 이들은 특히 미국(과 국내 소비적 측면)이 결부된 맥락 안에서 가족과 유대관계가 있는 근본적으로 상냥하며 사랑을 주는 사람들로 묘사된다.

냉전 후와 9·11 사태 이후 군사제국 속 (그리고 바깥의) 군 가족들

베트남전쟁이 계속되던 때와 그 이후에도 군인 중 상당수가 결혼을 했으며 (군인 아내들 중 전쟁을 지지하는 이들과 반대하는 이들도 있었다) 자녀를 가졌다. 그 당시 해외 거주 미군가족들에게 딱히 정해진 역할은 없었으

---

15 예를 들어 항공교통관제 감독관 클랩(Ensign Susan Clapp)과 그녀의 아이들이 나온 PBS 다큐멘터리 「캐리어」(Carrier)에 나오는 장면. Chermayerff(2008). 이 10시간에 걸친 프로그램은 미국의 함대 니미츠(Nimitz)의 배치를 2005년에 6개월 동안 따라다녔다.

며 그들의 수도 1950년대 후반과 1960년대 초반에 비해 그리 많지 않았다. 군 배우자들이 다른 직업을 갖는 경우가 늘어나자 2차세계대전 이후 독일과 일본 그리고 다른 지역에서 군인 가족들이 수행했던 '전쟁고아', '애기 사병'과 그들의 엄마를 돕거나 미군이 주둔하고 있는 지역 학생들에게 영어를 가르치는 등의 봉사활동을 할 시간이 점차 줄어들게 되었다. 페미니스트 운동에 영향을 받은 신세대 미군 아내들은 군에 무료노동을 제공했던 전 세대와는 다르게 행동했다(Alvah 2007, 103~103, 144~146, 178, 180; Brown 2005, 233~245).

냉전이 발발한 후 첫 20년간, 미군가족들은 미군기지가 주둔한 주둔국 국민들과 교류하며 그들의 문화와 관습을 배우고 가난한 지역주민들을 대표해 자선활동에 참여하며 미국인의 우월한 삶을 보여 주었다. 그러나 이런 방식은 1960년대 이후 점차 줄어들기 시작했다. 2000년대 초반, 이런 방식은 더 이상 중요하게 여겨지지 않았다. 미군 아내들은 이제 (직장에서 돌아오면 자녀와 가정을 돌보는 '두번째 직업'을 수행하면서) 임금노동을 하는 데 더 많은 시간을 보냈다. 주둔국에서 돈을 소비하기보다는 기지 내에서 돈을 소비하라는 경고와 점차 증가되고 있는 반미감정과 함께 달러의 약세는 미군가족들이 기지 밖으로 외출하는 것을 더욱 꺼리게 만들었다(Alvah 2007, 230; Hawkins 2001, 167~180). 게다가 1950년대 널리 주었던 조언과 대조적으로 군대를 비롯해 지도자 위치에 있는 군인 배우자조차도 군인 가족들에게 미국인 조국을 위해서 "친구를 사귀라"는 조언을 더 이상 하지 않는 것으로 보인다. 그 당시 대부분의 군인 가족들은 미국이 상징하고 있는 자유와 부를 주둔국 사람들에게 알리고 주둔국과 우방 관계를 형성하는 것이 공산주의와의 이데올로기 싸움에 자신들이 기여하는 것이고 의무라고 여겼다. 2000년대 초반에 군인 아내들을 위해 출판된 책과 웹사이트는 1950년대와 60년대 발간된 것과는 상반되게 주둔국 사람들과의 교류를 권하지 않는다. 군인 아내를 위한 책의 한 장은 '해외에서 생활하기'(그러나 이는 개인이 행해야 되는 어떤 외교적 노력의 차원이라기 보다 개인의 발전을 위한 수단으로 강조되고 있다. 군인 가족을 위한 혜택, 군인 가족 행사를 위한 절차, 군인 아내 일자리 구하기, 돈 관리 같은 챕터들로 이 책은 구성되어 있다)라는 내용을 담고 있는데 주둔국 언어를 익히고 지역 주민들과의 교류를 권한다(Cline 2003, 210~228).

주둔국 공동체에서 분명하게 자신들을 분리하고 고립시키는 많은 미국인들의 모습은 베트남전 이후 미국이 실행했던 제국주의가 이전 시대에 미국이 시행했던 제국주의뿐만 아니라 다른 나라들이 시행했던 식민주의와는 다르다는 것을 시사한다. 아시아인 및 아프리카인이 자신들과 다른 점을 부각시키고 묘사했던 유럽 식민주의자들 및(Stoler 2002, 201~204), 1940년대부터 1960년대 중반까지 주둔국 및 점령국 주민과의 접촉이 미국의 냉전 목표를 더욱 지지하게 만들 것이라고 생각했던 미군 아내들과는 달리, 20세기 후반 및 21세기 초반 해외 거주 미군가족들은 주둔국 지역 주민들과 거의 교류하지 않는 방식으로 자신과 그들 사이에 경계를 지었다. 이런 경계짓기의 원인이 낯선 환경에서의 모험에 기반한 두려움에 기인한 것인지, 돈과 시간이 부족해서인지, 아니면 단지 관심이 없어서인지는 알 수 없다. (1980년대 서독에 위치한 미국군대와 미국인과의 관계를 연구한 한 인류학자는 많은 이들이 같은 미국인들과도 너무 친하게 사귀는 것을 조심스러워했다고 밝혔다[Hawkins 2001].) 미국인들의 이런 은둔적 경향 때문에 주둔국 주민들은 이들이 자신들을 얕본다고 믿거나 미국인들은 그저 자신들의 나라를 군 작전 수행을 위한 장소로 사용하기만을 원해 주둔국에는 전혀 관심이 없거나 신경 쓰지 않는 것으로 생각할 수 있다. 여전히 한 가지 명심할 것은 주둔국에서 미군가족의 생활을 편리하게 하기 위한 시설로 꾸며진 미군기지의 경우 미국인들에게는 친근한 공간이라는 점이다. 이런 공간이 특히 기지 내에 있는 미군 가정, 군 매점, 학교에서 근무하는 주둔국 민간인들에게 반드시 출입금지 지역이 될 필요는 없다. 몇몇 미군가족들은 주둔국 마을로 소풍을 가기도 했다. 더욱이 미군가족 중 일부는 미군과 주둔국 민간인으로 구성된 가정이다. 이들이 서로 만나 결혼하고 자녀를 갖게 되면 미국인과 주둔국 주민과의 경계는 모호해진다.

21세기 초반 미군의 해외 재배치가 시작되고 첫 10년간은 완전히 불가능하지는 않겠지만, 미군가족이 군인 배우자를 따라 해외로 나가는 것이 힘들어질 것이다. 새롭게 시행되는 해외방어계획은 '3단계로 구성된 기지관련 비전'을 담고 있다. 군대는 국방부가 '훈련병과 강력한 기반시설을 갖추고 있는 영구기지'로 부르는 주작전기지Main Operating Bases의 수를 대대적으로 감축하거나 규모를 축소할 예정이다. 주작전기지는 군인 가족들이 거주하기에 안성맞춤인 장소로 여겨지는 곳이다. 그리고 미군가족들이 이곳에서 군무원으로 일하는 것을 여전히 허용할 것이다. 주작전기지 중 한 곳인 독일의 람슈타인 공군기지는 "미군가족들이 지내기 좋게 온갖 편의시설로 가득 차 있다. 주거공간, 학교, 식료품점, 편의점, 영화관 그리고 수만 명에 달하는 미군가족들"이 있다. 점차적으로 미군은 '좀더 간소한 군기지'나 전방작전거점Forward Operating Sites으로 배치될 것이다. 이런 시설들은 "작전부대들이 돌아가면서 사용하는 것을 목적으로" 하며 주둔국 내 협력안보지역Cooperative Security Locations으로 이용될 것이다. 또한 이 시설들은 미군이 "만일에 대비해 사용"하는 장소가 될 것이다. 2004년 8월, 전 미 국방장관 도널드 럼스펠드는 전방작전거점이 "영구기지가 아니라고 못박았다. 이곳에는 가족을 위한 숙박시설이 없으며 영구기지 내 거주하는 많은 수의 미군이 주둔할 수 있는 장소도 아니다. …… 단지 이곳은 군인들이 잠시 배치되었다가 떠나거나, 연료를 채우기 위해 들르는 장소 정도가 될 것이다"(Klare 2005, 14; Crithlow 2005).[16] 이런 미군의 정책을 호의적으로 바라보는 국방부 관료들은 미군 재배치를 주둔국에 '영향을 덜 미치는 방식'이라고 설명하고 있다. 즉, 주둔국 사람들이 미군의 존재를 거의 알지 못해 이들의 존재에 대해 덜 신경쓰게 될 것이라고 주장한다.[17]

해외 미군 재배치의 목표는 냉전시대 및 1990년대처럼 한곳에 오래 주둔하는 형태의 미군에서 좀더 '신속한' 형태의 군대로 전환하는 것이다. 장기간 주둔 형태는 '주로 서유럽 및 동북아시아' 지역에서 이루어졌으며, 많은 수의 미군가족이 이 지역에서 거주했다. 또한 미군은 "그들이 배치된 이 지역에서 전투를 위해" 주둔했다. '신속한' 형태의 군대는 '언제든지' 이동 가능하며 "해외 재배치를 통해 위기 상황에 대응하는 속도"가 향상될 것이다(U.S. Department of Defense 2005ab, 5, 17~19).[18] 수백 수

---

16 럼스펠드의 발언은 '작전지역을 앞에 배치'하고 '협력안보지역'이라는 용어를 통합한 것처럼 보인다.

17 Kathleen T. Rhem, "Policymakers 'Plan to Be Surprised' in New Global Posture", American Forces Press Service News Article, 2004. 6. 30. 온라인에서 확인 가능(www.defenselink.mil. 2007년 5월 21일 접속).

18 Overseas Basing Commission, Report to the President and Congress, app. O, 3.

천 명의 군인 가족을 해외에서 거주하게 하는 것은 이 계획의 목표와 맞지 않는다. 군인 가족들이 기지에 머물 경우, 그들을 위한 지원시설의 확충이 필요하다. 국방 정책입안자들 입장에서는 군이 임무를 수행하고 신속하게 출동하며 이동하는 데 군인 가족은 부담일 뿐이다.

부시행정부가 해외 미군 재배치에 대해 2004년 발표했음에도 불구하고, 이런 계획과 군대를 외교관계 목적 달성을 위해 우선적으로 사용하려는 가정은 1993년 미 대통령 빌 클린턴의 첫번째 행정부 시기로 거슬러 올라간다(Mann 2005, 7). 만일을 대비해 생각해 놓은 용어, '군 문제의 혁명Revolution in Military Affairs 지지자'들은 새로운 군사기술을 만들기 위한 연구 개발에 초점을 두도록 노력했다. 이들 중에는 미국 기업연구소American Enterprise Institute의 프레더릭 케이건Frederick Kagan에 따르면 이들 지지자 중에 대통령 부시도 포함되어 있었는데, 이들은 일반적으로 군사 문제해결을 위해 지상군을 투입하기보다는 원거리 폭격이 가능한 공군 투입을 선호했다. 케이건은 새로운 기술을 개발하고 유지하며, 연료를 주입하고 업그레이드를 하는 데 발생하는 비용과 군인을 유지하고 군인 지원자를 늘리는 데 도움이 되는 삶의 질 향상을 위한 비용을 합쳤을 때, 최소한의 군대 인원만 유지하는 게 유리하다는 결론에 도달하게 된다고 보고했다. 그는 이 비용이 성공적으로 전쟁과 점령 임무를 수행하며 전투에 직접적으로 영향을 미치지는 않지만 중요한 다른 활동에 투입되는 데 쓰이는 것보다 적은 인원을 유지하는 데 쓰이는 것이 더 바람직하다고 결론지었다(Kegan 2006, 106~108).[19]

부시행정부가 소위 '테러와의 전쟁'이라고 부른 용어의 개념은 불한당 같은 국가들과 무정부주의자들이 일으키는 위협에 대처하기 위한 매우 효과적인 방식이다. 강경한 발언을 일삼고 기술에 크게 의지하는 미군의 단독적 접근방식, 그리고 군사 위협을 일삼는 해외 군사대국으로서의 미군의 탁월함을 유지하기 위한 가장 효과적인 방식이기도 하다. 이런 방식은 "여성적 성격을 띠는" 외교적 접근 및 다자 간 협의를 비효과적이라며 하찮게 여기고 이런 외교적 접근방식이 미국을 연약하고 위험에 노출된 이미지로 보이게 한다고 생각한다. 마이클 만은 '위협, 폭격, 그리고 침략'이 "현재 미국의 외교정책의 가장 주요한 부분이 되고 있다"라고 썼다. 그러나 미군이 군사력에 의지하여 자신이 보유한 다른 형태의 권력(경제, 정치, 및 이데올로기)을 무시할 때, 부시행정부의 이런 '신군사주의'는 미국의 권력을 증진시키기는커녕 약화시키는 결과를 낳게 될 것이다라고 만은 예상한다(Mann 2005, 1~3, 252). 부시행정부의 마지막 임기까지 비평가들이 위에서 언급한 것처럼 외교관계에서 강경한 입장만을 고수한 덕에 국내에서는 물론이고 국제적으로도 많은 비난을 받았다. 이런 방식은 미국의 안보나 국익 그리고 군사 작전에 영향을 받는 국가 민간인들에게도 도움이 되기보다는 해가 된다.

동시에 미국의 전 지구적 군사제국이 소위 '전통적' 기지(군인 가족들

---

19 게다가 케이건은 '군이 겪고 있는 인력부족 위기'는 부시행정부의 잘못이 크다고 말한다. 부시행정부는 '전쟁이 근본적으로 사람을 살상하고 물건을 파괴하는 것'이라는 가정에 기반을 두었기 때문이다. 케이건에 따르면 가장 중요한 문제는 성공적인 전쟁은 위에 설명한 것보다 훨씬 더 많은 무엇이기 때문이다. 단순히 전투뿐만 아니라 점령을 정착시키고 지속적으로 그 상태를 유지하기 위해 다수의 군 인원이 그곳에 정착할 필요가 있다. 그리고 이런 필요한 일을 진행하기 위해 지나치 장거리 기술——'RMA(Revolution in Military Affairs) 지지자들이 옹호하는 종류의 기술'——에만 너무 의존하고 있는 것도 실수였다. 이라크와 아프카니스탄에서 반군들을 진압하기가 어렵고 안정적인 민주정부를 수립하는 것이 어려운 이유는 미국이 현장에 충분한 군 인력을 제공하지 않기 때문이며 그것이 가장 큰 이유 중 하나라고 케이건은 보고 있다.

이 거주하기에 안성맞춤인 곳)로 불리는 몇 개의 대규모 기지를 폐쇄한다고 해도, 미군은 '전방작전거점'과 '협력안보지역'을 통해 잠재적으로 그 영향력을 확장해 나갈 것이다. 미군가족들은 허가를 받고 군인 배우자들과 지정된 해외기지에서 생활할 수 있을 것이다. 기지가 위치한 곳은 군인들과 가족이 배치되기에 적당한 시설과 정치적 지원이 가능한 장소일 것이다. 그러나 전 세계에서 특히 서유럽에서 군인 가족들의 수는 점차 축소될 것이다. 그리고 축소된 규모의 군인 가족들은 이미 기존에 있는 기지나 새로운 전방작전거점 또는 협력안보지역 내에 머물기는 어려울 것이다. 편안함을 주고 사회적 관계를 증진시키는 가족의 품에서 군인들을 분리시키고 첨단무기에 대한 의존율을 높이는 것은 미국의 국제적 영향력을 증대시키려는 속셈이다. 이는 미국이 '소프트 파워'보다는 무력에 기반을 둔 (젠더적으로 남성성을 상징하는 '하드 파워') 잠재력에 더 많은 가치를 두고 있다는 것을 나타낸다(Nye 2004, 5~9). 또는 젠더적으로 여성성을 상징하는 설득과 회유를 통해 타국에 영향을 미치기보다는 강압적 방법을 더 선호한다는 것을 보여 준다. 군인들이 배치된 해외지역에 미군가족의 수를 축소하거나 전혀 배치하지 않는 것은 이 지역의 군사적 분위기를 심화시키는 결과를 가져올 수 있다. 현재보다 높은 강도로 군 임무에서 군인 가족들을 분리시키는 이런 행위를 통해 미국정부는 전 세계에서 강력한 면책권을 보유하고 있는 그들의 군대를 더욱 신속하게 사용할 수 있게 될 것이다. 그러나 미국이 전쟁을 벌이고 있는 아프카니스탄 및 이라크에 파병된 이들을 포함한 미군들이 지역 주민들과 비공식적으로나 공식적으로 개인적 교류를 할 수 있으며, 이런 행위를 통해 냉혹한 침략자로서의 미군 이미지가 완화될 수 있음을 숙지하는 것은 매우 중요하다. 그러나 미국의 문화적 측면에서 위의 행위는 인간 관계를 형성하는 데 있어 여성적 측면을 보여 주는 것으로 간주된다. (물론 여성과 소녀들만 이런 행동을 하는 것은 아니지만 일반적으로 남성들은 이런 방식으로 행동하는 것을 꺼린다고 간주된다.) 그럼에도 불구하고 부시행정부는 해외 미군 재배치 관련 성명서와 정책 설명에서 이런 접근 방식을 전혀 강조하지 않았다.

군을 다시 남성화시키는 데 있어 필요한 최선의 조치는 아닐지라도 군대가 여성화되어 가며, 미군가족들로 인해 군대가 유연해지고 여군들이 늘어나는 것을 꺼리는 이들은 아마도 해외 거주 미군가족의 수를 축소하는 것이 진작 취했어야 할 조치라고 생각할 것이다. 해외 거주 미군가족의 수가 증가하는 것에 대해 우려와 불만의 목소리가 미국 내에서 흘러나오기 시작한 것은 1950년대와 1960년대였다. 이들은 미군가족의 해외주둔을 세금 낭비로 보았으며, 군인들이 자신의 임무에 충실하지 못하게 만드는 원인으로 보았고, 군인들의 사기를 떨어뜨리는 요소로 보았다(Alvah 2007, 125~126, 161). 군대가 가족 친화적이며 여성화되어 가는 것에 대한 비판은 (군대 내 여성의 숫자가 늘어나는 것과 전투에서 여성의 역할이 증가하는 것을 포함) 냉전 종식 이후 계속되어 왔다. 보수적 성향을 띤 록포드Rockford 기관의 회장 앨런 칼슨Allan Carlson은 1993년 냉전 이후 다음과 같은 이유로 '군대의 남성화' 필요성을 강조했다. (그가 보기에) 미군가족들은 군사대비 태세를 저해하고 군 임무와 가족들 사이에서 군인들의 충성심이 갈라지게 하며, 정부 또한 이들을 유지하는 데 지불해야 되는 비용이 너무 막대하다. 그는 미국이 "소규모 분쟁과 원정군에 적합하게 미혼남성으로 구성된 정규 군대를 유지해야 하나" 또한 대규모 전쟁을 위해, "엄청난 규모의" 남성들을 (기혼이거나 자녀가 있는) "시민군"으로 보유하고 있어야 한다고 믿었다(Carlson 1993, 45~46; Gutmann 2001; Mitchell 1989, 1998). 미군가족, 여군 그리고 페미니스트들이 전사집단(군대)을 소위 무력화시켰다는 이런 매도들이 계속되고 있는 반면, 남성으로만 구성된 가상의 군대 또는 미혼남성으로 구성된 군대로의 '회귀'가 이루어질 가능성은 희박해 보인다. (군대의 15%를 차지하는 여성들의 관점과 전혀 부합하지 않을 뿐만 아니라 2002년 기준 군복무자들 중 약 51%가 기혼인 상황에서 오직 남성으로만 구성된 군대로의 회귀에 대한 열망은 가능성이 없어 보인다.) 지원병 체제를 유지하고 있는 이상, 군인 모집 및 유지를 하기 위해 가족동반을 허가하는 것은 필수적일 수밖에 없다.[20] 미군이 남성성을 어느 정도 회복할 수 있는 한 가지 방법은 전투와 살상이 일어나는 '전쟁터'에 미군가족을 배치시키지 않는 것이다. 신新 군사주의자들은 미국을 제외한 세계 모든 지역을 이런 전쟁터로 간주하고 있다(Mann 2005, 5).

해외 미군 재배치가 미군 주둔국과 미군가족들에게 미치는 영향

군대를 재남성화하려는 미국의 시도는 미군가족뿐만 아니라 미군이 주둔하고 있는 국가에도 영향을 미칠 것이다. 미군이 주둔하고 있는 국가의 국민 중 일부는 주둔하고 있는 미군의 수를 전반적으로 감축한다면, 의심의 여지 없이 찬성할 것이다. 그러나 주둔지에 가족 없이 오직 군대

---

20 군 인력의 결혼 및 자녀에 관한 통계자료 및 군 가족에 대한 간결한 논의에 대한 통계는 Segal and Segal(2004, 30~37).

만 있다는 것은 미군이 더욱 남성화된다는 것을 의미하며 이는 주둔국 민간인들에게 문제가 될 수 있다. 즉, 미군이 주둔한 지역 주민들은 미혼 남성으로 이루어진 미군이 야기할 수 있는 위험과 혼란에 대해 우려할 수 있다. 미군들이 해외에 주둔하면서 겪게 되는 심적 고통을 완화하기 위해 이들은 술집, 섹스 클럽 그리고 성매매를 할 수 있는 곳을 찾아 다닐 것이며(Moon 1997, 36: Takagi and Park 1995), 이런 미군의 기대에 부흥하기 위한 새로운 '기지촌'이 등장하거나 기존 '기지촌'이 확장될 가능성이 있다.

해외에 거주하고 있는 미군가족 수를 대폭 축소하는 정책의 또 다른 부정적— 아니면 긍정적— 결과에는 무엇이 있을까? 물론 어떤 관점에서 이 정책을 바라보느냐에 따라 답은 달라진다. 군인의 입장에서 보면 해외 배치의 횟수와 기간이 줄어든다는 점에서 이 정책은 매력적이지 않을 수 없다. 이 새로운 해외 미군 재배치 계획을 검토하기 위해 해외주둔위원회는 미군가족협회National Military Family Association 대표의 의견을 묻게 되어 있다. 미군가족협회는 1969년 창설되어 미군가족들의 생계와 사회보장제도를 증진시키는 역할을 해왔다. 2004년 35주년을 맞은 미군가족협회는 '강한 미군가족-강한 군대'를 협회의 슬로건으로 내세웠다. 자칭 '미군가족을 위한 목소리'라고 불리는 미군가족협회는 귀환이 정해진 미군가족의 경우 해외미군기지에 머무는 동안에는 의료, 보육 및 PX 출입 같은 필요한 지원을 모두 받을 수 있게 해줄 것과 그들이 미 본국에 도착함과 동시에 생활에 필요한 제반 사항들이 즉각적으로 지원될 수 있도록 해줄 것을 우선으로 하는 요구사항을 담은 해외 미군 재배치에 대한 입장을 미국정부에 표명했다(National Military Family Association 2005; 2006, 1~3).

이 입장표명 서한 어디에도 미군가족협회는 해외 미군가족의 수를 대폭 감축하는 것에 대해 의문을 제기하지 않았다.

그러나 이 정책이 미군가족에게 미치는 영향은 정책 옹호자들이 장밋빛으로 묘사하는 것과는 차이가 있을 수 있다. 물론 정책 옹호자들은 다른 말을 하고 있지만, 해외주둔위원회는 2005년 보고서를 통해 신규 정책으로 미군가족들이 서로 떨어져 지내는 기간이 더 잦아질 수 있다는 우려를 표명했다.

전 세계가 평화로운 시점에 있다고 해도, 활동 부대는 3년 또는 4년에 한 번씩 정기적으로 6개월에서 12개월에 이르는 기간 동안 해외로 배치되며 예비군은 5년 또는 6년에 한 번 배치될 예정이다. 만일 위기 상황이나 전투에 대응하기 위해 배치될 경우, 다른 기지에 순환배치될 것이며 이는 가족과 떨어져 있는 횟수와 기간이 증가하는 것을 의미한다.[21]

"미군의 대부분이 그렇듯 군인이 기혼인 경우, 우리가 익히 알고 있는 것처럼 군인들은 가족 및 사랑하는 사람과 떨어져 있을 때 매우 힘든 경험을 하게 된다"고 위원회 멤버는 지적했다.[22] 가족과 떨어져 있게 됨으로써 군인들의 사기가 저하될 뿐만 아니라 직업수행능력도 떨어지게 된다. 이는 군인을 유지하고 신규 군인을 모집하는 것에도 부정적인 영향을 미칠 것이다. 더욱이 아프가니스탄과 이라크에서 행해지고 있는 미

---

21 Overseas Basing Commission, Report to the President and Congress, C4, EI, N6, n. 7.
22 Overseas Basing Commission, Report to the President and Congress, iii, 24.

군의 최근 임무를 고려해 볼 때, 이미 많은 수의 군인들이 2001년 이후 수차례 또는 연속해서 배치 기간 연장을 경험했다. 그리고 이 지역에서 현재 수행하고 있는 임무는 당분간 계속될 것으로 보이며 이는 향후 이 지역에 군인을 배치하는 것이 더욱 잦아질 것임을 의미한다. 마치 해외 미군 재배치 계획으로 인해 군인 가족들이 좀더 많은 시간을 같이 보낼 수 있게 될 것이라는 생각을 미 국방부가 군 가족들에게 심어 주는 것은 현실적이지 않다. 적어도 가까운 시일 내에 군 가족들이 기대하는 바가 일어나지 않을 것이기 때문이다. 반면 미군가족협회는 미군가족을 대상으로 한 설문조사를 통해 군인에게 주어진 한층 강화된 군의 요구사항과 배치로 인해 "군인 및 그 가족들이 심각한 불안과 피로감 그리고 스트레스"를 경험한다고 밝혔다.[23]

소수의 미군가족만을 해외에 배치시키겠다는 정책의 옹호자들은 가족들이 실제 해외에 거주하는 것을 선호할지도 모른다는 사실을 간과하고 있는 듯하다. 의회에 제출된 보고서는 "미 국방부는 미군가족들이 유럽(독일과 이탈리아)에 위치한 영구기지에 머무는 것을 달가워하지 않는다는 가정을 하고 있는데 이는 종종 사실이 아닌 것으로 드러난다고 지적했다"(Crithlow 2005). 사실상 어떤 가족들은 주기적으로 해외에 거주할 수 있는 기회를 군 직업의 이득이라고 생각한다. 더욱이 미국정부가 "승인해 가족 동반이 가능한" 군 지원 지역이 (2005년 9월 당시 90,000개가

---

23 "Study Shows Multiple Deployments Taking Toll on Military Families", *U.S. Newswire*, 2006. 3. 28; John P. Murtha and David Obey, "United States Army Military Readiness", *U.S. Fed News*, 2006. 9. 13.

넘음) 수천 개가 되는 독일이나 이탈리아같이 서유럽에 위치한 군 기지 뿐만 아니라 가족인 미군이 배치되는 곳 어디든 같이 동반하겠다는 의지를 보였다. 군 지원을 받는 가족들과는 달리, 공식적으로 군 지원을 받지 못하는 배우자, 자녀 그리고 다른 '부양인'들은 해외기지가 있는 국가로 입국 또는 출국시 정부가 제공하는 수송편 혜택을 받지 못한다. 또한 군 지원을 받지 못하는 가족은 "해외기지 '부양인' 수당" 지급에서 제외된다. 엄청난 경제적 부담에도 불구하고 군 지원을 받지 못하는 수천 명의 미군가족들이 해외에 거주하고 있다. 예를 들면 터키(2005년 9월 기준 911명), 일본(9,079명), 한국(13,201명)에 거주하고 있으며 이는 미 국방부 자료(2005a, 1~2, 5, 44~45)에 따른 것이다. 사실 2005년 기준으로 해외에 거주하고 있는 미군 '부양인'들 201,168명 중 17.6%에 달하는 35,454명이 미군의 지원을 받지 못하고 있었다. 신규 정책인 해외 미군 재배치에 따르면 현재 미군의 지원을 받지 못하는 많은 수의 미군가족들은 부양자인 미군과 함께 가려면 자신의 비용을 들여 이주해야 한다.

미군이 주둔하고 있는 주둔국 민간인들의 입장에서 볼 때, 거주 미군가족 수를 감축하는 것이 과연 긍정적인 결과를 낳을까? 부정적인 결과를 낳을까? 물론 주둔국 민간인들의 반응은 천차만별일 것이고 지역, 지방 그리고 국제정치에도 영향을 받을 것이다. 더불어 경제적 여건 그리고 미군을 향한 개인적 생각, 미국을 보는 일반적 시각 그리고 근본적으로 외국 군대를 수용하는 국가의 관점 등이 결부될 것이다. 미군의 존재로 인해 경제적 이득을 보는 사업들은 다수의 미군가족과 미군이 없어지는 것을 아쉬워할 수 있다. 미군기지는 주둔국과 특정 수의 주둔국 민간인을 기지에 고용할 것을 보장했기 때문에, 해외주둔 기지 축소 및 폐쇄는 이런 종류의 직업이 사라지는 결과를 초래할 것이다.[24] 반대로 자신의 나라에 미군기지가 있는 것을 반대하는 주둔국 민간인들은 미군이 유지될 수 있도록 돕는 인원 및 가족들을 포함해 미군 폐쇄가 가능하지 않다면, 미군의 규모 자체가 축소되는 것에도 만족할 것이다.

해외기지위원회에 따르면 "수적으로 우세한 독일과 한국에 주둔하고 있는 60,000명에서 70,000명의 미군과 100,000명에 이르는 미군 가족의 수를 축소한 후, 미 국방부는 이들을 미 본국으로 귀환시켜 자국 내 미군시설에서 지내게 할 계획이다".[25] 2차세계대전 종식 후, 독일은 해외 기지 중 가장 많은 수의 미군가족이 머물고 있는 국가이다(U.S. Department of Defense 2005a, 1).[26] 2005년 9월 기준 81,370명의 미군가족이 (이는 전체 해외 거주 미군가족 수의 약 40%에 달하는 인원이다) 독일에 거주하고 있다(U.S. Department of Defense 2005). 미국은 독일 점령 기간 동안 2차세계대전 후 군 체제를 독일에 설립했지만 냉전의 출현과 문화적 결합, 돈독하게 쌓아 온 우정은 미국인과 서독인 간에 연대를 구축하는 데 도움이 되었다. 이는 대규모의 미군을 수용하고 있는 다른 나라, 즉 한국

---

24 예를 들어 평화활동가들이 미군기지 앞에서 시위를 했던 영국의 경우, 군 장관 잉그람(Adam Ingram)은 하이서 영국 공군기지에서 미군이 철수한 것을 한탄했다. 그것은 '미군 보트를 점검하고 정비하던 200명이 넘는 민간인들'이 실직으로 고통을 당하고 있기 때문이라는 것이다. "Loyalty Can Not Save US Base", *U.K. Newsquest Regional Press: This is Hampshire*, 2006. 5. 11; Pete Lazenby, "We'll Stop US Base, Says Helen", *Yorkshire Evening Post*, 2004. 11. 5; "Former UN Inspector Joins Protest at Bast", *U.K. Newsquest Regional Press: This is Northeast*, 2005. 7. 6. 독일 슈바인푸르트(Schweinfurt)에 위치한 미 육군기지 폐쇄에 따른 경제적 공포감과 관련해서는 "German Town's Future Is Uncertain if U.S. Base Closures Are Carried Out", *Watertown Daily Times*, 2004. 8. 22, A8.

25 Overseas Basing Commission, Report to the President and Congress, app. O, I.

26 국방부는 77,326명의 미군가족이 독일에서 군의 지원을 받고 있으며 4,044명의 가족이 지원 없이 독일에 살고 있다고 보고했다.

같은 곳에서는 찾아볼 수 없는 것이다(Alvah 2007, 91, 95~103, 222). 독일인과 미군과 관련된 미국인들 사이에 마찰이 존재했지만(여전히 존재하고 있지만), 또한 점차 많은 독일인들이 1970년대 이후로 외국 군대의 존재를 반대하고 있지만, 독일은 미군기지와 미군가족들을 가장 관대하게 수용하고 있는 나라이다.

미군이 주둔한 아시아 지역 국민들은 미군가족 감축에 대해 엇갈린 감정을 가질 수 있다. 일본에서 미군기지에 대한 반대는 강력하다. 특히 오키나와현이 그런 경향을 강하게 보여 주고 있다. 그러나 일본 정부는 북한의 공격적인 위협에서 보호해 줄 수 있는 것은 미군기지라고 생각하고 있으며, 군기지를 일반적으로 미국과 지속적인 우호관계를 유지하기 위한 수단으로 간주하고 있다.[27] 그러나 (감축이 일어난다고 해도) 미군을 계속해서 일본에 주둔시키면서 미군가족의 수를 감축한다는 건 일본에 어떤 영향을 미치게 될까? 미군기지 존재에 대해 반대하는 이들은 어떤 종류의 감축도 환영할 것이다. 비록 그것이 가족이라고 해도 말이다. 우선 가족들은 궁극적으로 외국에서 미군이 유지될 수 있도록 돕고 미군의 국제적 점령을 돕는 역할을 하기 때문이다. 일본에 배치된 대다수 미군들이 상주하고 있는 오키나와현의 경우, 미군가족들은 다른 미군 시설과 마찬가지로 작은 섬의 소중한 공간들 대부분을 차지하고 있다.[28] 수천

---

27 Yoshio Okubo, "Political Pulse: Moving U.S. Bases Splits Nation", *Daily Yomiuri*, 2004. 12. 2.
28 다음의 기사들은 오키나와와 일본에 위치한 미군기지 존재에 대해 일반적인 시각에서 논하고 있을 뿐 미군가족에 대해서는 특별히 논하고 있지 않다. "Thousands Protest to Close U.S. Base in Japan's Okinawa", AFP, 2005. 5. 15; "Japan, U.S. Endorse U.S. Military Realignment in Japan", *Jiji Press Tocker Service*, 2005. 10. 29; "U.S. Military Realignment", 『아사히 신문』, 2006. 1. 21.

명의 미 해병들이 오키나와를 떠나 미군의 또 다른 영토인 괌Guam에 배치되고 있다. 괌 주민들은 미국 시민임에도 불구하고 미 국방부가 "2차 세계대전이후 괌으로 가장 큰 대규모 군대 이동"이라는 상황에 대해 우려를 나타내고 있다. 8,000명의 미 해병과 9,000명에 달하는 그들의 가족들이 괌으로 이주하면 경제에 도움이 될 것이라는 의견도 있지만 다른 이들은 범죄율 증가와 원주민들의 땅이 수용될 가능성 그리고 괌의 사회기반시설과 자원이 늘어난 군대시설로 인해 영향을 받을 가능성에 대해 걱정하고 있다.[29]

한국정부는 미군 감축과 북한과의 친화적 관계를 위해 비무장지대에서 미군기지가 이동하는 것을 목격해 왔다. 미군이 군인의 수를 감축할 계획이지만, 군인 가족들이 머물 숙소는 약 4,000명 정도 늘릴 계획을 가지고 있다. 캠프 케이시가 위치하고 있는 한국의 동두천에서 근무하고 있는 미국 선교사는 미군가족이 그곳에 더 많이 머물 수 있는 여건을 미국정부가 조성해야 한다고 주장한다. 선교사는 "더 많은 미군가족이 이곳 기지에 머물게 되면, 문제가 덜 발생할 것이다. 즉, 가족이 주위에 있으면 음주, 성매매, 포르노 시청 및 도박을 하는 횟수가 줄어들 것이다. 그렇게 되면 이곳이 좀더 건전한 환경으로 변할 것이다"라고 말한다. 그

---

29 Michele Catahay, "Activists Demand Back Story on Marine Migration", *KUAM News*, 2007. 7. 12. 온라인에서 확인 가능(http://www.kuam.com. 2007년 7월 29일 접속); Gaynor Dumatol Daleno, "Twenty Years of Growth in Five: Guam Population Will Add 42,000 by 2013", *Parcific Sunday News*, 2008. 9. 14. 온라인에서 확인 가능(http://www.guampdn.com. 2008년 9월 21일 접속); Ronna Sweeney, "With Population Boom, Department of Corrections Will Have to Expand", 2008. 9. 14. 온라인에서 확인 가능(http://www.kuam.com. 2008년 9월 21일 접속).

러나 이것과 관련한 기사는 "사령관이 미군가족들을 데려올 수 있도록 조치를 취해도 57%의 군인들은 미혼이며 데려올 가족이 존재하지 않는다"고 언급했다.[30]

더욱이 군이 지원하는 가족의 수가 수천 명이 되는 오키나와의 경우에도 미군을 접대하는 바와 섹스클럽이 수도 없이 존재한다. 게다가 상대적으로 많은 수의 미군가족이 오키나와에 머물고 있지만, 오키나와 소녀와 여성을 상대로 미군이 저지르는 성폭행 및 다른 여러 범죄들은 줄어들고 있지 않다.[31] 일본 『아사히 신문』의 다니다 구니이치Tanida Kuniichi가 쓴 사설에 따르면, 오키나와에 위치한 미군병사들이 저지르는 범죄율이 2003년과 2004년 사이 줄어들었는데 이는 오키나와에 있는 약 5,000명에 가까운 전투병사들을 이라크로 파병했기 때문이라고 언급했다. 미군 관계자는 "전투 병사들이 지역의 전쟁 억제력을 위해 오키나와에 상주해야 한다"라고 주장하고 있지만, 타니다 씨는 미국정부와의 협상에서 "일본에 배치된 미군의 재배치"에 대해 논의하라고 일본정부에게 촉구했다. 다니다는 특히 미 전투 부대원의 퇴출을 주장했다.[32]

미군가족이 군인을 지지하면서 해외에서 전 지구적 기능을 하고 있는 미군을 지원하는 역할을 근본적으로 수행하고 있음에도 불구하고, 해외 미군 재배치 정책입안자들은 "더 공격적이고, 편리한 전투병력" 구성

---

30 Seth Robson, "Missionary: More Families Would Curb Bad Behavior in Area 1", *Stars and Stripes*, 2005. 11. 23. 추가로 Moon(1997, 36) 참조.

31 이런 범죄와 관련된 최근 두 개의 예가 다음에 묘사되어 있다. "U.S. Troops in Japan's Okinawa under Curfew after Pedophile Case Stirs Anger", AFP, 2005. 7. 8; "Japan Police Arrest U.S. Sailor in Woman's Murder Case: Report", AFP, 2006. 1. 7.

32 Tanida Kuniichi, "Analysis", 『아사히 신문』, 2005. 10. 31.

을 위해 필수적인 요소로 미군가족의 감축을 고려하고 있다. 냉전시대와 비교해 미군의 수가 훨씬 줄어들면서 전체적으로 미군의 존재는 주둔국 주민들과 더욱 분리되게 될 것이다. 즉, 미군의 영향력이 닿는 부문은 냉전 이후, 9·11 사태 이후 보다 훨씬 더 광범위해질 것이다. 미 국방부가 미군의 규모를 축소하고 냉전 시대 건설됐던 기지들을 폐쇄하고 있지만, 이는 동유럽과 중앙아시아 같은 다른 지역에 새로운 군 시설을 (럼스펠드 전 미 국방부 장관은 '기지'라는 단어 사용을 피하고 있다. 마이클 클레어는Michael Klare는 이를 '영원한 식민지적 존재'라고 일축했다) 건설하는 과정의 일부이다. 그리고 이 지역에 거주하고 있는 많은 주민들이 이런 미군 시설 건설에 큰 우려를 표하고 있다(Klare 2005, 13, 16).

결론

미 국방부가 자국의 이익을 보호하기 위해 미군을 좀더 효과적으로 재편하기 위해 필요하다고 선언한 계획임에도 불구하고, 해외기지위원회는 이 계획과 관련해 몇 가지 우려되는 사항들에 대해 언급했다. 그 중에는 국방부가 예상하고 있는 비용보다 재편에 따라 수십억 달러의 비용이 더 들 것으로 보고 있으며, 미국이 '오래된 관계'를 즐기고 있는 (독일 같은) 다른 나라에서 미군을 축소하는 것은 그 나라에 존재하고 있는 협력자와 미국의 영향력에 있어 외교적인 위험이 될 수 있으며, 미군가족이 누리던 '삶의 질'이 축소될 수 있다고 언급하고 있다. 또한 국방부가 이런 우려에 대해 심사숙고하지 않은 채 쓸데없이 서둘러 급진적으로 변화를 이행하고 있다고 밝혔다. 국방부 관계자들은 해외기지위원회의 우려와 비판에 동의하지 않은 채로, 해외 미군 재배치 계획을 현 시점에서 봤을 때 여전히 진행시키고 있다.[33] 사실 2005년 위원회에서 보고서를 발간한 이후, 당시 국방부 장관 로버트 게이츠(2006년 12월 럼스펠드 국방장관 후임으로 임명)는 2004년 럼스펠드와 부시 대통령의 승인을 받아 독일과 이탈리아에 주둔하고 있는 미군 62,000명을 24,000명으로 축소하는 계획을 수정했다.[34] 게다가 2004년과 2006년 사이 9,000명의 미군을 한국에서 철수시킨 후, 미군은 본래 25,000명을 유지하기로 했던 계획 대신 약 28,000명을 한국에 유지하기로 했다.[35] 미국정부가 미군의 전지구적 배치를 변형하자(기존 계획에 수정을 가했음에도 불구하고), 주둔국 및 미래 주둔국이 될 국가의 국민들은 그들 국가나 이웃 국가에 배치될 새로운 또는 지속될 미군의 존재에 대해 우려를 표명하거나 적극적으로 반대하고 있다.[36]

---

33 Critchlow(2005); Overseas Basing Commission, Report to the President and Congress, vii~xiii.

34 Thom Shanker, "U.S. to Halt Troop Cuts in Europe : Military Wants 40,000 Soldiers Force, Double Rumsfeld's Plan", *International Herald Tribune*, 2007. 11. 22.

35 Jung Sung-ki, "U.S. to Pause in Troop Reductions in South Korea", *Korea Times*, 2008. 2. 4.

36 "Czechs Protest against Possible US Base", BBC Monitoring Europe-Political, 2006. 9. 12; "Hundreds Protest in Okinawa over US Base", AFP, 2006. 5. 25; "Police and Villagers Clash mear Seoul: 1,000 Protesters Fight U.S. Base's Expansion", *International Herald Tribune*, 2006. 5. 5; "Turkish Leftists Protest against Port Becoming US Naval Base", *BBC Monitoring International Report*, 2006. 4. 13; "US Bases In Bulgaria Will Not Harm Environment: Defence Minister", *BBC Monitoring Europe-Political*, 2006. 3. 27; "Poll Shows Most Bulgarians Want Restrictions on Use of Possible US Base", *BBC Monitoring International Report*, 2005. 11. 30; "Hundreds Protest at Base on Italian Island", AFP, 2005. 10. 29; "Afghan Paper Lists Arguments against Permanent US Bases in Country", *BBC Monitoring International Report*, 2005. 5. 30; "Most Poles against US Bases in Country", *BBC Monitoring International Report*, 2005. 1. 5.

해외기지위원회는 국방부가 이 전략을 서둘러 진척시키기 전에 다음과 같이 결론내렸다. "미국은 보다 안전한 안보를 최대한 확보하기 위한 방식을 좀더 포괄적인 논의를 통해 얻을 수 있다." 위원회는 미군을 변혁하는 최선의 방법을 결정하기 위해 국방부가 다른 연방기구와 좀더 폭넓게 대화할 것을 촉구했으며, 의회가 검토기관 역할을 해줄 것을 건의했다.[37] 여기서 말하는 '좀더 포괄적인 논의'와 의회에 대한 검토 요청 모두 군인 가족의 의견을 반영해야 하며, 미군이 주둔하게 될 국가의 국민 목소리도 반영해야 한다. 특히 미군기지 주변에 살게 될 주민들 그리고 이 새로운 미군 해외재배치 계획에 영향을 받을 수 있는 사람들의 의견을 포함해야 한다. 또한 미국인을 포함해, 전 지구적 미 군사주의의 대안을 제시하는 사람들의 의견도 반영해야 한다.

---

37 Overseas Basing Commission, Report to the President and Congress, xii-xiii.

5장

진퇴양난에 빠진 커플

미군과 관계를 맺는 오키나와여성들의 주변화와 에이전시

크리스 에임스

오키나와여성 중 미군과 연애를 하거나 결혼을 한 이들은 오키나와 섬의 20%에 달하는 지역에 경계선을 쳐놓은 미군기지 안팎 모두에서 어려움을 경험한다. 미군기지가 상주한 지난 60년 동안, 미군을 배우자로 선택한 여성들은 다양한 각도로 비판의 대상이 되어 왔다. 부모의 입장에선 그들의 딸이 머나먼 이국 땅에서 지내게 될 경우를 우려해 반대했고, 친척이나 상담사들은 오키나와여성들이 미군과 결혼할 경우 대부분 불행한 결말을 맺거나 이혼으로 끝나는 것을 우려해 반대했으며, 초기 미 당국은 '친교' 금지 입장을 고수했기 때문에 이 결합을 반대했다. 미군기지에 반대하는 오키나와 활동가들은 이 여성들을 미군의 협조자로 간주해 이 관계를 비판했고, 미군 및 일본 모두 인종차별적으로 혼혈아에 반대하는 시각을 통해 이들의 결합을 비판했다. 미군과 관계를 맺고 있는 오키나와여성들은 '아메조'(미국인의 여자) 같은 경멸적인 호칭을 거부하거나 재전유시키는 방식을 통해 자신들이 주변화되는 것에 저항해 왔다. 이들은 자신 및 가족들을 지지하는 세력을 모으기 위해 자신들과 똑같은 어려움을 겪고 있는 다른 여성들과 함께 연대했다.

오키나와에서 2년간 작업한 민족지학적인 현장조사 기간 동안, 필자는 미군과 관계를 맺고 있는 약 36명 정도의 오키나와여성과 작업을 같이했다.[1] 필자는 그들이 하는 활동에 같이 참가하고 그들과 그들의 가족들이 오키나와 및 군 기지 공동체 양쪽에 속하기 위해 협상하는 방식들을 관찰하면서 그들의 꿈과 고투를 배울 수 있었다. 이 오키나와여성들이 직면하고 있는 어려움을 이해하기 위해서는 그들의 미군 배우자 및 오키나와 친구들의 시각을 이해하는 것 또한 필요했다. 이런 국제적 연애 관계를 무시하는 것은 현대 오키나와 사람들이 영원할 것처럼 보이는 미군기지의 존재를 바라보며 느끼는 좌절감만큼이나 만연해 있다. 전후 기간 동안 눈에 띄게 사회변동이 일어난 가운데에서도 이 여성들과 이들의 자녀들에 대한 오키나와 사회의 부정은 일정하게 유지되었으며 이들은 오키나와 사회가 꿈꾸는 민족의 미래에 공헌하는 존재로서가 아니라 명예를 떨어뜨리는 존재로서 간주되었다. (미국과 아시아인 사이에

---

1 필자의 연구는 100명이 넘는 참가자들이 포함되었다. 이들 중에는 오키나와인, 미군 커뮤니티 회원, 오키나와에 살고 있는 일본 본토 주민, 필리핀여성 그리고 다른 나라에서 온 예닐곱 명의 참가자도 포함되어 있다. 이들의 나이는 일본에서 합법적인 성인 나이인 20세에서 85세까지였다. 필자는 대부분의 데이터를 참가자 관찰을 통해 획득했다. 오키나와여성과 함께한 필자의 7년 결혼 생활은 배우자와 동시대인들 중 미국인과 연애를 했거나 결혼한 많은 이들을 이해하는 데 기회를 마련해 주었다고 감히 말할 수 있을 것 같다. 필자는 일본 부인 클럽, 미군 남성과 결혼한 오키나와 및 일본여성 조직이 주최한 파티에 참여했다. 그리고 오키나와여성과 미군 남성이 만나는 클럽과 술집을 방문했다. 또한 지역 NGO에서 주최한 국제 교류 행사에도 참여했다. 오키나와 사람들, 일본 본토 사람들 그리고 오키나와 섬에서 가장 큰 미군기지인 가데나 공군기지 및 오키나와 사무소 지역중심 국제관계 현장에서 7년간 근무하며 만난 미군 동료들과 함께 일할 수 있어서 행운이었다. 필자의 연구 대상자들 중에 또한 얼마 되지는 않지만, 오키나와인과 미군 간 동성애 관계에 있는 커플도 있었으며, 오키나와남성과 미군 여성 커플도 있었다. 그러나 이 글은 미군 남성과 오키나와여성의 관계처럼 좀더 흔한 형태에 더 집중하고 있다.

서 태어난) 아메리시안 아이들은 대개 '하아푸'(반쪽)로 불렸으며 이는 이 아이들이 인간으로서나 오키나와인으로서 완전하지 못함을 함축해서 나타내는 경멸적인 단어였다. 미군기지 반대 운동의 담론과 전후 문학은 미군과 오키나와여성의 관계를 오키나와 미래 세대의 생산자를 훔쳐 간 것에 비유했으며, 오키나와 농부의 휴경지를 강탈해 미군이 기지를 세운 것과 같은 방식으로 묘사했다(Molasky 1999).

역사적 그리고 지리적으로 오키나와를 위치시키기

오키나와여성과 미군 남성이 오키나와에서 연애를 할 경우 복잡한 사회적·역사적 환경에 이들의 관계가 놓이게 된다. 물론 이 복잡한 환경에는 일본 본토와의 관계도 포함되어 있다. 19세기 말부터 일본의 식민지였으며 1945년부터 1972년까지 미군의 점령지였던 오키나와는 이중으로 식민지를 경험했고, 이런 상황이 오키나와여성과 미군 사이에 일어나는 사랑을 거미줄처럼 얽힌 역사적 권력관계 속에 위치시킨다. 오키나와여성과 미군 남성으로 이루어진 커플은 눈에 확 뜨일 뿐만 아니라 미군기지와 관련된 사건 및 대중의 인식과 함께 변화하는 상징적 의미를 역사적으로 가져왔다. 이들의 관계는 이런 사건과 뗄 수 없을 정도로 연관되어 있다고 간주된다.

오키나와 섬은 대만 남쪽과 일본 북쪽에 위치한 4개의 섬 사이에 있는 류큐 열도에 위치하고 있다. 류큐는 17세기까지 독립적인 왕국이 통치했었는데, 일본 규슈 본국의 사쓰마 영토 출신 사무라이들이 침입한 후 류큐인들에게 세금을 거두어 가기 시작했다. 일본이 19세기에 문명화되면서 류큐를 합병했고, 열도 주민들을 일본의 2등 국민으로 취급하면서 동화정책을 폈었다. 일본의 공격적인 국토 확대정책은 결국 태평양 전쟁으로 이어지고, 이는 일본과 제국주의 서구 강대국 사이의 충돌, 특히 미국과의 충돌을 가져왔다. 많은 오키나와인들이 일본의 전쟁에 애국적 지지를 보냈음에도 불구하고——일부는 자신들이 일등 일본시민임을 증명하기 위해 이런 행위를 했었다고 한다——태평양전쟁은 현재 오키나와에서 일본만의 전쟁이었다는 생각이 팽배해 있고 이 전쟁이 오키나와에 가져다준 건 오직 고통밖에 없었다는 생각이 지배적이다. 전쟁 기간 중에 일본 땅에서 벌어진 전투는 모두 오키나와에서 벌어졌었다. 오키나와섬 주민의 1/4이 넘는 인구가 소위 역사학자들이 '강철 태풍'이라고 불리는 전쟁에서 사망했다.

　　미군은 1945년 4월 1일 현재 아메리칸 빌리지 쇼핑몰이 위치한 장소에 상륙한 후 주둔했다. 미국은 일본 본국을 점령한 것보다 20년 더 길게 절대권력자로서 오키나와 섬을 점령했었다. 오키나와와 일본 본토에서 발생한 대규모 사회운동은 1972년 오키나와의 일본 주권반환을 이루어 냈다. 주권반환 후, 미군기지는 미일안보조약 아래 주둔을 계속하게 된다. 60년이 넘는 기간 동안 오키나와 섬은 세계에서 미군기지가 가장 집중적으로 위치한 지역 중 하나가 되었으며, 미군의 해외주둔에 반대하는 조직화된 운동을 가장 잘 진행한 지역 중 하나이기도 하다. 2008년을 기준으로 약 50,000명에 달하는 미국인이 오키나와 섬에 있는 미군기지에서 거주한 경험이 있다. 오키나와 섬은 미군의 모든 4개 부서와 관련된 기지가 위치해 있다.

전후 비대칭적 권력관계 완화

1945년 이래, 미군 남성과 오키나와여성의 관계는 두 나라 사이의 권력 비대칭이 완화됨을 보여 주고 있다. 2차세계대전 기간뿐만 아니라 종전 직후, 오키나와 사람들은 전쟁의 폐허로 인해 매우 빈곤한 삶을 살았다. 이로 인해 군대 남성과 지역 여성들 간에 일어나는 관계는 여성뿐만 아니라 그들의 가족들을 부양하기 위한 수단으로 이용되었다. 점령 초기부터 기지 담벼락 사이로 오고 간 연애관계는 다양한 형태를 띠고 있었으며 이는 교제 기간 및 남녀 간 서로 발생할 수 있는 감정의 발전에 따라 구별되었다. 현금 또는 현물이 관여된 상업적 성매매는 군당국이 허가했다는 표시인 알파벳 'A'가 붙여진 시설에서 점령시기 마지막까지 이루어졌다. A 사인이 붙은 업소는 식당과 카페부터 목욕탕 및 유사 성매매 업소 및 클럽에 이르기까지 그 범위가 다양했다. 1945년부터 72년까지 지속된 점령 기간 동안, 몇몇 미군들은 오키나와 지역 여성들을 '오니 원' only one 또는 '허니'로 부르며 정부情婦로 삼았다. 미군들은 이들의 집세를 내주고 선물을 주거나 재정적 보조를 해주었다. 이런 모호한 관계는 연애관계를 지속하는 형식으로 발전하거나 결혼으로 이어지기도 했다. 이런 형태는 1970년 이래 미군 남성과 오키나와여성들 간에 발생한 관계 중 가장 흔히 볼 수 있는 것이었다. 1970년 이후, 오키나와 지역경제는 더 이상 여성이 미군에게 성매매를 할 필요성을 느끼지 않을 정도로 발전하게 되었다. 오늘날 오키나와에서 군 성매매는 많은 수의 필리핀여성 및 다른 외국인 여성들로 구성되어 있다. 길을 지나가다 보면 오키나와 시에 위치한 가데나 공군기지 게이트 2로에 즐비해 있는 불법 스트립 클럽들을 쉽게 볼 수 있다(Sturdevant and Stolzfus 1993).

1972년 일본의 주권반환 후, 오키나와는 소득 수준이 올라고 기반 시설에 대한 대규모 투자가 시작되었다. 그로 인해 오키나와 주민들과 미군 간의 경제적 격차가 줄어들기 시작했다. 주권이 반환되면서 오키나와 주민들 또한 일본 헌법의 보호 아래 놓이게 되었으며 이는 미군에게 커다란 제약으로 작용했다. 현재 오키나와현은 일본의 다른 현에 비해 1인당 소득 수준이 가장 낮다.[2] 그러나 오키나와만 생각할 경우, 이곳 주민들의 평균 1인당 소득은 세계에서 9번째에 달하며, 이는 유럽연합의 다른 많은 국가들과 비교했을 때 매우 높은 수준이며 미국과 비교했을 때 약간 낮은 수준이다(Allen 2002).[3] 지난 몇십 년간 상승한 오키나와 소득 수준은 역사적으로 팽배해 있던 지독한 빈곤을 사라지게 했다. 하지만 오키나와여성과 미군 남성 간의 권력 격차는 단순하게 경제적으로 발전하였다고 하여 줄어들지 않았다. 인종과 젠더의 문제가 경제적 계급 차이와 함께 깊이 엮여 있기 때문이다.

---

2 일본 시골 현들이 보여 주는 평균 연소득 격차는 시골과 도시 지역 간에 보이는 간극보다 더 적다. 오키나와현의 평균 연소득은 이웃 현인 가고시마현과 비교해 몇 백 달러(2005년 4만 엔) 정도 적을 뿐이다. 가고시마현은 일본 근대 초기에 씨 없는 귤(Satsuma) 생산지로 유명했으며 1609년 처음 오키나와를 침공한 잇따른 외부 통치자 중에 첫 침입자였다. 일본 현을 비교하는 데이터를 보려면 Deeta de Miru Kensei, Kokuseisha.

3 James and Tamamori(1996, 17) 참조. 이 책은 다양한 일본 현들 사이에 다른 일인당 소득을 비교하는 차트를 포함하고 있다. 또한 다른 선진국 경제 내 일인당 소득정보도 포함하고 있다. 오키나와의 임금자료는 대략 1993년에 프랑스가 사용한 통계자료와 동일하다.

점령시기, 인종차별의 제도화

미군의 초기 오키나와 점령 기간을 통해 군은 공식적으로 미군 남성과 오키나와여성의 교재를 불허했다. 이 정책은 미 행정 초기 4년간 매우 엄격하게 적용되었다. 도쿄에 위치한 점령본부는 인종차별적인 미국의 이민정책 및 미국의 여러 주에서 시행하고 있는 아시아계 인종을 차별하는 반反 혼혈법에 의거해 1945년 9월 15일부터 1946년 5월 31일까지 타인종 간 결혼을 금지했다. 미군 남성과 오키나와여성의 결혼을 어렵게 만든 군 정책은 오키나와에 군이 용납하는 미군 남성과 지역 여성이 연루된 대규모 성산업과 공존했다. 안정적인 연애관계를 방해하는 이런 제도적인 장벽에도 불구하고, 미군 남성과 오키나와여성 사이에 연애와 결혼은 빈번하게 일어났다. 1947년 6월 말 「군부녀자시행법」Soldier Brides Act 은 1947년 여름 한 달 간, 미군 남성과 결혼한 일본여성들의 이민 정원수를 늘려주었다. 일본 본토 점령지에 거주하는 1,000명에 가까운 커플들이 이 법의 혜택을 받은 반면 오키나와에서는 고작 53명만이 혜택을 받았다. 1948년 4월 1일 미군이 오키나와를 침공한 지 3년이 되던 날, 점령 당국은 오키나와여성과 미군 남성 간 결혼을 다시 금지시킨다. 이런 엄격한 조치는 비효과적이었고 오래 지속되지 못했다. 이 조치는 시행된 지 4개월만에 취소되었다. 이런 이유로 1948년부터 미군 남성과 오키나와여성 간의 결혼이 허가되었지만 아시아인을 차별하는 미국 이민정책 때문에 신혼부부의 경우 미국 국내에는 거주할 수 없었다. 1952년 미국 의회는 「맥캐런 월터법」McCarran-Walter Act(「이민국적법」으로 이민에 대한 인종적 장애를 제거함)을 제정한다. 이를 통해 미군의 일본인 아내 185명이 미국으로 이민을 허가받게 되었다(Forgash 2004). 오늘날 미군 남성과 결혼한 오키나와여성은 미국 거주용 비자를 쉽게 발급받는다. 물론 미군과 결혼한 다른 나라의 여성들 중, 여전히 어려움을 겪는 이들도 있다.

미군기지의 세계화 및 국제연애의 정치화

젠더, 군사주의 그리고 제국은 예상치 못한 복잡한 방식으로 서로 상호작용한다. 1950년대 독일여성에 대한 마리아 혼의 연구에서도 보여 주듯 해외미군기지에 배치된 미군 남성과 결혼한 여성 중 미국인이 아닌 여성들의 주변화 및 저항은 역사가 깊은 초국가적 현상 중 하나이다(Höhn 2002). 전후 초기에 등장한 진보와 보수 민족주의자들은 모두 미국 문화의 영향을 받아 도덕적으로 타락할 것을 두려워했으며 이를 저지하기 위해 노력했다. 이런 과정에서 이들이 미군 남성과 교제하는 독일여성들을 이런 정치적 아젠다에 반하는 인물들로 분석했다고 혼은 주장한다. 오키나와는 민족주의자들이 미군 남성과 오키나와여성의 로맨스를 비난하면서 정치적으로 규정하려는 시도를 했다. 이런 정치적 규제는 독일과는 역사적·문화적으로 차이가 있는 오키나와 민족주의자들이 주도했다. 필자는 전후 미 군사제국이 미군기지가 주둔해 있는 사회에 유사한 사회적 효과를 생산한 방식에 대해 폭넓게 조사하는 데 그 목적이 있다. 이 사회는 미군이 인종적·경제적 관계가 좀더 평등한 위치에 있는 유럽 국가부터 미군과 주둔국 민간인 사이에 인종적·경제적 권력관계가 매우 불평등한 필리핀 같은 개발도상국 국가를 말한다(Sturdevant and Stolzfus 1993). 전후 기간 동안 오키나와 사회는 빈곤지역에서 세계에서 가장 부유한 나라 중 하나인 일본의 현이 되었다. 즉, 이러한 변화는 오키나와여성들이 미군 남성과 맺는 관계에 영향을 주긴 했지만 기지 안팎에서 그들이 마주하게 되는 어려움을 완전히 제거해 주지는 못했다.

혼이 보여 주듯이 미 군사제국에서 해방되는 것을 목적으로 하는 정치적 담론은 때로 아주 분명하게 억압적인 수단에 의존하고 있다. 1995년 반反기지를 외치는 분노가 오키나와에서 있었다. 이는 3명의 미군병사들이 한 여학생을 강간한 사건에 대한 분노였다. 그후 미군 병사와 교재를 하고 있거나 관계가 있는 여성들이 지역민들의 멸시 대상으로 재등장하게 되었다. 이는 1970년대 말부터 1995년까지 기지 관련 문제들이 상대적으로 잠잠해 기지에 대한 관용이 넓어진 지 20년만에 일어난 일이다. 캘리포니아에 있는 미군기지로 전출되었다가 1996년에 미군 남편과 오키나와로 돌아온 한 여성은 1995년 강간사건 이후 오키나와 사회가 국제결혼 커플을 바라보는 시각이 그전보다 훨씬 냉랭해졌다고 말한다. 결국 그녀는 '상황이 진정될 동안' 1996년 대부분 남편과 기지 밖에 외출하는 것을 삼갔다. 오늘날 군에서 성매매를 하는 오키나와여성을 찾기란 매우 드문 일이지만, 미군 점령 이래로 "아무것도 변한 게 없다"는 반미군기지 활동가들의 되풀이되는 주장은 미군 남성과 오키나와여성 간 관계의 오랜 환영을 끄집어 내어 자연적으로 이 여성에게 불운한 성매매여성 또는 술집여성의 이미지를 투영하여 성산업과 연결시킨다. 이는 활동가들이 언급하는 내용, 그들의 응시, 낄낄거리는 태도 및 손가락질을 통해 표현되었다.[4] 내가 아는 오키나와여성은 그들을 바라보는 검열의 눈빛이 최근엔 눈에 띄게 줄었다고 언급했지만 1995년 강간사건 직후 고조되었던 반기지 감정이 팽배했던 10년간 미군 남성과 관계를 맺고 있는 여성들은 대중에게 검열을 받는 듯한 상황에 계속해서 노출되었다.

제국주의 권력이 침투한 이런 상황에서 내부인과 외부인을 구별하는 것은 종종 명확하지 않다. 이 연구에서 다루고 있는 여성들이 겪는 어려움 중에 가장 두드러진 것은 일상생활 속에서 오키나와와 미군기지 내부에 있는 공동체 안에서 자신들의 주변적인 위치를 조율하는 것이다. 이 두 그룹의 경계를 넘나드는 것은 '우리'와 '그들'로 양분화되는 민족적 저항을 위협하는 일이기 때문이다. 즉, 미군 남편이나 애인과 함께 있는 오키나와여성은 이런 현상을 드러내는 화신이 된다. 군사력을 통해 두 개의 제국이 서로 통합되기란 쉽지 않은 일이다. 이 둘을 가장 강력하게 연결하는 요소는 양면성의 구조로, 즉 지역주민과 제국의 권력을 결속시킬 수 있는 인물이 필요하게 된다. 정치, 경제 그리고 친족관계와 같은 사회적 유대관계는 제국주의적 이해와 지역 주민의 이해의 경계를 모호하게 한다. 이런 유대관계는 미군기지의 규모와 체류기간의 역사로 인해 매우 뿌리 깊게 박혀 있다. 미군기지가 처음 오키나와에 건설된 것은 1853년까지 거슬러 올라간다.[5]

---

4 일본 국회 내 오키나와 대표인 3명이 벌인 동시대 기지 문제에 대한 원탁토론회를 보려면 참조 "Makeru no wa Nihon Seifu da", *Sekai*, 2006. 4. 간토쿠 데루야(Kantoku Teruya), 이토카주 게이코(Itokazu Keiko), 그리고 미키오 신모지(Mikio Shimoji) 세 명 모두 "아무것도 변한 것이 없다"를 주요 주제로 내세우며 강조했다. 이 주제는 적어도 오키나와현 전 지사 마사히데(Masahide Ōta)가 증언한 이후, 일본고등법원이 그에게 압력을 가해 군 토지 소유자들에게 땅을 임대해 주도록 한 중앙정부에 항의하기 위해 사용하기 전에, 널리 이용되었다. 이런 중앙정부의 행위는 1995년 강간사건 바로 직후에 행해졌다.

시위와 보상, 보상과 시위

최근 몇 년간 오키나와 유권자들은 주지사 및 시장 선거에서 미군기지에 반대하는 진보주의자들이 아닌 기지 찬성을 표명하는 보수정당 후보들을 계속해서 선출했다. 1998년 주지사 선거에서 활동가 마사히데Ota Masahide는 석유재벌에게 패했는데 이것을 기점으로 기지 찬성 후보자들이 당선되는 현상이 계속해서 나타났다. 2006년 주지사 선거에서 기지 문제를 거의 다루지 않은 보수정당 후보가 반기지 활동에 적극적으로 가담했던 후보를 누르고 당선되었다. 즉, 10년간 이런 보수 성향 주지사가 탄생했는데 이는 1980년대 상황과 유사하다. 오키나와 출신 저자이면서 활동가인 메도루마 슌Medoruma Shun은 다음과 같은 일본 언론의 보도가 범람하는 현상을 비판했다. 일본 언론은 최근 보수 성향의 후보들이 오키나와에서 당선되는 이유를, 오키나와인들의 생계가 보장되는 한에 있어 군 기지를 꺼리지 않기 때문이라고 간명하게 설명했다. 반기지 동가들은 보상금을 지불하여 경제적 의존도를 조장하는 방식으로 기지에 대한 묵인을 구매하는 일본정부의 행태를 자주 비판했다.[6] 슌은 현재

---

5 오키나와 첫 미군기지는 페리 준장(Commodore Matthew Perry)이 오키나와 섬을 방문했을 때인 1853년 7월 세워졌다. 이는 문물교환과 외교를 위해 일본을 개방하라고 압력을 가하기 전이다. 200명의 미 해병을 데리고 페리 준장은 슈리 성(Shuri Castle)까지 행진한 후 류큐 왕과의 접견을 요구했다. 그 기지는 페리 준장이 일본과 류큐 왕국 모두에게 불평등한 조약을 강요했고 일 년 동안 유지되었다. 페리 준장과 동행한 미군들은 지역 공동체에서 사회적 물의를 일으켰다. 특히 만취한 해병 보드(William Board)는 나이가 많은 오키나와여성을 강간했다. 그 직후 지역 주민들에게 쫓겨 절벽까지 도망가다 죽었다. 보드의 무덤은 토마리 항구 옆 외국인들을 위한 나하 묘지에 있다.
6 메도루마 슌의 칼럼, "Kichi ka Keizai ka de Kataruna", 『아사히 신문』, 2006년 11월 25일, 17.

오키나와가 누리고 있는 경제적 부가 기지를 마지못해 받아들여야 하는 상황으로 몰고 가고 있음을 지적한다. 이런 슌의 시각은 2차세계대전 이후 발전해 온 미 군사제국의 일반적 역사와 그 맥락을 같이한다. 미 군사제국은 전쟁에서 참패했거나 승리했지만 경제적인 어려움에 빠져 있는 유럽 및 아시아 민족국가들에 미군기지를 주둔시키고 그 대가로 경제적 이익을 보장해 줄 가능성이다. 냉전은 이런 상황을 더욱 부추기는 결과를 낳았다. 켄트 캘더Kent Calder의 최근 연구에 따르면 오키나와와 일본 본토에서 행해진 이런 보상금 정치는 전 세계 해외미군기지가 주둔해 있는 모든 민족국가 중에서 가장 안정적인 구조를 생산해 내는 결과를 낳았다(Calder 2007). 비록 반기지 활동가들이 슌처럼 급진적인 비판을 더 많이 쏟아낸다고 해도 지역 주민의 반대에 보상금으로 대응하고, 이 보상금으로 인해 일반 시민들 사이에 존재하던 기지에 대한 반감은 수그러든다. 이런 정치경제적인 조치는 이제까지 기지가 유지될 수 있는 상황을 낳았다.

민족주의자들의 담론에서 생산된 젠더화된 부산물

오키나와 같은 곳에서 민족주의적 운동은 때때로 미군기지를 몰아내기 위해, 미군을 인간성이 말살된 존재들로 간주하거나 미군과 친분이 있는 동포를 주변화시키는 방법밖에 없는 것처럼 간주한다.[7] 미군과 관계가 있는 오키나와 사람이나 미군과 관계를 맺고 있는 여성들은 손쉽게 비난의 대상이 된다. 일본에서 가장 높은 실업률을 보이고 있는 오키나와 현에서 미군기지에 근무하는 오키나와인 및 부모를 선택할 수 없는 아메리시아인들과는 다르게 미군과 관계를 맺고 있는 여성들은 자신들이 선택해서 미군과 연애와 결혼을 했다고 간주되기 때문에 비판하기에 적당한 대상으로 여겨진다. 이런 동학 속에서 젠더의 영향을 고려해 볼 때, 민족주의자들의 저항을 재정적으로 지원하는 권력 형태와 관련된 질문이 떠오르게 된다. 마이클 몰라스키Michael Molasky는 1967년 아쿠타가와상을 수상한 남성작가에 의해 쓰인 오키나와 문학 작품『칵테일 파티』Cocktail Party를 분석한다. 몰라스키는 작품 속에서 지역여성의 성을 전유한 외국 점령군을 비난하면서도 남자 주인공의 피해의식을 구성하기 위해 추상적인 '여성'의 형태를 전유한다(Molasky 1999, 28)고 설명한다. 전후 오키나와 문학 및 언론은 오키나와여성을 희생자로 삼으려는 미군 남성의 야만성을 드러내는 이야기로 넘쳐났었다. 강간당한 순수한 여성의 삶이 파괴되는 것을 오키나와 영토에 비유하는 방식으로 전개된다고 몰라스키는 주장한다. 이런 방식의 서술은 합의하에 서로 교제하는 관계에 대한 상징적 공간은 거의 허락하지 않는다. 결국 활동가들은 미군의 폭력에서 오키나와여성들을 해방시키겠다고 약속한다. 그러나 이는 이 여성들을 오키나와남성의 지배구조 속에 재종속시키기 위한 것일 뿐이다.

---

7 몇몇 오키나와 활동가들은 그들의 적을 비인간화하려는 유혹에서 벗어났다. 그들 중 이미 고인이 된 아하곤 쇼코(Ahagon Shoko)는 '오키나와의 간디'로 불리며 가장 유명하다. 쇼코는 독실한 기독교인으로 미국의 민주주의 가치를 칭송했던 인물이다. 그는 또한 이에(Ie) 섬 공동체 멤버들과 함께 섬이 점령 기간 동안 미군기지로 사용되는 것에 저항했다. 그는 활동가들에게 미군에게 모욕적인 말을 사용하지 말라고 강조하며 비폭력 원칙을 고수했다. 그러면서 그들 운동에 대한 요점을 이성적으로 설명하려 했다. 아하곤조차 때론 미군들을 "악마"로 어쩔 수 없이 부를 때가 있었다. 그렇게 부를 때는 어느 정도 이해가 가는 상황을 설명할 때였다. 즉, 미군이 그 또는 다른 이에 섬 주민들의 집을 총칼로 빼앗고 불도저로 그들의 집을 밀어 버렸을 때이다. Ahagon(1989) 참조.

신시아 인로는 이렇게 젠더화된 민족주의적 운동에 비판적이다. 그녀는 다음과 같이 서술했다. "강간과 성매매는 많은 남성들이 생각하는 민족주의적 대의명분을 구성하는 데 있어 중심적인 역할을 해왔다. 남성들은 여성으로 비유된 조국에 대해 들어왔으며 '그녀의' 보호자로서 행동할 것을 요구받아 왔다. 외부의 적은 다른 남성으로 이미지화되었으며, 그 다른 남성은 조국을 더럽히거나 폄하하려 하는 인물이다"(Enloe 1993, 239). 인로는 미군 남성과 관계를 맺고 있는 오키나와여성이 왜 증오의 대상이 되는가에 대해 이해하기에 충분치는 않지만 중요한 논점을 제시했다. 오키나와를 희생당하고 있는 여성으로 젠더화하는 것은 반기지 활동을 하고 있는 오키나와여성들 또한 사용하고 있는 비유이다. 정치가이자 페미니스트 활동가인 다카자토 스즈요Takazato Suzuyo는 공식연설에서 종종 오키나와를 일본의 "성매매를 하고 있는 양딸"로 비유한다. 그녀는 이런 비유를 통해 오키나와현이 종속되어 있다는 사실을 감각적으로 다양하게 강조하려 한다. 이 연설에서 말하는 '성매매', 글자 그대로 가난에 내몰린 오키나와여성들이 성산업에서 일할 수밖에 없었던 수치스러운 역사를 나타내며 일본과 미국의 제국적 이익을 위해 착취당하고 있는 오키나와의 현실을 나타낸다. 이 제국의 이익을 보여 준 가장 좋은 예는 오키나와 전투로 불렸던 사건이다(Takazato 1996).

계속되고 있는 인종차별주의

인도네시아의 식민주의에 대한 앤 스톨러의 연구가 아주 설득력 있게 보여 주듯 젠더는 이미 사회적 계급과 '인종' 또는 민족 속에 항상 얽혀 있기 때문에 따로 떼어 볼 수 없다(Stoler 2002). 인종차별은 오키나와에서 오래된 만연한 문제이지만 이것이 곧 단일민족을 추구하는 방향으로 나타나지는 않았다. 태평양전쟁 전이나 전쟁 중에도 일본 군사주의자들은 오키나와인들에게 제국주의의 신민으로 요구되는 희생을 강요하면서 동시에 이들을 단지 2등국민으로 취급했다. 오키나와 전투에서 일본 국민임을 증명하기 위해 싸운 오키나와인들의 노력은 커다란 희생만을 남겼을 뿐 그들에 대한 차별은 전혀 개선되지 않았다. 이 전투는 오직 오키나와인들에게 일본 본토에 대한 비통한 마음과 이 전쟁에 대한 깊은 혐오감만을 남겨놓았다(Christy 1995). 전쟁 중 행해졌던 선동을 통해 많은 오키나와인은 미군 침입자들이 지옥에서 온 도깨비 같은 괴물이며 상상할 수 없을 정도로 잔인하게 그들을 고문할 것이라고 믿었다. 미군에 대한 이런 끔찍한 공포로 인해 수백 명의 오키나와인들이 미군의 손에 강간당하거나 고문당하기 전에 '의무적으로 집단자살'을 감행했다.[8]

오키나와 전투와 미군 점령 기간 동안 미국군대와 군인들은 미국적 인종차별을 전파했다. 이런 차별은 그 당시 공식적으로 미군 부대 내에 제도화되어 있었다. 미군은 미국 내에 만연한 유색인종에 대한 편견과 차별을 미국의 새로운 책임이 된 오키나와에 확대하여 적용시켰다. 시간이 지나면서 몇몇 오키나와인들이 미군의 흑백 인종반감을 자신의 방식으로 체화시켜 나갔다(Molasky 1999). 이들 대부분은 오키나와의 사회계

---

8 Field(1993)는 오키나와에서 강제로 자살을 강요당한 그룹의 비극을 조사하고 보존한 활동가 쇼이치(Chibana Shoichi)의 노력에 대해 논의했다. 필자의 정보원 중 하나였던 쇼이치는 기지와 관계가 있는 사람들을 비방하지 않는 것으로 유명하다. 대신 그는 군대 제도와 기지를 유지하게끔 만드는 정치적 장치에 반대하는 그의 저항에 초점을 맞춘다.

층 중 최하층민을 대하듯 흑인 병사들을 종종 깔보았다. 이와 반대로 아라카와 아키라Arakawa Akira같이, 몇몇 오키나와 민족주의자들은 흑인 병사들에게 같은 유색인종으로서 동질감(유색인종은 백인 미군병사들에 대한 분노에 의해 한 범주로 함께 뭉친다는 것이었다)을 표현하곤 했다(Molasky 1999). 반세기 넘게 지속된 이런 갈등과 분노 속에서 수천 명에 달하는 오키나와여성과 미군 남성이 서로 사랑에 빠졌지만, 기지 안팎에서 그들의 관계를 인정하는 사람들은 거의 찾아볼 수 없었다. 전후 문학에서 이런 관계를 소재로 다룬 것 중에 가장 잔인하게 폄하한 것은 아마도 1956년 아라카와가 쓴 시「황색인종」일 것이다.

황색인종(2부)

황색인종 안에서도
다양한 종류의 사람이 있다네.
그 종류에는
우리의 순수혈통을 지키려는 이
우리의 혈통을 믿는 이,
실패하지 않고 서로를 지켜 주며
일제히 앞으로 나아가는 이
그리고 또 다른 종류에는
우리의 혈통을 배신한 이,
우리의 혈통을 팔아먹은 이,
약아빠진 가면 뒤에

원숭이같이 추한 그들의 얼굴을 숨긴 이들

기회주의자, 수치심도 모르는 아첨꾼들.

우리는 지켜볼 것이다.

그들의 가면을 찢어 내고

환한 태양빛 아래 그들을 뉘일 것이다.

우리는 지켜볼 것이다.

우리의 혈통을 오염시킨

이들이 쳐놓은 함정이 드러나는 것을

우리는 눈을 항상 크게 부릅뜰 것이다.

우리는 지켜볼 것이다.

황인종인, 우리

황인종인 것이 자랑스럽다.

우리는 눈을 부릅뜬다.

우리는 행진할 것이다.

황인종 사이에 섞여 있는 유인원들을 경계하기 위해

우리의 혈통을 위협한

저 흰 늑대들의

살진 배를 갈라놓을 준비가 될 때까지

지켜볼 것이다.

우리는 눈을 부릅뜨고,

행진할 것이다. (Molasky 1999, 99~100)

흔히들 타락한 오키나와여성과 그녀의 미군 애인은 두 가지 형태의 불법적 혈연 작업과 연결되어 있다고 생각한다. 하나는 오키나와의 혈통을 사랑하는 남성에게 '판' 일이고, 또 하나는 그 남성이 피흘리는 작업(전쟁)에 관여하고 있다는 것이다. 성매매여성과 미군을 쌍둥이처럼 연결시키는 고정관념은 이질적 생각, 삶 그리고 몸이 모두 혼합된 관념을 감시하거나 균질화하기 위해 나타난다. 이 관념은 필연적으로 착취적 성격을 띠고 정치적으로 역효과를 낳는 행위들을 잘못된 의식의 전형적 화신으로서 통합시킨다. 그러나 저자가 지적했듯이 매우 적은 수의 오키나와여성만이 오늘날 군대 성매매에 종사하고 있다. 몇몇은 대부분 군 고객들을 접대하기 위한 산업에 바텐더나 접대부로 종사하고 있다. 아라카와의 시에서 볼 수 있듯이 민족주의 성향의 남성 몇몇은 지역 여성들이 '오키나와의 혈통을 배신'할 것이라는 분명한 두려움을 갖고 있다.[9] 오키나와의 혈통을 보호하겠다는 생각과 이 책임을 여성에게 지우는 것은 아라카와의 시에만 국한되어 있는 것은 아니다. 돌아가신 아버지가 아리카와와 동료 기자였으며 동시대 사람이었던 한 정보원은 그녀의 아버지가 그녀에게 한 말을 다음과 같이 기억한다. "너는 너의 아름다운 류큐인 혈통을 지켜야만 한다. 넌 미국인과 결혼해서는 절대 안 된다. 본토 일본인도, 미야코 (류큐 왕국 지배 기간 동안 무시했던 죄수 유형지) 출신 남자도 안 된다." 그녀는 일본 본토 사람과 결혼한 후 이혼했다. 그리고 미군

---

9 아라카와는 일본에서 벗어나 오키나와가 독립해야 한다고 주창하는 사람들 중 가장 선두에 선 사람이다. 그는 몇몇 오키나와 사람들이 반쪽짜리 섬 사람(Shima-haafu)이라고 부르는 사람으로 유명하다. 그는 오키나와 아버지와 본토 출신 어머니 사이에서 태어났다. 그가 하는 일을 보면 그가 그의 아버지 민족과 정체성을 같이하며, 아버지 민족을 더욱 강하게 하는 일을 하고 있다.

과 두번째 결혼을 했지만 또 이혼했다. 그녀와 같이 미군과 결혼한 다른 여성들은 친척이나 친구들이 평생 "내가 이럴 줄 알았어"라고 말하는 것을 참고 들어야 한다.

전설적으로 유명한 속임수

외국군 남성에게 피해——강간뿐만 아니라 합의된 관계 속에서도 속임을 당한——를 입은 오키나와여성들의 비극적 이야기는 일본 본토와 오키나와 사이에 문제가 많은 관계의 시작과 관련된 전설을 기억시킨다. 이 전설에 따르면 태풍 때문에 일본 본토 출신 전사 미나모토노 다메토모 源爲朝(1139~1170?)는 오키나와 섬에 표류하게 된다. 이곳에서 그는 결국 족장의 딸과 결혼까지 한다. 이 부부는 아들을 낳게 되는데, 이 아이가 자라서 류큐 왕조를 건설한다. 다메토모와 그의 가족은 함께 일본 본토로 돌아가기 위한 항해를 시작하지만 폭풍우에 막히고 만다. 그들은 어쩔 수 없이 항구로 돌아오게 되고 선장은 바다의 신이 배에 여자가 탔기 때문에 노하신 거라고 주장한다. 다메토모는 그의 가족들을 버리고 홀로 일본 본토로 가기로 결심한다. 그렇게 그가 결심을 하자 하늘이 바로 맑아졌다.[10] 그의 아내와 자녀는 그후로 '기다림의 항구'라고 알려진 곳 근처에 위치한 동굴에서 생활하면서 그가 돌아오기를 충실하게 기다린다.[11] 다메토모는 그러나 끝내 돌아오지 않았다. 그 이유는 그는 1177년

---

10 이 전설은 예닐곱 개의 다른 이야기로 변형되었다. 이 글에 적은 버전은 Kawahira(1970)에서 따온 것이다.

경쟁관계에 있던 친척과의 싸움에서 자살했을 것으로 추정되기 때문이다. 오늘날 항구가 위치한 곳의 해안선에는 미 해병대 기지가 들어서 있으며 이름은 그대로 마키미나토로 불리고 있다.[12] 일본의 위대한 전사 중 하나로 상징되는 다메토모의 남성적 기량과 그의 오키나와 가족이 버림받은 것을 오키나와의 많은 사람들은 외국 군대와 오키나와여성 사이의 관계에 대한 매력이며 비극적인 결말의 전조로서 믿고 있다. 이 전설은 또한 일본 본토와 오키나와 사이에 존재하는 불평등한 권력관계도 암시하고 있다.

"기지 자체가 오염이다"

현대 오키나와 사람들은 미군기지가 집중적으로 오키나와에 위치해 있는 것을 못마땅하게 여긴다. 미군기지는 일본 본토와 미국의 일방적 이익을 위해 존재하는데 오키나와 사람들이 그 대가를 치르고 있다고 생각하기 때문이다. 군 관련 사고, 전투기 소음, 범죄 그리고 무엇보다도 중요한 것은 외국 군대가 오키나와의 비좁은 섬의 대부분을 통제하고 있다는 뼈아픈 현실이다. 미군 남성과 오키나와여성으로 이루어진 커플은 외국 세력의 지배와 기만이 개인적 차원으로 발현된 것이라고 많은 오키나와 사람들은 생각한다. 이들은 이 관계를 법적으로 부인하며 이 관

---

11 그 지역은 현대 오키나와에서 '일본 발음으로 변형된' 마키미나토(Makiminato)로 불리는 곳이다. 오래된 류큐 지역명인 마치나투우(Machinatuu)을 일본식으로 발음한 것이다.

12 기지는 또한 캠프 킨저(Camp Kinser)로도 불렸다.

계를 맺고 있는 오키나와여성들을 주변화시킨다. 몇몇 오키나와 사람들은 이들 부부 사이에서 태어난 혼혈아들을 하아푸 아이들이라고 부르며 계속해서 차별하고 있다. 또한 아메리시안을 '부자연스러운' 관계의 살아 있는 증거이며 오키나와의 비극적인 예속 역사의 부끄러운 상징으로서 바라본다.[13]

기지와 기지 관련 모든 것을 조롱하는 오키나와 활동가들은 아메리시안 및 미군과 관계를 맺고 있는 여성들을 주변화하는 데 일조하고 있다. 자주 인용되는 다카자토의 말 중에 "기지 그 자체가 오염이다"The bases themselves are pollution라는 것은 기지를 몰아내기 위해 '선'과 '악'의 이분법적 수사 속에 이를 밀어넣고 전체주의적인 전략을 적용시키는 대표적 예이다. 이런 이분법적 수사는 의도했든 하지 않았든 미군기지에 고용되어 있거나 친족관계를 맺은 오키나와 사람들을 '악'의 부류에 몰아넣는다. 다카자토는 공개적인 자리에서 다음과 같이 반복적으로 발언한다. "나는 군 훈련이 이미 폭력성이 내재되어 있는 군인을 길러 내는 행위라고 믿는다." 이는 미군 남편, 아버지 또는 친구를 두고 있는 오키나와 사람들을 마음 아프게 하는 활동가들의 말들 중 하나이다.[14] 다카자토와의 인

---

13 한 중년의 여성 정보원은 오키나와인과 미국인이 함께 자녀를 갖는 것에 대해 우려를 드러냈다. 그것은 그녀 생각에 그들의 신체적·문화적 차이가 너무 크기 때문이다. 오키나와에 있는 아메라시안은 특히 학교에서 자행되는 심각한 차별 때문에 계속해서 고통을 받는다. 오키나와인과 미국인 사이에서 태어난 몇몇 사람들은 현재 60대를 넘었는데도 차별을 계속 받고 있다.
14 미국에서 현재 모병제에 지원하는 대부분의 사람들은 자본주의와 세계화의 난폭한 영향을 받고 있는 가난하거나 소수인종인 미국인들이다. 경제적 선택권이 제한되어 있고 군대를 제외하고 의료보험의 혜택을 받을 수 없는 이들이 많기 때문이다. 군대에 가입하면 중산층 수준의 월급이 제공되며 대학등록금이 면제되고, 주식을 포함하거나 포함되지 않은 연금을 받을 수 있으며, 무료 주거지 제공, 무료 의료보험, 민간 서비스 분야에 우선 취업이 되며 미국의 민간 공공 분야에서 얻기 힘든 수많은 혜택들을 누릴 수 있다.

터뷰 중 그녀는 아메리시안 아이들과 미군 남성과 관계를 맺고 있는 여성에 대한 차별을 우려하는 발언을 했다. 물론 그녀는 자신의 발언이 그런 여성들 또는 그들의 미군 친척을 차별한다는 반기지 운동에 대한 반발에 일조하고 있다는 것을 인식하지 못했다. 그러나 활동가이자 오키나와 대학의 교수인 아라사키 모리테루Arasaki Moriteru가 편집한 최근 책은 이 문제를 정확하게 집어 내며 다음과 같이 지적한다.

> 대규모 미군기지가 오랜 기간 오키나와에 주둔한 역사 때문에 오키나와 사람들의 마음속에는 반미감정이 깊이 배어 있다. 그 결과 이런 반미감정이 때론 아메리시안에 대한 차별 또는 편견의 형태로 발현된다. 아메리시안이 오키나와 사람들에겐 미군기지의 상징으로 보이기 때문이다. 이를 오키나와 사람들이 행하는 반反인권적 행위라고 말하는 것은 과장된 표현이 아니다. 오키나와 사람들은 자신들이 일본과 미국 모두에게 차별받는다고만 생각한다. 이는 오키나와 사람들이 간과하는 사각지대인 것이다. (Arasaki 2000, 161)

중재된 감성과 저항의 모순

활동가나 다카자토 같은 정치인들이 생산해 놓은 반기지 담론은 오키나와에서 가장 널리 읽히고 있는 두 개의 민족신문이 이용하는 단순한 기제를 통해 확산되고 있다. 이들은 기지와 관련이 있는 모든 사람에 대한 부정적인 감정을 자아낸다. 필자는 민족적 경계를 분명히 하려는 이런 시도는 '오키나와인' 대 '오키나와인이 아닌 사람'이라는 이분법적 분리를 유지하려는 것으로 본다. 이런 시도는 메리 더글라스Mary Douglas 가 처음으로 선보인 전통적인 인류학 접근방식으로 정신과 육체적 오염에 대한 두려움에 기반해 사회가 이를 벗어나려고 택하는 활용방식이다 (Douglas 1984[1966]). 즉, 오키나와여성이 공개적으로 미군 남성과 사귀는 것을 밝힌다면, 오키나와 사람들은 종종 '아메조'(미국여자) 또는 '코쿠조'(흑인여자) 같은 중상모략적 언어를 사용하여 그녀를 미국인인 '타인'으로 규정하기 위해 시도한다. 이렇게 누군가의 위치를 격하시키며 분류하는 방식은 일본이 단일민족국가라는 헤게모니적 개념과 혼합된 정체성을 용납하지 못하는 태도 때문에 생겨난 이분법적인 단절이다. 아이러니하게도 본토 일본이 오키나와인들을 소외시키거나 강제적으로 동화를 강요한 것이 단일민족 이데올로기라고 활동가들이 비판해 왔음에도, 반기지 주요 활동가들 또한 내부의 타인을 주변화시키기 위한 전략으로 단일민족 개념을 재생산하고 있다. 전 오키나와 주지사이자 현재에도 주지사로 있는 오타 마사히데 같은 오키나와의 엘리트들은 오랫동안 단일민족 정체성(우치나안추완, 오키나와 인종)을 확립하려 노력했다. 이는 특정한 정치적 아젠다가 작동하는 공간에서 내부에 존재하는 이질성을 가리는 역할을 했다.[15] 오타는 가야트리 스피박Gayatri Spivak의 '전략적 본질주

---

15 1996년 10월 19일 일본 본토의 진보적 신문『아사히 신문』의 사설에 보면, 역사학자 다카라 쿠라요시(Takara Kurayoshi)는 오키나와현 안에서 소수민족들의 목소리를 주변화시키는 오키나와 사람들을 비판한다. 오키나와현은 세 명의 미군이 여학생을 강간한 사건 때문에 반기지 감정으로 불화를 일으키고 있었다. 다카라는 미군 남성과 결혼한 오키나와여성 같은 사람들의 의견을 고려하라고 다음과 같이 말하며 요청한다. "우치나안추(오키나와인)들은 계속해서 자신들이 일본사회 안에서 소수민족으로 고통받고 있다고 주장하면서 오키나와 내에서 소수민족의 목소리에 충분히 귀기울이지 않는다. 이것이 나를 슬프게 한다. 이 문제는 오키나와에 사는 모든 이들이 오늘과 미래에 반드시 고려해야 하는 것이다." Takara(1997, 111).

의'라는 용어를 사용해 오키나와인들을 역사적으로 외부 군대세력에 의해 수년간 모욕을 당한 평화적인 사람들로 위치시킨다.[16] 정체성 정치는 결국 지배구조를 재생산한다. 이는 활동가들이 미군기지를 오염된 타인이 살았던 근거지라고 말하면서 분명하게 반대해 왔던 것을 일컫는다.

미군과 결혼했거나 연애를 하고 있는 오키나와여성과 대화를 하면서 필자는 이들이 겪고 있는 상황이 함축하는 것은 이들을 배신자로 간주하고 있는 암시라는 것을 느꼈다. 그러나 좀처럼 직접적으로 이런 암시를 언급하지는 않는다. 미군기지에서 일하며 미군과 오랜 기간 교제하고 있는 한 오키나와여성은 1995년 강간사건이 일어난 후 얼마 지나지 않아 아침에 눈을 떠보니 그녀의 하얀 닛산 세단 자동차 위에 검은색 스프레이로 '배신자'hikokumin라는 글귀가 쓰여 있는 것을 목격했다. 이런 사건은 평화를 목적으로 하는 운동이 몇몇 개인들에 의해 반동적인 행동양식을 추구하기 위한 기회로 어떻게 이용되는지 분명하게 보여 준다. 여기서 사용된 비방 용어인 '히코쿠민'(배신자)은 아이러니하게도 태평양전쟁 전과 그동안에 일본의 군사적 침략을 비판한 사람들이나 순수혈통이나 애국심이 의심되는 오키나와인들을 비난하는 데 일반적으로 쓰였던 단어였다. 그 일을 겪은 여성은 그녀가 미군과 교제를 하고 있기 때문에 그런 일이 일어났다고 이해하고 있었다. 누가 그녀의 차를 훼손했는지 그녀는 결국 찾아내지 못했다. 그녀가 미군과 맺고 있는 관계를 비

---

16 일본 고등법원에서 진술한 오타의 진술은 Ōta(2000)에 영어로 번역되어 있다. 이는 전략적 본질주의 담론의 전형적인 예이다. 류큐인의 타고난 평화주의에 대한 전설이 오타와 반기지 활동가들이 현재 반기지 활동을 지지하기 위해 재전용하기 전에 어떻게 발달되었는지에 대한 논의를 보려면 Teruya(2001) 참조.

난하기 위해 저지른 것으로 보이는 그 행위와 그녀의 사생활을 침해한 것에 대해서도 그녀는 경찰에 신고하지 않기로 결정했다.

이런 사건과 비슷한 처지에 있는 여성들이 언급한 다른 괴롭힘 사건들은 21세기 초반 일본의 신파시스트들이 반기지활동이 사용했던 수사학을 자신들의 이익을 위해 사용하고 있음을 보여 주고 있다. 우파적 성향이 강한 만화가 고바야시 요시노리Kobayashi Yoshinori의 초기 작품은 아시아에서 일본이 저지른 침략을 해방으로 묘사하며 태평양전쟁 기간 동안 운영됐던 공식적인 강제 성매매 제도의 존재를 의심하는 것이었다. 그는 2004년 보수잡지인 『사피오』Sapio에 오키나와 역사와 관련된 만화를 연재했다. 2005년 여름, 그가 연재한 만화가 만화 『오키나와론』(오키나와 조약)으로 출판되었다(Kobayashi 2005). 일본 본토 출신인 고바야시의 민족주의적 색채가 짙은 이 만화책은 고대 류큐인과 현재 오키나와인들을 본토 일본인들보다 더 일본인 같은 민족으로 이상화했다. 그는 발문을 통해 역사적 권력관계를 뒤집으며 일본이 오키나와 문화로 동화되어야 한다고 주장했다. 407페이지에 달하는 대부분의 분량을 통해 그는 전후 오키나와 내 미군의 역사를 신랄하게 비판했다. 한 장에서 고바야시는 오키나와 전쟁 직후 또는 전쟁기간 동안 미군이 상대적으로 오키나와인들을 동정했는지에 대해서도 부인했다. 이는 대부분의 오키나와 인들이 그렇다고 믿고 있는 사실이다(Kobayashi 2005, 11). 편리하게도 고대사까지 그의 책에서 다룸에도 불구하고, 고바야시는 오키나와 전쟁과 전쟁 기간 동안 오키나와 인들에게 행한 일본의 만행은 '다음 기회'로 남겨 놓았다. 이는 고바야시가 다른 책에서 일본군대가 강요해서 집단 자살을 감행해야 했던 오키나와인들이 실은 자발적으로 자살한 것이라고 계속해서 되풀이했던 그의 주장이 오키나와 독자들의 등을 돌리게 할 수 있다는 위험을 감지하고 오키나와인들의 분노를 미군에게 돌리려 한 그의 의도라고 볼 수 있다(Kobayashi 2005, 11).

그들과는 전혀 다른 이유에 기인하고 있겠지만 『오키나와론』에서 고바야시는 오키나와의 진보적 성향의 활동가들이 품고 있는 반기지 및 반미군에 대한 실망감에 동조하는 의견을 피력했다. 그가 피력한 이런 친밀감으로 인해 진보적 성향의 반기지 활동가이며 일본 의회 대표인 이토카주 게이코Itokazu Keiko는 2005년 오키나와 방문시 지역 컨벤션 센터에서 고바야시와 함께 무대에 같이 모습을 나타냈다. 이런 그의 행보에 다카자토와 다른 진보 성향의 활동가들은 매우 충격을 받았다. 이토카주는 2006년 주지사 선거에서 패했다. 전쟁 당시 일본에 만연했던 파시즘 또는 신파시즘과 오키나와 반기지 운동 간에는 구조적으로 유사한 부분이 존재한다. 두 개(오키나와의 파시즘 세력과 오키나와의 반기지 운동 단체) 모두 단일민족에 바탕을 둔 민족주의적 개념과 단결에 기반해 군중을 집결시키고 미 제국주의에 반대하게 하지만 미군과 싸우는 동안 자신들도 이와 유사한 독선을 행한다. 그러나 아주 중요한 차이점도 있는데 현재 오키나와 반기지 활동가들은 전쟁 당시 일본의 파시스트나 신파시스트와는 달리 반전주의자들이다. 이들은 대개 폭력을 사용하지 않으려 하며 반기지에 대한 입장을 분명하게 진보적인 다른 정치적 의견 내에 함께 위치시키려 한다. 1996년 이후, 반기지에 대한 대중의 지지가 점차 약화되자, 메도루마를 포함한 몇몇 활동가들은 평화적으로 이루어지는 시위 방식을 비판하며 오키나와에 거주하고 있는 미군 살해를 포함한 폭력적 방식을 제안한다. 이런 폭력적 방식이 운동의 목적을 달성하는 데 필요하다는 입장이다(Molasky 2003, 161~191). 반기지 운동의 이러한 전환과 일본 파시즘과의 구조적 유사성 그리고 오키나와에서 고바야시의 만화가 베스트셀러가 된 사실은 모두 오키나와의 반기지 민족주의가 진보에서 우파로 변화할 수 있음을 보여 준다. 미군을 괴롭히는 것과 미군과 연인관계에 있는 오키나와여성을 괴롭히는 것은 이런 이유에서 기지를 오키나와에서 몰아내기 위해 필요한 민족적 단결이 빚어낸 부작용 그 이상의 의미를 갖는다. 이는 또한 정체성정치학을 통해 작동하고 있는 진보적 성향의 민족주의가 표면적으로 내보이는 것과 모순되는 현상이다.

불완전한 해방 프로젝트

린다 앵스트Linda Angst같이 얼마 되지 않는 예외적인 학자들을 제외하고, 대부분의 학자들은 표면적으로 해방을 목적으로 하는 반기지 운동이 힘 없는 다른 개인들을 소외시키는 방식에 대해서 거의 검토하지 않는다(Angst 2003, 135~160). 앵스트는 오키나와현의 전 지사 오타 마사히데Ōta Masahide를 포함한 오키나와 활동가들이 여성을 대상으로 한 폭력사건 사례들을 이용하고 있다고 비판했다. 이는 군인들이 오키나와를 대상으로 지속적으로 행해 온 폭력의 필요성을 강화하고 이용하기 위해 미군과 본토 일본정부가 행해 온 것과 동일한 방식이다. 앵스트는 오키나와 활동가들이—몇몇 페미니스트 활동가조차도—'순결한' 오키나와여성을 무고한 희생자로 위치시키면서 성노동자 같은 다른 여성들의 고통을 모호하게 하거나 심지어 폄하한다고 지적했다. 성노동자들 또한 군사주의 때문에 큰 대가를 치르고 있음에도 불구하고 말이다. 앵스트는 다음과 같이 결론내렸다.

집단적 문화자아를 순수한 식민지 이전의 과거를 통해 정의하는 저항
지도자들은 히메유리나 강간당한 여학생들을 통해 순수와 정조의 이미
지를 끌어낸다. (히메유리 또는 공주백합학생회는 1945년 오키나와 전투 중 종군
간호원으로 봉사했던 오키나와의 엘리트 소녀 단체 중 하나이다. 대부분의 학생들이
선생님과 함께 전쟁터에서 죽었으며, 몇몇은 미군에게 강간이나 고문을 당할 수 있
다는 두려움에 자결했다. 자결은 일본이 종용했던 전시선전 행위 중 하나였다.) 이
런 과정 중에서 실제 성매매여성이 된 오키나와의 딸들은 배제되었다.
실제로 술집이나 사창가 여성들은 오래도록 전쟁 전 오키나와 시대의
부정적인 이미지로서 표현되어 왔다. 이들은 낮은 지위의 민족적 타자
이며 새로운 성노동자인 필리핀여성처럼 대부분 이런 논의에서 제외되
어 왔다. 이 여성들이 치른 많은 희생에도 불구하고, 많은 단체들이 이
들에게 관심을 부여하길 꺼렸다. 그 이유는 그들이 '순결하지' 않았기
때문이었다. (Angst 2003, 152)

앵스트는 활동가들이 기지와 관련해 통합 전선을 구축하는 것이 전
략적 문제점이라고 강하게 비판하고 있다. 이 문제점은 "깊이 뿌리 박힌
가부장적 정치관을 드러내며 여성인권 문제를 오키나와 민족주의 운동
보다 격하시키는 경향을 드러낸다"고 설명한다(Angst 2003, 152~153).[17]

---

17 인과관계를 맺고 있는 오키나와여성에 대한 차별을 특별히 그녀가 논한 것은 아니지만 그녀의
비평은 이 글의 주제와 관련해 온전하게 적용될 수 있다.

미군이 오키나와여성을 대상으로 저지른 성범죄는 그 대상 간 차이를 발생시킨다. 즉, 여론은 특정 여성들은 결백한 희생자로 다른 이들은 그렇지 않은 대상으로 보도한다.[18] 만일 희생자가 소위 아메조로 불리는 여성일 경우 또는 그와 비슷한 사회적 위치에 있는 코쿠조일 경우, 이 사건은 비교적 언론의 관심을 거의 받지 못하며 상대적으로 사회적 분노의 수위도 낮다. "그녀가 자초한 거야. 미군과 관계한 사람들은 이런 일을 당할 만하다는 논리가 이런 사회적 현상 뒤에 존재하고 있다. 아메조는 이미 미군들과 같은 편에 선 사람들이다." 내가 인터뷰한 지역 신문사에서 일하고 있는 남성 기자가 이렇게 설명했다. 만일 여성이 술집에서 일하거나 미군과 자주 클럽에 다니는 여성들일 경우, 범죄가 구성되기 위한 '결백한 희생자'라는 요소가 결여된다는 것이다. 2001년 공군 사병이 아메리칸 빌리지 쇼핑몰 주차장에서 저지른 강간에 대한 언론의 보도와 대중의 반응은 이런 편견을 잘 드러내 준다. 그가 강간한 대상이 미군과 자주 클럽을 드나들고 자진해서 강간범과 함께 나갔기 때문에 그녀에게 잘못이 있다는 듯이 여겨졌다. "이 사건의 경우, 피해자를 욕하는 목소리가 특히 언론에서 많이 흘러나왔다"라고 다카자토는 언급했다.[19]

---

18 오키나와 주요 신문 두 개, *Okinawa Times*와 *RyūKyū Shinpo* 모두 군범죄에 엄청난 관심을 보인다. 술집에서 플라스틱 라이터를 훔친 것부터 강간과 살인까지 모든 사건에 집중한다. 그리고 동시에 이런 유사한 범죄를 오키나와인들이 저질렀을 때는 상대적으로 매우 적은 관심을 보인다. 현 경찰 통계가 보여 주고 있듯이 1980년대 이래 적어도 1인당 군 기지 내 사람들이 저지른 범죄율이 오키나와인들이 저지른 범죄율과 비교했을 때 모든 면에서 무시할 정도이다. 다카자토는 이 두 공동체의 범죄 통계를 비교하는 것에 대해 다음과 같이 언급하며 비판한다. "이런 비교 자체가 틀려먹었다." 일본에 배치된 미군이 저지른 범죄 및, 다른 외국인 그리고 일본인이 저지른 범죄 관련 통계에 대한 더욱 자세한 자료를 보려면 Michael Hassett, "U.S. Miliatry Crime: SOFA SO Good?", *Japan Times*, 2008. 2. 26, 온라인 확인 가능(http://search.japantimes.co.jp/cgi-bin/fr20080226zg.html. 2010년 3월 30일 접속).

1995년 세 명의 미군이 여학생을 강간한 사건으로 인해 80,000명 가량의 오키나와인들이 시위에 참여했다. 이와는 대조적으로 2001년 강간사건 후, 반기지 시위를 조직하려는 노력은 흐지부지 끝나고 말았다. 이는 피해자의 신상정보가 활동가들이 관심을 가질 만한 인물에 속하지 않았기 때문이다. 미군과 연애를 하는 여성들은 미군과 관계를 맺기로 스스로 선택한 잘못이 있는 즉, '위험을 스스로 자초했다'는 인식 때문에 동정을 거의 받지 못한다. 대조적으로 성범죄 피해자들을 염두에 두고 이런 논리를 펴는 사람들은 일본 법정이 공군의 비행소음이 주민의 삶을 방해한다는 주민의 피해를 인정해 달라는 사건에서 '위험을 스스로 자초했다'라는 논리에 기반해 사건을 기각한 것에도 반대하는 경향을 보인다. 이런 사건의 경우 법원은 사람들이 기지 주변으로 이사를 갈 때는 이미 그 주변이 항공소음이 심하다는 것을 인식하고 간다고 설명한다.

활동가 가즈미 우에자토Kazumi Uezato(2000)가 밝혔듯이, 많은 오키나와남성들이 강한 남성성의 전형인 미군이 상징하는 성적 경쟁력에 두려움을 느껴 여성과 이들과의 관계를 반대한다면, 오키나와여성들은 좀더 현실적인 관점에서 미군과의 관계를 반대하는 경향을 나타낸다고 한다. 나의 여성 정보원들은 다음과 같이 주장한다. 오키나와여성과 미군의 관계에 비판적인 이유는 이 커플들의 높은 이혼율과 이들의 결혼과 자녀를 받아들이지 않는 오키나와 사회문화 그리고 국제결혼의 힘든 점을

---

19 "Japanese Media Try Character of Alleged Rape Victim in Okinawa", *Stars and Stripes Pacific Edition*, 2001. 8. 2일. 이 사건의 인종정치학은 전 세계적인 미디어의 관심을 받았다. 즉, *Time*, *Newsweek* 및 다른 매체들이 일본인과 오키나와인의 인종차별주의가 아프리카계 미국남성과 교제하는 오키나와 피해자들을 비난하는 데 동기로 작용하고 있다고 주장했다.

겪은 친구나 친척의 지나가는 이야기들 때문이라고 한다. 내성적이고 평범한 어떤 여성의 딸이 미군과 결혼한다고 했을 때, 그녀는 딸의 결혼식에서 열을 내며 다음과 같이 말했다. "나는 이 결혼에 반대한다. 그건 내가 내 딸을 너무나 사랑하기 때문이다. 나는 네가 선택한 길을 이미 가본 많은 오키나와여성들처럼 네가 멀리 떠나 다시는 돌아오지 않을까 봐 두렵다. 하지만 이건 너의 인생이고 지금 나로선 너의 결정을 지지할 수밖에 없구나." 딸이 미군과 연애를 하거나 결혼하는 것을 가족이 반대하는 것은 흔한 일이지만, 내 정보원들 중 몇몇은 부모 중 적어도 한 사람은 그들의 관계를 인정한다고 한다. 한 여성은 심지어 그녀의 어머니가 오키나와남성과 결혼한 것을 불평하며 미국남성이 낫지 않겠냐고 제안하자 미군과 연애를 시작했다고 한다. 그녀의 어머니는 '레이디 퍼스트'라는 기사도 정신의 이미지로 미국남성을 인식하고 있었다. 딸은 후에 어머니의 인식이 헐리우드 로맨스 영화에서 비롯된 것임을 알게 되었다. 몇몇 정보원들의 부모들은 매우 매정한 모습을 보이기도 한다. "제 부모님은 남편이 미군이라는 이유로 그를 전혀 인정하지 않고 있습니다. 그러나 첫 아이가 태어나자, 엄마는 조금 마음을 푸신 것 같습니다. 아버지는 여전히 가끔 저희 아들을 '쿠론보'(말 그대로 '검은 애기'라는 모욕적인 말)로 부릅니다." 그녀는 미 해병과 결혼한 지 6년이 되는 여성이었다.

낭만적 시선 아래서 민족성 연기하기

아이러니하게도 미군이 매력을 느끼는 이상적인 '오리엔탈 숙녀'의 패턴이 몇몇 관계에서 나타나는 듯하다. 이들이 순종적이고 요구하는 게 없는 여성들을 이상적으로 보는 반면, 오키나와여성들은 미국남성이 이상적인 '페미니스트'라 매력을 느낀다고 말한다. 일본어로 페미니수토는 '여성을 사려 깊게 생각하는 남성'이라는 단순한 의미를 가졌을 뿐이다. 오키나와여성과 미군 남성 커플의 상담을 맡아 하는 한 상담전문가는 다음과 같이 말한다. "그들이 서로 연애를 할 때는 사람 자체보다는 자신들이 생각하는 이상적인 모습만을 서로에게서 봅니다. 그러나 결혼을 하고 나면, 사람을 보게 되는 거죠. 자신들이 가지고 있던 상대에 대한 전형적인 이상적 이미지는 버리고 말입니다." 흥미롭게도 미군 남성들이 가지고 있는 오리엔탈리즘에 부응하는 상대가 실제로 존재하며 마찬가지로 오키나와여성들이 애인이나 남편을 바라보는 방식에 부응하는 이들도 존재한다. 일본과 오키나와여성들이 미군을 대상화하는 방식은 아시아에 배치된 미군 남성들에게서 일반적으로 나타나는 전형적인 '오리엔탈 숙녀'에 대한 페티시fetish적 시각이 역전된 것이다. 캐런 켈스키Karen Kelsky는 미셸 푸코가 말한 "욕망이 있는 곳에는 권력관계가 항상 존재한다"라는 이론에 근거해 본토 일본여성들이 서양 남성에게 가지는 '아코가레'(로맨틱한 동경)에 대해 연구했다(Foucault 1990, 81; Kelsky 2001, 10). 일본에서 감수성이 예민하면서도 강한 서양남성의 이미지를 여성에게 심어 주고 아코가레를 원하게 만드는 데 있어 헐리우드의 역할이 매우 컸다. 이런 이유로 오키나와여성들이 자신들의 애인이나 남편이 서양의 어떤 유명한 배우나 가수를 닮았는지에 대해 말하는 것을 쉽게 들을 수 있다. 일본 본토작가 야마다 에이미Yamada Eimi가 연재한 인기 소설은 미국 흑인 남성을 연인으로서 최고인 듯이 홍보했고 이 또한 아코가레에 대한 환상을 심어 주었다. 흑인 병사와 연애를 하고 있는 오키나와 치과의 사는 큰 책장을 가득 채운 그녀가 소유하고 있는 야마다의 책들을 자랑스럽게 내게 보여 주었다. 「탑건」Top Gun이나 「사관과 신사」An Officer and a Gentleman 같은 영화들은 환상적이고 자상한 남성으로 미군 남성들을 그려 내고 이런 이미지는 반기지 활동가들이 그려 내는 야만적인 미군 이미지의 대안으로 젊은 오키나와여성들에게 호소력을 지닌다.

필자는 이 글을 위해 야마다의 소설의 제목을 따서 만든 "24-7"이라고 불리는 근처 소울 뮤직 바에서 현장조사를 시작했다. 미국 흑인을 선호하는 오키나와나 일본 본토 여성들이 자주 이 술집을 방문했다. 20대 중반의 단골 손님인 한 여성은 술집에 있는 그녀 또래의 여성들이 "그들이 만나고 있는 남성에 대해 존경심이 없다"라고 불만스럽게 말했다. 그리고 다음과 같이 덧붙였다. "이들은 그저 흑인 남성들을 장식품 정도로 생각하고 있어요. 그저 친구들에게 자랑거리로 보여 주려 하거나 부모를 화나게 하려는 거죠. 저는 이들이 비뚤어진 인종차별주의자라고 생각해요." 오키나와에 위치한 미 공군 기지에 6개월간 배치되어 있었던 한 미군 흑인 또한 유사한 결론을 내렸다.

처음에는 이런 생각이 들었죠. '와 내가 이렇게 여성들에게 인기가 많다니.' 미국에선 그저 평범한 남자들 중 하나였으니까요. 그렇지만 여기선 마치 제가 인기가 대단한 힙합스타 같았습니다. 얼마 지나자 여성들이 저한테 와서 '부르타'라고 부르는 이런 것들이 모두 불편하다는 생각이 들었습니다. 저는 한 번도 흑인 영어를 써 본 적이 없습니다. 제 부모님은 모두 뉴저지 외곽에서 영어 교사로 일하고 계십니다. 이런 오키나와 여성들을 위해 더 이상 내가 아닌 다른 누구로 연기할 수 없었습니다. 항상 찝찝했습니다. 나랑 만나고 있는 애인이 마이크인 나를 좋아하는 건지 그저 흑인 남자친구를 원해서 같이 있는 건지 알 수 없었거든요.

애인을 위해 민족적 특징을 연기하느라 지치는 것은 이성애자들의 관계에만 국한되지 않는다. 오키나와 영어 교사인 한 미국여성은 오키나와여성과의 연애를 그만뒀다고 말했다. 마이크가 경험했던 유사한 의심을 떨쳐 버릴 수 없었기 때문이라고 한다. 제도로서의 군대에 대한 부정적인 시각에도 불구하고, 그녀는 미군 여성과 행복한 연애관계를 하고 있다고 밝혔다.[20] 일본여성들이 선호하는 서양 남성들 순위 중 군인은 거의 최하위라고 켈스키는 지적한다(Kelsky 2001). 필자의 연구결과는 이 현상이 오키나와에서는 완전히 반대로 일어나고 있음을 증명해 준다. 오키나와에서 미군 남성은 안정된 직업과 강한 남성성을 지닌 남자로 욕망의 대상처럼 보인다. 미군들과 연속적으로 맺는 관계를 즐기는 몇몇 젊은 오키나와여성들은 미군 남성에게 속아서 이들과 사귄다는 희생양적인 여성의 이미지로 대변되는 그들의 관계에 대해 털어놓았다. 20대 간호사인 한 여성은 다음과 같이 설명했다.

많은 오키나와 사람들이 제가 미군과 연애를 하기 때문에 붙여 버린 희생자 딱지를 저는 받아들일 수 없습니다. 제 애인과 저는 바보가 아닙니

---

20 이 글은 지면의 제한 때문에 비록 이성애자 중심으로 논의하고 있지만, 오키나와인과 미군 동성애 관계를 조사하는 것 또한 이 연구의 중요한 주제 중 하나이다. 그러나 미군의 동성애 혐오적인 조직 정책이 이런 조사에 가장 큰 어려움 중에 하나이다.

다. 우리 둘 모두 류큐대학(오키나와 최고 대학)을 졸업했습니다. 이 남성들이 우릴 이용한다면, 우리도 이용하면 되죠. 솔직히 말하자면 점령기간에 자신들이 사귀던 미군이 떠나자 눈물을 흘렸던 오키나와여성들과 달리, 저희는 이별을 하는 것도 괜찮습니다. 왜냐하면 다음에 또 누굴 만날지 기대되기 때문입니다.

점령 기간 미군이 애인이나 그녀의 가족을 위해 집세를 내거나 음식과 사치품을 사줬던 때와는 다르다. 미군들은 면세를 적용받는 집과 최저 생활 보조금을 받고 있고, 이런 대우는 미 중산층이 누리는 임금과 거의 비슷하다. 그럼에도 불구하고 이들은 자신들이 가난하다고 말하고 현재 몇몇 오키나와여성들은 자신들의 미군 애인에게 값비싼 선물을 한다. 내 정보원은 애인에게 새로운 자동차, 값비싼 스테레오와 호화로운 휴가를 선물했다. 돈이 많은 한 여성은 애인이 부탁한 최신 벤츠를 선물했다. 대다수의 오키나와여성들이 그들의 할머니 세대가 경험했던 가난을 겪고 있진 않지만, 오키나와현의 경제를 책임지고 있는 서비스 분야에서 일하는 대부분의 여성들은 상대적으로 낮은 임금을 받고 힘든 일을 하고 있다. 필자의 연구에 등장하는 젊은 여성들은 많은 가처분소득을 가지고 있는데 이는 그녀들이 부모님과 함께 살면서 집세를 내지 않기 때문이다. 이런 시각에서 볼 때, 이 여성들의 경제적 상황은 미군 애인과 별반 다르지 않다. 미군의 월급 액수는 적어 보이지만, 집, 교육, 의료보험 및 식품과 관련한 다양한 면세 보조금에 기반한 판공비가 많다. 부모님과 같이 거주하며 미군과 연애를 하는 오키나와여성들은 연애 관련 사생활을 유지하는 데 어려움이 있다고 토로하지만, 필자의 정보원들은 이들과 연애를 하면서 정신적으로 많은 도움을 받기도 한다고 말한다. 독립해서 사는 여성들의 경우 부모님 집을 자주 방문하거나 여자친구들과 자주 모임을 갖는다. 이들 중 많은 이들이 군인과 연애를 하거나 결혼을 했다.

이방인으로서 재정비하기

켈스키는 서양 남성에 대한 일본여성들의 로맨틱한 갈망에 관한 그녀의 연구에서 일본사회 속 여성의 위치와 관련한 학계에 있었던 논쟁에 대해 말하며 "일본에서 여성들은 이미 부분적으로 이방인으로 간주되고 있다"고 주장한 학자들을 언급했다(Kelsky 2001, 10). 미군과 관계를 맺고 있는 오키나와여성의 경우 이들의 주변화는 겉으로 보기에 체제 전복적인 사랑으로 인해 발생되는 것처럼 보이지만, 이는 여성이 미군을 배우자로 선택한 것에 대한 당연한 결과라는 인식으로 이들의 타자화를 정당화한다. 필자의 정보원들은 다름을 추구하기 위한 욕망에 지배당하는 여성으로서 아메조 또는 코쿠조의 전형적인 모습을 표현했다. 즉, 이 여성들은 내성적이고 강인함의 모범이 되는 오키나와의 전형적인 여성상과 매우 반대되는 여성들로 화려하게 차려입고 대담하게 행동하는 것처럼 보인다. 미군 남성과 관계를 맺고 있는 필자의 정보원들이 직면한 어려움들을 생각해 볼 때, 이들은 한결같이 강인한 여성의 모습을 보이고 있다. '내성적인 성격이 결여'되어 있다고 하는 것에 대해, 정보원 몇몇은 여성이 감당해야 하는 무거운 오키나와 전통으로부터 해방된 것이고 이 해방은 이들이 미국 문화를 접하게 되면서 일어났다고 보았다. 이런 현상은 본토 일본여성들이 자신들을 재정비하기 위한 방식의 하나로 미국 배우자를 갈망한다고 해석한 켈스키의 연구와도 일맥상통한다.

　미군과 관계를 맺고 있는 모든 여성들이 내성적이지 않은 성격을 긍정적인 코드나 자아가 강한 것으로 받아들이지는 않는다. 오키나와에서 초국가적 군대와의 결혼이라는 연구를 한 레베카 포르가쉬Rebecca Forgash(2004)는 그녀의 정보원들이 전형적인 '하층계급'을 나타내는 술집 여성들과 자신들 사이에 거리를 두기 위해 보수적인 옷차림을 택한다고 지적했다. 그리고 이들은 아메조와 코쿠조가 대부분 본토 일본여성 또는 필리핀여성이라고 주장하며 자신들의 학력과 사회 경력을 강조한다고 밝혔다. 현재 또는 과거에 미군과 연애를 했던 필자의 정보원들은 관리인, 외과의사, 대학생, 교사, 주부, 기지 내 고용인, 공무원, 간호사, 소매상인 등 여러 가지 직업군에 속해 있다. 이 중 오직 단 한 명만이 전형적인 술집 호스테스였다.[21] 필자가 만난 대부분의 정보원들은 오키나와 내에서 이루어지는 '국제결혼'과 전형적인 술집 호스테스에 대한 자신들의 의견을 자진해서 들려 주고 싶어 했다. 이들 중 몇몇은 일본 본토 여성이나 필리핀여성들을 부정적인 이미지로 묘사하고 있지만, 대부분은 자신들의 자신감, 저항 그리고 사회적 지위를 구별하는 방식으로 경멸적인 '아메조'와 '코쿠조'라는 딱지를 재전용한다. 이들은 용감하게 자신들

---

21 필자의 연구 중 성접대를 받기 위해 ('선물' 형태로) 보상을 해줬다고 주장하는 오직 한 사람은 퇴역한 남성 군인이었다. 그는 아프리카계 미국남성을 원하는 일본 본토 관광객과 그들의 휴가 기간에 만남을 주선받았다. 일본말로 이런 만남을 '갸쿠-엔코'(뒤바뀐 보상 데이트)라고 부른다. 일본의 많은 여성들이 남성 손님들의 자존심을 떠받쳐 주는 술집 호스테스로 일하고 있지만, 남성들이 여성을 접대하는 '호스트 술집' 또한 매우 많다. 이런 술집들은 호스테스들 사이에서 인기가 높다. 호스테스들은 자신들이 일하고 있는 술집이 저녁에 문을 닫으면 호스트 클럽에 들린다. 여기서 그녀들은 젠더 서비스의 방향을 뒤바꾼다.

이 다르다는 것을 드러내기 위해 아메조나 코쿠조와 관련된 이런 고정관념적 요소들을 수용한다. 세 명의 정보원들은 일본의 젊은이들 사이에 유행하는 개인주의 문구인 '지분 라시이'(온전한 나 되기)를 사용해 '아메조'나 '코쿠조'로 불릴 걱정을 더는 듯했다. 실제로 이 여성들이 자주하는 농담 중 하나는 이런 고정관념에 가장 많이 해당하는 여성을 '아메조'나 '코쿠조'라고 장난스럽게 부르는 것이다. 크리스토퍼 넬슨(2000)이 보여 주듯이, 오키나와인들은 아픈 현대사를 거치는 동안 공통점을 발견하고 참을 수 없는 현실을 견디기 위해 유머를 이용해 왔다. 이와 유사하게 미군과 관계를 맺고 있는 오키나와여성들이 공동체의 역할에 주목하는 것은 그들이 주변화되는 것을 막으려는 시도임을 드러낸다.

상호지원을 통해 주변화 거부하기

오키나와에 있는 일본 부인회는 독립적인 단체로, 미군과 결혼했거나 약혼한 일본 본토 및 오키나와여성을 지원한다는 주된 목적을 갖고 있다. 회원들은 정기적인 회의를 열고 회원들에게 정기적 소식지를 보내며, 파티를 연다. 이 단체에 가입한 여성들은 모두 자신들의 조국에서 살고 있음에도 불구하고 단체를 통해 소외감에서 해방되길 희망한다고 말한다. 회원들은 새로운 친구를 사귀기 위해 만나고, 미 군대와 생활방식을 배우기도 하며 서로를 도우며 정보를 교환하거나 경험담을 나눈다. 국제결혼에 관한 강좌는 군 생활의 변화에 대해 소개하고 비자 신청, 영주권 및 미국 시민권과 관련된 정보도 제공한다. 여성들은 또한 같이 모여 요리도 하고 일본 본토 및 오키나와 요리뿐만 아니라 미국 요리법을 서로 교환하기도 한다. 남편이 다른 기지에 배치되었거나 이라크 또는 아프가니스탄에 배치된 여성들은 키린 그룹에서 만나 그들의 걱정을 풀어내기도 한다.[22] 단체장들은 회원들에게 기지 안과 밖에서 기지 자원봉사 활동을 권유하고 기부행사를 통해 후원금 조성을 독려한다. 일본 부인회는 회원들이 기지 안팎에서 어렵게 겪는 비판의 부산물인 통합과 분리의 문제를 다루려고 고군분투한다. 일본사회와 마찬가지로 오키나와 사회 또한 부분적으로 성별, 나이, 출신지 및 계급에 따라 서열이 확실하게 나뉘어 있다. 회원들은 자신들이 선택한 배우자 때문에 오키나와 사람들이 그들을 쳐다보는 억압적인 시선을 피하기 위해 단체에 가입했다고 말하지만, 많은 이들이 단체활동에 팽배해 있는 서열을 자주 느낀다고 말했다. 미국문화와 계속적으로 변하여 소수만 알 수 있는 군 생활에 대한 지식이 교류가 활발한 회원들 사이에서 지위와 권력을 나타내는 분명한 표식 역할을 하고 있다. 장교 부인과 사병 부인이 서로 나뉘는 것은 이들의 배우자가 같이 있지 않아도 이들이 서로를 대하는 방식에 그 원인이 있다. 해외생활 경험, 영어의 능숙함 정도, 배우자의 인종 또는 배우자가 속한 민족 같은 조건 때문에 일본 부인회는 그 회원들이 낙천적으로 기대했던 통합이 잘 이루어지지 않고 있다. 더 나아가 서로 선입견을 가지고 대하며 변하지 않는 본질이 있다는 인식은 오키나와와 일본 회원 사이에 긴장감을 조성시키고 있다. 오키나와여성 회원들은 몇몇 본토 출신 일본 여성 회원들이 '자신들을 우습게 본다'는 느낌을 받는다고 말한다. 반대

---

22 키린은 공상 속 용과 유사한 창조물로 평정을 불러온다고 말한다. 이 단어는 또한 현대 일본말로 '기린'을 뜻하기도 한다.

로 본토 출신 일본여성들은 '특정 오키나와여성회원들이 자신들을 거만한 사람'으로 보는 경향이 있다고 말한다. 오키나와와 일본 본토 간 지리적 분할은 행사에서 만나게 되는 회원들 사이에 존재하는 거리를 통해 자주 나타난다. 오키나와여성과 일본 본토 여성회원 사이에 스스로 서로를 분리하려는 경향이 있다.

회원들이 직면한 또 다른 도전은 그들의 아내가 부인회 회원들과 보내는 시간에 대한 남편들 사이에 있는 의심이다. 그래서 여성들은 그들의 배우자와 자녀를 단체 행사에 초대하거나 다른 활동에 참석하도록 초대한다. 배우자의 참여 정도 또한 단체 내에서 회원의 지위에 영향을 준다. 배우자의 참여 정도가 높고 지위가 높은 회원들은 그 지위의 원천인 자신의 가족들을 소개하면서 자신을 회원들 사이에 위계 속에 분명하게 위치시킨다.

이 여성들은 주로 남편을 통해 군대라는 제도를 경험한다. 미국인 배우자나 외국인 배우자 모두 남편이라는 '스폰서'(보호자)를 통해 군대와 관계를 맺고 있으며, 군 체제 또한 그녀들을 '의존자들'로 취급한다. 이런 이유로 가족 내에서 위계질서가 군의 제도적 구조에 의해 계속해서 강화되고 미군과 결혼하는 오키나와여성 같은 의존자들은 자신들의 에이전시를 이용할 잠재력을 제한당한다. 어떤 글에 따르면 사랑해 주는 군 남성은 저항을 통해 오키나와여성을 오키나와남성이 지배하고 있는 기지 밖 억압적인 구조에서 구원해 줄 것을 약속한다. 그렇지만 이는 기지 안에서 오키나와여성이 군 배우자를 '스폰서'로 의지하면서 그녀들을 군 공동체가 가지고 있는 사회적 틀 안에 재편입시키려는 것밖에는 되지 않는다.

일본 부인회가 궁극적으로 추구하려고 하는 것은 불완전할 수밖에 없다. 부인회는 이상적으로 이 여성들이 기지 안팎에서 겪는 종속적 상황에서 벗어날 수 있는 제3의 공간을 제공해 주려는 데 그 목적이 있기 때문이다. 궁극적으로 여성들의 주체적 공간을 제한하는 남편들의 영향은 불완전하다. 부부가 오키나와에 거주하는 한, 부인들이 남편과 오키나와 사회를 중재하는 중요한 역할을 담당하기 때문이다. 하지만 권력의 비대칭을 나타내는 잔여 지표들은 사회적 활동 속에 만연해 있다. 즉, 군인 남편을 둔 오키나와 부인들은 영어가 능숙해야 하고 군대와 미국 문화에 조예가 깊도록 기대된다. 미군이 실질적으로 일본 영토에 거주하고 있음에도 이들에게 일본어를 배워야 한다는 기대를 거의 하지 않는다. 몇몇은 일본어를 배우지만 많은 이들이, 심지어 오키나와에서 몇십 년을 살기로 결정한 이들조차도 미군기지를 중심으로 생활한다. 즉, 기지 밖과는 아주 제한적인 접촉만을 할 뿐이다. 다양한 부부들과 인터뷰를 한 결과 오키나와여성과 결혼한 미군 남성의 언어적 결함으로 인해 남편들은 기지 밖에서 행해야 하는 아주 사소한 일마저도 부인에게 의지하는 경향을 보이곤 했다.

군대의 사회 구조가 오키나와 부인들의 자율성을 제한한다면, 이는 또한 그들의 자율성을 실현할 수 있는 시작점을 제공하기도 한다. 부부로서 여러 곳에서 쏟아지는 어려움과 비판 가운데에서도 오키나와에 거주하는 오키나와여성과 그들의 군 배우자는 그들 자신과 가족을 위한 공간을 협상하는 데 성공해 왔다. 미군과 결혼한 오키나와여성들 중 놀랍게도 많은 이들이 오키나와 기지 밖에서 거주하는 것이 아니라 군대 안에서 거주하고 있다. 남편과 미국에서 살아 본 경험이 있는 여성들은 미국에 거주하거나 오키나와에서 기지 밖에서 거주하는 것보다 오키나와의 기지 안에서 생활하길 더 선호한다. 몇몇 정보원들이 밝히길 오키나와에 위치한 기지 안에서 생활하면 편안하고 오키나와 사회와 군대 그리고 미국 문화가 섞여 있거나 서로 융화된 느낌을 받을 수 있다고 한다. 그리고 오키나와에 있는 가족들과의 접촉과 사회적 의무에 대해서도 통제가 가능하며, 그들의 군 배우자를 바라보는 오키나와 사람들의 '차가운 시선'에서 벗어날 수 있는 은신처를 제공하기도 한다고 말한다. 일본 부인회의 목적이 제시하고 있듯이, 이들과 동일한 어려움을 겪는 사람들과 더 많이 만날 확률이 높다.

오키나와에 주둔한 미군 남성과 관계를 맺고 있는 오키나와여성은 여러 각도에서 볼 때 주변화에 직면해 있다. 필자가 보여 주려 했듯 이 여성들은 주체적으로 자신에 대한 자신감을 표현하고 오키나와 사람들 사이에 만연해 있는 민족주의적 비판 속에서 그들의 선택을 당당하게 표현하면서 주변화되는 것에 저항하고 있다. 미국군대와 이 외국 군시설이 주둔해 있는 사회 사이에 지속적인 접촉은 제국이 포함하고 있는 모순을 드러내고 민족주의적 저항운동을 생산해 낸다. 이 저항운동은 심화된 불평등과 모순에 맞서 고군분투하고 때로는 이를 재생산하기도 한다. 이 글은 오키나와 반기지 운동의 비대칭적인 면과 일상이 미군기지 내 사람들과 긴밀하게 연결되어 있는 오키나와 사람들에게 이런 운동이 미치는 영향을 드러내려고 시도했다. 필자는 또한 미 제국과 이것이 생산해 내는 저항이 제도와 사회운동이라는 거시적 관점에서 다루어져야 할 뿐만 아니라 개인 간 상호교류적 측면을 보여 주는 미시적 수준에서도 고려되어야 한다고 강조한다. 일본 부인회 같은 단체들은 여성들을 모이게 하여 그들의 공통된 상황과 밀접한 관계가 있는 정보와 경험을 공유하게 하면서, 이 여성들의 개인적이면서도 집단적인 주체성을 조성하는 데 주요한 역할을 한다. 이런 단체를 통해 회원들은 미군 남성과 결혼한 오키나와 및 일본 본토 여성 간 공동체를 형성하고 이들 가족의 거주 지역과 상관없이 지원이 가능한 관계망을 구축한다. 물론 단체의 목표가 내부적 갈등 때문에 어느 정도 방해를 받긴 하지만, 대부분의 참석자들은 그들과 비슷한 처지에 있는 다른 여성과 교류를 하면서 편안함을 느낀다.

수십 년간 이어진 대중의 반감도 오키나와여성과 미군 남성이 서로 연애하는 것을 막지 못했다. 미천한 계급인 성노동자와 연결되는 '타락한 여성'으로 주변화될까 봐 두려워하는 감정. 그 감정 위에서 작동하는 반발적 구조는 미국남성은 매력적으로 보이게 하고, 그들의 오키나와 배우자들을 이국적 대상으로서 존재하게 만드는 역학적 긴장관계 내에 존재한다. 이런 여성들의 에이전시는 종종 섹슈얼리티를 감시하는 구조를 지지하기 위해 이런 관계를 비판하는 이들에 의해 재단당하고, 강요되고, 왜곡된다. 모든 면에서 미군기지를 오염으로 바라보는 반기지 운동은 미군 남성과 관계를 맺고 있는 오키나와여성들에게 지난 60년 동안 겪은 험한 삶을 나타낸다. 그러나 일본 부인회 및 여성 개인의 활동은 이 여성들 사이에 존재하는 주변화에 대한 저항을 시사한다. 이러한 행동은 그들이 직면하는 다양한 상황에 다각적으로 대응하기 위해 여러 가지 형태로 나타나고 있다.

6장

숨겨진 군인들

'국가방위'를 위해 일하기

로빈 라일리

아프가니스탄과 이라크를 상대로 한 전쟁 그리고 이라크 점령은 여성의 눈에 띄는 참여에 의지하고 있는 군이 주도했다 그러나 군이 전통적으로 기대고 있는 젠더에 대한 생각—남성성과 여성성—을 보면 전쟁을 준비하고 수행하는 것 모두 남성의 고유한 권한이다. 군사주의가 이상화시킨 여성성에 따르면 여성은 전쟁에 참여자든, 준비자든 또는 정책결정자로든 관심조차 있어서도 안 된다는 것을 분명하게 명시한다. 이런 남성과 여성에 대한 역할 개념은 '연약한' 여성을 구원하거나 보호하기 위해 전쟁을 계속 일으키고 이를 허가하는 과정에 있어 매우 강력한 역할을 했다.

이 연구는 1990년대 후반부터 2000년대 초반까지 미 방위산업체에서 종사하고 있는 여성들에 초점을 맞춘다. 이는 기존의 군사화된 여성성의 모습, 다시 말해 평화를 사랑하는 여성, 연약하고 의존성이 강한 여성 또는 군을 옹호하는 치어리더 같은 여성으로 이루어진 이런 묘사는 실제 이곳에서 일하는 여성들의 삶을 제대로 반영하지 못함을 드러낸다.

여기에 있는 여성들은 생계를 위해 무기를 생산하지만 자신들은 전쟁에 기여하지 않는다고 주장하고 있다. 여기 여성들은 특히나 더 강인했는데 가정에서 남성 배우자가 없는 빈 자리까지 도맡고 있었으며 몇몇은 자녀들이 군에 입대하는 것도 반대했다. 이 여성들은 군이 정한 여성성을 실제로 행하고 있었지만, 군이 정해 놓은 이상적 모습과는 동떨어져 있으며 이들은 자신들이 만들어 내는 최종 생산품을 방어품으로 고려한다. 이런 방식으로 가정에서나 직장에서 군사화된 여성성은 전쟁을 일으키는 것에 공헌하면서도 자신은 그런 일에 관여하지 않고 있다는 믿으며 세계화된 제국주의에 암묵적으로 동의하고 있다는 것을 인지하지 못하는 상태를 의미한다. 결국 이 모든 일은 그녀들에게 '우리 자신을 보호하기 위한 일'일 뿐인 것이다.

지난 50년간 군사주의의——전쟁을 위한 지속적인 준비에 집착하고 있는 미국——한 측면에서 가장 많은 특혜를 본 수혜자는 사설방위산업체들이다. 이들의 사업이 대부분 미 정부의 계약에 의존하고 있기 때문이다.[1] 미 방위산업체 업자들은 종종 전역한 군 장교들을 상부 경영진에 고용한다.[2] 회사나 기업은 전직 군 장교들과의 접촉을 통해 새로운 계약을 따낼 유리한 입장에 놓일 뿐만 아니라 조직이나 경영 방식에도 군대

---

* 신시아 인로는 이 프로젝트의 시작이 된 아이디어, 영감, 그리고 용기를 모두 제공해 주었다. 필자는 그녀의 너그러움과 기운에 모든 빚을 지고 있다. 용기와 도움 그리고 고민이 필요할 때 질문을 해준 사리 비클렌(Sari Biklen)과 마조리 드볼트(Marjorie Devault)에게도 감사한다. 마거릿 히믈리(Margaret Himley)에게 항상 필자는 가장 깊은 감사를 느낀다.
1 미국 민간 방위산업체에 대해 이야기할 때, 필자는 군에 서비스를 제공하는 할리버튼(Halli-burton) 같은 산하 회사를 일컫는 것이 아니다. 오히려 필자는 미국 내 위치한 회사들을 말하며 무기를 제조하는 기업들을 말한다.

방식을 옮겨 온다.[3] 즉, 남성이 다수를 차지하는 항공우주공학 같은 직종처럼 대부분 전역한 남성 군 장교를 고용하면서 이 회사는 군대식 패러다임이 확산되고 경영 방식이 상하수직적으로 이루어지며, 군대식 남성성이 특권화되는 장소가 된다는 것을 의미한다(Heinrichs 2007).[4] 이런 회사에서 일하는 여성 중 군대와 관련이 없는 이들의 수는 매우 적으며, 이렇게 고도로 남성화된 장소에서 여성이 소수적 위치에 놓여 있다는 것은 종종 근무환경이 어렵다는 것을 의미한다. 고용주들과 여성 본인들조차도 그들의 작업을 폄하한다. 그리고 여성 본인들도 이 회사에, 국가에, 군사주의에, 제국주의에 그리고 전쟁에 자신들이 기여하는 바에 대해 명명하고 개념화시키는 데 어려움을 겪는다.

물론 직장에서의 젠더란 사회에서 그리고 군대화된 남성성이 존재하는 이런 공간 안에서 여성이 비춰지는 방식과 여성이 여성을 바라보는 일반적인 방식을 말한다. 마틴 쇼Martin Shaw가 지적했듯이 군사주의는

---

2 Ken Silverstein, "Heavy Metal: Revolving Door between Pentagon and Defense Industry Jobs", *Mother Jones*, vol. 23, no. 6, 1998. November–December, pp. 58~61. 2007년 미 연방 정부 예산안은 5,130억 달러의 비용을 국방비로 포함하고 있다(Lincoln 2006, 4). 2005년 록히드 마틴사, 세계에서 가장 큰 방위산업 계약업자는 372억 달러를 판매 수익으로 보고했다. 방위산업 업체 중 10대 기업 안에 드는 레이시온(Raytheon) 또한 같은 해 미화 219억 달러 수익을 신고했다. Kathleen Yanity, "Raytheon Posts Rise in Profits but Still Lags behind Rivals", *Providence Journal*, 2006. 6. 1, 온라인에서 확인 가능(http://www.highbeam.com/doc/IGI-146558314.html).

3 방위산업 계약업체에 고용된 군 장교들의 인원수를 기록한 문서는 접근하기 어렵다. 실버스타인(Ken Silverstein)은 1992년과 1995년 이 기록에 접근했고 이 3년 동안의 기록을 볼 수 있었다. 3,288명의 전직 군인이 퇴직 후 곧바로 방위산업 계약업체에 고용되었다. Silverstein, "Heavy Metal", p. 60.

4 이런 방위산업 계약업체 내 고용인의 성별 분석 통계를 보는 것도 쉽지 않다. 그러나 이 프로젝트를 위해 인터뷰에 응한 여성들은 자신들을 당연히 직장에서 소수 그룹으로 인식하고 있었다. 최근 특정 회사 내 한 여성 엔지니어는 과거 지난 몇년 간 직장 내 여성의 비율이 전무했다가 30%로 늘었다고 짐작했다. Heinrichs(2007).

전쟁 준비와 사회관계의 결합물이다(Shaw 1991, 12). 미국 군사주의의 영
속성과 확산은 특히 남성성과 여성성에 대한 엄격한 개념적 구성에 대
한 믿음에 기반을 두는 군사화 과정에 남녀 모두의 참여와 지지가 필요
하다(Enloe 1993; 2000). 즉, 남성성과 여성성에 대한 전통적인 개념은 이
데올로기적으로 군사주의가 번성하도록 하는 데 충실한 역할을 한다. 이
런 젠더 개념이 우리 안에서 우리 주위에서 작동하고 있는 동안, 필자는
미 방위산업체에서 일하는 여성이나 미 방위산업체 직원의 부인이나 애
인인 여성들이 군사화된 남성성에 특권을 부여하는 젠더 개념 때문에
얼마나 더 많은 영향을 받는지 궁금해졌다. 필자는 미국과 전 세계 시민
으로서 방위산업체에서 일하는 것이 여성에게 어떤 의미를 갖는지에 대
해 관심을 가지고 있었다. 군사화된 사회에서 여성성을 제대로 실현한다
는 의미는 여성이 무기 생산자로서가 아닌 자녀를 출산하는 장본인으로
자신을 바라보는 것을 의미한다. 또한 가정이나 국가를 대표하는 남편의
조력자로서 자신을 바라보고 전쟁에 기여하는 인물로 보는 것이 아니라
평화를 책임지고 수호하는 인물로 자신을 바라본다는 것을 암시한다.[5]

역사적으로 일부 여성은 전쟁의 기여자로 인정되었다. 1941년부터
1945년 2차세계대전 기간 동안 미국 사회가 극심한 군사화로 접어드는

---

5 지난 10년에서 15년 사이 전쟁에서 여성의 역할이 엄청나게 변했다. 첫번째 걸프전 기간 동안
  과 군에서 근무한 많은 수의 미국여성과 현재 아프가니스탄과 이라크에서 눈에 띄게 활약하고
  있는 여성들은 여성성에 대한 이데올로기적인 구성을 재검토할 필요가 있게 만든다. 이런 이데
  올로기적인 여성성은 남성의 우월성을 정당화하며 남성을 보호자로 가정하고, 결국 군사주의의
  옹호자로 정당화시킨다. 몇몇 페미니스트 학자는 여성성이 어떤 방식으로 변화했고 군사주의
  의 영속성에 어떤 의미를 부여하는지 검토하고 있다. 예를 들어 Eisenstein(2007); Riley(2006);
  Young(2003a) 참조.

데 북돋아 주는 역할을 한 이들은 대부분 교육받은 여성들이었으며, 이들 여성 중, 흑인이든 백인이든 모두 정부가 군대로 징집해 간 남성 노동자들이 일했던 무기제조 공장에 가서 적극적으로 일했다. 유명했던 별명인 '리벳공 로지'로 불렸던 이 여성들은 다양한 연구의 주제가 되었다. 이 연구들은 자신감뿐만 아니라 경제적 안정성과 연관된 경험을 바라보는 그녀들의 시각, 고용주 및 정부 정책입안자들이 전략적으로 원래 남성 위주였던 직업에 여성들을 입대시킨 방식을 바라보는 그녀들의 시각이 포함되어 있다. 이 여성들의 애국심과 국가에 대한 봉사는 칭송되었으나 전후에는 전쟁에서 돌아온 남성들이 방위산업체에 다시 취직할 수 있도록 가정으로 돌아가 희생정신을 계속해서 발휘해 줄 것을 요구받았다. 그러나 냉전으로 방위산업체 호경기가 2차세계대전 후에도 장기간 지속되었다. 곧이어 1960년대와 1970년대 미국에서 발생한 여성해방운동으로 여성들은 안정적이고 수익이 좋은 직업을 원했고, 이런 여성들은 방위산업체에 고용되어 조용히 경력을 쌓기 시작했다. 군대가 바라보는 여성성에 대한 개념은 여성이 이런 일에 참여하는 것보다는 보호를 받아야 되는 존재로 여기고 있음에도 불구하고 소수지만 이 여성들은 계속 방위산업체에서 일했다.

　　군사주의 이데올로기는 남성의 우월성과 여성의 연약함에 그 기반을 두고 있기에, 이 이데올로기적 이상과 다르게 실제적으로 참여하고 있는 여성성을 인정하도록 허락하지 않는다. 군대 안팎에 있는 여성과 남성 모두 군사화를 공고히 하고 전쟁을 준비하는 데 일부분 참여한다. 군사주의를 가능하게 하고 계속해서 지속시키는 남성성과 여성성에 대한, 특별한 의미와 실천 방식에 대한 이런 젠더 역할은 여전히 남성과 여성 모두에게 엄격하고 억압적이다. 이들 모두는 여성의 능력, 관심사 그리고 지식에 대한 오래된 개념에 의존하고 있다. 여성들은 국가의 전쟁을 준비했고, 현재는 실제 전투에 참여해 싸우는 데 중요한 역할을 하고 있다. 그러나 전쟁 준비태세에 있어 여성이 주요한 역할을 하고 있다는 것을 인지하게 되면, 분쟁과 전쟁의 문제에 대해 남성들이 내리는 결정의 정당성이 여성을 보호하기 위해서라는 믿음을 흔들리게 할 수 있다. 그 결과 정부산하에서 군수물자를 생산하는 회사에서 그리고 냉전 말기 및 그 직후에 방위계약을 맺은 회사에서 종사한 미국여성들을 대상으로 젠더에 초점을 맞춘 소수의 연구만이 시행되었다.[6] 2차세계대전 이후 방위산업체 내에 마치 여성은 고용되지 않은 것처럼, 숨겨진 군인들인 이 여성들은 거의 주목을 받지 못했다. 필자는 이 여성들의 경험, 자각 그리고 나날의 전략에 관심을 가지기 시작했다. 이 여성들은 자신들이 매일 하는 일이 전쟁 및 제국주의와 연관이 있다고 생각할까? 여성들은 자신들이 전쟁을 일으키는 데 한몫하고 있다는 것을 깨닫고 있을까? 군사주의가 영속화되고 이로 인해 신제국주의에 기여하는 방식에 대해 우리는 이 여성들의 이야기를 통해 무엇을 배울 수 있을까?

이 질문에 대답하기 위한 노력의 일환으로 초국가적으로 자연을 탐사하고 젠더화된 군대의 원인에 기여하고 있는 것을 알아내기 위해, 필자는 두 개의 소도시에 거주하고 있는 작은 숫자지만 다양한 여성을 상

---

6 인터뷰는 1996년과 1999년 사이에 진행되었다. 모든 인터뷰는 2001년 9월 11일 전 모두 완료되었다. 예닐곱 명의 여성들이 답변에 첫번째 걸프전에 대해 언급했지만 9·11사태 이후 그들의 서사는 매우 달라졌다.

대로 심도 있는 연구를 진행했다. 이 소도시들은 뉴욕 주 북부에 위치한 곳으로 이곳 민간 방위산업체에서 근무하는 여성들이 그 대상이다.[7] 이 연구에서 필자는 깊이 있게 인터뷰를 진행했으며, 산업체에서 생산되는 물품을 조사했고 이들의 직장 한 곳을 방문했다. 필자가 여러 장소에서 만난 이들 중 이 연구에 대상이 된 서너 명의 여성들은 모두 자진해서 나왔으며 이 연구에 대해 듣고 참여를 스스로 결정했다. 그러고 나서 필자는 이들에게 이 연구에 관심을 가질 만한 사람들을 소개해 달라고 부탁했다. 여성들은 방위산업체 내 다양한 보직에서 근무를 하고 있었다. 인사과, 조립라인, 계약 담당관 그리고 엔지니어로 근무하고 있다. 이 산업체 안에서 엔지니어는 가장 높은 계층을 차지하고 있었는데, 엔지니어의 자리는 압도적으로 남성이 차지하고 있다. 여성과 때때로 그들의 남성 배우자는 세 개의 다른 회사에 고용되어 일하고 있었으며,[8] 이 세 회사는 방위산업체 중에서 가장 수익을 많이 내는 10대 기업 중 하나였다. 이 연구 속 여성들은 4개의 다른 장소에 위치한 회사에서 일하고 있었다. 필자의 동료 한 사람이 강의를 할 때 이 장소 중 한 곳을 두 번 동행했으며 회사도 방문했다. 미 방위산업체 계약자들은 미국에 있는 대부분의 주에 이런 장소를 소유하고 있으며, 해외에도 몇 군데 소유하고 있었다. 뉴욕 주 북부에 위치한 이 소도시들의 경제적 안녕은 이런 회사들의 현존과 그들이 창출해 내는 수익에 기대고 있다.

---

7 1990년대와 2000년대 미국 방위산업은 민간사업자로 구성되어 있었다. 이들은 대부분 군사장비와 군수품을 고안해 내고, 제조하고, 실험하는 데 있어 정부 계약에 의존하고 있었다.
8 실제 회사이름은 이 연구에 참여한 참석자들의 익명을 보호하기 위해 밝히지 않았다. 모든 참석자들과 회사는 가명을 사용했다.

이 연구 속 여성들은 자신들의 행위를 묘사하는 데 있어 모호한 언어들을 사용하고 있으며, 이는 캐롤 콘Carol Cohn(1993; 1994)과 휴 구스터슨Hugh Gusterson(1996)이 연구한 남성들이 보여 준 행위와 유사한 방식이다. 그러나 이 여성들이 이들과 다른 점은 정부가 이들을 애국자라거나 리벳공 로지처럼 훌륭한 시민이라는 말조차도 이들에겐 사용하지 않는다는 것이다. 이 여성들이 속해 있는 공동체도 과학자들에게 보이는 존경심과 경외로 이들을 칭송하지 않는다. 이 여성들은 자신들 스스로의 여성다움, 여성이고 어머니라는 인식을 위협하지 않고서는 자신들이 하고 있는 일을 인정할 수 없었다. 그러나 직장에서 사용되고 있는 언어의 모호함으로 인해 이 여성들은 전쟁과 제국주의에 공헌하고 있으면서도, 동시에 자신들을 전쟁과는 거리가 있는 인물로 생각하고 있다. 이 여성들은 공격자로서가 아닌 국가의 '보호자'로서 자신들을 바라보고 있다.

우연히 되어 버린 전사

수: 이런 일을 하고 이런 일에 정말 열중하는 사람들이 몇 있죠. 몇몇은 방어와 관련된 일이니까 그렇고 다른 이들은 그저 공학에 관심이 많아서 일을 하죠. 저도 어느 정도 이해할 수 있습니다. 저한테도 이런 이유가 통하니까요. 그래서 그냥 그렇게 생각하는 거죠. 그렇지만 지금 제가 하는 일이 제가 정말, 진정 원하는 일은 아니에요. 그냥 직업인 거죠. 그래서 그냥 저한테 주어진 일을 하는 거죠. 제가 나가서 차세대 핵무기를 만드는 건 아니잖아요. (웃음)

필자: 처음 회사에 고용됐을 때, 이 직업에 대해 어떤 생각을 가지고 있

었는지 기억나요?

수: 방산. 저기, 사람을 죽일 수도 있는 것을 만들기도 하죠. 네, 맞아요. 그렇지만 직업인 거죠. 그냥 월급이 괜찮은. 제가 하고 있는 일에 죄책감을 느끼느냐는 그저 생각하기 나름인 거죠. (웃음)

수Sue는 27살의 유럽계 미국여성이며 동성애자인 기계공학자이다. 그녀는 필자가 유니버설 수출Universal Exports이라고 명명한 회사에서 근무한다. 그녀가 대학을 졸업하고 취직된 다른 회사를 제치고 이곳을 선택한 이유는 석사 과정에 대한 등록금 제공을 약속했기 때문이다. 그녀가 처음 어떻게 취직됐는지를 설명하기 위해 사용한 용어는 유니버설 수출에 '빠져 버렸다'였다. 이는 방위산업체에 처음 어떻게 종사하게 됐는지 설명한 다른 여성들의 이야기와도 유사하다. 그녀가 현재 하고 있는 생각——'제가 나가서 차세대 핵무기를 만드는 건 아니잖아요'——와 방위산업체에 종사하는 것을 경제적 합리화로 연결시키는 것은 다른 많은 여성들의 이야기 속에도 등장한다. "그저 좋은 월급을 주는 직업일 뿐인 걸요."[9]

심하게 군사화된 담론들이 이 산업계 전반에 팽배하게 퍼져 있으며 더 나아가 이 연구에 포함된 가족들의 가정도 상황은 비슷했다. 이 담론 속에서 가족과 국가의 개념은 전쟁, 안정, 방위, 모범시민 그리고 '국가안보' 같은 생각들과 함께 뒤섞여 있었다. 직장과 가정에서의 대화가 비밀

---

9 필자는 참석자들에게 그들의 사회경제적 계급에 대해 질문하지 않았다. 그러나 필자가 그들의 집을 방문했기 때문에, 그들의 사회경제적 지위를 가늠해 볼 수 있었다. 대부분의 사람들이 중산층 또는 중상위 계급이 사는 동네에 사는 반면, 예닐곱 명의 참석자들은 중하위 계급 또는 근로자 계급에 속해 있었다.

을 지키라는 윤리에 따라 제한되어 있기 때문에, 필자가 질문하는 것이 그들에겐 자신들의 직업을 전쟁과 연결시켜 생각하게 하는 생소한 일이었다. 직장에서 하는 대화들은 캐롤 콘(1993, 290)이 말했듯이 '전략적이고 기술적 언어'로 구성되어 있다. 이런 언어들은 일부러 난해하고 제품의 심각성과 치사율을 나타내는 단어들을 흔한 용어 및 관용구로 대체시킨다. 직장과 집에서 나누는 일상적인 대화들은 세계화된 군사주의에 대한 공헌과 연결되기보다는 직업과 경제적 안정성, 부모의 의무와 애국적 행위와 연결된다.

이 여성들에게 방위산업체에 종사한다는 것은 자기 자신들, 그들의 가족, 국가와 관련해서 '국가 방위', '국가 안보', '보호' 그리고 전쟁 예방을 의미한다. 서너 명의 여성들은 또한 방위산업체에서 일하는 것을 의학 기술, 가정용품, 경찰직 그리고 식료품 생산 같은 다른 여러 다양한 직업과 비교하며 말했다. 그들의 직업이 전쟁, 죽음, 군사주의 또는 미국의 군사침략 또는 제국주의에 기여한다는 대화는 전혀 해본 적이 없다고 이 여성들은 주장한다. 이 연구에서 그녀들은 자신들이 생각하는 '국가 방위'의 의미, 전쟁에 대한 그들의 생각, 그들이 생각하는 애국에 대해서도 이야기했다. '우리'와 '그들'을 구별하는 방식에 대해서도 이야기했다. 이 연구를 하는 기간에 이 '그들'은 확실히 알 수 없는, 알려지지 않은 적의 위협을 의미했다.

필자: 무기를 생산하고 있다고 생각하시나요?
앤젤: 아니오. (긴 침묵) 제가 그런 일을 한다고 말할 수 없어요. 아니 그런 건 생각조차 해본 적이 없어요.

30대 중반인 아프리카계 미국여성 앤젤Angel의 답변은 직접적으로 전쟁에 기여하고 있는 직장에서 오래 근무한 사람의 대답이라고 하기엔 놀라웠다. 몇몇 여성들은 자신들의 도움으로 생산된 물품의 목적을 기꺼이 인정했지만 이 제품의 의도된 사용과 관련해서는 자신들의 역할을 축소하면서 조심스럽게 거리를 두는 모습을 보였다. 40대 초반의 유럽계 미국여성인 테레사Teresa에게 내가 유니버설 수출에서 근무하는 것이 어떠냐고 질문했을 때, 그녀는 나의 질문을 다른 일과 비교해서 그곳에서 일하는 게 어떠냐는 질문으로 해석했다. 그녀의 직업에 대해 이야기하는 것이 분명히 불편해 보임에도 불구하고 그녀는 그렇지 않다는 식으로 행동했다.

정부 계약업자인 회사에서 일한다는 건, 말하자면 그냥 대기업에서 일하는 것과 같아요. 잘 아시겠지만 이 회사들이 원자력잠수함 같은 것을 만드는 건 아니거든요. 기본적으로 우리는 그저 회사에서 일하는 거죠. 당신이 무기를 제작하기 때문에 아니면 …… 대부분 우린 레이더나 배의 센서장치 같은 것을 제작해요. 알다시피 뭐 지뢰나 이런 거죠. 그렇지만 이것도 어떤 프로그램에 속해 있느냐에 따라 달라요. 회사는 군 출신인 사람들을 고용해요. 왜냐하면 군에 있던 사람들이 …… 그러니까 그 사람들이 군 고용인들을 다룰 줄 아니까요. 하지만 그건 저와는 상관없죠. 유니버설 수출은 그냥 유니버설 수출회사예요.

방어적이고 혼란스러운 이러한 대답 속에서 테레사는 그녀가 생각하는 그녀의 직업에 대해 몇 번이고 모순적인 표현들을 드러냈다. 첫째,

그녀는 민간 방위산업체인 유니버설 수출을 '정부 계약업자'라고 언급했다. 정부, 국가 그리고 민간 산업체의 개념적 경계를 모호하게 하는 이런 경향은 연구에 참여한 여성들에게서 반복적으로 나타났다. 그녀들은 빈번하게 민간 방위산업체에서 일하고 있는 자신들의 직업을 '정부에서 일한다'라고 언급했다. 이렇게 혼란스럽게 해석하고, 설명하고 이론화하는 개념적 바탕은 그 문화 속에서 자본주의, 애국적 담론 그리고 민주주의와 자본주의가 개념적으로 뒤섞이면서 일어난 대중문화 안에서 찾아볼 수 있다.

테레사는 그녀가 무기 생산에 기여하고 있다는 것을 인식하기 시작했지만 즉각적으로 자신의 말을 멈추고 레이더와 음파탐지기를 설계한다는 말로 바꿨다. 제품을 생산하는 것과 관련된 그녀의 역할을 공격용 무기가 아닌 그녀가 정의 내린 방어용에 초점을 맞추면서 테레사는 전쟁과 전쟁 준비를 위한 그녀의 역할을 생각하지 않게 된다. 그녀가 언급했듯이 유니버설 수출에서 하고 있는 그녀의 직업이 '그녀와는 상관없다'는 것은 그녀의 삶을 지시하는 지배관계들이 드러나지 않음을 말해주고 있다. 그녀의 이야기 속에서 드러난 많은 굴곡과 회절들은 전쟁 물품과 자신을 연관시키는 게 껄끄럽다는 것을 드러낸다. 그녀가 계속해서 말했듯 유니버설 수출은 그냥 다른 회사와 다를 바가 없고 무기에 대한 언급이나 무기생산에 대한 언급이 즉각 레이더나 음파탐지기로 변경되는 것은 그녀의 불편함을 지적한다. 그녀는 윤리적 딜레마나 세계화된 군사주의에 기여하고 있다고 말하기보단 단지 직장을 찾고 있다는 식으로 이야기하고 싶은 것처럼 보였다.

이 연구를 위해 인터뷰한 여러 명의 여성들은 공격용과 방어용 군수품을 개념적으로 분리하려는 경향을 보였다. 이는 과학자들에 대한 구스터슨(1986, 56)의 연구를 떠오르게 한다. 이 과학자들은 핵무기를 개발하는 것이 전통적 무기를 개발하는 것보다 더 도덕적이라고 자신들을 설득시키는 데 어쨌든 성공했다.

유니버설 수출에 종사하고 있는 여성들은 특히 공격용과 방어용 무기의 차이를 정교하게 구분하는 데 큰 공을 들이는 것처럼 보였다. 그렇지만 이런 구분은 허위일 뿐이다. 특히 레이더의 경우, 대륙 간 탄도 및 타이탄 미사일의 유도 장치 중 일부분에 사용된다. 이 여성들은 수차례 총이나 폭탄을 만들지 않는다고 말했다. 자신들이 만드는 것은 마치 무해한 방어용 작업이고 다른 것은 '진짜' 전쟁을 위한 제품인 것처럼, 마치 이것이 중요한 차이점인 것처럼 이야기했다. 자신들의 직업에 대해 어떻게 생각하냐는 말에 은퇴를 앞둔 유럽계 미국여성 낸시Nancy는 계속해서 공격용과 방어용 제품에 대한 구분을 이어갔다.

필자: 당신이 무슨 일을 하고 있는지 생각해 보았습니까?

낸시: 전쟁 관련성을 물어보는 건가요? 사실 그렇게 생각해 본 적은 없어요. 아마 이상하게 들릴 수도 있겠지만. 그러니까 제 말은 제가 하는 일은 방어기계 같은 거예요. 레이더를 만드는 거니까요. 우리가 기관총을 만드는 건 아니니까요. 물론 다른 공장들은 그런 일을 하지만요. 우리는 아니죠. 그러니까 저희가 만드는 걸 전쟁물품이라고 생각하기보다는 방위제품이라고 생각해 왔어요. 물론 레이더가 군사용이라는걸 알고는 있죠. 그렇지만 기관포처럼 당신을 조준하거나 쏘는 건 아니잖아요. 우리를 보호하기 위한 제품인 거죠. 레이더는 우리를 보호하기 위

한 제품이라는 생각이 드는 거죠.

총기 생산에 직접적으로 관여하지 않는다면 군수품 생산의 책임에서 벗어날 수 있다고 낸시는 생각하는 것처럼 보였다. 이 대화 속에서 그녀는 자신이 전쟁에 일조하고 있다고 생각하고 싶지 않은 것이 분명했다. '여러분을 조준하거나'로 총과 무기에 대한 암시를 한 낸시의 말은 흥미로운 점이 있다. 이런 말을 통해 낸시는 미국에서 '우리를' 보호하기 위한 방어용 무기와 '우리를' 공격하려고 하는 '타인'에게 사용할 무기를 어떻게 구분하는지 알려 주려 하는 것 같다.

아에로코Aeroco에서 다양한 사무직과 조립라인에 종사한 테레사는 그곳에서 한 일이 그녀, 그녀의 동료, 국가 또는 세상에 특별한 의미가 있는 일이라는 것을 부인하는 반면, 그 일이 더 넓은 함축적 의미를 가지고 있음을 직장동료와 대화로 나눈다는 것을 암시했다.

이건 재고 시스템 같은 거예요. 다른 곳에서 일하는 것과 다를 바가 없는 거죠. 그렇지만 아시다시피 우리가 뭘 정말로 하는 건 아니에요. 이건 진짜 복잡한 부분은 아닌 거예요. 그러니까 어디에 있는 누구에게 폭탄을 투하할까 하는 그런 게 아니란 거죠. 대부분 컴퓨터화되어 있고 알다시피 우리 엔지니어링은 그러니까 우리 엔지니어링 부서는 대부분 알다시피 …… 우리는 대부분 그들과 이야기만 하죠. 저는 그 사람들이 무슨 이야기를 하는지 한 번도 제대로 알아들은 적이 없어요. 언제. (한번 생각했죠) '아, 큰 건이구나' 무슨 말인지 알겠죠? 제가 알 만한 건 그저 '서류작업을 해야 되는구나'. 그러면 알게 되는 거죠. 아니다. 그러니까 기본적으로 사무직이어서 잘 알지 못하죠. 알다시피 그저 매일 하는 일을 하는 것뿐이니까요. 저 부품들을 재확인하는 거죠. 이런 일은 그저 맥스웰 하우스커피나 젤로 그리고 생크림 같은 걸 확인하는 거나 마찬가지 일이에요. 그러니까 한 번도 그런 이야기를 해본 적이 없죠. 없어요. 알다시피 많은 사람들이 그곳에서 일하고 …… 많은 사람들이 …… 군대 출신이에요. 그러니까 그들의 시각이 …… 우린 군대를 유지해야 되죠. 그렇게 해야 하는 거죠. 그래서 기본적으로 이게 그들이 생각하는 이상적인 거죠. 그들이 생각하는.

테레사는 그녀가 하는 일이 '사람을 목표로 포탄을 투여하는' 능력과 직결되는 것임에도 불구하고, 그녀는 한편으론 레이더와 음파탐지기는 다르다라는 것과 다른 한편으로는 이 제품은 포탄 또는 그것을 운반하는 자와는 다르다고 여전히 구별을 짓고 있었다. 그녀와 동료가 하는 작업이 전쟁을 준비하거나 전쟁을 돕기 위한 일은 '실제 아무것도 하지 않는다'라고 주장하는 방식에서 방위산업체에서 맡고 있는 그녀의 역할이 마치 무해한 것처럼 생각되게 한다. 아마 그녀가 하는 일이 전쟁 준비라는 것을 생각하고 싶어 하지 않는 것이 그녀의 목적일지도 모른다. 또는 정말 그녀 자신이 제작에 참여하는 부품이 어디에 사용되는지 알지 못할 수도 있다. 그녀의 직업이 전쟁과는 무관한 일이라고 생각하려고 노력함으로써 그녀는 잠수함을 추적하는 장치와 식료품을 서로 비교했다. 그녀는 또한 제작을 돕고 있는 제품이 치명적일 수 있다는 사실과 그녀를 분리시키기 위해 엔지니어와 비교해 그녀가 무지하다는 것을 내세웠다. 그녀의 말투 속에 실제 악당은 엔지니어라는 것이 배어 나왔다.

"그냥 재고 시스템 일이에요"라고 자신에 대해 말하면서 그녀는 다른 사람들의 일이 좀더 제품의 의도와 관련이 있는 것처럼 이야기했다. 캐롤 콘(1988, 296)은 이런 전략적 기술 담론의 힘에 대해 언급했다. 이 경우 여성들의 부정을 가능하게 하는 언어들을 말한다. "길들여진 이미지 즉, 감각이 없는 무기들을 인도적인 것처럼 형상화한다. 이런 이미지는 또한 역설적이게도 감각이 있는 인간의 육체와 삶에 대해서는 무시해도 괜찮다는 상황을 낳는다."

이 연구에 참여한 테레사와 다른 여성들은 단순히 명명하고, 은유를 사용하는 이런 전략적 방식을 빌려 와 이야기한다. 이런 은유와 명명 방식은 방위산업체 최고단계에 종사하고 있는 과학자들이 자신의 일을 평범하게 하려는 시도였다(Gusterson 1996).

안전과 보안?

중년 아프리카계 미국인 여성 로레인Lorraine은 무기생산과 관련된 그녀의 역할과 그녀가 종사하고 있는 회사를 구분지었다. 힐러리 웨인라이트 Hillary Wainwright(1983)의 연구에 등장했던 포클랜드 전쟁의 영국 국방 여성 근로자처럼 로레인은 첫번째 걸프전 때에 이르러서야 자신이 생산을 돕고 있는 것이 무엇인지 깨달았다고 말했다.

몰랐죠. 그냥 직업이니까요. 음, 아시겠지만 제가 뭘 하는 게 아니거든요. 알게 된 거죠. 제 말은 제가 하고 있는 일이 사람의 생명을 뺏을 수도 있구나, 라고 그전엔 그렇게 생각하지 않았죠. 한 번 그런 생각을 했었는데 그때가 사우디 아라비아 전쟁 때였어요. 그때 안 거죠. 당신이 만든 장비가 아니면 당신 회사가 만든 제품이——왜냐하면 제가 직접 조립하는 게 아니니까요——작동하지 않거나 작동하거나. 저는 주로 행정 관련 일을 하고 있어요. 그렇지만 사람을 죽이는 시스템에 대해서는 생각하지 않죠. 그저 이것이 우리나라를 돕는 일이구나 생각하죠. 그렇게 생각하면 책임감이 들고 모든 것을 제대로 하게 되죠. 자부심도 더 생기구요. …… 당신이 살상이나 무기 시스템에 대해서 생각하는 사람이 아닌 이상 이런 식의 생각은 당신이 쌓은 또 다른 벽인 거죠.

로레인은 개인적으로 누군가의 죽음을 불러일으킬 수 있는 무기생산에 관여하는 그녀의 역할을 감당하기 위해 그녀의 개인적인 역할과 전쟁을 이행하는 생산에 관여하는 회사의 역할을 구분지었다. 군수품에 관여하는 그녀의 역할이 와 닿지 않는 것은 그녀가 '그런 종류의 사람'이 아니기 때문이라고 로레인은 넌지시 이야기했다. 이런 그녀의 뉘앙스는 이런 회사에서 일하는 사람 중에는 무기를 생산하는 것에 만족감을 느끼는 사람이 있다는 뜻일까? 인종차별과 승진에 대한 그녀의 좌절된 열망을 회사 내에서 경험한 그녀의 힘들었던 과거를 생각해 볼 때, 로레인이 그녀의 동료를 타인을 해치려는 목적을 가진 또는 악으로 규정하는 것은 그리 놀라운 일이 아니다. 또 다른 분야에서 로레인은 직장 내에 존재하는 정보원들에 대해 강력한 의견을 피력했으나 그녀 자신에 대해서는 순수한 방관자로 규정지었다.

다른 응답자들은 그들 자신들이 군수품의 의도적인 사용에 대한 지식 또는 전쟁 준비에 대한 책임감이 없다고 거리두기에 초점을 덜 맞추는 대신, 이런 종류의 일에 그들이 지속적으로 참여하는 것을 정당화하기 위해 합리화 전략을 이용했다. 중년 유럽계 미국인 여성 제인Jane은 냉전시대의 수사법과 민족주의 성향의 보호주의적 담론을 섞어 방위산업체에서 종사하는 그녀의 역할을 설명하려 했다.

> 제가 방위산업 …… 일하고 싶은지에 대해 고민해 봐야 했었죠. 기관총 같은 건 못했을 거예요. 그렇지만 레이더나 음파탐지기 같은 건 살해나 전쟁 같은 것을 피하기 위해 사용될 수 있죠. 몇몇 사람들은 사람을 죽이기 위한 물건을 만들기 위해 레이더가 사용된다고 볼 수도 있겠죠. 그렇지만 전 그렇게 보지 않아요. 왜냐하면 레이더가 설치되는 물건은 우리나라를 지키기 위한 것이거든요. 주변 순찰을 위해서. 레이더의 역할은 정말 엄청나요. 러시아가 무엇을 계획하고 행하는지 알려 주거든요. 우리가 원하는 건 미국이 공산화되는 건 아니잖아요. 그래서 전 제 일을 그런 관점에서 봐요.

이 말 속에서 그녀는 자신의 일을 사실상 다른 제조업과는 다르다는 것을 인정했다. 그러나 그녀 역시 '살상과 전쟁을 피하는 일'이라고 말하면서 '기관총'(즉, 공격용 무기) 제조와 레이더 및 음파탐지기(방어용 무기)를 구분하는 데 노력을 다한다. 제인은 아에로코와 유니버설 수출에 종사하고 있는 다른 여성들과는 달리, 방위산업체에 종사하는 것을 '문제'라고 언급했으며 이런 일이 적용되는 것과 관련해 내부적으로 고심하고 있음을 인정했다.

공산주의에 대한 불쾌감을 덧붙이면서 제인은 1960년대 이미지나 냉전을 사용해 방위산업체에 종사하는 그녀 자신을 정당화했다. 제인은 처음 이 회사에 고용되었을 때는 어떤 물품을 생산하는지 이해하지 못했다고 말했다. 그렇지만 무엇이 일어나는지 깨닫고 나서는, 역사에 대한 그녀의 지식을 사용해 계속해서 그곳에서 종사하고 있는 그녀 자신을 정당화했다.

제 첫 직업은 인사 업무와 관련된 것이었어요. 이를 통해 레이더에 대해서 알게 됐죠. 언젠가 한 번은 전자부품과 관련된 연구실에 가게 됐어요. 거기에선 많은 연구개발이 진행되고 있었어요. 그렇지만 몰랐죠. 그 당시 제가 생각하고 있던 국방이란 베트남전쟁 같은 …… 전 역사를 좋아하거든요. 전 공산주의가 우리에게 미칠 영향을 알고 있어요. 그리고 이들은 하루아침에 우리를 점령할 수 있다고, 그렇게 배우면서 자랐죠. 흐루시초프Khrushchev(구 소련 지도자)가 연설을 했었죠. …… 제 부친은 한국으로 발령을 받았었어요. 아시겠지만 그곳 전쟁에 대해 들어보신 적이 있을 거예요. 누군가가 전쟁으로 죽는 것을 보고 듣는, 이 모든 것들은 매우 위협적이죠. 당신은 당신 가족을 지켜야 되는 거예요. 그래서 저한테 국방은 매우 중요한 문제인 거죠. 이제 우리는 세계적 단위의 침공 속에 놓여 있죠. 딱 맞는 표현인 것 같은데, 즉 고립되어 사는 게 아니잖아요. 우리는 계속해서 더 많은 나라와 회사들한테 우리 건물 및 땅, 모든 걸 팔고 있죠. 우리도 그들 것을 구매하고요. 더 많은 걸 공유하는 거죠. 과거와는 다른 거예요. 과거엔 그저 우리 뿐이었죠. 그래서 이 일이 매우 중요한 거예요.

한국과 베트남전쟁에 참여한 미국을 언급하면서 제인은 방위산업체에서 종사하고 있는 그녀의 역할을 정당화했던 '살해와 전쟁을 피한다'라는 생각에서 좀더 구체적인 전쟁의 이미지로 옮겨 갔다. 그녀의 말이 오래 이어질수록 제인의 말은 한편으로는 1990년대에 방위산업체에서 근무한다는 건 정당화될 수 없다는 듯이 들렸다. 다른 한편으로는 20세기 말에 닥친 '세계적 침공'에 대한 위협은 훨씬 더 시급한 문제인 것처럼 믿고 있는 것 같았다. 이런 문장들은 미국을 덜 '고립'적이고 '더 많은 공유'를 하고 있는 나라로 묘사한 그녀의 말과 모순된다. 현재 맥락안에서 세계적 침공에 대한 그녀의 견해는 그녀가 뭔가 알아채고 있음을 시사한다. 그렇지만 제인은 분명하게 미국이 전 세계 제국주의를 향해 나아가고 있는 것을 보지 못하고 있는 것이다. 제인은 또한 자연스럽게 그녀의 가족을 보호하고 싶다는 열망을 '국방'과 연결시킨다. 40대 유럽계 미국여성인 캐런은 그녀가 계속해서 방위산업체에서 종사하고 있는 것에 대해 심도 있긴 하지만 민족주의적인 비슷한 이유를 들었다.

이 일에 어떻게 친숙해졌나고요? 그러니까 음, 정치권과 당신이 속해 있는 것들을 생각해야 해요. 그렇지만 이건 그저 …… 그러니까 전 아직도 미국이 전 세계에서 가장 살기 좋은 나라라고 생각해요. 그리고 그런 환경을 지속하기 위해 제가 도울 일이 있는 거죠. 때때로 우리가 그런 일을 하고 있나 하고 의문이 가죠. 또는 우리가 진정 세계를 위해 좋은 일을 하고 있는 건가? 우린 모두 인간이죠. 모든 사람은 각기 다른 의제를 가지고 있어요. 아시잖아요? 제 말은 생각을 해야 되는 거죠. 전 방위 쪽에서 근무하며 나라를 튼튼하게 하고 싶은 거죠. 이해하시겠지만

······ 제 생각에 스텔스 폭격기Stealth Bomber 같은 것을 생각해 낸다면 괜찮죠. 위협력도 충분하고, 아시겠죠? 우리가 그걸 가지고 있다는 걸 아는 것만으로 충분한 거죠. 다른 이들이 아무것도 우리에게 하려 하지 않겠죠. 우리가 그걸 사용하든지 안 하든지 말이에요. 우리가 그걸 만든다는 그 생각은 하기도 싫어요. 그리고 그걸 사용해야 된다? 그렇지만 이게 현실인 거죠.

캐런Karen은 여기서 매우 흥미로운 몇 가지 의견을 드러냈다. 그녀의 이야기 속에 국방에 대한 분명한 생각들이 스며 있는 동시에 그녀는 방위가 미국의 외교정책의 전부는 아니라는 의견을 드러낸다. 그녀는 미국을 세계의 보호자 또는 세계의 선동자라는 생각과 냉전시대에 방위를 구축하는 것에 대한 분명한 정당화를 종종 같이 이야기하곤 한다. 즉, 이것은 미국이 많은 수의 아주 무시무시한 무기를 보유하고 있으면 다른 이들의 공격을 억제할 수 있을 것이라는 생각이다. 이런 민족주의적인 수사학은 미국 문화에 만연하게 퍼져 있는 반면, 캐런은 이런 인식을 정당의 소속과 혼동하고 있다. 캐런은 또한 그녀의 직업이 미국을 '돕는' 일이며 미국이 사용하는 그 무기에 대해 매우 순진하게 생각하고 있음을 드러냈다. 미국과 다른 나라들이 제조하는 무기는 그저 사용되지 않기를 바라는 위협으로만 존재하고 있을 뿐이다. 그녀의 남편이 하는 일에 대해 물어본 질문에 대한 답으로, 캐런은 다른 여성들이 공통으로 보여 준 방식으로 회사가 추구해야 하는 다른 사업에 대해 언급했다.

캐런: 네, 그러니까 제 말은 (남편은) 새로운 사업을 찾고 있어요. 회사가

할 수 있는 다른 거요. 이걸 할 수 있는 아주 좋은 방법들이 많거든요. 뭘 하는지는 정말 알지 못해요. 그가 무슨 일을 하는지 거의 이야기하지 않거든요. 어떤 학회를 가는지 뭘 하는지 말이에요. 그렇지만 여러 가지 일을 하는 것 같아요. 그가 하는 일에 대해 불만은 없어요. 제가 만일 그 일을 한다면 편하지만은 않을 것 같아요. (웃음) 아시겠지만 저는 제가 제대로 된 일을 하고 있는지만 결정할 수 있는거죠. 모두 각자는 자기의 의견이 있는 거잖아요.

그리고 대부분 당신이 방어용품을 만들기만 하고, 그러니까 힘을 보여주기 위해서 말이죠. 사용하는 건 딱히 아니고. …… 음 예방접종 같은 그런 것으로 생각하면 될 것 같아요. 그러니까 제 말은 예방접종은 치명적이죠. 왜냐하면 뭔가를 죽일 수 있으니까요. 그렇지만 이것은 당신을 보호하려 하는 거예요. 아시겠죠? 제 말은 당신이 생각하고 싶은 그 지점이 있는 거죠. 그 이상은 갈 필요가 없는 거예요. 그러니까 만일 이런 울타리를 놓지 않으면. ……

필자: 이런 울타리를 치고 싶지 않은 건가요 당신은?

캐런: 전 아니에요. (웃음) 전 아마 그 울타리에 그림을 그리고 싶을 거예요. 음. 하지만 잘 모르겠어요. 왜냐하면 …… 이게 여성이 가진 특권인 것 같아요. 전 선택할 수 있는 거죠. 그렇지만 제가 만일 미혼이라면 그리고 이게 제가 정말 하고 싶지 않은 일이라면 …… 그래도 식구를 부양해야 된다면 …… 아마 전 그 일을 할 거예요.

기밀을 유지한다는 건 군수품이 다른 곳에 사용된다는 것을 모호하게 하며 이는 실제로 그렇게 보인다. 캐런은 방위산업체에서 종사하고 있는 그녀의 분명한 불편함과 그녀의 남편 직업에 대해서는 그런 생각을 하지 않는다는 그녀의 모순적인 의견을 설명하기 위해 젠더의 개념을 이용했다. 젠더에 대한 가부장적인 생각은 그녀의 남편이 제대로 종사하고 있는 방위와 관련된 옳지 않은 사업에서 그녀를 제외시키는 역할을 했다. 캐런은 이런 젠더에 대한 기대를 사치로 묘사했다. '여자의 특권.'

다른 서너 명의 여성과 마찬가지로 캐런은 예방접종 개발과 비교하면서 사람을 죽일 수 있다는 치명성을 방위라는 일에서 제외시켰다. 그러나 이렇게 비교하면서 제인과 마찬가지로 캐런은 미국 사회 바깥에 있는 사람들은 덜 중요한 인간이라는 개념적 입장 변화를 보여 주었다. 그녀는 다음과 같이 말을 이어 갔다.

어느새 뒤 돌아보면 자신이 쳇바퀴 안에서 돌고 있는 것을 발견하게 되죠. 그때는 계속 바퀴를 굴려야 되는 거죠. 안 그러면 떨어지니까요. 다시 한번 이야기하지만 회사에 가서 그냥 '오늘은 B1 폭탄을 만들 거야'라고 말하는 게 아니에요. 이해하시죠? 이 모든 게 그냥 다 정해지는 거죠. 그냥 당신은 컴퓨터 앞에 앉아 있거나 코드의 순서를 모두 써 내려가거나 하는 거예요. 이게 그 물건을 움직이게 하는 스위치가 되는 거예요. 아시겠어요? 이런 거죠. 이 날개를 움직이게 하는 연료를 어떻게 가져오지? …… 어디에 필요하지? 이 모든 게 너무 세세하고 많은 노력이 요구되는 일인 거죠. 다뤄야 될 게 많은 …… 순서들이 …… 아시겠죠? 한 사람이 이걸 다 하는 게 아니라는 거예요. 그러니까 당신이 느끼는 것처럼 …… 그게 당황스러운 점 중에 하나죠. 이 단계에서 엔지니어링은 …… 당신 일은 절대 끝이란 게 없는 거예요. 보여 줄 완성된 제품이란 없는 거예요. 고작 당신이 하는 일이라곤 코드를 매기는 거죠. 제조 공장에 가서 일을 하는 거랑은 다르죠. 그날 작업 마지막에 10켤레의 운동화를 만들었어. 이런 거랑은 다른 거죠. 완성된 물품은 없는 거예요. 그렇지만 당신이 만든 완성품이 사용 가능하게 되면, 사용하고 싶잖아요. 이건 그러니까 이런 느낌이죠, '자 다 했다. 근데 뭘 한 거지?' 잘 모르겠어요. 그러니까 음 …… 희한한 산업인 거죠. 적어도 제 생각은 그래요. 기술은 좋을 수도 있지만 나쁠 수도 있죠. 그리고 이렇게 불끈 치솟는 어떤 느낌을 받으면 다른 시각에서 보게 되죠. 그걸 한 번 깨달으면 벼랑 끝에 서게 되는 거죠. 거기서 생각하는 거죠. '세상에 나 자신을 막다른 길에 내몰았구나.' 좋아. 우리가 막장까지 갔구나. 그렇지만 우린 뭘 위해서 그런 거지? 제 입장에서 이건 굳이 분류하자면 돈이에요. 이곳에 있는 안정적인 요소는 말이에요.

이 말에서 눈치챌 수 있듯이 방위산업체에서 종사한다는 의식은 실제 그 일을 하는 과정의 도움을 받아 두 갈래로 나뉜다. 로스 알라모스 Los Alamos와 산디아Sandia 국립 연구소에서 일하고 있는 과학자들은 핵폭탄을 만들었다. 이들 또한 '하나의 작은 것, 하나의 커다란 프로젝트 중 하나인 매우 소소한 기술적 관심 분야'(Rosenthal 1990, 44)에 초점을 맞추는 방식으로 그들의 일에서 자신들을 개념적으로 분리시켰다. 각각의 부품은 진정한 의미를 가지고 있지 않을지도 모른다. 이 부품들이 오직 컴퓨터 코드로 존재하는 동안에는 말이다. 웨인라이트 또한 "무기산업계의 생산 과정에 대한 극도로 분화된 개념은 무지를 강화시킨다"(Wainwright 1983, 138)라고 언급했다. 그러나 캐런은 또한 무엇이 방위산업체에 기여하는지에 대해 분명하게 자각하고 있음을 드러냈다. 그리고 실제로 완성된 제품 또는 그것이 작동하는 것을 보지 못한다는 점에 대해 좌절감을 나타냈다. 이전에 제인이 말한 것처럼 그녀가 방어용 작업과 정찰 작업 간의 비교를 한 것과는 다르게, 그녀는 방위산업체에 근무하는 것이 다른 제조업과는 다르다는 것을 인정했다. 캐런은 또한 '테크놀로지'라는 용어를 무기 생산을 가리키는 말로 사용했다. 그녀가 조심스럽게 기술의 영향이 해로울 수도 있다고 이야기하면서, 그녀는 또한 그녀의 손에서 그 기술이 파괴적으로 사용되는 것에 대한 책임감을 상쇄시켰다. 그녀는 이러한 기술의 결과로 만들어지는 완성품을 미리 볼 수 없다는 것을 이유로 들었다. 마지막으로 그녀는 또한 섬뜩한 의견을 피력했는데, 제품이 완성되면 그것을 만드는 데 기여했던 사람들은 그 사용처를 보고 싶어 하는 욕망이 있다는 것이다. 그러나 그녀가 시사한 것처럼 그 욕망은 기술적 관심에 기인한 것이지 제국주의적 공격성에 기인한 것은 아니다.

방위산업체에서 일하는 것을 반복적으로 합리화하는 데 자주 사용되는 것은 '국가 안보'에 대한 다양한 정의다. 몇몇 여성들은 미성숙하다거나 재정적 필요성, 무지 또는 의도적인 건 아니라는 변명을 사용한다. 캐런이나 제인이 보여 준 것처럼 다른 이들은 상반되는 수사를 이끌어내며 많은 이들이 자신들의 이론에 기반해, 자신이 알지 못하는 '타인'에 대한 두려움을 드러냈다. 이들은 정확한 논리를 구사하려고 노력했다. 그러나 분명하지는 않았는데, 이는 그들이 방위산업체에 종사하면서 느끼는 복잡한 감정을 보여 준다. 오드리Audrey는 그녀가 어떤 위협에 대항해 방어를 하고 있는지 정확하게 알지 못했다. 그러나 방어 방법에 대해 그녀는 훨씬 더 분명하게 표현했다.

필자: 당신이 국가의 안전이라고 부르는 것은 과연 무엇인가요?

오드리: 바라보는 시각에 따라 다르죠. 음, 만일 사람들이 폭탄 같은 것을 제조한다면 그것은 국가를 위한 것이고, 우리의 나라, 우리의 국가를 보호하기 위한 것이죠. 이게 제가 바라보는 시각이에요. 폭격기, 스텔스, 그것이 무엇이든지 항공기, 전쟁을 위한 것들, 이건 모두 나라의 안전을 위한 거예요.

어떻게 사람들은 폭격기, 다시 말해 분명하게 공격용 무기인 이것이 '우리 국가의 안전'을 위해 필수적이라고 믿는 걸까? 캐러비안계 미국인인 오드리는 40대 초반이며 그녀의 이야기는 역사적으로 1960년대까지 거슬러 올라가 소련과 '군비확장 경쟁'을 벌였던 시대의 공포담론에 기대고 있다. 이 담론은 계속해서 미디어를 통해 전파되고 있으며, 대부분 텔레비전의 뉴스 프로그램과 '테러' 위협에만 초점을 맞춘 뉴스기사들에서 볼 수 있다. 이 테러는 분명히 믿을 수 없고 비이성적인 타자, 주로 유색인종에 의해 저질러진다고 보도한다. 캐롤 콘(1988, 305)은 기술에 기반한 전략적 담론의 사용과 그것이 사용자들에게 미치는 효과에 대해 논했다. "이 담론은 사실상 적법한 안보를 취득하는 방법에 대한 유일한 답변이 되어 가고 있다." 스텔스 폭격기나 이와 유사한 것들이 테러를 저지르려는 사람을 공격하는 방어적 목적으로 거의 사용되고 있지 않음에도 불구하고 계속적으로 위험 수위가 올라가고 있는 것처럼 보이는 세계에서, 군사력은 유일한 해결책으로 여겨진다. 오드리는 사실 국가적 안전에 대한 그녀의 생각을 한 번도 설명하지 않았다. 대신 그녀는 그녀의 대답을 이용해 방위산업체에 근무하고 있는 자신을 정당화하려고만 했다. 그녀가 스텔스 폭격기가 미국 민간인들을 보호하기 위해 개발되었다는 생각을 말할 때, 어쩌면 군사화된 사고방식이 얼마나 영향력이 있는지를 드러내고 있는 것일지도 모른다. 이런 종류의 생각들이 모르는 사람(종종 유색인종)에 대한 공포와 결합될 때, 이런 여성들이 가지고 있는 생각이 형성되는 듯하다. 이 여성들 자신도 유색인종임에도 (비록 드러내진 않을지라도) 반대할 가능성이 있는 공격적 전쟁으로 보는 것이 아니라 (보호를 위한) 제국주의를 합리화하는 전쟁으로 보는 것이다.

이 여성들과 방위산업체에 종사하는 다른 직원들은 이 산업계의 관행인 침묵의 법칙으로 인해 그들이 하는 일에 대해 직장 밖에서 거의 이야기하지 않는다. 그들의 직업에 대해 이야기하지 않는 것이 익숙해지면, 방위산업체 직원들은 그들이 하는 일의 현실로부터 분리된다. 그들의 일은 개념적인 중요성을 상실하게 된다. "비밀을 지키는 일은 또한 함께 유기적으로 한 일의 책임감이나 전체적인 그림을 보지 못하게 만든다"(Gusterson 1996, 90). 그들이 하는 일에 대한 의미를 축소하는 것은 전쟁용품을 전쟁용품으로 부르지 못하게 하는 담론의 도움을 받는다(Cohn 1988). 캐롤 콘은 한 물리학자에 대한 이야기를 들려 주었다. 그는 긴장을 푼 상태에서 방에서 작업하고 있는 다른 사람들이 3,000만 명의 사람들을 살상하기 위한 방법을 무미건조하게 논의하고 있다는 것에 대해 공포감을 느낀다고 말했다(Cohn 1993, 227). 그의 동료는 그의 말을 무시했으며 그 당시 그는 자신이 '여성이 된 것 같은 느낌'을 받았다고 했다. 즉, 고도로 군사화된 장소에서 성별에 따라 요구되는 적절한 행동에서 벗어난 느낌이었다는 것이다. 무엇인가에 대해 이야기하지 않는 것은 또한 그것에 대해 생각하게 하는 것을 익숙하지 않게 만들며, 모호하게 만든다. 이들에게 자신들의 직업에 대해 어떻게 생각하고 있는지 직접적으로 묻는 게 가능하지만, 사실 이 여성들이 자신들이 하는 일이 무엇인지, 그것에 대해 어떻게 생각하는지를 명명하기 위한 단어를 찾기란 어려운 일이다.

'전 한 번도 전쟁에 찬성한 적이 없어요'

이 여성들, 그들의 배우자, 자녀들, 국가 그리고 전쟁의 희생자들에게 전쟁의 가능성과 의미는 종종 여성들 자신이 하고 있는 일에 대해 설명하고 있는 이야기에서 상당 부분 삭제되어 있는 듯하다. 그것은 여성들이 이런 의미를 생략하기 위해 매우 열심히 노력하고 있거나, 이들이 믿고 있는 여성성의 개념이 전쟁과 연관된 일을 자신이 한다는 사실을 보지 못하게 하기 때문이다. 최근 사건들로 인해 그녀들이 때로 군사화된 국제관계 속에서 자신들의 역할을 인식하게 된다 하더라도, 이들은 여전히 이데올로기적으로 전쟁에 자신들은 반대한다는 것을 내세우며 전쟁에 관여된 자신들의 역할을 외면한다.

> 필자: 그래서 당신은 무언가를 만든다고 생각하고 있군요. 그러니까 폭탄이나 뭐 이런 것들을 말하는 건가요?
> 테레사: 그거는 다르다고 생각해요. 내가 그럴 거라고는 생각하지 않아요. 글쎄 모르겠어요. 사용하지 않을 거면 그걸 왜 만들겠어요? 그건 하나의 과정인 거죠. 제 말은 (이를테면) 제 남편이 숲에 가 총을 쐈다고 해봐요. 동물을 무작위로 죽이는 게 아니라 목표물을 쏘는 거죠. 남편한

테 이야기했어요. (우리 아들이) 이 일을 하는 것에 찬성할 수 없다고. 하지만 이건 제 말의 요지는 아니에요. 아시다시피 매번 갈색 눈의 사슴을 봐요. 그것들의 몸집은 상관없어요. 그저 제 차에 뛰어들지 않기만을 바랄 뿐이죠. 그렇다고 제가 그것들을 쏴 버리진 않죠.

테레사는 치명적인 무기 제작에 대해 이야기하는 것을 다른 것과 비교하며 다시 한번 문제를 회피했다. 전쟁을 암시하는 질문에 그녀는 즉각적으로 엄마로서의 그녀의 역할을 드러냈다. 그녀의 자녀를 보호하는 것이 전쟁과 관련해 여성이 할 수 있는 단 하나의 수용 가능한 역할인 듯이 다음 말을 이어 가기 전까지 이야기를 계속했다. 그녀가 사슴을 죽이는 것에 대해 생각하는 것도 용납할 수 없다면, 그녀의 직업이 사람을 죽이는 일과 연관되어 있는 것을 표현하기 위한 단어를 어떻게 찾을 수 있겠는가? 이러한 생각에서 벗어나기 위해서는 지적능력을 계속해서 이용해야 하며 담론적인 속임수들이 요구된다.

실제 무장전투에 대한 질문을 했을 때, 필자의 질문에 대한 여성들의 대답은 훨씬 신랄하게 반전反戰 의견을 드러냈다. 이 연구에 참여해 인터뷰를 한 대부분의 여성들은 1990년과 1991년 발생한 걸프전 기간 동안 방위산업체에 종사한 사람들이었다. 이 전쟁과 관련해 이들 대부분은 자신들이 하고 있는 일에 자부심을 한껏 느끼고 있었다. 왜냐하면 이 전쟁은 그들이 제작하는 데 기여했던 제품이 실제로 사용되는 것을 볼 수 있는 기회를 제공했기 때문이다. 물론 직장에서 느끼는 이런 자부심은 그들이 직장에서 하는 일이 전쟁에 기여하는 바가 전혀 없다고 말한 그들의 모든 말이 거짓임을 드러낸다. 이 전쟁에 대한 그녀들의 반응은 다양했지만 대부분 미국의 참전에 대해 양가적인 입장을 드러냈다.

필자: 이라크전쟁에 대해 어떻게 생각했습니까?

로레인: 아, 너무 끔찍하다고 생각했어요. 그리고 미국인들이 걱정됐구요. 우리 군이 사막의 폭풍 작전에 투입됐을 때, 그리고 그들이 하얀 깃발을 들어 올렸을 때, 그들이 그냥 내줘 버린 거잖아요. 아시겠지만 그러니까 전사한 사람들만 바보된 거죠. 흠. 전 전쟁엔 절대 반대예요. 왜냐하면 아무 잘못도 없는 사람들, 아니 설령 전쟁터에 간 사람들이라 하더라도 싸우고 싶어서 간 건 아니잖아요. 그러니까 누군가가 죽는 것을 보고 싶어 하는 사람은 없지만 어쩔 수 없는 거죠. 무언가를 보호하기 위해서 해야만 하는 일이 있는 거죠. 그치만 잘 모르겠어요. 분명한 건 제 아들들이 죽는 건 보고 싶지 않아요. 이해하시겠죠? 당신과 관련된 사람이 전쟁에 끼어 있으면, 그제서야 생사문제라는 것을 느끼게 되는 거죠.

로레인은 대부분 전쟁에 반대한다는 입장을 분명히 밝혔다. 이는 그녀가 15년 동안 종사해 온 일과 완전히 상반되는 것이다. 그녀는 또한 마지못해 전쟁이 때론 필요할 수도 있음을 인정했다. "보호하기 위해서" 말이다. 그러나 누구를 또는 어떤 조건하에서 이런 보호가 필요한지 설명하는 것에는 실패했다.

다른 서너 명의 여성들은 로레인이 지적한 부분보다는 좀더 평화주의적 입장을 표명했다. 케이트Kate는 국방을 건실히 하는 데 자신이 한 역할을 정당화하기 위해 냉전시대의 수사학을 고수하고 의지하고 있음에도 불구하고, 전쟁에 대한 불편한 심기를 드러내는 데 목소리를 높였다.

필자: 대체적으로 전쟁에 반대하는 입장이십니까?

케이트: 피할 수 있다면, 그렇죠. 진심으로 대화를 통해 풀어내거나 양보가 가능하다면, 우리가 택해야 하는 건 이 길입니다. 그러나 반대로 미국이 다른 나라 국민의 이익을 위해 다른 나라를 점령한 것처럼 저도 그렇게 되길 원하냐구요? 여기서 우린 모두 망친 겁니다. 우리가 그래 본 적이 없는 거죠. 전 그렇게 하진 않을 것 같아요. 제가 사람을 죽일 수 있을지 잘 모르겠습니다. 그러나 만일 그런 시험을 받게 된다면——누군가가 제 자식을 해치려 한다면——제가 무슨 일을 할지 저도 알지 못합니다. 이런 것이 싫습니다. 이건 정말 끔찍한 것 같아요. 무시무시하죠. 피할 수 있다면 어떤 방법이라도 써야겠죠. 항복의 깃발을 흔드는 건 당신이 하고 싶은 일 중에 하나는 아니죠. 피할 수 없는 상황에 들어와 버린 거죠. 걸프전 기간 동안 전쟁이 빨리 끝나게 해달라고 하느님께 기도했어요. 그리고 많은 사람이 다치지 않게 해달라고도 기도했죠. 또 다른 세계전쟁은 우리에게 필요하지 않습니다.

케이트가 전쟁은 '무슨 수를 써서라도' 피해야 한다고 말하면서도, 그녀는 페르시아 걸프전에 미군이 참전하는 것에 반대하지 않는 듯했다. 현재 많은 분석가들이 불필요하다고 말하고 있는 상황임에도 말이다 (Hiro 1992; Peters 1992). 그녀는 또한 국제적으로 미국이 '다른 국민들의 이익을 위해하는 행위'를 미국이 똑같이 당한다면 매우 싫을 것이라고 밝혔다. 그녀가 초반에 언급한 '국제적 침략'은 제국주의의 훨씬 더 온순한 형태로 변모되어 가는 듯 보였다.

두번째 인터뷰가 있던 때 미국은 다시 한번 이라크를 전쟁으로 위협했다. 전쟁에 대한 필자의 질문에 오드리의 대답은 시대의 관점과 전쟁에 대한 그녀의 일반적인 태도를 반영하고 있었다.

필자: 보통 땐 전쟁에 대해 전혀 생각해 본 적이 없나요?

오드리: 네. 아니. 뉴스에서 듣게 되잖아요. 그렇지만 와닿지 않죠. (웃음) 우리가 어떻게 할 수 없는 일들이 너무 많잖아요. 만약 우리가 이런 모든 걸 다 결정하기 시작하면, 분명히 제정신으로 살기는 힘들 거예요. 그리고 제가 깨달은 건 우리가 출동하기로 결정했다면, 전시 상황에 들어가기로 했다면, 그 상황에서 최선을 다해야 하는 거죠. 우리가 할 수 있는 일은 없는 거죠. 우리가 뭘 바꿀 수 있는 길은 전혀 없죠. 그렇다면 왜 그것에 대해 걱정을 해야 하는 거죠?

질문에 대한 오드리의 좀 무신경한 대답은 그녀의 아들이 전쟁에 참여한다면 어떤 느낌일지, 그녀의 남편과 관련해 페르시안 걸프전에 대해 이야기하는 그녀의 마지막 문장과 대조된다.

남편과 저는 이 문제에 대해 의견 일치를 보지 못하고 있어요. 그는 무언가 조치가 취해져야 된다고 생각하죠. 그리고 저는 이걸 좀 다르게 보고 있어요. 우리가 전쟁에 참여하게 된다면, 우리에게 어떤 피해가 닥칠까? 이건 아마 제 안에 있는 모성본능일지 몰라요. 저는 그렇게 생각해요. 전 우리에 대해 더 걱정이 많아요. 그리고 국가적 차원에서 우리에게 무슨 일이 생길까 더 걱정이 앞서죠.

그녀의 남편과의 대화를 묘사한 오드리의 말에서 군대화된 여성성 개념에 내재되어 있는 모순을 들을 수 있다. 군대화된 여성성은 여성으로서 오드리가 남편보다 더 평화적이어야 한다는 것을 나타낸다. 이는 또한 전시 기간 동안 여성은 무조건적으로 군대에 있는 남성을 지지해야 된다는 것을 요구한다. 직업을 통해 전쟁 준비를 돕고 있는 그녀는 그러나 어머니와 아들의 보호자로서 그녀가 가지고 있는 역할과는 상반된다. 물론 군대화된 여성성에 따르면 국가의 공익을 위해 오드리는 그녀의 아들을 기꺼이 희생시킬 수 있어야 한다. 그러나 그녀는 그렇게 하고 싶어 하지 않았다. 그녀가 국가와 모성의 두 가지 개념 사이를 두서없이 오고 갔다. 그때 그녀는 애국심과 가족의 개념을 통합하여 이야기했다.

다른 사람의 아들

이 여성들의 이야기 속에 드러나는 가장 큰 모순은 그녀들이 지속적으로 전쟁 준비나 국가의 안보에 기여하고 있으면서도 그들의 자녀가 전쟁에 참여하는 일에는 분명하게 반대하고 있다는 점이다. 그녀들의 삶에서 작동하고 있는 군사화된 젠더 패러다임 안에서 그녀들은 기꺼이, 즉 열광적으로는 아닐지라도 국가를 보호하기 위해 또는 민주주의의 애국적인 이상을 위해 그녀들의 자녀를 희생할 수 있어야 한다. 그러나 오드리뿐만 아니라 이번 연구를 위해 인터뷰에 참여한 여성 중 자녀가 있는 다른 모든 여성들도 그들의 자녀들이 전쟁에서 희생되는 것에 대해 유사한 껄끄러움을 보여 주었다. 이 여성들 중 그 누구도 전투에 딸이 참여할 수도 있다는 것은 언급하지 않았다. 그보다는 딸은 군대와 전쟁으로부터 보호가 필요한 대상으로 생각했다. 이는 남성 배우자로부터 보호가 필요하다고 그들이 느끼는 상상의 필요성과 비슷한 형태를 보인다. 여성들은 대부분 전쟁이 그녀들의 아들에게 미칠 영향에 대해 우려를 표했다. 앤젤이 밝혔듯이 "네, 뭔가 곧 일어날 거라는 생각이 들어요. 음, 알다시피 이 일을 오랫동안 해왔어요. 그저 제 아들이 전쟁터에 가지 않기를 기도할 뿐이에요."

이 대목에서 앤젤은 미 국무성을 위해 그녀가 하고 있는 일과 그녀 아들이 잠재적으로 하게 될 군복무를 연결지었다. 그녀의 직업이 전쟁 준비와 가까운 일이다 보니 그녀의 아들을 더욱 전쟁에 보내기 싫어졌다고 말하고 싶어 하는 것 같았다. 그러나 자기 아들이 동유럽 평화유지 임무에 참여하는 것이 탐탁지 않다고 이야기하고 있는 그녀는, 군사화된 의식을 가진 엄마로서 그녀가 가져야 하는 임무에 대해 오락가락하는 모습을 드러냈다. "네. 그래요. 제 첫째 아들은 예비군이에요. 그 애를 헝가리로 파병을 보내려 하고 있어요. 그런데 그 아이가 '전 안 갈 거예요'라고 하는 거예요. 그래서 제가 '반드시 가야지'라고 말했어요. 그러나 그 아이의 대대 절반이 보스니아로 파병되었어요. 그러자 아들이 말했죠. '전 절대 안 가요. 엄마.'"

이 이야기의 중요한 점은 규율을 준수하는 그녀 자신보다 그녀의 아들이 파병되어 가는 것을 거절한 점인 것 같다. 결론적으로 동유럽으로 발령받지 않았으니 아들은 결정을 내릴 필요가 없는 것이었다. 아마도 아들은 아프리카계 미국 미혼모로서 앤젤이 가지고 있던 동기 중 일부분이었을 수 있다. 20세기 말 미국 사회에서 아프리카계 흑인들이 온전한 시민권을 얻을 수 있는 길은 얼마 되지 않았다. 그 중 하나가 그녀처럼 군대에 참여하는 것이었다. 또 다른 하나는 그녀의 아들을 국가에 바치는 것이었다. 그러나 군사화된 생각에 사로잡혀 있는 모든 엄마들이 순순히 규율을 따르거나 아들들을 총알받이로 기꺼이 내어 놓는 것은 아니다. 로레인은 그녀의 아들의 군입대를 반대했다. 앤젤처럼 그녀도 아프리카계 미국인이다. 그녀 가정의 경제적 상태 때문에—남편은 아에로코사 엔지니어이다—훌륭한 시민으로서 그녀의 지위를 유지할 수 있었기 때문에 이런 생각을 할 수 있었을지 모른다.

음(한숨), 복잡한 심경이에요. 왜냐하면 저도 미국인이잖아요. 전 제 나라가 보호받았으면 하거든요. 전 사람들이 이 나라에 쳐들어 와 절 죽이는 걸 원치 않아요. 그러나 제 자녀가 다른 나라에 가서 사람들을 죽이는 것도 원치 않아요. 그게 설사 우리가 살고 있는 조국을 위한 일일 지라도요. 이건 아마 엄마로서 가지는 보호본능일 것 같네요. 그래서 전 제 자녀들이 전쟁에 나가 전투에 참여하는 것을 절대 원하지 않아요. 만일 정보를 제공하거나 그들이 무엇을 해야 하는지 지시하는 일(사고능력이라는 단어를 사용)이라면, 먼저 그 일을 해보길 바라요. 이성적으로 풀거나 행정부에서 전쟁에 대해 논의하는 누군가를 돕는 일을 해야 한다면 괜찮지만, 말 그대로 총을 가지고 전투에 참여한다구요? 제 자녀들, 애들이 그런 일을 하는 것은 절대 반대에요. (웃음) 엄마의 본능인 거죠.

즉, 그녀의 아들을 위해 로레인은 군인보다는 훨씬 덜 위험한 정보원이나 협상가 역할을 선택한 것이다. 그녀는 이 대목에서 나름 분명하게 미 제국주의에 반대했다. 그러나 그녀와 그녀 남편 모두 수년간 방위산업체에서 근무해 왔다. 로레인은 일을 그만뒀지만 남편이 방위산업체에서 일하는 덕에 수입이 좋아 직장에서 얻은 트라우마적 경험(그녀의 말에 따르자면)을 극복하기 위해 그녀는 휴식기를 가질 수 있었던 것이다. 그녀 남편의 '사고능력' 때문에 현재 직장을 유지할 수 있고 국가 보안을 위한 그 일을 하고 있는 것이다. 그러나 로레인은 이런 주장과 관련해 긴장하는 빛을 보였는데, 이는 제대로 된 애국심을 가진 미국인이라면 전쟁 시기에 다른 형태의 행동도 받아들일 준비가 되어 있어야 함을 알고 있기 때문이다.

제인만이 인터뷰를 한 여성 중에 아들이 없는 여성이었다. 그러나 경제적 이유로 그녀의 딸은 미 해군 입대를 고려하고 있다. 대학 등록금을 모두 부담해 주기 때문이다. 제인은 몇 번이고 유니버설 수출이 하는 일을 축소시켜 이야기했다. 그녀의 남편은 민간 계약업자이며 방위산업체에 고용되어 일하고 있진 않았다. 그들의 두 딸들 중 하나는 건강상에 심각한 문제가 있었으나 제인이 해고당하자 건강보험 혜택을 받지 못했다. 그녀는 자신의 자녀들이 전쟁에 대해 어떻게 생각하게 되었는지 다음과 같이 이야기했다.

제 딸들이 전쟁을 많이 경험할 일은 없죠. 개들이 이번에 크로아티아 전쟁을 보게 된 거죠. 우린 딸들에게 역사적으로 미국이 이 일을 어떻게 키워 왔는지 설명해 줬어요. 우리 거실에서 전쟁에 대해 이야기한 거죠. 그게 일상적인 것이 아니라는 것을 이야기해 줬죠. 우린 딸들에게 전쟁 때문에 서로 뿔뿔이 흩어진 가족들의 심정이 어떨지 설명해 주려고 노력했지요. 전 제 아이들이 전쟁은 절대 모르고 자라길 기도해요. 그리고 전 제 손자들도 그런 경험을 하지 않길 바라며 기도해요. 그러나 전쟁은 어디에선가 일어날 거라고 생각해요. 그리고 전쟁이 일어나면 그 상황은 나쁠 것이고요. 음, 전 제 첫째 딸을 해군에 입대시킬 뻔했어요. 불행히도 …… 전 (군 신병 모집자들이) 아이들을 너무 일찍 끌어들인다고 생각해요. 그리고 이들에게 대학교육을 홍보하는 거죠. 그래서 그것 때문에 딸들과 바로 여기 앉아서 몇 번이고 이야기했죠. 그리고 매우 조심스럽게 딸들에게 물었어요. 전 (제 딸에게) 단점들을 설명해 줬어요. (신병 모집자들은) 전부 그 아이에게 장점만 이야기해 줬으니까요. 제가 말했죠. "전쟁이 일어나면 어쩔래? 사우디 아라비아로 발령이 나면 어쩔래?"

제인은 그녀의 딸을 상상 속 외국인으로부터 보호가 필요한 대상으로 보고 있을 뿐만 아니라 딸의 순진함을 이용하려는 미국군대로부터 지켜야 할 대상으로 보고 있다. 제인은 그녀의 자녀들에게 실제로 전쟁이 잘못되었다는 것은 절대 말하지 않았다. 그저 전쟁은 가정에 어려움을 준다는 정도였다. 애국심을 고취시키기 위한 수단으로 군대에 입대하는 것은 그래서 그녀에겐 문제가 되지 않는다. 그녀의 아버지와 남편 모두 군복무를 했기 때문에 아마 제인은 애국자로서 그녀의 위치가 편안할 것이다.

오드리는 전쟁에 참여하는 것에 대해 조심스러운 입장을 고수하는 자신을 정당화하기 위해 전통적인 개념, 즉 여성은 좀더 평화를 사랑하는 존재라는 개념에 다시 기대었다. 만일 아들이 징집된다면 발벗고 나서 아들을 자메이카에 숨겨 두겠다는 그녀의 말은 군대화된 패러다임 속에서 엄마에게 요구되는 적절한 역할과는 상반되는 것이다.

필자: 전쟁을 필수적인 것으로 보나요?

오드리: 아마 이게 제 여성적인 면일지 몰라요. 제 여성적인 면은 말하죠. 아시겠지만 전쟁까지 가면 안 되요. 전 전쟁이 제가 알고 있는 문제를 푸는 해결책인지 잘 모르겠어요. 때때로 제가 듣는 것에 대해 완전히 무시하려고 해요. 왜냐하면 …… 이게 그러니까 가능한 방법, 그 가능성을 고려하지 않으려는 방법이니까요. 그리고 아시다시피 제 자녀들은 이런 일에 절대 끼어들지 않길 바라요. 예전엔 (제 아들에게) …… 대학 입학하기 전일 거예요. 항상 협박하듯이 이야기했죠. '할머니가 계신 자메이카로 널 보낼 수도 있어.' 걘 절대 가기 싫다고 했죠. 절 가장 힘들게 하는 아들의 대답은 '엄마, 그렇게 했을 때 만일 전쟁이 일어나면 내가 전쟁에 참전해야 되잖아. 가기 싫다고'라는 말이에요. 아실지 모르겠지만 제 아들은 비행기를 좋아해요. 그게 그 아이가 하고 싶어 하는 거죠. 항공우주 관련 일이요. 그렇지만 아들은 이야기해요. '전 군대와 관련된 건 어떤 것도 하고 싶지 않아요. 그런 상황에 놓이고 싶지 않아요.' 전 아들의 의견을 존중해요. 그리고 그 아이가 가지고 있는 신념을 지켜 주려해요. 제가 걱정하는 건 그 아이가 18살이 됐을 때, 아니면 어떤 일이 발생해서 그 아이가 징집되는 뭐 그런 거예요.

오드리의 아들이 군에 입대하는 것에 반대하는 것 역시 그의 아버지 '뒤를 이어' 항공우주 엔지니어가 되겠다는 그의 신념에도 모순된다. 아마 오드리의 아들은 오드리가 말하는 그 분기점을 단순히 반영하고 있는지 모르겠다. 즉, 그녀가 매일같이 방위산업체에서 일하면서도 전쟁이 일어날 거라는 그 가능성에 대해서는 '무시하는' 그 분기점을 뜻한다. 그녀의 아들은 또한 군입대를 거절할 수 있는 중산층만의 특권을 이용하고 있다. 이는 그의 부모 모두 방위산업체에서 월급을 후하게 받고 있기 때문이다.

필자: 당신 아들이 그저 군대에 가는 것에 반대하고 있다고 생각하나요?

오드리: 전쟁에 반대하는 것 같아요. 전쟁.

필자: 아들이 당신이 하고 있는 일에 대해 질문한 적이 있나요?

오드리: 아니오. 제 생각에 그 아인 단순히 자기 아빠가 하는 일을 하고 싶어 하는 것 같아요. 애아빠가 하는 일과 비슷한 엔지니어링을 하고 싶어 하거든요. 무슨 뜻인지 아시겠죠? 그러니까 음, 그 아인 항상 비행기에 관심이 많았어요. 제 생각에 그 아이가 그러는 건 전쟁 때문인 것 같아요. …… 무엇보다 아이를 겁나게 하는 건 전쟁인 거죠. 그 아인 아는 거죠. 그건 자신이 하고 싶은 일이 아니라는 걸요.

그녀 아들의 이야기를 하면서 오드리는 그녀와 그녀의 남편뿐만 아니라 이 연구에 참여한 모든 가족들이 방위산업체 일에 관해 어떤 생각을 하고 있는지 알려 주려 하는 것 같았다. 개인적으로 그리고 전체적으로 가장 동기 부여가 되는 이유 중 하나는 '그들'(타자)과 전쟁에 대한 공포심일 것이다. 방위산업체에서 근무하는 것이 애국적 의무감을 충분히 느끼게 해주고 공포를 느끼게 되는 대상인 그들을 궁지에 몰아넣기 위해 국가에 헌신할 수 있는 이유를 제공해 주는 것이 아닐까 싶다.

결론

이 연구참여자들이 너무나 성공적으로 전쟁에 어떤 방식으로 무엇을 그들이 기여하고 있는지를 생각하는 과정에서 자신들을 개념상 제거했기 때문에, 이들은 더 이상 그들이 하고 있는 일을 국가의 이익 또는 애국적인 일로 보지 않았다. 물론 그들의 직업이 전 지구적 제국주의를 가능하게 하는 데 도움을 주고 있다는 생각도 하지 않았다. 공격과 방어의 언어 속에 푹 젖어 있는 이 여성들에게 어려웠던 점은 아마도 그들이 하는 일과 연관되어 있는 제국주의라는 개념이 자신들이 그렇게 '보호하려' 하는 국가를 긍정적으로 느끼게 해주지 않기 때문일 것이다. 자신들을 군사화와 제국주의 과정에서 거리를 두기 위한 방법 중 하나는 대개 전쟁과 거리를 두는 것일 것이다. 50대 초반인 아프리카계 미국여성 모네트 Monette는 여성이 직면하고 있는 수수께끼를 의인화한 이야기를 들려 주었다. 이 여성들은 여성성의 형태가 극히 제한되어 있는 범위 내에서 살아가려 하는 이들이다.

흥미로운 게 뭔지 알아요? 우리는 …… 여성을 고용했었죠. 우와 대단한데. 봐 봐. 그녀는 정말 똑똑해. 그 여성은 물리학자였어요. 그리고 평판이 아주 좋았죠. 한 일주일 나오고 나서 그 여성은 그만뒀어요. 마음을 바꾼 거죠. 그녀가 이렇게 말했죠. '전 할 수 없어요. 이런 일을 할 수 없어요.' 그녀는 시스템, 폭탄, 즉 사람을 살상하기 위한 온갖 것들과 관련된 일을 했어요. 하지만 그때 우리가 알지 못했던 건 그녀의 임신 사실이었어요. 그것 때문에 마음을 바꾼 거죠. …… 전 그녀가 임신했는지 몰랐어요. 전 그저 왜 그렇게 갑자기 그녀가 마음을 바꿨는지 전혀 이해를 못했었거든요. 수개월 동안 그저 그 이야기만 했어요. 왜냐하면 그녀가 그런 결정을 내린 걸 아무도 믿을 수 없었거든요. 그렇지만 전 그녀를 이해할 수 있어요. 하지만 또 한편으로는 국가의 방위를 위해 이런 일을 해야 하는 거잖아요. 사람들은 말하죠. '왜 이 사람들은 폭탄을 만드는 거야?' 한 번 생각해 보세요. 만일 사담 후세인이 우리가 우리 자신을 방어하지 못한다는 걸 알고 있었다면, 어떻게 됐겠어요? 우린 다 죽었을 거예요. 간단하죠? (웃음)

자녀와 국가에 대한 의무감 사이에서 갈등하다 여성 물리학자는 직장을 그만두기로 결정한 것이다. 뒤에 남겨져 있는 여성들은 그녀가 직장을 떠난 이유를 풀지 못하다가 그녀의 임신 사실이 밝혀지면서 그 의문이 풀렸다고 느낀다. 겉보기에 유능한 여성, '살상을 위한 시스템과 폭탄 그리고 온갖 다른 물건'과 관련해서 일을 해온 경험이 있는 여성임에도 불구하고, 결국 마지막엔 해부학적 규칙이 지배하며 회사 또는 국가에 대한 의무보다 그녀를 위한 의무감이 승리한다. 물론 이 여성의 행동은 회사 관계자들이 방위산업체에서 왜 여성을 제대로 대접하지 않는지에 대한 좋은 예가 된다. 그러나 이 연구 속 여성들은 매일 비슷한 고충을 겪고 있지만 그녀처럼 회사를 그만두지 않았다.

이들은 가족과 자녀를 최우선으로 생각하지만 '국가안보'를 위해 계속해서 일을 하고 있다. 이 여성들이 애국심 때문에 방위산업체에서 일한다고 생각하는지 완전한 시민권을 획득하기 위한 수단으로 보고 있는지 단정하여 말하긴 불가능하다. 아니면 이들이 위험하고 알 수 없는 '타자'에 대한 두려움을 떨쳐내기 위한 시도로서 일을 하는지, 안정되고 수익이 좋은 직장이기 때문에 단순히 이 일에 종사하는지도 확실히 말하기 어렵다. 모네트가 방위산업체와 관계없는 모든 사람들을 "이 사람들은 왜 폭탄을 만들려고 하는거죠?"라는 질문을 하는 사람들로 표현했을 때, 이 연구를 처음 시작했을 때 필자가 생각했던 질문이 떠올랐다. 그에 대한 해답은 수Sue가 필자에게 해준 이야기로 가장 잘 대변된다. 직장에서 하는 일이 갖는 의미에 관해 대화를 나누는지 필자가 질문했을 때, 그녀는 한 직원이 이에 대해 생각하는 과정을 묘사했다. "저와 같은 부서에 있는 직원은 공학자로서의 윤리교육을 들었어요. 그녀는 어떻게 이런 일을 계속할 수 있을지 끊임없이 이야기했어요. 결국 교육이 끝나자 그녀는 다른 것을 하러 떠났죠."

위험한 '타자'를 떼어나기 위해, 여성들은 '국가방위'에 공헌해야 한다는 책임감을 느낄 뿐만 아니라 군사주의에 여성들이 적극적으로 참여하는 것도 비밀로 간직한다. 또한 이들은 거의 대부분 혼자서 자녀들을 낳고 기르느라 바쁘다. 이 여성들은 집을 사고 가정을 유지한다. 직장과 가정에서 모두 이들은 의식하지 못하는 감정노동 및 사회적 노동을 수행한다. 가정에서 이들은 빨래, 청소, 운전, 아이 돌보기를 한다. 이들은 전쟁에 자신들이 어떻게 무엇을 공헌하는지 생각하지 않는다. 그리고 다른 것들을 생각하기 시작한다. 이런 다른 것들은 젠더 이데올로기, 경제적 필요성, '타자들'에 대한 두려움 그리고 기술전으로 포장된다. 이런 담론들은 전쟁 및 무기생산과 관련된 대화의 조건을 정립한다. 여성들은 전쟁이 아닌 다른 요소에 더 집중해서 말하거나 이 일 외에 먹고살 수 있는 방법이 없는 것처럼 이야기한다. 이렇게 자신을 합리화하면서 여성들은 군사주의와 제국주의 번창에 일조하고 있는 것이다.

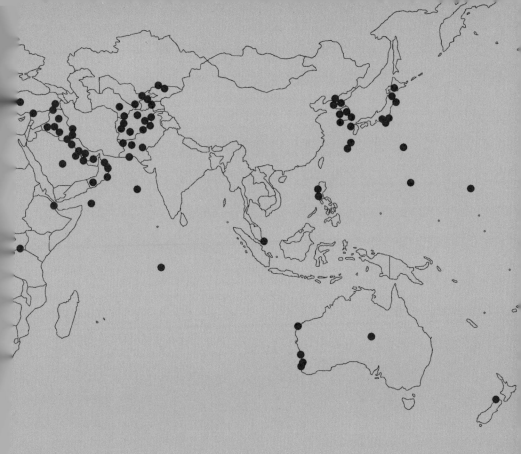

3부

/

제국에 말대꾸하기

XXXXXXXXXXXXXXXXXXXXXXXXXXX

지역 남성과 여성

7장

미 육군 안에 있지만 미군은 아닌 존재

카투사 담론 속 제국주의 권력에 대한 저항

문승숙

2003년 3월 5일, 한국에서 널리 읽히는 시사주간지 『시사저널』은 미군에 증원된 한국군(카투사)을 '한국전쟁이 낳은 기형아'로 묘사했다. 다수의 한국인들에게 카투사는 미 군복을 입고 미 육군에 근무하는 징집병들로 알려져 있다. 그리고 원어민에게 카투사는 국제화 시대에 문화적 자본인 영어를 배울 수 있는 부러운 이들이다. 카투사라는 호칭에는 익숙하지만 대부분의 한국인들은 왜 한국인이 한국군대가 아닌 미 육군에서 군복무를 하는지 알지 못하며, 이 제도가 언제부터 시작되었는지도 알지 못한다. 이렇게 친근하지만 잘 알려져 있지 않은 카투사라는 주제에 대해 언론이 취재를 한 것은 카투사 신병을 대상으로 저질러진 성폭행 사건 때문이었다. 2002년 3월 3일, 카투사 신병 하나가 의정부 캠프 잭슨 부대에서 세 명의 미군에게 성폭행을 당한 사건이 있었다.[1] 이 사건은 1950년 카투사가 창설된 이래 카투사를 상대로 저질러지고 대중에 공개된 첫번째 성폭행 사건으로 알려졌다.[2] 이 장에서 필자는 카투사 제도를 냉전시대 정치가 만들어 낸 경계적 실체로서 접근하면서, 전 지구적 미국 군사제국이 작동하는 복잡한 방식을 탐구할 것이다. 미국 군사제국은 탈식민주의 시대에 표면적으로 팽창했다.

필자는 전 카투사 대원이 쓴 소설과 지침서 그리고 2006년 5월 카투사 대원들을 상대로 진행된 10개의 인터뷰를 사용했다. 소설과 지침서는 2000년 초반에 출판되었다. 이 시기에 전통적으로 한국인들이 미국을 바라보는 시각인 '우방'이라는 개념이 흔들렸고 미군 철수에 대한 지속적인 공개 토론회가 열렸다. 이런 토론은 보통 급진적인 좌파 성향의 학생운동과 연결되곤 했으나 2000년대에 와서 좀더 대중화되었다. 정치적으로 이런 공개 토론회는 2000년 6월에 열린 김대중 대통령과 김정일 위원장의 중대한 남북 정상회의 이후 열렸다. 경제적으로 이는 1997년 아시아 금융시장의 위기 이후였다. 이를 계기로 한국인들은 경제성장의 주요 모델에 대해 재고해야 한다는 문제의식을 강하게 느끼고 있었다.

---

* 이 장을 위한 조사연구는 바사대학 교수 연구를 위한 제인 로젠탈 하이머딩어 기금의 도움을 받았다. 초기 버전은 2007년 보스턴에서 열린 (북미)아시아학회 연례회의와 2007년 코펜하겐에서 열린 북유럽 한국학, 일본학 협회 회의에서 발표됐다. 필자는 카투사 복무 경험을 필자에게 공유해 준 인터뷰 참석자들에게 감사한다. 필자는 또한 중요한 정보를 찾는 데 전문적 도움을 준 바버라 더니악(Barbara Durniak)에게 감사한다. 그리고 필자가 찾은 카투사 역사와 연관된 귀한 자료를 직접 복사해서 보내준 문승희 씨에게 감사드린다.

1 캠프 잭슨(Camp Jackson)에는 카투사 훈련학교가 있다. 여기서 신참 카투사들은 개별 소대로 배치되기 전에 기초 교육을 받는다.

2 고제규, 「헌법 위에 카투사 있는가?」, 『시사저널』, 2003년 3월 5일, 48~49쪽; *Stars and Stripes Pacific Edition*, 2003. 2. 15. 랭 석 병장(Leng Sok, 세 명의 군인 중 한 명)이 군 수사관들에게 8월에 한 진술에 따르면 세 명의 미군들이 피해자가 외부 화장실에 홀로 있을 때 접근했다. 석 병장이 피해자의 목을 움켜 쥐고 칼을 휘둘렀다. 세 명의 군인은 피해자를 대상으로 강제로 여러 형태의 성적 행위를 자행했으며 무의식 상태에 빠진 피해자를 화장실에 버려 둔 채 자리를 떠났다. 최고 군법회의는 미군 병장 랭 석에게 '남성강간, 남성강간 사주, 남성강간 혐의, 폭행, 추행 그리고 허위진술'에 대해 유죄를 내렸다. 석 병장은 30년형에 처해졌다. 반면 나머지 미 육군 병장 두 명은 (공식기소에도 불구하고 이들의 이름은 공개되지 않았다) 다른 처벌 없이 '군복무에서 퇴직처리' 되었다. 카투사 폭행에 대한 기소는 취하되었다", *Stars and Stripes Pacific Edition*, 2003. 9. 26.

이렇게 변화하는 사회정치적 그리고 경제적 상황으로 인해, 카투사의 경험이 공적으로 대중과 소통할 수 있는 계기가 마련되었다. 이들의 경험은 남한과 미국 간에 맺고 있는 복잡한 동맹관계 속에서 형성되었고 이 관계는 냉전 종식 후에도 계속해서 지속되어 왔다. 이전에 카투사로 복무했던 이들과 이루어진 10건의 인터뷰는 2006년 5월에 진행되었다. 이들 모두 인터뷰 당시 서울 소재 대학의 학생들이었으며 2000년대에 군 복무를 모두 마쳤다. 이 그룹은 서울 소재 일류대학을 나온 다른 대다수 카투사들을 반영한다. 카투사의 이런 단일적 구성요소는 1980년대 초부터 시행되기 시작한 경쟁률이 치열한 신병모집 시험 때문이다.[3]

장르가 다름에도 불구하고 이 논문에서 사용되는 소설, 지침서 그리고 인터뷰 모두 주제별로 일관성 있는 담론을 보여 주고 있다. 이 담론은 군사독재 이후 카투사가 미군기지에서 의무 군복무를 하는 중 공통으로 경험한 제국주의 권력이 그 주변에서 어떻게 작동하고 저항을 받는지 보여 준다. 특히, 카투사의 담론에서 위계질서의 경계가 제국인 미국과 의존국인 한국 사이에서 어떤 방식으로 나타나는지 보여 준다. 이런 위계질서는 국가, 인종, 젠더, 성 그리고 계급에 관한 실제 또는 허구적인

---

3 이 정보에 대한 공식적인 통계자료는 없지만 필자의 인터뷰 대상자들은 모두 카투사의 80% 이상이 서울에 위치한 유명한 대학교 학생일 것이라고 언급했다. 그것은 카투사 복무를 하기 위해서는 능숙한 영어실력이 필요하기 때문이라고 한다. 필자는 개인적인 연락처를 통해 인터뷰 대상자들을 만났고 각각의 인터뷰는 약 1시간 정도 진행되었다. 모든 인터뷰가 주제에 제한 없이 진행되긴 했지만 필자는 다음 질문에 초점을 맞췄다. ① 카투사로 복무하게 된 이유는? ② 복무하면서 어떤 부분이 좋은가? 싫은 부분이 있다면 무엇이고 그 이유는? ③ 복무기간 중에 가장 크게 느낀 점은 무엇이고 그 이유는? ④ 복무하는 동안 미국군대, 미군, 그리고 미국 문화와 사회에 대해 무엇을 배웠나? ⑤ 주한미군에 대해 어떻게 생각하는가 그리고 한미관계에 대해 어떻게 생각하는가?

논의 속에서 나타나고 문제시된다. 필자는 해석적 독해를 통해 한국(함축적으로 다른 곳도 해당)에 위치한 군 기지의 제국적 용도가 가지고 있는 이중적인 본질을 밝히려고 한다. 이런 모호한 공간에서 카투사는 제국주의의 권력과 함께 생활한다. 이 권력은 미군이 카투사에 대해 당연히 느끼는 우월감 안에 구체화되어 있다. 제국의 하수인이면서 시민으로서 갖는 이런 우월감은 항상 백인과 유색인의 이분법 안에 갇히지 않는다. 그것은 인종적으로 소수인 사람들이 미국군대에 상당히 많기 때문이다. 그러나 인터뷰와 소설 및 비소설 글에서 카투사는 인종적 구분을 계속 사용했다. 그들은 한국인의 심정을 이해하는 형제 같은 미군을 오만한 미군과 구별하기 위해 이런 방식을 이용했다. 카투사는 부유한 중산계급 가정 출신의 대학생이라는 좋은 위치에서 미국 시민이라는 지위에 기초한 미군의 우월성에 의문을 갖고 바라본다. 소설적 세계에서 주인공들은 백인 미군 여성과 일상적이고 로맨틱한 관계를 통해 제국과 의존국 사이 존재하는 위계적 관계를 와해시킨다. 이 세계에서 몇몇 카투사는 제국주의 권력의 볼모 역할을 하는 미군에게 동정심을 드러낸다. 이 미군들은 미국의 빈곤한 가정 출신이다. 또 다른 그룹의 카투사는 개인적으로 게릴라 작전과 집단행동을 통해 한국에서 미군이 가지고 있는 치외법권과 기지촌여성을 성적으로 이용할 수 있는 그들에게 도전한다.

전 지구적 미 군사제국과 카투사 담론 간의 맥락 짓기

2차세계대전의 승리를 안고 출현하기 시작한 미국은 냉전시대의 세계질서 속에서 자신을 초강대국으로서 확고하게 자리매김한다. 냉전의 정치는 미국이 제멋대로 뻗어 있는 군 기지의 세계적 네트워크로 팽창하고 유지시키기 위한 이데올로기적 추진력을 제공해 주었다. 냉전 기간 동안 해외 군 기지는 종래의 군사적 힘을 미국이 관심을 갖는 지역으로 투사하기 위한 수단이었고, 이렇게 함으로써 제국주의 권력의 상징이 되었다. 이런 기지는 또한 '덫' 역할을 하며 미국이 군사적 공격에 신속하게 대응한다는 것을 명백히 하고 핵전쟁에 준비태세가 갖추어져 있음을 확고히 하는 역할을 수행했다(Johnson 2004a, 151). 제국주의 정치의 주요한 도구로서 이러한 기지는 외국도 아니고 국내도 아닌 혼성의 공간으로서 존재했다. 이런 이유로 이곳은 '탈영토화'되어 가고 있는 듯하다(Kaplan 2002, 96). 이데올로기적으로 영토에 기반을 둔 유럽 제국주의의 식민주의에 반대한다는 것을 내세우며, 미국은 군사력, 경제력 그리고 문화적 권력을 발휘하기 위해 이런 혼성적 공간을 유지하고 있다. 공식적인 식민지의 부재 속에서 이 군 기지는 전 세계에 불균형하게 흩어져 있으며 식민지 없는 미 제국주의를 영토화하고 있다. 미군기지가 주둔해 있는 지역에서 거주하고 있는 주민들의 시각에서 볼 때, 미 제국주의는 단 한 번도 탈영토화된 적이 없다. 점령한 영토를 통치하던 식민지 제국주의와는 다르게 미국은 넓은 범위에서 유연한 관계를 주둔국과 맺어왔고, 이는 방위조약이나 안보협정의 형태를 통해 이루어지고 있다. 이런 조약과 협정의 구체적 내용은 미국이 주둔국과 주어진 기간 안에 맺고 있는 관계의 구체적 성격에 기반을 두고 있다. 이런 관계의 성격은 가상적인 식민지부터 임시적 계약관계까지 폭넓게 여러 형태를 띨 수 있음에도 불구하고, 미국이 기지건설 권리를 한국, 독일, 일본(대부분 오키나와)에서 점령군의 입장에서 세우고 있음은 눈여겨볼 만하다. 이 세 국가는 전후 전체 기간 동안 미국의 글로벌 군사 배정을 담당하는 주요한 세 지역이다.[4]

냉전의 여파가 채 가시지 않은 1990년 대에 미 제국은 의미 있는 변화를 겪게 된다. 그리고 논란의 여지없이 선제 군사공격을 할 준비가 되어 있는 군사 초강대국이 된다. 군사공격을 위한 이런 변화는 빌 클린턴 행정부 초기 시절까지 거슬러 올라간다. 1993년 클린턴 당시 미 대통령이 사우스 캐롤라이나 주립사관학교Citadel Military Academy에서 한 연설 중 그는 군사력을 '마지막 보루'로만 이용하는 것이 아니라 다른 옵션들이 '덜 실용적일 경우' 바람직한 방법의 하나로서 이용하겠다는 의지를 밝혔다(Mann 2003, 7). 그러나 1990년대에 미 제국의 작동 방식은 냉전시대의 체계 속에 머물러 있었다. 즉, 군사력을 실용적이고 방어적인 도구로서 우선 간주하는 것이다. 이런 체계는 2001년 9월 11일 이후 변화하게 됐고 이런 변화는 물질적으로 '똑똑한' 무기의 사용이 가능해지면서 이뤄졌다. 이런 무기들은 '깔끔하고 신속한' 전쟁의 이미지를 불러일으켰다. 1년 후인 2002년 9월 '미국의 국가 안보전략'은 분명하게 미군의 이용 목적은 공격용이라고 명시했다.[5] 이런 사전공격용 세계 제패전략은

---

4 미국과 미군기지를 제공하는 주둔국 사이에 존재하는 수많은 군기지 협정의 예를 보려면 Cooley(2008); Lutz(2009); Johnson(2004a, chap. 6); Sandars(2000) 참조.

전능한 군사제국에 대한 비전을 현실화시켰다.

2004년, 약 92개에서 101개 사이의 미군기지가 한국 전반에 퍼져 있었다. 정확한 숫자는 군 기지를 어떤 방식으로 정의하고 계산하는지에 따라 달라질 수 있다. 이 기지는 한국정부가 무상으로 보증해 준 거대한 영토를 점령하고 있으며, 이 기지의 2/3는 수도인 서울과 경기지역에 집중되어 있다(Green United and Coalition of Movements to Reclaim U.S. Military Bases 2004, 13, 221). 대도시에 위치하고 있는 미군의 주요 기지 몇몇은 원래 일본 식민지 당국이 건설한 것이다. 그후 미 군정 통치기간과 한국전쟁 기간 동안 미국에 이전되었다.[6] 다른 지역에 위치한 미군기지의 경우, 매우 눈에 잘 띄지만 일반 민간인의 출입이 통제되는 지역이다. 미군은 인구가 밀집되어 있는 도시 한복판이나 인구가 적고 가난한 시골지역에서 엄청난 공간을 차지하고 있다. 그러나 이들의 위치는 지도에 표시되어 있지 않다. 군사 우편국 한국 주소는 미국 주소로 간주된다(Green United and Coalition of Movements to Reclaim U.S. Military Bases 2004, 37). 이 기지들은 치외법권의 혜택을 누리고 있으며, 한국의 주권이 인정되지 않는 실질적으로는 미 영토나 다름없는 공간이다. 한국에 있는 미군기지는 (기지촌과 함께) 미국 식민지이면서 법적으로 미국에 '편입되지 않은 영

---

5 이는 다음과 같이 읽힌다. "필요한 상황에서 선제적으로 행동함으로서 자기방어의 권리를 행사하기 위해 혼자 행동하는 것을 주저하지 않을 것이다. …… 우리가 최상의 방어라고 여기는 것은 훌륭한 공격이다."

6 서울에 위치한 용산기지, 대구에 위치한 캠프 워커, 부산에 위치한 하일리, 평택에 위치한 캠프 험프리, 그리고 군산 공군기지(울프팩)을 포함한 주요 기지들. Green United and Coalition of Movements to Reclaim U.S. Military Bases(2004a). 기지구조 보고서에 따르면 2008년 기준 한국에 위치한 미군기지는 87개이다. U.S. Department of Defense(2009).

토'로서 간주되는 푸에르토리코와 흡사하다. 「다운스 대 비드웰」*Downes v. Bidwell*, 1901 사건에서 미 고등법원은 푸에르토리코는 "외국 영토가 아니며 미국의 주권과 소유의 대상이다"라고 판결했다. 그러나 푸에르토리코는 "미 국내 입장에서는 외국이다. 이는 이 섬이 미국에 편입되지 않았기 때문이다"라고 주장했다(Kaplan 2002, 2). 이 판결은 다운스사에 부가된 수입세와 관련된 분쟁을 해결하기 위해 발표되었다. 이 회사는 푸에르토리코에서 오렌지를 수입해 뉴욕에 파는 사업을 하고 있었다. 이 회사는 푸에르토리코가 미국의 일부이기 때문에 세금을 낼 수 없다는 입장이었지만 이 주장은 푸에르토리코가 미국에 '편입되지 않은 영토'라는 이유로 기각됐다(다큐인포 2004, 88). 한국 전역에 걸쳐 80개가 넘는 미군기지에 배치된 카투사는 미 육군과 한국군 사이에 있는 존재로서 푸에르토리코와 유사한 형태의 모호한 공간ambiguous space에서 거주하고 있다.

제국주의와 제국에 관한 최근의 연구에서 분석적 초점이 제국주의 팽창에 대한 정치적·경제적 연구에서 식민주의자와 식민지배를 당하는 자 사이에 존재하는 위계적적인 차이의 구성에 대한 연구로 이동했다(Kaplan 2002; Levine 2003; McClintock 1995; Stoler 2002; Young 1995). 이런 차이의 생산과 재생산은 기존에 존재하고 있는 인종, 젠더, 성 그리고 계급의 사회적 관계에 기대고 있다. 이런 차이는 또한 도구적 지식의 사용뿐만 아니라 그룹 판타지의 생산과 식민지배를 당하는 자에 대한 동시적인 끌림과 혐오감이 특징짓는 욕망과도 연결되어 있다. 로버트 영Robert Young은 영국 식민주의에 대한 그의 주장에서 19세기의 인종이론을 식민주의의 구성요소로서 주목했다. 식민주의는 유색인종이 백인에게 욕망을 느끼도록 만든다. 이런 결합으로 생긴 아이들은 식민주의자와 피식민

〈사진 7.1〉식량을 운반하고 있는 카투사. 카투사들이 새해 저녁을 21보병중대 L로 옮기고 있는 모습. 한국전쟁 당시 군송 근처. U.S. ARMY Transportation Museum 제공.

인 사이에 놓인 인종적 경계를 분열시킨다. 네덜란드의 식민지였던 인도네시아와 인도에선 앤 스톨러가 논의하듯이, 성에 대한 통제가 인종과 관련한 식민지 정책은 물론 식민 관계의 상징적인 도상의 근간을 이루었었다. "식민지에서의 성관계는 성 접촉 및 번식, 계급의 구분 그리고 인종적 구분, 민족주의 그리고 유럽의 정체성과 모두 연결되어 있다"고 그녀는 적었다. "성의 통제는 몸의 정치학을 보여 주는 도구적 이미지이며 동시에 인종적 정책이 어떤 방식으로 유지되고 어떤 방식으로 수행되는지를 보여 주는 근본이다"(Stoler 2002, 78).

카투사와 관련된 담론은 군사정권 이후의 한국 상황에서 카투사와 미군 사이에 벌어지는 일상적 상호작용을 반영하고 있다. 이는 젠더, 성,

국가, 인종 그리고 계급의 역동적 관계성을 비교하게 해준다. 이를 통해 우리는 주변부에서 미 제국이 현재 은밀하게 작동하고 있는 방식을 볼 수 있다. 이 주변부에 존재하는 카투사는 미국 본토에선 매우 모호한 존재이다. 카투사 담론은 말 그대로 제국의 군대에 붙어 미국의 보호를 받는 국가의 에이전트인 카투사가 어떤 방식으로 제국의 권력을 경험하는지, 그리고 이들이 매일 일어나는 생활 속에서나 (자신이 쓴) 소설 속에서 미군과 자신들 사이에 존재하는 위계적인 경계를 어떤 방식으로 도전하는지 밝혀 준다. 카투사들의 담론을 통해 독자들은 "경기를 즐기는 듯한 욕망의 이야기로서 (제국주의와의 접촉을 통한) 물질적 지정학"을 볼 수 있다(Young 1995, 174). 다른 카투사 담론은 한국의 독재시절 또는 군 통치 기간 중에 카투사에 복무했던 전세대 카투사들의 담론에서 더 분명하게 볼 수 있다. 이 시기는 미국을 공식적 '우방국'으로 여겼던 시각이 도전받지 않은 때였다. 이 담론들의 주제와 감정들은 필자가 이 장에서 해석한 현 시대 카투사 담론과는 차이가 있다. 이 차이를 염두에 두고 다음 장에서는 카투사가 어떻게 생겨났고 유지되었는지 설명하겠다.

카투사의 역사: 1950년부터 현재까지

미 육군에 증원된 한국군 부대의 제도는 1950년 8월 한국전쟁 기간 동안 미 육군하에 있던 연합군이 심각한 인력 부족을 당면한 상황에서 우연히 생기게 되었다. 이런 인력 부족의 직접적 원인은 전쟁 초기 연합군의 사상자가 매우 컸기 때문이다.[7] 2차세계대전 여파 이후 미국의 전략정책의 두 가지 요소가 문제의 중심이 되었다. 첫째는 미국이 감당할 수 없이 팽창했던 미군의 수를 꾸준히 대폭 줄인 것이다.[8] 두번째로는 서유럽이 미군의 우선 방어지역으로 정해지면서, 극동지역은 적은 수의 군인과 하급 군자원을 배치받았다는 것이다.[9] 한국은 극동지역 방어 범위(Korea Military Support Corps for the U.S. Eighth Army 1993, 5) 내에 포함되어 있지 않았음에도, 예상치 않은 한국전쟁 발발은 미국이 초기에 세웠던 전략적 정책을 돌리기에는 충분한 사건이었다. 군의 인력부족 문제는 상당히 심각해 신병들이 사격훈련이나 적절한 기본 군사 훈련을 받기도 전에 전쟁터에 배치되는 상황이었다(Schnabel 1972, 130). 이렇게 절박한 상황 속에서 133명의 한국 경찰이 공식적으로 카투사제도 창설 전, 7사단에서 근무했다. 이들은 민간인으로 변장한 북한 게릴라군을 식별하는 역할을 수행했다. 몇 번의 비공식적 토론을 거친 후, 이승만 당시 대통령은 한국 군의 작전지휘권을 맥아더 장군에게 인양했다. 맥아더 장군은 연합군의 최고통수자였으며 이 둘은 군대 인력 부족을 해결하기 위한 임시조치로 한국군대를 미군에 첨병簽兵하는 것에 합의했다.[10]

한국전쟁 기간 동안, 추정컨대 약 70,000에서 80,000명의 한국남성

---

7 한국전쟁 발발 당시, 한국군대는 약 105,000명의 군인을 보유하고 있었고 북한은 약 198,000
   명을 보유하고 있었다. 그러나 약 40일이 지난 시점, 한국 사상자는 약 70,000명까지 급속도로
   늘어난다. 이와 유사하게 전쟁 발발 후 첫 2달 동안 미군 사상자도 19,000명에 달했다. Korea
   Military Support Corps for the U.S. Eighth Army(1993, 16~18).

8 2차세계대전 동안 미군의 수는 최대 800만 명 이상을 기록한다. 그러나 이 수는 1950년 6월까지
   591,000명(복무자 수)으로 급격하게 축소된다. Schnabel(1972, 43).

9 맥아더 장군 명령하에 있는 극동사령부는 120,000명으로 축소된다. 그리고 이 사령부 내 주요
   전투병력인 미8군은 1949년 겨우 26,494명의 군인을 보유하고 있었다. Korea Military Support
   Corps for the U.S. Eighth Army(1993, 13). 그러나 미8군은 전후 일본 점령 임무를 중요하게 맡
   고 있었기 때문에 이 전투병들에게 지속적으로 훈련을 시키거나 적절한 무기 및 장비를 지원하
   지 않았다. 더욱이 미8군 신병들은 육군 일반 분류 테스트를 기반으로 한 기준 적용시 다른 어느
   곳 신병과 비교해도 능력이 뒤쳐졌다. Schnabel(1972, 14~15).

이 카투사 근무를 위해 징집되었다(Korea Military Support Corps for the U.S. Eighth Army 1993, 91). 이들은 군사 기본훈련과 장비를 다루는 능력을 일본에서 훈련받고 한국에 돌아온 후엔 미군에 첨병되었다. 전쟁 초기에 이들이 소총수, 포병, 탄약 취급병사로 복무했음에도 불구하고, 이 카투사들은 대부분 전투에 파병된 미군들의 일을 보조하는 역할을 맡았었다(Korea Military Support Corps for the U.S. Eighth Army 1993, 71).[11] 1954년과 1959년 사이, 약 15,000명의 한국군이 매년 미군에 첨병되었다.[12] 1960년대에는 11,000명에 달하는 한국군이 해마다 미군에 첨병되었다. 이는 그 당시 한국에 배치된 미군 총 인원의 약 1/5에 해당하는 숫자였다 (Korea Military Support Corps for the U.S. Eighth Army 1993, preface). 한국에 배치된 미군의 감소로 인해 카투사의 총 인원 또한 줄었다. 1971년 약 7,200명이었던 카투사 수가 1987년 약 4,000명으로 감소했으며 현재까지 이 인원을 유지하고 있다. 인원의 수적인 변화는 정책의 변화에서 그 원인을 찾을 수 있다.[13]

---

10 한국전쟁 당시, 이승만 대통령은 한국인 자신들이 그들의 국가를 지켜야 한다고 믿었고 그런 국방 의욕이 미군보다 넘쳐날 것이라고 믿었다. 이런 이유로 이승만 대통령은 전쟁에서 한국인들의 적극적인 역할을 할 수 있도록 요구했다. 반면 한국인들의 전투 능력을 불신한 미군 사령관들은 이승만 대통령의 요구를 귀담아 듣지 않았고 한국 군의 수를 증가시키는 것을 거절했다. 대신 한국군이 미 군대에서 복무하게 하는 제안을 대안으로 선택했다. Schnabel(1972, 20).

11 이들은 의료병, 보초병, 용접공, 전력 관련 기사로 복무했다.

12 이 숫자는 한국 입법부가 승인하는 것보다 훨씬 더 큰 숫자였다(10,472명). 한국전쟁이 발발할 당시, 한국군의 작전지휘권이 미군으로 양도된 이후 한국에 대한 미군의 제국주의적 지배를 이런 차별이 반영됐다. Korea Military Support Corps for the U.S. Eighth Army(1993, 100).

13 1967년까지 카투사는 미군에서 18개월을 복무한 후 한국으로 다시 돌아게 되어 있었다. 1982년 이래, 카투사 신병모집이 경쟁적인 시험을 통해서 이루어져 왔다. Korea Military Support Corps for the U.S. Eighth Army(1993, app. 3~5) 2004년 이래, 추첨방식과 시험이 병행되었다. 그것은 징집병들 사이에 카투사 복무가 가장 선호되었기 때문이다. 다큐인포(2004, 90).

한국전쟁 이후 카투사를 계속해서 유지하는 이유는 미군의 전 지구적 전략에 한국이 상대적으로 덜 중요한 위치에 있기 때문이다. 미군의 군사 전략에 있어 한국을 주변부로 보고 있기에 미국은 한국에 대한 미군의 인력 지원을 확대하길 꺼렸다. 그렇게 미군은 자신들 군대의 인력 부족을 채우기 위해 카투사에 의존해 오고 있다. 미군 인력은 경제적으로나 정치적으로도 값비싼 데 반해 징병된 카투사는 값싸고 믿을 만한 인력으로 미군의 위치에서 복무하고 있는 것이다.[14] 1970년대부터 카투사는 한국에 배치된 미군의 약 15%를 차지하게 됐다(다큐인포 2004, 88). 그 결과 카투사는 한미 관계에 있어 반 $\div$ 영구적인 존재가 되었으며 지난 60년간 어떤 법적인 근거도 없이 유지되어 왔다.

카투사 제도의 오직 한 가지 공식적인 근거는 한국전쟁 초기, 이승만 당시 대통령이 맥아더 장군에게 보낸 서신 속에 한국 군의 작전지휘권을 미군에게 이양하겠다는 내용뿐이다(Korea Military Support Corps for the U.S. Eighth Army 1993, 20).[15] 미8군에 속해 있는 카투사를 규제하는 단 하나의 문서는 미8군 규칙 600-2와 1966년에 서명한 한미 SOFA뿐이다(Korea Military Support Corps for the U.S. Eighth Army 1993, 95, 146). 그러나 이 공식적인 문서도 카투사의 지위에 대해서 모호한 입장을 보이고 있다. 규칙 600-2에 따르면 카투사는 미 육군에 속해 있지만 미 군법의 적

---

14 부시행정부(2001~2008)에서 국무장관을 지낸 파웰(Colin L. Powell)은 1973~1974년 동두천에 위치한 캠프 케이시(1952년 건설)에서 복무했다. 그는 다음과 같이 기억했다. "우리에게는 카투사로 불리는 군인들이 있었다. …… 그들은 지칠 줄 모르고 달렸다. 우리 사단은 항상 저조한 상태였다. 나의 대대는 700명이 필요했지만 500명 이상 배정된 적이 없다. 우리는 이 빈 자리를 한국인으로 대체했다." Powell with Persico(1995,186)

15 김소희, 「불법파견 카투사 컴 홈」, 『한겨레 21』, vol. 561, 2005년 5월 31일, 40~49쪽.

용을 받지 않는다. 반대로 SOFA(23조 12항)는 카투사를 미군의 일원으로 간주하고 있으며 그 권리를 요구하고 있다(Korea Military Support Corps for the U.S. Eighth Army 1993, 194). 실질적으로 카투사는 미군에서 근무하고 있지만 진급, 포상, 징벌, 그리고 휴가와 같은 사병 개인 문제는 한국군이 관할하고 있다(Korea Military Support Corps for the U.S. Eighth Army 1993, 36, 145).[16] '카투사'라는 용어는 공식적으로 SOFA(B조항)에서 처음 언급되었는데, 이 협약이 카투사를 포함한 한국군의 최대 인원 수를 600,000명으로 제한한 대목에서였다(Korea Military Support Corps for the U.S. Eighth Army 1993, 95). 1958년 7월 23일, 미 육군성은 지휘관들에게 카투사의 최대 인원을 11,000명으로 제한할 것을 명령했다. 육군성은 또한 카투사가 미 육군 영화관을 무료로 이용할 수 있게 하고 미군기지 내에 위치한 스낵바와 클럽을 이용할 수 있도록 허가했다. 다소 모호한 정의에도 불구하고 이런 지침서는 카투사 제도가 한국에 주둔한 미8군을 넘어 미국정부와 군 당국이 인정하고 승인했다는 것을 의미한다(Korea Military Support Corps for the U.S. Eighth Army 1993, 95).

　　그러나 카투사는 여전히 (한국과 미군 내) 외부인에게 보이지 않는 존재로 남아 있다. 심지어 미 군국주의에 대한 학계의 글에도 이 주제는 다뤄지지 않고 있다. 마이클 만이 미국의 '모순적 제국'을 특징지으려는 시도에서 그는 "미 육군이 주둔국 '주민'은 전혀 포함시키지 않으며 심지어 어떤 용병(프랑스의 외인부대 또는 영국의 네팔군인 같은)도 받아들이지 않

---

16 필자의 인터뷰 대상자들은 이런 모호한 관행에 대해 자주 지적했으며 이번 장에서 분석하고 있는 소설 및 지침서에도 이를 언급하고 있다.

〈사진 7.2〉 파이 후원금 모금 행사(2006). 미군부대 연중 기금모금 행사 후 기념사진. Photograph by Kim Kang-Seok.

는다"고 주장했다(Mann 2003, 27). 비교역사적 관점에서 카투사는 다음과 같은 형태의 제국의 전략과 매우 유사하다. 즉, 주둔국 주민을 이용해 상대적으로 주요 요지는 아니지만 완전히 무시할 수 없는 지역 영토의 군사안보를 유지하게 하는 것이다. 영국 식민제국은 '가치가 적은 아프리카 식민지'에 그 지역 연합군을 더욱 많이 이용했으며 근본적으로 지역 연합군을 '충직한 족장, 부족 그리고 마을 위원회의 권위'를 통해 통치했다(Mann 2003, 26). 미 제국의 현대 역사를 보면 카투사는 2001년에 이름을 '서반구 안보협력 기관'으로 바꾼 '아메리카 학교'에서 훈련을 받은 후 라틴아메리카 국가에 재배치되는 그 지역 군인들과 비교가 가능하다(Gill 2004). 이 군인들 모두는 전 지구적 제국관계에 협력했으며 군사적 지식 및 기술뿐만 아니라 미국이 추구하는 가치 및 체제의 우월성에 대해 교육받았다. 그러나 카투사와 이 라틴아메리카 군인들 간에는 한 가지 중요한 차이점이 존재한다. 전자는 한국에 배치된 미국군대 안에서 복무하고 있는 반면 후자는 자신의 국가에 위치한 국내 군대에서 복무한다는 것이다.

그러나 미국이 미군 내에서 한국인을 이용하는 것과 관련해 민간 당국과 군 당국이 다른 입장을 보여 주는 것은 눈여겨볼 만하다. 미 국무부는 한국인을 미군에 첨병하는 것을 선호하는 반면, 미 육군은 그에 반대하고 있다. 존 무치오John J. Muccio 주한 미국대사는 미군에 첨병되어 있는 한국인을 '공산당을 무찌르고 미국인을 구할 가장 큰 인력 자원'으로 지지하고 있다(U.S. Department of State 1976, 511). 반면 워커Walker 장군과 그의 장교들은 이 제도를 반대하는데, 그 이유는 미군의 전투 능력을 향상하기보다 사기를 떨어뜨릴 수 있다는 우려 때문이다(Korea Military Support Corps for the U.S. Eighth Army 1993, 26). 무치오 대사의 고문이었던 에베렛 드럼라이트Everett F. Drumright가 보낸 서신에 따르면 이러한 군대의 저항은 민간인으로 종종 변장하고 나타나는 게릴라군과 전투를 벌이는 긴급한 상황에 직면하면 완화될 것이라고 예측했다(Noble 1975, 152). 한국군인과의 협조에 대한 미군의 이런 저항이 '보호자'로서 미국과 '보호를 받는 자'인 한국 간에 존재하는 제국주의적·인종적 구별과 연관되어 있었음에도 불구하고, 현대 카투사 담론이 보여 주듯이 이런 분명한 인종적 서열의 차이는 좀더 복잡하게 나타나는 탈인종화된 차이의 구성에 의해 대체되었다. 다음 부분에선 한국과 미국 사이에 존재하는 위계질서의 차이가 어떻게 경험되고 현대 한국 카투사가 어떤 방식으로 이런 경계에 대해 저항하는지 살펴보겠다.

카투사 담론 읽기

1) 한국 내 위치한 미군기지라는 주변부에서 제국의 권력을 경험

카투사 담론에서 가장 흔히 반복되는 주제는 카투사보다 미군이 더 우월하다는 생각이 팽배하다는 것이다. 이런 우월감은 제국과 의존국 사이에 존재하는 서열의 차이를 나타내며 이는 미국과 한국이 맺고 있는 독특한 군사협정에 그 뿌리를 두고 있다. 한국이 공식적으로 독립국이 되었음에도 불구하고, 한국전쟁 이래로 미군은 한국군의 작전지휘권을 수행하고 있다.[17] 디페시 차크라바티Dipesh Chakrabarty(2000, 8)가 밝혔듯이 식민통치로부터의 독립은 보호가 필요하다는 추정과 자치통치를 하기엔 아직 미성숙하다는 의견 때문에 퇴색되었다. 그리고 함축적으로 이는 자체 방어가 불가능함을 일컫는다. 한국전쟁 기간 동안, 한국정부는 필요한 군대 지원이 있는 한 전투를 직접 지휘하는 주요 군대로 싸우길 원했다. 이와 반대로 미국은 한국을 자기 자신도 방어할 능력이 없는 그저 후진국으로 간주했다(Korea Military Support Corps for the U.S. Eighth Army 1993, 18~20, 27~29). 자국 방어에 대한 무능력은 한국이 법을 집행할 능력도 없다는 가정과 연결되었다. 이런 이유로 한국에 배치된 미군은 제국의

---

17 (미군 휘하에 있던) UN 군 본부는 1974년 12월까지 한국에 주둔해 있었다. 이 시기는 작전지휘권이 공식적으로 미군에 이양된 해였다. 1994년 평화시 한국군 작전지휘권이 한국으로 이양되었지만, 전시작전권은 여전히 미군 손에 달려 있다. 「김, 불법파견, 카투사, 컴 홈!」, 43쪽; Korea Military Support Corps for the U.S. Eighth Army(1993, 231).

에이전트로 미군기지 안팎에서 치외법권 특권을 누리게 되었다. 1948년 종료된 미군정 통치 이래, 미군이 한국인을 대상으로 심각한 범죄를 기지 안팎에서 저질러도 미군에 대한 한국 사법권은 심각하게 축소되었다. 1991년과 2001년 2번에 걸친 SOFA 개정 이후에도 미군은 여전히 한국정부에게 이런 미군에 대한 사법권 포기를 요구하고 있으며 한국정부가 '매우 중요한 사건'을 제외하고 이 요구를 따를 것이라 간주했다(C. Yi 2004, 448, 450).[18] 냉전 기간 동안과 그 이후, 이런 모호한 자국의 주권에 대한 탈식민주의 상태는 미군이 한국과 카투사에 대해 만연하게 우월감을 갖도록 동력을 제공했다.

유럽 식민주의가 세운 식민주의자와 식민지 주민 사이에 극명하게 존재하는 인종적 구별과는 반대로, 이런 우월감은 백인과 비백인 간 존재하는 분명한 이분법적인 인종과는 구별된다. 오히려 이 우월감은 공간과 물질적 풍요와 관계되어 있다. 카투사가 복무하고 있는 군기지는 미국의 군사력과 함께 부유함을 전시한다. 미국 자본이 주는 축복으로 뒤덮인 미군기지는 널찍한 공간에 헬스클럽, 수영장, 도서관, 극장, 클럽 그리고 휴식공간 같은 현대식 시설이 갖춰진, 즉 잘 유지된 리조트처럼 보인다(Gillem 2007; Pak 2002; C. Yi 2001). 미군기지가 자리잡고 있는, 부유하지만 비좁고 복잡한 도시나 발전이 더딘 외곽지역과 비교할 때, 넓고 부

---

18 1948년과 1952년 사이, 한국과 미국은 한국에서 미군이 누릴 수 있는 치외법권을 보장하는 불평등한 여러 개의 합의서에 서명한다. 그리고 복무 중인 미군이 한국인들에게 피해를 입힐 경우 그 책임에 면죄부를 주게 된다. 1966년 서명한 SOFA 때문에 한국인들은 미군이 저지른 범죄에 대해 사법권을 행사하고 피해 보상을 요구하기가 매우 힘들었다. SOFA는 피해자를 희생시키면서 한국인을 대상으로 범죄를 저지른 미군을 계속해서 보호했다. C. Yi(2004, 448~449)

유한 공간인 미군기지는 흠잡을 데 없이 잘 관리된 잔디와 나무가 깔끔하게 포장된 도로를 뽐내면서 존재한다. 야전훈련 기간 동안 군수품은 풍부하게 넘칠 듯이 미군과 카투사에게 제공된다. 여기에는 식량, 음료는 물론이고 탄약, 화기도 포함된다. 이런 물질적 풍요로움은 미국 경제력과 미국 제국의 여유로움을 드러낸다. 눈에 띄는 이런 소비의 공간적 전시는 미군 병사들이 보여 주는 우월감의 시각적 원천이다.[19] 그러나 이런 우월감이 선뜻 백인과 유색인종의 이분법적인 인종화로 연결되지는 않는다. 그것은 미군에 복무하고 있는 병사 중 1/3이 인종적 소수자인 히스패닉, 흑인, 아시안, 미국 원주민 그리고 여러 혼혈 그룹이기 때문이다.[20] 한국에 배치된 미군 중 인종적으로 소수자인 군인의 분포는 평균보다 적은데 이는 한국에 있는 다수의 미군이 전투 위치에서 복무 중이기 때문이다. 전투 위치의 경우 인종적으로 소수인 군인의 수가 상당수를 차지한다.[21] 부유하고 막강한 제국에서 그들이 갖고 있는 시민권은 그들이 속한 인종보다 미군에 만연하게 퍼져 있는 우월감을 분명하게 더 강화하는 역할을 한다.

다인종인 미군과 카투사 사이에 존재하는 서열의 차이는 일상생활

---

19 Gillem(2007, chap. 4)은 해외주둔 미군기지의 공통적인 특징으로 물질적·공간적 풍요로움을 논하고 있다.

20 이 수치들은 "Fiscal Year 2004 Active Component Enlisted Members by Race/Ethnicity"에 기반을 두고 있다. 온라인에서도 확인 가능(http://www.dod.mil/prhome/poprep2004/appendixb/b_24.html. 2009년 3월 25일 접속); "Fiscal Year 2004 Active Component Officer Accessions and Officer Corps by Race/Ethnicity", 온라인에서도 확인 가능(http://www.dod.mil/prhome/poprep2004/appendixb/b_33.html. 2009년 3월 25일 접속)

21 1991년 한국에 주둔한 73.3%의 미군이 전투 사단에 복무했다.Korea Military Support Corps for the U.S. Eighth Army(1993, 156).

속에서 그들의 조국인 한국에서 카투사가 받는 차별적 방식에서도 나타 난다. 예를 들어 과거 야전훈련 기간 동안 미군은 깃털 침낭을 보급받을 때 카투사는 모포 침낭을 지급받았다. 기지 뒤편에 있는 PX 또한 카투사 는 이용이 금지되어 있었으며 군대 내 극장도 미군이 모두 입장한 다음 자리가 남을 경우에만 이용할 수 있었다(Korea Military Support Corps for the U.S. Eighth Army 1993, 87). 이런 형태의 극명한 분리와 차별은 대부분 사 라졌음에도 불구하고, 극장 입장과 관련한 차별적 행태는 계속되고 있 다.[22] 에스코트를 통한 동행 입장은 여전히 남아 있으며 카투사도 미군 과 동행한다면 미군 뒤에 줄을 서지 않고 극장에 입장할 수 있다.[23] 이와 비슷하게 카투사가 미군과 동행하면 '외국인 전용 유흥시설'로 분류되 어 있는 기지촌클럽에 들어갈 수 있다. 이곳이 법적으로 한국인 출입금 지 지역(등록된 성노동자는 제외)임에도 불구하고 말이다. 분명한 것은 차 별의 상당 부분이 사라진 이유는 한국 경제발전과 민주화 과정에서 카 투사가 개인적 그리고 집단적으로 저항한 결과다.[24] 그러나 남아 있는 차

---

22 「김, 불법파견, 카투사, 컴 홈!」, 45쪽. 이상하게도 미군은 입장료를 내야 하며 카투사는 무료 입장을 할 수 있다. 그러나 카투사는 빈 자리가 있을 때만 입장이 가능하다. 필자가 인터뷰한 카투사 제대자들도 이런 차별이 왜 존재하는지 의아해했다. 특히 이들이 충분히 비용을 지불 할 의사가 있음에도 불구하고 말이다.

23 이런 시대에 뒤처진 관행에 대해 필자가 인용한 모든 자료들이 언급하고 있다.

24 카투사에 대한 심각한 수준의 인종차별로 인해 1965년 카투사가 미군을 살해하는 일이 일어났 다. 범행을 저지른 카투사는 자살했고 자신이 겪은 불평등한 일에 대해 자세히 적은 메모를 남겼 다. 1966년 34명으로 이뤄진 한 무리의 카투사가 그들이 받는 불평등한 처우에 항의하기 위해 군 기지 탈출을 시도했다. Korea Military Support Corps for the U.S. Eighth Army(1993, 114). 전후 1950년대부터 1970년대까지 미국과 한국의 경제적 차이는 거대했고, 1961년에는 미군 사병이 한국군 장군보다 더 많은 임금을 받았다. 미군기지 내 도둑질 사건을 중심으로 심한 갈 등이 있었는데, 미군은 이런 일을 저지른 범인으로 카투사들을 자주 의심했다. Korea Military Support Corps for the U.S. Eighth Army(1993, 111); 「김, 불법파견, 카투사, 컴 홈!」, 48쪽.

별행위는 미군이 카투사를 한국에서 '노랑 깜둥이', '국스'(동양인을 낮춰 부르는 말) 또는 '오리엔탈'로 불렀던 그리 멀지 않은 과거를 연상시킨다 (Korea Military Support Corps for the U.S. Eighth Army 1993, 86, 88). 군대 안에서 계급은 권력의 가장 주요한 근원이다. 그러나 미군은 카투사의 계급을 인정하지 않고 미군 일병도 한국군 장교에게 거의 경례를 하지 않는다(Korea Military Support Corps for the U.S. Eighth Army 1993, 113). 카투사는 초기에 이런 인종차별을 내재화했으며 흑인 병사와 버디가 됐을 경우 이에 저항했다.[25]

인종적 갈등과 저항에 대한 대응과 카투사를 달래기 위한 방법으로, 미군은 1967년 카투사가 미군에서 18개월 근무한 이후에 한국군대로 돌려 보내는 제도를 폐지했다(원복제도). 일반적으로 카투사는 이런 복귀를 끔찍하게 생각했다. 그것은 이들 대부분이 가혹한 취급을 받거나 카투사가 미군기지에서 누렸던 편안하고 쉬운 군 생활을 분하게 생각하는 동료 병사들에게 학대를 당했기 때문이다. 한국 사령관들도 카투사를 원하지 않았는데 이는 카투사들이 미군 안에서 물질적 풍요와 '기강이 풀린' 규율에 노출되어 엄격한 규율이 결여되어 있는 것으로 여겼기 때문이다 (Korea Military Support Corps for the U.S. Eighth Army 1993, 67~68, 89). 1969년 조지 워싱턴 대학의 존 맥크레리John W. McCrary가 이끈 연구팀은 『사령관

---

25 카투사들을 통합적으로 이용하기 위해 극동사령부는 버디 시스템, 즉 카투사와 미군을 복무기간 동안 짝지어 다니게 하는 제도를 추천했다. 그러나 이 제도는 언어장벽과 미군들이 한국인을 버디(친구)로 받아들이지 않았기 때문에 실패했다. 전쟁 이후, 다른 형태의 버디 시스템이 '스폰서 시스템'으로 소개된다. 이 또한 미군 멘토와 카투사를 짝지어 생활하게 하는 제도이다. Korea Military Support Corps for the U.S. Eighth Army(1993, 48, 50).

의 카투사 프로그램 확인목록』을 발간했다. 그리고 1973년 미8군 사령부의 부관참모 사무실은 『미8군 카투사 프로그램 특별 연구 그룹의 보고서』를 발간했다. 이 둘 모두 카투사 체제를 향상하려는 의도였다. 차별의 부정적 효과를 암시하면서 보고서는 카투사가 기존에 미국병사에게 가졌던 호의적인 시각이 미국군대에서 미군과 지내면서 부정적인 감정으로 변화할 경향이 있다고 결론지었다. 1978년, 카투사의 권리를 보호하기 위해 낙오자 인권 상담 직원을 처음으로 고용했다. 이 보고서는 근본적인 문제점에 대한 성찰에는 관심이 없었다. 그저 어떻게 단기간에 카투사 제도의 행정력을 향상시킬 수 있을까에 초점을 맞췄다. 즉, 카투사 제도를 위한 법적 근거가 결여되어 있는 근본적인 문제점은 다루지 않았다(Korea Military Support Corps for the U.S. Eighth Army 1993, 114~118). 1980년대 중반, 한국군과 미 육군은 카투사의 복무 환경을 개선하기 위해 공조했다. 그 결과로 미 육군 규칙 600-2에 '카투사는 같은 계급의 미군 병사와 동일한 권리를 갖는다'라고 명시했다.[26]

최근까지 있어 왔던 인종화된 서열 차별을 배경으로 현대 한국에 있는 카투사들은 다인종이 섞여 있는 미군 내에서 체력 및 체격과 관련해 제국과 의존국 사이에 존재하는 경계를 체험한다. 카투사 담론에는 미군의 체격과 체력과 관련된 수많은 농담과 심각한 언급들이 많이 포함되어 있다. 이 담론이 육체적 차이를 인종화하지 않고 있다는 것은 주목할 만하다. 카투사를 위한 지침서 중 가장 많이 있는 책은 일반적으로 한국 남성들 그리고 특히 카투사들의 체력이 부족한 것을 한국 학생들의 운

---

26 「김, 불법파견, 카투사, 컴 홈!」, 45쪽.

동 부족으로 돌리고 있다. 이는 한국 학생들의 교육이 대학입학 시험에 초점이 맞춰져 있기 때문이라고 설명하고 있다. 또한 이 지침서는 부분적으로 이렇게 체력에서 차이가 나는 이유로 한국 대학생들과 직장인들의 시도 때도 없는 과음을 지적했다(Pak and Oh 2003, 140). 마지막으로 인터뷰를 한 절반 이상의 카투사들은 체력의 차이를 음식 탓으로 돌렸다. 즉, 미군은 한국인들보다 더 많은 육식을 한다는 것이다.

미군과 카투사 간에 존재하는 서열 차이는 배정되는 임무에 따라서도 나타난다. 2000년대에도 카투사의 대부분은 그들의 높은 학력에도 불구하고 단순한 육체노동 또는 계산업무를 수행했다. 카투사가 '기술 관련 보직'에 배정이 되어도 이들은 종종 운전병으로 복무한다(C. Yi 2001).[27] 이런 구분은 단순히 한국인 징병군인과 직업군인인 미군과의 차이에서 나오는 구분은 아니다. 이는 고학력인 군인들을 효과적으로 이용하는 것에 대해 미군과 한국군 모두 거의 관심을 가지고 있지 않다는 것을 나타낸다. 이는 또한 카투사 제도의 제국적 본성을 나타내기도 한다. 카투사 제도가 계속해서 존재하는 것은 경제적 이유가 깔려 있기 때문이다. 카투사 복무가 여전히 한국 징병군인들에게 가장 인기 있는 군복무 형태 중 하나로 간주되고 있음에도 불구하고, (인터뷰를 한 결과) 카투사 복무의 현실은 '사기저하'로 묘사될 수 있다. 몇몇 카투사들은 카투사 복무를 '고학력 노가다군대'라고 불렀다. 이런 임무 분담은 일류대학교 출신인 한국 징집군인들이 종종 고졸 출신이거나 더 낮은 교육 수준을 가진 미군보다 더 중요하다는 무언의 메시지를 전달한다. 결론적으로

---

27 필자의 인터뷰 대상자들은 이렇게 만연한 관행을 모두 확인해 주었다.

카투사 제도는 식민주의 사관을 반복하는데, 식민지 국가는 싼 노동력의 원천일 뿐만 아니라 식민지 국가의 국민은 그들의 교육 수준과 잠재성을 떠나 식민주의자들보다 열등하다는 인식이다. 카투사 담론에 따르면 미군의 우월감은 그들이 한국 문화를 대하는 태도에도 반영되어 있다. 즉, 미군은 한국 문화에 무관심하거나 무례하며 무시하곤 한다. 한국과 미국의 문화적 차이를 이해하거나 배우려고 노력하는 미군은 매우 적다.[28] 대신 미군들은 이런 차이를 한국의 후진성이나 열등함을 나타내는 지표로 인식한다. 특정한 미국적 문화 관습에 (햄버거를 손으로 먹는 대신 칼과 포크를 이용해 먹는 등의 사소한 것까지) 익숙하지 않은 것과 영어가 유창하지 않은 카투사를 보며 한국이 열등한 증거의 하나로 해석한다.

미군이 기지촌 성노동자들뿐만 아니라 대학생 한국여성들에게 보이는 포식자 같은 태도는 그들의 우월감을 잘 드러낸다. 필자와 인터뷰한 다수의 카투사들은 미군 친구 또는 아는 미군이 '예쁜 여대생'과 잤다는 이야기를 농담처럼 주고 받는 것에 대해 수없이 언급했다. 젊은 세대 미군들은 돈을 지불해야 하고 사회적으로 불명예스러운 기지촌 성노동자들보다 여대생들에게 더 많은 관심을 보이는 듯하다. 필자와 인터뷰한 카투사들과 지침서는 많은 수의 여대생이 백인 미군과 기지를 방문하는 것에 대해 불만을 드러냈다. 방문자들은 그들의 신분증을 미 헌병 검문소에 제출해야 하기 때문에 카투사와 지침서는 이들이 여대생인지 알 수 있었던 것이다. 이렇게 여대생과 만나는 것이 최근 들어 유행처럼 번

---

28 1945년부터 1948년까지 한국을 통치하고 있는 미군 당국은 만연한 우월감에 기인한 이런 문화에 대한 무관심과 무시를 주요 문제점으로 파악했다. 이 책의 1장을 참조할 것.

지고 있는데, 미군들 사이에서 '예쁜' 여대생에 대한 욕망은 수년간 지속되어 온 것이다. 예를 들어 1985년부터 1988년까지 카투사로 근무한 황부용 씨는 미군이 바베큐파티에서 부른 노래를 기억하고 있었는데 이는 예쁜 한국의 여대생과 자는 것에 대한 것이었다.[29] 지침서는 무례한 미군 한 무리가 군 트럭 뒤에서 트럭이 지나갈 때 젊은 여성들에게 소리를 질렀다는 흔한 얘기 하나를 적어 놓았다.[30]

미군 사이에서 만연하게 퍼진 한국여성에 대한 성적 소유욕과 관련한 더 깊은 문제는 기지촌 성매매 제도임이 분명하다. 이는 반세기 이상 지속되어 왔다(1장 참고). 다수의 미군들은 기지촌여성을 성적 서비스를 위해 구매하고 있으며 종종 동거(혼외)도 한다. 이런 동거 형태는 유럽 식민지에서 취했던 '첩' 제도와 매우 유사하다(Stoler 2002).[31] 동거의 특정 세부 사항들은 커플마다 다양할 수 있지만, 미군과 기지촌여성 간에 젠더, 인종 그리고 국적에 기반을 둔 구조적 불평등은 여성을 학대와 폭력

---

29 「김, 불법파견, 카투사 컴 홈!」, 48쪽. 한국군대가 여성을 딱히 더 낮게 대접한 것은 아니다. 여성 직업군인들은 성평등이라는 이름하에 군에 통합되었는데 이들에 대한 군대 내 지속적인 성차별 분석에 대해 보려면 Moon(2002a) 참조.

30 이 관행은 미국 점령과 한국전쟁 기간으로 거슬러 올라간다. 미군은 자신들이 본 젊은 한국여성들을 (별로 젊지 않은 여성들도) 성적 대상으로 보고 '색시'라고 불렀다. 유명한 여성작가인 박완서(1998)는 전쟁 당시 미군과 한국여성 사이에 벌어졌던 이런 포식적 형태의 성관계에 대해 생생하게 묘사하고 있다.

31 파웰은 1970년대 중반 한국 내 미군기지 중 가장 군인이 많았던 기지 중 하나인 캠프 케이시에서 이런 성적 행태를 목격했다. 그는 다음과 같이 쓰고 있다. "나는(병사들 사이에) 대개 몇 시간 정도 시간을 보내는 게 전부인 짧은시간 AWOLS이 많이 있다는 것에 놀랐다. '여보'가 원인이라고 나의 직속 장교가 설명해 주었다. 자신만의 여자들, 고등학교 때 여성들과 데이트하는 데 어려움을 겪었던 18세라도 동두천에서 누구나 아파트를 얻고 자신이 소유한 여자, 여성을 가질 수 있었다. 동두천은 캠프 케이시 근처에 있는 도시였다. 이곳의 아파트 한 달 임대료는 고작 180달러에 불과했다." Powell with Persico(1995, 183).

에 쉽게 노출시키고 있다. 한국의 사회경제적 그리고 정치적 변화와 지난 10년간 가속화된 세계화로 인해, 한국 성노동자들은 필리핀과 구 소련 출신 이주여성들로 급속하게 대체되었다. 그러나 미군과 기지촌여성의 관계를 규제하던 근본적인 구조적 불평등은 여전히 남아 있다(Sŏl et al. 2003b). 미군이 계속해서 한국인 여성을 취할 수 있도록 규제받는 군 성매매 시설이 유지되고 있는 가운데, 한국사회는 군사독재 정권 이후 그들의 성적 특권과 다른 특권들에 대해 의문을 가지기 시작했다. 다음 부분에서는 미군에게서 흔히 볼 수 있는 우월감을 카투사가 어떤 방식으로 도전했는지 그리고 일상 생활 속에서 경험한 한국과 미국 사이에 존재하는 서열 차이를 어떻게 협상했는지 살펴보겠다.

2) 계급적 유리함과 유색인종 미군들과의 인종적 연대를 통하여 위계질서에 저항하기

카투사 담론은 미군들 사이에 만연하게 퍼진 제국주의적 우월감에 대해, 한국 중산계급 출신이며 일류대학 출신인 한국군 군인이라는 유리한 입장에서 의문을 던진다. 이 담론 안에는 미군의 몇몇 긍정적인 면도 언급되어 있지만,[32] 계속해서 반복되는 주제는 미군이 어쩌다 강하고 부유한 나라에서 태어났지만 그들은 충동적이고, 우매하며, 천박하다는 것이다.

---

32 예를 들어 필자의 인터뷰 대상자들에 따르면, 미군은 일반적으로 쾌활하고, 여유로운 태도를 가지고 있으며 그들의 책임과 안전에 대해선 군기가 들어 있다고 했다. 그들은 또한 그들 자신의 이익에 관해서는 예민하며 상호이득이 되는 바탕에 한하여 타인을 대한다고 했다. 이런 태도 때문에 미군들은 개인적인 특혜를 기대하기보다 공정하게 행동한다. 카투사들은 미군들을 타인이 그들을 어떻게 생각하든지 상관 않는 미국인으로서 부러워했다.

카투사는 반면 개인적으로나 단체적인 면에서도 더 똑똑하고 능력이 있다고 말한다. 이 담론에 따르면 카투사는 습득 능력이 빠르고 다른 형태의 업무를 유능하게 수행한다. 그러나 많은 미군들은 하루살이처럼 인생을 살고 미래를 위해 계획하는 것에 관심이 없다.[33] 미군들은 여가시간을 클럽에서 파티와 음주로 보내고 여성들과 자고 돌아다닌다. 미군에게 결여되어 있는 지적 능력과 호기심은 한국 문화에 대한 그들의 무관심과 무지를 통해 나타난다. 또한 미군이 한국과 미국 간 다른 문화와 역사에 대해 배우려는 의지가 없는 것도 그중 하나이다. 많은 부분 카투사 담론은 미군이 카투사와 한국 문화를 좁은 시야로 자민족 중심적인 잣대를 가지고만 판단한다고 밝힌다. 이는 미군이 어떤 사안을 비교해서 볼 만한 지식과 경험이 없기 때문이라고 카투사 담론은 전한다.

카투사와 미군 간 사회적 계급의 차이는 미군, 특히 징집된 카투사가 매일 마주해야 하는 사병과 하사들의 열등한 성품에서 더욱 두드러지게 나타난다. 이런 계급의 차이는 지난 30년간 한미 양국 사회에서 나타난 사회경제적 정치 변화의 결과로 더욱 격차가 벌어졌다. 1950년대와 1960년대 카투사는 징병된 일반 남성들 중 뽑아서 배치되었다. 이들은 초등학교를 졸업하고 간단한 신체검사를 통과하면 그만이었다. 1961년, 51%의 카투사가 초등학교 교육만을 받은 사람들이었고 영어교육

---

33 똑똑한 카투사의 이미지는 단순히 자칭 부풀려진 이미지만은 아니다. 파월은 이점에 대해 확신하며 자신이 캠프 케이시에서 함께 복무한 카투사에 대해 긍정적으로 기술했다. "카투사는 내가 지휘해 본 군인들 중 가장 훌륭한 군인들 중 하나였다. 그들은 절대 술에 취한 채 업무를 하러 오지 않았으며 결근하지 않았다. 그들은 지칠 줄 몰랐으며, 군기가 잘 잡혀 있었으며, 습득 능력이 빨랐다. 그들은 한 달에 미화 3달러를 받았는데, 이는 미군 한 명이 동두천에서 하룻밤 맥주 한 병에 쓰는 돈이었다." Powell with Persico(1995, 187).

은 전혀 받은 적이 없었다. 언어의 장벽으로 인해 야기된 문제들을 접하면서, 미군은 학력 요건을 고등학교까지 높여 줄 것을 요청했다. 그러나 1968년에 30%의 카투사가 대학졸업자들이었음에도 불구하고(Korea Military Support Corps for the U.S. Eighth Army 1993, 109), 카투사의 전반적인 학력이 1960년대에 미군의 학력보다 다소 낮았다. 70%의 미군이 고졸이었던 1968년 60%의 카투사만이 고졸 출신이었다(Korea Military Support Corps for the U.S. Eighth Army 1993, 108). 학력의 차이는 미군이 1973년 자원입대제도로 바뀌고 1970년대를 거쳐 한국인들의 학력이 서서히 증가하면서 역전되었다. 산업화와 도시화 과정에서 더 많은 젊은 한국인들이 더 나은 고용기회를 위해 고학력을 추구하기 시작했다. 한국정부는 1980년대 초반 대학입학 정원을 두 배로 늘렸다. 1982년 1월 카투사를 선발하기 위한 경쟁시험이 도입되었다. 많은 대학생들이 이 시험을 봤는데 이는 미군이 한국군대에서는 제공하지 않는 특정한 혜택, 즉 비번인 날을 자유롭게 이용하게 하는 것, 괴롭힘이나 구타를 방지하는 것, 직속 상사를 위한 개인적 노무제공을 금지하였기 때문이다. 또한 편안한 시설과 가족 방문을 위해 매주 제공되는 휴무일, 그리고 영어를 배울 수 있다는 점도 있었다. 이런 혜택 때문에 카투사 복무는 인기가 높았다.[34] 영어가 능숙한 것이 시험에서 중요시되면서 카투사에는 일류대학교 학생들의 수가 많아지게 되었다. 결론적으로 현대 한국사회에서 카투사의 다수

---

34 카투사 선발시험이 이행되기 전에는 30~40명의 징집병들이 카투사 한 자리를 뽑는데 지원했다. 시험 이행 후 신청 비율은 급락했고 2:1 또는 3:1의 경쟁률로 유지되고 있다. 다큐인포 (2004, 90).

는 부유하고, 도시 중산계급 가족출신인 반면 미군의 다수(특히, 사병의 경우)는 시골 출신에 가난하며 고등학교 졸업장도 가지고 있지 않았다.

필자와 인터뷰를 한 카투사들은 사회적 계급 문제에 대한 분명한 언급 없이 미군들 사이에 퍼져 있는 우월감에 의문을 던질 뿐이지만, 소설은 카투사와 미군들 사이에 존재하는 계급 차이를 상상력을 동원하여 탐구한다. 『노란 잠수함』(C. Yi 2001)이라는 자서전 형태의 소설에서 주요 등장인물 중 몇몇은 제국주의 권력의 힘없는 졸병인 미군과 연대를 쌓는다. 미군의 이런 위치는 카투사와 유사하다. 무대가 되는 캠프 험프리는 실제로 평택시에 위치한 주요 기지로 한국에 있는 미군부대 중 가장 큰 시설이다(Green United and Coalition of Movements to Reclaim U.S. Military Bases 2004, 19).[35] 이 소설은 다양한 인종의 미군, 가난한 집안 출신에 역경 속 선택의 여지조차 없던 이들을 조명하고 있다. 소설에선 텍사스 시골 출신인 백인 미군병사 코트니와 서울 소재 일류대학 영문학과 출신인 재혁 그리고 중대에 명령을 하달할 수 있는 위치에 있는 백인여성 장교 제니가 등장한다. 이 소설은 카투사와 미군과의 상호관계와 함께 제니와 부산 소재 대학출신인 진욱과의 우정에 초점을 맞추고 있다. 주말 외박 동안, 재혁은 코트니를 서울의 부유한 지역에 위치한 그의 집으로 초대

---

35 이 도시는 2014년까지 서울에 위치한 용산기지가 재배치되고 서울 북부지역에 배치되어 있는 제2보병 사단이 2015년까지 재배치되는 지역이 될 것이다. "South Korea, US Near Base Relocation Agreement", *Korea Times*, 2009. 4. 29. 수도 중심에 위치한 대규모 기지의 재배치에 대해 1990년부터 논의해 왔음에도 불구하고, 실제 시행은 한미 양국이 이전 시기를 합의하지 못해 지연되어 왔다. 2004년, 양국은 쉽지 않게 용산기지를 평택으로 이전할 것을 합의하고, 한국정부가 토지를 제공하기로 합의했다. Green United and Coalition of Movements to Reclaim U.S. Military Bases(2004a, 27).

한다.[36] 그리고 그의 어머니는 막 튀긴 오징어를 내온다. 이 음식은 한국에서 유명한 것이지만 미군은 대부분 좋아하지 않는다. '끝없는 수렁 같은 가난'과 폭력이 난무하는 동네에서 벗어나기 위해 미군에 입대한 코트니는 재혁의 집과 화목한 가정에 감명을 받는다. 코트니는 재혁에게 "너흰 정말 많은 것을 가졌구나. (군입대) 전에 내가 결정할 수 있는 유일한 건 텔레비전 채널뿐이었는데"라고 말한다(C. Yi 2001, 2: 247~248, 필자 번역).

『노란 잠수함』의 미군 등장인물 내쉬는 패션감각이 좋은 아프리카계 미국남성으로 빨리 돈을 벌기 위한 수단으로 미군에 입대했다. 그는 한국에서 힘든 군 생활을 견디며 그의 월급 대부분을 그의 아내와 딸에게 보낸다. 비참하게도 그는 아내가 총에 맞아 사망했다는 사실을 듣게 된다. 다양한 인종으로 구성된 미군과 인도적인 관계를 맺으면서, 재혁은 그들에 대한 동정심을 갖게 된다. 재혁과 같은 대학 출신이며 카투사에 함께 복무하고 있지만 미군 철수를 지지하고 있는 정태의 논쟁이 과열됐을 때, 재혁은 다음과 같이 반박한다. "솔직히 말해서 애네(미군)들도 여기까지 와서 외국 땅에 있고 싶어 하지 않아. 애네들 책임이 아니라고 이건. 정말 문제가 되는 건 우리나라의 현실인 거지. 이런 면에서 이 미국 사병들도 그저 희생자일 뿐이야"(C. Yi 2001, 2: 204~205, 필자 번역).

카투사들이 가지고 있는 피해의식은 미군에 반대하는 카투사 정태를 통해 통렬하게 표현된다. 그는 카투사가 외국 군대에서 복무하도록

---

36 '자가 초청'이라고 불리는 미군기지 내 프로그램 중 하나는 카투사와 미군의 우정을 증진시키기 위해 기획되었다. 이 프로그램에 따라 카투사는 종종 미군을 자신의 집에 초대하고 한국의 몇몇 지역을 여행 가이드 역할을 하면서 구경시켜 준다. 여기에 드는 비용을 카투사가 지불해야 한다.

〈사진 7.3〉 평택시 캠프 험프리의 최근 변화. 2005년 군가족을 위한 주거빌딩이 10개 남짓 위치하고 있었음. 약 100가구에 달하는 미군가족을 수용할 수 있는 테니스장 및 농구장을 겸비한 대규모 주거단지가 현재 건설 완료. Photograph by Edward Johnson. Incom-K Public Affairs.

강제적으로 징집되었기 때문에 '위안부의 남성 버전'이라고 통렬하게 주장한다. 문제를 더욱 복잡하게 만드는 것은 한국남성들이 오랫동안 카투사 복무를 부러워하고 있다는 것이다. 카투사 복무가 더 나은 군대복무 형태로 간주되기 때문이다. 이들의 이런 모호한 위치는 처음부터 의혹과 불신을 갖게 만든다. 1950년 9월 15일 미 해군이 서울을 재탈환하기 위해 인천에 상륙했을 당시, 제7사단엔 다수의 카투사(1,873명)가 포함되어 있었다. 한국 민간인들은 이전에 점령군이었던 미군들 사이에서 한국인들이 행진하는 것을 보고 매우 놀랐다. 이 카투사들은 외국 군대를 부정적인 시각으로 바라볼 가능성이 있는 민간인들과 의사소통을 하는 데 아주 중요한 역할을 수행했다(Korea Military Support Corps for the U.S. Eighth Army 1993, 51, 53). 한국전쟁 기간 동안 북한은 이들을 '미국 제국주의자들의 개들'이라며 더욱 증오했다. 북한과 중국 병사들은 카투사들을 포로로 잡았을 때, 미군보다 더욱 학대했다. 미 전쟁포로들은 때때로 정치적 선전용으로 풀려났지만 모든 카투사 전쟁포로들은 처형당했다(Korea Military Support Corps for the U.S. Eighth Army 1993, 89~90). 한국전쟁이 끝난 후 카투사가 한국군대로 복귀했을 때, 다른 한국 병사들은 그들을 매우 가혹하게 대했다. 그것은 "카투사는 미군대에서 호화로운 생활을 했으니 고생을 맛볼 차례"라는 인식 때문이었다. 한국 사령관들은 돌아온 카투사들의 충성심을 자주 의심했다. 양면성으로 얼룩진 복잡한 역사를 배경으로, 정태는 미군에 대한 그의 민족주의적 시각을 제니에게 투영한다. 제니는 백인 여성장교로 한국에 대해 배우고 싶어 하는 인물이다. 그녀는 미군의 긍정적인 면을 상징한다.

미군이 한국에 온 이유가 진정 평화와 넘쳐나는 정의감 때문이야? 연합군은 공산당의 이데올로기 군대와 싸우기 위해 한국전쟁에 참전했어. 불행하게도 한국이 그 전쟁터가 되어 버린 거지. 베트남전쟁도 마찬가지 아니야? …… '우리(미국인)는 세계 민주주의 질서를 위해 피를 흘렸다. 우리가 피를 흘린 곳에서 우리는 특권을 누릴 수 있다. 그 특권이 문제를 수반한다 할지라도.' 이렇게 말할 수 있어? 이런 주장은 감정이 있는 개인들 사이에서나 가능한 거야. 게다가 희생이고 뭐고 이런 것에 대해 말하는 건 아무 쓸모가 없어. 피를 흘린 게 순전히 개인적 이익 때문이었다면 말이야. (C. Yi 2001, 2: 95, 필자 번역)

재혁이 개인적으로 갖고 있는 인본주의 입장과는 달리, 이 발언은 카투사들이 제국주의 권력의 졸병인 미군에게 동정심을 불러일으키지 않는다. 카투사담론에서 제국과 식민지 간에 존재하는 위계질서에 저항하는 또 다른 방식으로는 형제 같은 미군과 건방진 미군을 구분하는 것이다. 필자가 인터뷰한 몇몇은 억압과 고통으로 얽인 역사적 경험이 있는 흑인계 미국 병사들이 백인 병사들보다 한국적인 정서를 이해하는 능력이 더 낫다고 표현했다. 지침서는 심지어 백인과 생물학적으로 얼마나 혼혈이 이루어졌는지에 따라 흑인 병사들을 분류해 놓았다. 작은 체구의 흑인은 카투사에게 거의 형제 같은 존재다. 운동선수 같은 체격에 백인 혼혈인 흑인계 병사는 대개 익살스럽거나 긍정적이다. 이들은 중립적인 태도로 카투사를 대한다. 겉으로 보기에 거의 백인 같은 흑인계 병사들은 우월감을 가지고 카투사를 대한다(Pak and Oh 2003, 42). 소설은 또한 원주민 출신의 미군들이 순수하게 진심으로 기지촌 성노동자들을 사랑하는 모습을 묘사한다. 이 미군들은 한국여성들 특히 성노동자들을 소비하는 물건쯤으로 여기는 백인 병사와 대조된다. 카투사의 공식적인 역사는 인종 간 분리된 미군 내에서 노골적으로 인종차별의 대상이었던 흑인계 미군과 맺은 이런 유사한 연대의식에 대해 기록한다(Korea Military Support Corps for the U.S. Eighth Army 1993, 88).

3) 성관계를 통해 위계질서에 대항하기

제국주의와 제국에 관련된 최근 연구가 주장하듯이 젠더와 섹슈얼리티(성적 취향)의 사회적 관계는 주변적인 요소로서가 아니라 식민주의자와 식민지화된 자 사이에 존재하는 경계를 생산하고 유지하는 핵심적 요소로서 제국주의 권력의 작동과 관련이 있다. 젠더와 섹슈얼리티의 역학은 단일한 방향으로 나아간 적이 없었다. 그리고 카투사 담론은 카투사와 미군 여성 간 성관계를 통해서 나타나는 저항을 보여 준다. 필자가 인터뷰한 카투사들은 그들이 미군 여성과 맺은 성관계와 성적 판타지에 대해 분명하게 밝히는 것을 쑥스러워했지만, 소설들은 백인 미군여성과 카투사 간에 이뤄지는 성적이고 로맨틱한 관계를 묘사한다. 이 관계에서 욕망의 대상이 유색인종인 미군 여성이 아닌 것은 흥미롭다. 『노란 잠수함』에서 캠프 험프리에 도착하자마자 받은 첫 훈련 중에 재혁은 '백마타기'에 대한 농담을 한다(C. Yi 2001, 1: 15). 마치 이런 행운이 그에게 일어날 수도 있다는 듯이 말이다. 이런 속어는 '유흥인'으로 일하는 구 소련 출신인 백인 이주여성들의 수가 성산업 쪽에 1990년대 중반부터 증가한 맥락 속 한국남성들 사이에 회자되었다. 『당신이 미군이라고 생각하십니까?』에서 주인공 중 하나이며 부산에 위치한 캠프 하얄리아 헌병대 중대에서 복무 중인 상훈은 제니퍼와 친해지게 된다(Pak 2002). 그녀는 백인 미군으로 통통한 몸매에 순박한 미소를 지닌 인물이다. 상훈은 성적으로 그녀에게 강하게 끌리지 않았음에도, 그에 대해 관심을 가지는 그녀를 받아 준다. 그리고 그들은 부담 없이 하룻밤을 같이 보낸다. 그는 그 경험을 '유쾌하게' 여기고 왜 그 경험이 유쾌했는지 '나는 그날 밤 백마를 탔다'라는 제목의 장에서 이유를 밝힌다.

머리 색깔이 다르고 눈동자 색깔이 다른 백인 여성에 대한 단순한 호기심이었을까? 아마 이런 '희귀품'을 즐길 수 있는 기회를 가졌다는 것이 뿌듯한 것 같다. 애완동물과 같이 있기 좋아하는 사람들은 그들에게 정성과 애정을 퍼붓는다. 또 이 사람들은 다른 사람들이 갖지 못한 희귀종을 가진 것에 자랑스러워한다.

나에게 그녀는 보드라운 털을 가진 귀여운 푸들 같았다. 내가 만질 때마다 다리를 흔들어 대는. 만일 그녀도 나와 같은 생각을 했다면, 나를 토종 진돗개로 여겼겠지. 이런 생각을 하자 웃음이 터져 나왔다.

(Pak 2002, 2: 172, 번역과 강조 모두 필자)

상호동의하에 이루어지는 백인 여성과의 이런 가벼운 성관계는 제국과 식민지 사이에 존재하는 서열의 경계를 흔들어 버린다. 이런 성관계는 두 개인 간의 평등을 가정하고 있기 때문이다. 백인우월주의는 욕망의 대상으로서 여성을 서열화시키고 백인 여성을 가장 높은 숭배의 대상으로 위치시키는데, 이런 성관계는 백인우월주의(식민주의)의 본질에 어긋난다. 즉, 백인우월주의는 백인 여성을 유색인종 남성들이 접근할 수 없는 욕망의 대상으로서 만들고 있기 때문이다. 이는 또한 50년 이상 한국여성들을 범해 온 백인남성(과 백인국가)에 대해 복수를 요구했던 남성중심적인 민족주의의 본질에도 어긋난다. 상훈은 이국적인 희귀적 요소로서 제니퍼를 '즐겼다'. 그러나 그는 그 자신도 희귀한 애완동물로서 이국적 대상이 될 수 있는 가능성을 이해하고 있다. 그는 다음과 같이 말한다. "나만 백마를 탄 게 아니라 백마도 나를 탄 거야"(Pak 2002, 2: 171).

이런 가벼운 성관계와는 대조적으로 『노란 잠수함』은 문제가 많은 애정관계를 그린다. 재혁과 같은 과 출신인 민우는 중산층 가정의 모범적이며 외동에 장손이다. 그리고 플로리다에서 온 과거 마약중독자이며 가난하고 이혼가정 출신인 백인 미군여성 아이린이 있다. 그들은 서로에게 끌리지만 민우는 첫사랑을 잊지 못해 그녀의 접근을 처음에 받아들이지 않는다. 그녀는 민우에게 서울 구경을 시켜달라고 한다. 민우는 어느 날 주말 그녀에게 서울 구경을 시켜 주고 집에 데려와 저녁을 같이한다. 요리를 만들어 준 민우의 어머니는 아이린이 대학도 가지 않았고 어깨에 문신까지 있는 것을 보고 소스라치게 놀란다. (아이린은 혀에 피어싱도 했다. 그러나 민우의 엄마는 그것을 보지 못했다.) 아이린이 불결하다고 생각한 민우 어머니는 저녁식사 때 사용한 접시들을 내다 버린다. 저녁식사 후, 민우는 아이린을 강남 유명 지역에 있는 카페로 데려간다. 코트니처럼 재혁의 백인 미군 친구 아이린은 민우의 가족, 집 그리고 그가 어울리는 지역에 감탄한다. 아이린이 그들의 만남에 들떠 있는 동안, 민우는 막 시작한 그들의 관계가 가지고 있는 문제들에 대해 고민한다. 미련이 남은 첫사랑, 어머니의 반대 그리고 복무 기간이 끝나면 미국으로 귀환할 예정인 아이린 등이다. 그들은 서로 만나지 않기로 하고 한동안 서로의 관계에 대해 괴로워한다. 그러나 야외 전투훈련 기간 10일 동안, 그들은 야간 근무병으로 우연히 다시 만나게 된다. 아이린은 민우에게 무엇 때문에 관계를 망설이는지 물어본다. 그리고 민우는 마침내 그의 첫사랑을 잊지 못했다고 그녀에게 말한다. 그날 밤, 그들은 잠자리를 같이한다. 그때부터 군복무 기간이 끝날 때까지 그들은 주말을 함께 보내고 서로를 알아가며 미래에 대해 고민하지 않고 한국의 여러 지역을 여행한다. 그들이 서로 헤어질 때, 민우는 아이린에게 계속해서 한국어를 공부할지 물어본다. 그녀는 한국어로 그에게 편지를 쓰겠다고 약속한다. 민우는 자신이 가장 좋아하는 시집을 그녀에게 보내주기로 약속한다. 이별한 후, 민우는 아이린이 떠난 허전함에 괴로워한다. 소설은 민우가 부모님에게 편지 한 통을 남기고 미국으로 아이린을 만나러 가기 위해 비행기를 타는 것으로 끝난다.

민우와 아이린의 사랑은 계급, 국적, 그리고 인종의 다양한 장벽을 넘었으며 제국과 의존국 사이의 서열도 붕괴시켰다. 이 사랑은 보통 과거의 식민지 지배가 통상적으로 그 뿌리를 둔 부유한 백인과 가난하고 비참한 유색인종 사이에 깊이 인종화된 계급 차이도 흔들어 놓았다. 젊고 가난한 백인 여성은 아이린이며 중산층 한국인 어머니는 그녀를 더럽고 쓸모없는 존재로 여긴다. 상훈과 제니퍼의 성관계처럼 민우와 아이린의 성관계는 후기 민족주의적post-national이다. 유색인종 남성이 백인 여성에게 접근하지 못하게 했던 (반대로 백인 여성이 유색인종 남성에게 접근하지 못하게 했던) 식민주의적 성의 질서를 깨기 때문이다. 당시에 이 결합은 백인여성을 욕망의 대상 중 가장 상위에 위치시키는 인종차별주의를 재생산한다. 상훈과 제니퍼가 맺은 가볍고 짧은 성관계와는 달리, 민우와 아이린이 맺은 관계는 오랜 만남을 의미하며 서로에 대해 알아가는 노력을 통해 이 관계를 키워 나간다. 아이린이 보여 주는 한국어와 한국에 대한 관심은 전형적으로 미군들이 보여 주는 제국적 우월감이 반영된 그들의 무지와 무관심과는 전적으로 대조적이다. 한국과 미국 사이에 존재하는 위계질서의 차이를 약화시킬 수 있는 상호 이해와 사랑에 대한 이런 희망은 이 소설 제목에 반영되어 있다. 『노란 잠수함』은 비틀즈의 인기 곡에서 따온 것으로 유토피아적 공간을 의미한다. 이 공간은 모든 사람들이 함께 살며 연인과 친구가 될 수 있는 곳이다. 이곳은 "사랑과 평화의 땅이며, 이곳은 총포 소리 대신 음악으로 채워져 있다"(C. Yi 2001, 2: 236).

카투사와 백인 미국 여군 사이에서 벌어지는 이런 성관계에서 대체로 탐구되고 있지 않은 부분은 식민지 구조 내에서 유색인종인 여성의 성접대를 당연히 가질 수 있는 (제국주의 권력의 에이전트로서) 남성의 권리이다. 유럽 식민주의에서 이런 남성은 대개 백인이었지만, 현재 미 군사제국에서 이들은 다양한 인종으로 구성되어 있다. 군사제국의 주변이라는 구조적 위치에 묶여 있는 카투사는 이런 권리에 도전하기에는 선택의 여지가 거의 없다. 『노란 잠수함』에서 미군기지에 반대하며 민족주의자인 카투사 정태는 이런 제국주의 특권에 도전하기 위해 군 복무기간 동안 게릴라 전술을 동원하여 노력한다. 그리고 제대 후, 한국인을 대상으로 미군이 저지른 범죄에 반대하는 운동을 통해 그의 노력을 이어 간다. 그는 영어 이름이 아이린인 기지촌여성 혜주와 사랑에 빠진다. 그리고 그녀가 성매매에서 벗어날 수 있도록 도움을 준다. 처음에 정태를 수상하게 여기고 그의 동기에 냉소적이었던 아이린은 서서히 마음을 열기 시작한다. 정태는 계속해서 그녀를 보살펴 주며 친절함을 보인다. 그러나 그녀는 중대에서 평판이 좋지 않은 히스패닉계 미군인 마르케즈와 사귀기 시작한다.[37] 성노동자들에게 폭력적인 포식자 같은 미군의 모습을 구현한 마르케즈는 혜주를 살해할 계획을 세운다. 마르케즈는 기지촌여성들이 "(한국)정부가 제공한 더러운 화장실 휴지 같다"(C. Yi 2001, I: 197)라고 믿기 때문이다. 그는 성노동자 하나를 살해할 것이라고 자랑스럽게

---

37 이런 묘사에 내재화된 백인 중심의 인종차별적 문제가 존재하는지 필자는 궁금하다. 왜냐하면 가장 많이 알려진 한국 내 기지촌 성노동자들을 살해한 사건에 백인 미군들이 (유색인종 미군 보다는) 연류되어 있기 때문이다. From Nogŭnri to Maehyangri Publication Committee(2001).

떠들고 다닌다. 그리고 체포되지 않고 한국을 떠날 것이라고 말한다. 그는 이 끔찍한 생각을 행동으로 옮긴다. 혜주를 살해하려는 장면에서 마르케즈의 행동을 수상히 여겨 그의 뒤를 밟은 정태는 그를 살해한다. 정태는 들키지 않고 군복무를 마치지만 혜주는 마르케즈의 죽음을 복수하려는 미군 그룹에 의해 살해당한다. 군 당국은 한국인과 미군이 연루된 살해 복수가 더 확대되는 것을 막기 위해 이 사건을 단순하게 종결한다.

결론

한국에 있는 미군기지에서 한국인 징집병들의 군복무가 실화와 소설적 형식으로 구성된 카투사 담론은 미 군사제국의 복잡한 작동을 밝혀 준다. 분명한 식민지가 결여된 상황에서 한국의 미군기지(세계에 퍼져 있는, 특히 서구 국가가 아닌 곳)는 가상의 식민지 공간이 되었다. 이곳은 국가의 주권이 유예된 곳이다. 제국주의 권력의 에이전트인 미군들은 한국 어느 곳에 있든 치외법권을 누린다. 이는 미군과 한국 사법체계가 미군범죄를 수십 년간 다뤄 온 방식에서 볼 수 있다. 1991년과 2001년 SOFA를 개정한 이후에도, SOFA는 한국 영토에서 한국인을 대상으로 범죄를 저지른 미군에 대한 한국의 정당한 사법권 행사를 계속해서 제한하고 있다. 제국주의 권력과 가깝게 접촉하고 있는 카투사들은 미 제국주의의 경계가 휴전상태에서 분단국가로 존재하는 한국의 특수한 상황 속에서 어떤 방식으로 유지되는지 분명하게 말할 수 있는 유리한 입장에 있다. 카투사 담론은 미군들 사이에 만연하게 퍼진 카투사에 대한 우월감이 기대고 있는 제국과 의존국 사이에 존재하는 서열의 차이를 드러낸다.

카투사 담론은 또한 사병 출신 미군에 대해 카투사들이 가지고 있는 계급적 특권 그리고 백인 미군 여성과의 성관계를 통해 복잡한 제국주의 서열에 맞서고 있는 상황을 드러낸다. 이 담론이 중산층 대학교 학생들의 목소리만을 반영하고 있음에도 불구하고, 이 목소리는 현대 한국에서 고립된 목소리가 아니다. 오히려 이들의 목소리는 한국에 위치한 미군기지의 존재를 당연하게 여기는 것에 대해 문제를 제기하는 풀뿌리 시민운동의 한 요소가 된다. 한국이 민주화되면서 비정부기관들은 금기시되던 문제, 즉 한국 민간인들을 대상으로 미군이 저지른 심각한 범죄를 공개해 왔다. 그리고 기지 주변 주민들에게 견디도록 강요했던, 기지 때문에 생겼던 문제들을 공개했다(Ko 2007).[38] 예를 들어 주한미군 범죄 근절 운동본부는 한미의 평등한 관계개선을 위해 노력해 왔다. 미군기지 반환운동연대는 미군기지 주변 주민들의 삶과 건강을 보호하는 데 주력했다. 이런 노력들은 제국주의 권력, 그리고 그 권력에 협조하는 한국 당국 앞에서 미약하다. 그러나 이런 집단적 노력의 결과는 상당히 가치 있을 것이다.

---

38 해외주둔 미군기지가 야기하는 부정적인 사회공간적 영향에 대한 일반적인 논의를 보려면 Gillem(2007, chap. 3) 참조.

8장

'미군은 춤을, 독일군은 행진을'

미군, 남성성 그리고 군사주의에 관한 독일인들의 시각 변화

마리아 혼

미국의 독일 점령과 관련된 대중적 이미지에는 미군에 대한 특정 고정 관념들이 있다. 전후 시기를 다루고 있는 역사 전시회나 대중적 역사책은 독일 아이에게 사탕을 건네면서 미소를 짓고 있는, 가급적 흑인 병사의 사진을 꼭 포함하고 있는 미군. 이런 전시회는 많은 독일여성들이 백인과 흑인 미군 병사 모두를 열렬히 환영하는 사진을 증거로 전시할 것이다. 1948년과 1949년에 시행됐던 베를린 공수작전Berlin Airlift(러시아 군대가 베를린으로 가는 길목을 차단했을 때, 미군이 서독 국민들에게 음식을 제공하기 위해 시행했던 작전)은 미군의 이미지를 서독의 보호자로, 독일의 민주주의 출현을 보장해 주는 인물로 굳히는 데 또 하나의 중요한 전환점이 되었다. 몇년 전만 해도 도시를 초토화시키는 데 사용된 이 비행기는 굶주림에 처해 있는 도시에 식량을 주고 베를린 아이들에게 사탕을 내려주는 '건포도 포탄'으로 탈바꿈했다. 미군이 정복자로 들어왔을지 모르지만 몇년만에 이들은 보호자가 되었으며 소련과 갈등을 겪고 있는 냉전에서 독일인들의 연합군이 되었다.

1949년 독일연방공화국이 탄생한 이후, 다수의 독일인들은 미국인을 "점령자"로 불렀지만 소련과의 갈등이 고조되는 시점에서 대부분의 독일인들은 또한 서독과 유럽의 안보를 위해 미국의 존재가 중요함을 인식했다. 1953년까지 놀랍게도 67%의 서독 국민들이 미군의 체류를 원했으며 지지율이 가장 높았을 때는 약 75%의 지지율을 보였다. 이는 향후 50년간 지속되었다. 이 지지율은 가장 어려웠던 시기인 1970년대 초에 약간 떨어졌을 뿐이다. 이 시기는 미군이 격동적이었던 베트남전 이후 군이 모두 자원입대로 바뀐 때였다. 논쟁의 여지가 있었던 1980년대 초 퍼싱 미사일 위기 때조차도, 이때는 미독관계에 있어 가장 사이가 좋지 않았던 시기로 여겨지는데, 단지 1/4에 해당하는 시민들만이 미군 철수를 요구했다(Fleckenstein 1987, 15; Merritt and Merritt. 1980, 208).

동서 갈등에 있어 미군을 국가의 가장 큰 희망으로 보고 있는 독일인들의 수는 지속적으로 높았으나, 이 이미지에 독일인들이 대서양을 건너온 그들의 보호자를 보는 미묘한 견해는 반영되지 않았다. 서독에서 미군의 임무를 몇년에 걸쳐 지속적으로 용인해 준 것만큼 독일인들은 미군의 전체적인 전투 실력에 깊은 회의감을 꾸준히 갖고 있었다. 흥미로운 사실은 독일인들이 제도적으로는 미국군대를 서독이 가장 믿을 만한 군사력을 가진 보호자로 여겼지만, 미군 병사들 개개인에게는 깊은 불신을 보였다는 것이다. 미독 관계의 복잡성을 알리기 위해, 필자는 1945년 이후 독일인들이 미군을 어떤 방식으로 바라보았는지 그리고 그들의 이런 관점이 지원병 제도가 도입되면서 특히, 2003년 이라크 침공 이후 어떻게 변화했는지 탐구해 보고자 한다. 중요하게 눈여겨볼 점은 전후 기간에 독일인들이 '남성을 거세하는' 미국여성과 '여성적이고' 연약한 미국남성이라는 고정관념을 갖고 미군을 대했다는 것이다. 이런 고 정관념은 1920년대까지 거슬러 올라간다. 독일의 남녀 젊은이들이 미군 들의 다르게 생긴 육체 그리고 미국의 대중문화에 끌리는 것을 보며 나 이 든 많은 독일인들은 미군이 '진정한 남성'이 아니며 소련의 위협에 맞 설 수 있는 '거친 병사'들이 절대 아니라는 생각을 굳혔다. 이 두 세대가 가진 다른 관점을 배열하는 방식으로 필자는 미군의 존재가 '양가적인 공간'ambiguous space 같은 곳을 생성했다는 것을 증명하고자 한다. 이 양가 적인 공간은 에이미 캐플런Amy Kaplan이 미국 제국이라는 그녀의 책에서 사용한 용어이다. 이 공간에서 미국 대중문화가 강화시켜 놓은 미군들의 이미지는 남성성의 새로운 모델로 서독에 소개됐다. 젊은 독일남성들은 이를 열정적으로 받아들였다. 이 글에서 군에 관한 모든 것과 군인의 덕 virtue과 관련하여 독일의 관계가 1945년 이후 어떻게 진화되어 왔는지 그 리고 이런 변화가 미군에 대한 완전히 새로운 개념을 어떻게 야기시켰 는지에 대해 짧은 개요와 함께 결론을 맺도록 하겠다.

첫 인상과 점령의 시기

독일인들이 처음 미군과 대면한 것은 1차세계대전 때 라인 지방을 단기 간 미군들이 점령했을 때였다. 그러나 1918년 이후 유럽에 머문 미군들 이 소수였음을 고려해 볼 때, 이 대면은 흔치 않은 일이었다. '미국'과의 진정한 대면은 바이마르 공화국(1918~1933)의 '황금기'(1924~1928) 때였 다. 이때 미국 민간 금융의 유입은 미국 회사만 들여 온 것이 아니라 미 국의 대중문화와 소비재 또한 함께 들여 왔다. 포드 자동차회사, 찰리 채

플린, 재즈음악, 코카콜라 이 모두는 새로운 시대가 열렸음을 알렸고 도시 출신의 많은 독일 젊은이들은 외국제품의 유입을 열광적으로 받아들였다. 그러나 모든 독일인들이 이런 풍요로움을 누렸던 것은 아니다. 전쟁에서 패배하고 군주제가 제거된 이후, 독일의 교육받은 보수 상류층계급들Kulturburger은 포위당한 기분을 느꼈다. 미국의 거대한 힘이 가진 의미에 대한 논의와 이런 문화적 공격이 '독일인'에게 갖는 의미는 그저 광범위한 것을 넘어 과열된 분위기였다.

독일의 보수적인 지식인들이 미국을 바라볼 때, 미국은 문제투성이의 나라였을 뿐이다. 그들의 눈에 미국의 소비 자본주의의 모델은 독일문화(고급문화)에 엄청난 도전이 될 뿐만 아니라 전통적 계급, 젠더 그리고 세대를 걸쳐 이어온 위계질서에도 위협이 될 수 있었다. 독일 지식인들은 특히 미국 모델의 모든 잘못된 점을 전형적으로 보여 주고 있는 '신여성'의 이미지에 사로잡혀 있었다. 독일 목격자들은 중상류층 계급의 미국 백인 여성들에 관한 그들의 우려를 가장 먼저 드러냈다. 이 미국여성들은 독일여성들이 누리지 못하는 합법적 평등을 누리고 있고 직장과 자선단체에서도 눈에 띄게 활동하고 있었기 때문이다. 이토록 협소하게 특권층 백인여성에게만 초점을 두는 바람에, 독일 부르주아 관찰자들은 미국여성들이 가정에서 대량 소비를 관장하고 있을 뿐만 아니라 문화 전반도 관장하고 있다는 추측성 결론을 내리게 된다. 독일의 경우 이런 고급문화는 전통적으로 상류층 독일남성이 장악했었다. 독일의 보수적 상류계급은 미국에선 남편이 그들의 부인에게 '존중이 깃든 언어'를 사용해야 할 뿐만 아니라 설거지와 아이들도 돌봐야 된다고 믿기에 이르렀다. 한 독일남성은 다른 많은 남성들을 대변해 미국여성은 "가정의 여왕"인 것 같다고 말한다. 유럽의 많은 나라들에서 남성이 "그의 성의 주인인 것과는 다르게"라고 분명하게 말했다. 서독의 보수적인 부르주아들은 미국 스타일의 소비자본주의는 지나치게 공격적인 여성과 거세당한 남성이 생산해 낸 것이라고 믿었다.[1]

나치는 여성적인 미국남성과 거세하는 미국여성이라는 오랜 기간 유지되어 온 이런 전형적인 이미지를 전쟁선전 문구를 통해 더욱 공고히 하는 역할을 했다. 미국과 전쟁을 시작한 초기에, 괴벨스의 선전기관은 미 군인들을 '탱고 댄서' 또는 '지르박 댄서'로 여성화해 무시했다(Henke 1995, 167). 즉, 미군들을 웨를마크트Wehrmacht(2차대전시 독일군인들)라는 독일 군인이 가지고 있는 규율이 없는 군인들로 묘사한 것이다. 미국은 절대 전쟁에서 승리할 수 없는데 이는 "미군은 춤을 추고 있고 독일군은 행진을 하기 때문"이라고 독일 학생들에게 가르쳤다.[2] 하지만 이 정권은 여성화한 미군의 이미지를 전쟁 막바지에 완전히 바꿔놓았다. 미군들을 '앵글로 아메리칸 전쟁범죄자' 또는 '앵글로 아메리칸 솔다테스카'Anglo-American Soldateska로 부르며, 이들이 "독일 민중의 완전한 파멸"을 목표로 하고 있다고 묘사했다(Ruhl 1980, 14; 1985, 88~91). 그러나 미군 침입자에 대한 민간인들의 저항은 이런 공포를 유발하는 선전문구에 거의 영향을 받지 않았다. 서부전선을 강타하는 미국의 비행 군단도 없었으며 화가 난 나치 장교들은 사람들이 러시아군에게 침략당한 게 아니라 '문

---

1 1920년 부르주아 계급 내 젠더 관련 염려나 우려에 대한 심도 있는 설명을 보려면 Nolan(1994, 125); Peukert(1992)를 참조하라.
2 에지콤(Gabrielle Simon Edgcomb), 1995년 여름, 워싱턴에서 이루어진 작가와의 대화.

명화된 사람'들에게 침략당했다고 확신을 가지고 있다고 보고했다(Ruhl 1980, 83). 아프리카계 미군을 잔혹한 '매독감염 강간범'들로, 독일여성을 더럽히려는 의도를 가진 이들로 묘사한 나치정권의 노력에도 불구하고, 미국의 공격에 대한 민간인들의 저항을 끌어내지는 못했다(Henke 1995, 962). 침략자들을 두려워하는 대신 대부분의 독일인들은 미군을 안절부절하며 고대하거나 안도감을 가지고 기다렸다.[3]

전쟁에서 패한 독일인들이 형성한 미군의 이미지는 물론 획일적이지 않았다. 나치즘을 강력하게 지지했던 독일인들은 승전한 미국의 침략을 무기력한 분노와 연결시키거나 때로 증오와 연결시키기도 했다. 이런 다수의 독일인들이 보기에 "유아적이고" "항상 껌을 씹는 뚱뚱한 미국인"들이 독일군을 이겼다는 것을 이해할 수가 없었다(Kleinschmidt 1997, 101). 그러나 다른 부류의 많은 독일인들은 미군의 상륙이 독일 도시에 대한 폭격의 끝이라고 받아들였으며 이런 '희한한 존재들'(미군)을 더 잘 알아갈 수 있는 기회를 가지게 된 것으로 여겼다. 이런 독일과 미국의 첫 만남에 대한 그 당시 묘사나 그 이후 수많은 세월 동안 지속된 기억 속에서 보면, 특정 테마가 계속해서 반복적으로 나타난다.[4] 독일인들은 미군이 가진 장비를 보며 믿을 수 없을 발달된 기술적 우월성에 감탄했다. 그러면서 독일인들은 얼마나 미군들의 몸집이 크고 건강해 보이는지 그리고 그들이 얼마나 멋있고 여유로워 보이는지 얘기했다. 또 하나의 중요

---

3 음성역사기록 모음(The Oral History Collection), IANAS에 독일인들이 이 첫 만남을 어떻게 기억하고 있는지 보여 주는 훌륭한 자료들이 포함되어 있다.
4 음성역사기록 모음.

한 테마는 특히 아이들에게 보여 준 미군의 자상함이다. 넥카르스게뮌드 Neckarsgemünd 출신인 한 성직자는 많은 독일인들에게 승리를 거둔 미군의 상륙과 그들이 가져온 '몰려오는 철강'(탱크)에 대한 설명을 다음과 같은 방식으로 전달했다.

미 군대는 믿을 수 없을 정도로 너무나 잘 무장되어 있었습니다! ⋯⋯ 군인들은 멋지고 건강해 보였으며, 영양 상태가 좋아 보였어요. 군인들은 좋은 옷감으로 된 군복을 입고 최고급 가죽으로 만든 군화를 신고 있었어요. 이것 외에도 그들이 타고 온 차량은 환상적이었어요. 우린 미군이 가진 기술적 우월성의 모든 면을 인정할 수밖에 없었어요. ⋯⋯ 그리고 초콜릿을 잔뜩 가지고 있었고 끊임없이 담배를 폈어요.

(Henke 1995, 262)

미군들은 그저 영양 상태가 좋아 보이거나 제대로 무장된 정도를 넘어 이들은 "몸집이 크고 친절하며, 여유로운 남자들"로 불렸다. 이들은 많은 독일인들에게 "다른 별에서 온 유령"처럼 보였다(Kleinschmidt 1997, 100). 미군과의 이런 첫 만남은 많은 독일인들에게, 특히 아이들에게 혀끝에서 느껴지는 만족감과 종종 연결된다. 현재까지 지나가던 탱크에서 던져준 허쉬 초컬릿의 첫번째 조각에 대한 추억 또는 위글리Wrigley 껌 한 통에 대한 추억은 독일인들의 기억 속에 중요한 부분을 차지하고 있다.[5]

영양 상태가 좋아 보이며 주권을 가지고 있는 미군과 "영양 불균형

---

5 영상 아카이브(Video Archive), IANAS, 비디오, 5, 8, 14, 57, 63.

에 무장도 되어 있지 않고, 도망친 비참한" 독일 군인들이 보여 주는 대조적 이미지에도 불구하고 독일 관찰자들은 미군이 반드시 더 나은 전사들이라고 확신하지는 않았다(Henke 1995, 961). 이와는 반대로 많은 독일인들은 독일을 이긴 미군의 승리가 "그다지 영예로운 것"이 아니라고 생각했다. 그것은 즉 미군이 "독일을 이긴 것은 그들이 가진 더 나은 장비 때문이지 미군이 독일군보다 더 나은 전투병들이기 때문이 아니다"라는 이유에서 그렇다(Ruhl 1985, 154). 여기서 볼 수 있듯 이렇게 광범위하게 독일인들이 전후 기간 동안 믿은——미군은 그다지 훌륭한 군인이 아니고 그들이 전쟁에서 승리할 수 있었던 것은 기술적 우월성과 압도적인 공군력 때문이라는——생각은 서독에서 오랜 기간 지속되었다.

미군의 점령에 대해 비판하는 것이 독일인들에게 허락되지 않았으므로 이 기간 동안(1945~1949) 독일인들이 미군을 어떤 감정으로 바라보았는지 알아보는 것은 쉽지 않다. 그러나 미 군정이 펴낸 설문조사와 보고서에 따르면 미군의 명성이 상당히 악화되었는데, 이는 만연한 군기부족 문제라고 지적했다. 이 자료는 1947년 중반 미군에 대한 독일인의 지지가 가장 낮았던 때 만들어졌다. 점령군은 특히 독일여성과의 성교금지 제도를 이행하지 못하는 무능력을 보이면서 존경심과 존중을 많이 잃었다(3장 참고). 고도로 군기가 엄격한 전투 사단을 신속하게 제대시키기로 한 결정과 이들을 제대로 훈련도 받지 못한 신병과 자원병들로 대체시키면서 군의 군기 문제는 더욱 악화되었다.[6] 미 군정은 독일인들이 "미

---

6 이 문제에 대한 자세한 설명을 원한다면, Kleinschmidt(1997, chap. 6); Schraut(1993, 153); Willoughby(1993, chaps. 1, 2) 참조.

군은 과다한 음주를 일삼으며, 군복에 대한 존경심이 없고 소란을 피우며 인권에 대한 의식 없이 민간인을 구타하고 암시장을 통해 이득을 챙기는" 사람들로 보고 있다는 것을 매우 곤혹스럽게 여기며 보고했다(Ziemke 1975, 421). 놀란 군 수뇌부는 상황이 통제불능이라는 것을 인정하고 독일 주재 미 군정장관인 조셉 맥나니Joseph T. McNarney는 1946년 5월에 미군의 문란한 군기가 미군의 명예를 더럽히고 있다고 분명하게 밝혔다.[7]

　　독일 사회를 민주화시키기 위한 미국의 커다란 목표를 고려할 때, 미군은 군인들의 군기와 사기 문제에 대해 깊이 걱정하고 있었다. 군인들의 군기문란은 또한 '군복을 입은 민주주의 시민인 미군'에 대한 이미지를 변색시켰다. 이는 미국이 서독 국민들을 재교육시키는 데 중요하게 사용된 요소 중 하나였다.[8] 이렇게 팽배하게 퍼진 문제점에 대한 효과적인 대응은 1947년 늦은 봄에야 도입되었다. 소련에 대한 두려움이 증폭되면서 군은 군대의 준비태세, 사기 그리고 군기를 향상시키기 위한 포괄적인 노력을 했다. 군은 군인들의 고삐를 조이기 위해 군기가 센 경찰군을 독일로 데려왔으며 좀더 장기적인 군 숙사를 지어 군기와 사기를 향상시키려 노력했다. 이런 노력은 곧 효과를 거뒀으며 1950년에 독일인의 2/3가 미군의 행실이 바르거나 매우 바람직하다고 밝혔다(Merritt and Merritt 1980, 58).[9]

---

7 "Overseas: Curbing a Conqueror's Complex", *Newsweek*, 1946. 5. 6.
8 미군을 '민주주의의 대사'(ambassador)로서 본 자료는 Kleinschmidt(1997, 198~204). Renwick C. Kennedy, "The Conqueror", *Christian Century*, 1946. 4. 독일의 민주화와 미국의 삶의 방식으로 독일인들의 마음을 사로잡을 수 있었던 수많은 기회를 미군들의 나쁜 행실 때문에 어떻게 읽어 버렸는지 자세하게 설명하고 있다. 이와 유사한 책으로 Hutton and Rooney(1947)가 있다.
9 Fleckenstein(1987, 5)의 글에 1956년 이래 시행된 여론조사가 포함되어 있다.

화해의 시기(1949~1955)와 황금기(1955~1965)

미독관계에 있어 1950년대는 종종 황금기로 불린다(Nelson 1987, 51~61; Schwarz 1981, 375~428).[10] 베를린 공습을 시작으로 이전에 점령군이었던 이들이 보호자로 탈바꿈하고 1949년 서독의 일부 주권을 보장해 주면서 서독을 국제사회의 일원으로 재확인시켜 주었기 때문이다. 딘 애치슨Dean Acheson은 미독관계에 있어 이 시기를 "차이를 해결한 시기일 뿐만 아니라 성장과 이해를 같이 한 시기"로 불렀다(Schwarz 1981, 248). 이 시기의 초창기와 말에 진행된 설문조사는 미독관계에 얼마나 많은 진전이 있었는지 보여 준다. 1961년, 서독 국민의 70%가 미국이 그들을 아군으로 본다고 믿었으며 오로지 10%만이 미국이 서독을 여전히 적으로 간주한다고 생각했다. 10년 전과 비교했을 때, 이 결과는 매우 극적인 반전이다. 이때는 60%의 독일 국민들이 미국이 독일을 적으로 간주한다고 확신했었기 때문이다. 그리고 오직 20%만이 미국이 서독의 아군이라고 믿었었다(Knauer 1987, 189~190).

그러나 미군이 유럽을 방어할 능력이 있다는 것을 독일인들에게 확신시키기란 훨씬 더 어려웠다. 58%의 서독인들이 1952년 말에 국가안보를 위해 서독에 미군이 잔류해야 한다는 지지를 보였지만 독일인의 대다수가 미군이 그런 도전을 잘 감당할 수 없을 것 같다고 믿었다.[11] 미

---

10 '황금시기 50년대'에 대한 1950년대 설명을 보려면 다음의 자료를 또한 참조하라. 영상 아카이브, IANAS, 영상자료 37, 47.

11 USAREUR Public Information Division, Classified Decimal Files, 1952; HICOG Survey 152, 1952년 9월 15일, NARA, RG 338, box 1, folder 014.13.

〈사진 8. 1〉 군 행진, 카이저슬라우테른(1950년대). 이런 가두행진은 독일인들에게 감명을 주기 위해 기획되었다. 즉, 미국은 소련의 위협에 맞섰고 독일은 통제하에 있다는 것을 프랑스에 보여 주기 위함이었다. Courtesy Walter Rödel.

군이 독일을 의기양양하게 이긴 지 얼마 안 있어 미군은 독일인들에게 미군의 용맹무쌍함을 설득시켜야 하는 곤란한 위치에 있음을 발견했다.

독일이 남성다움과 '독일인다움'을 군복무, 거친 모습 그리고 자기 희생과 연결시키는 긴 역사를 가졌다는 점을 감안할 때, 아래위로 건들 거리며 걷고, 주머니에 손을 넣고 껌을 씹으며 독일로 들어온 여유롭고 자유로워 보이는 미군은 독일인들에게 두려움보다는 희소를 자아내게 했다. 1952년 조사된 설문결과에 미군은 놀랐는데 오직 27%의 독일인 들만이 미군이 소련의 위협에 맞설 수 있을 것이라고 믿었기 때문이다. 1956년까지 서독은 자국의 군대를 재설립하지 않은 단계였음에도 불구 하고 77%의 서독인들은 이 설문조사에서 독일군들이 세계에서 가장 뛰 어난 군인이라고 응답했다. 동시에 독일인의 31%가 소련 군인이 세계에서 가장 뛰어난 군인이라고 응답했다. 오로지 12%의 독일인들만이 미군이 뛰어난 군인이라고 응답한 것에 미국은 놀랐다(Merritt and Merritt 1980, 151~152). 일 년이 지난 이후 시행된 설문조사에서 독일인의 38%가 미군은 "용감하지 않으며", "유약하고", "군기가 문란하며", "훈련을 제대로 받지 못했다"라고 응답했다. 47%의 독일인들은 여전히 미군이 1945년 독일군을 이긴 것은 미군의 장비가 독일군보다 더 좋았기 때문이라고 믿었다(Merritt and Merritt 1980, 207~208).

미군의 전투실력에 대한 시무룩한 반응을 어떻게 설명할 수 있을까? 전쟁에서 승리한 미국에 대한 독일의 평가는 미군이 보유하고 있는 물질적 풍요와 기술적 우월성에 초점을 두고 있었다. 이런 시각은 여전히 광범위하게 공유되고 있었다. 점령 초기, 미군의 만연한 군기문란과 사기 문제로 인해 독일인들은 미군의 용맹함을 평가절하했다. 점령 기간 동안 미군이 행한 인도적 활동 즉, 독일 전쟁고아들을 위해 군인들이 준비한 크리스마스 파티 같은 것 등은 독일인들이 미군의 남성다움과 '군인다움'을 부정적으로 평가한 이유 중 하나로 들 수 있다. 힘들었던 전후 시기 동안 독일인들은 이런 활동들을 매우 고마워했지만, 이런 이미지들이 미군은 소련군보다 강인한 전투병이라는 사실을 믿지 못해 불안해하는 독일인들을 확신시키지는 못했다. 1952년 설문조사가 보여 주고 있는 참담한 숫자를 고려해 볼 때, 유럽 내 미군 공보기구USAREUR는 서독에 파견되어 있는 군 사령관들에게 다음과 같은 지시사항을 전달했다. "이전에 미군은 서독인들에게 미군이 우호적이며 서독인들의 안녕을 원하는 참을성 있는 존재임을 확신시켰다. …… 이제 군대의 전투 실력과 소련의 침략을 막을 충분한 의지와 능력이 있다는 것을 강조할 시기가 왔다."[12]

독일인들에게 미군의 군인다움과 강인함을 확신시키는 것은 미군이 서독에서 당면한 가장 큰 과제 중 하나였다. 초기 점령군으로서 그 이후 보호자로서 미군을 바라보도록 하기 위해서, 미군은 사병들을 독일인들에게 미국의 관대함을 베푸는 민주적인 시민군대로 보이기 위해 모든 노력을 다했다. 또한 사병들은 미국식 삶의 방식을 보여 주는 친절한 대사의 역할을 수행함으로써 보여 주었다. 더욱이 미 국무부는 냉전은 군사력만을 가지고 싸우는 것이 아니라 미국의 상품과 대중문화를 통해서도 싸우는 것이라고 분명하게 밝혔다(Höhn 2002, chap.2; Poiger 1999). 이런 노력의 일환으로 미군은 미국식의 삶을 독일인들에게 선사하기로 한 약속을 적극적으로 수행하는 역할도 담당했다. 동독에 자리잡고 있는 소련과는 다르게 미군은——한국에 주둔한 미군과도 다르게——군인들에게 외출을 장려하고 클럽에 가거나 독일사회의 자선단체에 가입해 독일인들과 친구가 될 것을 권유했다. 이렇게 광범위하게 이루어진 공동체 관계 개선 노력으로 미군은 대규모 병력을 주둔시킬 수 있었고 독일인들이 지난 60년간 이들의 주둔을 수용하도록 설득시킬 수 있었다(Höhn 2002, chaps.1~2).

그러나 군이 모르는 사이 이렇게 쌓아 온 공동체 관계 개선을 위한 노력들은 부정적인 방향으로 흘러 가고 있었다. 군인들의 '인간적인' 면을 강조했던 군의 노력으로, 미군의 이미지는 '군인다운 군인'으로 비치기보다 여유로운 미국인 스타일로 보이는 결과를 낳았다. 후에 보게 되겠

---

12 "A Note on Anti-Americanism in Germany", n.d [ca. 1952], Classified Decimal Files, 1952, NARA, RG 338, box 1, folder 014.13.

〈사진 8.2〉 미-독 우정주간(1960년대 초). 시골의 한 마을. 이 행사는 한 해 가장 큰 행사로 미군들이 아이스크림, 컵케이크 그리고 햄버거를 나눠 주는 행사였다. Courtesy Heinrich Brucker.

지만, 이런 이미지들 때문에 젊은 십대들은 미군들에게 매력을 느꼈으며 나이 든 독일인들은 그들이 바랐던 '군인다운' 모습이 아닌 미군에 대한 불편한 심경을 숨기지 않았다. 미군은 옷을 잘 차려 입었고, 말끔했고 멋진 차를 가지고 있었는데, 이는 그의 군인다움, 즉 그가 되어야 할 '남성'의 조건을 보여 주기보다 소비력을 보여 주는 것이었다.[13] 1954년 서독 국민들은 아미솔다(미군)가 호의적이고 친절하지만 "공격성과 강인함"이 부족하다고 대답했다. 공격성과 강인함은 독일인들이 여전히 군인이 가져야 할 최대 덕목으로 여기는 것들이었다(Merritt and Merritt. 1980, 238).

---

13 "Trouble brewing in Kaiserlautern: One sees hardly a French soldier on the streets", *Saarbrücker Zeitung*, 1952. 12. 9.

1950년대 동안 이 이미지가 중요했던 것처럼 1920년대 거세된 미국남성의 전형적인 이미지와 공격적인 미국여성 이미지는 서독의 기지촌에 온 '새로운 이웃'에 대한 언론 보도에서 널리 재생산되었다. 서독의 보수적인 기독교민주당 정부는 과거의 나치와 동독의 공산주의 정권과 거리를 둔 '전통적인' 젠더 역할을 부활시키기 위해 혈안이 되어 있었다. 새로운 이웃에 대한 언론보도는 놀라움뿐만 아니라 두려움도 나타냈다. "미군 아내들은 이른바 기지 내에 위치한 미국 가정에서 예상컨대 최고의 권력을 쥐고 있으며 쇼핑을 하거나 자선파티 등에서 대부분의 시간을 보낼 것이다"(남편을 위해 요리를 하며 시간을 보내는 대신). 미군 장교들도 심지어 가끔씩 부인을 대신해 쓰레기를 내놓거나 아이들을 돌보는 것에 독일여성들은 경악했을지 모른다. 그러나 이런 젠더관계에 대해 독일남성들은 미국 가정이 '자연의 질서'를 거스르고 있다고 믿었다. 유약한 공처가라는 미국남성에 대한 인식은 1950년대에도 여전히 공공연한 사실처럼 퍼져 있었으며 독일인들은 종종 "7사단에 있는 미국 장군들은 맥카시McCarthy와 미국여성단체만을 두려워한다"고 농담을 했다.[14]

2차대전으로 커다란 희생을 치르고 독일 도시들이 거의 모두 파괴된 상황에서 많은 독일인들이 재무장에 반대했음에도 불구하고, '군인다움'과 '남성다움'에 대한 독일인들의 이해는 아직 변하지 않았었다. 1950년대와 1960년대 중반을 지나면서 이런 관점은 독일의 오랜 군사전통과 직접적으로 연결되어 사람들 마음속에 남아 있었다. '진정한 군인'은 가

---

14 "Laufende Razzien beunruhigen Geschäftemacher", *Die Freiheit*, 1954. 12. 18. 독일여성들이 미국인 및 미국 내 젠더 관계에 대해 어떤 방식으로 이해했는지 보려면 Höhn(2002, chap. 2).

혹한 군기, 굶주림 그리고 희생을 감내할 수 있어야 하며 미군처럼 제멋대로이고 자유분방하게 살면 안 된다고 생각했다. 서독을 서부군사동맹에 편입시키려는 미국의 노력을 고려할 때, 재무장과 징병제 제도의 부활이 피할 수 없는 길이라면, 젊은이들이 '명령과 군기'에 대해 배워야 한다고 생각했다. 1960년대 사회적 변화가 있기까지 나치정권의 재앙을 경험했음에도 불구하고 군대에 대한 이상 즉, '국가의 학교'로서 '남성다움'이라는 정체성을 키울 수 있는 유일한 제도라고 생각했던 생각은 여전히 많은 독일인들 안에 살아 있었다(Frevert 2004, 274).[15]

달러 폭락과 베트남전쟁

미군의 우호적인 성향과 친절함에 대한 지나칠 정도의 긍정적 평가와 군인의 자질에 대한 회의적 평가는 1960년 말까지 계속되었다. 베트남전쟁에 미국의 개입이 커지기 시작하면서 미국과 미군에 대한 명성은 전례 없이 추락했다. 미국정부가 베트남전쟁 때문에 서독에 주둔한 제7사단이 입은 피해를 처리하는 과정에서 전에 없던 갈등이 미독관계에서 고조되었다.

독일 정치인들과 미군기지 주변에서 거주하고 있는 독일인들에게 베트남전쟁은 유례없는 위기를 독일과 미국의 관계에 몰고 왔다. 동시에 이 위기는 미 군사제국의 초국가적인 면모를 드러냈다. 서독에 주둔

---

15 Bald(1994, chap.3); Geyer(2001, 376~408) 참조. 가이어는 1950년대 독일인들 중 평화주의자가 거의 없었음을 보여 준다. 그러나 독일인들의 (이 역시 군대와 밀접하게 연관되어 있었던) 국가와의 로맨스는 깨졌다. 이를 바탕으로 독일인들은 민주적 시민사회를 건설을 할 수 있게 된다.

한 제7사단은 베트남에 군수물자와 군인을 공급하기 위해 모든 것을 쥐어짜 내고 있었으며 그 결과 군대의 사기와 군기가 심각한 손상을 입게 되었다. 10장에서 필자가 설명할 것처럼 서독의 7사단은 붕괴 직전이었으며 빈번한 탈영, 음주 그리고 약물 과다남용 및 인종갈등의 문제들을 직면하고 있었다. 군대의 부름이 있을 때, 사령관들은 때로 병사들이 "군대 같은 거 꺼져 버려"Fuck The Army라고 외치는 소리를 듣곤 했다. 몇몇 예를 들면 수류탄이 사령관 사무실에 날아 들어오거나 사단 전체 내에서 명령불복종 사태가 보고되곤 했다(Höhn 2008, 133~154; Höhn and Klimke 2010, chap.8; Vazansky 2008).

탈영과 무단이탈 비율은 큰 폭으로 치솟았으며 규제되지 않은 약물과 음주 남용 때문에 독일 민간인에 대한 폭력사건이 전에 없이 치솟았다. 미군기지 주변 상황은 1960년대 말과 1970년 초 폭력으로 얼룩졌으며 미국 정치학자 대니얼 넬슨Daniel Nelson은 이 상황을 "테러의 시대"라고 명명했다(Nelson 1987, 108). 1971년, 미군은 독일인을 대상으로 2,319건의 폭력사건을 저질렀으며, 이는 1969년과 비교했을 때 75% 상승한 비율이다.[16] 서독의 가장 유명한 친미신문 중 하나인 『프랑크푸르터 알게마이네 차이퉁』Frankfurter Allgemeine Zeitung은 1972년 늦은 여름 보도한 기사에서 특정 군 병영시설과 그 주변 지역이 미군과 독일인 모두에게 위험한 지역으로 변했다고 위와 비슷한 결론을 내렸다. 즉, "군복을 입은 깡패들이

---

16 "Wir mussten die Siebte Armee ruinieren", *Der Spiegel*, 1972. 4. 17; Adalbert Weinstein, "Wir mussten die Siebte Armee erholt sich von Vietnam", *Frankfurter Allgemeine Zeitung*, 1972. 8. 25.

기지 내 거주하고 있는 동기들을 협박하거나 약탈하고 있으며 깡패들은 (미국) 군인들을 조직해 기지 외부에 있는 지역 주민들을 위협하고 있다".[17] 독일신문에 실린 논평들은 주기적으로 이렇게 사기가 저하된 군대가 바르샤바조약기구 동맹군을 효과적으로 공격할 수 있을지에 대해 의문을 제기했다(Nelson 1987, 192~193).

　　1970년대 베트남전쟁으로 야기된 위기에 더욱 불을 지핀 것은 닉슨 행정부가 금본위제로부터 화폐를 분리시키기로 결정하면서 미화가 전례 없이 폭락하게 된 것이다. 1967년 미화 1달러당 3.90마르크였던 것이 1970년대에서 3.63마르크까지 떨어졌으며 1975년에는 2.50마르크까지 폭락했다. 1978년 10월 달러는 가장 많이 폭락했으며 그 당시 미화 1달러는 1.72마르크에 불과했다(Nelson 1987, 174). 기지촌 지역의 시장들은 독일 집주인들에게 미국인들에게 받고 있는 월세를 줄여 줄 것을 부탁했다. 많은 집주인들이 이를 따랐지만 예전에 부유했던 미군의 경제적 하락은 멈출 줄 몰랐다. 1970년대까지 점점 적은 수의 미군들을 도시에서 볼 수 있게 되었고, 독일 주민들은 낮은 계급의 미군 병사들이 식료품 쿠폰으로 겨우 먹고산다는 것을 듣고 놀라워했다. 1979년 서독에 있던 16,000명의 미군가족들이 빈곤선 이하의 생활을 했다. 1978년 빈곤해진 미군과 그의 가족들을 위해 독일 가정에서 후원한 생활용품 꾸러미들은 거의 도움이 되지 못했다(Leuerer 1997, 185). 『프랑크푸르트 알게마이네 차이퉁』은 "과거 부유했던 삼촌이 이제 외국에서 온 가난한 악마로 변했

17　Weinstein, "Wir mussten die Siebte Armee erholt sich von Vietnam".

다"고 실망스럽게 보도했다.[18]

1973년 징병제를 자원입대 제도로 바꾸기로 결정한 미국정부는 이 변화가 전 세계에 걸쳐 있는 군기지에 심각한 손상을 미치고 있는 군기와 사기의 문제를 해결하기 위한 방식이라고 확고히 믿었다. 그러나 직업군대는 새로운 문제점을 야기했다. 낮은 군 임금과 달러 약세 때문에 군대는 미국의 자유시장에서 다른 곳과 비교해 경쟁력이 떨어졌다. 그 결과 직업을 다른 곳에서 찾을 가능성이 적은 사람들만이 어려웠던 이 전환의 시기에 군에 입대했다.[19] 1970년대와 그 직후, 많은 수의 어린 미군들이 서독에 배치되었다. 그것은 소년법원이 이들을 감옥에 보내는 대신 군복무를 제안했기 때문이다. 학력이 낮은 것도 문제가 되었는데, 초기 많은 지원병들이 이것 때문에 고생을 했다. 징병제도 때 군인들은 사회 여러 계급출신들로 구성되어 있었으며 14%가 넘는 이들이 학사학위를 보유하고 있었다. 미국 사회의 대표적인 본보기였던 이 제도 안에선 오직 군의 18%만이 군자격시험AFQT에서 가장 낮은 부류에 속했다. 완전 지원병제도가 도입된 후, 이 비율은 1977년 41%까지 증가했으며 1980년 군자격시험에서 가장 낮은 부류에 속하는 점수를 받은 신병의 비율은 50%에 달했다(Nelson 1987, 116). 같은 해, 『프랑크푸르트 알게마이네 차이퉁』은 미군의 4%가 문맹이며 이들 중 1/3에 달하는 병사들은 아주 기본적인 문자도 읽지 못한다고 놀라움에 차서 이 사실을 보도했다.[20]

---

18 Margrit Gerste, "Die armen Teufel aus Ünersee: Der dollarverfall fesselt die GIS noch Stärker an ihre Kasernen", *Die Zeit*, 1979. 6.

19 Ibid.

전쟁 이후 미국이 인종적으로 분리된 군대형태로 독일을 점령했고 아주 적은 비율의 아프리카계 미국인이 장교단과 군 지도자 위치에 있었기 때문에, 독일인들은 항상 미국과 독일의 연합을 두 백인 국가의 연합으로 여겼다(Höhn 2002, chaps.3~4). 완전 지원병제도가 도입된 이후 이런 개념들이 변화하기 시작했는데 이는 군대에 많은 수의 유색인종들이 입대를 했기 때문이다. 1974년 이전 서독에 배치된 군인 중 오직 13%만이 아프리카계 미국인이었지만, 이 비율은 1983년 31.4%까지 올라간다. 더욱이 4.2%의 군인이 히스패닉계였으며 다른 소수 인종의 비율은 3.4%에 달했다. 유럽계 조상을 가진 백인 미국인들이 미군의 60%를 차지하고 있었다(Nelson 1987, 146; Seiler 1985, 186). 소수 인종 출신 군인의 수가 증가된 것보다 여성의 군입대를 허용한 것이 군대의 명성을 더 해쳤다(Nelson 1987, 20).[21] 여군들이 전반적으로 남성 군인들보다 체력도 더 좋고 훈련도 더 잘 되어 있었으며 남성들보다 휴가도 적게 냈지만, 독일 관찰자들은 무언가 잘못되었다는 불편한 생각을 지우지 못했다.[22]

미독관계를 우려하는 관찰자들은 군대 내 이런 모든 인구학적 변화가 "서유럽 문화를 공유하며" 세워진 미독관계를 약화시킬 것이라고 반복적으로 지적했다.[23] 그러나 독일 논객들은 또한 미 초강대국이 이런 새

---

20 Günter Gillessen, "Jeder Dritte Soldat ist ein Schwarzer", *Frankfurter Allgemeine Zeitung*, 1980. 8. 22.

21 미 군대 여군을 바라보는 독일인들에 대해 보려면 Bald(1994,109~113) 또한 참조.

22 Gillessen, "Jeder Dritte Soldat ist ein Schwarzer"; "Es kostet Mut über die Hemmungen hinwegzukommen", *Frankfurter Allgemeine Zeitung*, 1980. 8. 6. 다음 또한 참조하라. 영상 아카이브, IANAS, 영상 II.

23 Gillessen, "Es kostet Mut über die Hemmungen hinwegzukommen".

로운 군대가 끼칠 영향에 대해 충분히 이해하고 있는지 의문시했다. 광범위한 탐사 위주의 에세이를 통해 친미신문『프랑크푸르터 알게마이네 차이퉁』은 다음과 같은 질문을 던졌다. "미국 사회가 국방의 부담과 책임을 사회적 소수계층에게 부과하는 것이 과연 정치적으로 현명한 선택이었는가? …… 이런 본질적인 의무의 중요성을 고려했을 때, 과연 이 결정이 적정한 것이었는가? 이 소수민족들이 언젠가 자신들을 "타인을 위해" 이용된 용병으로 여기지 않겠는가?" 이 에세이의 저자 군터 길레센 Günter Gillessen은 또한 미국의 '유색인종'들이 갖고 있는 충성심에 대해 의문을 제기했다. 그들의 피부색이 "제3세계 갈등을 해결할 때 불확실한 요소가 될 수 있다"고 언급했다.[24] 1991년 첫 걸프전과 미국의 침공 그리고 아프가니스탄과 이라크 점령을 볼 때, 그의 이런 우려는 근거가 없다. 그러나 미국 내에서조차 소수민족 또는 경제적으로 부유하지 못한 계층에서 모집된 미국인들에게 이렇게 커다란 국방의 부담과 희생을 요구하는 것이 민주적인지에 대한 목소리가 점점 커지고 있었다.

독일인, 군대 그리고 젠더에 대한 가정

프랑스 여론조사기관이 1983년 서독국민들에게 독일연방공화국의 "가장 친한 두 개의 국가"가 어디냐고 물었을 때, 77%가 미국이라고 답했으며 그 절반이 프랑스라고 응답했으며 25%만이 영국을 꼽았다. 그리고 2%만이 소련을 꼽았다. 미독관계에 있어 가장 관계가 저조했던 시기조

---

24 Gillessen, "Es kostet Mut über die Hemmungen hinwegzukommen".

차도──퍼싱미사일 위기 기간 동안 활동적이고 거침없이 얘기하는 독일의 평화운동이 나타나기 시작했다──미국에 대한 이런 믿을 수 없을 정도의 지지율은 미독 간의 복잡한 관계에 대해 많은 것을 말해 준다. 필자가 밝혔듯이 많은 수의 독일인들이 미국인들을 좋아했으며 미군이 서독에 잔류하기를 원했다. 즉, 많은 독일인들이 미군 개개인이 '남성스럽'거나 '군인다운' 병사들이라고 칭송하진 않았지만 미국인이 수십 년 동안 그들을 위해 안보를 제공해 주었다는 사실을 처음으로 꼽는다. 미국의 핵무기 전략에 대한 의존 때문에 독일인들은 미군의 전투력을 의심하는 결과를 낳았지만 동시에 미군의 핵 우월성이 서독의 안보를 지켜줄 것이라고 믿었다.[25]

미군의 지속적인 주둔을 한결같이 지지하는 높은 비율에도 불구하고 서독 국민들과 미군 간에 생성된 간극은 1980년대 이후 계속해서 커져 갔다.[26] 1950년대와 1980년대 사이에 발생한 극적인 변화를 어떻게 설명할 수 있을까? 완전 지원병제도 도입 후 군대 내 인구학적 변화도 분명 어느 정도 역할을 했다. 또 하나의 기여 요소는 직업군대의 배타적인 풍토였다. 직업군대는 '하나의 군대'라는 슬로건을 널리 홍보하며 군대를 정의했다. 1970년대와 1980년대 테러리스트인 독일의 적군파Red Army Faction가 미군기지를 공격하면서 군대 내 '벙커' 심리, 계속된 공격으

---

25 독일인들의 군사주의에 대한 관점이 변하는 데 핵무기 억지력(deterrence)이 한 역할을 보려면 볼드(Bald 1994, chap. 3) 참조.

26 *Neckarzeitung*, 1988. 2. 23. 헤드라인은 불길한 제목을 명시한다. "GI-the Unknown Creature Isolated in the Military Barracks". 이를 통해 신문은 독일인과 미군인이 얼마나 이질적으로 변해 가는지에 대해 목소리를 냈다.

로 인해 수동적인 자세를 취하는 것을 상당 부분 키웠고 자기의존적이고 내부 지향적인 군 결집력도 형성되었다(Nelson 1978, 174). 1980년대 독일 평화운동이 행한 시위 역시, 시위자들이 레이건의 정책을 군인 개개인과 결합해 표현하지 않으려 했음에도 불구하고, 이는 미군의 변화를 이끄는 하나의 요인이 되었다. 핵미사일 추방 운동과 서독에서 "독가스를 추방하라"는 요청을 미군들은 "미군(친구) 집으로 돌아가라"로 대부분 인식했다.[27] 미군 내 이런 피포위 심리는 2001년 9월 11일 테러리스트 공격 이후 계속 증가 추세에 있다. 초창기 수십 년 전과 매우 비교하면 서독에 위치한 미군기지와 미군가족을 위한 주거지역은 엄중한 경비를 받고 있을 뿐만 아니라 독일사회와 거의 완전하게 단절되어 있다.

그러나 독일군과 미군 사이에 존재하는 깊은 간극의 가장 중요한 원인은 미국군대나 독일로 배치된 군인들 때문만도 아니다. 대신 독일사회가 1950년대 이후 어떤 방식으로 변모되어 왔는지 살펴볼 필요가 있다. 1980년대 독일사회의 소규모 분야에서만 평화운동이 진행되었지만, 운동의 신념과 목표는 더 넓은 사회적 합의를 반영하고 있었다. 2차세계대전 종전 이후, 서독 사회는 변화의 과정을 겪고 있었는데 이는 군대와 '군인의 덕'이 더 이상 독일인이 되기 위한 정체성의 가치가 아니라는 것이었다. 1920년대와 30년대를 살았던 많은 독일인들이 여전히 1950년대와 1960년대 초 타의추종을 불허하던 독일군의 군기와 강인함에 대해

---

27 "Wie in einem besetzten Land", *Der Stern*, 1982. 5. 19. 독일 평화운동에 대해 보려면 Müller(1986) 참조. 중요한 것은 평화운동이 심각하게 나뉘었을 때도 대부분 핵무기 무장에 대해 반대했으나 일반적으로 미군의 주둔을 반대하지는 않았다.

향수에 젖어 말하곤 했다. 하지만 1970년대로 오면서 대부분의 독일인들은 서독의 '군복을 입은 시민'이 수행하는 평화적인 임무에 대해 자랑스럽게 여기고 있었다. 이들의 주요 임무는 "다시는 전쟁이 일어나지 않도록" 하는 것이었다. 예전에 군국주의자였던 독일인들은 갈등을 해소하기 위해 다자 간 활동, 다국적 기관 그리고 정치적 해결책에 신념을 기울이는 평화주의자로 탈바꿈했다. 독일 군사주의가 야기한 죽음과 파괴를 고려해 볼 때, 이는 모두 수긍이 가는 변화였다.

2차세계대전에 대한 트라우마, 유태인을 대상으로 한 독일의 학살, 수백만 명의 무고한 학살은 이런 중요한 변화를 설명하는 데 충분하지 않다. 1950년대 말 이후, 독일사회는 사회적 문화적으로 주요한 근대화를 겪고 있었는데, 이는 남성성에 대한 새로운 모델을 생성한 것이었다. 과거와 달리 이런 새로운 남성성 모델은 더 이상 군대나 강인함과 폭력성 같은 기질에 의존하고 있지 않았다. 대신 젊음, 대중문화, 스포츠 그리고 기술과 연관된 롤모델과 관련이 있었다. 전후 독일 역사학자들이 보여 준 것처럼 미군 점령과 미국식 소비문화 형태의 지배는 문화적 측면에서 생겨난 이런 변화에 분명한 영향을 끼쳤다. 이런 중요한 변화는 직업군인들을 더 이상 남성성을 정의하는 유일한 상징으로 여기지 않게 되었으며 군대를 '국가의 학교'로 여기지 않게 되었다(Frevert 2004, 280)는 것이다. 1970년대 초반, 16세에서 29세에 이르는 80%의 독일인들이 징집병들이 국가에 대한 의무를 군복무로 할지 대체복무Zibildienst로——즉, 병원, 양로원 또는 어린이를 위한 유치원——할지 선택할 수 있는 자유선택권이 있어야 한다고 주장했다. 서독 수상 빌리 브란트Willy Brandt가 주장했듯이 민주사회에서 학교가 '국가의 학교'이지 군대가 그 역할을 할 수 없다고 1970년대 초반의 이런 변화된 관점을 확인했다. 사회의 이런 주요한 변화와 함께 군대에서 오랜 기간 정립된 단일한 개념, 특히 독일의 남성성에 대한 기초 개념과 국가의 주권에 대한 개념이 깨지기 시작했다(Frevert 2004, 282).

"남성성"에 대한 독일인의 이해와 군대가 소유했던 모든 것에 대한 대중의 태도가 1945년 이후 얼마나 변화했는지 가장 잘 보여 주는 것은 독일 젊은이들이 수십 년간 미군을 바라본 방식이다. 1940년대와 1950년대 사이 미군의 여유로운 스타일과 특권적 삶의 방식으로 인해, 기성 독일인들은 그들의 남성성과 군인다움에 대해 바로 의문을 품게 되었다. 그러나 2차세계대전 이후 기성세대들이 증오했던 미군의 기질들이 바로 젊은 서독인들이 그들에게 끌린 이유이다. 특히 1950년대와 1960대 미독 간의 관계에 있어 황금기로 불리는 기간 동안, 젊은 독일인들은 미군을 미국적 삶의 방식과 더 낫고 더 쉬운 삶을 보여 주는 외교관으로 보았다. 미군에 대한 이런 개념은 이 시대를 살았던 독일인의 기억 속에 깊이 박혀 있다.[28] 미국인이 입는 푸른색 청바지, 젊은 미국인들이 시내를 가로질러 몰고 다니던 무적의 미국식 리무진Strassenkreuzer은 독일 10대들에게 매우 깊은 인상을 남겼다. 젊은 서독인들, 남녀할 것 없이 모두 미국의 여유로운 스타일에 감명을 받았다. 한 남성은 1950년대를 회상하면서 자신의 세대를 대표해 다음과 같이 말했다. "우리는 미군을 우리가 알

---

28 이렇게 많은 수의 젊고 대부분 미혼인 남성들의 주둔 또한 문제를 불러일으켰다. 독일 맥주를 너무 많이 마시고 독일여성을 서로 차지하려는 경쟁은 싸움과 기물파손으로 자주 이어졌다. 그러나 독일인들은 대개 독일 신병들도 미군처럼 경제적 자원이 있었다면 똑같이 행동했을 것이라고 강조했다. Höhn(2002, chap. 3); Leuerer(1997, 196)

지도 못했던 삶, 그렇지만 너무나 간절히 원하는 삶을 소유한 나라의 상징으로 보았어요."[29] 다른 남성은 기분 좋게 과거를 회상하며 말했다. "미군은 우리에게 완전히 새로운 세상을 열어 줬어요."[30]

서독의 젊은이들은 삶에 대해 훨씬 더 여유로운 미국식 접근 방식을 동경한 것처럼 미국 소비제품에 열광했다. 황금기에 청소년기를 보낸 독일인들은 다음과 같이 회상한다. "(미군들이) 하고 다니는 모든 것, 옷, 그들의 행동방식, 이 모두가 엄청난 영향력을 가지고 있었어요."[31] 나치 독일의 강력한 규율 이후, 독일 청소년들은 특히 미국의 태평스러운 방식을 받아들였다. 초기 이런 미국방식에 열광했던 한 사람은 다음과 같이 회상했다.

개인적으로 매우 놀라웠던 것은 …… 이 젊은 미군들이 경례를 할 때 매우 여유롭고 태평스럽게 손을 모자에 가져갔다는 거였어요. 보면 믿기지 않을 정도로 …… 그때 저는 여전히 …… 제 머리 뒤쪽에 손을 정확히 하고, …… 미군은 그랬어요. …… 상사에게 복종해야 하는데 그것도 마치 동료들을 대하는 관계 같아 보였어요. 정말 거기에 너무 감명을 받았어요. (Masse 1992, 215)

---

29 "Zweibrücken Zusammenstellung, 2c," IANAS. Wagnleitner(1994,Introduction). 이 책에는 미군, 미국이 소비하는 물품, 그리고 미군의 멋진 스타일이 젊은 독일인(오스트리안)들에게 얼마나 유혹적이었는지에 대해 뛰어난 설명이 실려 있다.

30 영상 아카이브, IANAS, Video 34.

31 Ibid; Video 1.

1945년 이후, 서독은 말론 브란도나 제임스 딘 같은 영화배우 그리고 엘비스 프레슬리 같은 락앤롤 우상처럼 새로운 롤모델을 통해 '세계 속에 존재하는' 여러 가지 미국 스타일로 넘쳐났다. 대부분의 독일인들은 미국 영화와 대중문화의 우상들을 관찰하고 모방할 많은 기회를 가지고 있었다. 그러나 미군기지 주변의 청소년들은 동경할 만한 미국의 '멋진 태평스러움'Lässigkeit을 매일 그리고 훨씬 더 가까이에서 경험할 수 있었다. 서독 전체에 걸쳐 청소년기 남자아이들이 영화에 나오는 미국의 롤모델을 흉내 내고 다닌 것처럼 미군 기지촌 주변의 청소년들은 그들 주변에 있는 미군, 옷을 깔끔하게 입고 자신감 있게 터벅터벅 걸어 다니는 미군들을 관찰했다. 이들은 미군이 '주머니에 손을 넣고' 길거리를 걸어다니는 그들의 여유로운 모습에 감탄했다. 주머니에 손을 넣은 채 걸어다니며, 의자에 기대어 앉고, 탁자에 발을 올리는 이 모든 행위들은 기성세대의 더 경직되고 형식적이었던 세계와는 다른 젊은 세대를 정의하는 허물 없는 태도를 표현하는 새로운 방식이 되었다.[32] 젊은 여성들을 사로잡은 매력은 '세계 속에 존재하는' 이런 미국의 방식이었다. 이런 이유로 십대 청소년들은 전후 서독에서 남성성의 다른 역할 모델을 추구하게 되었다. 즉, 군 규율에 기반을 둔 남성성이 아니라 여유로운 스타일에 최신 유행하는 춤을 출 줄 알고 있으며 잘 정돈된 헤어스타일을 가지고 있는 것이었다.

---

32 Fehrenbach(1995, 165~168)는 다음과 같이 기술하고 있다. "소비, 개인취향, 그리고 여가활동은, 독일 젊은이들이 미국문화를 이용해서 자신들과 기성세대에게 물려받은 독일인의 정체성 간의 차이를 표현하면서, 상징적인 중요성을 갖게 되었다." 미국 스타일에 대해 독일 10대들이 느낀 매력에 대해 보려면, Höhn(2002); Maase(1992); Poiger (1999) 참조.

미국식이면 뭐든 그것에 대한 매력과 동경을 기성세대가 깰 수 없는 것이었다. 기성세대들은 1950년대에 십대 청소년과 소녀들에게 껌을 씹거나 다리를 커피 탁자에 올려놓는 것은 미국인 같은 행동이고 미국인처럼 보인다고 경고하곤 했다. 여유로운 미국 스타일에 대해 초기 팬이었던 라인홀드 바근라이트너Reinhold Wagnleitner는 다음과 같이 회상했다. "우리도 그렇게 보이고 싶었어요"(Wagnleitner 1994, ix). 즉, 많은 독일의 젊은 남성들은 미군을 신빙성이 없는 독일 군인들과 무릎을 굽히지 않고 행진했던 이들의 걸음걸이와는 다른, 대체할 수 있을 만한 멋진 인물로 보았다. 미군은 거친 싸움꾼으로 보이지 않았기 때문에 특히 더 사랑받았다. 싸움 대신, 미군은 온몸으로 자신들이 더 나은 삶의 약속이라는 것을 보여 주고 다녔다.

미국의 모든 것에 대한 이런 열병은 1960대 중반부터 변하기 시작했다. 독일 젊은이들이 미국정부의 국내 및 외교 목표에 대해 점점 비판적인 태도를 취하게 되고 베트남전쟁이 점점 고조되기 시작하면서, 미군에 대한 완전히 다른 태도들이 생겨나기 시작했다. 기자인 니클라스 프랑크Niklas Frank는 처음으로 미군을 기대에 가득 차서 보았던 때 어린아이였다. 그는 그와 같은 세대를 살고 있는 많은 환상이 깨진 독일인들의 태도를 그가 쓴 기사로 대변했다. "그리고 그때 우리는 전쟁을 발견했다. 터키를 훨씬 넘어 저기 베트남에서 유연한 춤꾼들, 블루스와 락앤롤에 흔들어 대던 그들, 여유롭게 껌을 씹고 있던 그들이 갑자기 에이전트 오렌지로 숲을 황폐화시키고 마이 라이My Lais에 살고 있던 죄 없는 수천 명의 주민들을 패 죽이는 추악한 미국인들로 변모했다."[33]

전후 세대를 산 많은 이들에게 베트남전쟁은 다정했던 미군의 이미지, 자연스럽게 담배 럭키 스트라이크 한 갑을 티셔츠 소매 속으로 밀어 넣으며 미국에서 새로운 춤을 들여 왔던 이들의 이미지를 깼다. 이 전쟁은 또한 다른 계급의 독일 젊은이들, 즉 서독의 교육받은 상류계급 출신의 대학생들이 그들 가운데서 미군 사병을 인식하게 하는 계기가 되었다. 1950년대 동안 이 계층 출신의 젊은 남녀는 대부분 미군을 멀리했으며 대신 프랑스 문화를 역할 모델로 삼았었다. 1960년대, 이들은 자신들의 견해를 바꾸기 시작했다. 이들 중 많은 사람들이 미국 고등학교를 나오거나 교환학생으로 미국에 있는 대학교를 다녔다. 이들은 그곳에서 미국식 풀뿌리 민주주의, 시민권 운동 그리고 베트남전쟁에 반대하는 학생운동의 출현을 보고 배웠다(Klimke 2010, chap.2). 1960년대 중반으로 들어서면서, 주로 교육받은 상류계급 출신의 독일 학생들과 서독에 배치된 미군이 베트남전쟁을 종식시키기 위해 공동 협력을 하기 시작한다.

미군기지가 있는 독일의 모든 기지촌들에 미국의 기지촌처럼, 미군 카페, 법률과 실무를 다루는 네트워크들이 생겨나게 되었다. 이들은 스웨덴과 프랑스로 도망한 탈영병들을 돕기 위해 생겨났다. 이 두 국가는 이런 병사들을 미국 당국으로 돌려 보내야 되는 의무가 있는 북대서양 조약기구에 서명하지 않은 나라였다. 이런 이유로 독일 전역에 걸친 도시에서 베트남전쟁 반대시위를 독일 학생들이 하면, 이들은 버려진 미군 겉옷을 입고「승리는 우리 손에」We Shall Overcome라는 노래를 불렀다. 이 노래는 미국시민권 운동 당시 찬가로 불렀다(Wagnleitner 1994, x). 중요한 것은 학생운동이 "미국인과 함께 미국에 반대하는" 형태였고 독일 학생

33 Niklas Frank, "Ami Good Bye", *Der Stern*, 1993. 1. 7.

〈사진 8.3〉 1차세계대전 기념비를 복원 중인 엘비스 프레슬리(Elvis Presley). 이 사진은 미국의 지원 아래 독일 재무장을 꺼리는 독일인들이 반대하지 못하도록 설득하기 위해 사용되었다. 엘비스 프레슬리는 1차세계대전 기념비 재건을 돕고 있다.
Photograph by Horst Schüler, Courtesy Stadtarchiv Frieberg-HESSEN.

들은 각자의 방법을 통해 미군과 함께 전쟁반대 목적을 추구했다(Gassert 2002, 757; Höhn 2008; 2010; Höhn and Klimke 2010, chap.8; Klimke 2010; Brünn 1986). 더욱이 이 진보적인 젊은 학생들은 미독 동맹이 백인 두 나라의 연합이라는 관점에 도전했다. 실제로 이 학생들은 급진화된 블랙팬더당 Black Panther 회원인 미군들에게 특별히 접근했다. 왜냐하면 그 미군들은 백인의 특권을 가진 중산계급 독일학생들이 상상할 수밖에 없는 남성성과 진정한 혁명의 화신으로 여겨졌기 때문이다(Höhn 2008; Klimke 2010; Höhn and Klimke 2010, chap.8. 이 책 10장을 보라).

젊은 독일인과 이와 유사한 나이의 젊은 미군들 간의 협동은 완전 자원입대제로 미군이 바뀌면서 거의 불가능한 활동이 되었다. 교육의 수

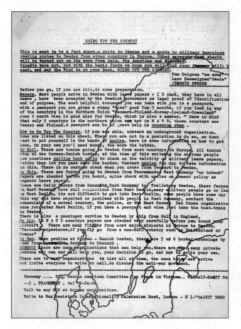

〈사진 8. 4〉 독일 사회주의 대학생 연맹
(Sozialistischer Deutscher Studentenbund)
전단지. 미군병사들에게 탈영을 권고하는
내용. 스웨덴에서 미군이 은신처를 찾는 방
식. Courtesy Archiv Für Solatenrecht.

준이 다를 뿐만 아니라 독일 학생과 미군 사이의 문화적 차이가 너무 컸
다. 또한 미군에게 군대 복무는 경제상태가 나아질 수 있는 유일한 기회
일 때가 많았다. 더욱이 오늘날 군대를 보면 50% 이상의 군인들이 기혼
자이며 가족을 동반하고 있다. 이들은 대부분의 시간을 미군기지 안에
독립적으로 존재하는 '작은 미국'에서 보낸다. 군대에서 복무하고 있는
많은 미국인들이 정치적·문화적으로 그들과 같은 나이의 독일인들보
다 더 보수적이기 때문에 이들 사이에 상호교류가 이루어질 일이 거의
없어졌다(Nelson 1987, 149). 전후 초기 몇십 년과 비교했을 때 극적으로
변한 이런 상황에서 대부분의 독일 젊은이들은 미군을 얕보기 시작했으
며 그들을 미국사회 내 실패자로 간주했다.[34]

독일인이 미군을 보는 방식을 가장 극적으로 변화시킨 것은 2001년 9월 미국을 공습한 알카에다 사건이었다. 이 사건을 계기로 미국은 2003년 아프카니스탄에 전쟁을 일으키고 이라크를 침공했으며 미국의 신보수주의 비전인 '테러와의 세계전쟁'을 공표했다. 이 전쟁과 특수병, CIA의 델타포스 그리고 블랙워터(크세논으로 명칭을 바꿈) 같은 회사 소속 민간 용병들을 포함한 비정규 전투병들의 급증으로 인해, 미국군대와 미군에 대한 완전히 새로운 개념이 출현했다. 이런 새로운 개념은 영화를 통해 미국 대중문화가 찬사를 아끼지 않는 개인 '전사와 영웅' 그리고 수천 개에 이르는 전쟁과 특공대 비디오로 더욱 강화되었다(12장 참고). 테러와의 세계전쟁을 위해 제네바 협정을 포기한 부시George Bush 전 대통령의 결정과 아부 그라이브, 아프카니스탄 그리고 관타나모에서 미군이 저지른 잔혹한 행위는 미국 군대는 냉혹하며 미군은 미국의 외교정책을 무자비하게 시행하는 집행자executioner라는 개념을 오직 강화시킬 뿐이었다. 과거에 친절하고, 멋진 그리고 너그러웠던 미군——2차세계대전 이후 독일의 젊은이들이 다른 세계에서 온 듯한 '경이로운 존재'로 보았던 미군——은 이제 많은 독일인들에게 효율적이고 치명적인 용병으로 비쳤다. 미군의 이미지는 이제 부피가 큰 방탄복과 공군 조종사들이 쓰는 반사 선글라스를 끼고 바그다드 거리를 걸어다니는 표준 장비들로 묘사된다. 이런 이미지는 텔레비전과 신문을 통해 독일인들의 가정에 스며들었고, 이런 이미지를 사용하는 뉴스 기사의 대부분은 전부 반전에 관한 내

---

34 독일 젊은이들이 얼마나 급격하게 미군에 대한 태도를 바꿨는지 보려면 *Neckarzeitung*, 1988. 2. 23; Nelson(1987, 174) 참조.

용이다. 중요하게 볼 만한 것으로 미국의 외교정책을 잔인하게 수행하는 인물로 미군을 보는 개념은 미군들이 실제로 주둔하고 있는 지역 공동체 안에서는 좀더 미묘하게 나타난다. 그렇지만 이런 지역에서조차 자신 스스로 포위를 당한 것처럼 고립시키고 있는 미 제국은 이라크전쟁 속에서 미군과 관련해 쏟아져 나오는 언론 이미지를 깨기에는 거의 불가능하다. 이 새로운 이미지는 2차세계대전 후 독일의 다른 세대를 홀렸던 미군의 긍정적 이미지, 많은 독일인들에게 민주주의의 기회를 가져온 사람들로 인식되었던 이미지와 아주 대조적이다.[35]

---

35 2008년 독일에서 책을 출간하고 여행하는 동안, 필자는 1950년대와 1960년대 미국인을 바라보던 독일인 청중과 1990년대 이래 중동 내 미국 정책을 통해 대부분 미군에 대한 이해를 하고 있는 젊은 세대들 사이에 존재하는 깊은 차이를 실감했다.

9장

꼼짝없이 서 있어야 했던 거리 한가운데서

크리스토퍼 넬슨

다른 곳과 마찬가지로 오키나와에선 과거가 현재와 불안하게 함께 공존하고 있다. 눈치채지 못하는 사이에 과거는 지나가 버리기도 하고 때론 화해를 위해 들추어지기도 하며 똑같이 반복되는 일상 임무의 무게 때문에 다시 과거를 지나쳐 버린다. 오키나와 땅 표면에 아주 가깝게 여전히 묻혀 있는 불발탄처럼 과거는 현재 속으로 갑자기 솟아나올 수 있고 아직 경험하지 못한 미래에 그늘을 드리울 수 있다. 가슴 쓰린 트라우마적인 기억들은 일상의 구조를 찢어놓을 수 있으며, 그 일을 경험한 사람들을 절망 속으로 던져넣을 수 있다. 심지어 광기를 일으키게 할 수도 있다. 과거는 그 사람들이 겪은 억압에 대해 침묵을 강요하며 현재를 괴롭히고 그들의 존재를 자신들이 불러일으킨 과거의 금기를 통해 알려 준다.[1]

　수십 년 동안, 오키나와 인들은 현재 속으로 계속 사라지려 하는 과거를 붙잡기 위해 노력해 왔다. 과거는 전쟁, 차별적인 식민지 정책 그리고 미국이 주도하는 재건에 대해 무심하게 방관했던 기억들이다.[2] 동시에 이들은 또한 매우 사적인 순간과 관련해 문제가 많은 기억과도 대면해야 한다. 이 기억은 앤 스톨러가 '식민지 정책의 정서적 망'이라고 불렀던 것으로 매일 일어나는 일상적 행위와 관련된 모든 것에 기반을 둔 식민지 역사를 말한다(Stoler 2002, 7). 이 역사는 물론 사탕수수 농장과 군 연병장을 바탕으로 구체화되었다. 그리고 이 역사는 이에 반대하는 시위 무리 속에서도 구체화되어 갔다. 그러나 이런 경험을 바탕으로 출현한 관계는 또한 언어의 은유적 표현 속에 얽혀 있으며 친밀한 관계, 성적인 관계 그리고 가족 간 관계에서 일어나는 일상 속에 얽혀 있다. 이런 관계는 식탁에서 그리고 가정에 있는 제단에서 이행되었고, 비판도 받았고 도전도 받았다. 또한 시골집 침대에서 이웃에 위치한 술집에서 그리고 뒷골목에 위치한 성매매 시설에서 똑같이 반복되었다. 일상생활에서 일어나는 이런 사적인 순간들이 군인, 관료, 기업인 그리고 민족지학자들의 전용 대상이 되었다. 친권에 대해 존경과 애정이 담긴 복종, 이것

---

* 이 글은 풀브라이트 장학재단(1996~1998)의 지원을 받았고 류큐대학(1999)의 가쿠즈츠 프론티어 (Gakujutsu Furontia)에서 지원을 받은 기금으로 현장조사를 하였다. 또한 캐롤라이나 아시아 센터 및 프리맨 기금이 여행 및 자료조사 경비를 후원했다. 필자는 2006년 채플 힐에 위치한 노스캐롤라이나 대학의 인문계열에서 한 학기를 보냈는데 그때 초안을 작성했다.

1 여기서 필자는 우울감 및 상실의 내면화가 자아 형성에 미치는 본질적인 역할에 대해 연구한 버틀러(Judith Butler)의 최근 연구에 대해 생각했다. 필자가 동성애 욕망의 근원적인 경험에 대한 억압과 관련한 버틀러의 논의를 매우 설득력이 있다고 보지만, 내면화된 역사적 경험의 다른 형태들이 포함하기 위해 필자는 여기서 멜랑콜리적 대상 분야를 넓히고 싶다. Butler(1997).

2 La Capra(1991)는 인간이 잃어버린 대상에 대해 느끼는 욕망을 제거하고 지금 처해 있는 세계와 다시 개념적이고 정서적인 유대감을 형성하는 치유적 전략은 모두 필요하고 동시에 불충분하다고 주장한다. 상실은 집단적인 방식으로 해결되어야 하지 단순히 개인적인 경험의 측면에서 해결될 수 없다. 더욱이 실제로 일어난 역사적 상실감은 인정되고 주의를 기울여야만 한다. 이를 실패할 경우, 역사적으로 경험한 상실감은 부재를 느끼게 하는 감각으로 구조화되는데, 이는 폭력의 반복과 예속의 이데올로기를 승인하는 역사성이 결여된 근원적 설명이 되고 만다. 이런 실패 속에서 주체는 끊임없는 우울감과 불가능한 애도감의 교착상태에 빠지게 되며, 자신의 이해와 통제를 넘어선 것처럼 보이는 정상화되고 반복적인 사이클 안에 갇힌 자신을 발견하게 될지 모른다.

에 대한 이상은 일본 식민지 기간 동안 무수히 많은 기관과 담론을 통해 장려, 촉진되었다. 그러고 나서 효도는 파시스트 제국주의 이데올로기와 황제에 대한 충성과 절대적 희생에 대한 요구와 결합되었다(Tomiyama 1995). 일본군은 미군에게 항복하느니 차라리 자녀들을 죽이고 자살하라고 어머니들을 부추키면서 모성애를 제국주의와 연결시켰다(Field 1993). 미국 점령 아래, 농가 내 가사노동의 분리는 구체화되었고 상품화되었다. 이런 과정에는 군인 가족을 위해 제공되었던 하인, 정원사, 요리사는 물론 신규로 건설된 기지촌 주변에 위치한 술집과 성매매 시설에 제공된 성노동자들도 들어 있었다(Molasky 1999, 53~59; Sturdevant and Stolzfus 1993, 240~299).

오키나와 생존자들, 2차 목격자들 그리고 활동가들이 비판적 시각을 가지고 재조사한 과거의 집단적 투쟁은 기억 속에 묻혀 있거나 사진으로 존재했던 복잡하게 형성된 과거의 자취를 파헤쳤다. 이런 자취들은 단순히——그 자취들이 과연 단순할 수 있다면——전부 박탈과 착취, 공포와 상실만은 아니다. 오키나와의 과거——일본 식민지 시기를 넘어 류큐 왕국까지 확장해서 볼 때——는 또한 가능성의 보유고이다. 낙후되고 억압받아 한때 낙인이 찍혔지만 이제 그 과거는 낭만적인 이미지를 담고 있는 강력한 기록들로 오키나와인들 자신들은 물론 일본 원주민 예술가, 학자 그리고 정치가를 위한 강력한 실천의 기록이 되었다. 전통적인 오키나와 마을들은 일본인들이 실제로 살 수 있는 근대 세계에서 잃어버린 유기적인 총체 자체를 보여 주는 장소로 여겨지고 있다. (이런 담론은 종종 오키나와 사람들을 일본인 조상들이 살았던 삶의 자취 같은 것을 보여 주는 것으로 표현한다.) 이 전통 마을들에서 노동은 의미 있는 것이며 관계는 친밀하게 계속된다. 같은 장소에서 삶의 탄생과 죽음이 이루어진다. 남과 여, 영혼과 신은 조화롭게 살고 노동을 한다. 농업과 관련된 제사의식, 추수에 관한 노래, 장사꾼의 책략, 모아시비(전쟁 전 농촌지역에 있었던 남녀의 모임. 현대 오키나와에서 학술적으로 중요한 주제로 여겨지고 있으며 유명한 과거 기억 중 하나이다)의 성적 자율성, 조상의 혼과 지역 신을 부르기 위한 주문은 현재의 행위로 재발견되기를 기다리고 있다. 집에서 만든 기모노를 입은 아름다운 여성과 잘생긴 남성, 나무로 지은 작은 집, 지푸라기 또는 타일로 만든 지붕, 마당에 둘러쌓인 집으로 가득 찬 마을들, 사랑에 집착하는 노래, 성적 친밀감에 대한 약속, 이별과 슬픔에 관한 노래들. 오키나와의 시골지역에 대한 이런 과거의 이미지들은 기호로서의 트라우마와 가능성이 함께 만드는 강력하면서도 해결되지 않은 모호함을 특징으로 갖고 있다. 회상은 희망, 상실, 기쁨, 두려움, 기원 그리고 파멸이 얽혀 있는 감정과 모순되는 감정을 불러일으킨다. 그러나 이런 이야기들은 아무리 한 가지 측면을 강조하려고 조심스럽게 만들어졌어도 이와 상반되는 측면을 그 끝자락에 남기기 마련이다. 필자는 이것이 기호의 자연스러운 속성이라고 단정짓는 것은 아니다. 그보다 이런 모순성은 오히려 진보적인 역사기록학, 원주민 민족지학, 대중적인 민속음악, 제국주의에 대한 옹호, 이야기하기(스토리텔링), 망자와의 대화, 정치적 토론 이외에도 더 많은 것들이 서로 얽혀 만들어진 결과로 보인다.

　미군의 점령이 계속되면서 젊은 예술가들과 공연가들은 이런 이미지에 관심을 갖게 되었다. 이들은 한때 자신들이 충만하게 여겼던 정서를 재전용시키는 데 힘썼다. 손다 청년회Sonda Seinenkai 단원의 무용수들은——필자가 아래서 설명할 젊은이 그룹——현재 실현할 수 있는 가능성으로 충만해 있다. 그들의 공연은 비극과 탄압의 이미지를 분명하게 드러내진 않지만 가장 사적인 방식으로 이런 과거의 그늘 속에 있다. 세월의 피폐함이 그들을 노화시키기 훨씬 전부터 매일 무용수들은 피곤한 다리의 고통, 무릎을 구부리고 꺾어야 하는 동작 때문에 생긴 통증 속에서 과거를 느낀다. 그들의 피부는 태양 밑에 오래 있어 그을리고 말라 간다. 이들은 미군기지 때문에 직장을 가기 위해 멀리 돌아가야 하는 상황에서 점령당한 것에 대한 수치심을 느낀다. 할아버지 입에서 흘러나오는 '하인' 같은 말에서 조부모님, 삼촌 그리고 부모님 세대를 거쳐 자신들의 주머니를 채워 주고 있는 기지 임대 비용을 통해 이들은 점령당한 것에 대한 수치심을 느낀다. 그들은 오사카, 가와사키로 일자리를 찾아 떠난 연인을 그리워하거나 근처 술집에서 사업가들에게 저녁에 술을 따라 주며 시간을 보내는 방식에서 점령을 느낀다. 이들은 자신들이 한 번도 가져보지 못한 새로운 차, 편안한 집, 사생활이 보장된 방을 갖고 싶어 하는 욕망에서 점령을 느낀다. 이들은 점령을 혼혈아인 형제자매들의 얼굴을 통해 보며 가족들 무덤에서 무릎을 끓고 기도하는 할머니의 뺨을 흐르는 눈물을 통해 느낀다. 그들은 술에 취한 해병의 웃음소리에서, 부유한 일본 관광객들의 웃음소리에서 점령을 듣는다. 이들은 일자리가 없어 당황스럽고, 지루하게 긴 오후와 저녁 내내 그들이 마시는 오키나와산 쌀로 만든 술 아와모리에서 점령의 맛을 본다. 이것을 느끼면서 이들은 과거의 다른 이미지들로 고개를 돌린다. 이들은 동시에 자신들을 만들고 재구성하기 위한 방식을 찾는다. 매일의 삶에서 가장 사적인 공간──그들의 가정, 근처 거리──에서 일하면서 이들은 세상을 변화시키기 위해 투쟁한다.

두 편의 영화, 두 가지 춤

2003년 여름에 필자는 일본과 미국의 착취에 대한 진지한 성찰 속에 사로잡혀 있는 오키나와를 다시 한번 방문했다. 1995년 미군이 잔인하게 강간한 오키나와 여학생에 대한 토론이 계속되고 있었으며, 1997년 군기지를 위해 오키나와 영토를 의무적으로 임대하는 탄압적인 제도에 도전하는 또 다른 시도가 있었고, 1999년에는 오키나와현에 신설된 평화박물관에 전시된 오키나와 전쟁에 관한 이미지를 검열하려는 보수파들의 시도가 있었다. 동시에 오키나와인들은 헤노코에 신설하려는 해군기지 건설 제안으로 인해 깊이 양분화되어 있었다(Angst 2003; Yonetani 2003).

이런 상황에서 나하에 있는 혼잡한 극장 안에서 나카에 유지Nakae Yuji의 영화 「호텔 히비스커스」(2002) 상영을 보게 된 것은 매우 흥미로웠다. 나카에는 일본 본토 출신의 유명한 감독이다. 그는 류큐 대학에서 공부를 했으며 자주 오키나와에 대한 그의 깊은 애정을 표현하곤 한다. 그의 모든 영화는 오키나와에 관한 것들이다. 그의 영화들은 오키나와 문화와 공연 예술에 관심이 있는 본토 애호가들 사이에서 상당한 인기를 얻고 있다. 물론 오키나와 사람들에게도 마찬가지이다. 「호텔 히비스커스」는 오키나와에서 자란 젊은 여성인 미에코의 피카레스크적인 모험을 그리고 있다.[3] 나카에의 초기작인 「나비의 사랑」처럼 이 영화는 오키나와 삶

---

3 이 영화는 오키나와 출신 작가인 미코(Nakasone Miko)의 인기 높았던 반(半) 자서전적인 만화에 기반을 두고 있다.

446

의 세계를 온전한 자연에 감성적인 초점을 맞춘 채 이에 푹 젖어 있다.

미에코의 삶은 시골생활의 리듬에 맞춰져 있다. 학교 뜰에서 하는 게임과 나른한 여름방학, 활기 넘치는 계절별 축제 그리고 매우 의미가 깊은 집안의 제사들. 이런 이야기 속에는 잃어버린 마을의 유령 같은 주민과의 만남, 수줍은 숲속의 도깨비들 그리고 친절한 조상의 영혼과의 만남이 있다. 나카에의 영화는 나른한 느낌으로 에피소드별로 구성되어 있다. 그의 영화는 각각의 순간이 평범한 장소에서 진행되지만 여전히 이 장소들은 대도시 시청자들에겐 여전히 이국적이고 기묘하고, 예외적 공간으로 인식된다. 그러나 영화 「나비의 사랑」의 배경은 오염되지 않은 백사장과 예스러운 마을로 이뤄진 작고 고립된 섬이 아니다. 최근에 나오고 있는 오키나와의 진가를 찬양하는 다른 영화나 텔레비전 특집에서 다루는 때묻지 않은 배경이 아니다. 미에코는 기지촌에 살고 있다. 이곳은 황량하고 가난에 찌들어 있으며 미군기지 주변에 기대어 살고 있다. 영화가 나타내는 과거의 시기는 모호하다. 미국이 점령한 오키나와가 일본에 반환된 1972년부터 현재까지가 이어지는 시간 속에 모호한 순간 어디쯤이다. 부서진 콘크리트 건물, 아스팔트 거리, 철사로 둘러처진 울타리 같은 것이 거슬리게 표현되어 있는데 이는 놀랍게도 영화가 시작되는 지점에서 나타난다. 여전히 나카에는 민족적인 무엇인가에 초점을 맞추고 있는데 특히 오키나와식 가정의 구성에 중점을 두고 있다. 일본 원주민 민족지학의 이런 오랜 집착은 일본 대중문화 속에서 오키나와를 표현하는 데 강력한 기저를 이루고 있다. 오키나와 가정의 삶과 관련된 전형적인 이미지들은 나카에의 영화 속에 드러난다. 즉, 미에코의 아버지 마사오는 쾌활하고 게으른 남성이다. 그녀의 어머니 치요코는 능력 있고 활기 넘치는 여성이다. 그녀의 형제자매들은 행복하고 항상 그녀에 대한 지지를 아끼지 않는다. 그녀의 친할머니는——일본의 유명한 배우 타이라 토미가 역할을 맡은——고령에 현명한 여성으로 그려지고 있다. 사실상 오키나와와 관련된 최근의 모든 영화와 텔레비전 드라마가 그런 것처럼 할머니는 영혼의 세상과 연결성을 보여 주는 역할을 한다.

그러나 오키나와 가정에 대한 의례적 표현을 뛰어 넘는 무엇인가가 미에코 가정에는 있다. 그녀의 아버지는 때때로 근처에 가족이 운영하다 버려진 호텔 1층에 위치한 폐허가 된 당구장에서 시간을 보내곤 한다. 이 호텔은 아마도 다른 곳으로 발령받아 잠시 여기 머물러야 했던 미국인과 미군점령 기간이 한창일 때 미군과 오키나와 성매매여성 사이의 밀회를 위해 지어진 호텔일지도 모른다. 그녀의 어머니는 낮에 집안일을 돌보고 밤에는 미군을 접대하는 지역 나이트클럽에서 일하기 위해 집을 나선다. 그녀의 큰오빠는 유망한 복서로 흑인 혼혈이다. 그녀의 언니는 선명한 금발을 가진 백인 혼혈이다. 미에코만이 마사오의 자식인 것처럼 보인다. 그러나 영혼세계와의 만남 때문에 미에코 가족의 상황은 놀랍지 않지만 일상적이지도 않은 것으로 보여진다.[4]

영화의 상당 부분에 그녀가 등장하지 않음에도 불구하고 치요코의 활동은 이야기의 중심이 된다. 똑똑하고 꾀가 많아 보이는 그녀는 실질적으로 일처다부제로 사는 것처럼 보인다. 그녀의 가족과 호텔은 그녀

---

4 이 호텔은 또한 장기 투숙객도 받고 있었는데, 이는 일본인 관광객으로 아마 일본 청중의 시각을 대표하고 있을지 모른다. 실제론 침묵을 지키고 있지만 그는 치요코와 성관계를 맺을 수 있는지에 대해 무관심함을 보인다. 그는 자신의 방을 위해 돈을 지불하고 가족의 사생활이 담긴 내부 공간에 들어갈 수 있음에 만족한 것처럼 보인다.

의 오키나와 애인과 미국 애인이 돌보고 지원해 주고 있다. 치요코의 실질적 행위들이 이 영화에서 매우 중요한 반면, 나카에의 카메라는 그녀가 일하는 술집은 보여 주지 않는다. 그녀가 일하는 장소는 전혀 영화에 나타나지 않으며 치요코가 애인들과 처음에 어떻게 만나고 사귀게 되었는지에 관해서도 전혀 나오지 않는다. 그러나 이에 대한 감독의 분명한 침묵은 치요코의 사회적 피부, 즉 요란한 화장, 빨간 속옷과 드레스 같은 기호에 의해 거짓으로 드러난다. 치요코는 저녁에 호텔을 나설 때 이런 요란한 차림을 한다(Turner 2002).

전후 오키나와 배경과 상반되게 배열된 꿈처럼 보이는 미에코의 모험들은 오키나와에서 일어나는 일상의 세계에서 현실성을 없애 버리는 효과를 낸다. 이런 구성이 이 영화를 오키나와 남녀의 역사적 경험으로부터 거리를 두게 한다. 개인적으로 필자는 미에코가 그녀의 언니, 엄마와 함께 호텔 지붕 위에서 빨래를 할 때 이런 느낌을 가장 강하게 받았다. 그들의 오래된 세탁기가 망가져 이들은 빨랫감을 고무통으로 옮긴다. 그들의 발에 비누거품으로 가득 찬 물이 첨벙거리고, 그들은 춤을 추기 시작하고 그들 삶에 대한 즉흥적 노래를 부르며 웃음을 터뜨린다.

우리의 호텔 히비스커스에서
우리는 국제적 가족!

필자는 이런 오키나와 역사의 이중적 전용 방식이 당혹스러웠다. 우선 오키나와인들을 착취한 과거를 지워 버리는 방식에서 두번째로 그런 장소가 표현되는 방식에서 이런 느낌을 받았다.

오키나와 가족을 '국제적'이라 부르는 것이 도대체 어떤 의미인가? 오키나와를 미국과 일본이 파괴하는 과정에서 이들이 국제화되었다는 말인가? 전통적인 것들이 변화되면 그것이 국제 가족이 되는 것인가? 아니면 일본과 미국이 통합시키려는 대상인 오키나와의 실생활들이 이들의 새로운 요구에 따라 변화되면 국제적 가족이 되는 것인가? 여기서 오키나와의 과거에 주목해야 하는 이유가 있다. 오키나와 전쟁의 여파로 약 140,000명의 오키나와인들이 죽었으며, 그들의 가옥이 파괴되고 가족들은 뿔뿔이 흩어졌다. 버려진 밭과 압수당한 농장에서 미군들은 그들의 기지와 활주로를 건설했으며 이는 아직까지도 유지되고 있다. 미군들은 또한 오키나와인들의 부서진 마을을 재건하는 데 협조했고 미군기지 건설에 사용된 땅주인들이 재정착할 수 있도록 협조했다. 신규로 건설된 기지촌에서 그들은 격자무늬로 질서 있게 거리와 골목을 정비하는 데 함께 협조해서 일했다. 즉, 단 하나의 호텔 히비스커스가 아니라 이와 유사한 수백 개의 술집과 호텔, 작은 집들 그리고 아파트들을 밀집해서 기지 주변에 지었다. 기지는 넓고 포장된 고속도로와 연결되어 있다. 전후 오키나와 공동체의 이런 개조는 매우 치밀하게 이루어졌고──노동의 공간적 분리가 매우 치밀하게 이루어져──이곳은 오키나와 기지 노동자들이──하인, 하녀, 정원사, 요리사, 수위──단순히 숙식을 위해 은퇴하는 주거공간이 아니었다. 가정의 공간도 임금생산 노동의 장소로 변해 갔다. 오키나와 노동자들을 기지로 데려온 거리와 고속도로는 미군을 반대 방향으로 데려가는 역할을 했다. 즉, 이들을 오키나와 주거지 내에 위치한 가게, 술집, 성매매 지역, 호텔로 데려오는 역할을 했다. 집은 단순히 가사노동의 장소만은 아니었다. 수천 명의 오키나와여성에게 이곳은 또한 성노동을 제공하는 일터였다.[5] 히가시 미네오Higashi Mineo의 수상작인 소설 『오키나와의 아이』는 이런 참담한 변화를 일상생활 속에서 그려 나간다. 호텔 히비스커스 같은 건물에서 한 아이는 그의 가족이 운영하는 술집에서 일하는 성매매여성과 그녀와의 동침을 위해 돈을 지불한 미군에게 투덜거리며 그의 침대를 내어 준다(Higashi 1982, 83).

오키나와인들은 이런 상황을 왜 받아들였을까? 절박함과 대안의 부족 때문이었다. 트라우마적 경험이 너무 강해 한순간 벌어지는 문제들은 하찮게 보였을지도 모른다. 자신들의 가족을 구하기 위해 필요한 것은 무엇이든 하겠다는 맹렬한 결심이었다. 미국 생활 방식에 대한 판타지였을 수도 있다. 어쩌면 힘들고 단조로운 농촌과 오키나와 가정 너머에 있는 세계에 대한 유혹 때문이었을 것이다. 일본과 미국이 그들을 이런 조건에서 구해 줄 것이라는 신념 때문이었을지도 모른다(Molasky 1999). 지금 나열한 것들은 동기로 찾아볼 수 있는 것 중 몇 가지에 불과하다. 그러나 나카에의 영화에는 이 가운데 어떤 것도 표현되지 않는다.

나카에가 영화 속에 담고 있는 오키나와 삶의 밝은 이미지는 미군의 존재를 둘러싼 문제, 오키나와인들의 삶에 이들이 미치는 영향과 일본 민간인에 대한 일본정부 책임의 문제가 여전히 뜨겁게 논쟁되고 있을 때에 극장에서 상영되었다. 이 영화는 일본의 전 수상이었던 하시모토 류타로Hashimoto Ryutaro가 1997년 나하에서의 한 연설을 떠오르게 했다.[6]

---

5 Sturdevant and Stolzfus(1992, 251)는 류큐정부가 추정한 Takazato(1996)의 저서에서 숫자를 인용하고 있는데, 7,362명이 베트남전쟁 기간 동안 기지 근처에서 직업적 성노동자로 근무했다.
6 일본 청년회의소의 오키나와 지역 컨퍼런스(Jaycees)에서 발표된 연설, 나하, 오키나와 1997년 8월 23일.

그의 행정부를 위협하던 기지 관련 위기의 심각성에도 불구하고, 하시모토는 오키나와 문화와 전통 행위의 깊이와 오키나와 섬 사람들의 부드러움 그리고 낙천성에 아끼지 않는 찬사를 보냈다. "미국의 점령을 단순히 견디기만 한 것이 아닙니다." 그는 말했다. "이들은 번영했습니다." 이것은 현대 자본주의의 무차별적 발전 때문에 전통이 침식되고 있다는 두려움에 쌓여 있는 이들에게 확실히 좋은 소식임에 틀림없다. 그러나 오키나와 문화, 그들의 강인함과 인내가 그들이 닿을 수 없는 곳에 존재하고 있을 때, 과연 이런 사회적 문제들을 완화시켜 줄 어떤 추진체가 존재하는가? 하시모토의 연설은 친절했지만 사람들의 염원은 훈육과 억압을 통해 그리고 칭찬과 아부를 통해 규제되었다. 오키나와를 감시하는 것은 하시모토가 그곳을 방문한 목적 중 하나였다. 일본 국가를 구성하고 있는 노동의 공간적 분할을 자리매김하고 다시 한번 공고히 하는 것이었다. 그 질서란 불행히도 일본에 주둔하고 있는 75%의 미군이 머물 주거 지역을 오키나와가 제공하는 것이다. 더불어 미군의 수행을 돕는 일본방위군도 여기에 포함된다. 나카에의 영화에 분명하게 드러나는 영상은 이에 얼마나 근접했을까? 당신은 미군의 성적 욕망을 만족시키고, 그들의 자녀라는 부담을 짊어지며, 일본의 번영을 위해 당신의 몫을 희생하지만 당신은 여전히 행복하고 활달하다! 당신은 삶에서 무엇이 진정 중요한지 알기 때문이다. 더 이상 무엇이 필요할까?

하시모토에게 일상과 전통의 실천은 억압에 대한 보상이다. 나카에에게 이것은 또한 착취의 가장 사적인 공간들이다. 이 둘 모두에게 이런 사적인 관계에 포함된 권력은 나머지 일본의 이익과 행복을 위한 상징으로 전유될 수 있다. 마지막에 나카에의 영화는 하시모토가 제시했던 똑같은 보상을 정확하게 제공하고 있는 듯이 보인다. 칭찬이 담긴 따뜻한 말, 집세(집을 빌릴 미군이 계속 주둔할 것이라는 의미)는 계속 들어올 것이라는 확신 말이다.

영화를 상영하는 동안, 필자는 주변에 앉아 있는 사람들의 표정을 지켜보았다. 이들은 흥분에 들떠 있었고, 크게 웃고, 적극적으로 경청하고 있었다. 필자는 그들이 극장을 떠나면서 이야기하고 농담하는 것을 보았다. 한 노인은 행복하게 그의 손자를 팔에서 얼렀다. 이들은 바쁜 일상 속에서 여유로운 막간의 마지막 순간을 즐기고 있었다.

필자는 불평이나 야유를 기대했지만 그런 건 전혀 없었다. 필자는 극장을 나와 돌아가는 길에 그들의 경험을 반추해 보며, 이 영화를 친구와 친지와 토론하면서 그들이 무엇을 생각했을지 궁금했다. 이것과 관련해 나는 오키나와현 기록보관소 극장에서 몇년 전에 본 모리구치 가츠 Moriguchi Katsu 감독의 영화가 생각났다. 이 영화는 같은 지역을 보여 주고 있지만 매일 일어나는 정치적 돌발상황을 사적이고 혁명적인 방식으로 표현했다. 이 영화는 「단단한 땅바닥을 무너뜨리며: 오키나와 코자폭동 1971」Breaking through Hard Ground: Okinawa '71로서 코자 폭동Koza Riot의 이미지들을 담고 있다. 이 폭동은 오키나와를 25년간 점령하고 있는 미군에 대항한 폭력적 시위였다. 이 영화는 1970년 12월 20일 저녁을 배경으로 시작된다. 기지촌인 코자의 거리——현재 오키나와 시——는 가데나에 위치한 대규모 미 공군기지에 반대하는 사람들로 가득 차 있다. 모리구치의 카메라는 콘크리트 건물이 세워져 있는 열을 따라 움직이고 이 건물들은 미군을 접대하기 위해 지어진, 끝도 없이 펼쳐져 있는 수많은 가게, 술집 그리고 성매매 시설들로 북적거리는 거리를 담고 있다. 거리는 호텔 히비스커스 앞에 있는 거리와 매우 비슷하게 보인다. 이 폭동을 촉발시킨 사건은——미군 사병이 오키나와 보행자를 그의 차로 친 사건——이미 영화에서 보여 준 상황이다. 오키나와 남녀는 거리를 가득 메우고 미군을 그들의 차에서 끌어내리고 돌, 건물 잔해 그리고 화염병을 던진다. 오키나와 경찰과 미군은 질서를 재정립하는 데 어려움을 겪는다. 부서진 열두 개의 차들은 거리에 검게 그을린 채 버려져 있다. 불길이 일어나고 있는 뒤편에서 한 여성이 춤을 추고 있다. 그녀는 검은 오키나와 기모노를 입고 있고, 그녀의 머리는 전통적인 방식으로 올려져 있다(칸푸). 수십 년에 걸쳐 생활방식이 달라진 후, 이런 옷은 오직 댄스 스튜디오나 동네 축제 그리고 지역 연극 무대에서나 볼 수 있는 것이 되었다. 아마도 그녀는 음악가이거나 동네 술집에서 민요를——전통대중음악——부르는 호스테스일지 모른다. 그녀는 성대한 축하를 표현하는 춤인 가차시를 춘다.

필자는 무용수의 이미지가 불러일으키는 환원될 수 없는 과거에 대한 언급에 매료되었다. 나른한 시골 마을의 삶, 낙인찍히고 버려진 류큐식 패션, 기지촌 술집에서 행해지고 있는 여성의 노동, 복종의 상징인 의복을 입은 이의 저항(Tomiyama 1998). 그녀의 춤은 무엇일까? 사람들은 필자에게 가차시 없는 축하는 상상할 수도 없다는 말을 자주 했다. 이것은 초대인 것이다. 가차시를 추는 것은 다른 이들에게 함께하자고 부르는 행위이다. 축하하는 데 함께 동참하자는 것이다. 이 춤은 기쁨과 행복의 육체적 표현이다. 이는 또한 공연의 완성을 나타내는 신호이다. 연주회, 축제, 연극은——강의, 영화, 시위까지도——가차시로 끝을 맺는다.

무용수가 모든 걸 쓸어 버리는 행위를 취할 때, 때가 가까이 왔음을 알 수 있다. 필자는 모리구치 영화에 나왔던 무용수를 생각할 때, 경외감

〈사진 9. 1〉 코자 폭동 당시 불타고 있는 미국 차량들(1970년 12월 20일). Courtesy *OKINAWA TIMES*.

같은 것을 느낀다. 필자가 갈등의 상황에서 그녀의 춤을 보았다면 어땠을 지 궁금해진다. "이리 와서 나와 함께 춤을 춰요. 이제 끝날 때가 다가오고 있어요!" 이런 위기의 순간에 이 거리에 서서 어떻게 그녀는 모든 가능성을 실어 춤을 출 수 있는 용기를 발견할 수 있었을까? 불 타고 있는 차들 사이에서 춤을, 거리에서 폭동에 가담한 이들이 그녀 주변으로 쏟아지고 있는 상황에서 춤을, 기동대 형태를 취해 다가오고 있는 군인들 사이에서 그녀는 춤을 춘다.

공연하기, 추모하기, 되어 가기

1998년 여름 내내 나는 매일 저녁을 오키나와시에 있는 손다 교류 센터 Sonda Community Center에서 보냈다. 이곳은 코자 폭동이 일어난 지점에서 남쪽으로 약 1마일(약 1.6km) 떨어진 곳에 위치하고 있다. 지난 여름에도 했던 것처럼 나는 고운 찰흙이 쌓여 있는 뒤뜰에서 에이사를 준비하고 있는 수십 명의 남녀와 함께했다. 나는 방문객으로, 학생으로 친구의 자격으로 그들과 함께했고 현재에 드리워져 있는 무거운 과거의 그림자를 이해하기 시작한 오키나와인들의 방식을 배우기 위해 고군분투했다. 오키나와 중심부를 가로질러 있는 들판과 주차장에서 수천 명의 젊은 오키나와 남녀들이 여름 내내 에이사를 연습했다. 그들은 망자를 위한 축제인 오봉Obon 기간에 3일 동안 밤에 춤을 추기 위해 준비하고 있었다.

최근 많은 학자들이 오키나와의 추모의 정치학을 이해하기 위한 연구를 진행하고 있다(Field 1993; Figal 2001; Molasky 1999). 그러나 오키나와에서 가장 흔한 대중 추모의 한 방식인 에이사에는 거의 관심을 기울이고 있지 않은 실정이다. 필자의 지인들이 종종 얘기한 것처럼 에이사는 그들의 선조 영혼과 전쟁으로 살해당한 수백, 수천 명의 요구와 소원에 응답하기 위해 필요하다. 에이사는 망자의 영혼이 그들의 무덤에서 나와 집으로 향하는 동안 호위하기 위해 추는 춤이며, 오봉 기간 동안 그들을 즐겁게 해주기 위해 추는 춤이다. 이 춤은 수도에서 발령받은 가난한 오키나와 조상신들의 역사를 이야기하고 체화하기 위해서 춘다. 이웃지역들과 무용수들의 힘과 예술성에 자부심과 명예를 표현하고 지속하기 위해 춘다. 삶의 필수적인, 공연을 통해 생산되는 행복감과 소속감이라는 선물인 카리kari를 창조하고 공유하기 위해 이 춤을 춘다.

오키나와시는 여전히 기지촌이며, 콘크리트 빌딩이 산호초처럼 가데나 공군기지 울타리를 따라 가득 들어서 있다. 지역 활동가들의 오랜 투쟁은 미국의 현존을 받아들이고 있다. 거리에서 볼 수 있는 해병과 공군의 수도 사령관 지시에 따른 새로운 규율로 인해 줄어들고 있다. 최근 활기를 보였던 기지경제가 엔화 대비 달러약세의 결과로 무너졌으며 오키나와시에서 돈을 쓰던 미군들이 기지 안에 건설된 유흥가로 눈을 돌렸기 때문이다. 베트남전쟁 시기에 일었던 광란의 붐을 통해 세워진 빌딩

숲은 현재 폐허로 변해 가고 있다. 술집 골목은 한산하며 성매매는 사실 거의 사라졌다. 필리핀과 러시아여성이 남아 있는 술집에서 일을 계속하고 있을 뿐이다. 대부분 일본 관광객들은 오키나와시를 가지 않고 온나Onna에 있는 리조트 호텔이나 남쪽 섬, 미하마Mihama에 있는 쇼핑몰이나 나이트클럽을 간다. 군 기지는 오키나와 풍경을 압도하고 있으며 아프가니스탄과 이라크전쟁을 위한 집결지 역할을 하고 있다. 해안 두보는 오키나와 중심부가 다른 방향으로 발전할 수 있는 꿈을 막고 있다.[7]

    태평양전쟁 이후, 사람이 살지 않았던 나무언덕과 숲지로 덮인 저지대에 빈곤해진 전 류큐 조신祖神들이 정착하기 시작했다. 이들은 그전에 서쪽으로 몇 마일 떨어진 농촌인 니시자토Nishizato에 거주하고 있었다. 그들의 가옥은 오키나와 전쟁 때 모두 파괴되었고 소유했던 땅은 가데나 공군기지 건설을 위해 몰수되었다.[8] 오키나와 중앙지역과 북쪽지역 출신으로 땅을 빼앗기거나 일자리를 잃은 농부들, 규슈와 아마미, 오시마지역출신 노동자들, 그리고 섬의 다른 지역 출신 노동자들이 이들과 합류했다. 그들은 지금 이 섬을 압도하고 있는 미군기지나 기지 주변에 빠르게 건설된 도시에서 일하면서 근처에 이 번잡하고 좁은 거리와 나무 또는 콘크리트로 지은 작은 가옥들을 세웠다. 이 한가운데에는 주민자치 회관이 있으며, 이곳은 수많은 가족 무덤에 둘러쌓여 있다.

---

7 오키나와 기지는 자발적으로 토지를 일본정부에 임대해 주었거나 강제로 임대해 준 토지 소유자들에게 지불 형태로 수익을 계속해서 생산해 내고 있다. 이 토지는 미군이 사용할 수 있도록 제공된다.

8 현의 공청회에서 한센 지누시(Hansen Jinushi)가 증언한 대로 손다에 거주하고 있는 많은 주민들이 미군기지 내 토지를 소유하고 있다. 그러나 오키나와의 다른 토지 소유자들처럼, 매우 적은 수의 소유자들만이 지누시처럼 활동적인 반대협회에 참여하고 있다.

여러 면에서 이 주민자치 회관은 무덤이라는 공간을 반향한다. 전쟁 전, 니시자토 출신의 무용수와 음악가들은 마을 가장자리에 위치한 지하 뒤뜰에 여름밤이면 모였다. 매일 밤, 그들은 선조의 영혼 앞에서 춤을 추고 노래를 부르며, 그들 마을과 집 안뜰에서 에이사를 다시 출 그날을 위해 연습했다. 즐겁지만 연습을 요하는 일, 직업을 알선해 주고 본토로 남태평양으로 이주하게 해주겠다는 꾀임에 불응하는 것. 친구들과 선조의 영혼과 함께 농민과 노동자들은 무용수와 음악가가 된다.

저곳에 있는 무덤들과 마을들은 사라진다. 가족이 매우 공들여 정돈하고 돌본 조상의 물질적 존재는 부서지고 흩어진다. 이들은 그들을 추모했던 많은 사람들의 삶과 함께 파괴된다. 살아남은 자들에게 선조 영혼과의 관계는 잃어버리기에는 너무나 소중하다. 망자에 대한 의무는 무시하기엔 너무나 거대하다. 무덤을 다시 만들고 선조들을 회상하는 것은 전후 재건 당시 오키나와 가정들이 가장 우선시했던 것 중에 하나였다. 그러나 무덤과 가정에 있는 제단만이 선조들이 재건될 수 있는 공간은 아니었다. 주민자치센터 그 자체가 망자를 위치시키고 불러내는 일상의 노동이 반복되는 장소로 변해 갔다. 이곳은 무용수들이 자신들 주변에 있는 세계를 이해하고 변화시키기 위한 욕망을 표현하기 위해 고군분투하는, 그들의 창조적 활동으로 가득 찬 공간이다.

실제 남은 벽의 모든 공간이 손다의 과거 자취를 보여 주는 그림으로 덮여 있다. 대회에서 우승한 것을 기념하는 현수막도 걸려 있다. 세대가 다른 무용수들을 보여 주는 사진들이 액자에 빼곡하게 걸려 있다. 오키나와 시에서 매년 열리는 에이사 경연대회에서 수십 년간 공연해 온 청소년 그룹에 주목하는 증서와 일본 전역에서 찍은 그들의 모습도 보인다. 유명한 일본 정치인들, 공연가들 그리고 팬들에게서 온 편지들. 젠더, 노동, 창조성의 강력한 결집을 보여 주는 이미지들도 볼 수 있다.

　흑백으로 된 단체사진은 가장 오래된 것으로 문 위에 걸려 있다. 이 사진은 뻣뻣하게 서 있는, 태양에 그을린 한 무리의 남성들을 보여 준다. 이들은 카메라를 엄숙하게 응시하고 있다. 이들은 일할 때 입는 짧은 기모노와 농부들이 쓰는 꼬깔 모양의 모자를 쓰고 있다. 한두 명의 남성들이 산신—오키나와 삼현금(기타처럼 생김)—을 들고 있으며 서너 개의 드럼이 앞에 줄지어 서 있다. 이들은 전후에 에이사를 추기 위해 처음으로 모인 무용수들이다. 1950년대 초, 유명한 음악가이자 이 지역에서 유지 중 집안 출신 중 하나였던 고하마 슈에이Kohama Shuei는 주민자치센터로 활용 중인 반원형 오두막집으로 동네 젊은 청년들을 모이게 했다. 그들은 함께 에이사의 스텝과 노래를 완전히 익히기 위해 노력했을 뿐만 아니라, 그들이 잃어버린 마을인 니시자토 거리에서 망자를 위한 축제 기간 동안 이루어졌던 빛나는 공연 스타일을 습득하려 했다. 중부 오키나와에선 오직 귀족 출신의 젊은 남성 그리고 오키나와 본토 출신만이 이 춤을 출 수 있었는데 나중에는 다른 단체들도 에이사를 추도록 허락했다. 전후에 슈에이가 춤을 다시 추기로 결정하기 전까지 외부인이 이 춤을 추는 것은 생각할 수도 없었다. 그의 이웃들의 많은 반대를 넘어 슈에이는 전통을 깨트렸다. 그는 젊은 남성들이 춤을 추는 것을 북돋았을 뿐만 아니라 타지의 사람들이 전후 여파 속에서 생존을 위해 그의 마을로 들어올 경우, 그들에게 에이사가 필요하다고 확신했다.

　빛이 바랜 사진은 여성들이 1950년대 말 또는 1960년대 초 이 무용수 그룹에 합류했다는 것을 보여 준다. 여성의 참여와 계급에 따라 참여를 제한한 규정을 없애기로 한 것은 원칙적이고 현실적인 결정이었다. 고하마는 그와 그의 친구들은 여성들의 공동체 삶에 대한 기여, 그녀들의 일과 희생에 감사한다고 말했다. 동시에 고하마와 친구들은 여성을 참여시키면 무용의 정교함이 더해질 것이라고 생각했으며 분명히 대중 공연을 관람하는 시청자들에게 매력적인 요소가 될 것이라 생각했다.

무용수들의 의상 또한 변했다. 무용수들이 모두 몰락한 귀족이었을 때, 그들의 가족이 태어난 농촌 마을의 검소한 기모노를 자랑스럽게 생각하며 입었다. 청년회에 참석할 수 있는 사람들의 범위가 모든 사람에게 열리면서 귀족이나 평민, 원주민이나 이방인에게도, 남성들이 세련된 오키나와 사무라이 복장을 입기 시작했다. 그리고 여성도 동일하게 세련된 농촌식 기모노를 입었다. 고하마 슈에이는 자신과 그의 친구들이 영감을 받아 의상을 골랐다고 말했다. 그리고 그 의상들은 동네 젊은 남녀가 공연을 보러 오는 청중과 심사위원을 위해 인상적인 감동을 창조하는 데 도움을 주었다고 보았다. 공연을 보는 이들은 누구나 오키나와 일상상황과는 반대되는 이런 이미지 속에서 젠더와 계급이 강렬하게 표현되는 것을 볼 수 있다. 기지클럽에서 주방장이거나 미국 가정에서 하인인 이들이 강인하고 잘생긴 류큐인 전사로 표현되는 것이 얼마나 매력적일지 상상해 보자. 싸구려 호텔에서 일하는 종업원이나 북적거리는 클럽에 있는 성매매여성들 앞에서 우아하고, 웃음에 가득 차 있는 농촌 출신 무용수들, 그 가능성에 대한 생각이 얼마나 매력적인지. 젠더에 연결된 계급의 설정역시 공동체의 역사를 얘기한다. 남성들의 결혼식 의복은 류큐식 궁궐세계를 회상시킨다. 여성들의 단조롭지만 우아한 기모노는 몰락한 귀족들이 새로운 삶을 재건하기 위해 노동했던 농촌지역을 나타낸다.

동시에 이 의상들은 오키나와의 과거를 단순히 표현하는 것이 아니다. 오히려 이 의상들은 오키나와 극장, 우치나 시바이Uchina Shibai에서 가장 유명한 연극과 무용에서 차용해 온 것이다. 우치나 시바이는 오키나와의 유명한 극장으로 연극과 무용은 일본 식민지 당국이 억압했던 것이다. 무용수들은 자연스럽게 궁전의 음모와 무술실력을 묘사한 비극에서 낭만적인 농민들의 무용으로 옮겨 간다. 이런 이유로 의상은 단지 선호하는 이미지나 이상화된 과거의 특징만을 나타내는 것이 아니다. 의상은 또한 연극적 공연을 다채롭게 표현하는 데 이용된다. 그러나 무용수들은 자신들을 변형시키는 과정에서 공연을 위해 모인 청중의 판단에 자기 자신들을 내보인다. 적절한 이미지는 무용수들이 그 이미지를 표현할 자격과 능력을 발휘할 때만 유지될 수 있다.

주민자치센터에 전시된 이미지들은 어떻게 청년회의 과거가 다양한 판으로 전수되었는지를 보여 주는 중요한 요소들이다. 이 이미지들은 건물 내부의 공간과 다른 사람, 장소 그리고 다른 시공간을 넘어——다른 순간들에 대한 발자취, 과거를 회상하기 위한 실천을 나타내는 이미지, 무용처럼 에이사의 중요한 부분을 차지하는——진행된 축제 사이에 존재했던 시각적 연결고리를 보여 준다.

밖에서 청년회의 단원들은 오봉 축제 3개월 전부터 매일 저녁 그랬던 것처럼 예행연습을 준비한다. 대부분의 무용수들은 일터에서 연습을 위해 곧장 이곳으로 온다. 청소년 그룹 단원들의 옷을 보면 손다가 노동자 계급지역이었음을 분명하게 보여 준다. 젊은 남성의 대다수는 노동자 복장인 사교후쿠sagyofuku를 입고 있다. 헐렁하며 종아리까지 오는 바지는 선명한 파스텔 색깔을 띠고 있다. 하얀 티셔츠를 입고 머리에는 수건을 둘렀다. 고등학교 남학생들은 검은색 바지와 하얀색 셔츠로 된 교복을 여전히 입고 있다. 나머지 젊은 남성들은 최신 힙합 패션을 하고 있다. 이들은 반짝거리는 스웨터 또는 헐렁한 청반바지 또는 청바지를 입고 있다. 검고 큰 운동화를 신고 있고 푸부, 메카 또는 일본 축구팀 글씨가 새겨진 치수가 큰 저지를 입고 있다. 젊은 여성들은 옷깃이 넓고 세련되게 달라붙은 블라우스와 나팔바지를 입고 있다. 몇몇은 지역은행이나 사무실에서 입는 단체복인 무릎까지 오는 스커트와 조끼를 입고 있다. 여고생들 중 교복을 입은 학생들은 눈에 띄지 않는다. 더 어린 여학생들은 다리통이 넓은 청바지에 투박하게 두꺼운 밑창을 가진 운동화나 샌들을 신었다. 그리고 치수가 적은 군대용 티셔츠를 입고 있다. 패션이란 세밀한 것에 주의를 기울인다는 의미이다. 적당한 악세서리, 멋진 지샥G-Shock 손목시계, 멋진 헤어스타일, 표백하거나 염색한 헤어스타일 중 녹색이나 얼룩무늬 푸른색이 단연 멋있다.

지카타(산신 음악가들)가 첫 줄에 앉아 악기를 조율하고 목청을 다듬는다. 무용수들은 휴대폰, 삐삐, 손목시계, 라이터, 담배, 지갑을 창틀에 놓고 스텝을 따라해 본다. 모두가 마당에 있는 물을 머금은 진흙 표면을 쓸어 없앤다. 리더인 지카타가 웃으며 새로운 무용수들에게 소리친다, "다른 누구보다도 더 잘하려고 마음먹지 않는다면, 너희의 춤은 형편없을 거야!"

무용수들이 공연을 위해 주민센터로 들어오지만 이는 대가를 치러야 하는 연극 중 하나이다. 무용수들은 현대 일본사회가 휴식용으로 제공하는 더 많은 통상적인 기회들에 대해서 무심한 태도를 보인다. 이는 오키나와에서도 마찬가지이다. 이들은——이 순간만이더라도——대중문화, 텔레비전, 술집, 게임, 공원 그리고 영화가 제공하는 산만함을 거부한다. 젊은 남녀들은 자신이 연애하고 싶은 대상이──동네주민, 동료 또는 학급친구──옆에서 춤을 같이 추더라도 그럴 기회를 잠시 미뤄 놓는다.[9] 동시에 이들은 특정한 종류의 직업은 갖기를 거부한다. 즉, 인구가 밀집된 나하 또는 우라소에 도회지, 일본 본토나 미국, 나카노마치Nakanomachi 근처에 남아 있는 술집, 성매매 시설, 나이트클럽 그리고 스낵바같이 돈을 더 많이 벌 수 있는 곳에선 일하지 않는다. 이들은 고용주가 요구하는 시간 외 근무나 다른 근무시간에 맞출 수 없으며 직업에만 헌신할 수 없다. 그리고 대부분 대학이나 지적 노동에는 등을 돌린다. 이 무용수들은 또한 직장인의 가장 소중한 목표 중 하나를 희생한다. 그것은 잠이다. 우리는 육체노동을 위해 써 버린 대가에서 벗어날 수 없다. 그러나 잠은 일로부터 매일 안식을 제공하고 원기를 회복할 수 있는 기회를 주며 우리를 치유해 준다. 꿈을 꿀 수 있는 기회도 제공할지 모른다. 대신 이 무용수들은 고되고 수고스러운 활동을 몇 시간 동안 수행한다. 이 때문에 그들은 최근 오키나와 공연예술이 대중화되기 전까지 불량배나 천인으로 불려 왔다.

마당에 서서 북을 치는 사람들은──모두 남성으로──그들의 악기가 실려 있는 마차를 조정한다. 그리고 무용수들은 육체적 특성을 춤의 특성으로 이동시킨다. 남성 무용수들은 엉덩이를 낮추고 무릎을 세우는

---

9 젊은 남녀는 많은 시간을 함께 보낸다. 그렇지만 리허설은 통제를 받고 있으며 자유시간은 거의 없다. 때때로 남녀 연애관계가 형성되기도 하고 필자가 아는 몇몇 커플은 결혼도 했다. 대다수는 청년회와 아무 관련 없는 직장이나 학교에서 알고 지내는 사람들과 연애를 한다. 놀랍게도 리허설과 공연에 존경심을 가지고 참여하는 일본 본토 방문객과 연애에 빠지는 경우는 거의 없다.

두 가지 행위를 한다. 고개는 든 채 어깨는 뒤를 향하게 하고 손은 엉덩이에 놓는다. 얼굴에는 엄중한 자신감을 내비친다. 여성은 다리를 모은 채 서고 다리와 등을 꼿꼿이 한다. 손은 그들의 엉덩이에 올리고 희미한 미소를 얼굴에 띠운다. 남성의 포즈는 경직되어 있고 여성은 좀더 여유로워 보인다.[10] 연장자 단원들은 무용수들을 정돈하기 위해 직접 대열 사이를 걸어 다닌다.

앞을 향해 지카타는 장단을 세며 '난다키 부쉬'Nandaki Bushi(남쪽 숲의 발라드) 속으로 들어간다. 이는 에이사를 구성하는 11개의 노래 중 첫번째 노래이다. 50개의 북이 동시에 연주하는 음악과 함께 춤은 시작된다. 합창으로 노래가 흘러나오고 가사는 오키나와어로 되어 있다. 20분 조금 더 지나는 시간 동안, 노래는 계속되고 무용수들은 계속 춤을 춘다. 여성들은 춤의 장중한 우아함이 자연스럽게 보이도록 움직인다. 남성 무용수들과 함께 여성들의 공연은 오키나와 민족적이고 고전적인 분야를 많이 활용한다. 그리고 이 움직임은 에이사를 구성하는 형체를 우아하고 통제된 상태로 창조한다. 고수들은 이와 대조되게 춤을 춘다. 뛰어오르고 돌면서 리듬을 탄다. 리듬은 때론 직선적이고 때론 당김음을 낸다. 이들은 손다의 속도감 있고 육체적이었던 명성을 유지하려고 노력한다. 이미 육체적으로 피곤하고 긴 시간 계속된 가혹한 육체적 노동으로 부상을 입은 무용수들에게 오늘 저녁의 수고는 그다음 날 일을 나가기 전 맛

---

10 여성들이 수십 년간 청년회에서 춤을 추었지만, 여성은 절대 고수나 산신 연주자가 될 수 없다. 지역 여성들이 이런 관행에 만족하지만, 몇몇은 이런 관행 때문에 공연이 끝나고 나면 여성들은 주민센터에서 어울리기 힘들다고 불평하기도 했다.

볼 수 있는 잠시의 휴식이다. 무용수들의 땀이 바닥에 흩뿌려진다. 몇몇 사람들은 진흙을 긁어 보면 저기 언덕 아래에 있는 무덤 맨 위가 나오고 이는 모두 소금으로 되어 있다고 말한다. 무용수들의 공연은 과거의 이야기를 모아서 노래로 부르는 방식으로 삶이라는 여정의 해석을 마법처럼 불러온다. 복잡한 두번째 장르로서의 에이사는 다음과 같은 이야기의 연속이다. 19세기에 분산되기 시작한 류큐 귀족들이 가난해지고 북쪽 산림지역 숲으로 유배된 사연, 수도로 다시 돌아오게 된 투쟁을 담고 있다. 각각의 노래들은 이전 귀족들이 그들의 여정을 통해 살아 왔던 특정한 시공간의 경험을 이야기로 전하고 있다. 몇몇은 그들이 대표하고 있는 시기 동안 구성된 노래들이다. 다른 것들은 이후 시기와 공간에 대한 표현이다. 그들의 특정한 시공간과 함께 그들만의 시공간을 구성하는 이야기, 노래들은 춤의 형식적인 구조와 공연적 생산성과 함께 연결되어 있다. 모든 것이 함께 잘 짜여져 있으며 이 공연은 춤의 시작을 알리는 강렬한 북의 리듬과 함께 조화를 이루고 있다. 에이사의 박동은 무용수들에게 말을 건넨다. 이 노래들은 또한 유사한 춤의 스타일과 함께 잘 짜여져 있다. 스텝을 밟고 회전하는데, 처음엔 시계방향으로 그다음엔 반시계 방향으로 돈다. 여성의 절제되고 우아한 움직임은 오키나와의 전통 춤의 영향을 보여 준다. 남자들의 동작도 전통 춤의 영향을 보여 준다. 이들은 여성들이 손에 든 작은 북인 시메다이코를 팔길이만큼 늘린 후 밑으로 인상적인 둥근 아치를 그리듯이 끈을 돌린다.

처음 부르는 노래는 과거에 대한 애가조의 이야기 형태이다. 이는 류큐식 신화적인 시간이라고 불리는 이야기로 시공간의 강력한 융합을 일컫는다. 노래의 제목도 '난다키 부시', '춘준 나가리'Chunjun Nagari 그리고 '구다카'Kudaka로 류큐인들의 과거를 회상시키는 것들이다. 과거라면 다 그렇겠지만 이는 관례적으로 역사를 표현하는 방식에서 분명하게 구별되는 과거이다. 이는 축제와 의식의 형태를 형성한 일상세계를 살짝 볼 수 있는 것밖에는 되지 않는다. 농사일, 장사일, 정중한 통치 또는 전쟁의 상태를 정확하게 설명해 줄 수 있는 감각은 없다. 여기엔 고난이나 상실에 대한 암시가 없으며 오직 능숙함, 기쁨 그리고 풍성함이 있을 뿐이다. 노래에서 회상되고 있는 순간은 오키나와 역사를 떠올릴 때 예상되는 주제들은 거의 피하고 있다. 즉, 중국과의 외교적 관계, 아마미섬 쪽으로 확장되고 있는 군사시설, 사츠마 성 침략, 일본 식민지와 연관된 주제들은 제외되어 있다.

대신 공연에는 희한하게 압축된 직접적 행위가 있다. 가수의 목소리는 귀족이 보고하는 연설조로 가득 차 있으며, 성별이 확실하게 드러나지 않고 시대가 불분명하다. 오늘날 에이사의 노래에서 사용되는 언어는 과거서부터 내려온 에이사의 목소리이다. 이런 전치 속에서 무용수들은 공연하는 순간 과거를 재창조하면서 감각적으로 과거의 이야기를 체험한다. 노래의 한 회가 끝나기 전 중간쯤에 이르면 공연이 바뀐다. 태평양전쟁 전에 불려졌던 노래들은 류큐 귀족들의 분산을 공간적으로 재현하는 순서로 계속 진행된다. 그 전쟁 이후에는 고하마 슈에이 같은 음악가들은 이런 옛날 노래의 사이클이 뭔가 완전하지 않음을 느꼈다. 왜 현재 무용수들은 더 이상 공유하지 않는 감성을——추방의 고통, 수도로 복귀하고픈 욕망 같은 감성——명확하게 드러나는 춤의 형태로 표현해야만 하는가? 그들은 공연의 이런 부분에 대한 강조를 노래로 옮겨 담기로 결정했고 이제 노래는 동네 청년들의 욕망과 경험을 더 자세하게 표현했다. 전후 세계에서 귀족들은 더 이상 성 또는 그들이 잃어버린 마을에 대해 뒤돌아 보지 않는다. 대신 그들은 자신들만의 장소를 일구었고 이런 감정을 자신감 있게 생산하고 행동으로 표출했다.

무용수들의 동작 또한 좀더 역동적이고 복잡하게 변해 간다. 초반에 췄던 춤의 패턴은 없어지고 리듬이 변화면서 춤도 변형된다. 그리고 무용수들의 수준에 따라 속도, 정지, 극적인 이동을 통해 변형된다. 새로운 노래들은 당김음과 산신을 치는 복잡한 손동작이 만들어 낸 활기찬 구성요소를 가지고 있다. 가사 첫 부분에서 보여 주었던 정적인 보폭 속도와 목가적인 가사들은 사라진다. 노래 초반부에 흘러나왔던 이름 모를 이야기꾼은 또렷한 목소리를 가진 젊은 남녀로 교체된다. 이들은 강렬하고 분명하게 느낀 성적인 기대, 희망, 욕망에 대한 개인적인 경험담을──사랑을 얻기 위한 열병, 저녁에 벌어지는 파티에 대한 갈망, 그리고 열정적인 포옹──얘기한다.

나는 뱃사람과 사랑에 빠졌다네. 나는 아무것도 먹을 수 없다네.
길 한가운데에 나는 서 있다네. 꼼짝 못하고. 내 부모님들의 마음은 찢어진다네.

여기서 한 젊은 오키나와여성의 말 속에 노래를 부르는 사람들은 그들의 격렬한 감정을 묘사한다. 그들은 그리움에 사로잡혀 황홀해하며, 움직일 수 없는 상태가 된다. 이야기꾼이 묘사하는 그 순간은 그들이 만들어 놓은 순간 외에 모든 것을 사라지게 한다. 그들은 또한 저항과 금기 위반에 대한 노래도 부른다. 일본 전통이 요구하는 중매결혼을 거부한다든가(Okuno 1978, 93~134), 창조적 공연과 음주 그리고 낭만적인 축하를 위해 권위가 요구하는 의무적 노동과 복종을 거부하는 것을 말한다. 무용수들은 상품화되지 않은 성과 술집이나 클럽에서 보낼 수도 있는 시간을 선택하는 개인의 이야기를 만들어 간다. 누가 어떤 것이 더 진실에 가깝고 더 만족스럽다고 말할 수 있겠는가? 동시에 공연을 통해 재창조된 순간들은 그들의 결정에 대가가 따른다는 것을 보여 준다. 자율에는 의무가 따르며 욕망은 항상 채워질 수만은 없다. 강력한 긴장감이 공연을 통해 드러난다. 즉, 이는 희망과 상실 사이에 존재하는 긴장감이다.

이런 노래를 통해 들을 수 있는 목소리들처럼 무용수들은 자신들이 춘 춤의 결과를 직면하게 된다. 이는 피곤함, 실망감, 물질적 이익을 포기한 희생이다. 여전히 그들은 자신들을 그 순간으로 던져넣는다. 즉, 가장 단호한 움직임을 통달하고자 결심한 그 순간, 북이 만들어 내는 가장 격렬한 움직임을 통해 만들어지는 아치형 모양과 장관을 이루는 원형돌기를 숙달하고자 결심한 그 순간이다. 그러면서 그들은 과거에 공연되었던 것과 동일한 형태를 유지하지만 그들이 창조한 그들만의 새로운 무언가를 첨가하려고 꿈꾼다. 이런 이유로 리더인 지카타는 "다른 누구보다도 더 잘하려고 마음먹지 않는다면, 너희의 춤은 형편없을 거야!"라고 말한 것이다. 피로감이 몰려오고 그들의 목소리가 쉰 소리를 내며 단체복 사이로 땀이 흘러 떨어지면, 그들은 기쁨에 찬 에너지를 발산하며 춤을 마무리짓는다.

에이사는 다양한 목소리를 통해 이야기된다. 물론 에이사는 관객들에게—친구, 가족, 조상의 영혼, 관광객—현재를 불러낸다. 에이사는 또한 다른 이들에게도 돌아가신 부모님, 동반자 그리고 연인의 이야기를 하는데, 예전 지카타가 역할을 맡았던 가수들의 (보존되어 전해져 온) 말들을 통해서 한다. 또 다른 수준의 이야기 풀어 내기를 생각해 보는 것도 가능하다. 그 가수는 그녀의 언어와 행동을 통해 자신에게 말하는데, 그녀가 할 수 있는 것과 그녀가 누구인지에 대한 이야기를 계속해서 되풀이한다. 이런 반복을 통해 가수들은 에이사의 세계, 즉 노동의 세계를 자신들 안으로 자신의 일상 생활 속으로 불러온다.

윤리에 대한 실존적 문제를 서술하는 폴 리쾨르Paul Ricoeur(2004)는 기억의 대상을 상기하는 것은 그것을 기억하는 주체에게 놀라운 가능성을 열어 준다고 언급했다. 행위와 행위를 하는 자 사이의 관계를 인식하는 것은 깊이 불안감을 일으킬 수 있다. 개인의 역사와 관련된 일반적 생각을 더 이상 분리시킬 수 없게 되기 때문이다. 이런 개인사는 과거에 행해졌던 특정한 움직임에 대한 기억을 가지고 있는 순간으로 이끌기 때문이다. 현재의 '나'가 기억하고 있는 '나'의 구체적인 행위를 어떻게 할 수 있을까? 이 순간에 그때 가졌던 느낌을 다시 느낄 수 있을까? 에이사는 타인의 말과 행동을 직접적 언어와 행위로 바꾸고 공연하는 방식으로 이런 느낌을 구성한다. 이 작업에서 표현되고 있는 이런 각각 순간에 대한 경험을 무용수들은 체화시켜 표현한다. 과거는 현재 일어난 수많은 경험 안에서 결집된다. 가수들은 그들만의 노래 속에 담긴 이런 목소리의 권위를 느끼며 춤의 힘을 그들의 육체를 통해 느낀다. 공연의 익숙함과 낯설음이 그들을 힘들게 한다. 내가 지금 만들어 가고 있는 이 공연 속에서 다른 이들의 경험을 느낄 수 있을까? 내가 목소리를 빌려 주고 있는 사람에게 나 또한 그의 이야기꾼인가?

이런 질문들은 구성원들에게 중요하다. 이는 그들 자신을 에이사를

〈사진 9. 2〉 한때 그들 조상의 마을이었던 들판에서 에이사를 추고 있는 오키나와 사람들(가데나 공군기지). Courtesy *OKINAWA TIMES*.

함께 배우기 시작한 젊은 남녀에서 춤을 충분히 소화할 수 있는 사람들로, 카리를 생산할 수 있는 사람들로 변화시키려는 그들의 결단력을 보여 주는 신호이기 때문이다. 이것을 행복과 소속감의 선물로 묘사하면서 필자의 벗들은 카리가 삶의 본질이라고 말했다. 공연을 하는 사람으로서 카리를 창조하는 것 그리고 카리를 그들의 친지, 벗 그리고 이웃에게 '붙여' 주는 것이 그들의 책임이다. 카리는 살아 있는 자, 조상의 영혼 그리고 아직 태어나지 않은 이들 간에 연결을 강화시켜 주고 연장시켜 준다. 에이사에서 무용수들은 삶을 살 만한 가치가 있게 만드는 바로 그 관계를 회상하고 재창조하기 위해 그들의 미학적이며 생산적인 힘을 끌어낸다. 그것은 바로 살아 있는 자와 망자가 행복 안에서 함께 합류하는 것이다. 추라 나순Chura nashun, 사람들은 말한다. 아름답게 만드는 것. 춤을 추는 순간에 몸동작이 표현하는 복잡한 패턴으로 가득 찬 춤, 그들의 목소리는 노래 속에서 커지고, 리듬은 북소리를 따라 커지며, 그들은 미의 공간과 시간을 창조한다.

이런 아름다움이 창조될 때 삶은 모호해질까? 리쾨르가 쓴 것처럼 사람들이 망각의 희생을 감수하고 역사를 놓으려 한다면 과거를 재현하는 것에는 결과가 따른다(Ricoeur 2004, 456). 에이사가 시공간을 채운다는 게 사실일까? 분명한 것은 노래의 한 사이클은 사람들이 묘사하고 있는 시대의 비천함과 끔찍함에 대한 직접적 언급을 피하고 있다는 것이다. 이런 주제를 선택한 노래들이 분명히 존재함에도 불구하고 말이다. 그럼에도 불구하고 필자가 제시한 것처럼 과거에 대한 어떤 언급도 아름다움이 가져오는 격한 모호함을 항상 지니고 간다. 이 아름다움은 고통과 상실의 기억, 슬픔과 절망으로 완화된 기쁨이 보증하는 것이다. 공연의 미는 고하마와 그의 친구들로부터 시작되었고 산산이 부서진 세계에서 삶을 새롭게 시작하려는 필요성에 의해서였다. 에이사를 배우고 공연하기 위해 아직도 모이는 무용수들은 이것을 잘 알고 있다. 춤을 추면서 이것을 어떻게 완전히 망각할 수 있겠는가?

대신 그들은 공포와 비천함에 대한 기억을 제쳐 두는 용기를 가지고 있다. 그들은 공연하는 동안 벗어날 수 없는 공포와 걱정을, 망각과 비슷한 그 무엇 안으로 밀어넣는 것을 스스로에게 허가하는 용기를 갖고 있다. 마을회관의 뒤뜰에서, 여러 세대의 무용수들의 땀이 밴 공간에서, 그들은 과거의 공포가 서린 음지 속에서 어떤 아름다움을 창조해 낸다.

오늘날의 무용수들이 더 이상 귀족의 후손일 필요가 없는 이유가 여기에 있다. 이들은 실습을 통해 한때는 귀족 출신의 특별한 영역이었던 예술적인 기술과 기교를 배워 왔다. 몇 시간이 흐르고 며칠 밤이 지나면,

그들은 에이사를 추기 위한, 카리를 창조하기 위한, 한때 부서졌던 것을 재건하기 위한, 그들이 물려받은 세계에서 산 자와 망자를 위한 장소를 만들기 위한 기술과 예술적 기교를 발전시켜 왔다.

거리에서 춤추기

1998년 9월 4일 밤이었다. 우쿠이ukui는 오봉의 셋째 날이자 마지막 밤을 말한다. 우리는 이미 손다의 좁은 거리와 골목을 돌아다니며 몇 시간째 춤을 추고 있다. 남색 기모노를 입은 여성, 류큐 전사의 의복을 입은 남성은 주민센터 벽에 걸려 있는 여러 세대에 걸친 무용수들의 이미지처럼 옷을 입었다. 처음 삼일 밤 동안 우리는 동네에서 길처럼 보이고 골목처럼 보이는 모든 곳을 돌아다녀야 했다. 우리는 집으로 돌아온 망자의 영혼을 기쁘게 해주고 우리가 방문한 각 가정과 사무실에서 주는 환대와 선물을 받았다. 필자는 매우 지쳤다. 필자의 왼손은 북을 들고 다니느라 뻣뻣해졌고 손가락에는 생긴 굳은살은 거의 떨어져 나갈 지경이었다. 필자의 오른쪽 어깨는 예전에 입은 상처 때문에 쑤셔 왔다. 과음에 잠은 거의 자지 못했다. 모든 사람들이 거의 다 같은 처지였다. 필자의 주변에 있는 무용수들과 북을 치는 사람들, 특히 노련한 공연인들은 다친 무릎과 어깨의 통증을 호소했으며 심해져 가는 허리 통증과 씨름해야 했다. 매일 반복되는 노동의 세계는 그 규칙에서 벗어나려고 몸부림치는 사람에게 혹독한 대가를 요구한다. 아니면 규칙을 벗어난 사람들은 이미 노동하는 사람이 치른 대가를 고통스럽게 기억한다고 말할 수도 있겠다.

모든 사람들이 분명히 지쳤음에도 불구하고, 대열이 만들어지면서 열정이 뿜어져 나온다. 오라세ōrāsē를 할 시간이 다 되었다. 오라세는 이웃 청년회와의 대결을 말한다. 나이가 있는 회원들은 종종 초기 에이사를 췄던 다른 그룹과의 폭력적 충돌에 대해 말하곤 한다. 청중들은 돌과 병을 집어던진다. 그룹들은 다른 그룹을 대나무 모양의 석고대로 공격하거나 주먹을 휘두르기도 한다. 이제 산신과 북이 춤을 추는 육체와 우렁찬 목소리와 함께 전쟁을 불러일으킨다.

곧 우리 무용수들의 긴 행렬이 손다 남쪽에 위치한 우중충한 술집 골목에서 밝게 빛나는 둥근 아치 형태로 출현한다. 작은 클럽의 열린 문을 지나칠 때, 필자는 내부 에어컨에서 뿜어져 나오는 축축한 공기의 시큼한 바람을 느낄 수 있었다. 필자는 거칠게 숨을 쉬었다. 필자의 가슴은 피곤으로 요동쳤고 마지막으로 솟구치고 있는 아드레날린에 대해 두려움을 느꼈다. 대열 맨 뒤쪽에서 나는 악기소리가 점차 줄어드는 것을 들을 수 있었으며 무용수들의 응답도 들을 수 있었다. 남성 중 한 명이 무언가를 소리쳤고 이는 북소리에 묻혔다. 여성들의 목소리는 응답에 가까웠다. "사케 좀 가져와!" 우리 앞에서 현수막은 북의 리듬에 맞춰 춤을 추는 기수처럼 오르락내리락 거렸다.

모든 연령대로 구성된 수천 명의 구경꾼들은 거리에 떼를 지어 몰려 있었다. 그들은 우리가 지나가면 우리 앞에서 갈라졌고 벽이나 가게 앞에 서로 뭉쳐 있었다. 구경꾼들은 웃으며 손을 흔들었고 우리 행렬이 지나갈 때 아이들은 행렬을 뚫고 지나갔다. 사람들은 거리로 함께 몰려나왔다. 보통 때 다른 사람들과 어울리지 않는 사람들도 몰려나왔다. 이들은 단지 지역주민만이 아니라 오키나와인, 다양한 계급 출신인 일본 본토 사람들이며 기지에서 온 미군도 있었다. 관광객, 학자, 공연인들 그리고 방송인들도 있었다. 오랜 회원은 구경꾼들에게 뒤로 물러나라고 다정하게 말했고 이런 경고를 무시하는 이들에게 옆으로 비켜서라고 말했다.

산신은 같은 모양의 둥근 동작을 계속해서 반복했으며 우리는 리더를 따라 술집 골목의 점점 깊은 곳으로 들어갔다. 그러고 나서 지카타의 신호에 맞춰 지도자가 높이 뛰자 모든 것이 정지했다. 사람들은 모든 방향에서 우리에게 달려들었다. 나이 든 술집주인들은 호스테스들에게 차가운 우롱차나 아와모리가 담긴 쟁반을 들고 거리로 나가라고 재촉한다. 지역 라디오 방송국 보도자들은 협조적인 무용수들을 찾아 질문하기 위해 움직였다. 카메라 기사들은 랭크를 상하로 움직였다. 관광객들은 무용수들에게 사진을 같이 찍자고 부탁했다. 지역 상인들은 수고비가 든 봉투를 나이 든 회원들에게 공식적으로 건네거나 무용수들에게 자신의 클럽에서 간단한 공연을 부탁하는 등 신호를 보냈다. 이런 수고비는 허용이 된다. 하지만 공연에 대한 요구는 정중하게 거절되었다. 지금은 해산을 위한 시간이 아니기 때문이다. 오라세가 얼마 남지 않았다.

우리 앞에 있는 군중들은 말 그대로 북적거리고 있다. 지난 10년 동안 에이사의 인기는 점점 높아졌고 관광객들이 오키나와 전역에 걸쳐 공연을 보기 위해 몰려 왔다. 이는 일본 본토에서도 마찬가지였다. 그러나 오사카에 거주하고 있는 오키나와 공동체에서 진행하는 에이사 축제는 논란 때문에 갈라졌다. 지역 활동가들은 오키나와인임을 자랑스럽게 생각하기 위해 무용을 배우라고 젊은 남녀를 부추겼다. 그들은 또한 춤이 오키나와 어르신들에게 자부심의 한 원천이 되기를 바랐다. 이 어르신들은 평생 동안 일본의 편견 때문에 고통을 받아 왔기 때문이다. 이들은 지저분하고 미개하며, 천한 일꾼이라는 사회적 멍에를 안고 살았다.

여러 면에서 봤을 때 이들의 에이사는 커다란 성공을 거두었다. 수천 명의 사람들이 매년 이 공연을 보러 왔다. 그러나 많은 난폭한 청중들이 어르신들의 참여를 막아 섰다. 차별을 수년간 견뎌 온 이후, 그들은 공공연하게 일본 청중 앞에서 그들에게 오키나와인의 정체성을 부여하는 공연에 참여하길 꺼려 했다. 설사 이런 정체성에 어떤 긍정적인 가치가 있다 하더라도 말이다. 동시에 춤에 끼어들려는 관광객들의 끈질긴 소동은 다른 문제를 야기시켰다. 긴조 가오루Kinjo Kaoru 같은 활동가들에게 축제는 식민지배를 당한 자들의 가장 은밀한 관습행위를, 식민주의자인 일본 관광객들의 생각 없는 행위와 무례한 소비자로서 통제되지 않는 욕망을 보여 주는 또 하나의 기회일 뿐이었다. 이렇듯 씁쓸하게 되새긴 그는, 오키나와 문화를 진정으로 존중하는 일본인이라면 누구나 이 축제를 그냥 멀리해야 한다고 생각한다(Nomura 2005, 175~177, n.128).

손다도 이와 같은 부류의 방문객들에게 표적이 되어 왔다. 일본 본토 관광객들은 여름에 손다를 방문하지만 그들의 수는 오봉 날과 그 뒤를 이어 진행되는 축제 기간 동안 불어난다. 청년회 회원들은 이런 방문객을 고대한다. 그리고 거의 압도적인 그들의 인원수를 다루기 위해 준비를 한다. 공연 동안 자원봉사자들은 차량을 안내하고 관광객들을 통제하며 무용수들이 다니는 통로를 확보하고 지역주민들에게 방해가 되지 않도록 요구한다. 관광객들이 바라는 따뜻한 소속감을 만끽할 순 없더라도, 친절함과 존경심을 담아 이들을 손님으로 대접한다. 무용수들은 연습이 끝난 후에 관광객들이 북을 쳐볼 수 있도록 해주고 주민자치센터에서 테이블에 그들과 함께 모여 앉아 음식 및 음료를 제공한다. 그리고 그들의 질문에 응답하며 그들과 대화를 한다. 심지어 춤을 추는 방법을 그들에게 가르쳐 주기도 한다. 이런 순간들은 무용수들에게 춤에 대한 그들의 자신감과 자긍심을 보여줄 수 있는 기회이다.

이하 마사카즈Iha Masakazu라는 카리스마 넘치는 젊은 청년회 리더는 젊은 그룹의 회원들이 춤을 추는 이유에 대해 필자에게 다음과 같이 말했다. 친구들과 같이 있을 수 있으며 가족의 전통을 이어 가고, 그들 조상에게 경의를 표할 수 있기 때문이다. 특히 가장 중요한 이유는 보여 주기 위함이라고 그는 말했다.[11] 대부분의 회원들은 차고, 버스, 식료품 가게, 호텔로비, 식당 부엌, 쇼핑 계산대, 기술학교에서 일하고 있다. 이들은 오랫동안 특별한 누군가로 보이길 원했다. 과거와 현재의 이미지 속에서 공민관에 줄지어 있는 청년회 회원들은 그들에게 동경의 대상이었다. 자크 랑시에르Jacques Ranciere는 다음과 같이 썼다. "노동자의 해방에 관한 나의 모든 작업이 내게 보여 주듯이 노동자들과 빈민들이 가장 중요하다고 주장하는 것은 정확하게 자신들의 가시성이다. 이 가시성은 그들의 정치적 영역에서 존재를 표시하기 위해 입문하려는 의지이고, 존재를 위한 능력의 확인이다"(Ranciere and Hallward 2003, 202). 젊은 남녀가 손다거리에서 공연을 할 때 젠토 에이사 마츠리Zento Eisa Matsuri에서 수천 명의 관광객들로 둘러쌓인 현장에서 공연할 때, 버스 가득히 들어차 있는 일본 본토 고등학생들 앞에서 공연할 때, 그들은 자신들이 보여지고 있을 뿐만 아니라 강력하고, 역동적인 손다 에이사의 무용수들로 비쳐질 것이라는 것을 알고 있다. 계속해서 회원들은 필자에게 자긍심, 기쁨 그리고 친구와 가족, 조상의 영혼, 일본 관광객들 그리고 미국 청중들에게 이런

---

11 일본 젊은이들 사이에서 보여지는 욕망에 대한 논의에 관심이 있다면 Sato(1991) 참조.

방식으로 비춰져야 하는 그들이 느끼는 의무감에 대해 얘기했다.

　이런 자신감은 그들이 방문객을 평등하게 대하는 것에서도 반영된다. 젊은 관광객들, 나이 든 교사들, 원주민 출신인 민족학자들 그리고 직업 공연예술인들, 유명한 운동선수 및 텔레비전 스타들 모두 같은 대접을 받는 것처럼 보인다. 그러나 이런 행위는 사회적 구분을 평준화하려는 시도는 아니다. 손다를 방문한 손님들에게 공손함을 베푸는 것이고 이들 방문객의 중요성을 인지하는 것이다. 에이타 자신도 에이사에 관한 수필 모음집에서 쓴 것처럼 "우리는 관객 하나하나가 우리의 심사위원이라는 생각을 마음에 품고 에이사를 춘다. 중요한 것은 관객들이 손다 에이사에 대해 품고 있는 기대에 부응해 공연을 보여 주기로 우리가 약속을 한 것이다"(Iha 1998, 306). 자신들을 비하하지 않으면서 무용수들은 그들의 관객들이 정당한 미적 심사를 할 기술과 지식을 소유하고 있다고 인식한다. 이는 작업을 구성하는 데 중요한 요소 중 하나이다. 이를 통해 무용수들은 그들의 관객을 전용할 수 있다. 이는 다이쇼쿠에서 공연히 전용될 수 있음을 긴조가 두려워했던 것과 같은 방식이다.

　이웃 마을인 구보타에서 온 젊은 그룹이 거리 끝에서 쇄빙선처럼 관중을 뚫고 우리에게 다가왔다. 그들이 가까워질수록 그들의 공연소리는 우리가 만들어 놓은 고요함을 가득 채웠다. 마지막으로 그들과 우리의 거리가 10야드(약 9.1m)가 채 되지 않자 그들은 멈추어 섰다. 우리 사이에 생긴 공간으로 두 그룹의 리더들이 들어왔다. 그들은 관중이 고함을 지르면 커다란 깃발을 들어 올렸다가 들었다가 했다. 구보타가 완전히 준비될 때까지 기다리지 않은 채, 우리의 지카타는 '춘춘 나가리'의 서곡을 연주했다. 오라세가 시작됐다. 우리는 모두 하나같이 북을 두드렸다.

그 소리는 장관이었다. 구보타도 연주를 시작했다. 그들의 노래는 우리 노래를 뒤따라 에코처럼 들렸다. 그 순간, 나는 이 노래의 완전한 멜로디가 상할까 걱정이 되었으며 우리 리듬에 묻힐까 두려웠다. 그러나 이런 걱정을 할 시간이 없었다. 춤에 모든 정신을 집중해야 했다. 매 순간 자신감, 침착, 완벽함을 보여 줘야 했다.

관중도 우리와 함께하기 시작했다. 길게 부는 휘파람소리로 응답을 외쳤다. 나는 나이 든 남성이 출입문에서 수십 년 전의 에이사를 추는 것을 힐끗 보았다. 내 뒤에 있는 여성의 날카롭고, 강한 반응이 들려 왔다. 내 옆과 뒤와 앞에 있는 무용수들은 모든 동작을 나와 맞췄다. 완벽하게 조화를 이루었다. 그들의 표현을 어떻게 설명할 수 있을까? 황홀함? 나는 더 이상 구보타를 전혀 들을 수 없었다. 내 앞에 있는 대열을 제외하고는 아무것도 볼 수 없었다. 시간도 공간도 아무것도 존재하지 않았다. 단지 춤만 존재할 뿐이었다. 춤의 형태를 반복하는 것이 손쉽게 느껴졌다. 나는 생전 처음으로 북을 이렇게 세게 내려 쳐본 것 같은 느낌을 받았다. 높이 뛰면서 둥근 모양으로 강력하게 북채를 휘둘렀다. 우리는 노래가 한 번 흘러갈 동안 춤을 추었고 그것을 되풀이했다. 우리는 모두 앞으로 전진하기 시작했다. 북을 맹렬하게 두드리며 우리가 모두 어깨를 맞대고 일어설 때까지 우리의 기둥은 무너져 있었다. 우리 뒤로 무용수들이 또한 전진했다. 그들은 목소리와 손뼉을 춤에 가미시켰다. 나는 구보타의 모든 경로를 놓쳤다. 그들의 리더와 우리의 리더는 서로 돌기 시작했으며 두 그룹 사이에 있는 공간에서 재빠르게 움직이고 뛰기 시작했다. 속도가 점점 빨라지고 산신이 쿵하고 소리를 내며 빨라지기 시작했다. 우리는 밀면서 앞으로 나아갔다. 우리의 강렬한 북소리와 함께 그들을 마치 뒤로 밀쳐낼 수 있는 것처럼 애를 쓰며 나아갔다. 땀 때문에 눈앞이 보이지 않았다. 춤을 추느라 내 팔이 저려 왔다. 이하가 깃발과 함께 춤을 추고 휘파람을 불면서 우리에게 전진하라고 하자 나는 앞으로 나아가지 못할까 봐 걱정이 되었다. 양쪽 그룹의 무용수들은 바닥에 북을 내려놓고 대열 중간에 나 있는 공간 속으로 뛰어들었다. 더 많은 무용수들이 합류했다. 1년가량된 두 명의 회원들이 어깨동무를 한 채 나를 빠르게 제쳤다.

지카타는 표준 '도신도이'Toshindoi(중국 보물선이 왔네)의 다른 판으로 바뀌었다. 에이사의 선두적이고 타악기적인 리듬에서 속도감과 민첩함을 보이는 민속곡 형식으로 전환되었다. 속도와 공연의 형식이 빠르게 변한 것처럼 긴장감도 사라지기 시작했다. 구보타와 손다에서 온 모두는 이제 함께 뭉쳤다. 남녀 모두 웃으며 춤을 췄다. 모두 '가차시! 가차시!'라고 소리쳤다. 군중 속에서 관광객들을 끌어당겨 거리로 나오게 한다. 무용수들은 그들에게 북을 내밀고 춤추는 법을 보여 주며 춤을 함께 추게 했다. 많은 관광객들이 머뭇거렸고 쑥스럽게 웃었다. 다른 이들은 재빠르게 합류했고 가차시를 따라하며 손을 흔들었다. 황홀한 춤이 매 공연의 끝을 알렸다. 무용수들이 준 북채와 북을 잡고 관광객들은 그들만의 리듬을 연주하려고 노력했다.

청년회의 이전 리더 중의 한 명은 오라세를 사랑한다고 내게 말했다. 오라세는 손다의 기술과 미학을 청중 앞에서 선보일 수 있는 기회이며 경쟁자 그룹과 대결할 수 있는 기회이고 손다가 무엇을 할 수 있는지 정확히 보여 줄 수 있는 기회이기 때문이다. 그러나 오라세 동안 폭력사태가 예전에 한 번 있었는데 그때는 모든 것을 망쳤다고 말했다. 손다의 모든 이들은 끈질긴 것을 자랑스럽게 여긴다고 그가 말했다. 그러나 오키나와의 다른 많은 사람들도 끈질기다. 하지만 누구도 손다처럼 이렇게 춤을 출 순 없다. 폭력은 공연을 와해시키고 그룹의 성취를 비하시킨다. 더 중요한 것은 춤을 추기 위해 온 이웃주민들을 적으로 만든다. 에이사의 최근 공연에서 이하 같은 무용수들은 춤의 아름다움을 꾸준히 보여주면서 이웃과 함께하는 방법을 찾았다.

길고 할 것이 많았던 연습 이후, 필자는 나이 든 무용수들에게 왜 아직도 공연을 하는지 한 번 물어본 적이 있다. 주케란 마사히데Zukeran Masahide, 나이 든 구성원중 가장 활동적인 사람 중 한 명이며 화려한 지카타인 그는 주저 없이 대답했다. "세계를 함께 모아야 하니까." 이것이 무용수들이 함께 일궈 내려고 하는 것이다. 오키나와인들이 수십 년 동안 노동을 해온 거리에는 미군과 일본 관광객을 접대하는 술집과 상점들이 운영되고 있다. 경기가 좋지 않은 가게들이 줄지어 서 있는 거리에는 나하가 본거지인 은행과 일본 본토 편의점이 있으며 그곳 주민인 젊은 남녀가 웨이트리스, 계산원, 주차장 도우미 그리고 실업자로 있다. 이 거리에는 미국과 일본 간 전략적 결정이 이루어지고 그에 따라 군대와 물자들이 이동하는 미군기지를 위한 통신선이 늘어서 있다. 이 거리는 오키나와인들이 한때 미군의 탄압에 저항하며 일으켰던 폭동을 일으켰던 곳이고, 그들은 차량을 불에 태우고 점령인을 구타하고 기지 정문으로 쳐들어 갔었다.

이 거리에서 구경꾼과 공연인들은 함께 모인다. 이들은 카리를 생산하는 일에 모두 연결되어 있다. 이미 언급한 것처럼 이것은 단지 행운을 나눠 주는 행위가 아니라 공연인들, 오키나와의 다양한 그룹의 사람들 그리고 본토 일본인들, 망자의 영혼을 포함한 모든 사람들의 네트워크 관계를 창조하는 것이다. 이 장소, 즉 한때 그들의 조상이었던 이들의 노동으로 세워진 이곳에서 그들을 위한 순간이 다시 한번 창조된다. 공연의 미를 통해 무용수들의 세련된 자기표현, 고통과 희생, 춤의 미학과 표현, 조상의 영혼이 모인다. 이 영혼들은 그들 집에서 나와 다시 한번 유흥을 즐긴다. 영혼들은 그들의 무덤, 다른 세계, 그들이 다시 돌아올 때까지 머문다고 믿는 그곳에 가기 전에 에이사의 선물을 받는다. 두 공연당 한 번씩, 그러니까 두 오봉당 한 번씩 갖게 되는 기억은 성운 속으로 빨려 들어간다. 조상의 영혼은 그들이 너무나 열심히 춘 춤이 여전히 생기가 넘치고 있다는 것을 나타낸다. 에이사는 매년 변하지 않고 반복되는 것이 아니다. 이는 과거의 유산을 명예롭게 하기 위해 변형되고 현재의 요구를 반영한다. 이런 이유로 오라세의 평화적인 해결이 매우 중요하다. 한때 전쟁, 고통, 죽음, 투쟁이 있었던 장소는 평화롭게 해결될 수 있다. 잃어버리는 것 없이 승리할 수 있다. 갈등은 우정 속에서만 마무리될 수 있다.

이런 이유로 이 일을 창조하는 데 외부인의 존재가 매우 중요하다. 과거의 고통스러운 짐이 오사카보다 오키나와에서 견디기 더 쉬울 수는 없다. 한때 전쟁이 일어났고 다른 삶의 방식들이 파괴된 이 들판에서 에이사를 춘다. 그리고 식민지 예속의 물질적 기호들이 남아 있는 가난과 군 점령, 성매매 그리고 천한 노동이 있는 거리에서 계급과 인종적으로 무용수들의 삶을 오래 지배했던 관중들 앞에서 에이사를 춘다. 그리고 그들은 다른 기억 속에서 과거의 다른 형태 속에서 굉장한 자원을 발견한다. 그들은 에이사의 모든 공연을 매년, 어느 곳에서든 할 수 있다. 이들은 마을자치센터 뒤뜰에서 오키나와 시가지에서, 나하의 축제에서, 오키나와 전역에서, 오사카에서 열린 엑스포 70에서, 학교 운동장에서, 경기장에서, 일본 전역에 위치한 텔레비전 스튜디오에서 춤을 춘다.

이런 모든 기억들은 현재 맺고 있는 많은 관계 속으로 들어온다. 이 기억들은 음악가와 무용수들이 창조해 낸 작업과 결합된다. 춤을 추는 동안 에이사의 리듬과 미학이 나타나는 순간, 위계적 관계가 다른 기억으로서 표현되고 다른 역사들은 망각의 순간으로 사라져 간다. 랑시에르의 관찰에 따르면 무용수들은 그들을 시각적으로 보이게 만든다. 즉, 그들은 관객 앞에 무용수로서 아름답고 강하게, 자신감 넘치고 상냥하게 출현한다. 관객도 축제의 한부분이 되는 기회를 얻으면서 공연에 포함된다. 관객들은 자신들 앞에서 추는 춤에 합류할 수 있다. 그들은 구별되며 참가할 능력이 있는 손님으로 대접받고 훌륭한 복을 선물받는다. 마지막으로 망자의 영혼이 그들과 함께 불려 온다. 망자의 영혼은 그들이 한 일에 대해 명예를 얻고 그들의 유산이 여전히 중요하게 남아 있음을 확신하며 아직 정해지지 않은 공연에 대해 약속을 받는다.

결국 모든 순간이 끝났다. 춤의 시간이 끝나 가면서 구석에 보관되어 있던 기억들은 공연을 위해 정리한 시간과 공간을 가득 채운다. 노동자, 사무라이 그리고 무용수 사이에서 공연인들이 유지했던 불안한 공간은 더 이상 유지되지 않는다. 흥분되어 있던 관객, 코자의 뒷골목에 들떠 있던 방문객, 전장에서 돌아온 관광객, 도쿄가 매우 멀리 떨어져 있다는 사실을 갑자기 깨달은 도시 여행자들 사이에 유지되던 긴장도 마찬가지다.

군중이 흩어지기 시작하면 우리는 웃으면서 지친 상태에서 대열을 다시 한번 정리한다. 어두워진 거리를 가로질러 춤을 추면서 우리는 주민자치센터로 돌아간다. 가족들은 집으로 돌아가고, 관광객들은 호텔로, 망자의 영혼은 그들이 머무는 곳으로, 무덤이나 저세상, 니라이 카나이 nirai kanai로 알려진 천국의 섬으로 돌아간다.

이 순간 너머에는 무엇이 더 있을까? 새로운 이미지가 생산된다. 낡은 이미지에는 새로운 활기가 불어넣어진다. 전통적인 연습은 재전유된다. 공연의 재현은 관광객 캠페인과 상업적 광고, 평범한 텔레비전 시리즈 그리고 실험적 영화에서 회자된다. 손다의 의복을 입은 강렬한 무용수를 묘사한 커다란 현수막은 나하의 반기지 시위에 배경으로 걸려 있다. 무용수 및 그들의 관중 모두 공연의 기억을 그들의 일상생활 속으로 가져간다. 무용수들 또한 그들의 경험이 가져다준 육체적 변화를 참고 견딘다. 청년회와 수년간 무용을 한 후, 나이 든 두 명의 남성들은 오키나와의 대중적인 뮤지컬 그룹의 멤버가 되었다. 이 그룹은 전통적인 것과 현대적인 형태를 함께 녹이는 작업을 한다. 한 젊은 여성은 유명한 이인조 보컬을 결성했다. 서너 명의 회원들은 지역 클럽에서 했던 일을 그만두거나 지역 깡패들과 인연을 끊었다고 내게 말했다. 다른 이들은 지역 정치인——진보 보수 양 진영 모두——이 되기 위해 그들의 경력을 쌓아 간다. 그리고 몇몇은 시의회 관료로 선출되기도 했다. 이 모든 경우 이들이 나에게 말하길 에이사를 통해 겪은 그들의 경험이 자신의 결정에 주요한 역할을 했다고 한다. 또한 나는 본토에서 하던 일을 그만두고 그들과 그들의 아이들이 춤을 출 수 있게 오키나와로 돌아온 무용수들의 이야기를 들었다. 다른 이들은 그룹에서 더 활동하기 위해 승진 또는 전출을 거절했다고 한다. 그러나 더욱 흔한 것은 기억 속에 남아 있는 흔적에 대한 이야기이다. 즉, 노동의 세계 속에서 나타나는 것 이상의 의미를 인간이 가지고 있다는 느낌, 무자비하게 상품화되고 있고 의미를 상실시키는 일상생활의 대안이 존재한다는 느낌이 그것이다. 세상이 인식되는 방식과 이해되는 방식을 알려 주며 에이사의 기억은 종종 일상경험에 반하는 것으로 제기된다. 이것은 모순과 질문에 열려 있고, 다른 가능성이 존재하고 새로운 선택이 명백하게 이뤄지며 변형된 행위의 가능성이 탐구될 수 있는 공간 안에 존재한다.

동시에 나는 순간의 중요성 그 자체를 없애 버리고 싶지 않다. 춤 연습은 종종 다른 상황을 나타내기 위해, 다른 시공간과 연결되어 있는 그들의 관계성만을 보여 주기 위한 행위로 인식된다. 에이사는 사회적 억압, 계급과 젠더의 불명예스러운 분류에 대한 저항, 다른 방식으로는 절대 풀 수 없는 걱정에 대한 치환, 그 이상이다. 에이사는 그 자체가 주체로 이해되어야 하며 무용수, 그들의 관객 그리고 조상의 영혼이 모두 조화된 행위 속에서 창조되고 재창조되어야 한다. 에이사는 과거의 형태속에 깊이 배어 있지만 현재의 창조적 행위에 따라 결정된다. 에이사는 개인적이며 집합적인 미의 표현이고, 역사적 재현의 보고이며 강인함과 갱신의 원천이다. 에이사는 남성과 여성으로서, 예술가로서, 오키나와인으로서, 자신만의 용어를 사용해 그들 자신을 정의내리려 하는 의지를 나타낸다. 모리구치의 영화 속 무용수의 이미지를 회상하면서 필자는 그녀가 추는 춤의 의미를 절대 이해하지 못할 것임을, 또는 불타는 거리에서 너무나 우아하게 그녀가 손을 올릴 수 있게 한 용기가 어디서 왔는지 절대 알지 못할 것임을 알았다. 그러나 다른 이들의 판단과 기대를 무시할 수 있는 용기가 어디서 왔는지는 이해한다. 또한 일상의 탄압, 젠더 및 계급에 대한 제약, 노동에 대한 지속적인 압박, 피로, 지루함을 제쳐두는 용기가 어디에서 오는지 이해할 수 있다. 필자는 행동하고 창조하는 용기를 이해한다. 나는 이것을 바로 그 거리에서 보았다.

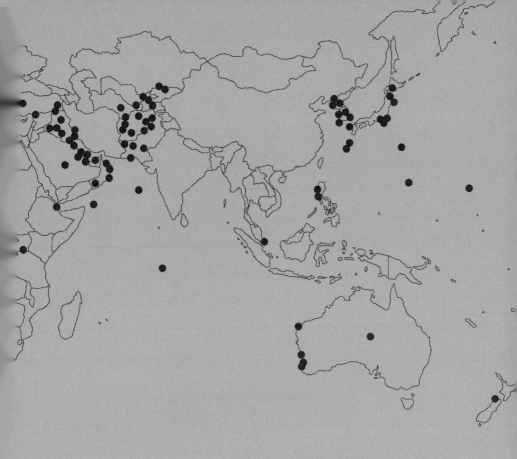

4부

/

포위당한 제국

XXXXXXXXXXXXXXXXXXXXXXXXXXXX

인종갈등, 남용 그리고 폭력

10장

1971년 미군 내 인종갈등 위기

서독과 한국에서 해결책 찾기

마리아 혼

1960년 말과 1970년대 초에 미국에서 만들어진 군 불복종에 관한 다큐
멘터리 「써! 노 써!」Sir! No Sir!(Zeiger 2005)는 이 시대가 얼마나 소란스러
웠던 때였는지 그리고 세계에서 가장 강력한 군사력을 가진 나라 중 하
나인 미국이 계급 내에 만연하게 퍼진 불복종 때문에 얼마나 힘든 곤경
에 빠져 있었는지 많은 미국인들에게 쓸쓸함을 떠올리게 한다.[1] 베트남
전쟁과 1960년대 사회격변을 겪으면서 군 지휘관들은 군 사기와 규율
이 무너졌고 탈영이 만연하며 인종갈등이 증가하고 있다고 보고했다. 당
연히 서독, 일본 그리고 한국 이 세 국가(이 책에서 초점을 두고 있는 국가)들
도 이런 총체적 상황을 우려했고, 베트남과 미국에 위치한 군 기지 내부
및 주변에서 일어난 소동과 유사한 일들을 모두 경험했다. 이런 위기들
의 전개를 비교하면서, 특히 군대 내에서 전례 없이 일어난 인종갈등이
어떻게 서독과 한국에서 일어났는지를 비교하면서, 미 군사제국이 흔히

---

1 서독에 위치한 군 기지를 반대한 미군들에 대한 자료를 보려면 Brünn(1986); Cortright(1975).

예상하는 것처럼 획일적으로 작동하지 않는다는 것이 분명하게 밝혀질 것이다. 실제로 미국군대가 민간인 사회와 상호교류를 할 때, 서독이나 미국처럼 민주사회라는 맥락 안에서 하느냐 아니면 국가 안보를 이유로 한국에서처럼 탄압적 군사독재정권과 기꺼이 협력하느냐는 매우 중요한 문제이다. 더욱이 이런 차이점은 군 가족을 한국에 데려오지 못하도록 만들 미군의 결정이 인종갈등을 해결하는 데 있어 매우 다른 방식을 택하는 결과를 낳았음을 보여 준다.

서독과 한국에서 형성된 매우 다른 군과 민간인 사회와의 관계가 1970년대와 1971년 발생한 인종갈등 위기를 처리하는 문화적 틀을 어떻게 형성했는지 분명하게 보여 주기 위해, 필자는 우선 서독의 경우를 설명하도록 하겠다. 이 장은 서독에 훨씬 많은 무게를 두고 다룰 예정이다. 그것은 서독과 관련한 자료가 여러 가지 이유로 훨씬 다양하고 방대하기 때문이다. 가장 중요한 것은 한국과는 달리 독일의 경우, 학자들이 아프리카계 미군들의 불만을 기록한 풍부한 자료에 대한 접근이 가능하다는 것이다. 이는 좌파인 독일 학생들이 아프리카계 미군들을 [연대]가능한 혁명동지로 보고 접근했기 때문이다. 학생과 군인 사이에 생성된 거의 불가능한 연대라는 점 때문에, 이 자료들은 미군 기록 외부에서 생산됐고 이런 이유로 흑인 병사들의 불만과 요구를 바라보는 데 있어 훨씬 더 미묘한 관점을 공개시켰다.[2] 한국의 경우 필자는 캐서린 문Katharine

---

2 이 위기가 어떻게 전개되었고 해결되었는지에 대한 더욱 자세한 설명을 보려면 Höhn(2008a; 2010); Höhn and Klimke(2010, chap. 8) 참조. 이 자료들 모두 이 위기의 다른 측면에 대해 초점을 맞춰 설명하고 있다. 서독에 위치했던 7사단의 몰락을 탐구하고 있는 Vazansky(2008) 참조.

Moon의 중요한 분석에 의존해서 인종갈등 위기가 한국에서 어떻게 전개되었고 미8군 사령부와 한국 관료들은 공식적으로 이런 위기를 진압하기 위해 군대 내 뿐만 아니라 군과 지역주민 사이에서 어떻게 대응했는지 살펴보았다.

필자는 젠더에 초점을 맞춘 한국의 해결 방식 즉, 아프리카계 미군병사도 지역 성노동자들을 평등하게 취할 수 있게 보장한 방식과 서독의 해결 방식을 나열하려 한다. 이렇게 함으로써 서독에 배치되어 있는 군대의 종류──즉, 미혼 병사와 가족과 함께 있는 기혼 병사──에 대해 논의할 것이다. 또한 현재 독일 민주주의 구조 내에서 매우 잘 설립되어 있는 군 형태도 포함해서 논의하겠다. 이런 군 형태 때문에 독일과 미국 관료들은 아프리카계 미군병사의 불만을 해결하는 데 훨씬 더 포괄적인 해결책을 찾으려 했다. 독일 상황에 대한 필자의 요지는 1970년과 1971년 발생한 인종갈등 위기가 이 지역 여성의 성노동을 취하는 것보다 훨씬 더 복잡한 문제였음을 또한 보여 주는 것이다. 시민권의 느린 진전과 관련된 격렬한 정치적 불만과 군 사법체계 내로 파고든 인종차별이 1970년과 1971년 흑인 병사들이 가지고 있던 불만의 핵심이었다.[3] 서독에서도 한국과 마찬가지로, 백인과 흑인 병사끼리 지역 여성을 취하려는 경쟁은 제3자가 보기에 가장 단순한 가시적인 요소였지만, 아프리카계 흑인 병사들의 불만과 미군 내 인종 간 다툼이 가장 잘 외부로 표현된 요소였다.

---

3 흑인병사들의 호전성이 증가된 것은 한국 기지촌이 인종에 따라 엄격하게 분리되어 있는 상황을 언짢게 생각했기 때문이며 이는 군인들 사이에서 (그리고 그들과 한국 민간인들의 관계 속에서) 일종적 분쟁을 야기시켰다. 그녀의 분석은 지역 여성들을 차지하려는 군인들의 경쟁에 주로 초점을 맞추고 있다. K. Moon(1997).

미 육군, 독일 사회 그리고 인종갈등 위기에 대한 해결책

서독에 배치된 제7사단은 1945년 나치의 위협을 물리치고 승전보를 올린 미 육군 가운데 하나였지만 1960년대 말 이런 영광은 거의 기억되지 않았다. 미국 기자가 서독의 군 기지를 방문했을 때, 여러 가지 문제가 큰 우려 속에서 지적되었다. 소련과 싸우던 냉전시대의 유럽의 방어 전략을 만들던 골격이 곧 무너질 판이었다. 미 국방성이 서독에 배치되어 있는 제7사단을 베트남전쟁을 위한 예비 물자 및 인원 제공수단으로 이용했기 때문에 서독의 군 사단은 소령이 50% 정도 부족했고 대위와 중위가 37% 정도 부족했다. 더욱이 서독에서 근무하는 장교들의 경우 4개월에 한 번씩 순환근무를 했기 때문에, 지도력의 지속성이나 사단의 단결에 큰 손실이 생겼다. 무너져 가는 군 막사는 대부분 19세기 말에 지어졌거나 히틀러 제국 당시에 지어진 것이었고, 막사 내에서 생활 조건은 악화되어 갔다. 명령체계에 존재하는 빈틈들은 전례 없는 군 규율문제와 사기문제를 야기시켰다(Hauser 1973; Wilson and Johnson 1971; Nelson 1978, 102~108).[4] 군이 모집 기준을 낮추면서 판사가 소년원 수감자들에게 형기를 감옥에서 보내는 대신 군입대를 고려할 수 있는 기회를 주었기 때문에, 인력의 자질 문제가 골칫거리가 되었고 이미 어려운 상황은 더 악화되었다(Wilson and Johnson 1971, 29, 36). 서독에 위치한 기지를 베트남으

---

4 이 사건에 대한 독일의 설명을 보려면 Adalbert Weinstein "Die Siebte Armee erholt sich von Vietnam, *Frankfurter Allgemeine Zeitung*, 1972. 8. 25. "Wir mussten die Siebte Armee ruinieren", *Der Spiegel*, 1972. 4. 17. "Die Armee schafft sich immer neue Neger", *Der Spiegel*, 1971. 6. 21 참조.

로 배치하기 전에 기지로 사용했을 뿐만 아니라 미국에 송환하기 전, 미군을 진정시키는 장소로 사용했기 때문에 군 사기는 점점 떨어졌다. 제7사단의 사기가 떨어지고 있다는 사실은 군 기지 내에 은밀하게 머물러 있지만은 않았다. 미국의 반전 활동가들, 독일 학생과 노조의 은밀한 지원으로 전례 없이 많은 숫자의 미군이 서독에서 탈영하거나 사단을 이탈했다.[5]

사람을 잔인하게 만드는 전쟁, 정신을 무감각하게 만드는 군사훈련과 소외되고 서독의 지루한 군 생활로, 군인들이 술이나 마약에 손을 대는 경우가 증가했다. 군 연구가 보여 주듯이 서독에 배치된 미군들의 마약 사용은 미국 본토에 배치되어 있는 군인들의 사용 비율보다 높았으며 베트남에 배치된 군인들의 마약 소비율만이 서독보다 낮았다. 동일한 연구에서 서독에 배치된 미군의 46%가 정기적으로 대마초를 피우고 10~15%가량의 군인이 매일 헤로인을 투약하는 것으로 추정됐다. 과음은 마약남용보다 더 큰 문제였다. 1972년 미군은 서독에 약 84개의 [마약]치료센터를 운영했다.[6] 예상할 수 있듯이 미군 내 범죄율도 증폭했다. 1971년 인종갈등 위기가 최고조에 이르렀을 때, 미군기지 주변에 거주하고 있는 동네 독일 민간인을 대상으로 한 미군의 폭력 사건이 2,319건에 이르렀다. 이 숫자는 1970년대 범죄율에 비해 40% 증가한 숫자이며

---

5 이런 탈영병들 대부분은 막판에 그들이 속한 부대로 돌아갔지만 그들의 군기 부족으로 군의 위신은 상당히 추락되었다. 계급별로 탈영병 정보를 보려면 Brünn(1986); Cortright(1975) 참조.

6 "Wir mussten die Siebte Armee ruinieren, 65; Wilson and Johnson(1971, 26). 군대 내 마약문제를 보려면 "Informational overview German embassy", 1971. 8. 10, p. 10 및 "Drug abuse in the US Army", AAA, B31/346 참조.

1969년 대비 75% 증가한 숫자이다.[7] 미국 쪽 관찰자와 독일 논객은 미군이 기지 주변 주민들에게 '테러행위'를 하고 있다고 동의했다(Nelson 1987, 108).[8]

1960년대 말, 더 목소리가 커지고 급진적인 아프리카계 미군 병사들이 훨씬 많이 해외로 파병되었다. 이런 변화는 이는 미군이 미국 내에서 진행되고 있는 극적인 미국 인종정책의 변화를 제대로 따라가고 있지 못하고 있음을 보여 주었다. 많은 백인 병사들이 흑인시민권운동과 유색인종 병사들이 흑인의 자부심——'대빙'dabbing이라고 알려져 있는 시간이 걸리는 정교한 악수법, 아프리카 헤어스타일 그리고 군인클럽에서 소울 음악을 연주해 달라고 주장하는 것——을 표현하는 것에 분노를 품고 있었다. 몇몇 극적인 예로는 백인 병사들이 KKK단을 조직해 흑인 병사들이 지내고 있는 막사 앞에서 십자가를 불태우는 행위도 했다.[9] 자기방어를 위한 블랙팬더당에 영감을 받은 흑인 병사들은 자기방어 그룹을 조직해 이에 대응했다. 1970년과 1971년까지, 군에서 흑인 병사들의 불만이 최고조에 이르렀을 때, 수십 개의 흑인 병사 조직들이 서독에 위치

---

7 Weinstein, "Die Siebte Armee erhot sich von Vietnma"; "Wir mussten die Siebte Armee ruinieren", "Die Armee schafft sich immerneue Neger".

8 Weinstein, "Die Siebte Armee erholt sich von Vietnam".

9 독일 신문보도를 보려면 "Nicht zuständig für das Seelenheil von U.S. Soldaten", *Abendzeitung*, 1966. 1. 21; "Die letzte Warnung: Holzkreuze verbrannt", *Abendzeitung*, 1968. 9. 16; "Ku-Klux-Klan in Deuschland", *Der Stern*, 1970. 10. 11; "Brennendes Kreuz vor der Kaserne-Militarpolizei ermittelt", *Mannheimer Morgen*, 1970. 9. 15. 참조. 또한 "Wir mussten die Siebte Armee ruinieren"; "Die Armee schafftsich immer neue Neger" 참조. 미국 언론에 실린 인종 분쟁에 대한 자세한 내용을 보려면 Hauser(1973); Wilson and Johnson(1971) 참조. 동시대 미국 언론에 실린 기사를 보려면, Paul Delaney, "US to Study Race Issues Among Troops in Europe", *New York Times*, 1970. 8. 31; Thomas Johnson, "I'll Bleed for Myself, Says Black US Soldiers in Europe", *New York Times*, 1970. 10. 11 참조.

하고 있는 미군기지에서 설립되었다.[10] 병사들 사이에서 인종갈등은 매우 심했고 이런 갈등을 다룰 군대 내 효과적인 지도력은 완전히 실종된 상태였다. 베트남전쟁 때문에 군대 사령관 수가 대폭 감소된 것 외에도 군은 미국 사회의 커다란 변화를 따라가는 데 실패했으며, 좀더 적극적이고 자기주장이 강한 징집된 아프리카계 군인들을 대하는 방식에 대해 사령관들을 교육하는 일에도 실패했다.[11]

독일 관료들은 미군이 이런 전례 없는 갈등을 직면하게 된 상황에 대해 실망감을 가지고 지켜봤다. 그러나 이들 또한 우려를 표명했는데 이는 백인과 흑인 병사들 사이에서 발생하는 폭력적인 인종 다툼이 미군기지 주변에 거주하고 있는 독일 주민들에게 피해를 증가시켰기 때문이다.[12] 백인 병사들이 관습적으로 자신들의 장소라고 말한 독일 술집과 디스코테크의 내부는 흑인 병사들이 들어오려고 시도할 때마다 주기적으로 훼손을 당했다. 백인 병사들은 이런 술집의 독일 주인들에게 만일 흑인 병사들의 출입을 허가하면 더 이상 이용하지 않겠다고 빈번하게 경제적으로 협박했다. 그러나 다수의 독일 클럽주인들은 백인 병사들의

---

10 무력을 사용하는 단체의 성장과 관련한 내용을 보려면 Brünn(1986); Weinstein, "Die Siebte Armee erholt sich von Vietnam".

11 다음을 또한 참조, "A New Military Mission for the New American Revolution", 92nd Cong, 1st sess, Congressional Record 117(1971. 3. 9.), H 5650~52; "The United States and NATO: Troop Reduction-VIII", 92nd Cong, 1st sess, Congressional Record 118(1971. 7. 16.), 25540~25543; "Racism in the Military", 92nd Cong, 2nd sess, Congressional Record 118(1972. 10. 13~14,), 36582~36596. 1972년 10월 기록은 사실상 미의회 군사위원회가 청문회 개최를 거절했기 때문에, 1971년 11월 16부터 18일까지 의회 기록은 흑인이익단체(CBC)가 즉석으로 연 청문회 기록이다. 1972년 5월 의회 흑인이익단체가 보고서를 준비했으며 이 기록은 1972년 10월 의회 기록에 포함되었다.

12 Weinstein, "Wir mussten die Siebte Armee ruinieren".

요구에 앞서 이미 흑인 병사들을 받지 않고 있었다. 흑인 병사들이 백인 독일여성과 연애를 하거나 독일여성들이 디스코테크에서 흑인 병사들과 춤추는 것을 더 선호하는 것을 봤을 때, 백인 병사들은 분노했고 이는 이미 존재하고 있는 갈등에 기름을 붓는 격이었다. 과음과 지역 여성을 서로 차지하려는 경쟁심, 그리고 기지 외부에 위치한 유흥시설의 결합은 자주 감정 폭발을 일으켰고 폭력적 상황을 낳았다.

타인종 간에 이루어지는 연애관계는 백인 병사들에게 모욕적이고 용납할 수 없는 것이었다. 그리고 군 사령관들은 1945년으로 다시 돌아간 듯했다(3장 참조). 그러나 1960년대 말과 1970년대 초가 되자, 1945년에 맺어진 관계는 극적으로 달라졌다. 1960년대 말에 오자 아프리카계 흑인 병사들은——병사 및 장교 포함——더 이상 백인 병사들의 괴롭힘을 참고 있지만은 않았다. 또는 백인 독일여성과 연애를 한다는 이유로 상관에게 받는 괴롭힘, 그런 관계 때문에 승진의 기회를 놓칠 수 있다는 협박을 참고 있지만은 않았다. 그들은 또한 독일 기지촌 지역에 특정한 시설들이 백인 병사들만 '출입'할 수 있게 하고, 아프리카계 흑인 병사들의 출입을 제한하는 것에 대해 수용하지 않았다.[13]

1970년과 1971년 미군기지 주변에 있던 독일 마을에서 일어난 사건들을 꾸준히 지켜본 사람들에게 백인과 흑인 병사들 사이에서 일어난 대부분의 인종 간 갈등은 약물남용, 과음 그리고 독일여성을 서로 차지

---

13 Hauser(1973, 78)는 타인종 간 벌어지고 있는 연애에 대한 백인 병사들의 분노가 서독에서 발생한 위기를 부추기는 데 얼마나 중요한 역할을 했는지에 대해 렌더(Frank W. Render)가 언급한 연설 중 일부를 인용했다. 전미도시연맹의 심스(Harold Sims)도 위와 동일한 요점을 강조했다. Hauser(1973, 81); Wilson and Johnson(1971, 47) 참조.

하려는 경쟁심의 결과로 쉽게 결론내리기에 충분하다. 이 당시 독일과 미국 신문을 살펴보면 이런 식으로 쉽게 결론을 내렸다.[14] 그러나 아프리카계 미군 병사들의 불만은 기지촌에 대한 과장된 언론 보도의 바깥에서 경청되곤 했기에, 독일여성을 두고 다투는 백인과 흑인 병사들의 사진과는 구별되는 많은 사진들을 구할 수 있다.

앞서 언급했듯이 아프리카계 미군 병사들의 심정에 대해서는 어느 곳보다도 서독에서 더 잘 알려져 있었는데, 이는 독일 학생들이 군 기지를 넘어서 이 병사들의 목소리를 전하고 그들이 가진 불만의 다양한 역사적 기록들을 가능하게 만들었기 때문이다. 좌파 성향의 독일 학생들 중 다수가 1945년 이후 독일 사회를 재교육하고 민주화하려는 미국의 노력의 산물로, 이들은 그들의 멘토였던 미국을 1960년대 중반까지 회의적인 시각으로만 바라보았다. 미국의 이상과 문화를 과거의 불명예스러운 독일 나치의 대안으로 봤던 학생들이 이제 미국을 단지 또 하나의 인종차별적인 학살정권으로 바라보고 있었다. 베트남전쟁, 서구세계가 아닌 곳에서의 미국 정책, 마틴 루터 킹 목사의 살해, 자유적 시민권운동의 실패, 그리고 미국 내 블랙팬더에 대한 잔인한 규탄 때문에 많은 학생 활동가들은 좀더 진보적인 조치를 요청했다. 자기방어를 위해 공격적인 자세를 요구하는 블랙팬더당에 매료되고, 휴이 뉴튼Huey Newton, 엘드리지 클리버Eldridge Cleaver 그리고 프란츠 파농Frantz Fanon의 글에 영감을 받아, 독

---

14 "GI Crime, Vilolence Climb Overseas: Race, Drugs, Idleness Mix Together in Explosive Combination", *Washington Post*, 1971. 9. 13; "'Modern und exclusiv' Zum Tanzen bitte weisse Haut", *Frankfruter Rundschau*, 1971. 5. 3.

〈그림 10. 1〉 지하활동 단체의 신문, 1970년 『룸펜의 목소리』 표지. 지하조직의 이 신문 표지는 서독에 위치한 미군기지 구조 내 아프리카계 흑인병사들의 위치를 보여 주고 있다. Courtesy Archiv Für Soldatenrecht.

일 학생들은 독일에 배치된 공격적 블랙팬더당의 회원인 흑인 병사들에게서 백인이면서 중산층 특권계급인 자신들은 꿈일 수밖에 없는 새로운 형태의 남성성과 혁명의 진실성을 발견했다(Höhn 2008a; Höhn and Klimke 2010 chap. 4).

미국 내 블랙팬더와의 연대를 구축하는 것, 특히 독일 내 블랙팬더 회원인 흑인 병사와의 연대를 통해, 급진적인 독일 학생들은 미군기지가 주둔해 있는 독일 대학촌에서 블랙팬더연대위원회를 조직했다. 흑인 병사이면서 활동가인 사람들과 협력해, 학생들은 제3세계에서 미국 인종 차별과 미국의 제국주의 야망 사이의 관계를 다른 이들에게 알리기 위한 『룸펜의 목소리』Voice of the Lumpen 같은 반체제 신문을 생산했다(그리고 이는 온전히 성금으로 운영되었다). 아프리카계 미국 병사 활동가들과 학생들은 1969년 그들의 메시지를 폭넓은 청중에게 알리기 위해 모든 독일 대학가를 다니며 가두시위를 하거나 토론과 집회를 조직했다.[15] 학생과 군대 내 그들의 협력자들은 또한 아프리카계 미국인들의 요구를 독일 도시 한가운데서 말하도록 했다. 그래서 좌파활동가들은 흑인 병사들에게 좁은 영역에서 벗어나 정치적 목소리를 낼 기회를 준 것이다. 1970년대 봄 수많은 시위 동안, 예를 들어 흑인 병사들은 독일 학생들과 프랑크푸르트와 다른 독일의 많은 도시들에서 행진하면서 베트남전쟁을 반대했고 감옥에 수감되어 있는 블랙팬더의 지도자인 '바비 실Bobby Seale의 석방'을 요구했다.[16]

1970년 7월 4일 하이델베르크 대학에서 학생들과 아프리카계 미국 병사들이 첫번째로 '정의를 위한 회의 요청'을 조직했을 때, 더 많은 관심이 흑인 병사들의 불만과 요구에 모였다. 천 명이 넘는 블랙팬더 미군 병사와 수백 명에 이르는 그들의 지원자, 독일 학생들이 베트남전쟁과

---

15 BK, RG B 106/39985는 독일 Bundesministerium fur ver fassungsschutz 및 내무부가 1969년 12월과 1970년 1월 서독 전역에서 벌어진 친블랙팬더 모임에 대해 만든 수많은 보고서를 포함하고 있다. 각 토론회마다 1,000명에 달하는 시민들이 참석했다.

16 Sz-Sammlung A 9986, SF에는 프랑크푸르트에서 발생한 시위를 다룬 수많은 신문 자료들이 포함되어 있다. 다음을 참조 "Black Panther Freunde demonstrierenam Samstag", *Neue Presse*, 1970. 11. 24; "Solidarisch mit Black Panther", *Frankfurter Allgemeine Zeitung*, 1970. 11. 30. 협력의 범위와 관련해 더욱 자세한 내용을 보려면 Höhn(2008a, 2010); Klimke(2010, chap. 4); Höhn and Klimke(2010, chap. 8).

〈사진 10.2〉 블랙팬더 연대집회, 프랑크푸르트 시내(1969). 독일 학생, 아프리카계 흑인병사, 그리고 독일에서 제대한 흑인 참전용사들이 조직. Photograph By Hans Rempfer, Institut Für Stadtgeschichte Frankfurt am Main Stadtarchiv Frankfurt.

아직도 이루어지지 않은 시민권에 대해 미국을 고발하기 위해 만났다. 흑인 병사들과 그의 가족들이 기지 밖에 있는 독일 마을에서 겪은 차별의 분명한 예를 들어 가면서, 시위자들은 또한 주거에 대한 평등한 접근을 요구했다.[17] 학생들과 아프리카계 미국활동가들의 모임은 1970년 10월에 더 많이 알려졌는데 이는 독일의 대중 텔레비전 쇼인 「파노라마」가 카이저라우테른에서 열린 또 하나의 대규모 블랙팬더연대 가두시위를 주간 뉴스에서 크게 보도하면서부터였다.[18]

---

17 "Ku-Klux-Klan in Deuschland", "Treten farbige GIS in Aktion", *Rhein-Neckar Zeitung*, 1970. 6. 27; "Einmischung", *Die Welt*, 1970. 7. 7; Bernd Armbruster, "Schwarze GIS: Wir wollen Freiheit jetzt", *Heidelberger Tageblatt*, 1970. 7. 6; "700 farbige US-Soldaten in der neren Aula", *Rhein-Neckar Zeitung*, 1970. 7. 6..

미국의 흑인 소수자들의 고조되는 급진적 투쟁은 미군기지 체제를 통해 서독으로 유입되었다. 아프리카계 미국인들이 그들의 사회에 표출하고 있는 환멸과 분노를 독일 사회에 더욱 널리 그리고 자세히 알리면서 미국의 인종문제를 '세계화'시킬 수 있었던 이유는, 이는 학생들이 국내 미디어의 관심을 끄는 방법을 잘 알고 있었기 때문이다. 독일 언론이 지속적으로 미국의 시민권 투쟁에 대해 보도하고 있었기 때문에, 학생과 흑인계 미군병사들의 연대는 이런 투쟁과 이의 증가하는 급진성을 국내로 옮겨 와서 보도했고, 이런 투쟁과 증가하는 급진성을 통해 이 문제의 정곡을 찌를 수 있었다. 서독의 매우 중요한 언론사 몇 곳과 인터뷰를 주선하면서 학생들은 흑인 병사들이 그들이 아니면 가질 수 없는 플랫폼을 가질 수 있도록 협조했다.

예를 들어 학생들은 배트남전쟁에서 제대한 두 명의 흑인 병사들과 『슈피겔』*Der Spiegel*같이 독일의 가장 유명한 잡지사와의 인터뷰를 주선했다. 이 흑인 병사들은 베를린에서 백인 병사들의 계속되는 인종적 공격 때문에 부대를 이탈했다. 이 흑인 병사들은 『슈피겔』과의 인터뷰에서 세계에 퍼져 있는 미국 제국을 유지하는 데 있어 그들의 역할이 무엇이었는지 드디어 이해를 했다며 탈영 이유를 밝혔다. "동일한 상황이 국내에 있는 우리 민족에게 일어나고 있다. 군에 있는 흑인 병사들이 다른 나라에 있는 사람들에게 하는 짓이 그대로 일어나고 있는 것이다."[19] 서독에

---

18 Kulturamt, Akte Fruchthalle Vermietung, SK; Black Panther Info(Kaiserslautern: Black Panther Solidarity Commitee 1971, 16), Wolff Paper, HIS; "Black Panther, Report from the Ministry of Justice to the Foreign Office", AAA, 1971. 2. 15, RG B 31/346.

서 탈영한 다른 흑인 병사의 이야기에서 아프리카계 미군병사들은 "아틀랜타, 디트로이트 또는 잭슨빌(플로리다)에 위치한 불결하고 고약한 냄새가 나는 게토 때문에, 백인을 위한 전쟁에서 싸울 이유가 없다는 것과 대신 고국에 있는 그들의 형제자매를 해방하기 위한 무기를 요구한다"고『슈피겔』독자들에게 전했다.[20] 또 다른 국내 신문인『쥐트도이체 차이퉁』*Süddeutsche Zeitung* 또한 아프리카계 흑인 병사들의 급진성에 대해 한 젊은 흑인 병사의 말을 인용해 전했다. "나는 내 국가를 위해 베트남에서 피를 흘렸다. 이제 나는 나 자신을 위해 피를 흘릴 것이며 필요하다면 내 민족을 위해 그렇게 할 것이다."[21]

공격적인 흑인 병사들과 협력하고 있는 독일 학생들과 독일의 대학가 거리에서 그리고 심지어 시골 지역에서 그들이 조직한 수많은 대중시위로 많은 독일인들은 미국 내 아프리카계 미국인들의 상황과 미국군대 내 인종차별에 대해 알게 되었다. 그들의 공격적인 방식 또한 미국과 독일 양국 정부에게 경종이 되었다. 독일과 미국 관료들이 아프리카계 미군들의 급진성에 대해 한동안 걱정을 하고 있을 때 (앞에서 언급한) '정의를 요청하기 위한 회의'가 1970년 7월 4일 하이델베르크 대학에서 열

---

19 "Die Armee schafft sich immer neue Neger"; "Höherer Grad", *Der Spiegel*, 1971. 6. 21. 두 명의 탈영병 로버트 볼든과 사뮈엘 로버트슨(Robert Bolden and Samuel Robertson)과 이루어진 인터뷰 기록은 베를린 ASR에 보관.

20 Wir mussten die Siebte Armee ruinieren" 72에서 인용. "Schwarze Frustration", *Der Spiegel*, 1971. 1. 25; "Wie Coca Cola", *Der Spiegel*, 1971. 8. 23; "Die Armee schafft sich immer neue Neger".

21 "Panther-Sprung nach Europa: Auch die U.S. Truppen in Deutschland sind in wachsendem Mabe Rassenspannungen ausgesetzt", *Süddeutsche Zeitung*, 1970. 12. 18. 흑인 병사들이 얼마나 급진적으로 변모했는지 자세한 내용을 보려면 Wallace(1970) 참조.

렸다. 이를 계기로 독일과 미국 관료들은 행동에 들어갔다.[22] 이 회의가 서독의 가장 유명한 대학교 중 하나인 곳에서 진행된 이유 말고도——대학총장의 분명한 지지에 힘입어——하이델베르그는 유럽의 미 육군본부 USAREUR가 있는 지역이었기 때문이다. 7월 4일 시위에 대한 대응으로 미국과 서독에 있는 고위층 정부 기구들은 흑인 미국병사들의 급진성과 그들의 사기저하가 군 규율을 해칠 뿐만 아니라 냉전 투쟁에 있어 서독의 안보를 위협할 수 있다는 것을 깨닫기 시작했다.[23] 서독과 미국 관료들은 급진적인 흑인 미국병사들과 독일학생 연대 그리고 그들의 '정치적 철학'이 수백만 명의 미국인(환상이 깨진 흑인)들을 사로잡을 수 있고 동독의 공산정권과 더욱 가까이 협력할 수 있다는 가능성에 두려움을 느끼고 행동을 촉구했다.[24]

탈냉전 세계의 정점에서 이를 회상할 때, 혹자는 이런 평가들이 극도의 근심과 과장이 담겨 쓰였다고 말하고 싶을지도 모른다. 그러나 그당시 독일과 미국 관료들이 느낀 두려움은 매우 실제적이었고, 결과적으

---

22 "Rassenstreit der Amerikaner in Europe", *Frankfurter Allgemeine Zeitung*, 1970. 9. 7은 1970년 하이델베르그 대학에서 열린 7월 4일 블랙팬더 회의 때문에 군대 내 차별에 대한 미국정부의 조사가 진행되기 시작했다고 인정했다.

23 AAA, RG B 86/1425 그리고 RG B86/1392는 독일 인종차별에 대해 미국 흑인병사들이 품고 있는 분노가 고조되면 사기가 떨어지고 그로 인해 독일 사회의 안보가 위협받을 것에 대해 독일정부 관료들이 얼마나 우려하고 있었는지 보여 준다. 국가적 차원에서 이 위기에 대응한 방식을 보려면, HH, Staatskanzlei 502-7425/26 그리고 LK RG 860/6490. 시위자들이 실행한 계획에 대한 신문 보도자료를 보려면, "Farbige Fühlen sich ausgeschlossen: Gespräche mit amerikanischen Soldaten in Deutschland", *Frankfurter Rundschau*, 1971. 2. 13; "US Neger in Deutschland beklagen Diskriminierung", *General Anzeiger*, 1971. 6. 6. 미국 내 논의에 관해 보려면 각주 2 참조.

24 Deutsche Botschaft, Militärattachéstab, Orientierungsbericht, 1971. 6. 15., AAA, RG B 86/1425

〈사진 10.3〉 람슈타인 2를 위한 연대집회, 츠바이브뤼켄(Zweibrücken, 1970), Courtesy Archiv Für Soldatenrecht.

로 고위층이 개입하게 된다. 흑인 병사들의 정치적 급진성은 독일 학생들의 대규모 지지를 통해 드러났으며 목소리도 높일 수 있게 되었다. 이를 계기로 군대 내 깊숙하게 뿌리 박힌 인종차별을 해결할 포괄적인 국방부 프로그램이 생기게 된다. 1970년 9월에 7월 4일 시위에 대한 직접적 대응으로 백악관과 미 국방부가 지원하는 렌더 위원회Render Commission가 서독의 미군기지에서 점점 통제력이 약해지는 상황을 면밀히 조사하기 위해 서독을 방문했다. 1971년 봄, 렌더 위원회의 조사 이후 미국 흑인지위향상협회NAACP가 500명이 넘는 아프리카계 미군 병사와 인터뷰를 했다. 미국 의회의 흑인 간부회의도 셜리 치좀Shirley Chisholm 하원의원의 보좌관인 테데우스 개럿 주니어Thaddeus Garrett Jr.를 조사팀의 리더로 하여 유럽에 있는 미군기지 시찰을 위해 6주 동안 파견했다. 이들은 특히 서독의 상황에 초점을 맞췄다. 결론적으로 렌더 위원회와 미국 흑인지위향상협회의 조사는 서독의 인종갈등은 디스코테크을 차지하거나 지역 여성을 서로 차지하려는 투쟁과는 아주 거리가 멀다라고 분명한 결론을 내렸다(Render 1970). 이 두 보고서는 흑인 병사들이 독일 마을에서 대부분 집주인이나 술집 주인에게 받는 차별을 폭로하고 고발했다. 그러나 이들은 또한 제7사단의 인종 상황을 악화시킨 근원으로 군 내부에 만연되어 있고 체계화되어 있는 인종차별에 대해 강조했다(Render 1970; National Association for the Advancement of Colored People, NAACP 1971).

렌더 위원회와 미국 흑인지위향상협회의 결론에 따르면 서독에 파견되어 있는 미군 중 약 13%가 아프리카계 미국인이었음에도 불구하고 이들 중 고작 2.6%만이 장교였다. 그리고 하사관 수준에서 거의 흑인 군인을 찾아볼 수 없다고 밝혔다. 군대의 사법체계에 대한 조사결과는 유색인종 미군을 대상으로 만연하게 퍼져 있는 차별에 대해 더욱 충격적인 사실을 폭로했다. 흑인 병사들이 더 자주 징계를 받고 영창에 보내질 뿐만 아니라 백인 병사들은 처벌받지 않는 위반 상황에서도 흑인들은 처벌을 받는다는 것이었다. 아프리카계 미군병사들이 권위에 대해 질문을 제기하거나 관행을 따르지 않고, 또는 흑인 자존심을 표현하는 어떤 신호라도 보일라치면 이 모두를 장교들은 호전적인 신호로 해석한다고 불만을 토로했다. 다시 말해 군 규율과 사기가 백인과 흑인 병사할 것 없이 모두 저하되었을 때, 처벌의 가장 큰 피해를 받은 건 흑인 병사들이었다. 1970년 고작 아프리카계 미국병사가 13%뿐이었을 당시, 명령불복종으로 형기를 받은 2/3는 흑인 병사들이었고 서독에 위치한 미군 영창 내 50% 이상의 수감자가 아프리카계 미국인이었다. 미국 흑인지위향상협회는 또한 사령관들이 자신의 부대에서 흑인 공격자들을 없애기 위해 흑인 미군병사들에게 형평하지 않게 사전심리 구금제도를 사용했다고 밝혔다. 사전심리 구금 규정에 따라 사령관들은 혐의가 있는 가해자들을 기소하지 않은 채 30일까지 구금할 수 있다. 1970년 영창에 구금되어 있는 5명의 흑인 수감자 중 3명이 이런 규정에 따라 구금되어 있었다. 같은 해, 미국 흑인지위향상협회는 아프리카계 미국 수감자의 28%(912명)가 어떤 기소도 당하지 않고 그냥 풀려났다고 발견했다. 이런 수감자들은 기본적으로 병사들을 겁주고 '문제아'이거나 '공격적인' 흑인을 침묵시키기 위해서 가두어진 것이다(Render 1970; NAACP 1971).[25]

렌더 위원회의 보고서와 미국 흑인지위향상협회의 조사는 제7사단에 만연하고 광범위하게 퍼져 있는 제도적 인종차별을 날카롭게 고발했다. 이를 계기로 의회에서 연속적으로 청문회가 열렸고 이런 부정의를 제거하기 위한 광범위한 프로그램이 생겼다(U.S. Department of Defense 1972). 1971년 봄 제임스 폴크James Polk 장군을 대체한 마이클 데이비슨 Michael Davison 장군은 유럽주둔 미육군USAREUR의 사령관으로서 문제가 얼마나 뿌리깊은지 특히, 군 사법행정 내 문제에 대해서 매우 즉각적으로 인식했다. 그리고 장교들이 흑인 미군 병사들의 필요에 대해 좀더 민감하게 받아들이고 인종적 자부심에 대한 모든 표현을 장교의 권위에 대한 도전으로 인식하는 행위를 그만두지 않는다면, 상황은 나아지지 않을 것이라고 주장했다. 미국 흑인지위향상협회와 렌더 위원회가 발간

---

25 좀더 포괄적인 조사관련 논의 및 장례식 때 열린 의회 청문회 관련 내용을 보려면 Höhn and Klimke(2010, chap. 8) 참조. 미 군대 안에서 만연한 인종차별에 대한 독일 기사를 보려면, "'Schwierigkeiten' im Miliätrgefängnis eine Folge von Rassenhass und Schikanen", *Mannheimer Morgen*, 1970. 8. 15; "Ku-Klux-Klan in Deuschland".

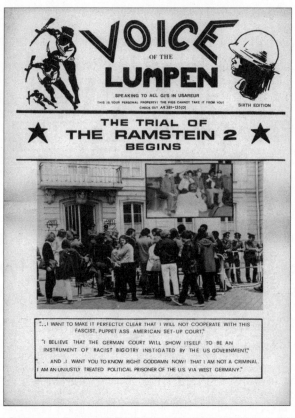

〈그림 10. 4〉『룸펜의 목소리』표지(1970년 6월). 독일 경비에게 상해를 입힌 혐의로 재판을 받고 있는 두 명의 활동가. 경비는 이들이 프랑크푸르트에서 진행되는 캐슬린 클리버(Kathleen Cleaver) 강연 포스터를 기지 내에 붙이지 못하도록 막았다. 신문은 이 사건을 통해 독일이 미 군대화의 꼭두각시 역할을 하고 있다고 묘사했다. Courtesy Archiv Für Soldatenrecht, BERLIN.

한 보고서와 의회 소속 흑인 간부 회의가 시작한 청문회는 군대 내 전례 없는 차별철폐조처affirmative action를 불러 왔다. "진정으로 육군을 통합시키기 위해" 데이비슨 장군은 그의 사령부가 인종적으로 훨씬 더 다양해질 필요가 있다고 주장했다. 아프리카계 미국인과 그들의 가족들이 군대가 또한 그들의 군대이기도 하다는 것을 느끼게 하기 위해 제7사단은

'더 많은 흑인 교사, 변호사, 카운셀러, 목사, 장교 그리고 하사들'이 필요했다. 데이비슨 장군은 또한 국방부가 군 자녀들을 위해 운영하는 해외 학교체제 내에 '흑인 컨텐츠'를 더욱 증가시킬 것을 요구했다. "교사들뿐만 아니라 교과 과정, 민간 인력 그리고 관리자 계층도 모두 포함해서였다."[26] 더 많은 수의 소수인종 출신 장교들을 포섭하기 위한 포괄적인 차별철폐조치 프로그램은 또한 모든 장교와 하사관들이 의무적으로 참석해야 하는 인종에 대한 민감성 워크숍과 함께 보완되었다.[27] 결론적으로 미국 흑인지위향상협회의 보고서를 계기로, 서독에 배치되어 있는 28,000명에서 30,000명에 달하는 흑인 미군 병사들의 이익을 대변하기 위해 서독에 계열 사무소 설립도 이루어 냈다.[28]

주둔국의 태도와 실천의 변화 또한 필수적이었다. 미국에서는 다수당의 상원 지도자였던 마이크 맨스필드Mike Mansfield가 미군이 독일에 주

---

26 데이비슨(Michael Davison) 장군이 1971년 11월 10일 독일 베르히테스가든에서 열린 기회균등학회(Equal Opportunity Cenference)에서 발표한 연설. 모든 인용은 이 연설에서 따왔다. 이 연설의 독일 번역 버전은 HH, Staatskanzlei 502-7426, 105-9에 보관되어 있음. 흑인병사와 그들의 가족에 대한 개선된 처우의 일부로서, 군대는 흑인들을 위한 화장품 및 아프리카계 미국 작가들이 쓴 책들을 판매하기 시작했다. 그리고 독일 이발사 및 미용사들에게 아프리카계 미군병사 손님들의 머리를 자르고 손질하는 법에 대해 훈련시키기 시작했다.

27 "The United States and NATO: Troop Reduction-VIII", 25542. 인종갈등 또한 미국 및 물론 베트남에서도 고조되기 시작했다. 미국, 베트남 그리고 서독 내 위치한 군 감옥에서 발생한 폭동 및 반란의 결과가 이런 극적인 정책의 변화를 야기했다. 서독에서 일어난 이런 중요한 발전이 이런 개혁을 야기했다는 사실은 현재까지 무시되고 있다. Alan M. Osur, "Black-White Relations in the U.S. military, 1940~1972", *Air University Review*, 1981년 11~12월. 온라인에서도 확인 가능(http://www.airpower.maxwell.af.mil/. 2010년 3월 28일 접속). 오서(Osur)는 미국 내 인종갈등에 중점적으로 초점을 맞추었다.

28 HH, Staatskanzlei 502-7426, 112; "NAACP to Open German Branch: Cries of Negro Americans Spur Action by Group", *New York Times*, 1971. 7. 22. 논의에 대한 좀더 자세한 내용을 보려면 Höhn and Klimke(2010, chap. 8) 참조.

둔하는 이유에 대해 의문을 제기하는 바로 그 순간, 인종갈등위기가 확실해졌다. 이런 비판은 서독과 동유럽Ostpolitik의 관계가 계속해서 개선되고 소련과의 긴장이 줄어들고 있는 결과를 수용하여 표출되기 시작했다. 독일 관련 보고서에 화가 난 미국 흑인지위향상협회와 미국 의회 흑인 간부회의 구성원들과 맨스필드와 뜻을 같이하는 동료들이 가세하자 더 강력해졌다. 즉, 아프리카계 미군병사가 독일에서 받은 차별에 관한 모든 보고서는 미군의 철수를 요구하는 사람들에게 쓸모 있는 것이었다.[29] 인종갈등 위기에 대한 미군의 신속하고 포괄적인 대응은 이런 이유로 냉전이라는 커다란 맥락 내에서 살펴 보아야 한다. 왜냐하면 맨스필드가 요구했던 독일에 주둔한 미군의 감축은 국방부의 유럽방어 전략에 심각한 위협이 되었기 때문이다. 이 전략은 현재 수준으로 독일에 미군을 유지할 경우를 기준으로 했기 때문이다. 당연히 냉전 투쟁에서 독일이 차지하고 있는 위태로운 위치를 고려한 서독정부는 국방부가 미군 전력을 유지하기를 간절히 열망했다.[30]

연합국 파트너인 미국과 미국에 있는 아프리카계 미국인 공동체에게 서독이 흑인 병사들을 적대시하지 않는다는 것을 확신시키기 위해, 수상인 빌리 브란트와 국방부장관 헬무트 슈미트Helmut Schmidt는 공식적인 성명서를 발표했다. 그들은 흑인 병사들이 서독에서 집을 구하거나 클럽이나 디스코테크에 입장할 때 경험했을 수 있는 어떤 종류의 차별

29 Headquaters, U.S. Army in Europe, "Equal Opportunity an Human Relations", AAA, 1971. 12. 2, RG B 86/1425.

30 Bundesminister der Verteidigung, letter to deutsche Botschaft, Miltärattachéstab, 1971. 6. 15, AAA, RG B 86/1425; HH, Staatskanzlei 502/7425~26.

에 관해서도 부인했다. 대통령 구스타프 하이네만Gustav Heinemann은 개인적으로 데이비슨 장군을 만나 신문에서 보도된 독일 집주인과 술집 주인들이 차별한 사례들에 대해 우려를 표명했다.[31] 서독정부는 또한 미혼군인과 가족 없이 서독에서 홀로 근무하는 군인들의 주거지인 오래된 군 막사를 현대화하는 대규모 고급 건설 계획[미화 6억 달러, 대략 한화 6천억 원]에 착수한다. 악명 높도록 빽빽한 서독의 주택시장 상황을 완화시키기 위해, 독일정부는 미군을 위한 핵가족 주거지역을 더 많이 건설했다.[32] 이 프로그램이 백인과 흑인 병사 그리고 그들 가족 모두에게 이득이 되면서, 이 추동력은 거주 부족 문제와 차별에 관한 흑인 병사의 불만을 (어느 정도는) 해결했다.

차별 없는 정책을 어떻게 집행할 것인지를 논의하는 회의가 연방정부, 주정부 그리고 지역정부 차원에서 민간과 산업단체들과 함께 열렸다. 이는 집주인, 술집, 디스코테크 그리고 식당 주인들을 교육하기 위한 것이었다. 엄격한 새로운 규칙이 적용되었다. 흑인 병사나 그들의 가족에게 계속해서 세를 놓기 거부하거나, 흑인 병사 출입을 거부하는 클럽이나 디스코테크의 주인에게 경제적 제재를 부과했다. 독일 정부관료들은 언론사들에게 미군이 저지른 범죄를 보도할 때 인종에 따라 혐의가 있는 가해자를 식별하는 방식을 그만두라고 지시했다. 신문 편집자들에게는 미국 역사에서 아프리카계 미국인들의 성공담과 기여에 대한 교육

---

31 HH, Staatskanzlei 502-7426, 112, 114.
32 그 계획은 계급이 낮아 사령부가 지원하는 군 혜택을 받지 못하는 병사들에게 도움이 되었다. 사령부의 지원을 받는 미군가족을 위한 추가 주택건설은 악명 높기로 소문난 독일의 빽빽한 주택시장의 압력을 완화시켰다.

을 독일인들이 받을 수 있도록 많은 노력을 해달라는 요청도 했다.[33] 독일 수상이 주정부 주지사들에게 "연방공화국 내 (흑인) 미군의 문제와 근심은 우리의 근심이다"라고 지시사항에 명백하게 밝혔듯이, 이런 단계들은 필수적이었다.[34]

인종문제를 미국과 서독정부의 고위층까지 승격시킨 것은 흑인 병사들이 제기한 인종차별 고발을 대부분 기각했던 1950년대나 이런 대부분의 고발을 미군 사령관이나 기지촌 내 독일 시장들이 즉시 대응하기를 종종 꺼렸던 1960년대 초반과 비교했을 때 극적인 변화였다.[35] 1970년과 1971년 군대 인종갈등위기 이후, 아프리카계 미군병사들의 군대 내 상황은 독일과 미국정부의 외교정책에서 우선 순위가 되었다. 좀더 급진적인 그룹이 조직한 시위가 독일과 미국정부에게 행동할 것을 강력히 요구했기 때문에 2차세계대전까지 거슬러 올라가는 시민권운동의 완화된 요구는 마침내 현실이 되었다.[36]

---

33 곧 시작될 확장 프로그램을 위한 내용을 보려면, AAA, RG B 86/1425 및 RG B 86/1392 참조. 이 내용은 Höhn and Klimke(2010, chap. 8)에 매우 자세하게 묘사되어 있다.

34 국방부가 수상 바덴뷔르템베르크(Baden-Württemberg)에게 보낸 서한, 1971. 11. 16, AAA, RG B B86/1425

35 1963~1964년 게젤(Gesell) 보고서는 군대 내 만연하게 퍼져 있는 인종차별을 다루지 않고 작성할 의도였으나 전 국방장관 맥나마라(Robert McNamara)가 나중에 되돌이켜보면서 인정한 대로, 주택문제 및 기지 밖 점포, 식당, 클럽에서 발생하고 있는 인종차별을 완화시키기 위한 지침을 내린 후, 국방부는 다른 곳으로 그 관심을 돌리기 시작했다. 맥나마라의 자기 비평을 보려면 Osur(1981) 참조. 1950년대와 60년대 독일 내 아프리카계 미군을 대표해 군대가 나서길 꺼려 한 상황을 보려면 Höhn(2002, chap. 3) ; Höhn and Klimke(2010, chap. 4).

36 2차세계대전 초기 미군이 시민권운동에 대한 관심을 독일로 어떻게 가져왔는지에 대한 자세한 논의는 Höhn(2002 chap. 3; 2008b) ; Höhn and Klimke(2010, chaps. 3~4) 참조. 혼과 클림케가 제작한, 상을 받은 웹사이트 및 디지털 아카이브는 미군기지 체계와 미국 내 시민권운동의 진전 사이의 관계를 보여 준다(aacvr-germany.org). 아프리카계 미군 병사들의 배치가 독일 외 다른 국가들에서 벌어진 투쟁에 어떤 영향을 미쳤는지에 대한 포괄적인 내용이 더욱 많이 필요하다.

한국과 미군 내 인종갈등을 성을 통해 해결하기

미군 제7사단과 독일정부 관료들이 아프리카계 미군 병사들의 분노를 다룬 방식은 한국에서 상황을 처리한 방식과는 매우 달랐다. 한국에서도 유색인종 출신 미군들이 유사한 분노를 경험하고 표출했지만 문제에 대한 해결책은 막대한 차이를 보였다. 캐서린 문(1997)이 보여 주었듯이 서독에 있는 그들의 상대와 마찬가지로, 미군과 한국정부 관료들은 사기 저하, 약물 사용의 증가, 과음 그리고 군대 내 고조되고 있는 인종갈등이 냉전 투쟁에서 한국의 안보를 저해할 수 있다는 결론에 이르렀다. 정부 관료들은 기지 근처 민간인 지역사회가 군대 내 인종갈등의 결과로 더욱 적대적으로 변할까 봐 우려했고 이를 수정할 필요가 있었다. 그러나 제8사단과 한국정부가 군대 내 인종갈등을 해결하고 군·민간 관계를 향상시키기 위한 방법으로 동의한 해결책은 한국 성노동자와 아프리카계 미군병사와의 관계를 규제에만 오로지 초점을 맞추는 것이었다.

한국에 배치된 흑인 미군병사들, 특히 베트남에서 이미 복무한 이들은 흑인들이 불평등하게 짊어지는 전쟁 비용, 시민권의 더딘 진전, 1968년 마틴 루터 킹 주니어의 살해, 그리고 군대 내 지속적으로 만연해 있는 인종차별에 대해 유사한 고충과 불만을 표현했다. 그 당시 군 참관인은 서독의 인종갈등이 해외 모든 군 사령부에서 일어난 사건 중에 가장 심각했다고 결론내렸는데, 필자는 서독에 있는 흑인 미군병사들의 경우에는 독일학생들과의 연대 때문에 더욱 크게 목소리를 낼 수 있었고, 청중들이 들었기 때문에 그런 결론을 내릴 수 있었다고 생각한다. 게다가 미군은 전통적으로 서독 사령부의 전략적 중요성을 강조했기 때문에 그곳의 발전에 더욱 신경을 썼다. 사실상 한국에서 복무한 아프리카계 미국 군인들은 불만을 토로할 더 많은 이유가 있었다. 그들 중 압도적으로 많은 수가 가족 없이 배치되었을 뿐만 아니라(총 미군의 10%만이 가족을 동반하고 있었고 이들 중 가족을 동반한 이들은 불균형적으로 장교들이었다), 한국의 군 기반시설은 서독보다 훨씬 열악한 상태였다. 한국전쟁 기간 동안 급하게 지은 군 기지는 종종 임시건물로 지어졌거나 결국 1960년대 말 완전히 무너질 상태에 처해 있었다.

서독에 배치된 미군과 비교했을 때 한국에 배치된 이들은 사회로부터 대부분 훨씬 더 격리되어 있었는데, 그것은 많은 군 기지가 비무장지대에 가까운 황량한 지역에 위치하고 있었기 때문이었다. 대부분의 군인들이 더 넓은 한국사회와의 교류에서 제외됐을 뿐만 아니라 그들은 한국 전역에서 많이 볼 수 있는 작은 기지 건물 내에서 생활했고, 기지에서 제공하는 여가 활동도 다양성이 떨어졌다. 서울, 대구, 부산 중심부와 외곽에 위치한 기지는 미국이 제공한 풍요로운 모든 삶이 제공되었지만 작은 기지들은 대부분 적절한 여가시설이 부족해서 군인들은 주변 기지촌에서 제공하는 여가시설에 더욱 의존해야만 했다. 서독과 비교해 미국인과 전반적인 한국사회 간 깊은 문화적 차이로 인해, 기지촌의 좁고 한정된 지역을 벗어나 한국사회를 탐험하려는 군인들은 거의 없었다. 그당시 한국의 상대적 빈곤, 박정희 군사독재정권의 가혹한 통치 때문에 안전한 기지 밖이나 상대적으로 익숙한 기지촌 주변을 넘어 모험을 하려는 미군들은 거의 없었다.

특히 2차세계대전 이후 미국의 대규모 재교육 프로그램을 감안해 봤을 때, 미독연합은 두 국가가 동일한 서구문화를 공유하고 있다는 이해 아래 구축되었다. 그러나 이런 가정은 한국의 상황을 고려하지 않는 것이다. 한국이 문화적으로 대다수의 미국인들에게 낯설 뿐만 아니라 미국 또한 한국을 민주화하려고 노력한 적이 없었다. 실제로 미국은 이승만의 독재통치(1948~1960)를 기꺼이 용인했으며 그다음으로는 박정희 군사독재정권(1961~1980)과 전두환정권(1980~1987)을 용인했다. 그것은 이 정권들이 대부분 지속적으로 미국의 반공산주의에 찬성했고 열정적으로 아시아 사령부의 미군 전략을 지원했기 때문이다. 이승만, 박정희 그리고 전두환 같은 탄압적인 정권을 기꺼이 용인했을 뿐만 아니라 지원해 왔기 때문에, 한국사회의 전반에 걸쳐 미국에 대한 훨씬 더 적대적인 태도를 키우는 꼴이 됐다. 한국 정권은 미군기지를 건설하기 위해 보상 절차보다는 토지수용권을 이용해 지역 농민들의 땅을 압수했다. 이런 방식은 미군과 민간인 간에 좋지 않은 관계 형성에만 기여했을 뿐이다.[37]

또한 똑같이 중요한 요소 중 하나로서, 미군과 한국인들의 접촉은 미국군대가 한국인을 열등한 인종으로 대하는 시각에 영향을 받았다. 이런 인식 때문에 사령관과 병사 모두 한국에서의 군복무를 고생으로 여기는 태도가 만연했고, 열등한 인종에 대한 감정을 악화시키기만 할 뿐이었다. 미군 신문『성조기』*Stars and Stripes*는 한국 복무의 장점에 대해 그들의 온순함에만 초점을 맞추고 한국여성과 쉽게 성관계를 가질 수 있다는 것을 강조하며 이런 태도를 거리낌 없이 드러냈다. "신이 창조한 것 중에 가장 사랑스러운 것 세 개나 네 개를 상상해 보자. 그리고 그게 여

---

37 이런 토지 문제 때문에 한국에서는 군과 민간의 관계가 왜 훨씬 더 문제투성이였는지에 대한 심도 깊은 논의를 보려면 Calder(2007) 참조.

러분 곁에서 둥둥 떠다니고 있다. 노래, 춤, 음식을 먹여 주는 것, 당신에게 먹여 줄 음식을 소주나 맥주로 썻어 주는 것, 이 모든 것을 한자리에서 가질 수 있다. '여러분이 가장 위대한 자가 되는 것이다.' 이것이 여러분이 들었고 이제 와서 체험할 동양이다." 서독의 제7사단은 전혀 다른 문구를 사용했다. 바이에른 알프스 산맥과 라인 강의 성을 여행하는 것이 서독에서의 근무를 통해 얻을 수 있는 부가적 혜택이라고 광고했다.[38] 1960년대 실시된 설문조사는 한국인에 대한 이런 거만한 태도가 사라지지 않았음을 보여 준다. 고작 13%에 달하는 한국인들이 미국인이 "자신들에게 호의를 가지고 있다"고 응답했다. 이와는 대조적으로 70%의 서독 국민들은 미국인이 자신들을 '친구'로 보고 있다고 생각했다(Moon 1997, 118; Knauer 1987, 189~190).

군인들이 가족과 떨어져 있는 상황, 기지의 공간적 위치, 지속되고 있는 한국의 가난, 미국과 한국 간의 교류에서 불평등하게 이루어지고 있는 문화적·인종적 맥락을 고려했을 때, 한국 내 미군 대부분이 기지촌이나 수많은 미군클럽에 고용된 성노동자들만이 한국사회에서 거의 유일한 접촉이었다는 건 그리 놀라운 일이 아니다(Moon 1997, 53). 캐서린 문이 주장했듯이 군 기지와 민간인 공동체 간에 '일상적 접촉'을 제공하는 건 성노동자들이었다.

서독에서 근무하고 있는 몇몇 미군들에게 성노동자들이 독일 사회의 유일한 접촉원이었을지도 모르지만, 이는 절대 일반적인 상황이 아

---

38 *Stars and Stripes*에 실린 Moon(1997, 33)의 기사 인용. 군대에 독일에 대한 광고가 얼마나 다르게 실렸는지 보려면, "Special Issue: Germany", 1971, AAA, RG B 86/1426.

니었다. 군대와 독일 민간인 간 접촉은 좀더 다양한 면을 띠고 있었는데, 이는 훨씬 많은 미군이 독일사회에 가족과 함께 와서 거주하고 있었기 때문이다. 1970년대 30%의 미군이 부인을 서독에 데려왔다. 많은 부부들이 독일 사회에 살고 있었기 때문에, 미군의 공적인 모습은 미혼에 술에 진탕 취한 군인의 모습이 전부는 아니었다. 군인 아내들의 존재가 군 공동체 삶에 그들이 관여되어 있었기 때문에, 앞서 인용했던 한국 상황에 대한 기사 같은 것은 유럽에 주둔해 있는 미 육군의 『성조기』에는 절대 발간될 수 없었다. 서독에서의 젠더관계 또한 한국에서의 상황과는 달랐다. 독일에 배치된 군인들은 2년에서 3년간 복무를 지속했기 때문이다. 이런 긴 복무기간 때문에 문화적으로 안정감을 훨씬 더 많이 느끼고 문화적 적응이 가능했다. 또한 독일 배우자들과 진지한 관계를 구축하고 양성할 수 있는 기회를 가질 수 있었다.

즉, 미군과 한국 민간인과의 매우 한정된 범위의 교류 그리고 이런 상황이 일반적이었던 점, 두 국가의 평등에 기초해 동맹관계가 이루어지지 않은 점, 그리고 한국의 군사독재 상황은 1970년과 1971년 발생한 인종갈등 위기를 해결한 방식에 깊은 영향을 미쳤다. 안정리 기지촌에서 발생한 폭력사건과 관련된 캐서린 문의 중요한 연구를 인용하면서, 필자는 한국에서 시행된 인종갈등 위기의 해결책이 서독과 비교해 현저한 차이가 있었고, 미군 병사들의 성노동자들에 대한 평등한 접근이 갈등을 해결하는 데 주요한 역할을 한 사실을 제시하겠다.

안정리 기지촌은 4,795명의 한국인이 거주하는 캠프 험프리 근처 지역이다. 이곳은 500명의 아프리카계 미군병사들을 포함해서 1,700명의 미군이 근무하는 기지이다. 겨우 13%의 아프리카계 미국인이 미군에서 근무하던 그때, 캠프 험프리에 배치된 30%의 미군이 흑인이었다 (Nelson 1987, 146).[39] 또한 안정리에서 970명이라는 놀라운 숫자의 여성들이 성노동자로 일하고 있었으며, 이들 대부분은 성노동자로 등록되어 미군을 상대하는 12개의 클럽에 고용되어 있었다. 미군과 한국남성 간 충돌을 피하기 위해 한국남성들에게 모든 클럽 출입이 금지되어 있었다. 서독과 유사하게 클럽은 미국인의 인종에 따라 분리되어 있었다. 기지촌에는 또한 등록되어 있지 않은 성노동자들이 있었고 이들은 대부분 길거리에서 미군들과 접촉했다. 안정리와 캠프 험프리에서 (그리고 한국 전체에서도 마찬가지다) 미군을 상대하는 성노동자의 비율은 믿을 수 없을 만큼 많았다(Moon 1997, 30).[40] 한국에서 근무했던 미군 중 84%가 성노동자의 서비스를 이용한 적이 있다고 보고했다(Moon 1997, 37).[41]

한국에서 발생한 인종갈등 위기는 서독에서와 마찬가지로, 이전부터 조짐을 보여 왔었다. 1960년대 말로 들어서면서 인종갈등은 기지 안

---

39 서독 내 배치된 250,000명 미군 중 28,000명이 아프리카계 미군이었다. 험프리 기지 내 소수 인종 군인들의 상대적으로 높은 비율은 곧 대부분의 전투 군대들이 그곳에 배치되었다는 사실을 반영한다. 전투 병력들이 위와 같이 비슷하게 배치되어 있는 서독 내 모든 군 기지는 비슷한 인종적 비율을 보였다.

40 안정리에 배치된 인원수는 한국 내 상황을 잘 보여 준다. 예를 들어 1965년 20,000명의 성매매여성들이 그곳에 배치된 62,000명의 미군을 접대하고 있었다. Moon(1997, 28)이 지적하고 있는 바와 같이, 그 당시 필리핀 상황도 이와 매우 유사했다. 즉, 55,000명의 성매매여성들이 2,182개의 유흥업소 시설에서 수빅 베이 및 클라크 공군기지에 배치된 미군들을 접대했었다.

41 이런 숫자는 서독과는 매우 대조적인 것이었다. 출입제한 클럽도 없었고 성노동자들의 숫자도 이렇게 확연히 적지도 않았다. 사실상 미군의 수가 가장 많았던 1950년대 카이저슬라우테른에는 약 200명의 성노동자들이 약 40,000명의 미군을 접대하고 있었다. 상대적으로 이렇게 적은 수의 성노동자들이 존재했던 이유 중 하나는 많은 미군들이 가족과 함께 서독에 왔거나 독일에서는 일반적이었던 3년의 배치 기간 때문에 독일여성과 긴 연애를 할 수 있었기 때문이다. Höhn(2002) 참조.

꽈 군인들 사이에서 증가했다. 한국국민들에 대한 공격도 증가했다. 서독의 상황과 유사하게 군인들 사이에서 발생한 인종갈등은 미군을 접대하는 클럽에서 자주 발생했다. 주로 뒤따른 주장들은 과음 때문에, 여성을 서로 차지하려고, 연주되는 음악(컨트리나 웨스턴 또는 소울)이 마음에 들지 않아서 그리고 특정 클럽을 누가 '차지하는지' 같은 이유들 때문이었다. 서독과 다른 모든 해외 미군기지 내에서처럼 한국에 배치되어 있던 백인 미군들도 그들이 이용하는 클럽에서 흑인 미군을 쫓아내기 위해 엄격한 인종분리 선을 그었었다. 이런 인종분리 선은 클럽에 고용되어 있는 성노동자들도 흑인에게는 서비스를 제공하지 못하도록 만들었다. 과거에 흑인 군인들은 이런 인종분리 선을 억울해하며 수용했고 그에 대한 대응으로 백인 군인들에게는 허락되지 않는 자신들만의 흑인 공간을 만들어 냈다. 많은 인종 간 대립이 그들의 군 기록에 해가 될 수 있었기 때문에 군 사령관들은 암묵적으로나마 분명하게 흑인을 차별하는 인종분리 선을 지지했다. 많은 사령부에서 헌병들이 이런 인종경계 선을 위반하지 않도록 힘썼다(President's Committee on Equal Opportunity in the Armed Forces 1963; 1964).[42] 서독에서 그러했던 것처럼 미국 사회에 변화가 일어나면서 정치화와 급진성이 고조되었고, 한국에 주둔하고 있는 많은 흑인 미군 병사들이 인종에 기반을 둔 공간적 경계에 의문을 가지기 시작했다.

한국의 인종갈등 위기는 1971년 7월 안정리 기지촌에서 50명의 아

---

42 서독에 흑인차별법인 「짐 크로우법」이 어떻게 소개되었는지 더욱 자세한 내용을 보려면, Höhn(2002, chap. 3) 참조. Höhn and Klimke(2010, chaps. 3~4) 참조.

프리카계 미군 병사가 그들에게 서비스 제공을 거부한 클럽 다섯 곳을 동시에 들이닥치면서 곪아 터졌다. 폭력적 시위가 눈에 띄게 드러났는데 이는 분명히 사전에 계획되었고 잘 조직되어 행해졌기 때문이다. 군인들은 건물을 떠나라고 사람들에게 명령한 다음에, 시설 내부를 부수기 시작했다. 그들은 이런 행동이 아프리카계 미군병사들에게 서비스 제공을 거부한 클럽주인이나 그곳에 고용된 성노동자들을 처벌하기 위해서 일어났다고 선언했다. 서독에서도 이 기간 동안 술집이나 클럽의 내부가 파괴되는 비슷한 일이 있었지만 한국인들의 반응은 한국에서의 군-민간 관계가 훨씬 더 적대적이었다는 것을 증명한다. 미군들 사이에서 고조되는 인종갈등을 오랫동안 견뎌 내고, 다른 해결 방안이 완전히 결여된 상태에서 지역 주민들은 자신들만의 방법을 쓰기로 결심했다. 약 1,000명가량의 주민들이 흑인 병사들을 막대기와 돌을 가지고 쫓았으며 이는 폭력사태의 고조를 불러 왔다. 170명의 헌병, 80명의 한국 경찰과 최루탄 그리고 경고 사격을 한 후에야 들끓는 상황을 통제할 수 있었다. 상황을 안정시키고 그들의 방식을 사용한 지역 주민들을 응징하기 위해, 캠프 험프리의 군 사령관은 군인들에게 안정리를 무기한 출입금지 지역으로 선언했다.

흑인 병사들이 주도한 폭력시위와 지역 주민들이 행한 자경단 같은 반응은 한국과 서독의 군-민간 관계가 가지고 있는 중요한 차이를 나타낸다. 안정리 사건 이전, 군과 민간 공동체 사이에 효과적인 소통 채널이나 위기관리 기제가――이런 것을 통해 잠재되어 있던 위기를 해결할 수 있었음에도――전혀 세워져 있지 않았다(Moon 1997, 80). 이는 미군기지 주변의 한국인 주민들을 대했던 미군의 태도를 상당히 잘 보여 주는 대목이다. 공동체 관계 위원회는 1971년에서야 설립되었다. 서독의 경우 이런 위원회는 1950년에 일찌감치 세워졌다. 독일인과의 다정한 관계가 미군 임무의 중요한 요소로 간주되었기 때문이다. 두번째로는 때로 흑인 미군 병사들이 서독에서도 폭력적으로 행동을 했지만, 그들은 독일학생들, 미국 유색인종 출신 학생들 그리고 독일 대학에서 공부를 하고 있는 아프리카계 학생들 사이에서 그들의 동지를 찾을 수 있었다. 이런 연대는 그 규모가 컸다고 짐작된다. 왜냐하면 서독이 민주주의 국가로 성숙되어 가고 있었기 때문이다. 결과적으로 학생들은 아프리카계 미군병사들의 요구를 확장시켜 주었을 뿐만 아니라 대중들이 그들의 요구에 대해 광범위하게 논의하고 권력자들이 이를 진지하게 받아들이도록 기여했었다. 미군기지를 일반적인 한국사회와 분리시키고 있는 깊은 간극 그리고 민주사회의 발전을 막고 있던 한국의 군사독재 때문에, 한국에 배치되어 있던 흑인 미군병사들은 훨씬 더 고립되어 있었다. 그리고 그들의 건설적인 반대를 표출해 줄 구조적인 지원이 결여되어 있었다. 세번째로 지역주민들의 폭력적인 반응은 어쩔 수 없는 무기력함이 표출된 것뿐만 아니라 미군과의 관계가 불평등한 것에 대해 오랫동안 묵혀 온 좌절감을 드러낸다. 도시 전체에 대한 출입금지 명령을 내린 캠프 험프리 미국 사령관의 결정은 지역주민들이 얼마나 미국의 호의에 의존하고 있는지를 분명하게 확인시켜 줄 뿐이었다. 출입금지 조치를 지속하는 것은 이 도시의 경제적 파탄을 의미했고, 그곳에 사는 4,795명 주민들의 경제적 몰락을 의미했다.[43]

캐서린 문이 보여 준 것처럼 안정리 사건은 아프리카계 미군 병사들의 분노를 잠재우고, 군인들 사이에서 발생하고 있는 인종갈등을 해소하기 위하여, 닉슨 독트린에 따라 미군 철수를 야기할 수 있는 한국과 미국 간의 심각한 관계 악화를 개선할 조치를 고안하기 위한 중요한 촉진제를 제공했다. 서독과 마찬가지로 한국에서도 인종갈등위기에 대한 일치된 반응을 대부분 내놓았다. 이유는 미국과 지역 관료들 모두 환멸을 느끼고 급진화된 흑인 병사들이 공산주의의 호소를 쉽게 받아들일까 봐 두려워했기 때문이다. 이런 위험성을 평가한 한 예를 보면 미 심리작전부대US military's Psychological Operations Division는 "때로 북한공산당은 미국의 깜둥이Negro 병사들을 대상으로 정치적 선전 공격을 한다. 북한은 이들에게 군 사령관에게 반항하고 군에서 탈영하며, (한국)방어를 포기하라고 부추기고 있다"(Moon 1997, 88~89)라고 결론내렸다. 그러나 캐서린 문이 보여 주었듯이 가장 중요한 것은 미군이 갈등을 진압하기 위해 외부로 눈을 돌렸다는 것이다. 군대 내 제도화되어 있는 인종차별을 면밀히 검토하거나 흑인 병사들이 반대하는 인종분리를 조장하는 군대 내 합의를 면밀히 검토해 보는 대신, 미국은 해결책을 위해 한국 민간인들에게 초점을 맞추었다.

서독의 인종갈등 위기는 군대 내부와 독일 주민들 사이에서 행해졌던 인종차별에 대해 포괄적으로 평가하는 결과를 낳았지만 한국에서는 매우 다른 방식으로 진행되었다. 안정리 사건에서 보여 준 것처럼 흑인 병사들이 "반항을 하기" 때문에, 그래서 미군과 그의 파트너인 한국 정부는 새롭게 세워진 공동체 관계 위원회를 통해 한국의 성노동자들을

---

43 한국 내 기지촌에서는 60~80%의 수익이 군대 때문에 형성되었다. Moon(1997, 29). 서독의 좀 더 균형적인 경제적 상호활동에 대한 내용을 보려면, Höhn(2002, chap. 2) 참조. 1957년 군대에 잘 '협조하지' 않은 독일 도시에 출입제한을 선언했지만 1970년대 서독에서 이런 결정은 상상할 수도 없는 일이었다. 1957년 이 사건과 관련된 내용을 보려면 Höhn(2002, chap.8) 참조.

만연한 인종갈등의 유일한 이유로 간주했다. 흑인 미국병사들이 군 내부와 주둔국 민간인들과 관계에서 마주치는 인종차별을——서독과 유사한 사건들임——더 이상 견딜 수 없었기 때문에 인종갈등 위기가 촉발됐음에도 불구하고, 한미 정부관료들은 한국의 성노동자들이 흑인 병사들에게 '성접대'를 거부한 것이 갈등의 **주요** 원인이라고 간주했다. 만일 한국의 성노동자들이 이 인종갈등의 근원으로 보았다면, 이 갈등을 완화시킬 책임이 있는 정부관료들이 성노동자를 해결책으로 보는 건 너무나 당연했다(Moon 1997, 85). 이런 이유로 기지촌의 정부관료와 미군 양측 모두 백인과 흑인 병사들 사이에 존재하는 갈등을 해결하기 위한 주요부담을 기지촌 성노동자들에게 지웠다. 미군과 한국 민간인 사이가 위기 단계까지 치닫는 것을 조율하는 것도 성노동자들에게 달려 있다고 보았다(Moon 1997, 84).[44]

인종갈등 위기를 해결하기 위해 한미 정부관료는 한국에 주둔한 아프리카계 미군병사도 술집이나 클럽에 평등하게 출입할 수 있고 한국인 호스테스와 성노동자들의 평등하고 친절한 서비스를 받도록 하자는 데 합의했다. 클럽 주인과 성노동자들에게 갈등의 심각성을 이해시키고 이것을 해결하는 데 있어 그들의 역할이 얼마나 중요한지 확인시키기 위해, 미 심리작전부대는 성노동자들에게 나눠 줄 팜플렛을 만들었고 그들에게 정보를 제공하기 위해 클럽에도 붙여 놓았다(Moon 1997, 89). 팜플렛은 여성들의 애국심에 호소하며 흑인 병사들을 차별하지 말 것을 지

---

44 Moon(1997, 110~120)은 닉슨 독트린의 일환으로 한국 내 군대철수 계획을 둘러싸고 생긴 한미 간 긴장을 성노동자들이 완화해 주길 기대했다는 설득력 있는 주장을 펼쳤다.

시했다. 흑인을 손님으로 받기를 거부하면 클럽주인과 성노동자들에게 그들이 "국가(한국)의 내부 보안을 약화시켜, 무의식적으로 적(북한)을 돕는 것이다"고 말했다. "당신이 하고 있는 사업과 국가의 안보를 지키기 위해" 팜플렛에는 계속해서 이렇게 써 있었다. "모든 미국 손님들을 평등하게 대할 것을 촉구한다." 팜플렛의 저자를 희미하게 하기 위해 미 심리작전부대는 한국정부 관료들이 이 팜플렛을 제시한 것으로 발표했다(Moon 1997, 89). 그러나 미군을 위해 일하는 클럽주인과 여성들은 경제적 제재에 대한 언급이 아마 미군의 진정한 목적을 드러낸다고 생각했을 것이다. 이렇게 미국은 공산주의에 대한 한국인의 공포심을 이용했고 군대의 경제적 무기인 출입금지 명령을 통해 가장 비정상적인 '차별철폐조치' 프로그램이 미군클럽에서 준수될 수 있도록 했다.[45]

군 사기를 개선시키려는 또 다른 노력은 한국인 성노동자들 사이에서 나타나고 있던 최악의 성병 비율을 억제하기 위한 노력에서 그 절정에 이르게 된다. 이 목표를 달성하기 위하여 한국은 미군의 물자 지원을 받아 광범위한 성병통제 체제를 구축했다. 클럽에서 종사하는 여성들은 매주마다 검사를 받았고 여성들은 사진이 붙은 명찰을 소지하고 다녀야 했다. 그리고 성병에 감염된 미군들이 감염된 여성을 인식할 수 있도록 여성들은 옷에 등록번호를 붙이고 다녀야 했다. 성병비율을 통제하면서 군인들이 안전하고 평등하게 성을 구매할 수 있도록, 미군은 밀

---

45 미군이 안정리에 출입제한 명령을 시행하자 도시 경제는 큰 타격을 받았다. 지역주민과 성노동자들이 기지 앞에서 이 명령에 대한 반대 시위를 할 때, 군대는 이들을 해산하기 위해 최루탄을 사용했다. Moon(1997, 81, 145). 민간인들이 조직한 시위에 이런 극단적인 대응을 한다는 것은 서독에서는 상상할 수도 없는 일이었다.

접적이고 직접적으로 성매매여성의 통제와 감시에 관여해야 했다. 기지촌 캠페인으로 불리는 이 규제는 한국당국이 미군 경찰, 기회균등대처 사무소, 공보실, 헌병대, 범죄수사과, 예방의학 사무소, 군 감찰관의 지원을 받았다(Moon 1997, 89). 즉, 미군의 공식적인 정책이 성매매를 지지하지 않음에도 불구하고, 미군이 평등하고 안전하게 성노동자를 구매할 수 있도록 하기 위해 미군과 한국정부 관료들 사이에 협조가 이루어졌던 것이다. 이 정책은 제8사단 내에서 인종 간 평화를 유지하고 미군과 한국 민간인들 사이에 더 나은 관계를 보증하기 위한 주요한 지점이 되었다.

서독에서 일어난 인종갈등 위기 때문에 지대한 영향을 가져올 개혁이 미군대 내에서 일어났고 이는 타국 미군 사령부에 있는 아프리카계 미군 병사들에게는 이득이 되었다는 것이 매우 중요하다. 더 많은 소수인종 장교들의 관심을 모으고 군 사법체계의 기록을 향상시키기 위한, 차별철폐조치 프로그램 장교를 임명하고, 인종관계 관련 워크숍을 신설하기 위한 군의 결정은 아프리카계 미군 병사의 일반적 상황을 개선하기 위한 정책 변경이었다. 사실상 이 인종갈등 위기에 대한 대응을 통해 군은 미국에서 모든 비용을 대주는 유일한 기관 중 하나가 되었다. 이는 의회의 흑인간부회의에서 (인종갈등에 대한) 미국정부의 대응을 '신미국혁명'의 시작점이라 일컬은 것과 일맥상통한다.[46] 그러나 서독에서 발생한 인종갈등 위기 때문에, 독일정부가 허물어져 가는 기지설비를 개선하기 위해 엄청난 투자를 결정한 것도 우리는 보았다. 더욱이 독일인과 미

---

46 "Race Relation".

국인은 서독이 싸울 만한 가치가──더 나아가 목숨을 바칠──있는 국가라고 아프리카계 미국 병사들에게 조심스럽게 확신시키는 데 공조했다. 한국의 경우는 해결책이 일차원적인 데다 여성혐오적이었으며, 비용도 저렴했다. 서독에 있는 미군병사들이 렌더 보고서, 미국 흑인지위향상협회의 조사자료, 그리고 의회의 흑인간부회의 청문회로 야기된 군대 내 인종차별주의와 싸울 광범위한 프로그램의 혜택을 받고 있는 동안, 한국에서는 군대 내 인종갈등위기를 해결하고 군-민간 관계 개선을 위한 해결책을 한국 성노동자들에게 대부분 기대고 있었다.

　　한국에서 1970년과 1971년에 일어난 인종갈등 위기를 성을 통해 해결하려 한 것은 미군대 제국과 이것이 갖고 있는 젠더, 섹슈얼리티 그리고 인종에 대한 함축적 의미를 탐구할 때, 얼마나 '지엽적'으로 초점을 맞췄는가를 드러낸다. 인종갈등 위기에 대한 해결책은 서독과 매우 달랐는데, 이유는 미 군사기획자들의 눈에 한국은 항상 "덜 중요한 동지"였기 때문이다. 미국인과 한국인을 분리시킨 커다란 문화적 차이 그리고 그 차이는 미국인들이 한국인들에게 보인 만연한 인종적 우월감 때문에 더 악화되었다. 한국 독재자들에 대한 미국의 지지로 인해, 어떤 민주적인 기관도 번영할 수 없었으며 이런 기관의 부재가 군-민간 관계가 다루어진 방식이나 1970년과 1971년 발생한 인종갈등위기를 해결하는 방식에 크게 영향을 미쳤다. 아마 가장 중요하게도 한국이 고생스러운 지역으로 여겨졌기 때문에, 한국에 주둔한 군인 중 10% 미만의 군인들이 가족을 동반할 수 있었고 이런 특권은 대부분 계급이 높은 군인에게 주어졌다. 이런 상황을 고려했을 때, 성노동자들에 대한 손쉽고 편리한 접근 방식은 집에서 멀리 떨어져 배치되어 있는 수천 명의 젊은 미혼 군인들을 관리하기 위한 어쩔 수 없는 현실이었다. 군사기획자들은 정서적 지원과 사회안정성 보장 없이 군인 가족들의 1년 배치를 고려했을 때, 이 정책의 유해한 의미를 잘 파악하고 있었을 것이다.

11장

기지촌 성매매와 제국주의적인 SOFA

한국 내 초국가적인 기지촌여성에 대한 학대와 폭력

문승숙

전라북도 군산에 위치한 '아메리카 타운'A-Town은 한국과 미군 당국이 규제하고 한국의 민간사업자가 운영한 기지촌 성매매의 특징을 드러내는 장소이다. 역사학자 알랜 코빈Alain Cobin(1990)이 연구했던 프랑스식 담으로 둘러싸인 성매매 지역과 유사한 아메리카 타운은 미군을 접대하는 클럽, 식당 그리고 다른 작은 가게들로 가득 찬 경계선상에 있는 공간이다. 이곳은 '특별관광시설'로 정부의 승인을 받은 한 한국 사업가가 1969년 지은 곳으로, 무작위로 뻗어 있는 군산 공군기지(울프팩으로 알려진 미8군 전투비행단의 본거지이다) 주변에 있는 주거지역에서 2.5마일 떨어진 곳에 위치하고 있다. 이 기지는 1951년부터 이 지방을 점령하고 있다. 에이타운의 중심부는 언덕 위에 나란히 줄지어 지어진 수백 개의 작은 집들이다. 1970년대 에이타운이 가장 번성했던 시기에는 방, 간이 취사장, 화장실이 갖춰진 이 작은 집들에 단기간 또는 장기간 동거형태를 통해 미군에게 성을 파는 '기지촌여성'들이 세를 살고 있었다.[1]

2007년 6월 필자가 에이타운을 방문했을 때,[2] 나란히 지어진 이 작

은 집들은 10년 이상 방치된 상태였고 인접해 있는 논과 기지촌을 분리
시켜 놓았던 담벼락은 없어진 상태였다. 집들은 판자로 모두 막혀 있고
문과 창문에 판자를 못으로 박아 놓았다. 그리고 몇 개의 창문은 깨져 있
었다. 비교적 새로 지은 집들이 에이타운에 생기기 시작했고 필리핀여
성과 그녀들의 미군 파트너들이 세를 살고 있었다. 미군이 성매매와 여
성 인신매매(아래에서 논의할 예정)에 대해 '불관용'Zero Tolerance 정책을 시행
한 이래, 필리핀여성과 미군의 동거 및 결혼이 증가했다. 타운의 이미지
를 개선하기 위해 담벼락을 허물었으나, 에이타운의 입구를 가리키는 직

---

* 필자는 두레방(My Sister's Place) 원장인 유영임, 독립영화제작자 김동령, 박경태, 그리고 타비타
   공동체 원장님인 천우성 목사님 모두에게 기지촌 관련 관찰 자료 및 귀중한 자료를 공유해 주신
   관대함에 감사를 표한다.
1 미군을 접대하는 성노동자들과 함께 일하는 한국 비영리단체들은 깊이 낙인 찍힌 양공주나 창
   녀라는 단어를 대체하기 위해 '기지촌여성'이라는 용어를 고안해 냈다. 이런 NGO들은 또한 성
   노동자라는 단어의 사용을 피했는데 이는 한 사람의 몸을 파는 것은 일이 가지고 있는 긍정적인
   의미에 부합되지 않는다고 생각하기 때문이다. 한국의 주류 페미니스트들은 성매매를 여성이
   자유롭게 선택할 수 있는 일의 한 형태로 간주될 수 없다고 주장한다. 실상 성매매에 입문한 대
   부분의 여성들, 특히 기지촌에서 일하는 여성들은 궁핍하며 그들의 경제적 소외도 때문에 대부
   분 생존을 보장하는 직업을 구하지 못했다. 이런 입장에 필자가 완전히 동의하는 것은 아니지만,
   필자는 기지촌여성이라는 개념을 받아들이기로 선택했다. 이 용어가 넓은 의미의 함축적 개념
   으로 미군을 접대하는 다양한 분류의 여성을 아우르고 있기 때문이다. 여기에는 '클라스 1' 주류
   판매소로 고용된 클럽에 등록된 여성, 이들은 KSTA에 관리를 받았다. 사실상 이 여성들은 직업
   적 성노동자들이다. 그리고 '클라스 2 그리고 3'으로 승인받은 식당에 고용된 비등록 여성은 가
   공식품은 팔 수 있지만 술 판매는 금지되어 있었다. 1970년대 중반, 고립된 아메리카 타운에서
   약 300~400명의 여성들이 미군을 접대했지만 오직 30~40명의 여성들만이 공식적으로 등록되
   어 있었다. Kim(2005, 171, 173).
   기지촌여성들을 균일하게 성매매여성으로 분류하는 것에 대한 거부감은 초국가적 기지촌여성
   들 사이에서도 관찰된다. 기지촌클럽에서 근무하고 있는 49명의 여성과 함께한 심층인터뷰에
   따르면, 몇몇 필리핀여성들은 자신들을 '엔터네이너'로 부르며 '성매매에 종사하고 있는 한국여
   성들'과 자신들은 다르다고 주장했다. 몇몇 러시아여성들은 한국인들이 러시아여성을 성매매여
   성로 보는 것은 참을 수 없는 일이라고 말했다. Sŏl et al.(2003a, 2003b, 199).
2 이번 현장방문은 한국 내 기지촌 성매매여성을 다룬 다큐멘터리 영화를 제작하고 있는 김동령
   과 박경태의 도움으로 가능했다

〈사진 11.1〉 아메리카 타운 내 버려진 집들, 군산. Photograph By Kim Dong-Ryung.

사각형의 표지는 여전히 남아 있었다. 이 표지판은 붉은색 플라스틱 야자나무와 짝을 지어 초록빛 논 중간에 어색하게 서 있었다. 이 논은 4차선의 지방 도로를 따라 뻗어 있었다. 1960년대와 1970년대 한국의 기지촌 성매매가 성행했던 시기와는 다르게, 이곳은 더 이상 주말 저녁에 술과 여자를 즐기러 오는 미군으로 북적거리지 않았다. 두 명으로 짝지어진 젊은 미군 헌병이 에이타운 골목을 순찰하고 있음에도 불구하고, 많은 클럽들은 우리 그룹이 방문했을 때 문을 열기 전이었고 문을 연 소수의 클럽은 거의 비어 있었다. 시끄러운 락음악과 몇 안 되는 필리핀 클럽 여성들이 빈 공간을 쫓아내고 있는 듯했다.

한국 기지촌의 분명한 쇠락을 배경으로 이번 장은 외국인 이주노동자(기지촌의 초국가적 여성이 되어 버린)가 어떤 방식으로 그리고 왜 계속적으로 학대와 폭력의 대상이 되고 있는지를 살펴본다. 그리고 이런 상황

〈사진 11. 2〉 아메리카 타운 입구, 군산. Photograph By Kim Dong-Ryung.

이 미국 군사제국의 작동에 대해 드러내는 점을 검토하고자 한다. 이런 학대와 폭력의 직접적 가해자는 기지촌클럽, 직업소개소의 한국 주인과 매니저들, 이들이 종종 함께 협력하는 필리핀과 러시아에 있는 지역 직업소개소, 그리고 기지촌의 초국가적 여성들과 연애, 동거 또는 결혼하는 미군들이다. 그러나 이 여성들에 대한 학대와 폭력행위는 단순히 이런 개인들에 의해 저질러질 뿐만 아니라 미군과 초국가적인 기지촌여성 사이에 존재하는 위계적인 신분 구분 때문에 구조적으로 촉발된다. 이런 구분은 기지촌 성매매 제도와 한미 간 소파협정 때문에 생겨났고 유지되고 있다.

이 장의 첫 부분은 기지촌 성매매 여성들이 어떻게 그리고 왜 초국가적으로 되었는지, 그리고 어떻게 대부분 필리핀 그리고 구소련 출신인 이주여성의 인신매매를 동반하게 되었는지에 대해 다룰 것이다. 두번째 부분은 한국과 미군 당국이 기지촌 성매매에 어느 선까지 계속해서 연루되어 있는지를 조사한다. 1990년대 중반부터 기지촌클럽에 '엔터테이너'로 분류된 외국인 이주노동자들의 유입이 증가되면서 이 여성들을 대상으로 한 학대와 폭력만 증가된 것이 아니다. 이들의 존재는 또한 초국가적 인신매매와 뒤얽혀 있는 기지촌 성매매를 분명하게 드러냈다. 그 결과 미군은 상황을 조사하라는 압박을 받았고 2004년 1월부터 불관용 정책을 시행했다. 몇 개의 큰 기지촌에 위치한 풀뿌리 사회운동 단체들도 인신매매 문제를 처리하라는 압력을 한국정부에게 가했다. 이런 최근 정책 변화가 미군의 이미지를 보호하고 기지촌여성들이 그들의 고용주와 매니저에게 항의할 수 있도록 하는 등 몇 가지 긍정적인 효과를 보였지만, 이 정책의 이행이 기지촌 성매매 제도를 없애지는 못했다. 아이러니하게 이 정책은 한국과 미군 당국의 기지촌클럽 규제의 일환으로 클럽여성들의 성병을 검진했던 뿌리 깊은 관행과 공존하고 있다. 그 결과 초국가적 엔터테이너들이 더 이상 클럽주인과 매니저들에게 노골적으로 성매매를 강요당하고 있지 않음에도 불구하고, 고도로 착취적인 기지촌클럽의 노동조건하에서 이 여성들은 고국에 있는 그들 가족을 부양하기 위해 성매매를 하도록 압력을 받는다.

세번째 부분은 미군이 초국가적 기지촌여성들을 대상으로 저지르는 학대와 폭력의 다양한 형태에 대해 논하도록 하겠다. 이 형태는 사기결혼부터 유기, 구타, 강간 그리고 살해이다. 불관용 정책이 시행된 이후 동거와 결혼이 성매매보다 선호되면서 임신, 출산, 자녀양육의 부담으로 이어지는 사기결혼과 유기의 문제가 증가했다. 이런 학대와 폭력은 미군과 초국가적 기지촌여성 간의 위계적 관계를 설립하고 유지해 온 좀더 넓은 법적이고 지정학적 맥락 안에서 이해할 필요가 있다. 이 두 그룹 모두 일반적으로 가난한 집안 출신이고 한국에 임시적으로 고용된 상태로 거주하고 있으나, 미군과 기지촌여성 사이에 권력 불균형은 현저하다. 미군이 소파협정 아래 제국적 권력의 에이전트로서 치외법권의 특권을 누리는 동안, 초국가적 기지촌여성은 이주노동자라는 취약한 지위를 가지게 된다. 여성들은 그들의 애인이나 남편과 동거하기 위해 착취가 심하고 학대가 심한 직장을 나서는 순간 불법체류자가 된다. 이런 법적 구조는 이 여성들을 취약하게 만들 뿐만 아니라 이 여성들이 그들의 남성에게 의존하게 만든다.

초국가적 기지촌여성에게 영향을 미치는 노동착취, 학대, 폭력에 대해 조사하는 것은 겉으로 불관용 정책이 표면적으로 옹호하는, 즉 인신매매를 당한 기지촌여성의 인권보다 더 위태로운 상황에 있는 게 무엇인지 드러내 준다. 이 문제의 중심부에 놓여 있는 것은 군사제국의 순조로운 작업을 저해하는 무법적인 경향이다. 군사제국은 지속적인 이성애적 만족감을 필요로 하는 군사화된 남성성 재생산에 기대고 있다. 불관용 정책의 한계는 기지촌 성매매가 군사화된 남성성과 제국의 에이전트로서 군인들이 즐기고 있는 치외법권의 특권을 강화하기 위한 메커니즘으로서 지니고 있는 근본적인 문제들로 향한다.

기지촌 성매매의 초국가화: 노동착취 및 인신매매

기지촌 성매매 제도가 한국에서 냉전시대를 살아남은 반면,[3] 냉전의 종
말은 기지촌의 초국가화에 기여했다. 소수의 필리핀 '연예인'은 이미
1980년대 말부터 한국 기지촌에 있었다. 그러나 외국인 연예인 수는
1990년대 중반부터 기지촌클럽과 미군을 접대하는 다른 유흥사업에서
종사하는 한국인 여성을 대체하면서 증가하기 시작한다. 1990년대 말,
한국에 있는 다수의 필리핀여성들은 동두천과 평택시에 포집해 있었다.
이곳은 미군이 단골로 드나드는 50여 개의 기지촌클럽이 있는 곳으로
미군이 집중되어 있는 두 개의 주요 도시이다(Enriquez 1999, 96). 21세기
의 첫 10년 동안, 미군을 접대하는 70~90%의 기지촌 클럽여성들은 필
리핀과 러시아 출신이었다(My Sister's Place 2003, 24).[4] 이 외국인 여성들은
초국가적 이주여성으로 묘사하는 편이 더 나은데, 이들이 더 나은 직업
과 삶의 기회를 찾기 위해 국가적 경계를 가로지르며 살기 때문이다. 그
들 중 많은 이들이 이 클럽에서 저 클럽으로 옮겨 다니며 일하고, 미군과
동거하거나 결혼한 상태로 한국, 그들의 국가 그리고 미국을 가로지르며

---

3 1980년대 말, 기지촌 성매매 형태가 눈에 띄게 변하기 시작한다. 전통적 형태의 매춘굴은 마사
   지샵, 헤어살롱, 커피숍, 그리고 레스토랑 같은 합법적인 서비스 직종과 결합된 성산업으로 대
   체되었다. 이런 형태의 성산업이 한국에서 1970년대 이후로 폭발적으로 증가했지만 한미 당국
   의 밀착 감시를 받고 있는 소규모 기지촌 지역에는 영향을 미치지 못했다. 이런 변화 이후, 외부
   에 거주하고 있는 여성들이 주기적으로 월급날 기지촌으로 모이거나 미군에게 성을 팔아 급전
   을 벌기 위해 주말에 기지촌으로 왔다. 등록된 클럽여성들은 이렇게 일시적으로 오는 여성들을
   무시했다.
4 2004년 12월, 주요 기지촌에 위치한 미군 클럽에서 종사하는 여성 중 약 87%가 외국인 이주노
   동자들이었다. 「미군기지 기지촌 외국인여성 인권침해 심각」, 『내일신문』, 2005년 2월 21일.

살고 있었다. 그들 고국의 끔찍한 경제적 상태에 직면하기에 이 이주여성들의 다수가 그들의 첫 계약이 한국에서 종료되더라도 이주노동을 계속하도록 강요당한다. 한국으로 이주한 많은 필리핀여성들은 일본, 말레이시아 그리고 태국을 포함한 다른 아시아 국가에서 이미 이러한 일을 한 경험이 있다.[5] 즉, 외국인 여성들은 거대한 국제 이주노동이라는 미로에 한 번 들어서면 초국가적인 존재가 되며, 그것은 계속된다.

한국에 있는 미군 기지촌으로 이런 초국가적 여성들의 유입 증가는 한국뿐만 아니라, 전 세계 많은 나라들에서 폭발적인 성장을 보이는 성산업을 동반해 온 세계화라는 맥락에서 이해할 필요가 있다. 세계화 시대에 자본의 자유로운 이동과 별로 자유롭진 않지만 노동의 거대한 초국가적 이동은 산업 엘리트의 부상과 함께 취약한 이주노동자들의 증가를 생산한다. 이 두 사회 집단 모두 음식, 주거, 청소, 휴식 그리고 유흥을 제공하는 상업화된 개인적 서비스를 이용하며 살게 된다. 성산업은 위산업의 폭발적인 증가의 일부분이다(Ling 1999). 세계화 과정에서 더 나은 경제적 기회를 얻기 위해 가사일과 성노동을 하기 위해 빈곤국 여성들이 상대적으로 부유한 나라로 이동하는 경우가 증가하고 있다(Sassen 1998).

한국의 기지촌 사업주들은 1980년대 인력 부족을 심하게 겪으면서, 이용할 수 있는 노동력의 원천으로 외국인 이주여성들이 풍부하게 존

---

5 Barbara Demick, "Off-Base Behavior in Korea: By Allowing CIS to Patronize Certain Clubs, the U. S. Military is Seen as Condoning the Trafficking of Foreign Women for Prositutition", *Los Angeles Times*, 2002. 9. 26.

재한다는 것을 발견했다. 이 사업주들은 1970년대 동안 기지촌 경제의 침체를 경험했다. 그때 한국 내 미군 수가 20,000명이나 감축되었고 미국 달러의 가치는 급격하게 절하되었다. 젊고 교육을 받지 못해 필사적으로 기지촌클럽에서 일하려는 한국여성들의 공급으로 기지촌은 여전히 유지되고 있었다. 그러나 가속화된 산업화와 도시화의 과정에서 한국여성들은 더 나은 직업 기회를 다른 곳에서 찾을 수 있게 되었고,[6] 기지촌 사업가들은 외국인 노동자의 수입허가를 정부에 요청했다. 1996년, 문화체육부는 기지촌 클럽주인들의 조직인 한국특수관광협회Korea Special Tourism Association에[7] 외국인 연예인을 초청해 클럽에서 고용할 수 있는 특권을 주었다(Ko et al. 2006, 40~41). 초창기 사업주들은 외국인 연예인을 네팔에서 페루에 이르는 여러 국가에서 데려왔지만,[8] 그들 사업을 위해 가장 적당한 대상으로 필리핀과 러시아여성들을 발견했다.

---

6 한국여성들은 산업화 과정에서 주변화되었다. Moon(2005a, chap. 3). 1980년대 아이러니컬하게도 한국여성들은 상대적으로 급여가 좋은 유흥산업에서 일자리 잡기가 수월해졌다. 음식과 술을 팔면서 여성의 성 서비스도 제공해 주는 유흥산업의 폭발적 증가는 중소기업의 상대적으로 제한된 자본 투자에서 빠른 수익을 얻으려는 전략과 연결되어 있었다. 한국정부는 수출을 기반으로 하는 경제성장의 동력으로서 대기업을 키우면서 중소기업을 가혹하게 차별했다. 1970년대 발생한 두 번의 석유사태는 중소기업이 직면한 역경을 악화시켰다. 이에 대한 대응으로 이들 기업은 국내 유흥산업에 자본을 투자했다. Chong(1988, 160). 1988년 350,000개가 넘는 유흥산업이 등록되어 있었으며 이들은 한국에서 음식과 술을 팔았다. 그리고 이들 중 대다수는 여성의 성접대를 제공했다. 여성의 성접대를 제공하는 약 400,000개의 비등록 유흥산업도 존재했다. 이들은 120,000명에서 150,000명에 달하는 여성들을 고용하고 있었다. 이는 15살에서 29세에 이르는 한국여성 중 1/5이 국내 성산업에 종사했다는 것을 의미한다. Kang(1989, 123).
7 2002년, 이 협회는 189명의 기지촌클럽 주인으로 구성되어 있었다. Gustavo Capdevila, "South Korea: UN Says Sex Industry Employs 5,000 Women for GI's", *Global Information Network*, 2002. 9. 3, p.1. 2002년, 222개의 기지촌클럽이 존재하며 이들은 한국에 배치된 37,000명의 미군을 접대하고 있었다. "Prosecution Combats Brothels Near U.S. Base", *Korea Times*, 2002. 10. 11.
8 Capdevila, "Korea's New Comfort Women", *Aisa Times*, 2002. 9. 5.

초국가적 연예인을 공급하는 메커니즘의 주요 요소는 E-6비자[엔터테엔먼트 비자]로서 1993년에 만들어졌다(Sŏl et al. 2003b, 44).9 이 비자가 남녀 연예인 모두에게 적용되지만, 1996년 이후 이 연예인의 다수는 여성이었다. 2001년 외국인 연예인의 입국이 최고조에 이르렀을 때, 한국에 들어온 전체 8,586명의 외국인 연예인 중에 이런 여성들이 81.2%를 차지했다(Ko et al. 2006, 65).[9] 일반적으로 기지촌 유흥산업의 고용주들은 몇몇 한국과 외국의 구직 에이전시와 함께 협조해서 일했다. 모든 외국인 연예인이 기지촌으로 가는 것은 아니며, 이 사실을 인식하는 것이 중요하지만, 그들 중 대부분이 기지촌으로 유입되었다. E-6 비자를 받은 외국인 여성 중 90%가 넘는 이들이 기지촌 안과 밖 모든 곳에 위치한 성산업에 고용되었다(Sŏl et al. 2003b, 47). 다수의 필리핀여성들이 미군을 접대하는 기지촌클럽에서 종사하는 반면, 러시아여성들은 한국인 남성을 단골로 받는 나이트클럽에 고용됐다(Sŏl et al. 2003b, ix). 모집부터 고용까지의 절차 속에 속임, 뇌물 주고 받기, 빚으로 속박시키기 같은 관행들이 빈번하게 일어났다. 이런 이유로 자발적 취업과 인신매매의 경계가 모호해졌다.[10]

2003년 기지촌클럽에서 종사하고 있는 106명의 필리핀여성과 89

---

9 E-6 비자를 통해 들어온 외국인 여성 연예인들의 숫자는 1994년 235명에서 1999년 3,392명으로 늘어났다. 2001년 이 수는 6,971명으로 최고조에 달한다. 그리고 2003년 6월 '무희'로 러시아여성들의 입국이 중단되면서 2004년 2,498명으로 감소된다. 2005년 이 수는 3,111명으로 증가한다. Ko et al.(2006, 64~65). 1999년과 2003년 사이, 필리핀여성 다음으로 가장 많은 비율을 차지한 것은 러시아 출신 여성들이었지만 2003년 무희 범주가 삭제된 후, 러시아여성의 수는 급감하기 시작한다. 그래서 외국인 연예인 중 필리핀여성들의 비율이 가장 많아지기 시작한다. Ibid, p. 69.

명의 러시아여성을 대상으로 시행된 조사에 따르면, E-6 비자를 받아 한국에 오는 이주여성의 다수는 그들이 하는 일과 관련된 성적 세부사항을 알지 못했다고 한다. 그들은 어렴풋이 무대 위에서 춤을 추거나 클럽에서 대화로 손님을 접대하는 연예인이라고 알고 왔다고 한다. 고용계약서를 작성함에도 불구하고 대부분은 계약서 사본을 받지 못하고 계약서와 실제 고용상태 사이의 격차를 경험하게 된다(Sŏl et al. 2003b, 65). 간단히 말해 유흥산업에 고용되는 이주여성 노동자들 모두가 인신매매를 당하는 것은 아니지만, '연예인' 항목은 여성을 성매매로 끌어들이는 주된 통로의 번듯한 정면이다. 1999년 8월, 동두천의 팰리스 클럽주인이면서 한국특수관광협회 회장이었던 김경수가 234명의 기지촌 클럽주인에게 16만 달러[한화 약 1억 6천만 원]의 뇌물을 수수했다는 혐의로 체포되었다. 경기도 지방의회 의원이기도 했던 김경수는 1996년 7월부터 블라디보스톡과 마닐라에 있는 구직 에이전시를 통해 1,093명의 외국인 여성들을 기지촌클럽에 소개해 외국인 연예인들에게 성매매를 알선한 혐의를 받고 있었다. 여섯 개의 구직 에이전시의 브로커들은 또한 이 초국가적 연예인들에게 성매매를 강요하고 미화 13만 달러[한화 약 1억 3천만 원]를 갈취해 체포됐다.[11]

---

10 성을 위한 인신매매(sex trafficking)의 공식적인 정의는 "국내 및 해외에서 성매매, 속박된 노동, 그리고 성노예를 목적으로 여성과 소녀를 이동, 판매, 그리고 구매"하는 것으로 한정되어 있다. Korea Church Women United(1999, 51)에 인용. 이주노동자를 위한 국제기구의 서울 사무소 대표인 고웅현에 따르면 "사실상 한국 내 기지촌에서 접대하고 있는 필리핀여성 모두가 성과 유흥산업을 위해 인신매매 당했다고 보면 된다"고 말했다. Vivion Vinson, "Base Intention: The U.S. Military Whitesashes the Exploitation and Trafficking of Women on South Korea". 온라인에서도 확인 가능(http://www.afsc.org/pwork/0405/040506.htm. 2006년 1월 23일 접속).

기지촌클럽에 한때 고용되었던 외국인 연예인들의 다수는 다양한 형태의 노동착취에 노출되어 있었다.[12] 가장 흔한 것으로는 월급의 지연 또는 월급을 주지 않는 것, 벌금을 무작위로 매기는 것, 노동시간 연장, 휴가와 건강보험 부재 그리고 열악한 음식과 주거환경을 들 수 있다. 주목할 만한 것은 이 모든 문제들이 고용계약서의 위반에 기인하고 있다는 것이다. 고용계약서는 초국가적 여성들이 모국어로 그들의 국가에서 서명한 것이다. 그러나 이 고용계약서는 인신매매와 연결되어 있는 초국가적 고용의 사기적 성향을 보여 준다. 기지촌의 근무환경은 2001년 시작된 미군기지의 재배치, 즉 경기북부 지역에 위치한 낡은 기지를 폐쇄하거나 합병한 결과로 악화되었다. 이 여성들은 더 많은 술을 팔도록 압박을 받을 뿐만 아니라 미군이 기지로 돌아간 자정 이후, (불법적으로) 한

---

11 김일란, 「지금 기지촌은 어디로 가고 있나 3」, 일다, 2004년 9월 13일, 한국어로 온라인 확인 가능(http://webcache.googleusercontent.com/search?q=cache:Eq38zpUrYqkJ:hcy.jinbo.net/zbx. 2010년 4월 11일 접속).

12 한국의 여성가족부의 지원을 받아 진행한 대규모 연구 프로젝트는 2003년 서울, 의정부, 동두천, 안양, 부산, 창원 그리고 군산에서 근무하고 있는 초국가적 기지촌여성의 상황을 조사했다. 이런 기지촌여성들은 사실 며칠, 몇 주 또는 몇 달씩 클럽 매니저가 세를 내어 준 클럽 방에서 지낸다. 여성 한 명당 매니저는 클럽주인에게서 300~400달러씩 방세로 받았다. 이런 기지촌여성의 대다수는 대체로 저녁 5시 또는 6시부터 미군이 기지로 복귀하는 자정까지(9·11 이후 부과된 통행금지 시간을 따른 것임) 휴일 없이 매일 일을 한다. 주말이나 군인들 월급날에는 여성들의 근무시간이 오후 1시 또는 2시에 시작된다. 여성들은 종종 클럽에 손님들이 남아 있을 때까지 계속 일한다. 때로 이 시간이 새벽 3시 또는 5시가 될 때도 있다. 이렇게 늦은 밤 시간에 남아 있는 손님들은 종종 한국남성이나 방글라데시, 파키스탄, 필리핀, 그리고 터키 출신의 외국인 이주노동자들이다. 또는 한국에 영어를 가르치러 온 젊은 백인 남성들도 손님 중에 있다. 기지촌여성들은 종종 고용계약서에 써 있는 것보다 적은 금액을 받는다. 무작위로 부과된 벌금, 요금, 그리고 빚을 강제로 월급에서 떼어 가기 때문이다. 월급은 대부분 여성에게 직접 지급되지 않는다. 여성들이 가혹한 업무 환경에서 도망칠까 고용주들이 걱정하기 때문이다. Söl et al.(2003b, 89, 98~99). 다음의 연구 또한 한국 내 다른 지역에서 일하고 있는 초국가적 기지촌여성들의 공통점을 보여 준다. Kang et al.(2001); Ko et al.(2006); My Sister's Place(2003, 2005a, 2005b); Söl et al.(2003a, 2003b); Yea(2004).

국 손님과 외국인 남성노동자들을 접대해야 했다(Ko et al. 2006, 46).

기지촌 성매매의 쇠락과 한국 당국의 공모

불법사건과 이전 부분에서 설명한 것 같은 노동착취는 부도덕한 사업가들이 E-6 비자를 남용하면서 생기는 일임을 알 수 있다. 이 제도를 면밀하게 더 조사해 보면 이 비자가 세계화 시대에 기지촌 성매매 제도의 새로운 요소라는 것이 밝혀진다. 한국 당국은 E-6 비자의 남용을 용납하고 있을 뿐만 아니라 적극적으로 초국가적 연예인들의 근무 환경을 관리하고 통제한다. 구직회사 대표가 한 다음과 같은 발언은 한국 당국이 기지촌 성매매와 지속적이고 깊게 연관되어 있음을 분명하게 드러내고 있다.

사실상 (이 여성들은) 연예인으로 불리지만 접대부로 들어오는 겁니다. 정부가 접대부 비자를 내줄 수는 없는 것 아닙니까. 그렇잖아요? 어쨌든 저희 사업이 심각한 정체를 맞고 있으니, 정부도 거기에 책임감을 느끼고 연예인용 비자발행을 생각해 낸 겁니다. 기지 밖에서 미군들이 돈을 쓰게 하고 외화를 벌어들이기 위해서, 기지에는 없는 걸 우리가 그들에게 대줄 필요가 있는 거죠. 기지에 없는 단 하나가 여자인 거죠. 그래서 우리가 여자를 소개해 주는 겁니다. (Ko et al. 2006, 40~41, 강조는 필자)

그의 발언 중에 놀라운 것은 외화를 벌어들인다는 대목이다. 이는 한국 군사정권이 미군 당국과 긴밀한 협조 속에서 특수관광시설로서 '외국인전용 유흥 음식점'을 미군들의 유흥을 위해 미군기지 주변에 제도화하는 방식으로 기지촌 성매매를 굳건히 한 1960년대 대중화시켰던 '애국적' 사고방식의 메아리인 것이다(1장 참고). 그의 발언은 기지촌 성매매에 대한 은밀하지만 공식적 허가가 지속되고 있음을 드러냈다. 이런 상황에서 동두천 지역에 있는 몇몇 클럽주인들이 지역경찰과 친분을 유지하고, 출입국관리 직원과 새로운 관계를 구축하고 미군에 고용되어 있는 사실은 우연이 아니다. 그들은 1960년대와 1970년대 기지촌 성매매가 한창일 때처럼 대담하지는 못해도, 2000년대인 지금 미군기지 재배치에 반대하는 시위를 조직하는 공동체의 리더 역할을 하고 있다(My Sister's Place 2007, 43).

한국특수관광협회 회장인 김경수 씨가 연루된 범죄사건은 1990년대 말에 일어났다. 그리고 그때는 문화관광부가 외국인 연예인의 수입 규제를 완화시켰을 때였다. 이 주목할 만한 사건에서 김경수 씨는 법적 절차를 모두 따랐다고 주장했으며 증거불충분으로 풀려났다.[13] 한국으로 외국인 연예인을 수입해 온 에이전시들은 1960년대부터 미군기지 내 사병클럽에서 연주할 밴드를 데려왔고 이때부터 존재했다. 1980년대까지 이들은 소수였다. 1962년부터 1999년까지 한국에 온 외국인 연예인들은 정부 부처가 승인한 공식적인 구직 에이전시를 통해서만 입국할 수 있었다. 그러나 1999년 이후 이런 연예인들은 추천서만 있으면 한국에 입국할 수 있게 되었다. 이런 변화로 구직 에이전시들의 총 개수는 1999년 54개에서 2002년 157개로 크게 증가한다(Ko et al. 2006, 64~65). 2001년과 2003년 사이, 외국인 전용 유흥사업 또한 우후죽순처럼 생겨

---

13 Donald Macintyre, "Base Instincts", *TIME*, 2002. 8. 5.

났다. 총 292개 업소 중 104개의 시설이 이런 곳으로 2년 새에 문을 열었다(Ko et al. 2006, 42).

외국인 연예인을 수입했던 실행의 근간 또한 미군이 현재 일어나고 있는 E-6 비자의 남용에도 상당히 연관되어 있다는 것을 지적하고자 한다. 1962년 이래 미군 당국은 한국 기지촌클럽에 들어오는 외국 연예인의 모집, 수입 그리고 공연에 관한 문제를 실제로 규제하고 있다. 채용기관들은 상공부 소속의 군납업자 부문에 등록을 해야 하고 군납업자의 승인을 획득해야 한다. 이들은 또한 (한국에 주둔하고 있는) 미8군 사령부가 행하는 신원조회 및 보안검사도 받을 의무가 있다. 이런 미군의 자치권을 고려해서 한국 문화관광부는 1999년 「공연법」 개정 당시, 규제하고 있던 공연 종류를 정의할 때 '상업홍보를 위한 공연'은 제외시켰다(Ko et al. 2006, 64, 70). 이것은 문화관광부가 미군을 접대하고 있는 외국인 연예인들을 규제하는 데 간섭하지 않으려는 의도로 볼 수 있다. 실제로 외국인 연예인 수입을 관장하는 정책의 특별 세부사항은 대중에게 공개되지 않으며 내부 규정에 의해 관리를 받는다.

미군 당국의 관여를 이렇게 기밀과 자율성 보장이라는 명목으로 정당화하는 가운데, 미군과 송탄시 간에 서면합의서인[14] 「기지 밖 시설에 대한 규정과 지침」이 발견되었다.[15] 이 합의서는 1992년 4월 송탄시 시장 오장권과 51전투지원단 태평양 공군사령관 존 스피겔John M. Spiegel이

---

14 송탄시에는 필리핀 클라크 공군기지가 폐쇄된 후 태평양 지역에서 가장 큰 미 공군기지가 된 오산 공군기지가 위치해 있다. 1996년 이 도시는 평택시로 편입되었다. 경기 북부지역과 서울에서 재배치된 대다수 미군기지가 이 곳에 주둔하고 있다.

서명한 것이다. 이 합의서에 따라 시 정부는 기지촌클럽을 감시하고 처벌하는 사법권을 미군 당국에 이양했다. 이를 통해 미군 사령관은 공공위생, 화재예방 그리고 유색인종 출신 미군을 평등하게 대하지 않는 등의 군 규율을 위반한 기지촌클럽에 '출입금지' 명령을 부과할 수 있게 되었다. 출입금지 처벌은 최소 3개월 동안 지속될 수 있으며 사업에 피해를 입힐 수 있다. 군 당국은 시찰을 시행해 오직 등록된 접대부만 기지촌클럽에서 일하는지 확인하고 모든 클럽 종업원들이 그들의 이름표를 제대로 착용하고 있는지 감시했다. 마약류 취급이나 성병 발생의 경우, 출입금지 처벌이 경고나 유예기간 없이 즉각적으로 부과되었다. 이런 특권이 지역사업에 대한 이익과 상호 이해, 존경, 협조라는 수사법 아래 오산공군기지와 송탄시 간에 합리화되었지만, 이는 기지촌을 정면으로 미군 통제 아래 위치시켜 사실상 식민화 공간으로 만든 것이었다. 송탄시의 서면합의서는 이례적이지만, 특히 클럽에 출입금지 처벌을 부과할 수 있는 특권을 통해 드러나는 기지촌에 대한 미군의 실제적 사법권 행사는 동두천을 포함한 많은 기지촌 지역에서 서면합의서 또는 다른 형태의 공식적 합의 없이도 확립되어 있다.[16]

규제받는 성매매를 유지하기로 공모한 지 수십 년이 지난 후, 미군

---

15 이 발견은 전국적으로 지역 공동체와 반기지 활동가들 사이에서 논란을 불러일으키기 시작했다. 합의서가 불평등하고 시대착오적인 식민지적 형태의 문서로 받아들여져 폐기되어야 한다고 주장했기 때문이다. 그러나 아이러니하게도 몇몇 클럽주인들은 이 합의서가 자신들의 사업에 간섭한다는 이유로 합의서를 비판했다. 1997년 특별관광지역으로 변한 송탄 및 평택지역의 최근 변화를 고려할 때, 엔지니어와 같이 다른 민간 외국인 손님들도 많기 때문에 클럽주인들은 미군이 클럽의 주요 손님이라는 착각을 버려야 한다고 주장했다. 최인진, 「SOFA 보다도 나쁜 악법」, 『경향신문』, 2005년 4월 1일.

16 최인진, 이상호, 박태우, 「평택 유흥업소 단속인양도 파문」, 『경향신문』, 2005년 3월 31일.

은 언론보도 때문에 입장을 대폭적으로 수정해야 했다. 2002년 여름, 오하이오 텔레비전 방송국은 풍기문란 단속순찰대가 동두천 캠프 케이시 주변에 있는 기지촌클럽에 인신매매되어 온 여성들과 미군이 접촉하는 것을 묵과하고 있는 장면을 몰래 카메라로 녹화해 방송에 내보냈다.[17] 캠프 케이시는 제2보병사단의 13,000명 군인이 대부분 지내는 곳으로서 이 병력은 한국에 주둔한 미군 37,000명의 거의 1/3에 해당하는 수이다.[18] 같은 해 잡지 『타임』은 한국에 있는 미군을 접대하기 위해 기지촌클럽으로 인신매매를 당해 들어오는 필리핀과 러시아여성에 대한 기사를 실었다.[19] 이런 형태의 폭로는 2000년 미 의회가 법제화했던 「인신매매 및 폭력피해자 보호법」을 웃음거리로 만들었다. 이 법에 따라 미 국무성은 「인신매매 보고서」를 매년 발간한다. 이 보고서는 인신매매를 근절하기 위해 노력하는 89개의 국가를 평가하고 있다.[20]

이에 대한 반응으로 한국에 주둔한 주요 미군 병력인 미8군 사령관인 중장 대니엘 자니니Daniel Zanini는 사령부는 "인신매매와 성매매의 불법적인 행동을 용인하거나 지지하지 않는다"라는 성명서를 발표했다.

---

17 Mary Jacoby, "Does U.S. abet Korea Sex Trade?", *St. Petersburg Times*, 2002. 12. 9. 클리브랜드 폭스 텔레비전과 제휴한 이 보도는 클리브랜드 마사지샵에서 성매매 여성으로 일하고 있는 한국여성을 다룬 지역 기사에서 시작되었다. 이 여성들은 미국에 그들의 미군 남편을 따라 들어왔으나 결혼관계가 파탄에 이르게 되었다. 남편에게 버림받거나 팔린 후에 살아남기 위해 강제로 성노동자가 되었다.

18 Don Kirk, "From Russia without 'love': GI Bars in South Korea", *International Herald Tribune*, 2002. 9. 20.

19 Macintyre, "Base Instincts", *TIME*, 2002. 8. 5.

20 Christopher H. Smith, "Modern Slavery: U.S. Must Battle Countries Participating in Human Tracfficking", *Washington Times*, 2002. 6. 18.

이는 한국에 있는 미군 사단에 널리 전달되었다.[21] 2003년 9월, 미국 국방부는 인신매매와 관련해 불관용 정책을 도입했다. 이 정책에 따라 국방부 감찰부서는 한국 내 주요 미군기지가 있는 지역 근처 기지촌 성매매 시설로 유입되는 여성들의 인신매매 여부 조사에 착수했다. 감찰관은 또한 성매매와 인신매매에 관한 군 당국 정책과 프로그램을 재검토했다. 2004년 한국에 배치된 400명이 넘는 미군들이 출입금지 규정 위반 같은 성매매 관련 위반으로 처벌을 받았다.[22] 2005년 한국에 위치한 미군 당국은 29개의 기지촌클럽이 인신매매된 여성을 고용한 것으로 의심된다고 규정하고 미군들에게 출입금지 조치를 내렸다(Ko et al. 2006, 95). 군 당국은 또한 미군들에게 성매매의 불법성을 교육하는 데 무게를 두었으며 기지 밖 성매매 이용을 줄이기 위해 기지 내 유흥시설을 확충하려는 노력을 펼쳤다.[23] 2005년 10월, 조지 부시 대통령은 "성매매를 부추기는 자"를 통일군사재판 134조항 위반으로 처벌하기 위해 「대통령령 13387」에 서명했다(Kirk 2007, 140).

반면 경기지역에서 초국가적 기지촌여성을 위한 지원 서비스를 제공한 한국 비정부기구들은 여성 인신매매 문제를 해결하라고 한국정부

---

21 Kirk, "From Russia without 'love': GI Bars in South Korea", *International Herald Tribune*, 2002. 9. 20.

22 김형진, 「미군의 반성매매 캠페인 한국에서 진전」, 『연합뉴스』, 2005년 1월 31일.

23 2006년, 미국 당국은 한국에 도착한 미군들에게 반성매매 및 반인신매매 정책 및 프로그램에 대해 지속적인 교육을 제공하기 위해 노력했다. Ko et al.(2006, 95). 미군 당국은 미군이 만나거나 연애를 하는 외국인 클럽여성을 위해 벌금이나 근로계약서를 인수하는 행위를 금지시켰다. 당국은 또한 인신매매 및 다른 불법 행위관련 신고를 받기 위해 24시간 가동하는 전화 핫라인을 개설했다. 그리고 일부 상담 서비스를 제공했다. 군 당국은 기지촌 순찰을 위해 한국경찰에게 공조를 부탁했다. 또한 여성의 성매매와 인신매매를 금지한 모범적인 비즈니스 활동과 협조를 위한 가이드라인을 홍보하기 위해 기지촌 사업주들과도 대화를 시작했다. Ibid., p. 96.

에게 압박을 가했다. 한국기독교여성연합회는 초국가적 기지촌여성에 대한 중대한 현장조사를 실시했으며 1999년과 2002년에 조사보고서를 출간했다. 두레방My Sister's Place과 새움터 같은 지역여성단체도 보고서를 발간했다(Kang et al. 2001; My Sister's Place 2003; 2005a; 2005b; 2005c; 2007). 2002년 10월, 필리핀 정부는 클럽에서 도망친 11명의 필리핀여성에게 성매매를 강요한 혐의로 더블 듀스 클럽주인을 고소했다. 이 사건은 스위스 제네바에 위치한 국제이주기구International Organization for Migration에 보고되었으며 많은 대중의 관심을 끌어냈다.[24] 이런 형태의 대중적 폭로가 계속되면서 몇 가지 정책적 변화를 가져오게 되었다. 한국정부는 초국가적 기지촌여성을 위한 두 개의 쉼터를 비정부기구와 협력해 세웠고 진상조사연구, 지원 프로그램 그리고 상담 서비스를 위한 기금을 제공했다(My Sister's Place 2003, 9). 한국 경찰은 강제 성매매 및 이동의 자유를 제한하는 등, 기지촌클럽 종업원의 인권유린에 대한 캠페인을 시작했다.[25] 한국정부는 또한 여성들의 여권 또는 신분증을 빼앗는 사업소 주인과 매니저를 처벌하기 시작했으며 2003년 6월 1일자로 러시아 '무희'들에 대한 E-6 비자 발급을 중지했다(My Sister's Place 2003, 9).

비정부기구 활동과 미군 및 한국정부의 정책변화가 합쳐진 결과 몇몇 긍정적인 변화가 생겨났다. 예를 들어 꽤 흔하게 벌어졌던 클럽 내 노골적인 성접대 형태는 사라졌다. 외국인 여성의 여권을 탈취하는 행위도

---

24 "Shameless Exploitation", *Korea Herald*, 2002. 10. 21; Jacoby, "Does U.S. abet Korea Sex Trade?", *St. Petersburg Times*, 2002. 12. 9.
25 "Prosecution Combats Brothels Near U.S. Base", *Korea Times*, 2002. 10. 11.

사라졌다(Ko et al. 2006, 7, 93; My Sister's Place 2005b, 12). 위에서 언급한 다양한 형태의 노동착취는 계속되고 있지만 강제 성매매 문제는 완화됐다. 성매매의 빈도수 그리고 고용주와 매니저가 여성에게 행사하는 압력의 정도는 기지촌 지역마다, 클럽마다 다를 수 있다.[26] 그러나 이런 변화는 다음과 같은 상황 때문에 복잡하다. 초국가적 기지촌여성들이 여전히 착취적인 노동 조건 아래서 자신들의 생계를 위협받고 있으며, 고국에 있는 가난한 가족에게 돈을 보내야 되는 절박함 때문에 성매매 압박을 받고 있기 때문이다(My Sister's Place 2005d, 16).

미군과 한국정부의 최근 정책 변화는 의구심을 불러일으킨다. 두 당국이 계속해서 기지촌 성매매 제도를 통제하고 있기 때문이다. 기지촌여성을 대상으로 부과하고 있는 성병검사 및 성병이 없는 여성에게 차후 발급하는 보건증을 포함해 한국의 기지촌 성매매의 근간은 여전히 그대로 남아 있기 때문이다. 특히 E-6 비자 지원자들에게만 유일하게 에이즈검사 증서제출을 요구하고 있다(My Sister's Place 2005d, 41). 한국 내 미군의 2/3 이상이 주둔하고 있는 경기도에서 기지촌클럽에서 종사하고 있는 외국인 여성 연예인들은 여전히 「전염병관리법」에 의해 한 달에 한

---

26 기지촌 은어에서 성매매는 종종 '이차'로 불린다. 클럽여성의 주 업무인 술을 팔고 그들을 구매한 손님들을 접대한 후에 하는 이차적 행위라는 의미가 내포되어 있다. 이차는 대개 클럽 밖에서 이루어지지만 몇몇 클럽에서는 'VIP룸'에서 미군을 상대로 짧은 시간 동안 성접대를 하기도 한다. 2003년 여성가족부가 지원한 조사에 따르면, 손님들은 VIP룸에서 성접대를 하는데 20에서 50달러를 지불한다. 클럽여성과 외출하려면, 손님들은 '가게에 벌금'을 내야 된다(이는 이차로 불린다). 손님들은 '쇼트 타임'(30분)으로 50달러를 지불하며 '롱타임'(1박)으로 200에서 400달러를 지불한다. 평균적으로 클럽여성들은 하루에 한번 성접대를 한다. 손님은 평균적으로 성행위에 230달러를 지불한다. 성노동자인 여성은 이 금액의 20~30%를 받는다. Sŏl et al.(2003b, 98~99).

번 성병검사를 받도록 되어 있다(Ko et al. 2006, 40~41; My Sister's Place 2003, 20). 군산, 부산, 송탄, 동두천 그리고 의정부에 있는 대규모 미군기지 주변에서 종사하고 있는 초국가적 연예인들은 3개월에 한 번씩 성병검사와 에이즈 검사를 받도록 되어 있다(Korea Church Women United 1999, 37; My Sister's Place 2003, 25, 28). 성병검사를 받는 구체적인 방식은 다양하지만, 여성의 성기 안을 검사하는 관행 자체는 여전히 유지되고 있다.

한국 당국과 미군 당국은 이 제도를 설립하고 유지하는 데 직간접적역할을 해왔다. 1980년대까지 미군기지 주변 성병진료소는 보건소와 분리되어 운영되고 있었다. 보건소는 빈곤한 기지촌 주민들이 최소한의 의료서비스를 받는 곳이었다. 성병에 감염된 여성들은 즉각 병원으로 보내졌으며, 이곳은 수용소처럼 지어진 곳으로 여성들은 성병이 다 나을 때까지 격리되서 치료를 받았다.[27] 1990년대 들어 이런 강압적인 방식은 사라졌고 기지촌여성들은 자신이 선택한 병원에서 한 달에 한 번 정기적으로 성병검사를 받을 수 있게 되었다. 그러나 의정부 보건소에서 일했던 의사가 살펴본 바에 의하면 60년간 성병검사에 다른 건강검진을 통합하려는 어떤 성실한 시도도 없었다(Moon 2005, 328, 334).

기지촌 성매매의 다른 설립 요소들은 급속하게 진화한 사회경제적 상황을 고려했을 때 시대착오적이게도 그대로 남아 있다. 1993년, 문화

---

27 1960년대, 이런 형태의 성병 클리닉은 한국에서 미군이 직접 운영했다. 군 당국은 또한 성병 테스트를 통과한 여성들의 사진을 클럽 입구에 붙이라고 요구했다. 사진이 걸려 있지 않은 여성들을 미군이 피하게 하기 위해서였다. 기지촌클럽여성들은 또한 한 달에 두 번 성병 테스트를 받아야 했다 그리고 감염된 여성이 일하고 있던 클럽은 출입제한 지역이 됐다. 1970년대, 한국정부는 성병 테스트 행정일을 이양받아 규칙적으로 시행되는 성병 테스트를 유지하고 여성들을 감금한 채 강제적 치료를 진행했다. Moon(2005, 327).

관광부는 면제쇼핑관광과 유흥을 홍보하기 위한 '관광특구' 지역을 신설했다. 기지촌과 연루되어 있는 관광의 개념은 기지촌이 한국사회와 미군기지 사이에 완충지대로서 대부분의 한국사회와 격리되어 있던 1960년대부터 사용되었다. 이후 관광특구지역은 기지촌과 사회 전반 사이의 경계를 흐리게 만들었다. 몇몇 기지촌이 관광특구지역으로 편입되면서,[28] 더 많은 한국인과 다른 외국 방문객들이 자주 기지촌 유흥산업을 이용했다. 이런 중요한 변화 중에 「관광진흥법조례」 2조는 미군들만 이용할 수 있는 기지촌클럽이 미군 손님에게 술, 노래, 춤을 제공하는 '접대부'를 고용할 수 있도록 허가해 주었다. 「과세특례제한법」 115조는 이런 클럽에서 판매하는 술의 면세적용을 계속해서 보장해 주고 있다. 「특별소비세법」 19조는 '한국에 주둔한 외국 군대'로 분류되어 있는 미군과 외국 선원에게 판매하도록 한국 주류에 대해 면세 공급을 계속해서 보장해 주고 있다(Ko et al. 2006, 85~87).

불관용 정책 아래 시행되고 있는 특별계획 또한 규제를 받고 있는 성매매 시설을 현장에서 유지하기 위해 미군 당국이 계속해서 공모하고 있음을 밝히고 있다. 2004년 10월 1일, 한국에서 가장 큰 미군사단인 제2사단과 한국특수관광협회는 성매매와 인신매매에 대한 군대의 확고한 입장을 전달하기 위해 '이상적인 사업형태에 대한 지침서'를 발표했다. 공공연히 군과 한국특수관광협회의 상호이익을 홍보하려는 의도이지만

---

28 시장과 지사들은 이런 호의적인 지위를 누리기 위해 문화관광부에 신청할 수 있었다. 쇠락해가는 기지촌 성매매의 문제를 처리하고 변화를 추구하기 위해, 많은 기지촌 유흥산업의 소유주들은 관광산업으로 탈바꿈하려고 노력했다. 1994년 미군과 군기지의 다수가 집중적으로 주둔하고 있는 경기지역은 관광특별지구 지위를 신청했다. 평택시는 1997년 관광특별지구가 되었다.

앞서 보여 준 송탄합의서와 매우 유사하다. 이 문서는 지침서를 위반한 클럽에 출입금지 명령을 부과할 수 있는 군대의 재량권을 보장해 주고 있는 것이다. 이 지침서는 클럽위생에 대한 규정뿐만 아니라 군대보호, 테러예방, 소방안전, 예절 그리고 질서유지에 대한 사항들을 포함하고 있다.[29] 성병검사는 '위생규정'에 해당된다. 2005년 3월 14일, 이와 유사한 문서인 「제3지역과 성매매 금지와 인신매매에 관한 한국특수관광협회와의 이해를 위한 미군지원활동 보고서」도 소개되었다.[30] 이론적으로 헌병은 반성매매와 반인신매매 정책을 집행하기 위해 기지촌클럽에 출입통제 명령을 부과할 권력을 소유하고 있다. 유사하게 이들이 성병에 걸린 여성이 있는 클럽을 대상으로 자유재량으로 출입통제 조치를 부과함으로써 클럽여성들이 성병검진을 받도록 하고 있다. 불관용 정책의 불성실함은 의도하지 않은 (그렇지만 예상 가능한) 결과를 불러 왔다. 헌병이 뇌물과 클럽 여종업원들에게 성접대를 받기 위한 목적으로 출입통제 명령을 남용한다고 클럽주인들이 불만을 토로하게 되었다. 오산공군기지에서 기지 밖 술집구역을 순찰하는 헌병팀을 이끌던 미 공군 중위는 출입통제 명령을 부가할 수 있는 권력을 남용했다. 그는 '뇌물, 갈취, 강간' 혐의 및 폭행, 절도 그리고 허위진술을 포함한 다른 혐의도 받고 있었다.[31]

군 당국은 이런 형태의 부패를 소수의 터무니없는 헌병들이 저지르

---

29 두레방(My Sister's Place)은 기지촌클럽 소유주들에게 보낸 문서의 한국 번역본을 필자에게 제공했다.

30 영어와 한국어로 된 이 문서의 사본 또한 두레방에서 제공했다.

31 「주한 미 헌병 중위 범죄 백화점 충격」, 『연합뉴스』, 2005년 5월 13일; Franklin Fisher, "Osan Officer Facing Multiple Charges in Shakedown Scandal", *Stars and Stripes Pacific Edition*, 2005. 5. 15.

는 예외적인 상황이라고 주장하고 싶을 것이다. 그러나 기지촌 성매매의 긴 역사는 이와는 다른 상황을 말해 준다. 기지촌 성매매가 확산된 것은 법이나 정책의 부족이나 공식적인 미사여구가 없었기 때문이 아니다. 지속적인 이성애적 만족감에 매달린 군사화된 남성성을 유지하기 위해 이것이 편리한 수단이었기 때문이다. 불관용 정책은 출입제한 명령부과를 통해 군과 군인들을 인신매매로 얼룩진 기지촌 성매매로부터 거리를 두려는 데 주요 목적이 있다는 것은 주목할 만하다. 이 정책은 남성 군인들을 온순하고 유용하게 유지하기 위한 목적으로, 강제성이나 인신매매가 없다고 가정되는 주변화된 여성들의 성노동 사용에 대해서는 모호한 태도를 취한다. 소외된 여성들에게 해를 치면서 남성 군인들의 이성애적 권리를 지속적으로 일반화하고 있다. 의정부시에 위치한 캠프 레드 클라우드 미2사단 소장인 존 우드John R. Wood 같은 몇몇 군 장성들은 기지촌 성매매의 변화를 지지한다. "(기지촌) 유흥거리는 시대착오적인 면이 있다. 나는 서울에서 볼 수 있는 새롭고 현대식인 유흥시설을 우리 군대가 이용할 기회를 가졌으면 좋겠다. 여기 있는 사업자들도 그런 변화를 지지할 거라 의심치 않는다."[32] 그러나 우드 소장이 언급한 "새롭고 현대식인 유흥시설"이 무엇을 의미하는지 확실하지 않다. 서울의 유흥거리가 성산업으로 포화되어 있는 상황을 고려할 때, 여성이 제공하는 다양한 형태의 성노동, 강제성이나 인신매매가 없다고 예상되며 좀더 고급스러운 환경을 포함한 유흥시설일지 모른다. 성매매가 불가피해서 수용한다는 기존의 생각이 또한 주한미군 부참모총장인 소장 제임스 솔리건James

---

32 "U.S. General Feels Enduring Link to Korea", *Korea Times*, 2002. 10. 31.

Soligan의 "고립된 기지에 병사들이 머물러 있도록 하거나 러시아인과 필리핀 접대부를 고용하고 있는 클럽 출입을 금지하는 것 외에 무엇을 해야 할지 모르겠다"는 발언에 함축되어 있다.[33] 이런 발언은 불관용 정책 (또는 이와 유사한 정책)이 이라크와 아프가니스탄전쟁 기간 동안 미군 배치가 오랫동안 계속되고 신병 모집에 어려움을 겪고 있는 현 상황에서 지속적일 수 없음을 암시한다. 한국전쟁과 베트남전쟁 기간에 그랬던 것처럼 군 당국은 아마도 성매매에 반대하는 시행령을 포기해야만 할지도 모른다. 왜냐하면 군이 경제적·정치적 비용을 최소화하기 위해 성매매에 주변화된 여성들의 노동에 의존했고, 이것은 군이 미국 사회의 대부분 가난한 지역에서 모집되어 온 군인들을 다루기 위한 편의적인 수단이었기 때문이다. 성매매에 대한 이런 뿌리 깊은 생각은 강제적인 성매매, 인신매매를 당한 여성들을 고려하지 않는다. 이는 군대의 긍정적인 이미지를 유지하기 위해 도덕적 비용을 요구하는 불관용 정책과는 매우 상반된다.

야누스의 얼굴을 가진 미군: 초국가적 기지촌여성의 조력자 및 가해자

손님, 애인 그리고 남편으로서 미군은 초국가적 기지촌여성들에 대한 학대와 폭력을 자행한다. 그들은 사업주나 매니저들보다 훨씬 더 모호한

---

33 Demick, "Off-Base Behavior in Korea: By Allowing CIS to Patronize Certain Clubs, the U. S. Military is Seen as Condoning the Trafficking of Foreign Women for Prositutition", *Los Angeles Times*, 2002. 9. 26.

역할을 담당하고 있다. 한편으로는 학대적이며 착취적인 기지촌클럽의 근무 조건 때문에, 미군은 클럽여성들 수입에 주요한 원천일 뿐만 아니라 그들의 잠재적 남편이기도 하다. 손님으로서 그들은 '주스'를 사줌으로서 클럽여성들이 많은 기지촌클럽에서 공통되게 시행하고 있는 할당된 판매량을 달성할 수 있게 도와준다. 일하는 동안 클럽여성들 중 많은 이들이 그들의 상황에 동정심을 느껴 정기적으로 주스를 사준 '좋은' 손님들을 만났다. 여성들은 종종 이런 타입의 손님들과 친밀한 관계를 형성하게 되고 이들은 애인이나 약혼자가 된다. 애인으로서 몇몇 미군들은 기지촌여성들에게 음식을 사라고 돈을 주기도 하고 때로 고국에 있는 그들 가족들을 지원해 주기도 한다. 남편으로서 미군은 한국에서 일시 이주노동자로서 여성이 가지고 있는 취약한 상태를 보호해 주며 미국으로의 이민을 후견해 준다. 초국가적 기지촌여성에게 미군과의 이성애적 관계는 착취적이며 고달프고 비천한 기지촌클럽 일에서 다소간의 안도 또는 탈출을 느낄 수 있는 거의 유일한 길이다. 또 다른 한편으로 이런 다양한 역할 속에서 미군은 이 여성들을 대상으로 사기결혼부터 금품 강탈, 폭행, 강간 그리고 살인에 이르는 심각한 범죄까지 학대와 폭력을 행사할 수 있으며, 실제로 행사하고 있다(My Sister's Place 2005b; 2005d; Yea 2004).

기지촌여성들을 대상으로 저지른 범죄와 관련된 공식적인 통계가 따로 존재하지 않음에도 불구하고, 1945년에서 1990년까지 한국신문에 기고한 기자들의 편집본을 보면 1957년, 처음으로 이런 여성들을 대상으로 폭력적 범죄를 저지른 미군의 사건이 보도되었다(Oh 1990). 당시는 기지촌 성매매가 한국에 위치한 대규모 미군기지 주변에 모이기 시작한 때였다. '기지촌 성매매여성'의 강간과 살해에 관해 보도된 첫 사건은──30세의 송현숙으로──파주에서 1957년 5월 6일 일어났다. 이곳은 비무장지대 근처에 위치한 주요 기지촌 가운데 하나였다. 경기도에 있는 243명의 기지촌여성을 대상으로 한 조사에 따르면 67.5%의 기지촌여성들이 빈도에 따라 손님이 (대부분 미군이며 몇몇 한국남성) 저지르는 구타, 성폭력, 절도 및 무장강도를 포함한 범죄를 경험한 적이 있다고 응답했다. 나이가 든 응답자들이 이런 범죄의 피해자가 될 가능성이 더 높았다. 50세 이상의 응답자들 중 89.5%가 미군이 저지르는 범죄를 경험한 적이 있다고 응답했다(Kang et al. 2001). 나이 든 기지촌여성일수록 미군이 저지르는 범죄에 더 취약할 수 있다는 의미일 수도 있고, 나이 든 여성이 젊은 여성들보다 폭력적 상황에 더 오래 노출되었다는 의미일 수도 있다. 이는 또한 미군의 범죄가 상대적으로 감소했다는 의미일 수도 있다. 나이 든 여성들의 취약성이 증가하는 이유로는 일반적으로 범죄, 특히 미군이 저지르는 범죄가 완전히 무작위로 일어나는 것이 아니기 때문이다. 오히려 범법자들은 체포될 가능성과 잠정적 피해자와 대비했을 때 그들의 상대적 힘을 평가함으로써 처벌의 가능성을 계산한다. 후에 논하겠지만 초국가적 기지촌여성과 미군 사이에는 SOFA와 한국이민법에 따라 불평등한 권력관계가 형성되어 있고 유지되고 있다.

불관용 정책 시행 후, 기지촌여성을 대상으로 미군이 저지르는 가장 흔히 나타나는 학대 중 하나는 사기결혼과 유기遺棄이다.[34] 사기결혼과

---

34 2004년 12월 서울 용산에서 열린 미군과 두레방 원장 및 직원 간 비공식적 회의에 따르면, 군 당국이 증가하고 있는 문제를 인식하기 시작했다. 회의 기록은 두레방이 필자에게 제공했다.

유기의 문제는 오랜 기간 지속되었고 필리핀과 러시아여성들이 기지촌에 오기 전에 한국여성들도 오랜 기간 당해 왔던 것임에도 불구하고, 불관용 정책 이후 성매매에 대한 분명한 억제 때문에 동거와 결혼이 더 안전한 관계가 되면서 이런 확대에 기여했다. 실제로 동거는 한국에 위치한 미군기지의 존재만큼 오래된 관습이다. 이런 편리한 형태는 유럽 식민지가 만들어 낸 첩 제도와 유사하다. 이는 성매매와 결혼의 경계를 흐리게 한다. 그러므로 기지촌의 사회적 맥락에서 동거는 '동거매춘'으로도 알려져 있다. 동거 기간 동안 미군은 섹스, 집안일, 그리고 그의 파트너로서 제공해는 감정노동에 대한 대가로 식비와 월세를 지불한다. 또한 현지 가족수당 혜택을 받기 위해 기지촌여성과 결혼한 미군을 만나는 것은 어려운 일이 아니다. 가족수당은 매월 231.90달러[한화 약 23만 원]에서 277.50달러[한화 약 27만 원]이며,[35] 이는 군인의 계급에 따라 다르다(My Sister's Place 2007, 33). 이미 수십 년에 걸쳐 한국 기지촌여성들과 결혼했던 미군 선임들이 그랬듯이, 현재 미군 아버지들은 그들의 한국 근무기간이 끝나면 이런 편리한 관계를 떠나면서 여성과 자식을 유기하고 있다.[36]

사기결혼과 유기가 범죄로 정의되어 있지 않기 때문에 이런 형태의 학대는 임신, 출산, 육아 그리고 불법적인 이민 자격 같은 복잡한 문제를

---

35 이 숫자는 FY 2006 BAH TYPE II 급여 비율에 기반하고 있다. 이 문서는 두레방이 제공했지만 자세한 서지정보는 포함되어 있지 않다.

36 1990년대 중반에 조사된 미군과 그들의 한국인 부인과 관련된 연구에 따르면, 결혼 후 유기를 하는 가장 공통적 사유는 한국에서 미군의 복무가 종료된 후 육체적으로 서로 떨어져 있기 때문이다. 그리고 처음부터 결혼하려는 의도가 부재하기 때문이기도 하다. Okazawa-Rey(2005, 197).

야기한다(My Sister's Place 2005d, 13; 2007, 37). 기지촌여성의 대부분이 필리핀 출신인 동두천 지역의 경우, 그들의 미군 애인 또는 남편들이 미국으로 떠나 버렸기 때문에 아이를 혼자 양육하는 여성의 수가 증가하고 있다(My Sister's Place 2003, 84). 미군과 결혼한 러시아여성들의 수도 적지 않으며 이들 또한 유기된 후 이 지역에서 불법 외국인으로 거주하고 있다(My Sister's Place 2005d, 21). 즉, 사기결혼 이후 증가하는 유기 형태는 기지촌여성에게 경제적 어려움과 홀로 아이를 낳고 키우는 짐을 부과한다(Ko et al. 2006, 48).[37] 이런 엄마들은 대부분 그들의 남편이 떠난 후 불법체류자가 되고 있다. E-6 비자가 만료된 후 그들의 남편이 소파 비자신청 시 후원을 해줘야 하기 때문이다. 이 여성들은 또한 공식적으로 이혼을 한 것이 아니기 때문에 법적으로 어중간한 상태에 놓이게 된다. 지역 비정부기구의 도움을 받아, 기지촌여성들은 그들의 자녀에 대한 경제적 지원을 받고 이혼을 하기 위해 미군 남편을 상대로 민사소송을 제기하고 있다. 미군 당국은 가족지원센터 및 감찰부를 통해 이 여성들에게 얼마간의 상담 서비스를 제공하고 있다. 그러나 이런 노력은 문제를 해결하기에는 매우 불충분하다(My Sister's Place 2007, 35).

기지촌 성매매에 대한 은밀한 수용성 때문에 기지촌 사업주와 매니저들 그리고 기지촌 밖 모집책들이 초국가적 여성을 착취할 수 있는 것

---

37 2004년 동안, 두레방은 경기 북부지역에 있는 333명의 기지촌여성들에게 상담 서비스를 제공했다. 이 여성들 가운데 16%는 다음과 같은 문제점을 보고했다. 임신, 출산, 양육, 그리고 이혼 및 이민 상태. 이들이 보고한 가장 흔한 두 가지 문제점은 생활비로 사용할 수입의 시급한 부족(25.5%)과 질병(19%)이다. 이 문제점은 종종 속아서 한 결혼과 미군 약혼자나 남편에게 유기당한 것과 긴밀하게 연결되어 있다. My Sister's Place(2005d, 19).

이다. 이런 이유로 사기결혼과 유기는 단지 두 개인 간에 발생하는 단순한 가정적 문제일 뿐만 아니라 여성과 미군 파트너 사이에 존재하는 깊은 불평등 상태가 나타내는 징후이기도 하다. 초국가적 기지촌여성들은 종종 동거 또는 결혼을 착취적이고 학대적인 근무환경을 벗어난 안도 또는 심지어 탈출로 여기고 있다. 계급이 낮은 미군들은 이 여성들과의 관계를 외로움과 자신들의 가족에게서 느끼는 지루한 일상에서 벗어난 휴식쯤으로 여긴다. 미군이 가족수당의 혜택을 악용하면 그의 아내는 남편에게서 돈을 받기 위해 감정적 유대와 신뢰를 꾸며 낸다. 동시에 여성과 그의 미군 배우자 모두 그들 사회에서 가난한 집안 출신일 경우가 많지만, 미 제국의 수행원으로서 미군이 갖는 지위와 취약한 이주노동자로서 여성이 갖는 지위 사이에는 커다란 간극이 있다. 한국에서 치외법권을 누리는 미군의 특권은 오랜 역사를 가지고 있으며 1945년 미군이 점령군으로 상륙했을 당시 그리고 주한미군 군정청을 통해 한국을 3년간 직접 통치했던 시대까지 거슬러 올라간다. 1950년에 서명한 「대전합의서」Taejon Agreement와 1952년 5월 24일 서명한 「마이어 합의서」Myer Agreement는――한국전쟁 당시――주한미군이 미군에 대한 민형사사법권을 독점적으로 이용할 수 있게 했다. 1953년에 서명한 상호방위조약 이후, 한국정부가 소파 규정의 제정을 요구했지만, 미국은 민간의 시위가 격렬해지고 베트남전쟁에 한국의 협조가 필요한 것, 그리고 한국과 일본과의 화해 조성의 필요성을 인식할 때까지 이 요구를 거부했다.[38] 1966년 SOFA에 마침내 서명하기 전까지 미군들은 설사 한국인을 대상으로 강간, 무장강도 그리고 살인을 저질러도 한국 사법권에서 거의 절대적으로 자유를 누리고 있었다(National Campaign to Eliminate Crimes Committed by U.S. Forces in Korea 2002, 19).

SOFA는 이 두 국가 간의 실질적으로 식민지적 관계를 변형시키지 못했다. 1967년 SOFA가 효과를 발휘한 첫째 날, 그 합의서에 들어있는 '호혜적인 고려'라는 조항에 따라 한국정부는 미군이 저지른 범죄 세 건에 대한 사법권을 포기했다(S. Yi 2001, 275). 현실적으로 이 조항은 미군에 대한 한국의 형사 사법권을 자동적으로 미군에 넘기는 꼴이며 SOFA를 쓸모 없게 하는 것이었다. 1980년대 동안, 한국정부가 처리해야 할 권리가 있는 전체 미군 범죄 중 사법권을 행사한 경우는 1%도 채 되지 않았다(National Campaign to Eliminate Crimes Committed by U.S. Forces in Korea 1999, 476). 이렇게 사법권을 미군에게 이양한 후, 범죄자들 다수는 범죄 소추나 적절한 실형보다는 경고 또는 행정적 훈육을 받았다.[39] 실제적인 책임이나 처벌의 부재 속에서 미군들은 수많은 범죄를 저질렀다. 1967

---

38 1960년대 초반 한국인을 대상으로 연속적으로 일어난 폭력범죄는 대중적 압력을 자아내 SOFA 초고를 만드는 데 일조했다. 1962년 6월 2일, 3~4명의 미군들은 생계를 위해 파주 출입제한 구역에서 고철을 줍고 있던 한국남성 한 명의 목을 매달아 죽였다. 그들은 총, 방망이, 그리고 군화로 남성을 때린 후 자신들의 군 기지로 그를 끌고 간 후 그를 매달아 죽였다. 그러고 나서 이들은 그의 발목을 묶어 기지 밖에 있는 언덕까지 그를 끌고 갔다. 거기서 미군들은 그를 발가 벗긴 후 때렸다. 미군들은 그의 얼굴에 침을 뱉고 눈, 코 그리고 입에 흙을 뿌렸다. 마지막으로 전봇대에 그를 거꾸로 매달았다. 1964년 2월, 4건의 잔혹한 총기사건이 발생했다. 이로써 3명의 민간인이 죽고 한 명이 심각한 상해를 입었다. Yea(2001, 274). 이 범죄에 대한 대응으로 미군 당국은 다음과 같이 언급했다. 공산당의 위협 앞에 'UN군'은 군수품에 대한 최대 보안을 유지할 필요가 있다. 그래서 이런 총격은 군수품을 훔치려는 도둑을 막기 위해 피할 수 없는 것이 었다. 이런 냉담한 무관심 때문에 SOFA를 도입하기 위한 대중시위가 격렬해져 갔다.Yea(2001, 277). 심화되고 있는 반미주의를 피하기 위해, 한국정부와 미군은 SOFA를 도입하기로 합의했다. 이에 대한 반대급부로 한국군대를 베트남에 보내고 양국 간 관계를 정상화하기 위한 한일 외교조약도 서명하게 되었다.Yea(2001, 275).

39 2000년 국정감사에 따르면 1997년 미군에 양도된 총 246건의 범죄 중 그리고 1999년 양도된 총 292건의 범죄 중 미군을 기소해 실형을 받은 건은 단 한 건도 없었다. 미군에게 양도된 총 212건의 범죄 중 1998년 오직 3건의 실형만이 이양되었다. Yea(2001, 273).

년과 1991년 사이 SOFA가 처음으로 개정되었을 때, 미군, 그들의 가족 그리고 미군에 근무하는 민간업자는 1,100건에서 2,300건에 달하는 범죄를 매년 저질렀다(National Campaign to Eliminate Crimes Committed by U.S. Forces in Korea 1999, 19). 미군은 이런 범죄의 85~90% 가량을 차지하고 있었으며 1980년대 초반 발생한 총 폭력범죄의 약 30%를 차지했다(National Campaign to Eliminate Crimes Committed by U.S. Forces in Korea 1999, 147~148).

한국에서 일어난 정치적 그리고 사회경제적 변화로 SOFA의 뿌리 깊은 식민지적 경향이 어느 정도 완화되었음에도 불구하고, 미군에 대한 한국의 사법권은 여전히 매우 미미하며 1991년과 2001년 두 번에 걸친 개정 이후에도 마찬가지이다.[40] 1992년 이후 보고되는 범죄의 전체 비율이 (이전에 비해) 연평균 700~800건 범위로 감소했지만, 1990년대를 통틀어 범죄를 저지른 미군 중 평균 24.2%가 폭력범죄에 연루되어 있었다(National Campaign to Eliminate Crimes Committed by U.S. Forces in Korea 1999,

---

40 1980년대 동안 한국 내 증가한 반미주의 때문에 첫 개정이 촉발되었다. 1980년대는 전두환 정권에 반대하며 민주화를 위한 급진적 운동이 전개되고 있었다. 전두환정권은 1979년 말 군사 쿠데타를 통해 그리고 미군이 연루된 1980년 광주에서 일어난 민간인학살을 통해 국가권력을 획득했다. 꼭 급진적이라고는 할 수 없는 일반 대중마저 1988년 서울올림픽 기간 동안 미국 대중매체가 보인 고압적 태도인 오만과 무시 때문에 미국에 대해 비판적인 태도를 보이기 시작했다. SOFA 개정을 위한 협상은 1988년 시작되었으며 3년이 걸렸다. 민간인을 대상으로 계속적으로 행한 잔인한 범죄 및 피해자들에 대한 미군 장교들의 오만한 태도 때문에 한국 대중은 1990년대 두번째 개정을 위한 압박을 높여 갔다. 1992년 한국 기지촌여성 윤금이를 잔인하게 살해한 사건을 포함한 범죄, 1994년 용산에서 헌병 4명이 3명의 한국여성을 대상으로 한 감금 및 잔혹한 폭행(68세 여성과 그녀의 두 성인 딸들), 서울 충무로 역에서 13명의 미군이 한국인 남성과 그의 가족들을 잔혹하게 폭행한 사건. Headquarter of the Movement to Root Out American Soldiers' Crime(2002, 20~21); National Campaign to Eliminate Crimes Committed by U.S. Forces in Korea(1999, 62, 66).

148). 1999년, 미군이 저지른 범죄의 3.6%에 대해서만 한국정부는 사법권을 행사했고 나머지는 모두 미군에게 양도했다(S. Yi 2001, 273). 2001년 개정이 무장강도, 강간 및 살해를 포함한 12가지 중대한 범죄에 대해 한국정부의 사법권을 강화시켰음에도 불구하고, 한국영토 내에서 발휘할 수 있는 한국의 독점적 사법권은 실제로 미군이 요청할 때 여전히 포기하도록 기대되고 있다. 더구나 한국은 미군이 '공무' 중에 저지른 범죄에 대해서는 어떤 사법권도 사용할 수 없으며 '공무'의 정의를 내릴 독점적 자유재량권은 미군장교들이 가지고 있다(Headquater of the Movement to Root Out American Soldiers' Crime 2002, 35, 38, 40).

SOFA 22조 9항에 따르면, 미군의 치외법권은 심지어 미군이 형사재판에 출석하지 않을 권리까지 포함되어 있다. 육체적·정신적 상황이 부적절할 때, 미군은 법정에 출석하지 않을 권리를 가지고 있다. 그들은 또한 수갑을 차지 않을 권리와 재판 상황이 미군의 위신을 손상시키면 기소되지 않을 권리도 가지고 있다(National Campaign to Eliminate Crimes Committed by U.S. Forces in Korea 1999, 131). 이런 상황들은 미군의 재량에 따라 전적으로 광범위하고 다양하게 해석될 수 있다. 이와는 완전히 반대로 미군은 미군의 신고만 있어도 한국 민간인을 체포하고 수갑을 채울 수 있다. 아주 분명하게 한미 SOFA는 미일, 미독 그리고 NATO 국가와의 SOFA와 비교할 때, 매우 불평등한 상태이다.[41]

SOFA에 따라 한국 민간인은 실제로 그들의 영토 내에서 식민지적 피지배자가 된다. 미군을 한국의 보호자로 바라보는 대중의 시각이 1980년대 이래로 계속 의문시되고 있지만,[42] 한국과 미군 당국은 미군의 치외법권 상태를 오랫동안 승인해 주고 있다. 한국 기지촌여성의 경우 극도로 치욕당하고 소외되어 있는 그룹으로서 이런 식민지적 관계는 더욱 심화된다. 미군이 저지른 폭력적 범죄의 피해자가 기지촌여성일 경우 한국정부 관료들조차 냉담한 무관심을 보였다. 1992년 대중에게 널리 공개된 동두천에서 일어난 끔찍하고 잔혹한 윤금이 살해사건은 한국시민들에게 충격이었으며, 이로 인해 최초로 미군범죄를 해결하려는 풀뿌리 운동이 생겨났다. 1993년 10월, 이 운동은 미군범죄근절을 위한 범국가적 캠페인으로 발전했다. 대중운동의 시작에 대한 반응으로 한 시 공무원은 "하찮은 여성 하나가 죽었다고 해서 한미동맹에 금을 낼 수 없다"라고 말했다. 1996년 범국가적 캠페인 차원에서 살인사건에 대한 대중시위 승인을 요구했을 때, 경찰관은 "(북한이) 현재 잠수함을 내려보내고 …… 우리는 반半 전쟁상태이다. 여러분이 군기지 앞에서 미군범죄에 대해 소동을 일으키는 건 국가안보에 도움이 되지 않는다. 우리는 미군을 도와줄 필요가 있다"라고 말했다(National Campaign to Eliminate Crimes Committed by U.S. Forces in Korea 1999, 377). 탈냉전 시대에 존재하는 이런

---

41 1993년 말, 한국 역사사상 처음으로 한국 법학자 및 변호사 단체가 한국 SOFA와 다른 나라의 SOFA를 비교하고 조사하기 위한 연구위원회를 조직했다. Headquater of the Movement to Root Out American Soldiers' Crime(2002, Preface). 이런 심각한 불평등 때문에 오키나와보다 한국에서 훨씬 많은 미군범죄가 일어났다. 1999년부터 2001년까지 한국 내 범죄율은 미군 1,000명당 11.2%였다. 오키나와의 경우 미군 1,000명당 2.4% 범죄율을 보이고 있다. Gillem(2007, 48~49).

42 이렇게 변한 대중의 감정은 강원지역의 아주 보수적인 군대 도시 원주출신 NGO 활동가인 Yun(2001, 169)이 언급한 말에서도 잘 드러난다. "[미국이] 우리를 50년 전에 도와줬기 때문에 한국인들은 힘없는 나라의 국민으로서 수치의 대상이 되어 왔습니다. 우리는 이제 우리의 주권을 되찾고 두번째 독립을 획득해야 합니다. 미군들은 아무 이유 없이 사람을 죽이거나 우리의 딸들을 강간하고 그리고 우리의 물건을 훔치고도 어떤 후회나 처벌 없이 한국을 떠날 수 있습니다. 우리는 사람이 잘못된 짓을 하면 벌을 받아야 한다는 단순한 진리를 세계에서 가장 강한 나라에게 가르칠 필요가 있습니다."

낡은 냉전 이데올로기는 기지촌여성과 다른 민간인의 일상생활의 안전보다 군사화된 국가안보를 더 우선적으로 여겼다. 이런 냉전 이데올로기는 또한 한국에 배치된 미군의 헤게모니적 관점을 반영하는 것이었다. 범국가적 캠페인은 금요일마다 군범죄 근절과 SOFA 개정을 위한 시위를 열었다. 1998년 5월, 미군 한 명이 다음과 같은 메시지가 적힌 종이를 시위대에게 건넸다. "미군이 싫으면 북한으로 가라. 거기엔 미군도 자유도 없을 테니"(National Campaign to Eliminate Crimes Committed by U.S. Forces in Korea 1999, 377).

한국 시민도 아닌 초국가적 기지촌여성들은 미군과의 관계 속에서 엄청난 위계질서에 직면하게 된다. 미군이 누리는 치외법권적 특권과는 반대로, 초국가적 기지촌여성들은 다양한 법적 제재를 받게 된다. 임시직 노동자인 그들의 한국 내 합법적 거주권은 온전히 극도로 착취적인 유흥산업 내 위치한 그들의 직장에 달려 있다. 다른 종류의 지원이 부재한 상태에서 애인과의 성적인 관계는 클럽여성들에게 물질적으로, 정서적으로 필요한 것이 된다. 심지어 이 관계가 지속되지 않을 거라는 것을 알면서도 필요로 한다. 다른 이주노동자들처럼 이들은 그저 소모적이고 비용이 저렴한 노동을 제공하는 일꾼일 뿐이었다. 그래서 미국으로 이민 갈 가능성을 열어 주는 미군과의 결혼은 유혹적이다. 그러나 이 관계는 한국 내에서 그녀의 법적 지위를 자동적으로 합법화해 주지 않는다. 여성이 E-6 비자가 만료되기 전 애인 또는 남편과 동거하기 위해 기지촌클럽을 떠나면, 클럽주인 또는 그녀를 고용했던 에이전시 매니저는 출입국관리사무소에 그녀를 신고할 수 있다. 그러면 그녀는 즉각적으로 불법체류자가 되며 무거운 벌금을 선고받거나 추방될 수 있다(Bautista 2005,

104). 많은 여성들이 무거운 벌금을 덜기 위해 미군 애인과 결혼한다. 벌금을 낸 후 그녀는 미군 배우자로서 소파비자를 신청할 수 있다. 소파 신분증을 받기 위한 그녀의 신청서에 미군 남편의 후견은 필수적이다. 이 신분증은 미군 소속 직원 그리고 외교관 직원을 위한 A-3 비자를 받기 위해 필요하다(Ko et al. 2006, 50). 미군의 치외법권적인 특권과 결부된 이런 법적 구조는 초국가적 기지촌여성을 학대와 폭력에 매우 취약하게 만든다.

미군은 치외법권적 특권을 한국에서 오랫동안 누렸으며 이런 긴 역사는 성노동자, 애인 또는 부인으로서 기지촌여성과 맺고 있는 그들의 관계에서 미군을 대담하게 만드는 암암리에 강력한 메시지를 보낸다. 한국 영토에서 한국 민간인을 대상으로 미군이 저지르는 중대한 범죄에 대해 미군이 거의 책임을 지지 않아도 된다면, 취약한 초국가적 여성을 그들이 왜 신경쓰겠는가? 결국 이 여성들은 미군을 즐겁게 해주기 위한 도구일 뿐이다. 여성들은 미군 당국과 한국정부의 보호 아래 세워진 기지촌클럽에서 일하며 미군을 성병으로부터 보호하기 위해 이 두 당국은 여성들을 규제한다.

동두천 시내에 위치한 기지촌클럽에서 일했던 우즈베키스탄 출신 한 젊은 여성은 2005년 1월 시민단체 직원에게 다음과 같이 말했다.

젊은 미군들은 그저 좋은 시간을 보내고 싶은 거죠. 몇몇 미군은 결혼해요. 부대 밖에서 살고 싶고 좋은 시간을 보내고 싶으니까. 사실 젊은 미군들 중 많은 이들이 한국에서 결혼해요. 한국에서 좋은 시간을 보내고 싶은 거죠. 미군 중에 몇몇은 좋은 가족을 일구는 데 정말 관심이 있어요. 이런 미군들은 미국에 있는 여성들이 별로 좋지 않다고 생각하는 경향이 있어요. 미국여성들이 너무 돈만 밝힌다거나 이기적이라는 거죠. (Kim 2003, 73, 필자 번역).

다시 말해 미군 개인들은 (기지촌여성들이 제공해야 하는) 좋은 시간을 보낼 권리가 자신들에게 있다고 믿으며 치외법권적 특권을 누린다. 왜냐하면 그들은 군사제국을 유지하고 팽창시키는 힘들고 트라우마적인 일을 하고 있기 때문이다. 이런 해석은 이성애적인 성욕구가 지속적으로 충족되어야 함을 당연시하는 군사화된 남성성을 재생산한다. 이 젊은 여성의 발언은 또한 아시아 여성이 순정적이고 가정 중심적일 거라고 상상하는 미군들의 오리엔탈리스트적 관점을 드러낸다.

결론

초국가적 기지촌여성을 대상으로 하는 다양한 형태의 학대와 폭력을 미군, 기지촌 사업주와 매니저들이 저지르고 있으며, 이런 상황은 불관용 정책의 한계와 이중성을 크게 드러내고 있다. 이 정책과 이와 관련된 조치가 가지고 있는 문제는 미군이 한국 또는 다른 곳(미군이 전세계를 휘젓고 다니는 기동력 있는 군으로 탈바꿈하면서)에서 해결해야 하는 중대한 사안들을 지목하고 있다. 미군이 가족과 오랜 기간 떨어져 생활하고 문화적 친밀감이 거의 없는 외국에서 단조롭고 힘겨운 임무를 수행하고 있는 군인들의 품행(불관용 정책의 표면적 목표)을 어떻게 효과적으로 관리하고 유지할 것인가? 이성애적 성욕이 과장된 남성성이 미군의 매끄러운 운영에 필수 불가결하게 사용되었음을 감안할 때, 한국 및 다른 지역에서 군이 불관용 정책——그 점에 있어서 다른 유사한 금지 조치들——을 얼마나 유지할 수 있으며 또한 신병모집이라는 심각한 문제를 해결할 수 있을까? 이런 질문들은 기지촌 성매매와 관련된 문제가 인신매매를 당한 몇몇 여성들의 인권 유린에 대한 문제만은 아니라는 것을 드러낸다. 이것은 또한 군대가 의존하고 있는 군사화된 남성성에 대한 기본적 가정과 연결되어 있다. 국제적으로 가시화되어 있는 미군에게 불성실하게 성매매를 금지하기보다는 가난한 자와 주변화된 여성들의 성노동에 의존하고 있는 규제받는 성매매를 대체할 수 있는 실행 가능한 대안을 모색해야 한다.

기지촌 성매매와 연계된 군사화된 남성성에 대한 비판적인 재평가는 도덕적 문제일 뿐만 아니라 제도로서 군대 재생산에 영향을 미치는 실제적인 문제이기도 하다. 세계화 시대에 엘리트 남성과 여성은 엄청난 부를 축적하기 위해 금융 분야로 간다. 그리고 미국의 교육받은 인구들은 일반적으로 군복무를 꺼린다. 특히 다른 직업을 구하는 게 가능하다면, 일반 사병으로 근무하기를 꺼린다. 과거에 그랬던 것처럼 단지 젊은 인구에서 나타났던 높은 실업률 때문에 미군이 모집 분량을 채울 수 있었을 뿐이다.[43] 군대는 전쟁 기간 동안 신병이 특히 절박하게 필요하다. 동시에 높은 위험률 때문에 신병 모집은 전쟁 기간 동안 훨씬 더 어렵다. 미국시민이 아닌 약 21,100명의 합법적 이민자들이 현재 신속한 귀화의

---

43 Lizette Alvarez, "More Americans Joining Military as Jobs Dwindle", *New York Times*, 2009. 1. 19.

혜택을 받기 위해 미군에서 복무하고 있는 것은 놀라운 일이 아니다.[44] 미군이 경범죄 및 무장강도, 성범죄 그리고 교통사고를 통한 살인을 포함한 중범죄에서 유죄를 선고받은 사람들을 모집하기 위해 '도덕적 유예'를 보장하는 이유는 뻔하다. 2003년 미국이 이라크를 침공한 이래, 한국 내 미군은 이라크 내 심각한 군인 부족을 만회하기 위해 그곳으로 전출되었다. 군대의 이런 국제적 순환 제도 속에서 8,129번의 도덕적 유예가 사용되었으며, 이는 미군 신병의 10% 이상을 차지하는 수이다.[45]

신병 모집의 근본적인 문제가 있지만, 불관용 정책은 치외법권적 특권과 군대화된 남성성이 가지고 있는 심각한 문제를 해결하는데 실패하고 있다. 미군이 이런 문제를 자각하고 있다는 것이 로버트 게이츠Robert M. Gates 국방부 장관의 최근 결정으로 나타났다. 국방장관은 가족동반이 허락되지 않는 1년 복무였던 한국을, 가족을 동반할 수 있는 3년 복무로 전환했다.[46] 동시에 미혼 군인들을 전략적인 전방기지로 배치함으로써 미군은 '소규모'의 '신속한' 국제전투병기로 미군을 지속적으로 변화시키고 있다. 치외법권적 특권이 보장하는 군사화된 남성성의 과도한 성적 구조를 미군이 허물지 않는 한, 미군기지 주변의 기지촌 성매매가 증가할 가능성은 농후하다.

44 Clyde Haberman, "Becoming an American Citizen, the Hardest Way", *New York Times*, 2007. 9. 18.

45 Alvarez, "Army Giving More Waivers in Recruiting", *New York Times*, 2007. 9. 18.

46 Eric Schmitt, "Gates Approves of 3-years Tours for U.S. Troops in South Korea", *New York Times*, 2008. 6. 4.

12장

아부 그라이브, 예측 가능했던 비극

제프 베넷

완벽한 남성성은 반사회적 인격장애다.
— 스탠 고프Stan Goff

고통스럽게 강요당한 자백과 전향은 더 이상 우리가 물리쳐야 할 적이
아니다. 이들은 이제 우리 자신이 겪고 있는 투쟁의 무기 일부분이다.
— 마셜 살린스Marshall Sahlins

아부 그라이브Abu Ghraib 교도소에서 미국인들이 저지른 학대가 기록되어
있는 「AR 15-6 아부 그라이브 구류시설 및 제205사단 군사정보여단에
관한 보고서」(Fay and Jones 2004)는 이 사건이 일어난 이유를 단 하나의 원
인만으로 설명할 수 없다고 명시하고 있다. 이는 또한 헌병의 역할과 정
보부의 역할에 대한 혼선, 이와 더불어 심문에 참여한 다양한 기관과 단
체에 대한 전반적 통제 부재를 학대 상황이 일어나게 된 중요한 요소들
이라고 결론짓고 있다. 결국 보고서는 아부 그라이브에서 일어난 학대가
두 가지 형태라고 주장한다. 즉, 보고서는 "의도적 폭력이나 성적 학대"
그리고 "법이나 정책의 잘못된 해석의 결과로 빚어진 사고"로 "몇몇 학

대는 사실상 이 두 부류 사이에 존재하거나 두 가지 요소를 모두 가지고 있다"라고 인정하고 있다(Fay and Jones 2004, 4).

필자는 이 조사 결과물 모두 정확하고 유익하다고 생각하지만, 페이와 존스의 보고서는 슐레진저와 타구바의 보고서(Schlesinger et al. 2004; Taguba 2004)와 마찬가지로, 아부 그라이브 감옥에서 수행하고 있는 공식적인 임무에 대한 평가를 위해 만들어졌다. 이 보고서들은 수감자들에 대한 학대가 군 절차와 규율을 확립한 군 고위층의 비뚤어진 명령 때문이 아니라 (애초에) 개인적인 범죄행위에서 발생된 것으로 확정하려 했다. 그 결과 이 보고서가 언급하지 않은 부분들이 많이 존재하며 아부 그라이브에서 일어난 학대에 내재된 분명한 성적인 면에 대하여 전혀 제대로 된 설명을 하지 못하고 있다. 이 보고서는 또한 부시행정부의 새로운 고문 규약이 이런 학대를 조장하는 역할을 했을 수 있다는 것에 대한 논의가 전혀 보이지 않는다. 테러와의 전쟁을 대하는 부시행정부의 '거친' 방식 때문에 발생한 혼란에 대처하기 위해 곡예를 끊임없이 강요당한 하위계급 병사들이 극도로 기능을 상실한 환경에서 일으킨 범죄가 바로 아부 그라이브라고 보고서는 분명히 지적하고 있다. 그러나 이런 환경과 감옥에서 발생한 "폭력 및 성적 학대"(Fay and Jones 2004, 4) 관련 사건 간에 인과관계를 밝히는 데 이 보고서는 실패했다. 대신 미 육군의 공식적 보고서들은 모두 다음과 같이 암시했다. 감옥에서의 혼란한 상황을 도덕적으로 부패한 소수의 군인들이 그들의 기이한 가학적 성 판타지를 실현할 수 있는 기회로 삼았으며 그후 (부분적으로 성공한 듯한) 자신들의 위법행위를 정책 혼선의 예로서 정당화하려 했다.[1]

이외에도 국제 앰네스티International Amnesty, 미국시민자유연합American

Civil Liberties Union, 그리고 다수의 취재기자 및 조사를 한 변호사들이 증거를 입수했는데, 이들은 아부 그라이브에서 발생한 학대를 새로운 법과 정책의 직접적 결과물로 제시하고 있다. 이 정책의 잘못된 해석이나 소수의 변태적 군인들의 행위라기보다는 부시행정부가 설립한 새로운 법과 정책 때문이라는 것이다(Mayer 2008: Sands 2008).[2] 2003년부터 수집된 증거에 따르면, 당시 국방부 장관 도널드 럼스펠드가 2002년 11월 승인하고 2003년 9월 리카르도 산체즈 장군이 서명한 새로운 고문 규약이 많은 수의 난폭한 심문 방식을 허용한 것임을 분명하게 드러내고 있다. 아부 그라이브의 악명 높은 사진들은 이 당시 승인한 수많은 심문 방식을 잘 드러낸다. 아부 그라이브의 악명 높은 사진들이 보여 주고 있는 것처럼 이 규약은 많은 수의 난폭한 심문 방식의 사용을 허가하고 있다. 그러므로 아부 그라이브 사건은 고문을 사용해 수감자로부터 정보를 캐내려는 비밀스러운 상명하달식 계획의 부산물로서 볼 수 있는 타당한 이유가 여기에 있다. 그러나 학대가 어떻게 발생했고 학대를 자행할 당시 왜 특정한 형태를 취했는가를 이해하려면, 이 정보는 시작에 불과하다.

---

* 이 장에 쓰인 대부분의 내용은 2004년 12월에 완성했다. 그리고 출판하진 않은 채 '양심의 파괴 재귀환'이라는 제목으로 공유했다. 또 다른 버전은 2008년 시카고대학에서 열린 국제 대(對) 게릴라전 학회에서 공유했다. 필자는 이 글을 읽은 모든 이들에게 감사드리며 의견 및 용기를 주신 모든 이들에게 감사드린다. 현재 이 글을 탄생할 수 있도록 지원과 의견을 주신 문승숙 씨와 마리아 혼께 감사를 드린다. 그들의 격려가 없었다면 이 글은 탄생하지 못했을 것이다.

1 Seymour M. Hersh, "Torture at Abu Ghraib", *Newyorker*, 2010. 3. 14. 2003년 이후 수감자 학대와 연관된 모든 정부 문서를 보려면 http://www.aclu.org/accountability/released.html.

2 Amnesty International, "Beyond Abu Ghraib: Detention and Torture in Iraq", 2006. 3. 6. 온라인에서 확인 가능(http://www.amnesty.org/en/library/info/MDE14/001/2006. 2010년 3월 14일 접속); American Civil Liberties Union, "ACLU Torture Freedom of Information Act, 온라인에서도 확인 가능(http://www.aclu.org/torturefoiasearch. 2010년 3월 14일 접속); Hersh, "The Grey Zone: How a Secret Pentagon Program came to Abu Ghraib", *Newyorker*, 2004. 5. 24.

필자가 이렇게 언급하는 이유는 여전히 조사가 필요한 워싱턴과 이라크 내륙지역에 사슬처럼 얽혀 있는 인간들 사이의 연결고리가 너무나 많기 때문이다. 이런 연결고리들은 아부 그라이브 사진들 같은 결과물을 만드는 데 적극적인 역할을 담당하고 있다. 부시행정부의 전 관료인 데이브 브랜트Dave Brant는 아부 그라이브 사건이 언론에 알려지기 전 다음과 같은 사실을 인정했으며 이는 많은 것을 시사한다.

> 우리는 둘러앉아서 이야기하죠. 무슨 일이 일어날지 알고 있었잖아, 라고. 네브라스카에서 주유소에서 일했던 애나 뉴욕시에서 경찰로 활발하게 일했던 애들을 모두 이라크전쟁에 때려 넣은 거지. 테러리스트와 대면하게 하고. 이건 문제 안으로 들어가는 입장권인 거야. 이런 일은 벌어지게 되어 있었지. 이건(아부 그라이브 비극) 일어날 수밖에 없었어.
>
> (Mayer 2008, 237)

실제로 이럴 수밖에 없었다. 사실상 미국시민자유연합의 보고서 「이라크와 아프카니스탄 내 수감자 학대 혐의」는 아부 그라이브 사진이 미국 대중에게 공개되기 전에 이미 미국인이 수감자를 학대한 최소 62건에 달하는 사건을 조사한 것이었다. 이 혐의는 아래에 나열된 것을 포함해 광범위한 범죄행위를 포함하고 있었다.

> 폭행, 주먹으로 때리기, 발로 차기 및 구타, 모조 사형실시, 여성 수감자를 대상으로 한 성폭력, '다른 이라크인들에게 메시지를 보내' 이라크인 자녀를 죽이겠다는 협박, 수감자의 옷 벗기기, 전기충격기로 때리거나

충격 주기, 수갑을 차고 있는 이라크 어린이들에게 돌 던지기, 수감자가 쓰고 있던 스카프 매듭으로 수감자 목 조르기 그리고 총을 겨눈 채 심문하기.[3]

필자는 국방부 관료들이 이런 상황 대부분을 승인했거나 인지하고 있었을 거라고 생각하지 않는다. 그러나 이런 학대를 저질러도 처벌받지 않는다는 생각과 이런 학대가 2003년 침공에 대한 복수의 욕망이라고 인정하는 태도가 아부 그라이브에서 일어난 학대에 영향을 미쳤다고 생각한다. 다시 말해 브랜트가 아부 그라이브에서 실제로 학대가 일어나기 훨씬 전 이미 예견한 "문제 안으로 들어가는 입장권"이라 했던 말은 분명하다. 어쩌면 미국이 후견한 수많은 고문과 관련된 이야기들이 밝혀진 이후에도 이런 문제는 여전히 오늘날에도 존재하고 있을 것이다. 그러므로 필자는 '고문 규정'을 들어 아부 그라이브에서 일어난 학대를 설명하는 것은 페이-존스 보고서가 제공한 설명만큼 부분적일 수밖에 없다고 생각한다.

다시 분명하게 말하자면 필자는 아부 그라이브에 대한 미 육군의 공식적인 보고서가 대부분 정확하다고 생각한다. 필자는 또한 학대를 부시행정부의 새로운 고문 규정과 연결하려는 다양한 시도들이 이 문제를 이해하는 데 중요하다고 생각한다. 그러나 우리의 목적이 학대를 '이해'

---

3 American Civil Liberties Union, "Army Documents Show Senior Official Reportedly Pushed Lomits on Detainees", 2006. 5. 2. 온라인에서 확인 가능(http://www.aclu.org/safefree/torture/25406prs20060502.html. 2010년 3월 14일 접속).

하는 것이라면, 꼭 하나의 설명만을 선택할 필요가 없다. 오히려 우리는 이런 두 설명들이 어떻게 연결되어 있고 이 두 이론이 모두 간과하는 점이 무엇인지 더 잘 이해할 필요가 있다. 이 점을 염두에 두고, 이 글을 통해 필자는 다음과 같이 주장한다. 두 가지 이론 모두 이런 학대를 유발시킨 사회심리학적 요소의 범위와 학대를 저지른 군인들의 기질과 태도를 형성하는 군대의 사회문화적 방식을 논의하지 않았다. 더 명확하게 필자는 부시행정부가 새롭게 승인한 심문 규정과 미 육군 내에서 계급에 따라 조성되어 있는 성과 권력에 대한 특정한 이해 사이에 존재하는 선택적 친화력에 대해 논의할 것이다. 감옥에서 학대를 저지른 이들의 행위를 성적이며 학대적인 태도를 허락하는 상황을 조성하는 여러 요소들의 복합적 부산물로서 보는 게 더 바람직하다. 이런 태도는 이미 미 육군의 하위문화 안에 명시되어 있거나 공식적으로 작동되고 있다. 즉, 이런 태도를 인위적으로 관습과 법적 제제에서 자유로워진 미군병사들이 단체적 행동으로 보여 준 것이다. 필자는 또한 이런 상황이 전쟁 자체에 내재된 모순이 드러내는 증상이라고 생각하며 이런 이유로 이라크에서 미군들이 자행한 불법적 폭력 사용은 전면적인 정책 변화가 이루어지지 않는다면, 또는 이루어질 때까지 비슷한 맥락 속에서 거의 반드시 재발할 것이다. 마지막으로 필자는 미군 하위문화가 이라크에서 계속되고 있는 전쟁과 다른 지역에서 발생하고 있는 분쟁의 결과로 인해 예상하지 못한 방향으로 변환되고 있는 문제를 제시하고, 이런 변환을 수치화하고 감시할 더 많은 작업이 필요함을 제안한다.

반란, 감옥, 그리고 프로그램

『국방부 구금작전 검토를 위한 독자적 패널의 최종 보고서The Final report of the Independent Panel to Review Depart-ment of Defense Detention Operations』(Schlesinger et al. 2004)는 아부 그라이브 감옥 스캔들 이후 시작된 조사의 요약본이다. 가장 기본적인 수준에서 이 보고서는 충분히 훈련받지 못했거나 감독받지 못한 "도덕적으로 타락한" 소수의 군인들이 학대를 저질렀다고 논한다. 이 보고서는 또한 2003년 여름과 가을 동안 수용 인원 과다와 인력 부족이라는 만성적 문제가 남아 있지 않았라면 이런 학대가 일어나지 않았을 것이라고 적고 있다.

그러나 이런 설명을 하면서 보고서는 또한 몇 가지 다른 중요한 주장을 한다. 우선 보고서는 이라크전쟁이 "사막의 폭풍 작전이나 베트남전쟁과는 전혀 유사하지 않다"고 분명하게 명시한다(Schlesinger et al. 2004, 28). 적어도 미국인들의 시각에서 이라크의 작전수행 환경은 이전 분쟁 지역과 비교했을 때, 훨씬 더 복잡하다. 임무 측면과 이라크에 있는 적 모두 전과는 매우 다른 상황이다(Schlesinger et al. 2004, 28). 그 결과 미국은 이 전쟁을 "불가피하게 수감 인원이—적 전투병, 기회주의자들, 문제를 일으키는 사람들, 방해공작원, 상습범, 이전 정권 관료들 그리고 몇몇 무고한 사람들까지—발생되는 방식"으로 끌고 갈 수밖에 없었다(Schlesinger et al. 2004, 27). 즉, 미국 기획자들의 생각 속에서는 이라크전쟁에서 승리하기 위해 국가 전체를 통제하는 과정 중에 생포, 속아 내기, 처리하기 그리고 때로는 대규모로 이라크 국민을 심문할 수 있는 권리를 부여하도록 요구했다.[4] 더 나아가 2004년 6월 28일 미국의 대법원이

"구금의 목적은 생포한 개인이 전쟁터로 돌아가 무기를 다시 들지 않도록 하는 것"(*Hamdan v. Rumsfeld* 548 U.S. 557, 2006)이라고 판결을 내렸음에도 불구하고, 패널은 구금이 또한 **정보를 수집하기 위한 합법적인 수단**이라고 우기고 있다. 그러므로 보고서는 구금 관련 작전은 "새로운 전쟁" 속에서 헌병과 정보원들이 새롭게 상호보완적인 방식으로 함께 일할 것을 명령했다고 적고 있다.

필자는 이 보고서가 아부 그라이브 스캔들에 대해 최종 결론을 내리고 있다고는 보지 않으나, 그 감옥에서 일어난 학대에 대한 패널의 설명을 심각하게 고려해야 된다고 생각한다. 2003년 여름 막바지와 가을 동안 이라크에서 반란이 심화되면서 미국인 사상자 수가 급증했다. 이로 인해 많은 여성과 아이들을 포함해 전국적으로 수천 명의 수감자 수가 늘어나게 된다. 다양한 이유로 수감 시설들은 속수무책으로 인원 부족을 겪게 된다. 아부 그라이브 시설에서 많은 수감자들은 심문이나 절차 진행 전에 길게는 90일가량을 기다려야 했는데, 미 육군의 감찰관은 후에 이 수감자들의 80%가량이 즉각적으로 석방될 자격을 갖췄었다고 평가했다(Schlesinger et al. 2004, 61). 그러나 많은 이라크인 수감자들이 2003년 가을에 처리되었으며, 이 시기에 아부 그라이브 감옥의 수감 인원은 7천 명 이상 증가한 것이 분명했다. 그리고 이 시기에 교도관과 감옥 내에서 근무하는 정보원들 사이에 새로운 업무관계가 구축된 것 또한 분명하다.

---

4 교전이 시작되고 난 후 100,000명 가까이 되는 전쟁포로를 수감하기 위해 이라크 침공 약 일 년 전에 계획을 짰다고 언급했다. 2001년 11월부터 전 세계적으로 미국이 구류하고 있는 수감자의 수는 총 50,000명에 달했다. Schlesinger et al.(2004).

사실상 죄수들의 구류와 심문과 연계된 문제는 2001년 9월 11일 공격을 받은 후부터 미국 관료들의 마음속에 있었다. 그리고 이라크에서 적군의 포로를 다루는 완전히 새로운 계획은 이라크 침공 전부터 개발되었다.

세이무어 허쉬Seymour Hersh에 따르면,

아랍인들이 특히 성적 수치심에 취약하다는 생각은 2003년 3월 이라크 침공 전 수개월 간 호전적인 워싱턴 보수주의자들 사이에서 화두가 되어 왔다. 자주 인용된 책은 아랍문화와 심리에 대한 연구인 『아랍 마인드』Arab Mind로서 이 책은 1973년 초판이 인쇄됐고 저자는 라파엘 파타이Raphael Patai로 콜롬비아와 프린스턴 대학을 비롯한 여러 대학에서 가르쳤으며, 1996년 사망했다. 이 책은 아랍인과 성性에 대해 25개의 장에서 설명하고 있으며 성을 수치와 억압이 부여된 금지행위로 묘사하고 있다. "양성의 분리, 여성의 얼굴을 천으로 가리게 하는 것, 남녀의 접촉을 통제하고 제한하는 세세한 모든 규칙들이 성을 아랍 세계에서 가장 중요한 정신적 집착으로 만드는 효과를 가지고 있다. '동성애' 또는 동성애처럼 보이는 어떤 지표들, 이외에도 성과 관련된 모든 표현들은 절대 공개적으로 보여져선 안 된다. 성은 사적인 일이고 사적으로 남아야만 한다." 한 학자가 필자에게 한 말에 따르면 파타이의 책은 네오콘들에게 '아랍인들 행동에 관한 성경책'이었다. 그들이 토론을 하는 중에 두 가지 주제가 제시되었다. '하나는 아랍인들은 오직 무력만을 이해한다는 것이고, 둘째는 아랍인들의 가장 큰 약점은 수치와 굴욕감이라는 것이다.'[5]

아부 그라이브 감옥 스캔들의 상징으로 빠르게 자리 잡은 악명 높은 사진에 대해 말하며, 허쉬는 계속해서 다음과 같이 전했다.

정부 자문위원은 아마 성적인 수치심과 포즈를 취한 사진으로 처음에는 중대한 목표를 이루려 했을지도 모른다고 말했다. 수치스러운 사진을 가족과 친구에게 보내지는 것을 막기 위해, 몇몇 수감자들은 심지어 동료를 대상으로 하는 첩보 활동을 포함한 어떤 일이라도 할 것이라는 생각에서 나온 것이다. 정부 자문위원이 말하길 "사진의 목적은 군대 정보원을 양성해 그 사람들을 대중 속에 다시 심어놓을 목적이었다"라고 들었다고 한다. 노출에 대한 두려움, 실행 전인 내란 계획에 대한 정보를 수집하려는 의도가 이런 일을 하게 된 동기가 되었다고 자문위원은 말했다.[6]

처음 보여진 것에도 불구하고, 허쉬의 폭로와 관타나모 만 수감자들에 대한 처우와 관련해 여전히 새로운 정보들이 흘러나오고 있는 점을 고려하면, 아무 생각 없이 또는 조용하게 아부 그라이브에서 이라크 수감자들을 대상으로 성적인 포즈의 사진을 찍은 것은 제멋대로거나 이상한 이유 때문도 아니다. 허쉬가 지적한 것처럼 이런 특별한 형태의 학대는 이라크 침공 훨씬 전부터 비밀조직인 테러대항 특별팀이 자행해 왔으며 부시행정부는 특별팀에게 "국경을 초월해 사용할 수 있도록 승인"

---

5 Hersh, "The Grey Zone: How a Secret Pentagon Program came to Abu Ghraib", p.4.
6 Ibid.

했다.[7] 반드시 이해해야 하는 중요한 점은 이 전술이, 2003년 가을부터 증가하기 시작한 이라크 내 반란 진압을 위한 목적이 포함된 더 큰 전술의 일부로 어떻게 시행되었느냐는 것이다. 이 반란을 통제하지 못하는 미군의 무능함 때문에 점령 비용은 엄청나게 증가하고 있었다. 그런 이유로 반란은 바그다드와 워싱턴 모두에게 정치적 절망감을 형성시켰다.

여기서 필자는 부시행정부가 분쟁이 시작된 시점부터 이라크를 안정시키기 위해 상당한 정치적 압력을 받고 있었으며 이런 압력 때문에 반란을 종식시키는 것에 초점을 맞춘 군사행동을 취하기로 한 어떤 특정한 합의가 있었음을 가정하고 싶다.[8] 군사상황과 관련해 다음과 같은 점들이 분명해 보인다. 고전적인 군사용어로는 지하세력으로 불리는 게릴라 군의 위치를 파악해서 전멸시키는 것은 불가능했다. 이 게릴라들은 미국의 표적을 공격할 수 있고 방대한 규모의 도시인구 속으로 흡수되기 때문이다. 이라크 내 미국 기획자들은 조직된 반란세력이 어떤 것이든지 그들의 제3의 분파, 즉 '보조원'들을 찾는 데 눈을 돌릴 수밖에 없었다. 다시 말해서 미국의 이해에 반하여 활동하는 반란자들을 찾기 위해 무기나 자재를 운반하고 보호하면서 잠재적으로 도울 수 있는 민간인들에게 관심을 가질 수밖에 없었다. 큰 규모의 이런 대다수 민간인들 중에

---

7 Ibid.
8 미국군대는 사실상 대 게릴라 전투 경험이 아주 풍부하다. 그러나 최근까지 이런 전쟁 형태는 거의 미 육군 특수부대의 독점적인 분야였다. 이 분야의 고문들은 해외에 파병돼 '외국 내부 질서 유지' 임무를 위해 지역 경찰 및 군과 함께 일하는 역할을 맡았다. 그러나 이라크에서는 침공과 그에 따른 점령의 결과로 지역 경찰 및 군이 해산했고 그로 인해 점령군이 재임 권력을 갖게 되면서 적어도 초기에 '테러리스트' 공격으로 간주했던 것에서 자신들을 지켜야만 했다(미 국무부가 '테러리즘'은 '비전투' 목표물에게 직접적으로 가해지는 폭력이라고 정의하고 있는 사실에도 불구하고 말이다).

서 (이들은 현상금 때문에 '테러리스트' 지도자를 넘겼거나 단순히 다양한 혜택을 위해 정보를 교환한 이들이다) 협조자를 모집하는 것은 지하조직의 일에 지장을 주고 활동적인 게릴라 군의 은신처과 기동성 모두에 피해를 주는 데 중요한 요소로 여겨졌다. 이런 생각에 따라 주요인물로 지목된 이라크인 주변과 그 지역 시내에 거주하는 일반 민간인들의 마음을 얻기 위한 방법들이 시행되었고 (민간인분쟁이나 인도적 지원을 통해) 몇몇 지역에서는 성공을 거두기도 했다. 그러나 정치적 급박함, 군대인원 부족, 도덕적·법적 제재의 전반적인 부재는 또 다른, 즉 덜 정통적인 방식이 출현해 퍼지도록 하는 데 기여한 것처럼 보인다. 다수의 결백한 이라크인들이 가택수사, 도로에서의 검문 그리고 도로변 폭탄으로 미국인이 사망한 지역을 수색하는 중에 붙잡혔다. 이들은 구금시설로 보내졌고 여기서 CIA, 민간 방위계약자 및 군 정보부 직원들에 의해 절차대로 심문당했다.

대규모 수용소는 알제리반란에 대처하는 조치로 프랑스인들이 널리 사용한 방식이기도 하다. 여기서 필자는 악명 높은 프랑스 장군 (전쟁범죄 혐의를 받은) 폴 오사르스Paul Aussaresses가 한 발언을 상기해 본다. 그가 베트남전쟁터로 향하는 미국 특수부대 인원을 훈련하려고 떠나기 전, 1957년과 1959년 사이에 그는 알제리에서 민족해방전선의 위협을 근절시키기 위한 책임을 맡고 있었다.

난 한 번도 결백한 사람을 고문하거나 사형을 집행한 적이 없다. ……
모든 폭탄은 폭발 여부와 관계없이 화학자, 폭탄제조자, 운전수, 망을 보는 자 그리고 기폭장치를 설치한 테러리스트가 있다는 것을 명심해야 한다. 각각 20명에 가까운 사람들이 포함된다. 범법자들은 자신들이 단지 긴 사슬의 한 연결고리라 생각할지 모르지만 내 입장에서 볼 때, 공범자 각각의 책임은 막중하다. (Aussaresses 2006, 129)

다시 말해 (앞서 언급한) 알제리 카스바Casbah 사건과 같이 주요 이라 크 도시 내 다양한 지역들에서 반란이 일어나도록 일조한 것처럼 보이 는 사람이면 누구나 유죄로 추정한 것이며 "이라크의 해방"이라는 이름 으로 파괴되어야 하는 긴 사슬의 고리로 취급한 것이다. 그리고 미국 사 령관들의 생각은 이 사슬을 분명하게 끊으려면 선택된 이라크 죄수들을 정보자원으로 변화시키는 것이 필수였다. 이들은 '고위급' 목표물의 위 치를 파악하는 데 사용될 수 있는 정보자원으로 여겨졌다.

'야간 근무'

『발티모어 선』Baltimore Sun은 2005년 1월 11일자 기사에서 이반 '칩' 프레 드릭Ivan Chip Frederick과 찰스 그래너Charles Graner에 대해 보도하면서 그들이 아부 그라이브 수감자 학대 사건의 '주동자' 혐의를 받고 있고 민간인 교 도관 경력 때문에, 그들 사단에서 연장자격 지도자로 대접받고 있었다고 주장했다. 이것이 사실이면 메릴랜드 주 방위군 사단이 실제 전투지역에 배치될 때, 태도와 지휘권의 이동이 있었다는 것을 의미한다. 찰스 그래 너는 단순히 군대 상병일 뿐이며 군대에서 명령을 내릴 어떤 공식적인 지휘권도 가지고 있지 않다. 그러나 그는 해병대 출신이며 걸프전쟁 제 대자이고 펜실베니아 주에 있는 그의 집 근처에 위치한 파예트Fayette 카 운티 교도소에서 수감자를 폭력적으로 대하는 것에 익숙한 민간 교도관이었다. 반란이 성행하는 상황에서 많은 수의 수감자들, 만성적 인력 부족 그리고 아부 그라이브에서 들어온 수감자들로부터 "쓸모 있는" 정보를 빼내라는 정치적 압력 때문에, 그래너의 경력과 특별한 재능은 갑자기 다른 동료 및 상사들 사이에서 새롭게 존경할 만한 것이 되었다. 그러나 이는 이야기의 절반에 불가하다.

그의 군사재판 증언을 보면, 그래너가 이라크에 도착하자마자 그는 '빅 스티브'Steven Stefanowicz로 불리는 민간 계약업자의 영향력 아래 놓이게 된다. 단순히 정보원들과 그가 함께 일하고 있다는 것을 알았기 때문에 그가 내린 명령을 그래너는 따라야 했다.[9] 그래너는 또한 '로메로'Romero 요원으로 불리는 CIA 요원이 내리는 명령을 그의 직속 상사와 논의하지 않은 채로 따랐다. 추측하건대 그래너는 이런 초기 접촉(그가 아마 비밀 첩보원으로 생각한 사람들과의 접촉)에 들떠 있었으며, 그들이 평범한 교도관이었던 그의 경력을 여러 면에서 매우 의미 있는 것으로 만들어 줬을 가능성이 크다. 그래너의 상관인 칩 프레드릭은 군사재판에서 여러 심문관들이 반복적으로 그래너에게 수감자들을 괴롭히고 학대하라는 지시를 내렸다고 증언했다. 이런 명령은 그래너에게 전달되고 그가 데리고 있는 나머지 군인들도 잘하고 있다고 말했다. 그 심문관들은 프레드릭의 명령

---

9 스티븐 스테파노윅즈(Steven Stefanowicz)는 CACI 국제 직원이다. 그의 공식 보고서에 따르면, 중장 타구바(Antonio M. Taguba 2004, 48)는 스테파노윅즈와 3~4명의 다른 민간 계약자들이 '아부 그라이브에서 일어나고 있는 학대에 직간접적으로 책임이 있을 것'으로 의심하고 있었다고 주장했다. 그리고 중장은 민간직원이 그들을 훈련시키도록 권고했다. Hersh, "Torture at Abu Ghraib". CACI 대표에 따르면 이 회사와 미 국방부의 관계는 여전히 건재하다고 한다. CACI International, "CACI Respomds to Allegations in the Media about Its Employees in Iraq and Financial Community Interests" press release, 2004. 5. 5. 온라인에서도 확인 가능(http://www.caci.com/about/news/news2004/05_05_04_NR.html. 2010년 3월 14일 접속).

권한에 포함되어 있지 않았음에도 이런 일이 일어났다. 그래너처럼 프레드릭도 자신이 관계를 형성한 심문관과 다른 정부 관계기관OGAS을 위해 일하는 민간 계약업자들의 힘과 비밀스러움에 매료된 듯 보인다. 그래너처럼 프레드릭은 이런 권력 실세들과 이들이 상징하는 모든 것을 동경하면서도 증오하는 심리를 발전시켜 왔다.

여기서 다음과 같은 점을 인식하는 것은 중요하다. 미군 내 임명 장교든 비임명 장교든 그들의 권위는 미국 군사법전法典이 보장해 준다는 것이다. 다시 말해 명령을 내리는 개인 또는 사람들에 대해 어떤 감정을 가지고 있든지 간에 병사들은 법적으로 직속상관이 전달한 명령을 따를 의무가 있다. 이것을 언급하는 이유는 계급이 높은 누군가가 내린 명령이기 때문에 단순히 지시를 따르는 것과 명령을 내린 사람을 '존경하기' 때문에—적당한 단어가 없지만—그 지시를 따르는 것 사이에는 중요한 차이가 있다는 사실을 강조하기 위해서이다. 명령이 모순적이거나 지휘권이 불완전하게 조성될 때 '존경심'이 종종 계급을 뛰어넘는다. 즉, 군인들은 종종 작은 사단 내에서 경력이 많은 지도자에게 계급이 높은 장교나 군대생활을 통치하는 법과 규율보다 더 충성을 보인다.

더 나아가 미국군대 내에 개인과 부대 전체를 서열 안에서 복잡하게 조직하는 분류체계가 존재하고 있다. 이런 서열은 계급과 약하게 연결되어 있을 뿐이다. 보통 '육군은 예비군과 방위군보다 지위가 높다. 전투병으로 전역한 자는 전투를 경험해 보지 못한 군대보다 나은 위치에 있다. 전투병과가 지원부대보다 나은 대우를 받는다. 공군은 '다리'(육군)보다 우월하다. 특수작전부대는 전통적 군대보다 나은 높은 위치에 있다. 이뿐만 아니라 델타 포스나 CIA의 준군대 부서같이 '비밀' 조직의 회원은 피라미드의 맨꼭대기에 자리한다. 이들은 작은 신처럼 경외심과 분노 모두를 받는 경향이 있다. 이것은 미군 내 상징적인 힘의 법칙이다.

마지막으로 군대 내에선 이런 모든 차이가 관례대로 기호화되어 있으며 군복으로 표현되고 있다는 것을 인식할 필요가 있다. 군복은 군인들이 다른 사람과 있을 때 어디에 '서야 하는지' 실질적으로 알아야 할 때, '읽어야 하는' 교과서로서 기능한다. 군인들이 정부요원이나 비밀 특수부대 소속의 개인들을 상대할 경우, 이런 관습적인 기호가 부재한다. 결국 이런 개인들이 누구이고 무엇을 하는지 (그리고 무엇을 했는지) 모르거나 정확히 아는 것 자체가 금지되어 있기 때문에, 이런 인물들은 상상 속에서 그리고 상징적으로 강력해진다.

이것이 중요한 이유는 아부 그라이브 감옥에서 계급이 낮은 군인들은 프로이트가 분석한 대로, 자신이 염원하는 이상적인 자아상과 상징적으로 대체될 수 있는 개인과 자신을 퇴행적으로 동일시했다. 그러니까 계급과 규율은 감옥에서 '존경심'에 졌고 다량의 환상과 우상화가 업무 관계 안으로 들어왔다. 이 관계는 '힘든 장소'로 알려진 곳에서 종사하고 있는 다양한 인물들 사이에서 형성되었다. 프로이트(1959, 57)가 한때 언급했던 것처럼 "양심은 욕망의 대상만을 위해 어떤 행위를 적용하지는 않는다(이 욕망의 대상은 자아 이상의 자리를 대체한 것이다). 사랑에 눈이 멀었을 때 양심의 가책을 느끼지 못하게 되고 이는 범죄의 최고조에 이르게 한다".[10]

즉, 그래너와 그가 야간 근무night shift(오후 4시부터 새벽 4시까지) 시간 동안 조직한 활동에 참여한 남녀 군인들은 그들이 상대했던 다양한 심문관들의 부탁에 따라 정확히 무엇을 했는가? 가장 흔하게는 수감자들을 벌거벗기고 성적인 포즈를 취하게 한 후 사진을 찍고, 모래포대를 '모자'처럼 그들 머리에 씌우고 오랜 시간 동안 '힘든 포즈'로 있게 하거나 개로 위협하거나 여성 교도관이나 심문관들이 육체적으로 가까이 다가가거나 문화적으로 부적절한 접촉을 하도록 해 그들을 수치스럽게 했다. 그러나 이런 모든 조치들은 부시행정부가 이미 승인한 것이며 거의 2년 전 아프가니스탄 침공 이래 여러 다양한 지역에서 이미 시험해 본 것들이다. 엄밀한 의미로 실제 이 모든 행위들은 법적으로 '위법'이 아니다. 이런 사항은 프레드릭이 군사법정에서 한 진술에서도 확인된다. 그는 결론적으로 다음과 같이 주장했다. 심문관들이 1A 구역에 속한 수감자들을 '구워삶기 위해' 새로운 기술 사용을 프레드릭에게 지시했음에도 불구하고,[11] 그들은 프레드릭이나 병사들에게 어떤 특정한 학대행위를 하라고 직접 명령한 적은 없었다. 여기엔 이라크 죄수들에게 육체적 폭력과 성적 수치심을 가하는 행동의 형태가 포함되었다. 이것은 국방부가 승인한 것의 범위를 넘는 것이고, 이런 학대행위는 이들을 결국 법정으로 끌고 갔다.

　'야간 근무' 시간대에 행해진 대부분의 승인받지 않은 학대는 신문에

---

10 흥미롭게도 이 개념은 Schlesinger et al.(2004)의 부록 G 안에 중요한 방식으로 부각되어 있다. '정신적 스트레스'라는 제목으로 적절하게 이름 붙여져 있는 이 개념은 스탠포드 대학 감옥 실험과 공격의 사회적 심리와 연관된 다양한 자료의 범위를 가리키고 있다. 즉, 감옥 환경 그 자체가 아부 그라이브 학대자들이 가지고 있던 권력과 도덕에 대한 성향을 왜곡시키는 데 하나의 역할을 담당했을 것이라고 제시하고 있다.

11 이 기술은 스트레스를 많이 받는 환경에 수감자를 위치시키고, 그들을 발가벗기고 잠을 재우지 않고 추위에 떨게 하며, 장시간 얼굴을 가린 채 내버려 두고, 개를 이용해 위협하는 행위를 포함하고 있지만 이 기술이 전부가 아니다. McCoy(2006)는 CIA가 이런 기술을 개발하고 냉전 이후 새로운 심문기술을 개발한 사실에 대해 기록하고 있다. 즉, 계급이 낮은 병사들이 이런 기술을 개발한 것이 아니라는 것은 명백하다.

실렸으며 많은 것들이 이제는 유명해진 아부 그라이브 사진에 기록되어 있다.[12] 필자는 여기에 그저 피해자들의 진술을 추가하겠다. 피해자들의 진술에 의하면 그들이 일상적으로 폭행당했으며 특히 그래너의 주도로 적어도 수감자 한 명이 강간당했고 이때 다른 죄수에게는 야간봉을 항문에 넣은 것으로 알려졌다. 수감자들은 또한 여성 교도관들 앞에서 자위행위를 하도록 강요받았으며 동성애나 구강성교를 흉내 내도록 강요받았다. 게다가 몇몇 이라크인들은 마치 강간을 당하는 것처럼 허리를 굽히고 엉덩이를 벌리기 전에 그들의 등에 여성을 그려 넣었다. 수감자들은 또한 돼지고기를 억지로 먹어야 했으며, 그들은 적어도 수감자 한 명 이상의 입에 (강제로) 술을 부어 넣었다. 마지막으로 교도관들은 수감자들에게 별명을 붙여 부르는 것을 특별하게 즐겼던 것으로 보인다. '똥같은 새끼'Shit Boy, '길리건'Gilligan, '갈고리'The Claw, '깔끔이'Mr. Clean 그리고 그들이 고통스럽게 겪는 수치심과 분노에 대해 대놓고 농담을 했다.

이 장의 나머지 부분에 필자가 다루고 싶은 두 가지 질문은 다음과 같다. ① 그래너와 다른 사람들이 저지른 학대는 왜 특별한 형태를 취하고 있는가? 인간 피라미드, 개줄, 자위를 강요한 것 그리고 강간과 강간

---

12 디지털 카메라에 찍힌 사진들은 사실상 아부 그라이브에서 일어난 극적인 사건의 중요한 일부분으로서 간과되어서는 안 된다. 학대자를 유죄로 보이게 하는 이 사진들은 다양한 계급의 미군대장병들이 얼마나 심각한 정도로 이야기하기, 전리품, 휴대폰, 그리고 포르노—아부 그라이브에선 이 모든 것들이 모두 응축되어 나타났다 —들을 중요하게 여기는지를 나타내는 징후에 속한다고 잠재적으로 설득력 있는 주장을 펼 수 있다고 필자는 생각한다. 사실상 아부 그라이브 내 제870헌병대 사령관은 그가 지휘하는 군단에서 근무하고 있는 여자 사병들의 알몸 사진을 찍고 그 사진을 정부 소유 컴퓨터에 저장해 놓은 것 때문에 군법에 회부되었다. 그러나 필자가 이 글에서 이런 사진에 대해 거의 언급하지 않는 것은 이 분야만 다루는 단독 글이 필요하다고 생각하기 때문이다. 필자는 다른 이들이 이것과 관련해 깊이 있게 분석하길 희망한다.

위협을 우리는 어떻게 이해해야 하는가? 그리고 더욱 중요한 ②아부 그라이브 스캔들에 연루된 그래너와 수십 명의 군인들이 이런 일을 자신의 손으로 하게 만든 것 그리고 고문으로 정의된 것의 형태를 넘는 행위를 하도록 그들을 밀어붙인 것은 무엇인가?

임시적인 설명

첫번째 질문과 관련해 필자는 일단 계급이 낮은 헌병 소속 사병이 아부 그라이브에서 성적 수치심과 다른 형태의 금기를 위반하도록 승인을 받고 지시를 받게 되면, 이라크 수감자들을 정신적으로 붕괴시키기 위해 감각상실 및 극도의 육체적 스트레스를 이용하게 된다. 이때 이 사병들은 자신들이 문화적으로 익숙한 섹스, 젠더 그리고 수감자를 지배하는 방식에 대한 가정을 투영하기 시작한다. 그리고 이들은 이런 가정들을 적용시키고 수행하기 시작한다. 이것은 또한 허쉬의 정보원이 이미 서술한 규정된 형태의 수치심과 섹스, 젠더 그리고 군대 하위문화 속에 이미 존재하고 있는 지배를 향한 태도 사이에는 선택적 친화력이 존재한다는 것이다. 다시 말해 수감자와 성행위를 하는 것처럼 흉내를 내는 것과 심지어 그들에게 항문성교를 시키는 것은 이미 군대 계급 속에 존재하는 남성적 권력과 지배라는 언어가 상대적으로 '자연스럽게' 확장된 것이다. 그리고 감옥이라는 환경 속에 존재하는 이런 은유적인 관계를 문자 그대로 재연하는 것은 이미 프레드릭과 그래너에게 경험적으로 익숙했다. 민간인 교도관이었던 이들은 그들 소관인 혐의가 있는 범죄자 또는 적을 지배하고 거세시키고 '붕괴'시키기 위해 전쟁터로 발령되었다. 여기서 좀더 설명을 덧붙이도록 하겠다.

남성적 지배의 언어는 미 육군의 일상 속에 스며들어 있다.[13] 이 말의 의미는 군대 계급 체계에서 정력, 힘 그리고 권력은 드러내 놓고 남성의 성기와 동일시되고 있으며, 동성애 혐오와 여성혐오적 발언은 일상적으로 연약함, 복종 그리고 '타자'의 의미가 함축된 말로 사용되고 있다. 다른 방식으로 표현해 보면 미국군대는 '짐승', '근육질의 남성' 또는 '괴물'이라고 불리는 것이 칭찬으로 인식되는 장소이며 '계집애', '투덜이', 그리고 '호모' 같은 경멸적인 단어들은 남성성, 공격성 또는 승부욕에 대한 충분한 기운을 보여 주지 못한 사병들에게 수시로 붙는다. 이런 언어와 태도들이 보여 주는 것은 어느 정도까지는 미국군대에서 대다수를 차지하는, 대부분 18세에서 25세 남자인 사병들의 문화적 편견을 나타낸다고 할 수 있다.

이런 언어는 신입대원들이 급진적으로 재사회화되고 고도의 규율, 공격성 그리고 '배짱'을 보이도록 만드는 기본 훈련 기간 동안 매우 효과적으로 사용된다. 이 기간 동안 신입대원들은 그들을 '무너지게 하고' '작은 여자애'처럼 포기하도록 만들려는 교관들의 계속된 시도를 포함해 다양한 장애물과 직면하게 된다. 이 과정은 종종 '개를 솎아 내는' 것으로 불리는 절차다. 따라서 이런 환경에서 성공한 보상은──즉, '모

---

13 이 글에서 필자가 내세우고 있는 주장들은 미 육군 포병대 군인 그리고 특수 임무를 맡은 군인 (1986년 1월~1992년 7월)으로 근무한 필자의 직접 경험과 이후 군대에 현재까지 복무하고 있거나 제대한 군인들과 나눈 대화에 기반한 것이라는 점은 매우 중요하다. 그러므로 필자 자신은 나의 주장이 일반적으로 정당하다고 생각하지만, 많은 부대에서 그들이 일반적이기보다 특수했을 수도 있다는 사실 또한 인정한다.

든 것을 꾹 참아내고' 효과적으로 고도의 소속감과 경쟁심을 보여 준 보상 ——'남성성'의 사회적 수여 또는 남성 성기라는 상징적 권력의 선물이다. 이런 입문 과정에서 반복되는 의식은 다음과 같은 방식으로 제도화 되어 왔다. 미국군대가 운영하는 다양한 '군사'학교에 자원해서 입학하고 다니는 이들은 결국 '알파 남성' 부류로 나오게 된다. 이들은 고통을 감수하면서 당당하게 타인을 해치는 능력 때문에 과도한 '존경심'을 부여받게 된다. 이런 태도는 가학피학증 성애와 계급 내 초남성성hyper-masculinity 사이에 존재하는 긴밀한 연관성을 시사한다(Goff 2006).[14]

이것과 관련한 연장선상에서 포르노는 모든 계급의 군인들이 자신들의 실제나 가상의 성적 모험담에 대한 일상적 농담만큼이나, 미군대 내무반 생활에서 만연하게 퍼져 있는 요소이다. 특히 필자가 속해 있던 여러 부대에서 작은 부대 책임자들은 자기 부대 군인들의 보기 드문 정력에 대한 신화를 조장하려고 열심이었다. 이런 신화는 근무시간과 배치를 기다리는 사이에 오랫동안 계속되는 일상 속 술자리나 대화 속에서 다양한 방식으로 찬양되었다. 부대 내에서 개인의 성욕과 정력은 직접적으로 전투와 영웅적 자기희생에 대한 잠재적 목마름과 (그 반대 방향으로도) 연관되어 있다는 것은 암암리에 알려져 있는데, 이는 과장이 아니다. 스탠 고프(2006)가 분명하게 밝힌 것처럼 '섹스와의 전쟁'은 미국군대 내에서 사회심리학적 복잡성을 형성하기 위해 서로 관통하며 엉겨 있다.

---

14 이 요점을 설명하기 위해 필자 개인의 수많은 일화를 늘어놓는 것은 어려운 일이 아니다. 그러나 최근 고프(Stan Goff)가 자체적으로 출판한 책을 보면 필자가 이 글에서 또는 다른 글에서 보여 주고 있는 것보다 더 많은 예시를 솔직하게 들고 있다. 고프는 상사로 퇴역했으며 전 델타포스 정보원이었다. 관심이 있는 독자들은 Goff(2006)를 참조할 것.

미국군대는 부분적으로 군대 침략과 정복에 대한 은유적 단어로 강간을 만연하게 사용하는 것에 대한 책임이 있다고 할 수 있다. 이는 남성의 성적 능력에 대한 제도화된 찬양을 집단적인 제국적 잠재성에 대한 긍정성으로 해석한다.[15] 여기서 간단하게 다음을 덧붙이도록 하겠다. 필자는 전에 소대 경사 밑에서 근무한 적이 있다. 그는 병사들에게 철모 안에 '정액으로 더럽혀진' 팬티를 채워 넣은 채 낙하를 하면 전쟁터에서 마술처럼 그들의 성적 능력을 보호해 준다고 주장했다.

지난 10년 정도 지나며 상황은 많이 변했다. 그리고 미국과 해외에 위치한 미군 시설에서 일어나는 남녀 불평등, 성차별, 성추행 및 학대 그리고 가정폭력과 관련한 예민성을 크게 향상시키기 위해 일치된 노력을 시행해 왔다. 필자는 1980년대 말 그 시기를 정확하게 기억하고 있다. 그때 사단은 성추행에 대한 주제를 병사들에게 소개하기 시작했다. 남녀 합동 기본훈련이 진일보하면서 전통 체력훈련시 불렀던 노래를 공식적으로 금지하는 일이 동시에 일어났다. 이 노래의 가사는 다음과 같다.

> 러시아 전선에서 내가 만일 죽는다면,
> 러시아년과 함께 나를 묻어 줘.
> 내가 만일 쿠바 해변에서 죽는다면,
> 쿠바 창녀랑 같이 묻어 줘.

---

15 강간과 전쟁에 관한 더 많은 자료를 보려면 Brownmiller(1993); Stiglmayer(1994); Barstow (2001) 참조.

그러나 필자가 언급했던 '남성적 지배'를 드러내는 언어들은 계속해서 사용되고 '농담'으로 심지어 더욱 많이 활용되고 있다. 이 농담은 군 생활 일상 속에서 남녀 모두가 사용하는 언어 속에 들어 있다. 그러므로 전례 없이 남녀 병사 모두 자신이 사용하는 언어를 마음껏 선택할 수 있는 지금, "그년(고참 상사)이 우리를 또 엿먹이고(성교의 의미로도 쓰이는 말) 있어"라든가, "우리는 항상 항문성교를 당해" 같은 말을 남녀 공용으로 운영되는 군 부대 내에서 병사들에게서 듣는 것은 흔한 일이다. 사실상 이라크에서 복무한 한 여성 하사관은 아부 그라이브 수용소 스캔들이 터졌을 때, 내게 다음과 같이 말했다. 자신의 사단에 있던 여군이 내무반을 '좀더 예쁘게' 꾸미려 하면 다른 여군들이 "완전 게이 같아!"라던지 이 여군을 "호모"라고 불렀다고 한다. 이런 식으로 필자가 언급했던 남성적 목소리를 복화술처럼 사용하는 것이다.

흥미롭게도 이런 비슷한 언어들이 미국 교도소 내부 체계에서도 일상생활 속에 녹아 있다. 그러나 교도소에서는 남성의 정력과 강간에 대한 은유가 빈번하게 사용되고 실제로 성폭행이 복잡한 남성적 서열을 구축하고 유지하기 위한 도구로서 사용된다. 이안 오도넬Ian O'Donnell(2004, 242)이 언급한 것처럼 "힘과 지배가 강조되는 감옥에서의 강간은 모두 남성으로 구성된 권위주의적인 환경에서 힘의 역할을 보여주는 행위이다. 이런 이유로 어리고 연약한 남성을 그들의 의지에 반해 항문 강간한 남성은, 첫째로 강간범으로 간주되지 않는다. 둘째로 감옥 밖에서 저질렀다면 모욕적인 행위였을 이 행위는 어떤 오점도 불러일으키지 않는다". 그러므로 남성성을 거세하는 것은 또한 미국의 교도소 체계 내에서 지배적인 주제이다. 이곳에서 '연약한' 남성은 순종적인 '여성의' 역할을 강요당하고 '호모'punks, '게이'fags 그리고 '동성애자'fairy로 불린다. 이런 단어들은 효과적으로 이성애적 규범을 강화시킨다(O'Donnell 2004, 243). 마지막으로 다음을 주목하는 것이 중요하다. 극도로 남성성이 넘치는 환경에서 질서를 유지하는 것이 직업인 교도관들은 필요에 따라 이 체계 속에 합류한다. 그리고 '범죄자'들에게 그들의 지배를 알리고 유지하기 위해 자신들에게 허가된 모든 수단을 적용한다.

그러므로 수많은 공식적 규칙, 규율, 계급 그리고 성적이고 공격적인 에너지를 승화하기 위해 만들어진 메커니즘이 존재하는 군대 내에서 남성성의 지배와 관련해 잠복되어 있는 문화적 가정은 일반적으로 비공식적인 연설, 다양한 종류의 묵인된 (허가된 것이 아니면) 태도와 표현을 통해 드러나는 것처럼 보인다. 그러나 사회적 세계의 범위가 철저히 제한되어 있고 (적어도 일시적이긴 하지만) 탈출이 불가능한 감옥에서는 이와 유사한 태도와 가정이 감옥 구성원들을 남성적 포식자, 여성적 피해자 그리고 폭력을 통제하고 고도로 젠더화된 사회적 질서를 유지할 책임을 지닌 교도관, 이 셋으로 분리하기 위해 이용된다.

이를 고려할 때, 아부 그라이브 학대에 대한 첫 조사를 이끈 특수요원 폴 아더Paul Arthur는 처음에 다음과 같이 주장했다. "그들(헌병)은 그저 야간 근무 시간 동안 농담을 하고, 좀 재미를 봤을 뿐이다."[16] 이와 유사하게 그래너의 군사재판 청문회시 그의 변호사가 한 번은 다음과 같이 말했다. 이라크인 수감자를 알몸으로 벗기고 피라미드 형태를 만들게 한 건, 단순히 미국 치어리딩을 악의 없이 패러디한 것일 뿐이라고 말이다.

---

16 Josh White, "MPS Blamed for Abu Ghraib Abuse", *Washington Post*, 2004. 8. 4, Al.

더욱이 그녀와 동료 간수들이 1A구역에 속한 수감자들이 성적으로 모욕을 느낄 만한 사진을 왜 찍었냐는 질문에 대한 대답으로 린디 잉글랜드 Lynndie England는 "우리는 그저 그게 웃기다고 생각해서 사진을 찍은 겁니다"라고 대답했다.[17] 이 각각의 사건 속에서 군인들은 그저 '못살게 굴기'의 일종으로 또는 심심한 미군들이 수감자들을 데리고 논 게임으로 묘사하며 가해자들의 행위를 옹호했다. 미군들의 마음속에서 분명히 수감자들은 더한 취급을 받아도 싸다는 생각을 하고 있었을 것이다. 간단히 말해 이 행위들은 모두 그냥 장난이었던 것이다.

그러나 학대 관련 재판에서 피고인들이 한 진술이 어떤 의미를 갖는다고 본다. 뭔가 석연치 않은 부분들이 있다. 아부 그라이브에서 벌어진 학대가 미 군사법전과 국제 인권법에 위반된다는 어떤 보편적인 동의가 있었다. 그러나 학대를 행한 가해자들은 이 행위들을 장난으로 이해하는 것처럼 보인다. 심각한 범죄로 다루기보다는 이런 인식차를 설명하는 것이 가능하다면 필자는 이전에 언급했던 군과 감옥생활을 나누는 흐릿한 경계에 관한 이야기로 돌아가 보겠다. 부시행정부가 말한 '적'의 범죄화가 뚜렷한 분쟁 중심지역에서 이전에 민간 교도관이었던 찰스 그래너와 칩 프레드릭이 영창인 아부 그라이브에서 부분적으로 근무했다. 아부 그라이브는 남성성과 지배를 이해하는 잠재된 (하위)문화가 극도로 잔인하며 악랄한 방식으로 드러날 수 있게 지극히 풀어져 있는 혼종공간이 되었다. 그리고 이곳은 군인들이 이런 이해를 표면화하면서 이런 행위들이

---

17 Jacob Laksin, "Lynndie and the Left", 2004. 8. 31, 온라인에서 확인 가능(http://frontpage-mag.com//Articles/ReadArticle.asp?ID=14883. 2010년 3월 14일 접속).

'여전히 장난'이나 농담이라고 보고 있는 공간이다.

잉글랜드가 개 목줄로 수감자를 통제하고 있는 유명한 사진을 포함해, 범죄행위를 담고 있는 사진들에는 여성 교도관이 이라크 남성 죄수들에게 자신들이 군림하고 있음을 보여 주기 위해 행한 것들도 포함되어 있다. 이 군림은 여성 교도관이 알몸인 이라크 죄수들의 성기를 보고 웃거나 흉내를 내는, 또는 그들 뒤에 서거나 실제로 항문에 물체를 삽입하는 것을 보여 주는 전형적인 방식으로 표현되었다. 그러므로 이 사진들이 1A 구역에서 무엇이 일어났는지 진실되게 보여 주는 것이라면, 여군들은 상징적으로 이루어진 거세와 항문성교를 통해 이라크 남성들을 피해자로 만드는 경향을 보였다. 이런 행위는 필자가 이미 이전에 언급했던 논의를 재확인시킨다. 사실상 성적으로 표현된 지배의 순환이라는 점에서 혐의가 있는 아랍 '테러리스트'들에게, 미국남성이 지배하는 미국여성에게 지배당하는 일반적인 교환형태가 일어난 것으로 보인다. 이 미국남성들은 아랍인들의 내란 폭동을 어느 수준에서 이들에 의한 지배와 통제가 표현된 것으로 간주했다.[18]

좀더 살펴보면 그래너와 프레드릭의 사진에 있는 남성들은 이라크 죄수들을 대상으로 **육체적 폭력 행위**를 저지르는 전형적인 모습을 보여 주고 있거나 이라크 수감자와 미국여성 모두를 완전하게 통제하고 있는 포즈를 취하고 있다. 더욱이 학대를 당한 이라크 피해자들의 증언에 따르면, 그래너는 그의 소관인 이라크 죄수들을 일상적으로 구타하고 육체적으로 위협한 것이 분명하다. 이 행위는 학대행위로 기소된 여군과는 상관없는 것이다. 그래너의 폭력 성향은 조셉 다비Joseph Darby(학대와 관련한 사실을 마침내 내부고발 한 군인)의 진술에서도 확인된다. 조셉은 그래너가 다음과 같이 설명한 적이 한 번 있었다고 했다. "내 안에 있는 기독교인 이 말해. (수감자들을 학대하는 것은) 잘못된 거라고. 하지만 내 안에 있는 교도관은 좋다고 말해. 남자가 오줌을 지리게 만드는 게 너무 좋다고."[19] 다시 말해 프레드릭 또한 군사재판에서 다음과 같이 분명하게 증언했다. 그와 동료 헌병이 이라크 수감자들을 정신적으로 "무너지게" 하려고 적극적인 역할을 시작했을 때, 한 번은 그래너가 동료 군인들에게 자신이 감옥을 통제하고 있다는 것을 보여 주기 위해 여러 종류의 학대를 즉흥적으로 하기 시작했다. 특히, 그래너는 자신과 연애관계에 있는 계급이 낮은 여군들——일병인 사브리나 하만Sabrina Harmann과 이등병인 린디 잉글랜드——에게 보여 주기 위해 이런 일을 했다.

이것이 흥미로운 이유는 필자가 (여성)군인들에게 아부 그라이브 스캔들과 관련해 잉글랜드와 하만이 수행한 역할에 대해 (어떻게 생각하는

---

18 흥미롭게도 린디 일병의 형사 재판에서 변호사가 요청한 심리학자 아마도르(Xavier Amador)는 후에 다음과 같이 증언했다. 린디는 그녀가 가지고 있는 '과도한 순종적' 성격 때문에 바그다드 아부 그라이브에서 이라크 수감자들을 대상으로 행한 잘못된 행위 및 사진찍기에 동참할지 말지를 독립적으로 결정할 능력이 부재했다. *New York Times*, 2004. 9. 24, *Testimony on Abu Ghraib*. 이와 마찬가지로 검찰이 신청한 증인은 기술하사 하르만(Sabrina Harman)의 군법재판에서 그녀를 "너무 좋은 사람이며 항상 누군가를 도와주려는 사람"으로 묘사했다. 알 힐라(al-Hillah)에 살고 있는 이라크 사람들에게 친절하고, 보살펴 주며 잘 대해 준다고 그녀를 묘사했다. T. A. Badger, "Female Soldier cinvicted in Abu Ghraib scandal apologizes for abusing Iraqi prisoners", *Associated Press*, 2005. 5. 17. 아부 그라이브 교도소에서 보인 그녀의 일탈행위는 부족한 판단 능력과 수감자들을 대하는 규칙에 대한 지식 부족 그리고 그래너의 악의적인 영향이 어우러져 일어난 일이라 할 수 있다. 아부 그라이브 사건과 직접적인 연관으로 기소된 두 여성 모두 군법재판에서 학대에 적극적(남성적)으로 가담했다기보다 수동적(여성적)으로 가담한 것으로 묘사되었다. 즉, 여기서도 권력, 주체성(에이전시) 그리고 육체적 폭력성은 남성적 성격과 연관된 개념으로 다시 한번 재생산되었다.

19 David Finkel and Christian Davenport, "Records Paint Dark Portrait of Guard", *Washington Post*, 2004. 6. 5.

지) 질문했을 때, 그들은 미군 내에서 대부분의 여성들은 "남성이 되고 싶어" 하거나, "남성을 가지고/소유하고 싶어 한다"라고 대답했기 때문이다. 여군들은 이 두 여성이 그래너에게서 "무언가를 원했던 것이" 분명하다고 생각했다. 그리고 이 두 여군들은 자신들이 원하는 것을 갖기 위해 그래너를 기꺼이 기쁘게 해주었다.[20] 간단히 말해 이 여군들은 남녀가 섞여 있는 헌병 부대가 여군들을 극도로 남성화시키는 효과를 낳거나 이런 남성화로 이라크 죄수들을 괴롭히게 했다는 사실을 거부했다. 사실상 한 여군은 자신의 부대에 있는 여성들이 남성이 없을 때는 실제로 '강인하고' '공격적'으로만 행동한다고 불평했다. 그녀가 말하길 남자 군인이 나타나기만 하면, 이 여성들은 대체로 그의 의견을 따르거나 수동적으로 변한다고 했다. 필자가 그 이유를 묻자 여자들은 그렇게 함으로써 그 상황에서 "벗어날 수 있다"는 것이다. 즉, 일을 적게 하게 (또는 적어도 덜 힘든 일을 하게 된다) 된다고 말했다. 제대한 다른 여군은 자신의 부대에 있던 다수의 여군 사병들이 남녀가 섞여 있는 부대에서 남자 군인들을 대할 때, 적어도 일부분 일을 덜 하기 위해서 분명히 여성적 태도(대부분 순종성을 말함)를 택하는 '여자 같은 여자'였다고 주장했다. 필자와 논의를 하는 동안 다음과 같은 점이 분명해졌다. (그녀처럼) 사단 내에 있는 다른 여성들이 다른 여군들처럼 행동할 것인지, 자신만의 노선을 지킬지

---

20 필자는 이라크에서 돌아와 재향군인회 또는 해외참전용사에 가입한 전 여군들과 형식에 얽매이지 않고 3~4번 인터뷰를 진행했다. 인터뷰를 진행한 모든 군인들은 지원부대에서 사병으로 근무하고 제대한 여성들이었다. 이 인터뷰를 통해 밝힌 그녀들의 관점은 미군의 상황을 매우 정확하게 그리고 광범위하게 반영하고 있지 않을 수도 있다. 그러나 이라크 분쟁지역이라는 상황 속에서 나타나고 있는 젠더에 따른 갈등 상황을 그녀들이 지적하고 있으며 이는 차후 추가 조사할 필요가 있다고 필자는 생각한다.

압박을 받고 있다는 것이다. 반면 이 제대한 여군은 남자 군인들이 (많은 여군들처럼) '여자 같은 여자'로 행동하는 현상에 특히 모호하게 반응한다고 주장했다. 그들은 '열심히' 하지 않는 여군들을 경멸했지만 동시에 지배하고 있다는 기분을 즐기는 것처럼 보인다고 했다. 마지막으로 이 제대한 여군은 그녀 부대에 있던 '거의 모든 사람들이' 성관계를 가졌고 그래서 그래너가 두 여성 모두와 성관계를 가졌다는 것이 별로 놀랍지 않다고 이야기했다.[21] 그녀의 이 마지막 발언은 한 여성 하사관이 했던 말과 동일하다. 이라크에 파병되었을 때, 그녀는 병사들 간에 발생하는 성관계와 얽힌 다양한 연애스캔들을 처리했었다고 불평했다. 그녀는 심지어 강제로 남녀 군인이 함께 근무를 서지 못하도록 금지하기까지 했다. 그 정도로 남녀 병사가 잠재적으로 성관계를 가질 확률이 높았다.[22] 그녀는 '본국'에 있을 때보다 이라크에 위치한 그녀의 군 기지 내에서 강간을 당할까 매우 두려웠다고 덧붙였다.[23]

---

21 우리가 나눈 토론 중에 이런 성관계가 여러가지 형태로 나타나고 있음은 분명했다. 그 범위는 자발적으로 동의한 관계에서 일어나는 성행위부터 금전 또는 특권을 이용한 성관계까지 다양하다.

22 이 여자 하사 또한 애인이 있는 이성애자인 여성으로서 특히 이라크에서 남자 병사들을 대하는 것이 얼마나 어려웠는지 설명하기 위해 전형적인 분류인 '레즈비언' 대 '성매매여성'이라는 개념을 이용했다. 이라크에서는 특히 병사들이 성관계를 거부한 병사들을 왜곡된 시각으로 바라보았다. Hampf(2004).

23 또 다른 여자병사는 그녀 부대에 있던 여자병사 두 명이 이라크에서 강간당했다고 필자에게 말했다. 그러나 그녀는 "남자들이랑 같이 있을 때 무슨 일이 일어날지 예상했어야지……. 남자 병사들이 생각하는 건 오직 3개밖에는 없거든요. 술, 스포츠, 그리고 섹스. 하루에 12시간 일하며 술을 마시기 위해서는 외부 사람의 도움이 필요한 이라크에서, (계급이 낮은 남자 병사들은) 섹스에 미쳐 있거든요……. 그들은 섹스 없이 하루라도 살 수 없다고 생각해요"라고 덧붙였다. 미군 내에서 신고된 성폭력 사건의 수가 2003년 이라크 침공 이후 급속도로 증가한 사실은 눈여겨볼 만하다. 2002년 783건의 성폭력 사건이 미군에 신고되었다. 2004년까지 이 수는 1,700 건으로 증가했으며 2005년 2,374건으로 40% 증가했다.

여군들의 이런 특정한 주장들이 어떤 일반적 상관관계를 보여 준다면, 아부 그라이브 사건은 성적 긴장감과 젠더 관계가 이라크에 있는 남녀가 공존하는 군 부대 내에서 평화시의 규범과는 다른 방식과 수준으로 영향을 미친다는 것을 시사한다. 또는 더 나아가 어쩌면 평화시에는 일반적으로 잠재되어 있는 긴장감이 이라크에서는 완전히 드러난다고도 말할 수 있다. 이라크는 전쟁에 대한 공포와 불안이 여러 종류의 박탈감, 좌절감 그리고 사회망의 단절과 결합되어 함께 나타나는 곳으로, 이런 긴장감이 일반적으로 맺고 있던 군인들 간의 관계를 변화시키는 것으로 보인다. 아부 그라이브 사건에서 그래너는 잉글랜드의 생일선물로 그녀의 앞에서 후드를 뒤집어 쓴 이라크 수감자에게 자위를 하도록 강요한 혐의를 받고 있다. 그리고 발생한 많은 학대행위가 감옥 내에서 근무하고 있는 미군들 간의 연애에 대한 압박감, 젠더 문제 그리고 지휘권과 연관되어 있다.

　　요약하자면 아부 그라이브에서 수감자를 학대해 유죄를 선고받은 남성 헌병들은 그들이 관리하는 수감자들에게 **육체적 폭력**을 가했다. 그들은 또한 자신들이 만들어 놓은 학대의 무대 안에 특정한 역할을 여성 헌병들에게 부여했다. 그리고 사진을 찍었다. 이런 여군들의 역할은 거의 항상 수감자들에게 **성적인 수치심**을 느끼게 하는 행위가 포함되어 있었다. 남자 군인들은 수감자들에게 항문에 물체를 강제로 집어넣도록 시켰으며(여군 헌병이 수행했다), 구강 섹스(수감자 대 수감자) 또는 죄수들에게 문화적으로 불쾌한 다른 형태의 행동을 시켰다. 그리고 그들이 이미 '망가졌거나' 미국남성뿐만 아니라 여성도 그들을 '소유'하고 있다는 사실을 표현하는 다양한 행위를 했다. 테러와의 세계전이라는 미사여구에 따라 교도관들은 아부 그라이브 희생자들을 감옥에 갇힌 '**범죄자**'로 대했다. 그러나 이런 태도는 수감자들을 동물로 여기고 **동물처럼**(특히 개) 행동하게 강요했다. 이는 또한 수감자들의 '남성성'과 명예를 벗겨 버리려는 노력을 통해 그들을 **거세시키는** (또는 탈남성화시키는) 것을 의미했다. 그리고 수감자들을 모욕적인 별명으로 부른 것은 효과적으로 그들을 교도관들의 소유물이나 장난감으로 전락시킨 것을 의미한다. 특히, 교도관들이 자신들 소관인 수감자들을 **괴롭히는** 것은 우선 수감자들이 죄를 지었다는 것을 증명하는 기호를 생산하기 위한 것이며, 둘째는 남성 또는 여성 수감자들의 반미주의를 **징벌하려는** 것을 의미한다. 즉, 아랍 수감자들을 **빠져나올** 수 없는 이중막 안에 위치시켰음을 의미한다. 만일 수감자들이 수동적으로 학대를 받아들이면 혐오스럽게 그들을 대하고 별명을 부르고 끊임없이 괴롭힘을 가했다. 수감자들이 저항하면 위험한 '적'으로 대했다. 그들은 수감자들을 부수고, 지배와 저항한 것에 대해 가혹하게 육체적으로 가르침을 줄 필요가 있는 적으로 간주한 것이다.

지금껏 이런 학대들에 대해 설명했으나 그래녀와 그와 함께 학대를 저지른 가해자들 역시 모순의 망 안에 그들의 판단과 태도를 심하게 왜곡하는 이중구속에 갇혀 있었다는 것을 이해하는 것은 매우 중요하다. 사실상 필자가 암시했듯이 이것이 바로 대부분 학대가 일어나게 된 동기이다. 그러나 이를 명확하게 하기 위해 짧은 역사적 교훈을 순서대로 살펴보도록 한다.

인도차이나, 알제리, 이라크 그리고 '양심 파괴'

1964년 피터 패럿Peter Paret은 『프랑스의 혁명적인 전쟁, 인도차이나부터 알제리까지』*French Revolutionary Warfare from Indochina to Algeria*라는 제목의 짧은 단행본을 출판했다. 이 책은 프랑스의 반란진압 정책에 대해 자세한 분석을 제공했으며, 이런 이유로 바로 미 육군 대학원의 권장도서가 되었다. 이는 냉전 시기 동안 미국의 비정규전 및 심리전 개발에 지대한 영향을 미쳤다. 이 책의 놀라운 점은 반란진압 전쟁을 수행하는 데 필요한 일련의 기술적 논의로 시작되기보다는 프랑스가 자신들의 식민 지배를 유지하기 위해 인도차이나, 그리고 알제리와 전쟁을 시작했을 때, 본국 시민들의 지지가 위험할 정도로 낮아 애를 먹었다는 사실을 설명하면서 시작한다는 것이다. 그 당시 프랑스는 다수당으로 이루어진 자유민주주의 체제로 사회, 경제 그리고 정치적 분열로 가득했다. 그러므로 프랑스정부가 식민지 내 반란군이 홍보하고 있는 민족해방의 선언과 맞붙을 전쟁을 합리화하기 위한 반대 이데올로기를 생산하는 것은 거의 불가능했다. 그러나 이런 딜레마에 대한 해결책은 놀랍도록 간단하게 드러났다. 프랑스정부는 식민지 반란자들이 테러와의 세계전쟁에 프랑스가 참여하도록 만들었으며 새로운 전선은 이제 인도차이나와 알제리라고 소리 높여 주장했다.

> 프랑스 정부는 군대가 영구적이고 전 세계적인 혁명적 분쟁, 즉, 반식민주의, 비서구적 민족주의 그리고 공산주의의 차이가 중요하지 않은 분쟁, 그리고 전쟁과 평화의 전통적 구분이 사라진 분쟁에 참여하고 있다

고 주장했다. 군사력뿐만 아니라 고도로 발전된 사회가 활용할 수 있는 모든 수단이 동원되어야 한다. 더욱이 전쟁은 효과적으로——완전히는 아니더라도——적을 패배시킬 때만이 종식될 수 있다. 협상, 중재, 제한된 목표를 수용하는 것은 자신의 목적을 해칠 뿐이다.

(Paret 1964, 29~30)

그러나 프랑스 반란진압 이론의 주요한 작가 중 한 명은 개인적으로 이러한 전쟁은 근본적으로 승리할 수 없으며 우리가 희망할 수 있는 최선은 테러리스트 세포의 확산을 저지하고 프랑스 국민이 결국엔 받아들일 수밖에 없는 수준으로 폭력을 감소시키는 것이라고 인정했다(Paret 1964, 29~30). 많은 방식으로 프랑스 식민지 전쟁(특히 알제리전쟁)은 이데올로기적인 우려로 가득했다. 이 전쟁들은 프랑스 민간인 다수의 마음과 생각을 얻는 것이고 결과적으로 프랑스 식민지에게는 승리로 가는 열쇠를 나타냈다. 이런 사실은 심리전, 언론 통제와 조작, 정치적 선전의 보급 그리고 테러리즘과 고문의 전술적인 사용을 의미했고, 양쪽 모두 전쟁을 오래 끄는 수단에 의존하면서 유혈사태와 트라우마적인 투쟁을 만들어 갔다. 물론 마지막에 프랑스는 패배를 인정할 수밖에 없었다. 알제리전쟁의 저변에 있는 모순들이 군대와 민간인사회 모두를 매우 위험한 방식으로 균열시키고 있었기 때문이다. 그리고 비밀군사조직Organisation de l'Armée Secrète의 출현은 알제리전쟁이 실제로 프랑스 군대의 계급 내에서 테러리즘을 생성하고 있음을 분명하게 보여 주었다.

흥미롭게도 1966년 프랑스가 알제리에서 패배한 이후, 미국이 프랑스에게 전쟁을 물려받고 공산주의에 반대하는 세계 전쟁을 하면서 '최전선'을 재정의했다. 이때 미국의 인류학자 마셜 살린스Marshall Sahlins은 프랑스의 비극이 되풀이될 수 있다고 경고했다. 그는 마지막에 "진보된 반공산주의 적과 자리를 바꾼다"고 주장했다(Sahlins 2000, 249). 이는 반대 공산주의가 되는 것이다. 그리고 "'반대들'의 모든 면에서(반대라는 것) 하나를 제외하고는 비슷하다"고 주장했다(Sahlins 2000, 249). 그러므로 그는 다음과 같이 예상했다. "마지막 단계에서 베트남전쟁은 적의 전술을 모방하는 전조가 될 것이다"(Sahlins 2000, 249). 살린스의 평가에 따르면 미국이 시작한 전쟁에 내재된 모순은 프랑스처럼 미국이 궁극적으로 자신들이 파괴하려 했던 바로 그 대상처럼 불가피하게 변해 간다는 것이다. 베트남전쟁에서 '승리'를 거두는 길은 오직 미국인들의 지지와 생각을 '잃어버렸을' 때에야 가능해진다.

　이런 요점을 입증하기 위해 살린스는 미국인 고문들이 하는 활동에 초점을 맞췄다. 이들은 정치적 선전을 퍼트리고 중국의 지배──모택동 혁명 전쟁의 교리를 배워 실천하기 위한 임무──에 저항하기 위한 반공산주의 소규모 조직을 구성하고 훈련시키기 위해 베트남 마을을 옮겨다니며 활동했다. 그러나 이런 행위는 미국이 자신들의 적인 중국을 모방하기 시작했음을 의미한다. 이 미국인 고문들은 종종 민간인 군대를 단순히 교육하거나 '동기'를 부여해 주는 것 이상의 일을 수행했으며 그것은 "사람들의 신념을 강제로 파괴하는 것"이었다(Sahlins 2000, 249). 최악의 상황에서 이 "고문들의 작업은 포로가 된 공산주의 반란자들로부터 고통스러울 정도로 정확한 자백과 대화"를 끌어내는 것에도 관여했다(Sahlins 2000, 249).

　프랑스 내란진압 정책에 관해 패럿이 연구한 것 중 간단한 인용문을 살펴볼 필요가 있다. "만일 알제리전쟁이 이데올로기 전쟁이라면, 적을 전향시키는 것이 가장 핵심이 되는 임무 중 하나일 것이다. 회교도 지지자들을 얻는 것이 프랑스 자신과 세계 여론 앞에서 프랑스의 입장을 무엇보다도 더 정당화시켜 준다"(Paret 1964, 62 필자 강조). 사실이 이러하듯 프랑스는 차크호틴Chakhotin의 마르크스주의 심리학, 베트남 공산주의자들을 혁명화시키려고 사용된 중국의 세뇌방식에 대한 직접적인 지식, 그리고 조르주 소주Georges Sauge 같은 가톨릭 사회심리학자의 도움으로 무장되어서 가장 잘 세뇌된 그들의 적을 다루는 정밀한 방법을 개발했다. "이 과정에서 가장 첫번째는 '개인을 분해시키는' 것이다. 수감자는 고립되어 있고, 수감자를 감시하는 이는 수감자의 공포와 죄책감을 이용한다"(Paret 1964, 64). 그런 다음 수감자의 정체성과 강한 신념이 분열되기 시작하면, 신념과 정체성은 허구로 드러나게 되며 새로운 진실로 대체된다. 간단하게 말하자면 적의 마음 속에 있던 이데올로기라는 악마를 퇴마사가 쫓아내고 나서(이 절차를 프랑스인들은 '라바즈 드 크랑'lavage de crane(머리를 세탁하다) 또는 '브레인 워싱'(세뇌)로 불렀다), 두번째 절차는 '뇌를 채우는 작업이다'bourrage de crane. 이 절차의 목적은 진정한 전향을 이루는 것이다(Paret 1964, 64).

살린스는 그가 만난 미국인 고문들이 특별히 이런 절차를 수행하는 데 능숙했으며 그들의 성공 여부는 완력을 사용하는 대신 자신의 반대 공산주의자들이 개발한 방법에 기대어 임무를 수행했다는 데 있었다고 언급했다. 그 고문들은 수감자와 환자들을 정신적으로 파괴했다. 간단히 말해 월남 포획자가 베트콩 수감자를 가혹하게 대하고 나면, 미국인들은 더 가혹한 육체적 고문이나 처형을 생각하고 있는 수감자들의 기대에 반해 행동한다. 즉, 수감자를 받아주고 친구처럼 대하며 수감자들을 실제나 상상의 위협에서 보호한다. 그러고 나서 미국인들은 시간과 수감자의 혼란을 이용해서 수감자들에게 자신들의 호의에 보답하라고 동정심 많은 미국인이 수감자를 진정한 적인 월남인들에게 넘기지 않도록 좀 유용한 정보를 제공하라고 호소한다.

이 절차의 주된 목적은 간단히 말해 자백을 끌어내기 위한 것이다. 이 절차를 통해 이중의 이득을 볼 수 있는데, 군사정보를 얻을 수 있으며 (배신과 죄책감을 통해) 수감자와 그의 동지 사이에 유대감을 잘라 버릴 수 있다. 심문자들이 쓰는 표현에 따르면 그렇게 함으로써 "수감자를 의미와 존재적 측면에서 그의 삶의 최하위"(Sahlins 2000, 252)로 떨어뜨리는 것이다. 마지막으로 살린스가 주장하는 중국 기술을 '무심결에 풍자'하는 게 의미하는 바는 다음과 같다. 수감자는 그후 월남인 포획자에게 다시 넘겨지고 그의 자백이 수감자 자신의 구명을 충분히 보장할 수 없다는 이야기를 듣게 된다. 완전한 반공산주의자로 재탄생하기 위해 추가 재활과 재교육이 필요하다. 이 순간 수감자가 택할 수 있는 선택은 간단하다. 자발적으로 전향하거나 불명예스럽고 고독한 죽음.

결국 아마도 가장 중요한 것은 살린스가 인터뷰한 심문자들은 그들이 쉽게 파괴할 수 없었던 베트남 수감자들을 은밀하게 존경하고 감탄했다고 인정한 것이다. 이는 심문이라는 무대에서 베트남 적들과 미국인 고문들 사이에 정서적 상호의존성이 생겨났음을 입증한다. "수감자의 성공적인 저항은 심문자들의 가장 큰 만족감이다. 그의 강인함은 그들의 강인함을 증명하고, 그의 의지는 그들의 의지를 증명한다. 그의 확신은 그들의 확신을 증명한다"(Sahlins 2000, 253). 다시 말해 미국 심문자들은 베트남 수감자들의 목적의 정당성을 확인하고 그들의 마음과 정신을 보호하기 위해 베트남 수감자들을 '전향'시키는 데 실패해야만 했다. 심문자들은 '희망이 없는 모순' 같은 것에 빠져 있었다. 이는 궁극적으로 베트남에서 미국의 패배를 보증하는 것이었다(Sahlins 2000, 253).

아부 그라이브 학대를 다시 바라보기

선택된 이라크 수감자를 아부 그라이브에서 정보 재원으로 변환시키는 것은 분명히 그 또는 그녀를 '파괴하는' 것이 수반되었을 것이다. 즉, 수감자를 "의미와 존재적 측면에서 그의 삶의 최하위"(Sahlins 2000, 252)로 떨어뜨려야 하는 과정이 수반되었다. 우리는 이제 이런 지점이 자백의 순간에 달성됐다는 것을 베트남의 경우에서 알게 되었다. 그리고 이런 지점은 '재활'하는 과정이 뒤따른다. 그러나 이 모든 것이 이라크의 경우 실제로 일어났는지는 분명하지 않다. 아부 그라이브 내 이라크 수감자들은 문화적이고 종교적인 금기를 위반하고, 성적 모멸감을 주는 개처럼 다루어지고 수치스러운 사진을 찍는 것이 포함된 장기간의 학대를 당했다.[24] 그러나 학대가 밝혀지면서 이루어진 어떤 조사에서도 밤에 이루어진 이 학대가 더 거대한 과정의 일부분인지 아닌지를 전혀 다루지 않았다. 여기서 더 큰 과정이란 교묘한 미국 심문자들이 정보를 제공하는

---

24 아랍 세계에서 개는 일반적으로 '더럽고' 오염된 동물로 취급된다. 수감자들을 정신적으로 굴복시키는 데 개를 전술적으로 이용한 것은, 아랍권 문화와 심리에 대한 기본적 지식에 바탕을 둔 대규모의 잘 개발된 심문 전략의 일부분이었다.

대가로 사진을 불태우기로 약속하거나 수감자들을 풀어 주거나 보호해
주기로 한 약속일지도 모른다. 대신 공식적인 보도들은 모두 이 학대를
적나라한 강압의 본보기로 취급했다. 텔레비전은 이런 강압이 미국 형사
들에게는 익숙하지만 미국군인들에게는 완전히 생소한 것으로 표현했
다.[25] 이런 이유로 우리는 여기서 중요한 질문과 마주하게 된다. 아부 그
라이브에서 행해진 학대는 정말 테러와의 전쟁을 위한 미국의 급진적이
고 새로운 전략을 이행하려는 노력과 연관되어 있었을까? 아니면 이들
은 실제로 베트남에서부터 행해 온 미국의 내란진압 전략의 흔적을 시
현한 것일까? 이들은 수감자들을 교화시키려 했을까? 아니면 강제로 옷
을 벗기는 행위를 말 그대로 단지 수행했을 뿐인가? 별로 놀라울 것도
없이 아마 이 질문들에 대한 대답은 '모두 해당된다'일 것이다.[26]

첫번째로 아부 그라이브에서 발생한 일련의 학대는 제205대 군 정
보여단(전통적인 군 정보사단으로 독일 비스바덴에 영구 주둔하고 있음) 그리고
제372대 헌병중대(메릴랜드 크레습타운 내 위치한 전통적인 미 예비군 사단)에
소속된 군대가 저질렀다. 그리고 이들은 아프카니스탄에는 배치된 적이

---

25 아부 그라이브 내 수감자를 감시하고 심문하는 역할에 배정된 많은 수의 사람들이 예비군이거
  나 이라크에 오기 전 미국에서 경찰이나 간수로 미국에서 일했던 민간 계약자들이라는 사실은
  놀라울 것이 없다. 이 사실은 매우 중요한데 왜냐하면 미국 형벌제도 안에서 수감되어 있는 범
  죄자는 자주 정보를 제공하라고 위협당하며, 정보원 또는 '밀고자'로 일하는 조건을 걸고 풀려
  나기도 하기 때문이다. 이들은 당국이 더 큰 범죄 조직을 소탕할 수 있도록 도움을 준다. 이런
  상황을 고려할 때, 아부 그라이브 감옥에서 발생한 수감자 학대는 미국 수감자들을 다룰 때 흔
  히 사용한 방식을 일상적이지 않은 장소, 즉 전쟁터에 적용했을 가능성이 있다고 필자는 생각
  한다. 그러나 이런 행위는 부시행정부가 테러와의 전쟁을 선포한 후 적을 범죄화하리라는 모
  토 아래 매우 일관되게 행한 일이다.
26 오늘날 미군 내 이론과 실천이 서로 상충하며 공존하고 있는 것은 냉전 이후의 상황에 대처하
  기 위해 군의 변화와 관련된 일관된 정책을 세우는 데 계속해서 실패하면서 나타나고 있는 증
  상들이다. 즉, '군 변혁'과 관련해 끝내지 못하고 있는 논의의 결과이다.

없었고 중동에서 수행할 임무와 관련해 어떤 특별한 훈련도 거의 받지 않았다. 이런 사실을 인지하고 있는 것은 중요하다. 다시 말해 아부 그라이브에서 행해진 학대로 기소된 가해자들의 대다수는 평범한 병사들이며 이들은 지원부대에——CIA나 특별임무 요원 또는 민간 계약자가 아닌——소속되어 있었다. 그리고 이라크에 도착하기 전까지 이들은 적 전투원의 처우에 대해 9·11 이후 변화된 정책원안을 거의 알지 못했다. 즉, 이들은 살린스가 묘사한 것과 매우 유사한 방식으로 임무수행에 대한 훈련을 받았다. 그리고 이들은 '임무를 수행하는 과정에서' 적군 전투원을 대하는 새로운 후기 9·11 지침서 및 기술을 알게 되었다.

다음으로 미국이 운영하는 하나 혹은 더 많은 수감시설에서 선택된 수감자들을 미국 담당자들이 협박을 통해 실제로 '밀고자'나 정보원으로 사용하려고 준비하지 않았다고 해도, 성적인 수치심이나 모멸감의 계산된 사용은 펜타곤의 기밀 프로그램인 '쿠퍼 그린'Cooper Green 프로그램의 중추를 형성하고 있었다. 이 프로그램은 간수들이 타정부관계기관 OGAS으로 부르는 요원들을 통해 의심의 여지없이 아부 그라이브로 들어갔다.[27] 2002년 9월 의회에서 발언한 CIA 대태러리즘 전 국장 코퍼 블랙 Cofer Black의 진술에 따르면 "9·11 이후 장갑을 벗기로 했다"(온화한 방법 사

---

27 사진증거를 놓고 볼 때, 아부그라이브의 그 악명 높은 "야간 근무조" 교도관들이 이라크 수감자들을 이 프로그램의 일환으로 표적으로 삼아 감시하고 학대했을 가능성은 아주 희박하다. 문화적으로 수치심을 불러일으키는 행위를 수감자들의 얼굴이나 다른 신체부위에 연결시키려는 흔적을 보여 주는 사진들이 거의 없기 때문이다. 그런 사진들은 그 교도관들이 수감자들을 협박했다는 시나리오를 긍정하는 증거가 될 수 있기 때문이다. 이런 이유로 필자는 성적 수치심을 불러일으키는 사진 프로그램보다는 "패러다임"을 야간 근무조들이 택한 것으로 보고 있다. 학대로 기소된 가해자들은 정보요원들이 부추겨서 한 것이라며 절차를 부드럽게 하려는 의도의 일환으로 사용되었다고 필자는 보고 있다.

용을 중지). 그리고 테러리스트에게 '정의'를 맛보이기 위해선 특별한 조치들이 취해져야 된다는 결정을 내렸다. 그후 경험 많은 CIA와 특수부대 요원으로 이루어진 여러 개의 새로운 대테러 특수부대팀이 신설되었다. 이 특수부대들은 테러리스트 용의자를 생포하거나 사살하기 위해선 어떤 것도 가능하다는 청신호를 받게 되었다. 여기엔 아부 그라이브나 다른 수감시설에서 행해지는 비밀스런 심문행위도 포함되었다.[28] 사실상 페이와 존스 보고서는 분명하게 다음과 같이 언급했다. "CIA 수감시설과 심문 행위는 아부 그라이브에서 책임감 상실과 학대에 기여했다. …… 지역에 있는 CIA 요원들은 지역 규칙과 절차에 구애받지 않고 임무를 수행할 수 있도록 군 장성들을 설득했다"(Fay and Jones 2004, 43). 게다가 민간 계약업자들에게 고용된 소규모 용병군대 및 정보요원들도 미국의 세계 대테러 전쟁에 참여시키기 위해 고용되었다. 이들 중 적어도 4

---

28 메이어(Arno Mayer 2000)가 지적하고 있듯이, 복수와 관련된 행위는 거의 항상 폭력과 테러의 순환을 부추긴다. 폭력과 테러의 순환은 양측이 모두 인정하는 중립적인 제3의 인물의 강제적 개입을 통해서 약화된다. 이는 매우 중요한데, 그것은 미국의 지위는 세계에서 단 하나밖에 존재하지 않는 초강대국이기 때문이다. 그리고 미국의 부시행정부는 9·11 공격 후 유엔의 권위와 정당성을 거의 완전하게 무시했으며 '사법부'가 테러와의 전쟁이라고 불리는 상황을 만들었다. 즉, 미국의 행위에 누군가 개입한다는 것은 불가능하다. 미국은 자신을 테러 때문에 상처받은 희생자인 동시에 전 세계에 독선적인 문제 해결자로 자리매김했다. 미국은 정의와 복수를 섞어 자신들의 적을 범죄자로 만들고 21세기에 옳은 일을 하는 것으로 발표했다. 그러나 메이어가 우리에게 환기시키고 있듯이 응징은 계속되고 있으며, 양면을 가지고 있다. 그러므로 우리는 미국과 미국이 선언한 적이 미 국무부가 정의하고 있는 폭력의 순환에 '미리 계획하고, 정치적으로 동기부여를 받은 폭력으로 민간인들을 목표로 하는 발생'에 향후 점차 참여하게 될 것이다("Office of the Coordinator for Counterterrorism", Patterns of Global Terrorism, 2002, U.S. Department of State Publication 11038, 2003. 4. 13. 온라인에서도 확인 가능(http://www.state.gov/documents/organization/20177.pdf. 2010년 3월 14일). 아부 그라이브 학대를 기록한 사진들이 공개되자 마자 포로로 잡힌 미국인의 머리를 베는 복수적인 행위는 이런 순환적 현상의 그저 한 예일 뿐이다.

명이 결국 아부 그라이브 학대 사건에 가담한 혐의를 받고 있다. 그리고 심문 절차나 이들의 신분을 아는 이들은 거의 없었던 것으로 보인다. 그러나 이들 중 다수가 거의 훈련을 받지 않았다는 사실이 현재 명백하게 드러났다. 제네바 협정에 따른 포로의 보호는 이라크 수감자들에게 적용되지 않는다는 사실을 이들은 통보받았다. 그리고 이들이 사용한 심문 기술들 때문에 마나델 알 자마디Manadel al-Jamadi를 포함한 몇몇 수감자들이 사망했다. 이들의 차갑게 식은 사체는 아부 그라이브의 악명 높은 사진들에서 볼 수 있다.

그러나 다시 한번 강조하건대 경험이 풍부한 정보원들이 생포된 수감자들로부터 정보를 골라내기 위해 종래 사용됐고 보증된 전략을 **근본적으로** 위반했다고 생각하는 것은 오산이다. 사실 2003년 수감자들을 심문하는 방식에 대해 조언을 제공하기 위한 특별 대표단 소속으로 이라크에 파견된 스티브 클라인만Steve Kleinman 대령은 다음과 같이 주장했다. 심문자들이 이라크 실정에 적용이 불가능한 냉전시대 모델을 가지고 훈련을 받은 것이 문제이다(Mayer 2008, 247). 그 결과 심문자들은 계속해서 잘못된 질문만을 쏟아 냈으며, 수감자들이 진실한 답변을 했을 때도 이들은 대답이 거짓이라고 생각하는 우를 범했다. 이런 이유로 심문자들은 서서히 무력을 사용하는 방식으로 나아갔다(Mayer 2008, 247). 이런 상황을 고려할 때, 아부 그라이브에 배치되어 있던 적어도 몇몇 타 정부 관계기관 소속 사람들은 사실상 살린스가 묘사했던 방법과 유사한 방법을 사용했을 가능성이 있다. 물론 주어진 상황을 고려할 때 주요한 차이는 이 감옥에서 미 헌병에게 배정된 역할은 베트남전쟁 당시 CIA과 미국의 특수부대 심문자들을 위해 월남 고문자들이 했던 역할을 수행했다는 것이다. 그러므로 학대를 가능하게 한 구조적 공식은 다음과 같이 생성되었을 것이다. 이라크 수감자들에게 구타, 살해 협박 그리고 교묘하게 계산된 문화 및 종교적 금기사항을 이용해 위협하는 데 가담한 미국 교도관들은 이들은 수감자들이 '전향' 경험을 맛보도록 준비를 시킨 것이다.

그러나 이 모든 것은 물론 추측일 뿐이다. 2003년 가을 수감자 수가 폭증하던 시기, 미군의 사기는 저하되어 있었으며, 갈등이 고조되고 근무 중인 다수의 헌병들이 민간인 삶에서 벗어나 이라크에서 근무를 강요당한 예비군들인 상황에서 교도관들은 갈수록 가학적으로 변해 갔다. 이것은 매우 단순하지만 가장 중요한 사실이다. 사실상 미국 관계자들은 후에 이들이 저지른 학대는 이미 수행하고 있는 심문 기술의 광대한 범위를 훨씬 넘어선 것으로 규정하며 이들이 저지른 행위를 '불법적'이며 '일탈적인' 행위라고 칭했다. 중요한 질문은 "왜 그랬을까?"이다. 개인의 정신병리학적 문제가 이 학대를 낳은 근본적 이유인가? 제대로 관리받지 못하고 훈련받지 못한 몇몇 썩은 문제아 군인들이 단순히 혼란스러운 전쟁 상황을 이용해 자신들의 학대적 환상을 구현한 것인가? 아니면 이라크에서 수행하고 있는 미국 프로젝트가 안고 있는 수많은 모순들이 무슨 이유에선지 정상적인 미군들을 '범죄자'로 변화시킬 만한 상황을 현장에서 만들어 내고 있는 것인가? 아니면 그저 과도한 신념이 학대의 이유인가?

필자가 느끼는 바는 다음과 같다. 아부 그라이브에서 발생한 가학적 행위는 **다음과 같은** 이유 때문에 앞서 언급한 기간 동안 더욱 극심해졌다. 그것은 베트남 경우와 마찬가지로 이라크에 미국 주둔이 잘못된 행위라는 것을 미국의 '보조자인' 군인들이 '무너지기를' 거부하는 적들을 통해서만 정당화시킬 수 있는 상황이었기 때문이다. 만일 수감자들이 위험한 테러리스트가 아니라면 감옥이나 교도관이 있을 필요가 없게 된다. 그리고 가족들과 직장을 등지고 이라크에 와 있을 필요가 없게 된다. 그리고 지구 반대편에 위치한 감옥의 어두운 휴식 시간 동안 매일 고통을 목격하고 고통을 느낄 필요가 없어진다. 9월을 훨씬 넘어 연장된 근무 기간을 채울 필요가 없게 된다. 전쟁을 할 필요가 없어지는 것이다. 그러므로 교도관들의 입장에서 아랍 죄수들은 그들이 유죄라는 신호를 보여줘야 하며, 이 신호는 그들이 미국과 미국인을 경멸한다는 것을 입증하는 것이다. 이 신호는 미국인을 목표로 하는 지속적인 공격에 이등병 제시카 린치의 포획과 학대가 보여 주듯이, 이들이 가담했다는 것을 드러내야 한다. 이런 신호들은 교도관들이 적들과 하는 개인의 전투 속에서 자신들의 환상을 흠뻑 충족시키도록 했을 것이다. 그러므로 대부분 죄가 없는 이라크 수감자들은 점점 수위가 강해지는 구타, 모욕, 위협, 비하, 폭력에 노출되었다. 이런 폭력행위들은 수감자들에게 불안을 유발시키고, 저항을 도발하며, 숨겨진 대상을 폭로하도록 하기 위해 수단이었다. 이런 특별한 기술들이 이라크적 저항(욕설, 기도, 말 듣기를 거부, 또는 정신이상적 행동)의 '신호'를 보이면, 그들을 '부수라는' 명령이 찰스 그래너 같은 교관들에게 원기를 회복시키는 현실로 다가오게 된다. 필자는 이와 유사한 일들이 2003년 3월 적대행위가 시작된 이래 군사법정에 수감자 학대로 기소된 100명이 넘는 다른 미군들에게도 적용된다고 추정한다.

327대 헌병중대 소속으로 학대가 발생할 당시 아부 그라이브에 배치됐던 전직 군인 다이앤 리앵Diane Liang은 왜 학대가 일어났는지에 대한 질문에 다음과 같이 대답하면서 부분적으로 이런 관점에 동의했다. "저는 학대가 호기심, 지루함 그리고 분노 때문에 일어났다고 생각합니다."
그녀는 다음과 같이 말을 이어갔다.

하루에 12시간씩 그곳에서 일합니다. 매일 그리고 주변에서 일어나는 모든 일에 화가 납니다. 9월엔 미국으로 돌아갈 수 있다는 이야기를 들었습니다. 부대에 있는 다른 사람에게 화를 내고 싶어집니다. 그렇지만 그렇게 할 수 없죠. 그래서 몇몇 사람들은 그 분노를 죄수들에게 푸는 겁니다. (헌병들이) 한 짓은 잘못된 거죠. 그렇지만 우리는 감옥에 있는 모든 사람들이 연합군을 공격하고 우리를 죽이려고 했던 이들이 아니라는 것을 알지 못합니다. 물론, 우리는 이제 1A 구역에 수감되어 있는 이라크인들이 모두 위험한 '테러리스트'는 아니라는 것을 알고 있습니다.[29]

그러나 기술하사관 리앵의 진술에 따르면 다음은 매우 분명해진다. 교도관들은 죄수들을 잘못 다룬 것을 편리하게 합리화하려고 이런 사실들을 이용한다는 것이다. 더욱이 이 합리화는 헌병들이 경험하는 비정규전 전문가들과의 퇴보적 동일시 덕택에 더욱 강화된다. 이 전문가들은 헌병들의 노력을 치하하고 그들이 지속적으로 수행하고 있는 교도관 임무보다 거대하고 더 중요한 무언가의 일부라는 인식을 제공했었다.

---

29 Trent T. Gegax, "Behind the Walls of Abu Ghraib", *Newsweek*, 2004. 5. 25. 인용.

결론

1965년 살린스는 베트남에 진상조사를 위해 가게 된다. 거기서 그는 생포된 베트콩 반란군으로부터 정보를 선별해 내는 역할을 맡은 특수 부대와 CIA 요원들을 인터뷰한다. 그가 찾아낸 사실들은 1966년 한 기사로 실린다. 「베트남에서 일어난 양심의 파괴」The Destruction of Conscience in Vietnam라는 글에서 그는 미국인 고문들이 사실상 거짓말과 모순으로 가망 없이 오염된 전쟁 속에 있는 베트남 사람들의 마음을 얻기보다 오히려 그들 자신의 마음과 생각을 잃어버렸다고 주장했다. 근본적으로 살린스는 다음과 같이 주장했다. 미국인들이 미 군사력을 (이것을 기꺼이 사용하겠다는 의지도 포함해) 팽창하는 중국 정부에 홍보하기 위해 죄 없는 베트남인들을 희생시켰다. 그리고 이런 일을 행하는 동안 미국은 자신들이 중국이 퍼트리지 못하도록 막으려 했던 그 범죄를 저질렀다. 이 범죄는 미국인 고문들이 인정할 수조차 없는 사실 그래서 그들이 베트남 공산주의자들을 찾아내고 파괴하는 것을 통해서만 부인할 수 있는 것이었다. 심지어 베트남 공산주의자들이 존재하지 않는 곳에서도 이런 일을 행했다. 살린스의 말에 따르면 "모든 악의 군대에 대항해서 싸우는 미국의 전쟁터로 선택된 것은 베트남의 비극이다. …… 미국인의 모든 타협과 자기기만 그리고 이 모순 속에는 모든 잔혹성이 내재되어 있다"(Sahlins 2000, 233, 238).

40년 후, 살린스의 분석은 괴이하게도 이라크에서 계속되고 있는 전쟁에 적용되고 있는 것처럼 보인다. 이 전쟁의 진정한 목적은 미국의 힘을 '악의 축'에 보여 주고, 미국의 힘의 한계를 시험해 보려는 대담한 이들에게 '충격과 경악'으로 그 힘을 홍보하려는 것처럼 보인다. 실제로 미국의 역사적 운명은 전투해서 이기는 것이라고 믿고 있는 주요 정책입안자들의 초월적 목적을 위한 또 다른 전쟁의 '최전선'으로 선택된 것이 이라크의 비극이라고 말하는 것은 지나치지 않다. 더욱이 아부 그라이브 교도소 시설에서 발생한 악명 높은 학대와 이 사건과 더불어 밝혀진 일련의 살인과 학살은 전쟁이 포함하고 있는 모순의 현장에서 정신분열적인 상황을 형성한 것이 분명해 보인다. 이 현상은 매일같이 아랍인들의 생명을 파괴하고 미국인의 마음과 생각을 파괴하고 있다. 그들은 미국에 반대하는 테러리스트들이 그들이 파괴하려고 노력하는 '악인'들과 어떻게 다른지에 대한 질문을 받았다. 이 질문에 대해 미국 고문관도, 정책입안자들도 대답할 수 없었다.

이 장에서 필자는 이런 대규모 명령체계의 모순이 이라크 현장에서 어떻게 드러났는지 보여 주려고 노력했다. 이렇게 함으로써 필자는 아부 그라이브의 주요 문제점 중 하나는 수감자들을 학대한 계급이 낮은 병사들이 면책권과 독선적인 감정에 빠져 일을 수행하기 시작했다는 것을 제시했다. 이런 감정들은 사실상 그들의 상관들이 보여 준 감정과 행위와 맞먹는다. 여기서 필자는 처음에 사담 후세인의 전前궁전과 간수실을 점령했던 미국 사령관이 느꼈던 똑같은 면책권과 특권의 감정을 지적하고 싶다. 이런 행위는 공개적으로 전前이라크 정권의 사라진 권력을 조롱하고 미국이 원하는 이미지 대로 이라크를 재건할 수 있는 미국의 능력을 거만하게 과시한다. 이런 행위는 뜻하지 않게 그 국가 내에서 제국주의에 반하는 반란자들을 생성시키는 데 일조했다.

흥미롭게도 사실상 아부 그라이브 학대에 대한 모든 공식 조사는 죄가 드러난 교도관들이 면책권에 대한 거의 병적인 생각을 가지고 일을 수행했다고 밝히고 있다. 그리고 그들은 모두 자신들이 제대로 감독받지 못했기 때문에 이런 일이 일어났다고 주장했다. 가해자들의 일탈적인 행동은 군 사령체계가 무너져 있지 않았다면 발생하지 않았을 것이다. 그러나 아부 그라이브 내 무너진 군 사령체계는 정부 권위의 부족 때문이라기보다는 초과로 일어난 것으로 보인다. 아부 그라이브 사건의 경우, 군의 신조인 '솔선수범'이 작동하지 않았다기보다는 너무 잘 작동했기 때문에 이런 일이 생긴 것으로 보인다. 더욱이 제대로 된 감독 체계가 이루어지지 않아 아부 그라이브의 문제가 일어났다고 주장하는 것은 군대에게 이를 맡겨 두면 미군은 이라크나 다른 곳에서 그들이 마주하게 되는 아랍계 '테러리스트' 적들을 계속해서 폄하하고 학대할 것이라는 것을 인정하는 것과 유사하다. 간단히 말해 이런 대중적인 진단은 즉 개별 병사들의 행동에 대한 윤리적 감시를 강조하는 새로운 체계로 불가피하게 이끄는 진단으로서, 대체로 자기기만적이며 추후 발생할 학대를 종식시키지도 못할 것이다.

불행하게도 국방부 관계자들은 현재 이라크와 다른 곳에서 싸우고 있는 미군들이 전쟁터에서 승리하기 위해 정신과 마음을 '잃어야 하는' 위치에 배치되어 있음을 인식하는 것이 불가능해 보인다. 아니면 적어도 인정할 능력이 없는 것으로 보인다. 다시 말해 이 말의 의미는 '평화를 얻기' 위해, 미국 전투원들이 이라크 내 (다른 곳도 마찬가지로) 미군점령을 합리화하기 위해 반미감정을 촉발시켜야 하고 증오와 무질서를 생산해야 한다는 것이다. 빈약한 정책 결정은 이런 병사들을 계속적으로 이중구속시키고 있다. 만일 미군 내에 무고한 사람을 학대하는 충동이 존재한다면 필자는 이런 존재가 개별 병사의 정신병리학적 문제와 연관되어 있다기보다 제도적인 정신병리학 문제와 더욱 가깝게 연관되어 있다고 믿는다.

더 나아가 이렇게 헌신적인 병사들이 새로운 수많은 전쟁에서 미국 외교정책의 활동적 도구로 사용되는 한, 그들은 폭력, 권력 그리고 통제를 남성성과 동일시하는 군대의 (하위)문화를 불가피하게 수출할 것이다. 즉, 군인들은 그들이 받은 군사훈련 속에 포함되어 있는 가치와 자신들이 휴식시간에 즐기는 디지털 유흥(음악, 게임, 포르노) 속에 다양한 수위로 포함되어 있는 가치를 수출할 것이다. 더 나아가 병사들은 이런 문화적 형태를 지역민들의 삶에 '영향을 주고' 전全 지역을 변화시키는 데 더 큰 노력의 일환 속에서 이를 수출하게 된다. 모든 군 사령관들은 이를 인지하고 있다. 그리고 필자는 그들이 계속해서 이런 입장을 고수할 때 따르는 위험에 대해서도 또한 인지하고 있다고 믿고 싶다. 아부 그라이브에서 (하나의 예로서) 발생한 학대가 보여 주듯이, 문화는 계속 진행 중인 테러에 대한 미국의 전쟁에서 통합적인 하나의 측면이다. 미 군대 (하위)문화를 이해하고 변화시키려는 거대한 주안점이 만들어지지 않는 한, 미국의 신식민주의는 의도하지 않은, 그렇지만 예상 가능했던 비극들을 더 많이 생산해 낼 수밖에 없을 것이다.

결론

교차로에 서 있는 제국?

문승숙·마리아 혼

지난 60년간 미국은 역사상 가장 큰 규모의 군사제국을 거느려 왔다. 이라크에서 발생한 길고 피로 얼룩진 전쟁과 이라크에 파견된 군대를 철수하겠다던 오바마 대통령의 약속에도 불구하고, 이 군사제국의 끝은 없어 보인다. 지난 60년 동안 미국이 보여 준 것처럼 기지가 한 번 지어지면, 미군 사령관과 군 전략기획자들은 기지를 포기하지 않으려 갖은 애를 쓴다.[1] 몇몇 비평가들이 최근 미군기지의 방대한 네트워크의 범위와 이들이 전 세계적으로 내뿜는 권력에 대해 폭로했지만 이들의 존재는

---

1 수십 년에 걸쳐 전 세계에 펼쳐져 있는 미군기지 구조는 전략적 필요가 변함에 따라 변형되어 왔다. 1970년대 중국과의 관계회복을 선언한 닉슨의 결정에 들떠, 미 국방부 펜타곤의 군 기획자들은 더 이상 전 세계 두 개 반에 걸친 대륙(한 대륙은 유럽, 또 하나의 대륙은 아시아, 나머지 반은 아프리카를 의미)에서 달하는 전면전을 하지 않아도 되는 상황을 예측했다. 이런 변화는 아시아에 위치한 미군기지의 대규모 축소로 나타났다. 중국과의 전쟁이 일어날 가능성이 없기 때문이다. 1970년대 초 예를 들면 한국 내 미군의 수는 70,000명에서 약 35,000에서 40,000명 사이로 축소됐다. 때로는 주둔국이 미군의 보호를 더 이상 필요로 하지 않아 기지가 폐쇄되는 경우도 있다. 그 대표적인 예로 프랑스 전 대통령 샤를 드골(Charles de Gaulle)이 1960년대 중반 미군들에게 프랑스를 떠나라고 한 결정을 들 수 있다. 그리고 1990년대 초 수빅만에 위치한 해군기지와 클라크 공군기지 갱신 조약을 거부한 필리핀 정부도 그 예 중 하나이다.

미국 내에서 거의 주목받지 못했다. 미국 내 언론들은 전 세계 미국의 영향에 대해 논의할 때, 기지에 대한 언급은 거의 하지 않는다. 이런 이유로 대부분의 미국인들은 미국이 150개 국이 넘는 나라에서 군 기지를 유지하고 있다는 사실을 들으면 매우 놀랄 것이 분명하다.[2] 전 세계에 흉측하게 펴져 있는 군에 대해 미국 국내 언론들이 강조하고 있는 것은 일반적으로 군인들(또는 미국 국내에 있는 군인들의 사랑하는 사람들)——군인들의 영웅담, 희생할 준비가 되어 있는 그들의 의지, 그리고 미국이 상징하는 최선의 것들을 (민간인 삶 속에서 너무 자주 결여되어 있는 것들) 군대가 어떤 방식으로 대표하고 있는지에 관한 것들.[3]

스톨러가 언급했듯이 미국이 "'유연한 제국일 뿐'이지 유령제국이 아니다"(Stoler 2006c, 19)라는 언급은 이렇게 유명한 제국 관련 학자들조차도 전 세계에 걸쳐 있는 미국의 물리적 징후를 간과하고 있음을 보여준다. 그러나 미군기지가 주둔하고 있는 주둔국 어느 곳도, 특히 전 세계 미군기지가 있는 곳 주변에 거주하고 있는 지역 여성과 남성들은 미국을 유령제국이라고 생각하지 않는다. 미군기지는 너무 분명한 현실 그 자체이고, 기지 근처 지역 공동체를 대하는 미군의 자세는 더욱 방어적으로 변하고 있다. 계속되고 있는 테러와의 전쟁 때문에 군 기지, 미군가족을 위한 주거지 그리고 미군과 연계된 시설들은 모두 높은 담장과 유례없는 보안장벽으로 둘러싸인 통로, 검문소, 그리고 완전 무장한 경비

---

2 Lutz, "Bases, Empire, and Global Responses", *Fellowship*, Winter, 2007 참조. 온라인에서도 확인 가능(www.forusa.org/fellowhip/winter07/catherinelutz.html. 2010년 3월 29일 접속).
3 해외 미군기지 재배치의 부작용으로서 미국사회의 군사화를 보려면 McAlister(2001). 보수적인 시각을 통해 미 군사주의를 비판한 연구를 보려면 Bacevich(2003) 참조.

병들로 에워쌓여 있다(이 경비병들은 종종 주둔국 정부가 제공한 군인들인 경우가 많다). 실제로 한때 강력하고 오만하게 지역 주민들 위에 군림했던 기지들은 이제 더 이상 전과 같은 자신감을 뿜어내지 못하고 있다. 현재 많은 지역 주민들에게 미국은 매들린 올브라이트Madeleine Albright가 클린턴행정부때 불렀던 것처럼, 없어서는 안 될 세계권력으로서 포위당한 제국처럼 보인다.[4]

필자들의 기지 관련 연구의 초점이 냉전 시대와 그 직후 기간 동안 소련과 대적하는 미국의 권력을 보장하는 기지 구조에 맞춰져 있는 반면, 필자들은 이런 군 기지와 그곳에서 발생하고 있는 사회적 상호관계들이 훨씬 거대한 미국 역사의 서술 안으로 완전히 편입될 필요가 있다고 생각했다. 미국의 예외주의를 주장하고 제국주의를 오랫동안 부정해 오면서 19세기부터 지어졌던 군 기지가 미국 제국주의의 중요한 구성요소라는 사실이 흐려져 왔다. 2차세계대전 초기에 변화된 것은 미국이 단지 영국 제국주의가 "물려 준" 많은 수의 군 기지를 물려받은 사실과 일본이나 나치 독일 같은 다른 제국주의 권력으로부터 전리품으로 군 기지를 차지한 것이다. 그러나 미국이 그저 유례를 찾아볼 수 없는 제국으로 "그저 우연하게" 변모한 것은 아니다 (영국이 그 자신의 제국의 습득을 이렇게 설명하기 좋아한 것처럼). 2차세계대전에 개입하면서 미국은 자신의 국제적 위치를 유지하기로 마음먹었으며 이는 거미줄처럼 얽혀 있는

---

4 이런 유사한 현상들은 미 대사관 및 영사관에서도 관찰된다. 이들 건물 또한 강화된 보안 조치들로 폐쇄적이며 과도한 감시를 통해 보호받고 있다. 미 기관들이 들어서 있는 거리 전체가 종종 폐쇄될 때도 있으며 근처에 사는 주민들에게 불편을 끼친다.

군 기지를 통해 가능했다. 오늘날 테러와의 전쟁이 하고 있는 것처럼, 냉전은 단지 제국의 윤곽을 형성했다.

이 책에 있는 글들을 통해, 필자들은 "오버 데어" 그리고 미국 국내 모두에서 미군기지가 미치는 영향에 대해 더 깊은 의미와 실제적 탐구가 이루어지길 희망한다. 전례 없는 이 제국의 범주를 온전히 밝혀 내기 위해서는 더 많은 연구가 필요하다. 미국이 기지를 약 100년간 유지하고 있는 필리핀, 캐러비안과 라틴 아메리카에 있는 다른 국가 및 파나마는 심각할 정도로 경시되고 있다. 이보다 더 중요한 것은 중동에서 미군의 개입이 커지고 있지만, 바레인과 터키에 주둔하고 있는 미군기지에 대해서는 거의 아무것도 알려지지 않고 있다. 이곳은 미국이 거의 60년 동안 많은 수의 기지를 유지하고 있는 곳이다. 지난 몇 년 동안, 학자들은 제국을 더욱 시각화하기 위해 이 중요한 작업을 해왔다. 그리고 이런 제국의 사회적·정치적 효과를 드러내기 위해 노력했다(Calder 2007; Cooley 2008; Gillem 2007; Go 2007 and 2008; Johnson 2004; Lutz 2009; Vine 2009) 그러나 이 학자들이 대부분 미국 역사나 미국학이 아닌 다른 전공을 가지고 있다는 사실은 주목할 만하다. 즉, 이들 대부분은 인류학, 지리학, 정치학, 최근 떠오르고 있는 국제 또는 초국가적 사회학 또는 평화 및 분쟁학에 관심이 있어 기지에 관심을 가진 경우들이 대부분이다. 미국 역사 및 미국학 학자들이 해외 미군기지에 대해 보이고 있는 이런 무관심은 미군사제국이 미국의 역사와 정체성에 매우 주변화되어 있다는 사실을 드러낸다.[5]

---

5 미국역사 학자 도나 알바(Donna Alva)는 이 책에서 유일하게 예외적이다.

이런 군 기지들이 소파협정이 보장하고 있는 치외법권 공간을 점령하고 있으며 주변화된 지역 또는 미군과 지역 민간인들이 상호 교류하는 혼종된 공간에서 기능하고 있기 때문에, 주둔국 학자들도 대개 이를 자신들의 역사로 간주하지 않는다는 것은 매우 중요하다.[6] 학자들이 보이고 있는 이런 간극에 대한 대응으로 미국과 "오버 데어" 모두에서 필자들은 한국, 일본, 오키나와 그리고 독일에 집중하면서, 현장에서 군사 제국이 차이를 생산하면서 운영되는 방식을 택하게 되는 조건을 분석하기 위해 처음으로 시도했다. 그 조건들은 주둔국 정부의 형태, 주둔하고 있는 미군의 종류, 민간인 인구와 관련한 기지 위치, 미국과 주둔국 사이에 발생하는 인종화된 문화적 차이를 포함한다. 비교학적인 접근 방식을 통해 미국의 전략적 고려사항을 포함하여 파견된 지역의 조건은 제국이 권력을 행하는 방식과 해외에 주둔한 군을 유지하는 사회적 비용을 운영하는 방식을 결정하고 있다는 사실을 필자들은 배웠다. 이 국가들을 연구하면서 필자들은 또한 미군과 주둔국 사회 간 맺고 있는 권력 관계의 매우 다른 세 가지 형태를 발견했다. 가장 평등한 형태를 띠고 있는 서독, 가장 불평등한 형태를 띠고 있는 한국 그리고 서독과 한국의 중간 정도로 볼 수 있는 일본과 오키나와가 있다.

---

6 그 결과 주둔국 내 역사학자들 또한 학자적 연구에서 미군기지를 간과하는 경향을 보인다. 일반적으로 기지에 관련된 서적들은 학자적 분석보다는 활동가(또는 활동가인 학자)들이 사실 확인을 위한 보고서 형식이나 그들이 활동한 운동의 기록을 위한 목적으로 쓰여졌다. 마리아 혼의 글은 예외적이다. 그러나 그녀는 미국에서 활동하는 독일역사 학자이다. 그녀는 독일 대학에서 (미군과 독일여성에 관련된) 논문을 쓸 수 없었다. 독일에서 미군기지가 독일역사에서 갖는 위치를 대하는 태도는 느리지만 변화하고 있다. 이 책의 공동 편집자 모두 초국가적 삶을 살고 있다는 것은 눈여겨볼 만큼 중요한 사항이다.

그러나 미국과 주둔국 사회가 맺고 있는 관계가 변하지 않고 계속
해서 정체되어 있다고 가정하는 것은 오류이다. 이 세 국가 모두 미국
의 권력기획의 국제적 체계 내 중요한 부분을 차지하고 있는다. 이들을
미국의 제국적 정치 내 수동적으로 움직이는 단순한 졸*로서 인식해선
안 된다. 이 책에 글을 기고한 저자들이 보여 주듯이, 주둔국의 경제상황
이 개선되면서 미군과 주둔국이 상호관계하는 방식을 결정했던 비대칭
적 권력관계의 정도가 크게 바뀌게 된다. 이런 변화는 한국(1980년대 말)
및 오키나와(1970년대)에서 서독(1960년대)보다는 좀 늦게 나타났지만 미
군이 보여 준 변화의 궤도는 확실하다. 주둔국의 정치적 민주화도 기존
SOFA에 대한 재협상 및 국가주권에 대한 가장 터무니없는 한계를 개선
하는 방식을 통해 관계를 향상시키는 데 이바지한다. 이런 변화는 (여전
히 제한적이긴 하지만) 지역주민들에게 훨씬 많은 사회적 부담을 안겨 준
한국에서 특별한 울림을 보여 준다. 1955년 이후 서독과 1972년 이후 오
키나와에서 보였던 것보다, 이런 더 무거운 부담은 미국이 한국을 매우
덜 중요한 동맹국으로써 바라보았기 때문이다.

미군과 주둔사회 간 상호관계를 사회 밑바닥에서부터 살피면서, 필
자들은 미국이 종종 주둔국 엘리트층과 함께 협력해 부가하고 있는 불
평등한 사회적 비용뿐만 아니라 미군과 지역남녀 간에 벌어지는 일상
적 상호관계를 통해 지역주민들이 어떻게 자신들의 사회에 존재하고 있
는 젠더, 인종 그리고 계급의 수직적 관계에 도전하게 되는지, 제국이 그
들에게 부가하고 있는 권력관계에 어떤 방식으로 종속하게 하는지 밝히
고자 했다. 동시에 미국이 해외에서 펼치고 있는 제국적 정치가 미국 내
젠더 역할에 대한 어떤 함축성을 가지고 있는지도 이 책은 밝히고 있다.

즉, 여성사 그리고 젠더학 학자들 및 국제적 그리고 초국가적 사회학을 전공한 학자들은 "오버 데어"에서 무엇이 일어나고 있는지 더 많은 관심을 가져야 한다. 전 세계에 거미줄처럼 뻗어 있는 미군기지는 미군과 미국 사회가 가지고 있는 전반적인 인종적 관계를 이해하는 데 중요한 암시를 나타낸다. 지난 몇 년간 학자들이 보여 준 것처럼 대부분의 시민권 투쟁은 미국이 자유세계의 지도자가 되기 위한 책임을 담당하면서 아프리카계 미군들을 해외에 파병하면서 불이 붙기 시작했다. 이들은 파병된 곳에서 처음으로 인종차별적인 법이 존재하지 않는 사회를 맛보게 된 것이다. 즉, 1945년 이후 미국 내 인종에 관한 좀더 포괄적인 이해를 돕기 위해선, 학자들은 제국의 주변부에 더 많은 관심을 기울여야 하며 미국 대륙과 캐러비안에 초점을 맞추고 있는 기존의 연구를 넘어 아프리카계.미국인 디아스포라에 대해 다시 고민을 해봐야 한다.[7]

중동에서 계속되고 있는 전쟁과 그 지역 내 미국의 전략적 관심이 이동하고 있다는 점을 고려할 때, 필자들은 냉전 이후 미국의 태도에 대한 함축적 의미에 대해 간략하게 반영하고 싶었다. 육군, 해군 그리고 공군에 관한 "견제 정책"이 모두 소련을 중심으로 짜여 있었기 때문에 더 이상 전략적 타당성을 확보할 수 없었고, 소련의 붕괴는 미국의 지정학적인 관심을 극적으로 변화시켰다. 고대했던 "평화 배당금"은 끝내 나타

---

7 맥캘리스터는 군대를 미국인들이 미국 자국 내에서 종종 놓치는 문화적 다양성(cultural rainbow)으로서 예찬하는 것이 어떤 방식으로 젠더 관계에 영향을 미치는지 지목한 몇 안 되는 학자 중 하나이다. McAlister(2001, 8). 미 인종적 관계 및 시민권에 미친 영향에 대한 내용을 보려면, Höhn(2002; 2005; 2008; 2010); Höhn and Klimke(2010) 참조. 독일역사기관, 바사대학 및 하이델베르그대학 미국연구 하이델베르그 센터는 사례연구로서 현재 독일에 초점을 맞춰 이런 연관성을 탐구하는 프로젝트를 지원하고 있다. 첫 결과물은 aacvr-germany.org 참조.

나지 않았고, 미국은 국내 거대 기지들을 축소하고 해외 군인들의 수를 대폭 감축하게 된다. 이에 가장 많은 영향을 받은 것은 독일로, 이곳에 위치한 대규모 기지들은 다른 곳으로 전환되고 250,000명 이상이었던 군인들의 수는 약 70,000명으로 대폭 감축했다.[8] 일본의 경우 기지는 일본 본토에 있는 것과 통합됐다. 군인의 수는 약 50,000명으로 축소되었으며 더 많은 기지들이 오키나와로 위치를 옮겼다. 더욱이 2012년까지 8,000명의 해병들이 오키나와에서 괌으로 이동할 계획이다. 한국에서도 이와 비교되는 절충안이 진행 중이다. 한국에선 약 37,000명인 군인이 30,000명으로 줄고 비무장지대에 있는 기지들이 서울 이남(대부분 평택시로 이동하게 된다)으로 이동할 예정이다. 오늘날 미군이 이들 국가에서 점령하고 통제하는 지역이 과거에 비해 훨씬 적어졌음에도 불구하고 미국의 국제적 입장은 거의 변하지 않았다. 즉, 전쟁기술에 대한 지속적 발전은 미국의 권력을 더욱 효과적이고 치명적으로 만들고 있다.

실제로 최근 진행되고 있는 군사 재배치는 제국주의의 후퇴를 보여 주는 것이 아니라 해외 석유(중동과 아프리카)를 획득하기 위해, 이슬람의 테러로 단지 대상을 바꾼 것일 뿐임을 드러낸다. 그리고 새로운 초강대국으로서 중국의 부상은 군사전략가들의 뇌리에 크게 박혀 있다. 부담스럽게 여전히 존재하고 있는 정체된 냉전시대 기지들이 있는 지역에서 전략가들은 전략적 최전선 또는 릴리패드lily pads(중동지역과 중앙아시아 지역 교전에 신속하게 대응할 수 있는 동적인 전략적 요충 기지)를 좀더 신속하고 효과적으로 미국 권력을 실행할 수 있는 수단으로 여기고 있다. 이런 새

---

8 기지 통합에 대한 자세한 내용을 보려면 Cunningham and Klemmer(2005) 참고.

로운 형태의 기지는 가족을 동반하는 군인과 주둔국에 장기간 주둔하는 미군들을 줄여서 미군을 군살 없이 신속한 세계적 전투기계로 변형시킬 의도를 가지고 있다.[9] 이라크와 미국 간에 최근 협상하고 서명한 소파협정은 이런 새로운 전략이 전통적 기지를 완전히 교체함을 의미하는 것은 아님을 보여 준다.[10] 오히려 새로운 형태의 기지에 초점을 맞추는 것은 군의 효율성을 극대화하고 예측 불가능한 인력 요소 및 정치적 비용을 최소화하려는 제국의 전략적 관심을 드러낸다.

9·11 이후, 미국 군 전략가들은 미국의 통제하에 놓인 신규 집중 지역으로서 북아프리카, 중동을 관통해 파키스탄과 중앙아시아에 있는 전 소련 공화국 및 중국까지 포함한 광대한 지역을 아우르기 위해 테러우려지대라는 용어를 사용하기 시작했다. 서유럽과 동북아시아 지역에서 세계 다른 지역으로 빠르게 선회한 지정학적인 이동의 결과, 미군기지는 현재 개발도상국에서 더 늘어나고 있는 추세이다. 냉전 기간 동안 모든 미군기지의 6% 미만만이 이런 국가들에 위치하고 있었다(Caler 2007, 51). 이 국가들은 빈국일 뿐만 아니라 정치적으로 불안정한 곳이다. 이 책에서 밝히고 있는 바와 같이, 이런 새로운 국가들은 불균형적인 권력

---

9 미국의 국가방위전략을 보려면 Klare, "Imperial Reach", *Nation*, 2005. 4. 25, pp.13~18에 인용된 자료 참고.

10 2007년 11월 26일, 조지 부시 대통령과 이라크 수상 누리 알 마리키(Nuri Kamal al-Maliki)는 두 국가 간 경제 및 정치적 관계를 포함한 장기적 안보를 보장하기 위한 원칙선언에 서명했다. 명칭에도 불구하고 이 합의서는 미국이 다른 주둔국과 맺은 소파협정과 닮아 있다. Thom Shanker and Cara Buckley, "U.S. and Iraq to negotiate Pact on Long-Term Relations", *New York Times*, 2007. 11. 27. 참조. 2008년에 걸쳐 두 국가는 SOFA와 관련해 세세한 협상을 계속해 나갔다. Alissa J. Rubin and Katherine Zoefp, "Iraqi Cabinet Wants Proposed Security Agreement Altered", *New York Times*, 2008. 10. 22.

관계를 생산할 것이며 한국과 오키나와에서 발견할 수 있었던 개탄스러운 사회조건을 만들어 낼 것이다. 신규 주둔사회를 바라보는 인종화된 문화적 가정과 주둔국 주민에 대한 놀라울 정도로 결여된 역사적·문화적 이해는 이런 상황을 더욱 악화시킬 것이다.

미국의 새로운 해외기지 재배치계획은 해외 미군기지 3개 중 하나는 현재 이슬람 국가에 위치하고 있음을 보여 준다. 이곳에서 미국의 존재는 엄청난 반대를 자아내고 있으며 폭력적 반향을 불러 일으키고 있다. 냉전기간에는 기지의 1% 미만만이 이런 국가에 위치하고 있었다 (Caler 2007, 51). 이렇게 새로운 주둔국인 이슬람 국가에서 병사들의 성性을 관리하는 것은 특히 미군에게 전례 없는 어려움을 주고 있다. 걸프전쟁(1991) 당시 군을 파병했을 때, 미군은 사우디 정권에게 미군들은 지역 여성과 어떤 관계도 갖지 않을 것이라고 약속해야만 했다. 그리고 미군은 미군기지 주변에 어떤 형태의 사창가도 용납하지 않을 것이라고 약속했다. 이 약속을 지키기 위해, 군은 군인들이 인접 지역인 바레인에서 R&R(휴식과 재충전)을 즐길 수 있도록 여행을 조직했다. 이곳에는 대규모 미 해병 부두가 있으며 넘쳐 나는 성산업에서 근무하기 위해 필리핀이나 러시아에서 온 여성들이 있다 (Baker 2004, 160; Enloe 1991, 103). 이라크에서 군은 이와 유사한 딜레마에 봉착했다. 매끈한 점령을 위해 음주 및 개종도 금지됐을 뿐만 아니라 상호합의적 연애나 성관계를 이라크 민간인과 맺는 것 또한 군인들에게 금지시켰다. 20년간 군에서 복무한 한 군인의 말에 따르면 이라크에서 진행 중인 친교 관련 강의는 다른 곳에서는 들을 수 없는 것으로 20년 전 독일에서나 들을 법한 것이었다고 한다. 그 당시 모토였던 "북대서양조약기구와 잠자리 갖기"는 군인들이 성관계를 가지려면 유럽 내 미국의 동맹국 여성들과 하는 것이 안전하다는 의미였다. 이라크에서 친교 관련 강의는 5분도 채 되지 않는다. "너희들 중 누구라도 군 기지 벽을 넘어 돌아다니면서 지역 여성과 관계를 맺을 만큼 멍청한 놈이 있다면, 우리가 너희를 위해 해줄 수 있는 건 아무것도 없다. 아흐메드(시크)가 너희 몸뚱이를 토막 낼 것이며 너와 잠자리를 한 그 여성도 그렇게 될 것이다. 이 정도면 충분하지?"[11] 군인들 행동에 대한 이런 엄격한 정책 때문에 군인 및 민간 계약업자들을 위해 바그다드 내 국제 "녹색지대"Green Zone 안에 사창가를 열었다(Chandrasekaran 2006, 57).[12] 중요한 것은 2003년 이라크 침공 이후 바레인으로 계속 보내지고 있는 R&R 여행은 기존에 존재했던 국제 성산업에 기대어 있는 반면, 녹색지대 내 사창가는 한국과 오키나와 그리고 전후 독일에서 그랬던 것처럼 미군이 어느 정도 성매매를 규제하는 행위에 관여되어 있다는 것을 의미한다. 이라크에 파병된 군인들이 사용하는 카타르에 위치한 R&R 시설은 그곳에 보내지는 미군들에게 엄격한 규칙을 적용하고 있지만, 바레인과 마찬가지로 카타르는 중동 내 흔히 발생하는 성매매의 중심지역 중 하나이다. 이런 복잡한 상황의 발전은 중동과 중앙아시아로 이동된 미국의 전략적 변화로 국제 성산업에 미국이 대규모로 의지하게 된다는 것을 시사하고 있다. 이런 성산업은 소련붕괴 이후 폭발적으로

---

11 군인들의 블로그(http://www.communati.com/pzmiller/then-vietnam-war-and-now-iraq-war-fraternization-opposite-s-x. 2008년 7월 접속)는 더 이상 온라인에서 확인할 수 없다.

12 연합군 임시관리 공단 직원들은 찬트라세카란에게 성매매는 군대가 필요로 하는 것(military thing)이라고 언급하며 오직 군인들만이 그 위치를 안다고 말했다(Chandrasekaran 2006, 57). 장군 명령 1에 대해 보려면 "For One Night GIS Get a Taste of Home", *Washington Post*, 2009. 1. 9.

성장했다.[13]

좀더 신속한 전략적 요충지 형성과 가족 없이 군을 배치하는 방향으로 계속적으로 이동하고 있는 전략은 군인들에게 또한 지대한 영향을 미치고 있다. 제국의 하수인으로서 이 군인들은 대체로 가난하고 인종적 소수인 데다 불공평하게 제국주의 정치의 무거운 짐을 져 왔다. 9·11 이후, 미국 내 군인들은 일 년에 평균 135일을 해외에서 근무해 왔다. 미 해병의 경우 해군들은 170일 정도 집을 떠나 있었고, 공군의 경우 176일을 떠나 있었다. 육군의 경우 군인들은 현재 14주에 한 번은 해외에 파병된다.[14] 이라크전쟁 초기, 미군은 국가 방위군 및 예비군을 대규모로 해외에 파병시켰으며 이들은 반복적으로 해외로 파병되는 것에 커다란 불만을 품어 왔다.[15] 인력이 부족한 것을 메우기 위해 군은 개인을 단기 계약직으로 채용하는 체계individual augmentees를 이용하고 있다. 이들은 특별하고 필요한 기술을 보유하고 있는 전문가로 군 사단 내에 통합되어 관리되지 않는다. 이런 군인들은 파병기간 동안 고립되어 지내야 하는 것 때문에 특히 심각한 스트레스를 경험하게 된다.[16]

---

13 군이 관리하는 성매매 시설과 상업적 성산업의 다른 점은 기껏 찾는다고 해도 도덕적으로 매우 모호하다는 것을 인식하는 것이 매우 중요하다. 민간 성산업을 이용하면 군은 법적 책임을 지지 않아도 되는 반면, 전 동구권(중앙아시아에 있는 신공화국 및 동유럽)에 위치한 가난한 나라들의 현실을 보면 성산업은 일반적으로 여성들의 인신매매와 복잡하게 얽혀 있다. "U.S. stalls on Human trafficking, Pentagon has yet to ban contractors from using forced labor", *Chicago Tribune*, 2005. 12. 27.

14 *LA Times*, 2002. 1. 6.

15 이들 중 많은 베테랑들이 캘리포니아와 텍사스 출신이며 주방위군 및 예비군의 빈 자리를 채워 주고 있다. 이들은 2004년과 2005년 이라크와 아프카니스탄에 파병되었다. *Reuters*, 2004. 6. 30.

16 "For Military's Solo Sailors, Few Valves to Relieve Stress", *New York Times*, 2008. 11. 2.

과도한 스트레스와 불만으로 가득 찬 군인들을 가족과 분리해서 파병하고 해외에 단기간 그리고 반복적으로 순환배치를 시키는 것은 민군관계에 좋지 않다. 이런 조건은 과도한 음주, 성매매, 그리고 지역주민을 상대로 한 폭력을 일으키기 쉽다. 단기간 파병되면 본인들이 원했다 하더라도, 대부분 남자 군인들은 주둔국에 편안하게 익숙해지거나 지역 여성과 상호 합의하에 성관계를 맺을 가능성이 적어진다. 군인들을 만족시키기 위해, 군대는 감정적 그리고 성적 노동력을 제공하는 이주노동자 여성(대개 초국가적인 여성들) 또는 지역 여성들에게 기댈 수밖에 없다.

군대가 여성혐오적이고 동성애 혐오적인 하위문화를 가지고 있다는 것을 고려할 때, 미 군사제국의 전략적 재배치는 군인들 사이에서 매일 일어나는 상호관계적 단계에서 특히 여성 군인들에게 엄청난 의미를 지닌다(Britton and Williams 1995; Hampf 2004; Hillman 2005, 이 책 12장). 군대가 인터넷 포르노를 금지했음에도 불구하고, 반복적으로 연장되는 재배치는 가족과 떨어져 있는 군인들 사이에서 포르노 시청률을 급속도로 증가시키고 있다. 지역 주민들과 성관계를 갖는 행위가 미국의 전략적 목표에 심각한 위해가 되는 회교 국가에서, 군인들 간 벌어지는 동성애 관계가 매우 증가하고 있다. 이런 상황은 여자 군인들을 대상으로 벌어질 수 있는 성추행 및 성폭력의 잠재성을 증가시킨다. 이라크에서 근무했던 한 군인이 여자 동료 군인에게 다음과 같이 말했다. "군대가 여성을 파병하는 것은 남성 군인들의 눈요깃감으로 보내는 것이며 남성 군인들이 미치지 않고 제정신을 유지하게 하기 위한 거야." 그는 계속해서 말을 이어 갔다. 베트남에서 군인들은 "미치지 않기 위해서 창녀들과 놀았어. 그렇지만 이라크엔 창녀들이 없잖아. 그래서 대신 여자 군인들을 보내는 거야."[17] 여자 군인들은 증가하고 있는 남자 군인들의 성폭력을 고발하고 있다. 그리고 군이 (인력 부족을 메꾸려고) 범죄기록이 있는 이들을 채용하기 때문에 전에 없는 도덕적 해이를 조장하고 있으며 이는 폭력이 일어날 수 있는 기회를 증가시키고 있다. 국방부 조사에 따르면 재향군인회를 통해 전국적으로 건강보험을 신청한 여자 재향군인 중 3명 중 1명 꼴로 강간을 당했거나 복무기간 중 강간 시도에 노출된 경험이 있다고 신고했다. 이들 중 37%는 반복적으로 강간을 당한 경험이 있다고 답했으며 14%는 윤간을 당했다고 응답했다.[18]

더욱 날렵하고 신속한 군대를 만들겠다는 원칙 때문에 군은 할리버튼이나 블랙워터(크세논으로 개명) 같은 민간 계약업자들에게 아웃소싱을 통해 점차적으로 기대고 있다. 이런 계약업자들은 전통적으로 군인들이 수행했던 임무를 맡게 된다. 이들은 전방전투에서 군과 보조원들을 훈련시키고, 정보원들을 수집하며 군대를 위한 보호장비를 제공하고, 군인들을 위해 음식을 제공한다. 그리고 다른 서비스들도 제공한다(Scahill 2007; Singer 2003).[19] 2003년 봄 이라크 침공 이후, 미국은 민간 군 계약업자들에게 1천억 달러[한화 약 1백조 원: 전쟁비용의 1/5]의 비용을 지불해 왔다. 이

---

17 Helen Benedict, "The Private War of Women Soldiers", 2007. 3. 7. 온라인에서도 확인 가능 (http://www.salon.com/news/feature/2007/03/07/women_in_military. 2010년 4월 12일 접속). 이 책 12장 또한 참조. 군대 내 성관계는 미국 당국이 2002년 성매매와 인신매매에 관해 불관용 정책을 이행하면서 한국에서 증가해 왔다. 이 정보는 문승숙이 2007년 3월 동두천에 위치한 두레방 자원 활동 및 사진작가 김동녕과 나눈 대화에 기반을 두고 있다.

18 최근 보고서는 전투지역에서 강간횟수가 2007년에서 2008년 사이 44%가량 늘었다는 것을 보여 주고 있다. Steven Meyers, "Another Peril in War Zones: Sexual Abuse by Fellow GIS", *New York Times*, 2009. 12. 28.

19 군 방위산업의 내부자 책임에 대한 내용을 보려면 Schumacher(2006) 참고.

라크에 보고된 민간 계약업자들의 수 180,000명은 2008년 이라크에 비치된 약 140,000명의 정규 미군수를 초과했다.[20] 이 민간산업이 이런 유례없는 성장을 맞게 된 이유는 전 국방장관 럼스펠드가 지휘한 군의 탈냉전 재배치의 결과이며 9·11 이후 과도하게 팽창된 군의 영역 때문이다.

군 및 국방산업과 마찬가지로 민간 방위산업의 세계는 남성이 주도하고 있으며 초남성적 전사 정신으로 무장되어 있다. 이곳에 근무하고 있는 많은 사람들은 군대나 특수부대 베테랑 출신들이다. 그러나 미군과는 달리, 이 민간 계약업자들은 우선 그들의 주식보유자들에게 책임을 다해야 하기 때문에 이들은 이익을 창출하는 사업자들이다. 해외에 있는 미군기지와 미국 내 방위산업과 유사하게, 민간 방위산업은 군과 민간사회의 경계를 흐리는 혼종의 존재이다. 그들의 모호한 정체성 때문에 이런 방위산업체는 외국에 배치되었을 때, 법적 문제를 발생시키게 된다. 즉, 미군은 방위산업체 직원을 군법에 회부할 수 없다. 그래서 이들이 범죄를 저지르면 대부분 그 국가를 떠나 버린다.[21]

미국 계약업자들이 이라크 민간인을 살해한 사건이 몇몇 공개되고 있다는 것은 이런 계약업자들이 기본적으로 미군에게 보장된 SOFA협정의 치외법권의 특권을 이들도 똑같이 누리고 있다는 것을 나타낸다. 그러나 이들은 군법체계의 대상이 되지는 않는다.[22] 100,000명이 넘는

20 Steven Lee Myers and Sabroma Tavernise, "Citing Stability in Iraq, Bush Sees Troop Cuts", *New York Times*, 2008. 8. 1 참조. James Risen, "Use of Iraq Contractors Costs Billions, Report Says", *New York Times*, 2008. 8. 12.
21 Daniel McGrory, "Bosnia Sex Trade Whistler Blower Wins Suit Against Dyncorp", *The Times-London*, 온라인에서도 확인 가능(http://www.rense.com/genera128/dyn.htm. 2010년 4월 7일 접속)

계약업자들이 근무하고 있었던 이라크전쟁 초기 첫 3년 동안 미국 민간 계약업자들을 기소한 사건이 단 한 건도 없었음이 밝혀졌다.[23] 이런 민간 계약업자들의 치외법권 특권을 박탈당하는 결과를 낳은 2008년 11월 에 들어서야 이라크 정부의 비준합의로 이런 특권적 상황은 완화되었지 만,[24] 높은 임금을 받고 미혼이며, 가족과 떨어져 있는 남성 군 민간업자 들이 많이 있다는 것은 민군 관계에 매우 중요한 의미를 암시한다. 발칸 에서 가장 큰 미군기지인 캠프 본드스틸Bondsteel이 주둔하고 있는 코소보 기지 주변 상황은 민간 군 계약업자들과 국제 성산업이 얽혀 있는 상황 을 보여 준다. 켈로그 브라운과 루트같이 군이 사용하는 민간 계약업자 들은 증가하고 있으며, 이들은 우로세박Urosevac시에 있는 캠프 본드스틸 을 건설했고 유지하고 있다. 미국인을 접대하기 위해 코소보 30개 도시 에 각각 평균 9개의 사창가가 있다. 이곳에 있는 여성들은 초국가적 성 산업의 성매매망에 속아서 들어온 경우가 많다. 보스니아에서 미군 계약 업자가 성매매에 연루된 적이 있었고 몇몇 다인코프 직원들이 미성년자 인 소녀를 구매했다. 이들 중 몇몇은 12살밖에 되지 않았으며 직원들은

---

22 2007년 9월 16일, 미 국무성과 계약을 맺고 있던 블랙워터 경비대는 비무장한 이라크 민간 인을 총으로 쏘고 17명의 시신을 그 자리에 방치했다. Alissa J. Rubin and Paul von Zielbauer, "The Judgment Gap", New York Times, 2007. 10. 11. 미군들이 민간인을 죽인 사건들이 공개 된 적이 있었다. 여기에는 2006년 하디사에 위치한 해병대 무리가 살해한 24명의 이라크 민간 인들 사건도 포함되어 있었다. 그러나 미군에 대한 형사고발은 증거 부족으로 보통 기각된다. Zielbauer, "The Erosion of a Murder Case against Marines in the Killing of 24 Iraqi Civilans", New York Times, 2007. 10. 6.

23 이런 면제는 2004년 미 점령군 수장이었던 브레머 3세(Paul Bremer III)가 승인한 과도기적 행정 법(Transitional Administrative Law) 아래 소개되었다. 이 명령은 소파협정을 대체할 목적이었다. Rubin and Zielbauer, "The Judgment Gap", New York Times, 2007. 10. 11.

24 James Risen, "End of Immunity Worries US Contractors in Iraq", New York Times, 2008. 12. 1.

이 소녀들을 발칸에 있는 성매매 시설에 강제로 팔아 넘겼다.[25]

이라크와 아프카니스탄에서 계속되고 있는 기나긴 혈전은 정책입안자들과 군 전략가들에게 심각하게 재고해야 하는 상황이 되었다. 전쟁때문에 계속해서 민간 계약업자들에게 의존해야 하며 이들 국가에서 질질 끌고 있는 점령 상황은 럼스펠드가 꿈꿔 왔던 날렵하고 신속한 릴리패드 기지는 잊어버려야 될지 모른다는 것을 시사한다. 적어도 부분적으로라도 현재는 잊어버려야 된다는 말이다. 독일에서 기지폐쇄를 통해 새로운 삶을 갖게 된 기지에 대해 군 전략가들은 오래된 연합국의 유용성, 믿을 만한 기지의 설립과 유용성에 대해 새롭게 인식하기 시작했다. 눈에 띄는 변화가 한국에서도 일어나고 있다. 국방장관 게이츠가 마침내 한국에서 가족과 함께하는 3년 복무기간을 승인했기 때문이다.[26] 마침내 군인들 삶의 질을 향상하기 위해 이런 절차가 승인되었는데, 이는 주둔국 주민들과 맺게 될 젠더 관계에 중요한 영향을 미치게 될 것이다. 그러나 이렇게 최근에 보여지고 있는 변화들이 릴리패드 전략에 대한 반대급부인지 과거 미국권력을 비호했던 기지 구조의 오래된 모델로의 회귀인지 더 지켜볼 일이다.

이 책은 미군사제국이 어떻게 변화해 왔고, 이 제국이 수반하는 사회적 비용에 대해 깊게 학문적으로 분석하면서, 필자들은 우리가 다루고 있는 주제의 정치적 성격을 분명하게 인식하고 있다. 우리는 또한 이

---

25 U.S. stalls on Human trafficking, Pentagon has yet to ban contractors from using forced labor", *Chicago Tribune*, 2005. 12. 27.

26 Eric Schmitt, "Gates Approves of 3-Year Tours for U.S. Troops in South Korea", *New York Times*, 2008. 6. 4.

주제가 지역주민과 —점차적으로 초국가적으로 변하는— 이주 남성과 여성 노동자들에게 미치는 함축적 의미를 인식하고 있다. 수십 년간 이들이 짊어져 온 다양하고 엄청난 사회적 비용과 주둔국에서 점차 증가하고 있는 저항들은 기로에 서 있는 제국이 변화할 필요가 있다는 시급성을 드러내고 있다. 미군에 대한 그들의 경험은 또한 미국이 국제관계에서 계속해서 이용하고 있는 민주주의 수사학과도 정면으로 배치된다는 것을 강조한다. 우리 중 아무도 미 제국이 조만간 후퇴할 것이라고 가정할 만큼 순진하지 않다. 그러나 미국이 자신들이 말하고 있는 민주주의의 이상에 대해 심각하게 생각해 본다면, 주둔국과 더 다양한 분야에서 소통할 필요가 있다.

좀더 평등하고 투명한 SOFA, 주둔국에 대한 더 깊은 역사적 문화적 지식, 그리고 주둔국에 대한 존중은 더 평등한 국제 권력구조를 향해 나가는 첫걸음일 것이다. 주둔국 자체의 정치적인 민주화도 위에서 언급한 요소들과 마찬가지로 중요하다. 주둔사회에 존재하고 있는 젠더, 인종, 그리고 계급 간에 존재하는 위계질서적 관계 속 지역 남녀가 가지고 있는 에이전시는, 필자들이 여기서 강조한 것처럼 군-민간 관계가 민주적으로 될 수 있다는 가능성을 시사한다. 이런 변화는 지역주민과 미군 모두가 경험하고 있는 해외배치의 최악인 면을 아마도 완화시켜 줄 수 있을 것이다. 필자들은 이런 어려운 문제에 대해 시민들의 자각이 점차 증가하는 데 우리의 책이 한 역할을 할 수 있길 바라며 세계 속 미국의 위치에 대한 학자적 관심을 배양시키길 바란다.

옮긴이 후기

2015년 12월 28일 한일정부는 '위안부 합의'를 돌연 발표했다. 한국 일본군 성노예 생존자도, 그들과 함께 이 문제를 해결하기 위해 수십 년을 노력해 온 단체도, 이들의 운동을 지지해 왔던 수많은 국민들, 누구도 원하지 않는 합의였다. 이렇게 2차세계대전이 끝난 후 수십 년간의 침묵을 깨고 1991년 한 생존자가 자신의 존재를 공개적으로 밝히면서 수십만 명이 일본군 군대의 조직적인 성노예 제도하에 강간, 폭력, 고문에 시달렸음이 알려졌다.

학교에서도, 교과서 어디에서도 배우지 못한 나는 2000년 초반 이 문제를 처음 알게 된 후, 정도는 다를 수 있지만 권력의 중심부인 군대와 정부가 조직적으로 여성들을 성적 대상으로, 군인들을 위한 성적 원자재로 사용했고, 계속해서 쓰이고 있다는 사실을 알게 됐다.

우리는 국제여성액션네트워크Women's Global Action Network라는 단체를 조직해 일본군 '위안부' 문제가 한국에서 기지촌 문제로 계속해서 이어져 오고 있음을 한국 및 일본 외 다른 국가들에게 알리는 데 주력했다. 활동을 하다가 기지촌 여성들에게 법률 도움 및 의료 지원을 해주고 있는 두레방이라는 단체를 알게 되었고, 한때 한국여성들로 채워졌던 기지촌이 러시아여성들을 거쳐 필리핀 그리고 베트남여성들로 채워지고 있다는 사실도 알게 되었다.

2004년 「성매매특별법」이 제정되면서 한국은 성매매를 불법으로 규정했다. 그러나 소위 '외국인'을 위한 성매매는 버젓이 국가의 용인 아래 진행되고 있었다. 주요 그리고 대형 미군기지가 위치하고 있는 한국의 경기 북부지역, 군산, 대구, 부산 모두 촘촘하게 기지촌이 위치하고 있었으며 대부분 아메리카타운, 국제문화마을, 관광특구라는 다양한 간판 아래 영업을 하고 있다. 아메리카타운이 도시에서 떨어져 있을 경우, 미군기지와 이 타운을 오고 가는 전세버스도 운영을 하고 있다. 이 여성들은 어디서 오는 것일까? 왜 오는 것일까? 기지촌 문제를 한국에서 조사하면서 가장 먼저 떠오르는 질문은 바로 이것이었다. 한국정부는 엔터테인먼트 비자인 E-6를 이들에게 발급해 주며 합법적으로 이들이 한국에서 성매매를 할 수 있는 조건을 충족시켜 주고 있었다. 그리고 이 비자는 여전히 발급되고 있으며 2016년 현재 한국 내 주요 미군기지 주변 기지촌에는 필리핀 등 여러 동남아시아 여성들이 거쳐 가고 있다.

2014년 6월, 122명의 기지촌 한국여성들이 정부를 상대를 고소했다. 그러나 이 사건은 큰 관심을 끌지 못했다. 여전히 "불쌍하게 끌려간 소녀" 대 "자발적 성매매"라는 이 분법적 시각에서 생존자들을 바라보는 남성 중심적인 시각 때문이다.

이 책은 세계 경찰임을 자청하며 100개 국이 넘는 곳에 자국의 군대를 파견하고 있는 미국이 인종차별적이며, 성차별적인, 그리고 남성성이 강한 군대의 시각에서 주둔국 여성 및 주변 공동체와 어떤 방식으로 상호교류했는지 보여 주고 있다. 또한 주둔국 정부들이 이에 어떤 방식으로 합의하고 적극적으로 공모했는지도 자세히 보여 주고 있다. 이 책을 번역하며 2016년 현재 한국의 상황이 기지촌에서 생활하고 있는 필리핀 또는 동남아 여성들에게 1970년 또는 80년대 기지촌 시절과 별반 나아지지 않았다는 것을 알게 된다. 어쩌면 말이 통하지 않아 더욱 고립되고, 그렇기에 더 이상 '우리의 문제'가 아닌 저들의 문제로 쉽게 간주해 버리고 있는지 모르겠다.

이 책을 통해 고립되고 묻혀져 있던 여성들의 이야기, 한국정부를 고소하며 이제서야 자신들을 드러내기 시작한 한국인 기지촌 여성들의 삶이 재조명되는 계기가 이 사회에서 마련되고, 미 제국주의 군대 팽창이 야기하고 있는 문제들에 대해 많은 사람들이 접할 수 있는 계기가 되었으면 좋겠다.

* * *

이 책을 번역할 수 있는 기회를 주신 문승숙 선생님, 작업을 담당한 그린비출판사 강혜진 씨에게 감사드립니다. 또한 제가 이 문제에 관심을 갖고 일할 수 있도록 도와주신 다음의 분들에게 진심으로 존경과 감사를 표하고 싶습니다. 일본군 '위안부' 문제해결을 위해 밤낮을 노력하고 계신 한국정신대문제대책 협의회 대표, 윤미향 및 김동희 실장님 및 직원들, 10대 성매매 피해자들을 위해 일하고 계신 10대 여성인권센터 대표

조진경, 두레방 대표 유영임 그리고 박수미, 국제여성액션네트워크에서 함께 활동해온 앤젤라 라이틀Angela Lytle, 헤더 에반스Heather Evans, 섀넌 하이트Shannon Heit, 리즈 오Liz Oh, 김미경, 칼리 텡Carly Teng, 톰 레이니-스미스Tom Rainey-Smith에게 감사를 드립니다. 마지막으로 제가 항상 무슨 일을 하든 응원해 주시고 용기를 주신 부모님께 깊은 감사와 존경을 드립니다.

2016년 11월 마지막 날

이현숙(Jude Lee)

참고문헌

정부자료, 역사자료

AAA	Archiv des Auswartigen Amt, Berlin
ASR	Archiv fur Soldatenrecht, e.V., Berlin
AM HI	U.S. Army Military History Institute, Carlisle, Pa.
BK	Bundesarchiv, Koblenz, Germany
HH	Hessisches Hauptstaatsarchiv, Wiesbaden, Germany
HIS	Hamburger Institut fur Sozialforschung, Hamburg, Germany
HQYB	Headquarters of U.S. Forces, Yokota Base, Tokyo
IAN AS	Interdisziplinarer Arbeitskreis fur Nordamerikastudien, Johannes Gutenberg Universitat, Mainz, Germany
LK	Landeshauptarchiv, Koblenz, Germany
LOC	Library of Congress, Washington, D.C.
MMAL	General Douglas MacArthur Memorial Archives and Library, Norfolk, Va.
NAACP	Papers of the National Association for the Advancement of Colored People, Schomburg Center for Research in Black Culture, New York Public Library
NARA	National Archives and Records Administration, College Park, Md.
SF	Stadtarchiv Frankfurt, Frankfurt on Main, Germany
SK	Stadtarchiv Kaiserslautern, Kaiserslauten, Germany
UMAA / SCAP	SCAP Files of Commander Alfred R. Hussey, University of Michigan, Ann Arbor

영화와 대중매체

Chermayeff, Maro, dir. 2008. *Carrier*. Documentary, PBS Home Video.

Cho, Keung-Ha, dir. 1964. *Yukch'eui kobaik* [Body confessions]. Film, Dong Seong Films, Seoul.

Chung, Y. David, and Matt Dibble, dirs. 2007. *Koryo Saram: The Unreliable People*. Documentary, Tangunfilms, Ann Arbor, Mich.

Fassbinder, Rainer Werner, dir. 1979. *Die Ehe der Maria Braun* [The marriage of Maria Braun]. Film, Albatros Filmproduktion, Munich.

Goodwin, Beth, and Donna Musil, prod. 2006. *Brats: Our Journey Home*. *Documentary*, Brats without Borders, Eatonton, Ga.

Kim, II Rhan, dir. 2005. *Mamasang: Remember Me This Way*. *Documentary*, Pale Pink Skirt, Seoul.

Munhwa Broadcasting Corporation. 2003. *Ijenun malhalsu itda: sex tongmaeng kijieh'on chonghwaundong* [Now we can talk about it: Sex alliance and the camptown cleansing campaign]. Seoul: Munhwa Broadcasting Corporation.

Nakae Yuji, dir. 1999. *Nabbie no Koi*. Office Shirous, Japan.

———. 2002. *Hoteru Haibisukasu*. Cine Qua Non Films, Japan.

Shin, Sang-ok, dir. 1958. *Chiokhwa* [Hell flower]. Film, Seoul Films.

Takagi, J. T., and Hyejung Park, dirs. 1995. *The Women Outside: Korean Women and the U.S. Military*. Documentary, Third World Newsreel, New York.

Wilder, Billy, dir. 1948. *A Foreign Affair*. Film, Paramount Pictures, Hollywood, Calif. Zeiger, David, dir. 2005. *Sir! No Sir!*. Film, Displaced Films, Los Angeles.

신문과 잡지

Abendzeitung Asahi Shinbun Asia Times
BBC Monitoring Europe-Political
BBC Monitoring International Reports
Chicago Tribune
Chosun Daily
Christian Century
Chungang Daily
Congressional Record

Daily Yomiuri

Dong-A Daily

Ebony

Frankfurter Allgemeine Zeitung

Frankfürter Rundschau

Die Freiheit General Anzeiger

Han'guk Daily

Hangvdre

Hangydre 21

International Herald Tribune

Korea Herald

Korea Times

Kydnghyang

Life

Los Angeles Times

Mannheimer Morgen

Naeil

Nation

Neckarzcitung

Neue Pressc

Newsweek

New York Times

Pacific Stars and Stripes

Pacific Sunday News

Pittsburgh Courier

Saarbriicker Zeitung

St. Petersburg Times

Sisajdnol

Der Spiegel

Stars and Stripes

Der Stern

Time

Travel Magazine

U.S. News and World Report

Washington Post

Washington Times
Watertown Daily Times
Yonhap News
Yorkshire Evening Post
Die Zeit

2차 문헌

Ahagon, Shoko. 1989. *The Island Where People Live*, trans. C. H. Rickard. Hong
Kong: Christian Conference of Asia.

Albano, Sondra. 1994. "Military Recognition of Family Concerns: Revolutionary
War to1993". *Armed Forces and Society 20* (Winter): 283-302.

Allen, Matthew. 2002. *Identity and Resistance in Okinawa*. New York: Rowman
and Lit- tlefield.

Alvah, Donna. 2007. *Unofficial Ambassadors: American Military Families
Overseas and the Cold War, 1946~1965*. New York: New York University
Press.

Angst, Linda. 2003. "The Rape of a Schoolgirl: Discourses of Power and Women's
Lives in Okinawa." In *Islands of Discontent: Okinawan Responses to
Japanese and American Power*, ed. Laura Hein and Mark Selden, 135-58.
Lanham, Md.: Rowman and Littlefield.

Anonymous. 1959. *Eine Frau in Berlin* [A woman in Berlin]. Frankfurt on Main:
Eichborn AG.

Appadurai, Arjun. 1996. *Modernity at Large: Cultural Dimensions of
Globalization*. Min-neapolis: University of Minnesota Press.

Arasaki, Moriieru, ed. 2000. *Profile of Okinawa.* Tokyo: Techno.

Aron, Raymond. 1974. *The Imperial Republic: The United States and the World,
1945-1973*. Cambridge: Winthrop.

Aussaresses, Paul. 2006. *The Battle of the Casbah: Terrorism and Counter-
Terrorism in Algeria, 1955-1957*. New York: Enigma Books.

Bacevich, Andrew J. 2002. *American Empire: The Realities and Consequences of
U.S. Diplomacy*. Cambridge: Harvard University Press.

Bach, Julian, Jr. 1946. *America's Germany: An Account of the Occupation*. New

York: Random House.

Bailey, Beth, and David Farber. 1994. *The First Strange Place: The Alchemy of Sex and Race in Hawaii.* New York: Free Press.

Baker, Anni P. 2004. *American Soldiers Overseas: The Global Military Presence.* New York: Praeger.

Bald, Detlef. 1994. *Militar und Gesellschajt 1945-90. Die Bundeswehr der Bonner Republik* [Military and Society 1945-90. The Bundeswehr of the Bonn Republik]. Baden-Baden, Germany: Nomos Verlagsgesellschaft.

Barber, Benjamin R. 2001. *Jihad vs. McWorld: How Globalism and Tribalism Are Reshaping the World.* New York: Ballantine Books.

Barden, Judy. 1950. "Candy Bar Romance—Women in Germany." In *This Is Germany*, ed. Arthur Settel, 161-76. New York: Books for Libraries Press.

Bascara, Victor. 2006. *Model-Minority Imperialism.* Minneapolis: University of Minnesota Press.

Barstow, Anne Llewellyn. 2001. *War's Dirty Secret: Rape, Prostitution, and Other Crimes against Women.* Cleveland: Pilgrim's Press.

Bautista, Aubery A. 2005. "Filipino Women in Sex Industry." In *Filipino Women in Sex Industry and International Marriage*, ed. My Sister's Place, 101-43. Uijflngbu City: My Sister's Place.

Beloff, Max. 1986. "The End of the British Empire and the Assumption of Worldwide Commitments by the United States." In *The 'Special Relationship': Anglo-American Relations since 1945*, ed. William Roger Louis and Hedley Bull. Oxford: Clarendon Press.

Bender, Peter. 2003. "America: The New Roman Empire?" Orbis 47, no. 1 (Winter): 145-59.

Bhabha, Homi K. 1994. The Location of Culture. London: Routledge.

_____. 1995. "Signs Taken for Wonders: Questions of Ambivalence and Authority under a
Tree Outside Delhi, May 1817." In *The Post-Colonial Sttidies Reader*, ed. Bill Ashcroft, Gareth Griffiths, and Helen Tiffin, 29-35. London: Routledge.

Biddiscombe, Alexander P. 2001. "Dangerous Liaisons: The Anti-Fraternization Movement in the U.S. Occupation Zones of Germany and Austria, 1945-

1948." *Journal of Social History* vol. 34, no. 3 (Spring): 2001, 611-47.

Blaker, James. 1990. *United States Overseas Basing: An Anatomy of flic Dilemma*. New York: Praeger.

Boggs, Carl, ed. 2003. *Masters of War: Militarism and Blowback in the Era of American Empire*. New York: Routledge.

Boose, Lynda E. 1993. "Techno-Muscularity and the 'Boy Eternal': From the Quagmire to the Gulf." In *Gendering War Talk*, ed. Miriam Cooke and Angela Woollacott, 67-106. Princeton: Princeton University Press.

Botting, Douglas. 1985. *From the Ruins of the Reich*. New York: A. Allen 8i Unwin.

Bourdieu, Pierre. 1980. *The Logic of Practice*. Stanford, Calif.: Stanford University Press.

Boyle, Kay. 1963. *Smoking Mountain: Stories of Germany during the Occupation*. New York: Alfred A. Knopf.

Brandt, Allan. 1985. *No Magic Bullet: A Social History of Venereal Disease in the United States since 1880*. New York: Oxford University Press.

Britton, Dana M., and Christine L. Williams. 1995. " 'Don't Ask, Don't Tell, Don't Pursue': Military Policy and the Construction of Homosexual Masculinity." *Journal of Homosexuality* 30, no. 1:1-22.

Bromberg, Sara. 1999. "Feminist Issues in Prostitution." In *Prostitution: On Whores, Hustlers, and Johns*, ed. James E. Elias, Vern L. Bullough, and Gwen Brewer. New York: Prometheus Books.

Brown, Elizabeth I. 2005. "Bye, Bye Miss American Pie: Wives of American Servicemen in Southeast Asia 1961-1975." Ph.D. diss., University of Colorado, Boulder.

Brownmiller, Susan. 1993. *Against Our Will: Men, Women, and Rape*. New York: Fawcett Columbine.

BrÜnn, Dieter, ed. 1986. *Widerstand in der US-Armee. GI-Bewegung in den siebziger Jahren* [Resistance in the U.S. Army. The GI movement in the 1970s]. Berlin: Harald Kater.

Busch, Noel F. 1948. *Fallen Sun: A Report on Japan*. New York: D. Appleton-Century.

Butler, Judith. 1997. *The Psychic Life of Power: Theories in Subjection*. Stanford, Calif.: Stanford University Press.

Calder, Kent. 2007. *Embattled Garrison: Comparative Base Politics and American Globalism*. Princeton: Princeton University Press.

Campbell, Kurt M., and Celeste Johnson Ward. 2003. "New Batde Stations? The Pentagon Is Planning the Greatest Change in the U.S. Overseas Military Posture in Fifty Years." *Foreign Affairs* 82, no. 5 (September-October): 95-103.

Carlson, Allan. 1993. "Your Honey or Your Life: The Case for the Bachelor Army." *Policy Review* 66 (Fall 1993): 45-52.

Center for Strategic and International Studies. 2002. *Path to an Agreement: The U.S. Republic of Korea Status of Forces Agreement Revision Process*. Washington, D.C.: Center for Strategic and International Studies.

Chai, Alice. 1993. "Asian-Pacific Feminist Coalition Politics: The Chongshindae/ Jugu- nianfu ('Comfort Women') Movement." *Korean Studies* 17: 67-91.

Chakrabarty, Dipesh. 2000. *Provincializing Europe: Postcolonial Thought and Historical Difference*. Princeton: Princeton University Press.

Chandrasekaran, Rajiv. 2006. *Imperial Life in the Emerald City: Inside Iraq's Green Zone*. New York: Alfred A. Knopf.

Chang, Yun-sŏn. 2000. "P'aju yongjugol yullak yosongdul [Prostinates in Yongju Village, P'aju]." *Sindonga* (July): 354-65.

Chatterjee, Partha. 1989. "Colonialism, Nationalism, and Colonized Women: The Contest in India." *American Ethnologist* 16, no. 4 (November): 622-33.

Chaudhuri, Nupur, and Margaret Strobel, eds. 1992. *Western Women and Imperialism: Complicity and Resistance*. Bloomington: Indiana University Press.

Cho, Hae-il. 1974a. "America." In Cho Hae-il sosŏljip America [Cho Hae-il's novel collection America], 269-366. Seoul: Minumsa.

———. 1974b. "Tae'nat [Midday]." In Cho Hae-il sosdljip America [Cho Hae-il's novel collection America], 253-66. Seoul: Minŭmsa.

Cho, Hyŏng, and P'il-hwa Chang. 1990. "Kunghoesokkiroge nat'anan yŏsŏngjŏngch'aek sigak: Maemaech'une taehayŏ [The perspective in women's policy written in the stenographic records of the National Assembly meetings:

Regarding prostitution]." *Yŏsŏnghaknonjip* 7: 83-100.

Choi, Chungmoo. 1998. "Nationalism and Construction of Gender in Korea." In *Dangerous Women: Gender and Korean Nationalism*, ed. Elaine H Kim and Chungmoo Choi, 9-31. New York: Routledge.

Chŏn, Kyŏng-il. 1991. "Kijich'onŭi ch'inmijojik hanmich'insŏnhoe [Camptowns' pro- American organizations Korean American Friendship Society]. *Mai* 65:170-73.

Chŏn, Kyŏng-ok, Sung-nan Yu, Ŭn-sil Kim, and Hŭi-sŏn Sin, eds. 2005. Han'gukyŏsŏng, chŏngch'isa hoesa 2 (1945-1980) (A history of Korean women in politics and society, vol. 2). Seoul: Sookmyong Women's University Press.

Chŏng, Chae-hun. 1988. "Maech'une kwanhan chŏngbujŏngch'aegŭi pyŏnch'ŏnkwa kŭ ponjil [The shift in the government policy on prostitution and its substance]." *Nogji* 22 (December): 157-65

Chŏng, Chin-sŏng. 1997. "Ilbongun wianso chŏngch'aegŭi suripkwa chŏngae [The establishment and development of Japanese military comfort station policy]." In *Ilbongun wianbumunjeŭi chinsang* [Truthful state of Japanese military comfort women], ed. Council for Resolving the Problem of the Military Comfort Women, 101-18. Seoul: Yŏksabip'yŏngsa.

Chŏng, Sŏng-gŭn. 1967. "Wurinara yullakyŏsŏngŭi hyŏnghwangkwa kŭ taech'aek [The state of prostitutes in our nation and its countermeasures]." *Pŏphaknonch'ong* 8: 65-87.

Christy, Alan. 1993. "The Making of Imperial Subjects in Okinawa." *Positions* 1, no. 3: 607- 39-

Cline, Lydia Sloan. 2003. *Today's Military Wife: Meeting the Challenge of Service Life*, 5th ed. Mechanicsburg, Penn: Stackpole Books.

Cobin, Alain. 1990. *Women for Hire: Prostitution and Sexuality in France after 1850*, trans. Alan Sheridan. Cambridge, Mass.: Harvard University Press.

Cohen, Eliot A. 2004. "History and the Hyperpower." Foreign Affairs 83, no. 4 (July-August): 49-63.

Cohn, Carol. 1988. "A Feminist Spy in the House of Death: Unraveling the Language of Strategic Analysis." In *Women and the Military System*, ed. E. Isaksson, 288-317. New York: St. Martin's Press.

_____. 1993. "Wars, Wimps, and Women: Talking Gender and Thinking War."

In *Gendering War Talk*, ed. Miriam Cooke and Angela Woollacott, 227-46. Princeton: Princeton University Press.

_____. 1994- "Sex and Death in the Rational World of Defense Intellectuals." In *The Woman Question*, ed. Mary Evans, 118-37. London: Sage.

Cooley, Alexander. 2008. *Base Politics. Democratic Change and the U.S. Military Overseas*. Ithaca: Cornell University Press.

Coomaraswamy, Radhika. 1995. *The U.N. Special Rapporteur on Violence against Women*, Article 205. Geneva: United Nations.

Cortright, David. 1975. *Soldiers in Revolt. The American Military Today*. New York: Anchor Press.

Cosamas, Graham, and Albert Cowdrey. 1992. *Medical Services in the European Theater of Operations. Washington*, D.C.: Center of Military History, U.S. Army.

Critchlow, Robert D. 2005. *U.S. Military Overseas Basing: New Developments and Oversight Issues for Congress*, CRS Report for Congress RL 33148. Washington, D.C.: Congressional Research Service.

Cunningham, Keith, and Andrea Klemmer. 2005. *Restrneftiring the U.S. Military Bases in Germany: Scope, Impacts, and Opportunities*, BICC Report no. 4. Bonn: Bonn International Center for Conversion.

Dakyuinp'o. 2004. *Puggŭrŏun migunmuithwa tabsagi* [A record of exploring the shameful culture of the American military in South Korea], Seoul: Pug'ijŭ.

D'Amieo, Francine, and Laurie Weinstein, eds. 2000. *Gender Camouflage: Women and the U.S. Military*. New York: New York University Press.

Davis, David Brion. 2000. "The Americanized Mannheim of 1945-46." In *American Places: Encounters with History—A Celebration of Sheldon Meyer*, ed. William E. Leuchtenburg, 79-81. New York: Oxford University Press.

Davis, Franklin M., Jr. 1967. *Come as a Conqueror: The United States Army's Occupation of Germany 1945-1949*. New York: Macmillan.

DeGrazia, Victoria. 2005. *Irresistible Empire: America's Advance through Twentieth-Century Europe*. Cambridge, Mass.: Harvard University Press.

DeGroot, Gerard J., and Corinna Peniston-Bird, eds. 2000. *A Soldier and a Woman: Sexual Integration in the Military*. Essex: Longman.

Doezama, Jo. 1998. "Forced to Choose: Beyond the Voluntary versus Forced Prostitution Dichotomy." In *Global Sex Workers: Rights, Resistance, and Redefinition*, ed. Kamala Kempadoo and Jo Doezema, 34-50. New York: Routledge.

Domentat, Tamara. 1998. *Hallo Fraulein. Deutsche Frauen und amerikanische Soldaten* [Hello, Miss: German women and American soldiers]. Berlin: Aufbau Verlag,

Domestic Economy. 1947. Frankfurt on Main: Office of the Chief Historian, European Command.

Douglas, Mary. 1984 (1966). *Purity and Danger: An Analysis of Concepts of Pollution and Taboo*, ARK edition. New York: Roudedge.

Dower, John W. 1986. *War without Mercy: Race and Power in the Pacific War*. New York: Pantheon.

———. 1999. *Embracing Defeat: Japan in the Wake of World War II*. New York: W. W. Norton.

Doyle, Michael W. 1986. *Empires*. Ithaca: Cornell University Press.

Duke, Simon. 1989. *United States Military Forces Installations in Europe*. Oxford: Oxford University Press.

Duus, Masayo. 1995 (1979). *Haisha no Okurimono* [A Gift from the Defeated], paperback ed. Tokyo: Kodansha.

Eisenhower, John, ed. 1978. *Letters to Mamie*. Garden City, N.Y.: Doubleday.

Eisenstein, Zillah. 2007. *Sexual Decoys: Gender, Race, and War in Imperial Democracy*. London: Zed Books.

Eland, Ivan. 2004. *The Empire Has No Clothes: U.S. Foreign Policy Exposed*. Oakland, Calif.: Independent Institute.

Elshtain, Jean B., and Sheila Tobias, eds. 1990. *Women, Militarism, and War: Essays in History, Politics, and Social Theory. Savage*, Md.: Rowman and Littlefield.

Ender, Morten. 1996. "Growing Up in the Military." In *Strangers at Home: Essays on the Effects of Living Overseas and Coming "Home" to a Strange Land*, ed. Carolyn D. Smith, 95-106. New York: Aletheia Publications.

Enloe, Cynthia. 1983. *Does Khaki Become Youi The Militarization of Women's*

Lives. Boston: South End Press.

_____. 1989. *Bananas, Beaches, and Bases: Making Feminist Sense of International Politics*. London: Pandora.

_____. 1991. "A Feminist Perspective on Foreign Military Bases." In *The Sun Never Sets: Confronting the Network of Foreign U.S. Military Bases*, ed. Joseph Gerson and Bruce Birchard, 95-106. Boston: South End Press.

_____. 1993. *The Morning After: Sexual Politics at the End of the Cold War*. Berkeley: University of California Press.

_____. 2000. *Maneuvers: The International Politics of Militarizing Women's Lives*. Berkeley: University of California Press.

Enriquez, Jean. 1999. "Filipinas Prostituted around U.S. Military Bases: A Nightmare Recurring, This Time, in Korea." In Sŏngsanŏbŭro yuipdoen oegugin yŏsŏnge kwanhan hyŏnjang silt'ae chosa pogosŏ [A fieldwork report on foreign women trafficked into the sex industry], 91-100. Seoul: Korea Church Women United Counseling Center for Migrant Women Workers.

Evans, Jennifer. 2001. "Reconstruction Sites: Sexuality, Citizenship, and the Limits of National Belonging in Divided Berlin, 1944-58." Ph.D. diss., State University of New York, Binghamton.

Fay, George R., and Anthony R. Jones. 2004. "AR 15-6 Investigation of the Abu Ghraib Detention Facility and the 205th Military Intelligence Brigade." Reprinted in *Torture and Truth: America, Abu Ghraib, and the War on Terror*, ed. Mark Danner, 403-579. New York: New York Review of Books.

Fehrenbach, Heide. 1995. *Cinema in Democratizing Germany: The Reconstruction of a National Identity in the West, 1945-62*. Chapel Hill: University of North Carolina Press.

_____. 2005. *Race after Hitler: Black Occupation Children in Postwar Germany and America*. Princeton: Princeton University Press.

Ferguson, Niall. 2002. *Empire: The Rise and Demise of the British World Order and the Lessons for Global Power*. New York: Basic Books.

_____. 2005. *Colossus: The Rise and Fall of the American Empire*. New York: Penguin Books.

Field, Norma. 1993. *In the Realm of a Dying Emperor: Japan at Century's End*.

New York: Vintage.

Figal, Gerald. 2001. "Waging Peace in Okinawa." *Critical Asian Studies* 33 (March): 37-69.

Firestone, Juanita M., and Richard J. Harris. 2003. "Perceptions of Effectiveness of Responses to Sexual Harassment in the U.S. Military, 1988 and 1995." *Gender, Work and Organization* 10, no. 1: 42-64.

Fleckenstein, Bernhard. 1987. *Die Beziehungen zwischcn allicrten Truppen und deutscher Bevol- kentng im Spiegel cmpirischer Ergebnisse. Vortrdge und Bcitrdge der PoIitiscJten Akademie der Konrad Adenauer Stiftung* [The relationship between allied troops and the German population based on empirical studies. Papers and contributions of the Political Academy of the Konrad Adenauer Foundation]. Munich: Soziahvissenschaftliches lnstitut der Bundeswehr.

Forgash, Rebecca. 2004. "Military Transnational Marriage in Okinawa: Intimacy across Boundaries of Nation, Race and Class." Ph.D. diss., University of Arizona, Tucson.

Foucault, Michel. 1980. *History oj Sexuality*, Volume I. Trans. Robert Hurley. New York: Vintage.

Frankenstein, Luise. 1954. *Soldatcnkinder. Die unehelichen Kinder auslandischer Soldaten mit besonderer Beriicksichtigung der Mischlinge* [Children of soldiers. The illegitimate children of foreign soldiers with special consideration for those of mixed race], Munich: Internationale Vereinigung fur Jugendhilfe.

Frederiksen, Oliver J. 1953. *The American Military Occupation of Germany 1945-1953*. Darmstadt, Germany: Historical Division, U.S. Army in Europe.

Freedman, Dan, and Jacqueline Rhoads, eds. 1989. *Nurses in Vietnam: The Forgotten Veterans*. Austin: Texas Monthly Press.

Freud, Sigmund. 1959. *Group Psychology and the Analysis of the Ego*. New York: W. W. Norton.

Frevert, Ute. 2004. *A Nation in Barracks: Modern Germany, Military Conscription and Civil Society*. New York: Berg.

From Nogŭŭnri to Maehyangri Publication Committee. 2001. *Chuhanmigunmun-jehaegyŏ lundongsa: Nogŭnrieso Maehyangriggaji* [A history of the Korean people's movement to solve problems of the U.S. Forces in Korea: From Nogunri to

Maehyangri], Seoul: Kip'unjayu.

Fujime, Yuki. 1991. "Akasen Jūgyōin Kumiai to Baishun Bōshihō [Redline District Union and the Prostitution Prevention Law]." *Joseishigaku* [The Research Society for Women's History] 1:16-36.

_____. 1998. *Sei no Rekishigaku* [Historical Study of Sexuality], Tokyo: Fuji Shuppan.

_____. 1999. "Reisen Taisei Keiseiki no Beigun to Seibūryoku [The U.S. Military and Sexual Violence during the formation of Cold War System]." *Josei, Senso, Jinken* [Women, War, Rights] 2 (May): 116-38.

_____. 2006. "Japanese Feminism and Commercialized Sex: The Union of Militarism and Prohibitionism." *Social Science Japan Journal Advance Access* 9, no. 1:33-50.

Fulbright, J. William. 1967. *The Arrogance of Power*. New York: Random House.

Gardner, Lloyd C., and Marilyn Blatt Young, eds. 2005. *The New American Empire: A Twenty-First Century Teach-in on U.S. Foreign Policy*. New York: New Press.

Gassert, Philipp. 2001. "Mit Amerika gegen Amerika. Antiamerikanismus in Westdeutsch- land [With America, against America. And-Americanism in West Germany J." In *Die USA und Deutschland im Kalten Krieg. Ein Handbuch* [The United States and Germany in the Era of the Cold War, 1945-1990: A Handbook], ed. Detlef Junker, Vol. 2: 750-60. Stuttgart and Munich: DVA.

Gayn, Mark. 1948. *Japan Diary*. New York: William Sloane Associates.

Geis, Margaret. 1952a. "Morale and Discipline in the European Command 1945-49." Historical Division, European Command. Karlsruhe, Germany.

_____. 1952b. "Negro Personnel in the European Command, 1 January 1946-30 June 1950." Historical Division, European Command. Karlsruhe, Germany.

Geis, Margaret, and George J. Gray. 1951. *The Relations of Occupation Personnel with the Civilian Population, 1946-1948*. Occupation Forces in Europe Series. Historical Division. European Command. Karlsruhe, Germany.

Gerson, Joseph, and Bruce Birchard, eds. 1991. *The Sun Never Sets: Confronting the Network of U.S. Foreign Military Bases*. Boston: South End Press.

Geyer, Michael. 2001. "Cold War Angst: The Case of West German Opposition to Rearmament und Nuclear Weapons." In Hanna Schissler, *The Miracle Years: A Cultural History of West Germany, 1949-1968*, 376-408. Princeton: Princeton University Press.

Gher, Jaime M. 2002. "Status of Forces Agreements: Tools to Further Effective Foreign Policy and Lessons to Be Learned from the United States-Japan Agreement." *University of San Francisco Law Review* 37 (Fall): 227-56.

Gill, Lesley. 2004. *The School of the Americas: Military Training and Political Violence in the Americas*. Durham: Duke University Press.

Gillem, Mark L. 2007. *America Town: Building the Outposts of Empire*. Minneapolis: University of Minnesota Press.

Go, Julian. 2007. "The Provinciality of American Empire: 'Liberal Exceptionalism' and U.S. Colonial Rule, 1898-1912." *Comparative Studies in Society and History* 49, no. 1:74-108.

_____. 2008. *American Empire and the Politics of Meaning: Elite Political Cultures in the Philippines and Puerto Rico during U.S. Colonialism*. Durham: Duke University Press.

Go, Julian, and Anne L. Foster, eds. 2003. *The American Colonial State in the Philippines: Global Perspectives*. Durham: Duke University Press.

Goedde, Petra. 2003. *GIS and Germans: Culture, Gender and Foreign Relations*. New Haven: Yale University Press.

Goff, Stan. 2006. *Sex and War*. Self-published by Lulu.com.

Govern, James. 1957. *Fraulein*. London: Calder.

Grant, Will. 2002. "Here, There, Everywhere: The N[ew] Statesman] Guide to United States Military Bases." *New Statesman* 131 (January 28): 32-33.

Green United and the Coalition of Movements to Reclaim U.S. Military Bases. 2004. *2004 nyŏn chuhanmigungiji hyŏnwhangbogosŏ* [A 2004 field report on the U.S. military bases). Seoul: Green United and the Coalition of Movements to Reclaim U.S. Military Bases.

Grossmann, Atina. 1995. "A Question of Silence: The Rape of German Women by Occupation Soldiers." *October* 72 (Spring): 42-63.

Gusterson, Hugh. 1996. *Nuclear Rites: A Weapons Laboratory at the End of the Cold War*. Berkeley: University of California Press.

Gutmann, Stephanie. 2001. *The Kinder, Gentler Military: Can America's Gender-Neutral Fighting Force Still Win Wars?* New York: Scribner.

Habe, Hans. 1949. *Walk in Darkness.* London: George G. Harrap.

_____. 1957. *Off Limits*, trans. Ewald Osers. New York: Fell.

Hampf, M. Michaela. 2004. " 'Dykes' or 'Whores': Sexuality and the Women's Army Corps in the United States during World War 11." *Women's Studies International Forum* 27:13-30.

Hardt. Michael, and Antonio Negri. 2000. *Empire.* Cambridge. Mass: Harvard University Press.

Harris, Richard J. 1999. "Changes in Patterns of Sexual Harassment in the U.S. Military: A Comparison of the 1988 and 1995 DOD Surveys." *Armed Forces and Society* 25, no. 4: 613- 32-

Harvey, David. 2003. *The New Imperialism.* Oxford: Oxford University Press.

Hassner, Pierre. 2002. "The United States: The Empire of Force or the Force of Empire?" *Chaillot Paper* no. 54. Paris: European Union Institute for Security Studies. September.

Hauser, William. 1973. *America's Army in Crisis: A Study in Civil-Military Relations.* Baltimore: Johns Hopkins University Press.

Hawkins, John Palmer. 2001. *Army of Hope, Army of Alienation: Culture and Contradiction in the American Army Communities of Cold War Germany.* Westport, Conn.: Praeger.

Hayashi, Hirofumi. 2005. "Amerika gun no Seitaisaku no Rekishi—1950 nen dai made [History of U.S. Military Sexual Measures—To the 1950s]." *Josei, Senso Jinken* [Women, War, Rights] 7 (March): 94-118.

Headquarters of the Movement to Root Out American Soldiers' Crime, ed. 2002. *Mignn- bŏmjoiwa han-mi SOFA* [American soldiers' crime and the Korea-U.S. SOFA]. Seoul: Turimidia.

Hein, Laura, and Mark Selden, eds. 2003. *Islands of Discontent: Okinawan Responses to Japanese and American Power.* Lanham, Md.: Rowman and Littlefield.

Heineman, Elizabeth. 1996. "The Hour of the Woman: Memories of Germany's Crisis Years and West German National Identity." *American Historical Review*

101, no. 2: 359-95.

_____. 1999. *What Difference Does a Husband Make? Women and Marital Status in Nazi and Postwar Germany*. Berkeley: University of California Press.

Heinrichs, Christine Willard. 2007. "Women Fill Technical and Leadership Roles in Today's Defense Industries." *Diversity/Careers in Engineering and Information Technology*. Www.diversitycareers.com. Accessed 10 April 2010.

Henke, Klaus-Dietmar. 1995. D*ie amerikaitische Besetzung Deutschlands* [The American Occupation of Germany]. Munich: R. Oldenbourg Verlag.

Herbert, Melissa. 1998. *Camouflage Isn't Only for Combat: Gender, Sexuality, and Women in the Military*. New York: New York University Press.

Hersh, Seymour. 2004a. "Torture at Abu Ghraib: American Soldiers Brutalized Iraqis." *New Yorker*, 10 May.

_____. 2004b. "The Gray Zone: How a Secret Pentagon Program came to Abu Ghraib." *New Yorker*. 24 May.

Higashi Mineo. 1992. *Child of Okinawa. In Okinawa: Two Postwar Novellas by Oshiro Tatsu-hiro and Higashi Mineo*, ed. and trans. Steve Rabson, 79-118. Japan Research Monograph 10. Berkeley: Institute of East Asian Studies, University of California.

Hillman, Elizabeth Lutes. 2005. *Defending America: Military Culture and the Cold War Court- Martial*. Princeton: Princeton University Press.

Hirano, Kyoko. 1992. *Mr. Smith Goes to Japan: Japanese Cinema under the American Occupation, 1945-1952*. Washington, D.C.: Smithsonian Institution Press.

Hodge, Carl Cavanagh. 2005. "America's Empire by Default." *Orbis* 49, no. 1 (Winter): 61-73.

Höhn, Maria. 2002. *GIS and Fräduleins: The German-American Encounter in 1950s West Germany*. Chapel Hill: University of North Carolina Press.

_____. 2005. "'Ein Atemzug der Freiheit': Afro-amerikanische GIS, deutsche Frauen, und die Grenzen der Demokratie (1945-1968) [A Breath of Freedom. African American cis, German Women, and the Limits of Democracy]." In *Demokratiewunder. Transatlantische Mittler und die kulturelle Öffhung*

Westdeutschlands, 1945-1970 [The Miracle of Democracy. Transatlantic Mediators and the Cultural Opening of West Germany, 1945-1970], ed. Arnd Bauerkampfer, Konrad H. Jarausch, and Marcus Payk, 104-28. Gottingen: Vandenhoeck and Ruprecht.

_____. 2008a. "The Black Panther Solidarity Committees and the Voice of the Lumpen." *German Studies Review* 31, no. 1 (February): 133-54.

_____. 2008b." 'We Will Never Go Back to the Old Way Again': Germany in the African American Debate on Civil Rights." *Central European History* 41, no. 4 (December): 605-37.

_____. 2010. "The Black Panther Solidarity Committee and the Trial of the Ramstein 2," in *Changing the World, Changing The Self: Political Protest and Collective Identities in i960/70s West Germany and the United States*, ed. Belinda Davis, Martin Klimke, Carla McDou- gall, and Wilfried Mausbach. New York: Berghahn Books, 2010, 215-39.

_____. 2011. "Love Across the Color-Line: The Limits of German and American Democracy, 1945-68," in Larry Greene and Anke Ortlepp, eds., *Germans and African Americans: Two Centuries of Contact.* Jackson: University of Mississippi Press.

Höhn, Maria and Martin Klimke. 2010. *A Breath of Freedom. The Civil Rights Struggle, African American GIS*, and Germany. New York: Palgrave.

Hough, Patricia. 1979. "The Socio-Cultural Integration of German Women Married to American Military Personnel." Ph.D. diss., Free University, Berlin.

Houppert, Karen. 2005. *Home Fires Burning: Married to the Military for Better or Worse.* New York: Ballantine Books.

Howes, Ruth H., and Michael R. Stevenson, eds. 1993. *Women and the Use of Military Force.* Boulder: Lynne Rienner Publishers.

Hutton, Bud, and Andy Rooney. 1947. *Conqueror's Peace: A Report to the American Stockholder.* New York: Doubleday.

Ignatieff, Michael. 2003. *Empire Lite: Nation Building in Bosnia, Kosovo, and Afghanistan.* Toronto: Penguin Books.

Iha Masakazu. 1998. "Kandō o Hada de Shiru [Knowing Passion through Experience]." In *Eisā 360°: Rekishi to Genzai 1998* [Eisa in the Round: History and the

Present (1998)].

Inoue, Kiyoshi. 1962. *Gendai Nihon Joseishi* [Modern / Contemporary Japanese Women's History]. Tokyo: San'ichi Shōbo.

Inoue. Setsuko. 1995. *Senryogun Ianjo* [Comfort Stations for the Occupation Forces], Tokyo: Shinhyoron.

James, John C., and Terunobu Tamamori. 1996. *A Minute Guide to Okinawa: Society and Economy. Naha City*, Japan: Bank of the Ryukyus International Foundation.

Janeway, Eliot. 1945. "America's Moral Crisis." *Asia and the Americas* 45 (October): 466-69.

Jeffords, Suzan. 1994. "Terminal Masculinity: Men in the Early 1990s." In *Hard Bodies: Hollywood Masculinity in the Reagan Era*. New Brunswick, N.J.: Rutgers University Press.

Johnson, Chalmers A. 2000. *Blowback: The Costs and Consequences of American Empire*. New York: Holt.

_____. 2004a. *The Sorrows of Empire: Militarism, Secrecy, and the End of the Republic*. New York: Metropolitan Books.

_____. 2004b. "Three Rapes: The Status of Forces Agreement and Okinawa." *Japan Policy Research Institute Working Paper* No. 97. January.

Johnson, Sheila. 1975. *American Attitudes toward Japan, 1941-1975*. Washington, D.C.: American Enterprise Institute for Public Research.

Juchler, Ingo. 1996. *Die Studentenbewegung in den Vereinigten Staaten und der Bundesrepublik Deutschland dersechzigerJahre* [The student movement of the United States and Federal Republic of Germany in the 1960s]. Berlin: Dunker und Humblot, GmbH.

Kagan, Frederick W. 2006. "The U.S. Military's Manpower Crisis." *Foreign Affairs* 85, no. 4 (July-August): 97-110.

Kane, Tim. 2006. "Global U.S. Troop Deployment, 1950-2004." The Heritage Foundation, Center for Data Analysis. Www.heritage.0rg/Research/ Reports/2006/05/ Global-US-Troop-Deployment-1950-2004. Accessed 12 April 2010.

Kang, Ok-kyŏng, Hyon-sŏn Kim, and Su-kyŏng Chŏn. 2001. *Kyŏnggidojiyŏk sŏngmaemae silt'aejosa mit chŏngch'aekdaean yŏngu* [A study of prostitution in the Kyonggi Province area and policy alternatives], Tongduch'ŏn City, South Korea: Saewumt'o.

Kang, Yŏng-su. 1989. "Hyangnaksanŏbui kihyŏngjŏk sŏngjangkwa ie taehan olbarŭn in- sigjŏngnibŭl wihayŏ [Toward an understanding of the monstrous growth of the entertainment industry]." *Kaech'ŏkcha* 26 (October) [Pioneers): 121-40.

Kanzaki, Kiyoshi. 1953a. "Kanpan ni agatta Panpan." *Kaizo* ["PanPan(s) On Board."] 34, no. 6: 196-203.

———. 1953b. *Yoru no Kichi* [The Nights of Bases], Tokyo: Kawade Shobo.

Kaplan, Amy. 2002. *The Anarchy of Empire in the Making of U.S. Culture.* Cambridge, Mass.: Harvard University Press.

———. 2004. "Violent Belongings and the Question of Empire Today: Presidential Address to the American Studies Association, October 17, 2003." *American Quarterly* 56 (March): 1-18.

Kaplan, Amy, and Donald E. Pease, eds. 1993. *Cultures of United States Imperialism.* Durham: Duke University Press.

Kawahira Choshin. 1970. *Ryūkyū Ocho-shi: Okinawa no Tami to O* [A History of Ryukyuan Dynasties: Okinawan Royalty and its Subjects]. Naha City, Japan: Gekkan Okinawa-sha.

Kawasaki, Hiroshi. 1988. *Saipan to Yobareta Otoko* [A Man Called "Saipan"]. Tokyo: Shin- chosha.

Kelsky, Karen. 2001. *Women on the Verge: Japanese Women, Western Dreams.* Durham: Duke University Press.

Kempadoo, Kamala. 1998. "Introduction: Globalizing Sex Workers' Rights." In *Global Sex Workers: Rights, Resistance, and Redcjinition*, ed. Kamala Kempadoo and Jo Doezama, 1- 27. New York: Routledge.

Kennedy, Paul. 1989. *The Rise and Fall of the Great Powers: Economic Change and Military Conflict from 1500-2000.* New York: Random House.

Kim, Chae-jun. 1970. "Kungmin, kukhoe, anbo [Nationals, the National Assembly, security], *Sindonga* 73 (September): 140-47.

Kim, Chae-su. 1980. "Kijich'one kwanhan sahocjirihakjŏk yŏngu: Dongduch'onul chung- simuro [A social geographical study of military camptowns: Focus on

Dongduch'on|." *Chirihakyŏngu* 5: 274-94.

Kim, Ellim. 1990. "Yullakhaengwidung pangjibŏp kaejŏngŭl wihan yŏngu [A study to revise the Prostitution Prevention Law]." *Yŏsŏngyŏngu* 26: 85-118.

Kim, Hyŏn-sŏn. 2001. "Kijich'onmaemaech'unkwa yŏsŏnginkwŏn [Camptown prostitution and women's human rights]." Lecture presented at the Women's Peace Academy, Seoul.

Kim, In-suk. 1989. "Yullakyŏsŏnge taehan sahoebogji chŏngch'aekpunsŏk" [An analysis of social-welfare policy on prostitutes]." *Sahoebogji* 101 (Summery 127-59.

Kim, Jinwung. 2004. "Ambivalent Allies: Recent South Korean Perceptions of the United States Forces Korea (USFK)." *Asian Affairs* 30, no. 4: 268-85.

Kim, Sŭng-t'ae. 1997. "Ilbongun 'wianbu' chŏngch'aek hyŏngsŏngŭi ilbonch'ŭk yŏksajŏk paegyŏng [The Japanese historical background of the making of the Japanese military 'comfort women' policy]." In *Ilbongun wianbumunjeŭi chinsang* [Truthful state of Japanese military comfort women), ed. Council for Resolving the Problem of the Military Comfort Women, 37-68. Seoul: Yoksabip'yongsa.

Kim, Tong-nyŏng. 2007. "Han'guk, nanŭn han'gugi choa [Korea, I like Korea]." In Ture- bangesŏ kirŭl mutta: Turebang 20junyŏn ginyŏmmunjip [We ask a way at My Sister's Place: Twentieth anniversary writing collection], ed. My Sister's Place, 54-77. Ŭijŏngbŭ City: My Sister's Place.

Kim, Tong-sim, Sa-jin Kwak, Il-lan Kim, Yŏng-hŭi Han, Kyŏng-t'ae Pak, and Tu-yŏn Kim. 2003. *Kijich'on honhyŏrin inkwŏnsilt'aejosa* [A research report on the status of mixed- blood people in camp towns]. Seoul: State Human Rights Commission.

Kim, Yŏn-ja. 2005. *Americataun wangŏnni, chuggi obunjŏnkkaji agŭlssŭda: Kim, Yŏn-ja chajŏn esei* [A big sister in the America Town screams until five minutes before her death: Kim Yŏn-ja's autobiographical essay], Seoul: Simin.

Kirk, Gwyn. 2007. "Yŏsŏngui chinjŏnghan anjŏn [Women's genuine security]. In *Ture- bangesŏ kirŭl mutta: Turebang 2ojunyŏn ginyŏmmunjip* [We ask a way at My Sister's Place: Twentieth anniversary writing collection], ed. My Sister's Place, 131-53. Ŭijŏngbu City: My Sister's Place.

Kissinger, Henry. 2001. *Does America Need a Foreign Policy? Toward a Diplomacy for the Twenty-First Century*. New York: Simon and Schuster.

Kleinschmidt, Johannes. 1997. *"Do Not Fraternize": Die schwierigen Anfange deutsch- amerikanischer Freundscha.fi 1944-1949* ["Do Not Fraternize": The difficult beginning of the German-American friendship, 1944-1949]. Trier, Germany: Wisscnschaftlicher Verlag.

Kligman, Gail. 2005. "Trafficking Women after Socialism: From, to. and through Eastern Europe." Paper presented at the Center for European and Eurasian Studies, University of California, Los Angeles. 11 March.

Klimke, Martin. 2010. *The Other Alliance: Student Protest in West Germany and the United States in the Global Sixties*. Princeton: Princeton University Press.

Knauft, Bruce M. 2007. "Provincializing America: Imperialism, Capitalism, and Coun- terhegemony in the Twenty-first Century." *Current Anthropology* 48, no. 6:781-805.

Knauer, Sebastian. 1987. Lieben wir die USA? Was die Deutsclien iiber die Amerikaner denken [Do we love the USA? What the Germans think of the Americans]. Hamburg: Gruner und Jahr.

Ko, Hyŏn-wung, Chae-wŏn Kim, Ra-mi So, Da-he Chang-Im, Tong-sim Kim, and Tong- nyong Kim. 2006. *Oegugin yŏnyein toip silt'aejosa mit chŏngch'aekbikyoydngu* [A study of the importation of foreign entertainers into South Korea and policy comparison], Seoul: Ministry of Culture and Tourism and International Organization for Migration.

Ko, Yu-kyŏng. 2007. "Chuhanmigun chaebaech'iwa p'yŏnghwajŏk sacngjonkwŏn [Relocation of the U.S Forces in Korea and the right to peaceful life]." In *Tureban-gesŏkirŭlmutta* [We ask the way at My Sister's Place], ed. My Sister's Place, 234-61. Ŭijŏngbu City: My Sister's Place.

Kobayashi, Daijiro, and Murase Akira. 1992 (1961). *Minna ha Shiranai Kokka Baishun Meirci* [The State Prostitution Order that No One Knows]. Tokyo: Yūhikaku Shuppan.

Kobayashi, Yoshinori. 2005. *Okinawa-ron* [Treatise on Okinawa]. Tokyo: Shogakukan.

Koikari, Mire. 1999. "Re-Thinking Gender and Power in the U.S. Occupation of

Japan, 1945-1952." *Gender and History* 11, no. 2:313-35.

Korea Church Women United. 1999. *Sŏngsanŏbŭro yuipdoen oegugin yŏsŏnge kwanhan hyŏn-jang silt'ae chosa pogosŏ* [A fieldwork report on foreign women trafficked into the sex industry]. Seoul: Korea Church Women United Counseling Center for Migrant Women Workers.

――――. 2002. *Sŏngsanŏbŭro yuipdoen oegugin yŏsŏnge kwanhan Che 2ch'a hyŏnjang silt'ae chosa pogosŏ* [The second fieldwork report on foreign women trafficked into the sex industry]. Seoul: Korea Church Women United Counseling Center for Migrant Women Workers.

Korean Military Support Corps for the U.S. Eighth Army. 1993. *Katusaŭi ŏjewa onŭl* [The KATL'SAS' yesterday and today], Seoul: Mi p'algun han'gukkun chiwondan.

Korea Travel Newspaper Special Report Team. 1999. *Han'guk kwankwang 50 nyŏn pisa* [A 50-year hidden history of tourism in Korea]. Seoul: Travel Newspaper.

Kramer, Paul. 2002. "Empires, Exceptions, and Anglo-Saxons: Race and Rule between the British and U.S. Empires, 1880-1910." *Journal of American History* 88 (March): 1315-53.

――――. 2006a. *The Blood of Government: Race, Empire, the United States, and the Philippines.* Chapel Hill: University of North Carolina Press.

――――. 2006b. "The Darkness That Enters the Home: The Politics of Prostitution during the Philippine-American War." In *Haunted by Empire: Geographies of Intimacies in North American History*, ed. Ann Laura Stoler, 366-404. Durham: Duke University Press.

Kroes, Rob. 1996. *If You've Seen One, You've Seat the Mall.* Chicago: University of Illinois Press.

Kuisel, Richard. 1993. *Seducing the French: The Dilemma of Americanization.* Berkeley: University of California Press.

LaCapra, Dominick. 1999. "Trauma, Absence, and Loss." *Critical Inquiry* 25, no. 4: 696-727.

Lee, Clark. 1947. *One Last Look Around.* New York: Duell, Sloan, and Pearce.

Lee, Ulysses Grant. 1966. *The Employment of Negro Troops: Special Studies, United States Army in World War II.* Washington, D.C.: Office of the Chief of

Military History.

Lcuerer, Thomas. 1997. *Die Stationierung amerikanischer Streitkrdftc in Deutschland. Mili- tdrgemeinden in Deutschland als ziviles Element der Stationierungspolitik der Vereinigtai Staaten* [The stationing of American troops in Germany. Military communities in Germany as a civil aspect of the United States' stationing policies]. Wiirzburg: Ergon Verlag.

Levine, Philippa. 2003. *Prostitution, Race, and Politics: Policing Venereal Disease in the British Empire.* New York: Routledge.

Lilly, J. Robert. 1995. "Dirty Details: Executing U.S. Soldiers during World War II." *Crime and Delinquency* 42, no. 4: 491-516.

Lilly, J. Robert, and J. Michael Thomson. 1997. "Executing U.S. Soldiers in England, World War II: The Power of Command Influence and Sexual Racism." *British Journal of Criminology* 37: 262-88.

Lincoln, Brett. 2006. "Fiscal Year 2007 Federal Budget Proposal: Combined Mandatory and Discretionary Spending." *Defense Monitor* 35, no. 2 (March-April): 4.

Lindsay-Poland, John. 1996. "The U.S. Military Bases: Will They Stay or Go?" *NACLA Report on the Americas* 29, no. 5 (March-April): 6-9.

_____. 1999. "Military Bases Close in Panama, New Bases Open in Ecuador and Dutch Antilles." *NACLA Report on the Americas* 33, no. 1 (July-August): 52-53.

Ling, L. H. M. 1999. "Sex Machine: Global Hypermasculinity and Images of the Asian Woman in Modernity." *Positions: East Asia Cultures Critique* 7, no. 2 (Fall): 277-306.

Lundestad, Geir. 1998. *The United States and Western Europe since 1945: From Empire by Invitation to Transatlantic Drift.* Oxford: Oxford University Press.

Lutz, Catherine A. 2001. *Home Front: A Military City and the American Twentieth Century.* Boston: Beacon Press.

Lutz, Catherine A., ed. 2009. *The Bases of Empire: The Global Struggle against U.S. Military Posts.* New York: New York University Press.

Lutz, Catherine A., and Jane L. Collins. 1993. *Reading National Geographic.* Chicago: University of Chicago Press.

Maase, Kaspar. 1992. *Bravo Amerika: Erkundigungen zur Jugendkultur der Bundesrepublik in den JunJziger Jahren* [Bravo Amerika. Explorations of West German Youth Culture during the 1950s]. Hamburg: Junius Verlag.

Maier, Charles S. 2006. *Among Empires: American Ascendancy and Its Predecessors*. Cambridge, Mass.: Harvard University Press.

Mann, Michael. 1984. *State, War and Capitalism: Studies in Political Sociology*. Oxford: Blackwell.

_____. 2003. *Incoherent Empire*. London: Verso.

Markusen, Ann. 1999. *Arming the Future: A Defense Industry for the Twenty-First Century*. Washington, D.C.: Council on Foreign Relations Press.

Mason, R. Chuck. 2008. "Status of Forces Agreement (SOFA): What Is It, and How Might One be Utilized in Iraq?" CRS Report for Congress RL 34531. Washington, D.C.: Congressional Research Service.

May, Elaine Tyler. 1999 (1988). *Homeward Bound: American Families in die Cold War Era*, revised and updated edition. New York: Basic Books.

Mayer, Arno. 2000. *The Furies: Violence and Terror in the French and Russian Revolutions*. Princeton: Princeton University Press.

Mayer, Jane. 2008. *The Dark Side*. New York: Doubleday.

McAlister, Melanie. 2001. *Epic Encounters, Culture, Media and U.S. Interests in the Middle East, 1945-2000*. Berkeley: University of California Press.

McClintock, Anne. 1995. *Imperial Leather: Race, Gender, and Sexuality in the Colonial Context*. New York: Routledge.

McCoy, Alfred. 2006. *A Question of Torture: CIA Interrogation, from the Cold War to the War on Terror*. New York: Metropolitan Books.

McNinch, Joseph H. 1954. "Venereal Disease Problems, U.S. Army Forces, Far East 1950- 53." Presented to the Course on Recent Advances in Medicine and Surgery, Army Medical Service Graduate School, Walter Reed Army Medical Center, Washington, D.C. 27 April, http://history.amedd.army.mil/booksdocs/korea/recad2/ch4-2.htm (accessed on 17 March 2006).

Meade, E. Grant. 1951. *American Military Government in Korea*. New York: King's Crown Press.

Mehta, Uday Signh. 1999. *Liberalism and Empire: A Study in Nineteenth-Century*

British Liberal Thought. Chicago: University of Chicago Press.

Memmi, Albert. 2006. *Decolonization and the Decolonized*, trans. Robert Bononno. Minneapolis: University of Minnesota Press.

Merritt, Anna, and Richard Merritt. 1980. *Public Opinion in Semi-Sovereign Germany: The Hicoc Surveys, 1949-1955*. Chicago: University of Illinois Press.

Meyer, Sybille, and Eva Schulz. 1985. *Von Liebe sprach damals keiner. Familienalltag in der Nachkriegszeit* [Nobody talked of love then. Family life in the postwar years]. Munich: Beck.

Miller, Laura. 1998. "Feminism and the Exclusion of Army Women from Combat." *Gender Issues* 16, no. 3:33-64.

Mills, Karen. 1993. *Americans Overseas in U.S. Censuses*. Technical Paper 62. Economics and Statistics Administration, Bureau of the Census, U.S. Department of Commerce, Washington, D.C. November.

Ministry of Health and Social Affairs, Republic of Korea. 1958. *Sŏngbyŏngnyŏnbo 1957* [Venereal disease yearbook 1957]. Seoul: Ministry of Health and Social Affairs.

_____. 1969. *Pogŏnsahoet'onggyeyŏnbo* [Yearbook of public health and social statistics]. Seoul: Ministry of Health and Social Affairs.

_____. 1987. *Punyŏhaeng ŏng 4onŏdnsa* [A forty-year history of women's administration], Seoul: Ministry of Health and Social Affairs.

Minton, William L. 1948. "Report of Essential Technical Medical Data." Prepared at Rehabilitation Center, Office of the Surgeon, APO 6, Unit 4, U.S. Army Forces in Korea. NARA, RG 554, box P47.

Misra, Maria. 2003. "Lessons of Empire: Britain and India." *SAIS Review* 23, no. 2: 133-53.

Mitchell, Brian. 1989. *Weak Link: The Feminization of the American Military*. Washington, D.C.: Regnery Gateway.

_____. 1998. *Women in the Military: Flirting with Disaster*. Washington, D.C.: Regnery Publishing.

Mitsui, Hideko. 2006. "The Resignification of the 'Comfort Women' through NCO Trials." In *Rethinking Historical Injustice and Reconciliation in Northeast*

Asia: The Korean Experience, ed. Gi-wook Shin, Soon-won Park, and Daqing Yang, 36-54. London: Routledge.

Molasky, Michael S. 1999. *The American Occupation of Japan and Okinawa: Literature and Memory*. London: Routledge.

_____. "Medoruma Shu: The Writer as Public Intellectual in Okinawa Today." In *Islands of Discontent: Okinawan Responses to Japanese and American Power*, ed. Laura Hein and Mark Selden. Lanham, Md.: Rowman and Littlefield, 161-91.

Moon, Chŏng-ju. 2005. "Kijuch'on yŏsŏngŭi samkwa kŏngang." [Camptown women's lives and health]. In *Turebang yiyagi: Turebang 15ynyŏn kinyŏmjaryojip* [Stories from My Sister's Place: Fifteenth anniversary resources collection], 326-35. Ŭijŏngbu City: My Sister's Place.

Moon, Katharine H. S. 1997. *Sex among Allies: Military Prostitution in U.S.-Korea Relations*. New York: Columbia University Press.

_____. 2007. "Resurrecting Prostitutes and Overturning Treaties: Gender Politics in the 'Anti-American' Movement in South Korea." *Journal of Asian Studies* 66, no. 1: 129-57.

Moon, Seungsook. 1998. "Begetting the Nation: The Androcentric Discourse of National History and Tradition in South Korea." In *Dangerous Women: Gender and Korean Nationalism*, ed. Elaine H. Kim and Chungmoo Choi, 33-66. New York; Routledge.

_____. 2001. "The Production and Subversion of Hegemonic Masculinity: Reconfiguring Gender Hierarchy in Contemporary South Korea." In *Under Construction: The Gendering of Modernity, Class, and Consumption in the Republic of Korea*, ed. Laurel Kendall, 79- 113. Honolulu: University of Hawaii Press.

_____. 2002a. "Beyond Equality versus Difference: Professional Women Soldiers in the South Korean Army." *Social Politics* 9, no. 2 (Summer): 212-47.

_____. 2002b. "Imagining a Nation through Difference: Reading the Controversy concerning the Military Service Extra Points System in South Korea," *The Review of Korean Studies* 5, no. 2 (December): 73-109.

_____. 2005a. *Militarized Modernity and Gendered Citizenship in South Korea.*

Durham: Duke University Press.

_____. 2005b. "Trouble with Conscription, Entertaining Soldiers: Popular Culture and the Politics of Militarized Masculinity in South Korea." *Men and Masculinities* 8, no. 1 (July): 64-92.

Moskos, Charles. 1970. *The American Enlisted Man: The Rank and File in Today's Military*. New York: Russell Sage Foundation.

Mosse, George L. 1985. *Nationalism and Sexuality: Respectability and Abnormal Sexuality in Modern Europe*. New York: Howard Fertig.

Miiller, Emil-Peter. 1986. *Antiamerikanismus in Deutschland. Zwischen Care-Paket und Cruise Missile* [Anti-Americanism in Germany. Caught between Care Packages and cruise missiles]. Cologne: Deutscher Instituts-Verlag.

Miinkler, Herfried. 2007. *Empires: The Logic of World Domination from Ancient Rome to the United States*, trans. B. Patrick Camiller. Cambridge: Polity Press.

Muppidi, Himadeep. 2004. *The Politics of the Global*. Minneapolis: University of Minnesota Press.

My Sister's Place, ed. 2003. *Kyŏnggibugbu kijich'onjiyŏk sŏngmaemaegŭnjŏnŭl wihan p'ihaeyŏ-sŏng chiwŏnsaŏp pogohoe jaryojip* [A report on projects to eliminate camptown prostitution and support women victimized by the prostitution in northern Kyonggi Province). Ŭijŏngbu City: My Sister's Place.

_____, ed. 2005a. *Turebang yiyagi: Turebang 15ynyŏn kinyŏmjaryojip* [Stories from My Sister's Place: Fifteenth anniversary resources collection]. Ŭijŏngbu City: My Sister's Place.

_____, ed. 2005b. *Kijich'onjiyŏk sŏngmaemae pihaeyŏsŏng sangdamjiwŏn saryejip* [A collection of counseling support cases for women victimized by camptown prostitution], Ŭijŏngbu City: My Sister's Place.

_____, ed. 2005c. "Philippines-Korea Internship Program for the Prevention of International Trafficking and the Protection of the Rights of Filipina Migrants: Filipino Women in the Sex Industry and International Marriage." Report sponsored by the Asia Foundation, My Sister's Place, Ŭijŏngbu City.

_____, ed. 20osd. *Sŏngmaemae mogjŏgŭi insinmaemae kŭnjŏrŭl wihan konggaet'oronhoe charyo-jip: sŏngmaemaet'ŭkpyŏlbŏpkwa kijich'on yŏsŏng* [Collection from a public discussion meeting to eliminate trafficking of women for prostitution: Prostitution Special Law and camptown women]." Ŭijŏngbu City: My Sister's Place.

_____, ed. 2007. *Turebangesŏ kirŭd mutta: Turebang 2ojunyŏn ginyŏmmunjip* [We ask a way at My Sister's Place: Twentieth anniversary writing collection]. Ŭijŏngbu City: My Sister's Place.

Naimark, Norman M. 1995. *The Russians in Germany: A History of the Soviet Zone of Occupation 1945-49.* Cambridge, Mass.: Harvard University Press.

Nalty, Bernard C, and Morris McGregor, eds. 1981. *Blacks in the Military: Essential Documents.* Wilmington, Del.: Scholarly Resources.

National Association for the Advancement of Colored People. 1971. *The Search for Military Justice: Report of an NAACP Inquiry into the Problems of the Negro Servicemen in West Germany.* New York: National Association for the Advancement of Colored People.

National Campaign to Eliminate Crimes Committed by U.S. Forces in Korea. 1999. *Kkŭn-naji anŭn ap'umŭi yŏksa: Migunbŏmjoe* [A history of pain that has not yet ended: Crimes committed by U.S. Forces in Korea]. Seoul: Kaemasŏwŏn.

_____. 2002. *Migunbŏmjoewa hanmi SOFA* [Crime committed by American soldiers and Korea-US SOFA]. Seoul: Turimidiŏ.

National Economic Board. 1947. South Korea Interim Government Activities, No. 27 (December). Seoul: United States Army Military Government in Korea.

_____. 1948. South Korean Interim Government Activities, No. 29 (February). Seoul: United States Army Military Government in Korea.

National Military Family Association. 2005. "Fact Sheet: A Brief History and Introduction to the National Military Family Association." Alexandria, Va. June.

_____. 2006. "Position Paper: Communities: Preparing for Transformation, Global Rebasing, and B[ase] Realignment] a[nd] Cflosurc]." March.

Nelson, Christopher. 2009. *Dancing with the Dead: Memory, Performance, and Everyday Life in Postwar Okinawa.* Durham: Duke University Press.

Nelson, Daniel. 1987. *Defenders or Intruders? The Dilemma of U.S. Forces in Germany.* Boulder: Westview Press.

Nishida, Minoru. 1953. *Kichi no Onna* [Women of the Base]. Tokyo: Kawade Shobo.

Noble, Harold J. 1975. *Embassy at War.* Seattle: University of Washington Press.

Nolan, Mary. 1994. *Visions of Modernity: American Business and the Modernization of Germany.* New Yorlc Oxford University Press.

Nomura, Kōya. 2005. *Muishiki no Shokuminchishugi: Nihonjin no Beigun Kichi to Okinawajin* [Unconscious Colonialism: The Japanese People's American Bases and the Okinawan People]. Tokyo: Ochanomizu Shobō.

Norman, Elizabeth M. 1990. *Women at War: The Story of Fifty Military Nurses Who Served in Vietnam.* Philadelphia: University of Pennsylvania Press.

Nye, Joseph S. 2002. *The Paradox of American Power: Why the World's Only Superpower Can't Go It Alone.* New York: Oxford University Press.

_____. 2004. *Soft Power: The Means to Success in World Politics.* New York-Public Affairs.

O Donnell, Ian. 2004. "Prison Rape in Context." *British Journal of Criminology,* 44, no. 2 (March): 241-55.

Oh, Kyon-ch'i, Yŏng-gu Cha, and Tong-jun Hwang. 1990. *H'anmigunsahyŏmyŏk kwangyeŭi paljŏnkwa chŏnmang* [The development of Korea-U.S. military cooperation and its prospect]. Seoul: Segyŏngsa.

Oh, Yŏn-ho. 1990. *Tŏisang urirŭl sŭlp'ŭge hajimala* [Do not make us sad anymore], Seoul: Paeksansŏdang.

Okazawa-Rey, Margo. 2005. "Margo Report on the Problem of Bi-Racial Children in Korea." In *Turebang yiyagi: Turebang 15ynyŏn kinyŏmjaryojip* [Stories from My Sister's Place: Fifteenth anniversary resources collection), ed. My Sister's Place, 188-201. Ŭijŏngbu City: My Sister's Place.

Okuno Hikorokuro. 1978. *Okinawa Koninshi* [The History of Marriage in Okinawa], Tokyo: Kokushō Kankōkai.

Oldfield, Sybil. 1989. *Women against the Iron Fist: Alternatives to Militarism, 1900-1989.* Oxford: Basil Blackwell.

Onna Tachi no Ima wo Tou Kai [Association to Discuss Today's Woman Question], ed. 1986. "Raundo Teburu: Chōsen Sensō Gyaku Kōsu no Naka no Onna Tachi [Round Table: Women in Korean War and the Reverse Course]." In *Jyūgoshi Nōto Sengo Hen* [A Note on History of Home-front, Postwar Volume]. Tokyo: Impakuto.

Ōshima, Yukio. 1975. "Kokusaku Baishun no Tenmatsu [The Whole Story of National

Prostitution Project]." In *Nihon Josei no Rekishi*, Volume 13: *Senchu Sengo no Josei* [Japanese Women's History: Women in Wartime and Postwar], ed. Itsuo Tsubota. Tokyo: Akatsuki Kyoiku Tosho.

Ōta, Masahide. 2000. *Essays on Okinawa Problems*. Tokyo: Yui Shuppan.

Padover, Saul. 1946. *Experiment in Germany: The Story of an American Intelligence Officer*. New York: Duell, Sloan and Pearce.

Pac, Yong-gi. 1989. "Yŏsŏngŭi koyonggujowa yullakyŏsŏng [The structure of women's employment and prostitutes]." *Kwangjang* 188 (April): 59-69.

Pak, Annie. 1965. *Naebyŏrŭn ŏnŭhanŭre: pacginhonhyŏl yangkongjuŭi sugi* [In which sky is my star? An autobiography of a white, mixed-blood Western princess]. Seoul: Wangja Publications.

Pak, Chŏng-chŏl, and Oh Sŭng-hwan. 2003. *Nŏhŭigk katusarŭl anŭnya: Ibangin sogŭi Iban-gin, katusagk parabon chuhanmigun iyagi* [Do you know KATUSA? A story of the U.S. Military in South Korea told by KATUSA, foreigners among foreigners], revised edition. Seoul: Risu.

Pak, Chong-sŏng. 1994. *Han'gukŭi maech'un* [Prostitution in Korea], Seoul: In'gansarang.

Pak, Pong-hyŭn. 2002. *Nŭhŭidŭri miguninjul ara?* [Do you think you're GIS?], vols. 1-2. Seoul: Ch'aengmandŭnŭn kongjang.

Pak, Wan-sŏ. 1998. "A Pasque Flower on That Bleak Day." In *The Rainy Spell and Other Korean Stories*, trans. Ji-moon Suh, 204-12. New York: M. E. Sharpe.

Paret, Peter. 1964. *French Revolutionary Warfare from Indochina to Algeria: The Analysis of Political and Military Doctrine*. Princeton Studies in World Politics no. 6. New York: Frederick A. Praeger.

Parker, Roy. 1952. "Sex and the Soldier." *Cornet* 32 (June): 103-6.

Peters, C., ed. 1992. *Collateral Damage: The New World Order at Home and Abroad*. Boston: South End Press.

Peukert, Detlev. 1992. *The Weimar Republic: Crisis of Classical Modernity, trans. Richard Deveson*. New York: Hill and Wang.

Pilger, John. 2004. "John Pilger Cheers the Islanders Fighting Dirty Tricks." *New Statesman* 133 (18 October): 22-23.

Pŏbjech'ŏ. 1952. *Migunjŏngbŏmnyŏngjip* [The collection of laws during USAMG rule].

Seoul: Pŏbjech'ŏ.

Poiger, Uta. 1999. *Jazz, Rock, and Rebels: Cold War Politics and American Culture in a Divided Germany.* Berkeley: University of California Press.

Pok, Kŏ-il. 1994. *Kaempŭ senekaŭi kijich'on* [Camp Seneca's camptown]. Seoul: Munhak-kwajisŏngsa.

Powell, Colin L., with Joseph E. Persico. 1995. *My American Journey.* New York: Random House.

President's Committee on Equal Opportunity in the Armed Forces. 1963. *Equality of Treatment and Opportunity for Negro Personnel Stationed witliin the United States.* Washington, D.C.: U.S. Government Printing Office.

_____. 1964. *Final Report: Military Personnel Stationed Overseas.* Washington, D.C.: U.S. Government Printing Office.

Quester, Aline O. 2002. "Women and Minorities in America's Volunteer Military." *Contemporary Economic Policy* 20, no. 2 (April): m-21.

Ranciere, Jacques, and Peter Hallward. 2003. "Politics and Aesthetics: An Interview." *Angelaki* 8, no. 2:191-211.

Renda, Mary. 2001. *Taking Haiti: Military Occupation and the Culture of U.S. Imperialism, 1915-1940.* Chapel Hill: University of North Carolina Press.

Render, Frank W., II. 1970. "U.S. Military Race Relations in Europe-September 1970." Memorandum to Secretary of Defense Melvin Laird, Washington, D.C. 2 November.

Rhee, Taek Hyong. 1986. *U.S.-ROK [Republic of Korea] Combined Operations: A Korean Perspective.* Washington, D.C.: National Defense University Press.

Richie, Donald. 1968 (1956). *This Scorching Earth.* 3d ed. Tokyo: Charles E. Tuttle.

Ricoeur, Paul. 2004. *Memory, History, Forgetting.* Chicago: University of Chicago Press.

Riley, Robin L. 2006. "Valiant, Vicious, or Virtuous? Representation and the Problem of Women Warriors." In *Interrogating Imperialism: Conversation on Gender, Race, and War*, ed. Robin Riley and Naeem Inayatullah, 183-206. New York: Palgrave Macmillan.

Ritzer, George. 2000. *The McDonaldization of Society.* Thousand Oaks, Calif.: Pine Forge- Press.

Rose, Sonya. 1997. "Girls and GIS: Race, Sex, and Diplomacy in World War II Britain." *International History Review* 19 (February): 146-60.

Rosenberg, Emily. 1982. *Spreading the American Dream: American Economic and Cultural Expansion, 1890-1945*. New York: Hill and Wang.

Rosenthal, Debra. 1990. *At the Heart of the Bomb: The Dangerous Allure of Weapons Work*. Washington, D.C.: Addison-Wesley.

Ruhl, Klaus Jorg. 1980. *Die Besatzer und die Deutschen, Amerikanisehc Zone 1945-48* [Occupiers and Germans, American zone 1945-48]. Dusseldorf. Schwann.

_____. 1985. *Deutschland 1945, Alltag zwisclten Kricg und Friedcn in Uerichten, Dokumcnten und Bildern* [Germany 1945. Daily Life between war and peace in reports, documents and pictures]. Neuwied, Germany: Hermann Luchterhand Verlag.

Sahlins, Marshall. 2000. *Culture in Practice: Selected Essays*. Chicago: University of Chicago Press.

Said, Edward. 1978. *Orientalism*. New York: Vintage Books.

Sams, Crawford F. 1986. *DDT Kakumei* [DOT Revolution], trans. Eiji Takemae. Tokyo: Iwanami Shoten.

Sandars, C. T. 2000. *America's Overseas Garrisons: The Leasehold Empire*. Oxford: Oxford University Press.

Sands, Phillipe. 2008. *Torture Team*. New York: Palgrave Macmillan.

Sassen, Saskia. 1998. "Service Employment Regimes and the New Inequality." In *Globalization and Its Discontents: Essays on the New Mobility of People and Money*, ed. Saskia Sassen, 137-51. New York: New Press.

Sato, Ikuya. 1991. *Kamikaze Biker: Parody and Anomy in Affluent Japan*. Chicago: University of Chicago Press.

Scahill, Jeremy. 2007. *Blackwater: The Rise of the World's Most Powerful Mercenary Army*. New York: Nation Book.

Schlesingcr, James R., Harold Brown, Tillie K. Fowler, and Charles A. Horner. 2004. *Final Report of the Independent Panel to Review Department of Defense Detention Operations*. Report no. A347824. Washington, D.C.: Office of the Secretary of Defense.

Schnabel, James F. 1972. *Policy and Direction: The First Year*. Washington, D.C.:

U.S. Government Printing Office.

Schraut, Hans Jiirgen. 1993. "U.S. Forces in Germany, 1945-1955." In *U.S. Military Forces in Europe: The Early Years, 1945-1970*, ed. Simon Duke and Wolfgang Krieger, 153-80. Boulder: Westview Press.

Schroer, Timothy. 2007. *Recasting Race after World War II: Germans and African Americans in American Occupied Germany*. Boulder: University Press of Colorado.

Schultz. Elizabeth. 2000. *Those Days in Muramatsu: Diary bv Mrs. Yumi Goto*. Publications of the Center for East Asian Studies, Electronic Series, no. 2. Lawrence: University of Kansas.

Schumacher, Gerald. 2006. *A Bloody Business: America's War Zone Contractors and the Occupation of Iraq*. St. Paul: Zenith Press.

Schwartz. Thomas Alan. 1991. *America's Germany: John J. McCloyand the Federal Republic of Germany*. Cambridge, Mass.: Harvard University Press.

Schwarz, Hans-Peter. 1981. *Dic Ära Adenauer: Gründerjahre der Republik [The Adenauer Era*. Founding years of the republic]. Stuttgart: Deutsche Verlagsanstalt.

Scibetta, Barbara, and Elfrieda Shukert. 1988. *War Brides of World War II*. Novato, Calif.: Presidio Press.

Scott, Wilbur J., and Sandra Carson Stanley. 1994. *Gays ami Lesbians in the Military: Issues, Concerns, and Contrasts*. New York: Aldine de Gruyter.

Segal. David R., and Mady Wechsler Segal. 2004. "America's Military Population." *Population Bulletin* 59. no. 4 (December): 1-40.

Sciler, Signe. 1985. *Die GIs-Amerikanisehc Soldatcn in Deutschland* [The GIS. American Soldiers in Germany]. Hamburg: Rowohlt.

Shaw, Martin. 1991. *Post-Militaiy Society: Militarism, Demilitarization and War at the End of the Twentieth Century*. Philadelphia: Temple University Press.

Shawver, Lois. 1995. *And the Flag Was Still There: Straight People, Gay People, and Sexuality in the U.S. Militaiy*. New York: Haworth Press.

Sherry, Michael S. 1995. *In the Shadow of War: The United States since the 1950s*. New Haven. Conn.: Yale University Press.

Shimizu, Ikutarō, Seiichi Miyahara, and Shozaburō Ueda. *Kichi no Ko* [Children of the Bases]. Tokyo: Kobunsha.

Shin, Eui-Hang. 1987. "Interracially Married Korean Women in the United States: An Analysis Based on Hypergamy-Exchange Theory." In *Korean Women in Transition: At Home and Abroad*, ed. Yu Eui-Young and Earl H. Phillips, 249-74. Los Angeles: Center for Korean American and Korea Studies, University of California, Los Angeles.

Shinseki, Eric K. 2003. *The Army Family: A White Paper, CMH Publication no. 70-94-1, U.S. Army Center of Military History*. Washington, D.C.: U.S. Army Chief of Staff.

Sievers, Sharon. 1983. *Flowers in Salt: The Beginnings of Feminist Consciousness in Modern Japan*. Stanford, Calif.: Stanford University Press.

Sin, O-sŏng. 1989. "Han'guk chŏnjaengjŏnhuŭi pogŏnŭiryoe kwanhan yŏngu 1945-1959: Han'guk chŏnjaenggirŭl chungsimŭro" [A study of health and medicine in the postwar period, 1945-1959: A focus on the Korean War period], M.A. thesis, Graduate School of Health, Seoul National University.

Sin, Tong-ho. 1970. "Migungamch'ukkwa kijich'on kyŏngje" [The reduction of U.S. Troops and the camptown economy], *Wŏlgansawŏl* 4, no. 8: 30-31.

Singer, Peter. 2003. *The Rise of the Privatized Military Industry*. Ithaca: Cornell University Press.

Smith, Charles R. 1997. *Securing the Surrender: Marines in the Occupation of Japan. Marines in World War II Commemorative Series*. Washington. D C.: U.S. Government Printing Office.

Smith, Howard. 1950. "Report on the Public Health Problem of South Korea." Washington, D.C.: U.S. Public Health Service.

Smith, Jean Edward. 1990. *Lucius Clay: An American Life*. New York: Henry Holt.

Smith, William Gardner. 1948. *The Last of the Conquerors*. New York: Chatham Booksellers.

Sōkagakkai Fujin Heiwa linkai, ed. 1982. *Heiwa he no Negai wo Komcte*. Vol. 6: *Kichi no Machi (Kanagawa) Hen: Sayonara Bēsu (Base) no Machi* (Wishing For Peace: Base Town, Kanawaga Volume: Goodbye to the Base Town], Tokyo: Daisan Bunmei Sha.

Sŏl, Tong-hun, Hyŏn-mi Kim, Kŏn-su Han, Hyŏn-wung Ko, and Sallie Yea. 2003a. *Oegugin yŏsŏng entŏt'cinŏŭi ilkwa sam* [Foreign women entertainers' work and life]. Seoul: Korean Sociological Association.

_____. 2003b. *Oegung yŏsŏng sŏngmaemae silt'acjosa* [A study of the situation of foreign women in prostitution], Seoul: Ministry of Gender Equality.

Son, Chŏng-mok. 1988. Iljehaŭi maech'unŏp: kongch'angkwa sach'ang [Prostitution during the Japanese colonial rule: public prostitution and private prostitution]. *Tosiliaeng- jŏngyŏngu* 3 (December): 285-360.

Song, Pyong-su. 1995 (1957). "Ssyori Kim." In *Ssyori Kim/Ch'ŏllo oc: Song, Pyŏng-su/Kwak, Hak-song* [Ssyori Kim/Railroad and other writings by Pyŏng-su Song and Hak-song Kwak], *Han'guksosŏlmunhakdaekye* [Korean novels collections]. Vol. 38, 11-30. Seoul: Dong'a Publishing.

Song, Yong-p il. 1989. "Yullaksanŏbŭi silt'aewa ku taech'aek" [The actual conditions of the sex industry and its countermeasures]. *Kwangjang* (April): 70-78.

Sŏng, Yŏng-so, and Pong-yu! Chang. 1970. *T'ŭkjip: Chuhanmigungamch'ukkwa Plan'gugui anbo* [Special: The reduction of U.S. troops and Korean security]. Sindonga 73 (September): 128-39.

Song, Yung-ok. 1997. "Origin and Development of the Military Sexual Slavery Problem in Imperial Japan." *Positions: East Asia Cultures Critique* 5, no. 1: 171-217.

Spickard, Paul R. 1989. *Mixed Blood: Intermarriage and Ethnic Identity in Twentieth-Century America*. Madison: University of Wisconsin Press.

Standifer, Leon. 1997. *Binding up the Wounds: An American Soldier in Occupied Germany 1945-1946*. Baton Rouge: Louisiana State University Press.

Stanton, Shelby L. 1989. *America's Tenth Legion*. Novato, Calif.: Presidio.

Starr, Joseph. 1947. *Fraternization with the Germans in World War II. Occupation Forces in Europe Series*. Frankfurt on Main: Office of the Chief Historian, European Command.

Stiglmayer, Alexandra, ed. 1994. *Mass Rape: The War against Women in Bosnia-Herzogovina*. Lincoln: University of Nebraska Press.

Stoler, Ann Laura. 1991. "Carnal Knowledge and Imperial Power: Gender, Race, and Morality in Colonial Asia." In *Gender at the Crossroads of Knowledge: Feminist Anthropology in the Postmodern Era*, ed. Michaela di Leonardo, 51-101. Berkeley: University of California Press.

_____. 1992. "Rethinking Colonial Categories: European Communities and the Boundaries of Rule." In *Colonialism and Culture*, ed. Nicholas B. Dirks, 319-52. Ann Arbor: University of Michigan Press.

_____. 2002. *Carnal Knowledge and Imperial Power: Race and the Intimate 111 Colonial Rule*. Berkeley: University of California Press.

_____. 2006a. *Haunted by Empire: Geographies of Intimacies in North American History*. Durham: Duke University Press.

_____. 2006b. "Imperial Formations and the Opacities of Rule." In *Lessons of Empire: Imperial Histories and American Power*, ed. Craig Calhoun, Frederick Cooper, and Kevin W. Moore, 48-60. New York: New Press.

_____. 2006c. "Tense and Tender Ties: The Politics of Comparison in North American History and (Post) Colonial Studies." In *Haunted by Empire: Geographies of Intimacy in North American History*, ed. Ann Laura Stoler, 23-67. Durham: Duke University Press.

Stone, Vernon. 1949. "German Baby Crop Left by Negro GIS." *Survey* 85:579-83.

Sturdevant, Saundra P., and Brenda Stoltzfus. 1993. *Let the Good Times Roll: Prostitution and the U.S. Military in Asia*. New York: New Press.

Taguba, Antonio M. 2004. "Article 15-6 Investigation of the Sooth Military Police Brigade." Reprinted in *Torture and Truth: America, Abu Ghraib, and the War on Terror*, ed. Mark Danner, 279-328. New York: New York Review of Books.

Takara, Kurayoshi. 1997. "Okinawa" *Hihan Josetsu* [A Critical Introduction to Okinawa], Naha City, Japan: Okinawa Bunko.

Takazato, Suzuyo. 1996. "I Refuse." *Bulletin of Atomic Scientists* (July-August): 26.

Takemae, Eiji. 2002 (1983). *Inside GHQ: The Allied Occupation of Japan and Its Legacy*. New York: Continuum.

Tanaka, Yuki. 2002. *Japan's Comfort Women: Sexual Slavery and Prostitution during World War II and the U.S. Occupation*. London: Routledge.

Teruya, Yoshiko. 2001. "Ryukyu and Its Role in Western Thought: Euro-American Peace Movements in the Early Nineteenth Century." In *Ryukyu in World History*, ed. Josef Krciner. Bonn: Bier'sche Verlagsanstalt.

Timm, Annette. 1998. "The Legacy of *Bevölkcrungspolitik*: Venereal Disease Control and Marriage Counseling in Post-W W II Berlin." *Canadian Journal of History* 33, no. 2 (August 1998): 173-214.

Titunik, Regina F. 2008. "The Myth of the Macho Military." *Polity* 40, no. 2 (April): 137-63.

Tobey, James A. 1948. "The Army and Venereal Disease." *American Mercury* 61 (October): 479-83.

Tomiyama, Ichirō. 1995. *Senjō no Kioku* [Memories of the Battlefield]. Tokyo: Nihon Keizai Hyōronsha.

_____. 1998. "Okuni Wa?" [Where are You From?] In *Oto No Chikara: Okinawa-Koza Futtōhen* [The Power of Music: Okinawa: Koza Boiling], ed. DeMusik Inter, 7-20. Tokyo: Inpakuto Shuppankai.

Tompkins, Tom. 1981. *Yokosuka: Base of an Empire*. Novato, Calif.: Presidio Press.

Turner, Terence. 2007. "The Social Skin." In *Beyond the Body Proper: Reading the Anthropology of Material Life*, ed. Margaret Lock and Judith Farquhar, 83-106. Durham: Duke University Press.

Tylee, Claire M. 1990. *The Great War and Women's Consciousness: Images of Militarism and Feminism in Women's Writings, 1914-64*. Iowa City: University of Iowa Press.

Uezato, Kazumi. 2000. *Amerajian: Mō ilitotsu no Okinawa* [Amerasians: Another Okinawa]. Kyoto City: Kamogawa Press.

U.S. Air Forces in Europe. 1953. *Problems of USAFE Dependents, 1946-1951*. Wiesbaden: Historical Division, U.S. Air Forces in Europe.

U.S. Bureau of the Census. 1964. *U.S. Census of Population: 1960, Selected Area Reports, Americans Overseas*. Washington, D.C.: U.S. Government Printing Office.

_____. 1973. *1970 Census of Population: Subject Reports: Americans Living Abroad*. Washington, D.C.: U.S. Government Printing Office.

U.S. Department of Defense. 1972. *Report of the Task Force on the Administration of Military Justice in the Armed Forces*, vols. 1-4. Washington, D.C.: U.S. Government Printing Office.

_____. 1981. *Selected Manpower Statistics, Fiscal Year 1980*. Washington, D.C.: U.S. Government Printing Office.

_____. 1990. *Cost of Dependents Overseas: Report to Congress*. Washington, D.C.

_____. 2004a. *FY 2004 Baseline Data*. Washington, D.C.

_____. 2004b. *Strengthening U.S. Global Defense Posture: Report to Congress*. September.

_____. 2005a. *Worldwide Manpower Distribution by Geographical Area. Defense Manpower Data Center, Statistical Information Analysis Division.* 30 September.

_____. 2005b. *The National Defense Strategy of the United States of America.* March.

_____. 2006. *Quadrennial Defense Review Report.* 6 February.

_____. 2007. *Base Structure Report. Fiscal Year 2007 Baseline.* Http://www.defense.gov/pubs/ bsr_2007_baseline.pdf.

_____. 2009. *Base Structure Report: Fiscal Year 2009 Baseline.* Http://www.defense.gov/ pubs/ pdfs / 2009Baseline.pdf.

U.S. Department of State. 1976. "Muccio Telegram to the Secretary of State, Taegu, August 9, 1950." In *Foreign Relations of the United States, 1950*. Volume 7: Korea. Washington, D.C.: U.S. Government Printing Office.

Vazansky, Alexander. 2008. "Army in Crisis: The United States Army, Europe, 1968-1975." Ph.D. diss., Heidelberg University.

Vidal, Gore. 2002. *The Last Empire, Essays 1992-2000*. New York: Vintage International.

Vine, David. 2009. *Island of Shame: The Secret History of the U.S. Military Base on Diego Garcia*. Princeton: Princeton University Press.

Wagnleitner, Reinhold. 1991. *Coca-Colanization und Kalter Krieg: Die Kulturmission der USA in Österreich nach dem zweiten Weltkrieg*. Vienna: Verlag für Gesellschaftskritik.

_____. 1994. *Coca-Colonization and the Cold War: The Cultural Mission of the United States in Austria after the Second World War*, trans. Diana Wolf. Chapel Hill: University of North Carolina Press.

Wainwright, Hillary. 1983. "The Women Who Wire up the Weapons." In *Over Our Dead Bodies*, ed. Dorothy Thompson, 136-45. London: Verago.

Wallace, Terry. 1970. "Bringing the War Home." *Black Soldier* 2, no. 3: 2-r8.

Walker, Paul. 1991. "U.S. Military Projection Abroad." In *The Sun Never Sets: Confronting the Network of U,S. Foreign Military Bases*, ed. Joseph Gerson and Bruce Birchard, 35-46. Boston: South End Press.

Waltzer, Michael. 2003. "Is There an American Empire?" *Dissent* (Fall): 27-31.

Watson, James L., ed. 2007. *Golden Arches East: McDonald's in East Asia*. 2d ed. Stanford, Calif.: Stanford University Press.

Weigley, Russell F. 1984. *History of the United States Army*. Bloomington: Indiana University Press.

White, Osmar. 1996. *Conqueror's Road: An Eyewitness Report of Germany*. Cambridge: Cambridge University Press.

White, W. L. 1947. *Report on the Germans*. New York: Harcourt Brace.

Wildenthal, Laura. 2001. *German Women for Empire, 1844-1945*. Durham: Duke University Press.

Williams, Patrick, and Laura Chrisman, eds. 1994. *Colonioi Discourse and Post-Colonial Theory: A Reader*. New York: Columbia University Press.

Williams, William Appleman. 1972. *From Colony to Empire: Essays in the History of American Foreign Relations*. New York: John Wiley & Sons.

_____. 1980. *Empire as a Way of Life: An Essay on the Causes and Character of America's Present Predicament, along with a Few Thoughts about an Alternative*. New York: Oxford University Press.

Willoughby, John. 2001. *Remaking the Conquering Heroes: The Postwar American Occupation of Germany*. New York: Palgrave.

Wilson, George C., and Haynes Johnson. 1971. *Army in Anguish: Washington Post National Report*. New York: Pocket Books.

Wolinsky, Marc, and Kenneth Sherrill, eds. 1993. *Gays and the Military: Joseph Steffan versus the United States*. Princeton: Princeton University Press.

Wünschel, Hans Jürgen, ed. 1985. *Quelleit zum Neubeginn der Venvaltung im rheinisch pfal- zischen Raum unter der Kontrolle des amerikanischcn Militeirregierung April bis Juli 1945* [Primarjy sources regarding the reestablishment of the administrational structure in the Rhineland and Palatinate region under control of the American military government, April to July 1945]. Mainz: v.

Hase and Koehler.

Yamada, Meiko. 1995. *Senryōgim Ianftt* [Comfort Women for the Occupation Forces]. Tokyo: Kōdansha.

Yea, Sallie. 2004. "Sex Trafficking of Foreign Women to United States Military Camp Towns in South Korea." Research report, International Development Program, Royal Melbourne Institute of Technology.

Yee, James. 2005. *For God and Country: Faith and Patriotism under Fire*. New York: Public Affairs.

Yi, Chae-ik. 2001. *Noran chamsuham* [Yellow submarine], vols. 1-2. Seoul: Samjingihoek.

Yi, Chŏng-hŭi. 2004. "SOFA kaejŏng: Chukwŏn hoebogŭi kkum [SOFA revision: A dream to recover sovereignty]." In *Puggŭrŏun migunmunhwa tabsagi* [A record of exploring the shameful culture of the American military in South Korea], ed. Dakyuinp'o, 448-61. Seoul: Pug'ijŭ.

Yi, Im-ha. 2004a. "Han'gukchŏjaengkwa yŏsŏngsŏngŭi tongwon [The Korean War and the mobilization of women]." *Yŏksayŏngu* 14 (December): 107-48.

_____. 2004b. "Migunŭi tongasia chudunkwa seshuŏlit'i: Migunjŏnggiŭi maemaech'un munjerŭl chungsimŭro" [The U.S. military occupation in East Asia and sexuality: The problem of prostitution during the U.S. Army Military Government rulej] In *Tongasiawa kŭndae yŏsŏngŭi palgyŏn* [East Asia and the discovery of modern women], ed. East Asia Confucian Cultures Teaching and Research Group, Sŏngkyunkwan University, 259-99- Seoul: Chong&ram midio.

Yi, Man-yol. 1997. "Ilbongun 'wianbu' chŏngch'aek hyŏngsŏngŭi chosŏnch'ŭk yŏksajŏk paekyŏng [The historical context of Korea behind the making of the Japanese military 'comfort women' policy]." In *Ilbongun wianbumunjeŭi chinsang* [Truthful state of Japanese military comfort women], ed. Council for Resolving the Problem of the Military Comfort Women, 69-97. Seoul: Yŏksabip'yŏngsa.

Yi, Pae-yong. 1996. "Migunjŏnggi yŏsŏngsaengwhalŭi pyŏnmowa yŏsŏngŭisik, 1945-48 [Change in women's lives and consciousness during the U.S. military rule, 1945-48]." *Yŏksahakhoe*, Yŏksahakbo 150:159-209.

Yi, Pŏm-sŏn. 1995 (1959). "Obalt'an [A stray bullet]." In *Amsajido/Obalt'an oe: Sŏ,*

Ki- wŏn/Yi, Pŏm-sŏn[Amsa map/ A Stray Bullet and writings by Sŏ, Ki- wŏn and Yi, Pŏm-sŏn], *Han'guksosŏlmunhakdaekye* [Korean novels collections^ Vol. 35, 470-505. Seoul: Dong-a Publishing.

Yi, So-hŭi. 2001. "Migun pŏmjoi, kurigo chohangui ybksa [GI crime, and a history of resistance]." In *Chuhanmigunmunjchacgyŏlundongsa: Nogŭnriesŏ Maehyangniggaji* [A history of the Korean People's Movement to solve problems of U.S. Forces in Korea: From Nogunri to Maehyangni], ed. From Nogŭnri to Maehyangni Publication Committee, 272-91. Seoul: Kip'ŭnjayu.

Yokosuka Keisatsushoshi Hakko linkai. 1977. *Yokosuka Keisatsushoshi* [Yokosuka City Police History], Yokohama: Funatsu Insatsu.

Yoneda, Sakoyo. 1972. *Kindai Nihon Joseishi: Vol. Ge* [Modern Japanese Women's His-tory].Tokyo: Shinnihon Shuppansha.

Yonetani, Julia. 2003. "Contested Memories: Struggles over War and Peace in Contemporary Okinawa." In *Structure and Subjectivity: Japan and Okinawa*, ed. Glenn D. Hook and Richard Siddle, 188-207. London: Routledge Curzon.

Young, Iris Marion. 2003a. "Feminist Reactions to the Contemporary Security Regime." *Hypatia* 18, no. i(Winter): 223-29.

_____. 2003b. "The Logic of Masculinist Protection: Reflections on the Current Security State." *Signs* 29, no. 1:1-25.

Young, Robert. 1995. *Colonial Desire: Hybridity in Theory, Culture and Race*. London: Routledge.

Yun, Chŏm-gyun. 2005. Kijich'on yŏsŏng, Yun, Chŏm-gyun. In *Han'gukyŏsŏnginmulsa* 2 (1947-1980) [A history of Korean women characters, vol. 2, 1945-1980], ed. Kyŏng-ok Chon, Sŏn-ae Pak, and Ki-ŭn Chŏng, 130-87. Seoul: Sungmŏong Women's University Press.

Yun, Il-wung. 1987. *Maech'un: Chŏnguk sach'anggawa ch'angnyŏ silt'ae* [Prostitution: The actual conditions of private brothels and prostitutes in the country], Seoul: Tong- kwang.

Yun, Yo-wang. 2001. "Wonju: Migungijirŭl Wŏnju siminŭi p'umuro [Wonju: American military bases encircled by Wonju citizens]." In *Chuhanmigunmunje haegyŏlundongsa: Nogŭnriesŏ Maehyangniggaji* [A history of the Korean People's Movement to solve problems of U.S. Forces in Korea: From Nogŭnri to

Maehyangni], ed. From Nogŭnri to Maehyangni Publication Committee, 161-69. Seoul: Kip'ŭnjayu.

Zeeland, Steven. 1996. *The Masculine Marine: Homoeroticism itt the U.S. Marine Corps*. New York: Harrington Park Press.

Zeiger, Susan. 1999. *In Uncle Sam's Service: Female Workers with the American Expeditionary Force*. Ithaca: Cornell University Press.

Ziemke, Earl. 1975. *The U.S. Army in the Occupation of Germany 1944-1946. Army Historical Series*. Washington, D.C.: Center for Military History.

찾아보기

저자 소개

도나 알바 Donna Alvah

도나 알바는 세인트로렌스대학교 부교수이며 미국역사 마거릿 빌라 석좌교수이다. 그녀는 *Unofficial Ambassadors: American Military Families Overseas and the Cold War, 1946~1965*[『비공식적 대사: 해외주둔 미군가족 및 냉전, 1946~1965』(2007)의 저자이다. 그녀는 최근 미국과 필리핀 전쟁 및 2차세계대전 초기 사이 필리핀에 주둔했던 미군 남성의 부인에 대한 글을 완성했다. 그리고 1945년 이후 오키나와에 주둔했던 미군이 저지른 성폭행 관련 프로젝트를 진행 중에 있다.

크리스 에임스 Chris Ames

크리스 에임스는 메릴렌 칼리지 대학 부교수이다. 그는 일본 영화 및 오키나와 역사 및 문화에 대한 광범위한 저서를 출판했다.

제프 베넷 Jeff Bennett

제프 베넷은 캔사스시 미주리대학교 인류학 및 종교학 부교수이다. 아부 그라이브에 대한 그의 조사는 미군 특수부대원이었던 그의 전직 경험이 도움이 되었다.

마리아 혼 Maria Höhn

마리아 혼은 바사대학교 독일역사학 교수이다. 그녀는 *GIs and Fräuleins: The German-American Encounter in 1950s West Germany*[『미군과 독일여성: 1950년대 서독에서 독일과 미국의 만남』(2002)의 저자이다. 이 책은 2008년 독일에서 *Amis, Cadillacs und "Negerliebchen": GIs im Nachkriegsdeutschland*으로 출판되었다. 그녀는 클림케와 함께 *A Breath of Freedom: The Civil Rights Struggle, African American GIs, and*

Germany: Culture, Politics, and the Cold War[『자유의 숨결: 시민권 투쟁, 아프리카계 미군병사와 독일』(2010)의 공동저자이다. 이 책의 독일판은 베를린 브란덴부르크 출판사에서 출판됐다. 그녀는 또한 '시민권투쟁, 아프리카계 미군 및 독일'의 공동 저자이다. 이는 http://www.aacvr-Germany.org에서 확인할 수 있다. 이는 디지털 아카이브이며 2009년 NAACP와 줄리어스 윌리엄스 뛰어난 커뮤니티 서비스상을 받은 구술역사 모음이 수록되어 있다.

문승숙 Seungsook Moon

문승숙은 바사대학교 사회학 교수이다. 그녀는 Militarized Modernity and Gendered Citizenship in South Korea(2005)의 저자이고, 이책의 한국판은 『군사주위에 갇힌 근대: 국민 만들기, 시민되기, 그리고 성의 정치』(2007)이다. 이 번역판은 2007년 3월에 한국출판윤리위원회가 선정한 읽어야 할 책 10권에 뽑혔다. 그녀는 현대 한국사회에서 젠더, 군대/군복무, 민족주의, 시민사회와 사회운동, 집단적 기억, 세계화와 음식에 대한 문화의 정치에 관한 수많은 글을 출판했다. 그녀는 Journal of Asian Studies의 부편집장과 Gender & Society의 출판위원회 위원을 역임했고, Contemporary Sociology와 Asian Women의 출판위원회 위원으로 활동하고 있다. 그녀는 또한 풀브라이트 학자상을 수상했고, 초대 '웨더헤드 국제문제연구소 사회과학 김상기 객원 석좌교수'로 하버드대학교에서 가르쳤다.

크리스토퍼 넬슨 Christopher Nelson

크리스토퍼 넬슨은 체이플 힐, 노스캐롤라이나대학교 인류학 부교수이다. 그의 연구는 기억, 비평이론 및 지식인들의 역사에 초점을 맞추고 있다. 그는 Dancing with the Dead: Memory, Performance, and Everyday Life in Postwar Okinawa: Asia-Pacific: Culture, Politics, and Society[『망자와의 춤: 전후 오키나와에 존재하는 기억, 공연, 그리고 일상의 삶』(2008)의 저자이다.

로빈 라일리 Robin Riley

로빈 라일리는 시러큐스대학교 여성과 젠더학 부교수이다. 그녀는 이나야툴러(Naeem Inayatullah)와 함께 Interrogating Imperialism: Conversations on Gender, Race, and War[『제국주의를 심문하기: 젠더, 인종 그리고 전쟁에 관한 대화』(2006)의 공동 저자이며 모한티 및 프렛과 함께 Feminism and War: Confronting US Imperialism[『페미니즘과 전쟁: 미 제국주의에 직면하기』(2008)의 공동 편집자이다. 젠더, 군사주의 그리고 전쟁에 관한 그녀의 연구는 이라크와 아프카니스탄 여성이 미국 미디어에 어떻게 묘사되고 있는지에 대한 최근 프로젝트를 포함하고 있다.

다케우치 미치코 Takeuchi Michiko

다케우치 미치코는 롱비치에 있는 캘리포니아주립대학교 역사학 부교수이다. 그녀는 현대 일본, 여성 그리고 구술 및 민족지적 역사를 전공했다. 그녀는 후에 제목 "Pan-Pan Girls and GIS: The Japan-U.S. Military Prostitution System in Occupied Japan(1945-1952)"[팬-팬 걸스 그리고 미군: 점령지 일본에서 일본-미군 성매매 시스템 (1945~52)]로 명명될 책 작업을 하고 있는 중이다.